密教占星法

森田龍僊

高野山大学
名誉教授 森田龍僊著

密教占星法 上編

大学出版部

序

河州北河内郡星田村の東南隅にあたり、鬱乎として蒼々たる妙見山といふのがある。こは弘仁七年初夏のころ、弘法大師が修禪相應の勝地をうべく、近畿を遍歷物色して錫をこの地に留むるみぎり、親しく尊星王妙見大菩薩の降臨を感見し給ひし靈蹟にして村名の由來するところであり、これ卽ち私が始めて呱々の聲をあげたりし鄕里である。私が幼少にして小學校に通つてゐるとき業をはつて家に還らば、家より凡そ七八町を距るこの山をよぢて、祠前に跪禮するを殆んど日課の一つとなしてゐた。十四歲にして剃染し、十六歲以後高野山に登つて修學せしが、二十八歲の夏、偶然にも但州養父郡八鹿村石原における日光院關係者より住職として招かれ、詳細の內狀を尋ぬる遑なくして來て見れば、料らざりきこの寺の本尊は、名にしおふ日本三妙見隨一の靈尊であつた。こゝにおいて私はひそかに、尊星王に對する夙緣の深厚なるをつく〴〵感じたりしものである。或ひはそのしからしむるところにや、從來星宿に對しては一種の憧れをもち、ひいて陰陽學なるものに尠からぬ興味を覺ゆることゝなつたのであり、從つて佛典は勿論のこと自餘の群籍を涉獵するにも、苟しくも星宿に關する部分に接しては、特に細心の注意を拂つて精讀し、備忘のためにその要を抄錄しけるが、それが歲月を累ぬるに隨つて知らず識らず數十卷の量となるに至つたのである。

そも〳〵橫竪無邊際の天空に燦爾として輝ける刹塵恒沙の列宿は、古聖が期せずして一樣に、興亡盛衰の運命を司配する唯一靈格者として、崇拜をさゝげたりしところのものである。現代の天文學が長足の進歩をつげたりとはいふものゝ、なほ未だはるかに及ぶ能はざる無上神秘の分野を有して、これを仰げば愈よ高く、これを觀ずれば彌よ深き無盡莊嚴藏である。佛敎には本來八萬四千種の法門を含むが故に、世間出世間にわたろ千百思想學術の淵府となつてゐる。かの天文學の如きも、占星法の如きも、また獨特の見地より縱橫にかつ深刻にこれが秘蘊を發揮してゐる。これに對してもしも科學の尺度により、律してもつて荒誕不稽となすあらむか、そは憐れむべき管窺蠡測の見である。

私はかつて多年高野山大學の教職にありて密教學を擔任しつゝあり、豫て前記の抄錄を整理して、體系を組織すべき希望を懷きながらもその機會をえなかつた。しかるに昭和十年度の學課編制に原因し同年度より三ヶ年にわたつて、星宿學の連續講座を開くことゝなり、こゝに漸く希望の一半をみたすことをえた。しかるに地藏菩薩靈驗無二の道場としての、阿州立江寺を董せらるゝ權大僧正庄野琳眞闍梨が、しば〳〵小廬を訪問していはく、近ごろ星宿信仰の熾んなるに伴ひて、星供を修することは殆んど諸山諸寺の恒例となりつゝあるも、その修するところのものが、はたして經說に符順する如法行なりやいなやは疑はしい。この時にあたつてもしこの著作を刊行せらるゝにおいては、裨益するところけだし尠からぬであらう、その出版經營については敢て一臂の勞を惜まざるべしと。　私は深く厚意を諒としてこれに從ひ、かの講草を修正して篇次を整へ、こゝに密教占星法と題してこれを公表するに至りしゆゑんであり、この小著にしてもしも令法久住の一助となることをえば幸甚である。

昭和十六辛巳年一月下旬

高野山釋迦文院　森田龍僊識

密教占星法

上編

星宿に對する理論門　目次

密教占星法　前編

目次終

密教占星法（上編）

第一章　陰《おん》陽《にやう》學と眞言密教

第一節　陰陽學とは何ぞや

一、陰陽學の內容

陰陽學とは何であるかといはゞ、本來宇宙間に周遍して萬有の本質となれる陰陽の二氣、および五行の氣のうへの調和と不調和、順應と反抗なる相生相剋の理法に基づいて、人生百般にわたる吉凶善惡の運命を豫知し、人をして凶惡の危地を避けて吉善の安處に趨かしめむとするものである。しからばこの學術の內容いかんといはゞ、けだしこのなかには各人本具の血色容貌によつて吉凶を論ずる觀相學や、住宅および地勢の種々相について盛衰を考ふる家相風水學や、七曜二十八宿等諸星の運行を察して、年月日時および方位の吉凶を辯ずる方鑒學や、六十四卦の占筮によつてすべてを判ずる易學などが含まれてゐる。このなか第一の觀相學といふについては、かの伯益が獸を相し、甯戚が牛を相し、穆王・伯樂が馬を相し、呂虔・雷煥が劍を相し、淮南王劉安が鵠を相し、東方朔が笏を相すといつたやうな諸種の相術を含むも、しかし人を相する術はその主要なものであり、この術についでは宋の陳希夷秘傳と稱する神相全編四卷の如きは代表的にして深味をもつてゐる。佛陀傳によらば、佛陀降誕のみぎり阿私陀仙これを相し、必定して大覺者となるべき運命を豫告したるより觀るも、この術がつとに印度に行はれたりしことがわかる。支那においては周に布子卿なるものがあり、漢に唐擧なるものがありてこれに精通してゐた。わが邦にありては厩戸皇子が崇峻天皇を相し、鈴鹿老翁が天武帝を相したと古來傳へてゐるから、またつとに行はれたりしことが知りえらるゝ。

荀子三の非相篇には「凡人之長短小大、善惡形相非吉凶一也」といひ、堯は長大、舜は矮短、衞靈公の臣公孫呂は、顏面長さ三尺廣さ三寸、周公の狀貌は斷菑の如く、伊尹は鬚眉なく、しかしてこれみな聖德をそなへ、桀紂は堂々乎として姣美なるも天下を失つたといふが如き例證をあげこの術を否定してゐる。すべてものは盛行すると裏面に種々の弊が伴ふのであり、荀卿がこれを矯正すべくこの篇を著はした意中はよく察せらるゝも、たゞしもとより全分の眞理ではない。そは瘠地には砂礫不毛の瘠相を有し、沃地には深壤潤澤の沃相を有し、澤邊には水氣漂ひ、火邊には烟氣繞り、天のまさに風雨ならむとするやまづ晦陰相現じ、人のまさに永眠せむとするやまづ臨終相現じ、相は性を離れず性は相を離れず、これその法華經一に如是相・如是性といひ、中庸に「國家將レ興必有二禎祥一、國家將レ亡必有二妖孽一、見二于蓍亀一動二乎四體一」といふことの必然的眞理なるからである。一身上にまさに近く起らむとする不祥事の前相について、智度論十一に下の如き因縁をあげてゐる。昔南天竺に論議に巧みなる提舍といへる婆羅門があり、あるとき對手をえむがために論鼓をうつて巡行した。王大いに喜び衆人を集めつげていはく、もし力あらむものは宜しくかれに當るべしと。このなかに功名心つよき摩陀羅といへるものがゐて、かれに當るべく決心せしものゝ、いさゝか自信なきために前途を危ぶみ、首べをうなたれつゝ進みゆけるに、途中にして兩牛の觝觸にあひ、心にかの牛はかれ、この牛はわれと假定し、その勝敗によつて卜するに、これは到底かれの敵に非ざることを知り、さらに悲觀しながら論場に入らむとするや、水瓶をさゝげたる一婦人が忽ち跌づいて地に倒れた。これを見てます／＼氣をわるくし、まさしく時來つて論壇に登るや、また綽々たる餘裕を有する對手の風貌に接し、寒心して地に入りたくなり、一二三語往復するやもろくも負處に墮して大恥辱を蒙つたといふのであり（大正藏經、以下單に大といふ、二五・一三七）、これまた相性不離の一例と見られぬわけではない。

佛教には法・報・應の三身佛に對して一般的の見かたからは、法身は無相空寂佛、報應の二身は色相具足佛となすのであり、報身に對して觀佛三昧經（九）には八萬四千の相好を有すと說き、起信論には「身有二無量色一、色有二無量相一、相有二無量好一、所住依果亦有二無量種々莊嚴一」と說き、能住の佛身も所住の淨土も、ともに無量の微妙莊嚴相を具すといふのである。そしてかゝる莊嚴相は自己本具の本覺至善の內熏力と三劫に修する諸善萬行の外熏力との二力より生ずるが故に、また同論に「如レ是功德皆因二諸波羅蜜等無漏行熏、及不思議熏之所二成就一」といつてゐる。この報身は十地といへる、高位の菩薩を化する佛なるが、もし地前の菩薩二乘凡夫等の劣機を化するには、かの八萬四千相又は無量相をおほふひて三十二相・八十種好を現ずる。この三十二相・八十種好に對して、小乘教によらば佛陀は因位に三劫の修行を滿足しをはつてのち、さらに百劫にこれを感ずる修行を要すといふも、大乘教によらばこは三劫における修因の所感にして、三劫のうへに特別の百劫なるものを認めない（智度論四）。要するに、三劫における無執著なる般若波羅蜜相應の布施行の所感なりといふのである（同一一及二九）。　又同論四に阿難の端正圓滿相は生々世々の忍辱行より來るといへるより考ふるに、佛陀の相好は久遠時につめる忍辱行と布施行との結晶である。いはゆる三十二相とは、しばらく同論四によらば、（一）足下安平立相、（二）足下二輪相、（三）長指相、乃至（三一）頂髻相、（三二）白毛相これであり、そしておの〱百福莊嚴相を湛えて、人間天上に比類なき妙色身である。この故に同論一に「佛在二衆中一端正殊妙無二能及者一、譬如下須彌山王處中於大海上」といひ、また「佛身如二金山一、演二出大光明一、相好自莊嚴、猶如春華敷」といつてゐる。相と好との不同は、賢首が「相以表德令人敬德以念佛、好爲嚴身令人愛樂欲親近」(起信論義記下本)といへるとほり、次での如く麁なる輪廓と細なる莊嚴とである。山海の美饌は淨美器に盛らずんば人をして滿足せしめざるが如く、微妙第一の法門は微妙第一の具相者にあらずんば人をして信受せしむることができない。これその佛陀が内には十力・四無所畏・四無礙智・十八不共法なる大定・智・悲の萬德を圓滿し、外には三十二相・八十種好等の妙色身を具足するゆゑんにして、相好の重んずべきことかくの如くである。大佛頂首楞嚴經の五・六にはひろく二十五聖の圓通を說けるが、このなか觀音は、同時に千差萬別なる衆生の音聲を聞いてそれ〳〵の心事を洞觀し、もつて皆得解脫の利益を施こす耳根圓通の聖者である。音聲の本來千差萬別なるが如く、容貌もまた本來千差萬別にして、そしてこはみな宿業のしからしむるところのものである。このように佛敎の見地より見るも、この觀相學には多くの眞理を含むものといはざるをえない。孟軻いはく、

存乎人者莫良於眸子、眸子不能掩其惡。胸中正則眸子瞭焉、胸中不正則眸子眊焉。聽其言也觀其眸子、人焉廋哉(離婁章句上)。

こはけだし孟軻獨特の觀相術とも見るべきであらう。

次に家相風水學といひ方鑒學といふが如きは、所傳・異說紛々としてその取捨に苦しましむるも、

このなか一つには晋の郭璞景純著の郭氏元經十巻、乃至五つには元の幕講禪師著の三白寶海三巻なる五要奇書は斯道の重んずるところのものであり、清の第四世高宗乾隆帝が勅撰せしめたる協紀辨方三十八巻、またこれに準據して要をとれる同朝亮功甫の通德類情十三巻の如きは、その集大成と見るべきである。かの印度における佛陀常住の地たる祇園精舍の如き、佛教の最高學府たる那爛陀寺の如き、その構築は思ふにこの學に基づいて精査の餘になりしものに相違なかるべく、支那にありては周公これによりて洛陽宮をつくり、本朝にありては小黑麿や賢憬の相法によつて平安城を築きたるが、しかるにこの相法の始祖は實に上宮太子である。次に易學に至つては、いはゆる孔子易を讀んで韋編三たび絶つといふが如き興味ふかきものであり、從つてこれに關する大小千百の著書は、文字どほり汗牛充棟である。

二、陰陽學の論據

陰陽學の一般的内容は前述の如くなるが、その論據は陰陽五行の氣のうへにおける相生相剋の理數であり、この理數はもと河圖・洛書によつて發見されたものである。故に易の繫辭上傳にいはく「河出ㇾ圖洛出ㇾ書聖人則ㇾ之」と。

朱子の易學啓蒙一にいはく、

孔安國曰、河圖者、伏羲氏王㆓天下㆒、龍馬出レ河、遂則㆓其文㆒以畫㆓八卦㆒。洛書者禹治レ水時神龜負レ文而列㆓於背㆒、有レ數至レ九、禹遂因而第レ之以成㆓九類㆒。劉歆云、伏羲氏繼レ天而王、受㆓河圖㆒而畫レ之八卦是也。禹治㆓洪水㆒錫㆓洛書㆒、法而陳レ之九疇是也。河圖洛書相爲㆓經緯㆒、八卦九章相爲㆓表裏㆒。關子明云、

河圖

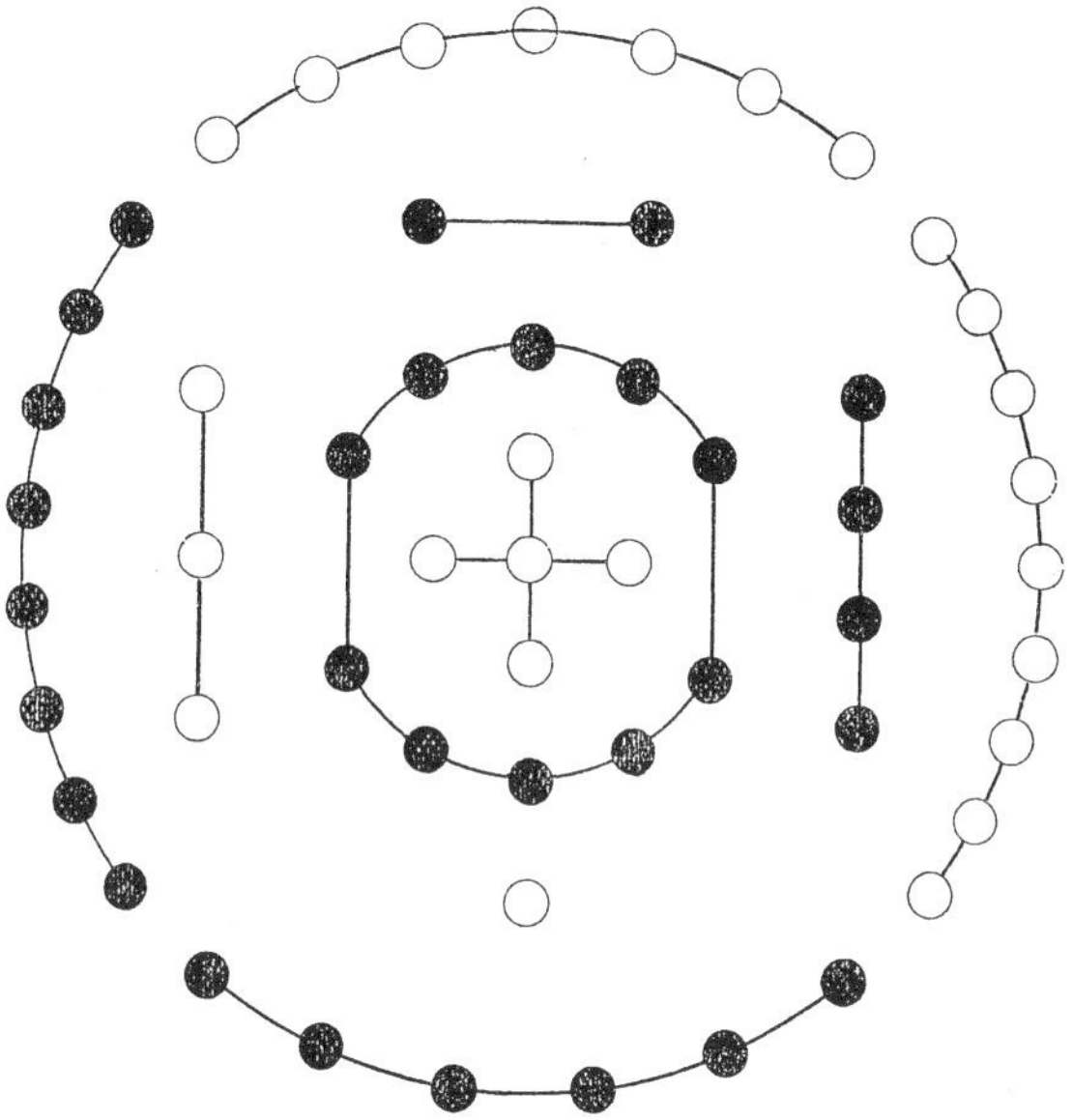

河圖之文、七前六後、八左九右。洛書之文、九前一後、三左七右、四前左、二前右、八後左、六後右。朱子曰、蓋圓者河圖之數、方者洛書之文。故羲文因レ之而造レ易、禹箕敍レ之作レ範也。

けだし河圖といふは、西紀前約三千年に伏羲氏天下に王たりしとき、龍馬(神馬)豫州の滎河よりいでけるが、背上の旋毛おのづから星象をなしてゐたので、羲はこれを見て大いに悟るところありて第一圖を畫けるがこれである。洛書といふは、同二千二

洛書

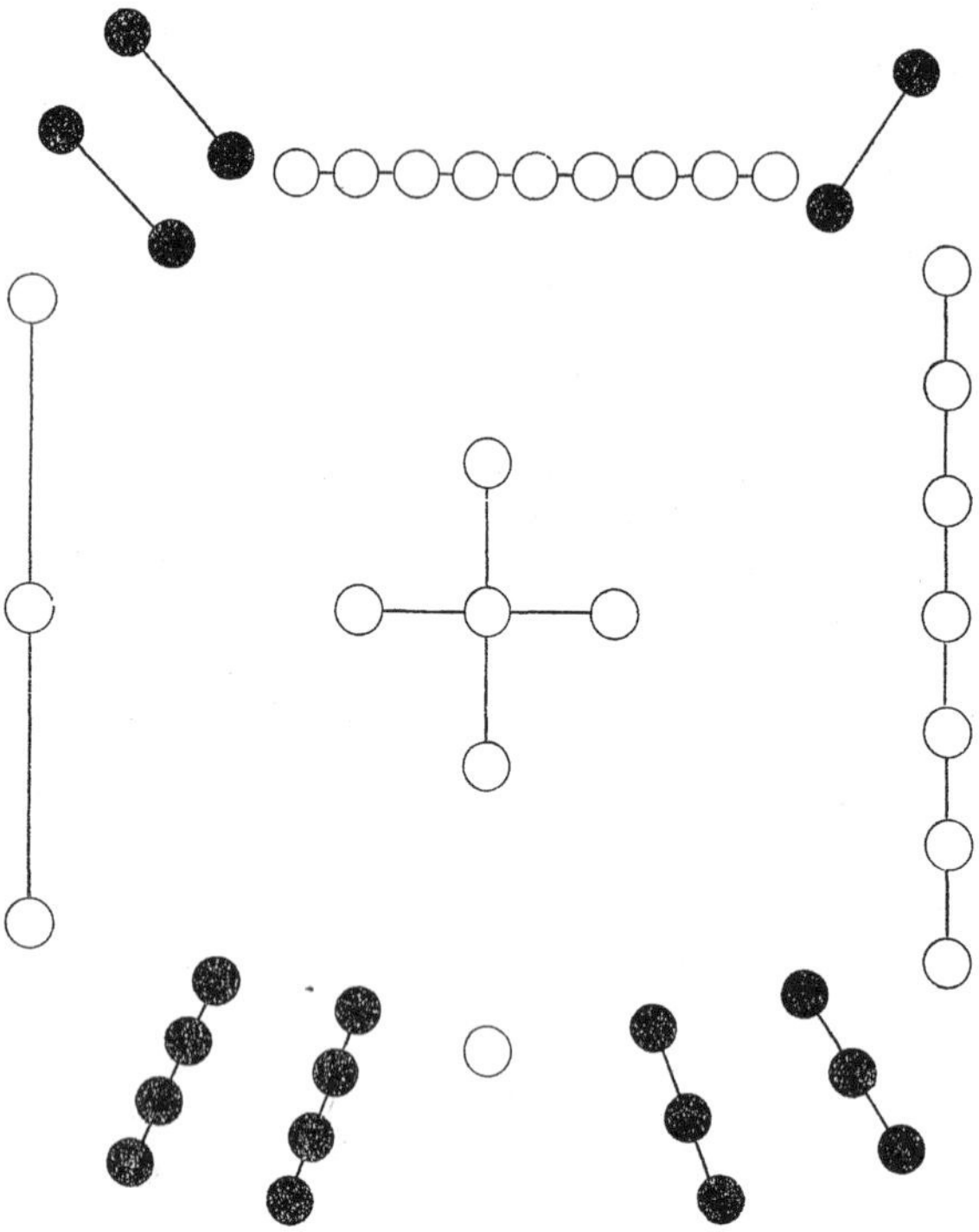

百年に禹の洪水を治むるとき、靈龜洛水よりいでけるが、甲羅の圻文またおのづから字畫をなしてゐたので、禹はこれを見てまた大いに悟るところありて第二圖を畫けるがこれであり、兩者はともに法然文字たる宇宙神祕にふれしものといふべきである。故に弘法大師（以下みな單に大師と稱す）の文鏡祕府論一にいはく「空中塵中開二本有之字一、龜上龍上演二自然之文一」（大師全集、以下單に全集といふ、八・二）と。伏羲氏はじめて八卦を畫けるが、その幽旨を闡明せるは西紀前一千二百年における周の文王（彖辭）と周公（爻辭）であり、文王・周公の說を祖述せるは、易經における孔子の上彖傳乃至雜卦傳の十翼これである。禹はじめて九疇（又は九章とも九類ともいふ）

を畫けるが、その妙趣を發揮せるは同一千百年における殷の箕子である。武王紂を討つて殷を破り、紂の忠臣にして賢哲なりし箕子を封じて朝鮮王となした。あるとき箕子來朝するや、武王ついて國家を治むる大法を問ふ。こゝにおいて箕子が武王に教へたるものがすなはち尙書下における洪範これである。洪範の九疇とは(一)五行、(二)五事、(三)八政、乃至(九)福極これにして、いはゆる帝王は(一)五行の大法に遵つて(二)五事以下の德政を行ふべしといふのである。今この二圖について略述せば、河圖は五十五の數よりなり、洛書は四十五の數よりなれるが、これすなはち陰陽五行の理數である。まづ河圖についていはゞ、易によるに一・三・五・七・九なる五つの奇數を天陽の五行となし、二・四・六・八・十なる五つの偶數を地陰の五行となし、二者相まつて萬物が生成化育すといふのである。いはゆる一・六相まつて北方の水を生じ、三・八相まつて東方の木を生じ、二・七相まつて南方の火を生じ、五・十相まつて中央の土を生じ、四・九相まつて西方の金を生じ、そして水はよく木を生じ、木はよく火を生じ、火はよく土を生じ、土はよく金を生じ、金はよく水を生じ、首尾連環しておのづから一大圓相をなすのであり、すなはち一・三・五・七・九の和は天數の二十有五、二・四・六・八・十の和は地數の三十、合して五十有五となるといふのである。つまり相生相剋のなかには相生を表面となし、相剋を裏面とする。次に洛書についていはゞ、一・九は次での如く水・火にして北南に位し、三・七は次での如く木・金にして東・西に位し、二・四・六・八は次での如く土・木・金・土にして西南・東南・西北・東北の四隅に位せるが、これすなはち四方の陽數は四隅の陰數を統ぶるこゝろである。そして陽數は北方の一を起點となして右に轉ずるから、これを三倍すると東方の三となり、東方の三を三倍すると南方の九となり、南方の九を三倍すると二十七となり、二十の盈數を除いた殘數が西方の七である。陰數は西南の二を起點となして左に轉ずるから、これを二倍すると東南の四となり、東南の四を二倍すると東北の八となり、東北の八を二倍すると十六となり、十の盈數を除いた殘數が西北の六である。その三を乘じ二を乘ずるゆゑんは、三は圓天の數であり、二は方地の數なるによつてゞある。けだし三とは一・三・五の奇數を合する九なるが、こは三數を合するものであり、二とは二・四の偶數を合する六なるが、こは二數を合するものである。そして北の一水は南の九火を剋し、南の九火は西の七金および西北の六金を剋し、西の七金および西北の六金は東の三木および東南の四木を剋し、東の三木および東南の四木は西南の二土・中央の五土および東北の八土を剋し、西南の二土・中央の五土および東北の八土は北の一水を剋するが故に、これは相剋を表面となし相生を裏面とする。この九疇を一白、二黑、三碧、四綠、五黄、六白、七赤、八白、九紫の九星といひて年月日時に配して吉凶盛衰を占ふにいたりし起原がいづれの時代なりやといふに、こはおそらくはるか後世の六朝以後なるべく、そして元明より清におよんでまさにその頂巔に達せしものと思はれる。九星といつてもけだし一・九・三・七等の星點より來つた名で天空の實在星ではあるまい。たゞし三白寶海(上)には左の如く北斗七星およびその左輔右弼の二星に配してゐるから、さらに深く考ふべきことゝ思ふ。

一白	貪狼	二黑	巨門	三碧	祿存
四綠	文曲	五黃	廉貞	六白	武曲
七赤	破軍	八白	左輔	九紫	右弼

故理學博士新城新藏氏いはく、

九星術といへば天文に根據があるやうに思はれるが、これは八方に中央を加へて九宮と稱するに過ぎず、天文や曆法には少しも關係がない。この九つの場所を年月日時の異なるに從ひ色づけを變へて一白、二黑、三碧、四綠、五黃、六白、七赤、八白、九紫と稱へ、人々の運命はその母の胎內に宿つた時に定まるものとし、その時の九星配當が人の一生を支配すると考へたものだが、九星配當そのものが出たらめなもので信ずるに足らない(昭和九・一二・二七日の大阪朝日新聞における氏の談)。

このなか九星配當を出鱈目といはるゝ眞意を解しかねるが、もし九星すなはち九疇そのものを根本的にながめて信ずるに足らないといふならば、その大いにしからざるわけは既述の如く、またもし年月日時に配することが一種の揑造にすぎないといふならば、九曜そのものが全く陰陽五行の理數にして萬有に周遍し、時空またこれを離れて存在しえなく、從つてある根據のもとに年月日時に配すべきは當然であり、年月日時に配する以上、そこにおのづから相生相剋の理法成立して吉凶盛衰分れざるをえないから、これまた決して出鱈目などゝいふべきものではない。以下進んで五行說に論及しやう。

五行說はいふまでもなく支那の學說なるが、この思想は前述の河圖・洛書に胚胎するが故に起原悠遠である、故に史記にいはく「黃帝建㆓立五行㆒」（二六）と。しかしそれが發達せるは天空に動く五星の存在することを知るにおよんで、それと結びつけるに原因するのであつて、すなはち西紀四世紀前たる戰國時代からであり、まさしく大成せるは漢の時代（西紀百年前）である。五行說がはじめて文書に現はれたのは、前にいふが如く尙書洪範の、

一五行。一曰水、二曰火、三曰木、四曰金、五曰土。水曰㆓潤下㆒、火曰㆓炎上㆒、木曰㆓曲直㆒、金曰㆓從革㆒、土爰稼穡。潤下作㆑鹹、炎上作㆑苦、曲直作㆑酸、從革作㆑辛、稼穡作㆑甘

といへるこれである。この五つのものを行といふについて、襄公二十七年の左傳には「謂㆓之行㆒者、若在㆑天則五氣流行、若在㆑地世所㆓行用㆒也」といひ、後漢班固の白虎通（二一）には「言㆑行者欲㆑言㆓爲㆑天行㆑氣之義㆒也、地之承㆑天猶㆓妻之事㆑夫臣之事㆑君也」といひ、通德類情（一）に「今按、行也者言㆖其行㆓於地㆒者㆘

也、質行於地而氣通於天」といへるが、今これらを合せ考ふるに、行とは（一）行きわたるといふ義であり、（二）ひろく實用されるといふ義である。その（二）については尙書傳に「是爲人用也、五行卽五材也」といひ、襄公二十七年の左傳に「天生五材民並用之、言五者各有材幹也」といひ、大師はこれらによつて秘藏寶鑰上に「四序玉燭、五才金鏡」（全集三・八）といつてゐる。（一）については白虎通二にまづ五行のおの〳〵に對して「水之爲言濡也、陰化沾濡。木之爲言觸也、陽氣動躍。火之爲言化也、陽氣用事萬物變化也。金之爲言禁也、萬物禁止。土之爲言吐也、吐含萬物」との定義を付し、そしてこの木・火・土・金・水を次での如く東・南・中・西・北の五方。春・夏・土用・秋・冬の五方。角・徵・宮・商・羽の五音。靑・赤・黃・白・黑の五色。肝・心・脾・肺・腎の五臟に配し、乃至卿大夫の行ふ五祀といひ、爵位の五等といひ、刑罰の五等といふなどすべて範をこれにとらないものはないといつてひろく論じてゐる。吉藏の仁王經疏（一、大三三・三一九）や大師の十住心論（二、全集二・五九）には、天の五星、地の五行、人身の五臟、人道の五常みな同根一體なりといつて、儒教の五常と佛敎の五戒との調和をなしてゐる。また神道には國常立尊を世界の根源となし、これより天神七葉・地神五代と現ずるが、七葉の天神はすなはち日月五星の七曜、五代の地神はすなはち五行の神なりと傳ふる（神風記一、天地麗氣記一、靈符緣起上）、これみなこの說の影響をうけしものである。

この五行を時としては（一）正五行、（二）洪範五行、（三）八卦五行、（四）玄空五行、（五）雙山五行、（六）渾天五行、（七）四經天竇・龍子玄女・竇照五行、（八）天卦五行、（九）地卦五行、（一〇）二氣五行、（一一）正氣五行、（一二）納音五行、（一三）八宅五行、（一四）宿度五行、（一五）星盤五行、（一六）十二化氣五行の十六種に分つ場合なきに非ざるも、こは用處に隨つて名を異にするのみで自體もとより同一である（方則指要）。およそ五行の相生・相剋とは、木・火・土・金・水は相生の次第であり、火・金・木・土・水は相剋の次第である。いはゆる木と木と相摩して火を生じ、火はものを灰燼に歸して土を生じ、土はよく金を生じ、金は鎔解して水を生じ、水は潤ほしてよく木を生ずる、これすなはち相生である。火はよく金を鎔かし、金はよく木を截り、木はよく土の精氣を奪ひ、土はよく水をして流れしめず、水はよく火をして滅せしむる、これすなはち相剋である。この五行と陰陽二氣との關係いかんといふに、二氣和合して五行となるが故に、この間能生と所生との別體あることなほし親子の如くに見られざるに非ざるも、その實は二氣を離れて五行なきとゝもに五行を離れて二氣なきことなほし水波の如くでなければならぬ。要之、相生・相剋の二義のなか相生は生成化育の大道にして、これに順應するものは榮え、これに逆抗するものは衰へざるをえないから、その順逆趨避を誤まらざらしめむとするのがまさしく陰陽學の本旨である。

第二節　顯教と陰陽思想

一、顯敎の經典に含む占卜思想

顯敎の經典に陰陽學的の思想これありやいなや、もしこれありとせば、その敎義がいかなる點においてこれと結びつくのであるか、今試みにこれを考察しやう。

私の觀るところによらば、星宿の運行について說ける呉の竺律炎および支謙共譯の摩登伽經二卷や、西晉竺法護譯の舍頭諫太子經一卷や、隋那連提耶舍譯の大集日藏分十卷・同月藏分十卷や、その他十輪・二十五輪・百策または十二因緣によつて占卜する占察經といひ、圓覺經といひ、梵天神策經といひ、十二緣生祥瑞經といふが如きはみなこの思想を含んでゐる。このなか星宿について說ける諸經典の要は、下にいたつてまさしく星宿觀をなすところに述ぶることゝなし、今このところには占察經等の四部についてこれを述べておきたい。

（一）占察經。つぶさには、

占察善惡業報經出六根聚經中　二卷　天竺三藏菩提燈譯（大一七・九〇一）

と題し、宋・元・明本には譯者を「隋外國沙門菩提燈」と署し、三寶紀・武周錄・開貞二錄および智旭疏にはみな燈を登につくつてゐる。この經は地藏菩薩が佛勅をうけて末世行者のために修行の指針を說いたもので、その內容は大いに除疑轉障の法を示す第一段（上卷）と、進趣大乘の道を說く第二段（下卷）とに分るゝが、このなかの第一段が一種の占法にして經題のよつておこるゆゑんである。その占法たるや、まづ香木をもつて十九輪をつくるのであるが、そは約九分の立方體となし、中央を方形になして符號を記し兩端を菱形になして轉じやすからしめる。このなか初めの十輪は第一に過去造業の種類を占はむがための所用であり、次の三輪は第二にかの種類の强弱淺深いかんを占はむがための所用であり、のこる六輪は第三に三世の受報相を占はむがための所用である。第一の十輪にはその表面に不殺生乃至不邪見の十善を記し、裏面に殺生乃至邪見の十惡を記し、左右の兩面をば白字とする。第二の三輪には適當の位置に身・口・意と記し、おの〳〵の四面には一畫を記して太くかつ長くすると、細くかつ短かくすると、又これを刻して深くすると、淺くするとの別あらしめる。これすなはち善業は莊嚴にして畫飾の如く、惡業は衰害にして損刻の如くなるを表し、そしてこの二種におの〳〵優劣大小あるが故に合して四種となるのである。第三の六輪は六根・六境・六識なる三種の六法を表する。六根が六境に託して六識を生じ、六識生ずる位におの〳〵苦・樂・捨の三受を生ずるが故に合して十八受となるが、この十八の數字を六輪に記する。その法おの〳〵の一面を白字となし、第一輪の三面に一・二・三、第二輪の三面に四・五・六、乃至第六輪の三面に十六・十七・十八とまくばつて記する。かくの如くできあがらば、この十九輪を香水に洗淨し乾かして他日の所用にそなへおくのである。

さてこれによつてまさしく占卜するにのぞんでは、道場を莊嚴して香華燈明等を供し、まづ十方の三寶を禮拜し、次に地藏の名號を念誦すること一千遍、次に至心祈願しをはつて淨布を敷き、右掌に第一の十輪を安じ掌を仰げてこれを散ずる。このときに現はるゝものに(一)皆善、(二)皆惡、(三)善惡混合、(四)白字の四種あるわけなるが、これらがもしも自己現在の性格果報等と比し來つて合するならば正しく、合しないならば正しくない。正しくなきは至心ならざるによるが故に、さらに至心をこらしをはつて再占すべきである。白字は有漏の業種つきて生死を出離することまさに近きにあるの相であり、もしこれおよび皆善をうればますく道業を勵むべく、またもし善惡混合ならびに皆惡をうればよろしく禮拜懺悔を行ずべきである。(四)の白字をのぞき前三によつて過去に熏ずる善惡業種のいかんを知るといへども、未だそれの强弱大小の度を知る能はざるが故に相ついで第二輪法によるのである。その法、身業に屬する不殺生・不偸盜・不邪婬の三善またはこれに反する三惡、語業に屬する不妄語・不綺語・不惡口・不兩舌の四善またはこれに反する四惡、および意業に屬する不慳貪・

不瞋恚・不邪見の三善またはこれに反する三惡に對して、次での如く身・語・意の記號ある三輪を拋ち、そして前にあげし四種相によつて業種の程度をトする。しかるにもし第一輪法によつて善相をえたるに第二輪法によつて惡相をうるにおいては、その占の正しからざることまた前と同じい。もし行者ありて定慧を修學せむとするにあたり、この第一輪法および第二輪法によつて惡業深重なるを知らば、しばらくこれを斷念し、身器を清淨ならしめむがために須らく懺悔法を修すべきである。いはゆる佛像または經卷を安じて香華を具し、澡浴清淨にして晝夜六時に入堂し、過去七佛、五十三佛乃至十方諸佛を禮し、別しては地藏の名號を唱念し、勸請し隨喜し廻向すること一七日乃至一千日にわたらしめ、もし光明輝やき異香熏ずるなどの好相を感ずるにおいては、これすなはち惡業輕微となりし前兆であり、こゝにおいてはじめて志望の定慧を修學するに堪ふる。

第三輪法は前にいつた六輪を同時に三度拋つてその數を合計し、これによつて三世の受報相を知るのである。すなはち六輪おの〳〵の大數は三・六・九・十二・十五・十八なれば合して六十三なるが、もし三度ながらこの大數をえば合計百八十九にしてこれが最大數である。これに對する最小數は一度一、二度は白字無數にしてつまり一なる場合これである。その中間數はもつて准知すべく、また三度ながら白字無數ならば近く有漏報を出離せむとする最好相である。そしてかの百八十九の數を過去・

現在・未來に三分する、すなはち一より百六十にいたるは現報を知るの數であり、百六十一より百七十一にいたる十一は過報を知るの數であり、百七十二より百八十九にいたる十八は未報を知るの數である。これにより左に經文を略抄して占斷の例證をあげて見やう。いはく、

一者求二上乘一得二不退一……五者求二神通一得二成就一……四十九者求二大富一財盈滿……一百六十者觀二所患一命當レ盡（以上は現報につく占ひ）。

一百六十一者從二地獄道中一來……一百六十五者從二人道中一而來……一百七十一者曾得レ聞二深法一來（以上は過報につく占ひ）。

一百七十二者捨レ身已入二地獄一……一百七十六者捨レ身已生二人道一……一百八十九者捨レ身已入二上乘一（以上は未報につく占ひ）。

かくてこの第三輪法は出世間的の事柄は勿論、世間的日常の云爲百般をもトしうるわけである。以上の三輪法は通じて自他に適用しうべきも、もし他人の場合には一點の名利念がこれに伴つてはならぬと、これすなはちこの經占法の要である。

しかるに當經に對しては古來眞僞の論が盛んである。いはゆる法經錄二には衆經疑惑部にをさめ、三寶紀十二の記事は二樣に見らるゝもけだし疑惑部にをさむるこゝろなるべく、仁壽錄四および內典

録十もまた疑僞部にいれ、則天武后の代になりし武周録にはじめて眞經と決し、開貞二録またこれに倣ふのみならず、これを疑ふ古説を反駁し、降つて明朝にいたり智旭またこの說を信じ、當經に對して玄義一卷・疏二卷を著はしてゐる（大日本續藏經、以下單に大續といふ、三五）。そも〳〵武周録以前の古師がみなこれを疑ふは、（一）群録にこの經を載せざると、（二）譯者菩提燈の事歴明らかならざると、（三）占法が奇怪なるとの三つの理由あるによつてゞある。當經に二段の內容を有するなか、第一段の內容は前述の如く、第二段は大乘の觀行をひろく明かすのであるが、その要旨起信論と大同なるのみならず、語句までも殆ど同じきところ少なからず、ために起信論がこれによるか、これが起信論によるかは人をして大いに迷はしむる。たゞし私に考ふるに、起信論は梁陳代すでに世にいづるも、これは隋にいたりはじめて現はれ、またその起信論同型の法門について熟察するも、かれの如く如來藏と阿梨耶識とを根柢として眞妄和合の緣起を語るでもなく、また一心と三大との關係や乃至佛身論にふれるでもなく、その哲學的基礎が薄弱であつて、論理井然たるかれの比でないから、かれがこれによらざること明らかである。たゞし題下に「出六根聚經」と注するは、いふまでもなく當經は六根聚經の抄出なりとの意味である。勒那摩提（寶意）譯の寶性論三（大三一・八一三）にこの經を引いてゐるから、眞經なるべしと想像されるが、今題下ことさらに見ることのできないこの經をあぐるは、これすなはち人を欺く一種の方便ではあるまいか、かくて私は古説に左袒せざるをえない。

(二)　圓覺經。つぶさには、

大方廣圓覺修多羅了義經　一卷　唐佛陀多羅譯(大一七・九一三)

と題し、宗密はこれに略疏四卷・略疏抄十二卷を撰してひろく世に行はれつゝある經で、ことさらその内容の委説にもおよぶまい。このなか辨音章に二十五三昧の修行法を明かし、そしてこれは機に隨つて適否あるべきが故に、その隨一の三昧を撰ぶにはまづ二十五輪をつくつて三昧名を記し、至心に祈りこれを抛つて現ずるものにつくべき占法が說かれてゐる。いはく、

於㆓二十五輪㆒各安㆓標記㆒、至心求㆑哀隨㆑手結取、依㆓結開示㆒便知㆓頓漸㆒、一念疑悔卽不㆓成就㆒。

たゞし輪相および占卜の方軌が占察經の如く詳細でない。この經は古來眞僞の論あるをきかざるも、語法および内容を見るに疑問符多き大佛頂首楞嚴經と同型に屬する。近來望月氏これを僞妄と斷ずる(淨土敎の起原發達)が、傾聽に値ひすべきものかと思ふ。

(三)　梵天神策經。東晋帛尸梨蜜多譯十二卷の佛說灌頂經(大二一・四九五)中の第十卷これであり、このなかにいはく、

又見㆓人民㆒悉受㆓苦惱㆒、心中疑惑不㆑能㆓決了㆒。今欲㆘承㆓佛威神之力㆒、出㆓梵天結願一百偈頌㆒以爲㆗神策㆖、

惟願世尊許㆓可此事㆒。復作㆓是言㆒、我常見諸異道輩九十五種㆒、各有㆓雜術㆒爲㆑人決㆑疑、而今世尊正等覺上更無㆓此法㆒……第一偈云、若聞㆓佛呪經㆒、百魅皆消㆑形、舍宅得㆓安隱㆒、縣官不㆓横生㆒……第一百偈云、得㆑善無㆓惡緣㆒、戒神常擁護、梵天說㆓神策㆒、吉祥不㆓相誤㆒……佛告㆓阿難梵天大王等㆒、若四輩弟子欲㆔爲㆑人行㆓此神策法㆒時、當㆘以㆓竹帛㆒書㆓此上偈㆒以㆓五色綵㆒爲㆑囊盛㆑之、若欲㆑卜時探㆓取三策㆒至㆓于七策㆒審定無㆑疑、澡㆓漱口齒㆒莫㆘食㆓酒肉㆒及啖㆗五辛㆖。出策之法不㆑得㆑過㆓七人㆒、後設探者衆事不㆑中不㆑護㆑人也。

僧祐の出三藏記（四）には灌頂經十二卷のなか、第九以下の三卷は帛尸梨譯に非ず後人の所加なりといひ、そして第十二の拔除過罪經を僞妄となすも、前の三者を必らずしも僞妄とまでは見ないが、仁壽錄（一）には最初よりこの四經をのぞき、靜泰錄（四）にはこれをみな僞妄部にをさめてゐる。要するに、百策による占卜はけだし易の五十蓍策に倣つたもので支那人の僞作であらう。

（四）十二緣生祥瑞經　二卷　宋施護譯（大一六・八四五）。

この經は十二因緣を十二支獸に配し、十月一日を無明支子に、十一月一日を行支丑に、十二月一日を識支寅に乃至九月一日を老死支亥にわりあて、各月の二日以後を逆次にわりあて、これによつて烏鳴・狗吠などの些事にいたるまでにも應用し、もつて人事日常の吉凶を卜するもので、つまり十二因縁の名字を各月の三十日に配しての占法なるが、所説また奇異である。たゞしこれは占察・神策等の僞經の比にあらず原典を譯せしことには異議なきやうである。しかるにたとひ原典これありとしても譯者よりこれを推考するに、けだし或ひは支那における占筮思想の影響をうけて比較的新らしく成立したるものではあるまいか。

上述によらば顯敎經典としての占察・圓覺・神策の三經が疑問の經なるとゝもに、十二緣生經もまたかの敎義にてらしては、むしろ相容るべからざるものであるまいか。しからば古來すでに眞經とみとめられてしかも星宿占法を說ける摩登伽・舍頭諫・大集日月藏分などの思想をいかに見るべきやといふに、こは(一)因位における佛陀遍學の狀を說いて、法門無邊誓願學てふ菩薩の理想を學ばしめむがためなると、(二)かゝる世俗の學術にとらはれてます〳〵人法二執の深坑に墮する弊を矯正し、二無我の大道に赴かしめむがためなるとによるものにして、つまり佛敎の主體法門に對する客位法門にほかならぬと見るべきである。

二、その敎義より觀たる陰陽思想

智度論三には、佛弟子にして(一)園藝農事に携はるを下口食となし、(二)權門勢家に阿附して使者となるを方口食となし、(三)星宿の運行や風雨雷電相を觀測するを仰口食となし、(四)呪術卜算を學んで生活の資とするを四維口食となしてこれを禁じ（大二五・七九）、同十九には人のために吉凶を占ふを五種邪命の隨一と誡めてゐる（二〇三）。たゞしこれらは利他のためではなき名聞利養の行爲を斥くるやいふまでもない。印度においては一切の學術を（一）訓詁文法を明かす聲明、（二）陰陽暦數等を明かす工巧明、（三）藥石針艾を明かす醫方明、（四）邪正決判の法を明かす因明、（五）五乘の因果を明かす内明（佛敎）の五明となし、また別して婆羅門敎の内容を（一）養生繕性を明かす梨俱吠陀（韋陀又は吠陀といひ、こゝに智論と翻ず）、（二）祭祀祈禱を明かす夜殊吠陀、（三）占卜兵法を明かす娑磨吠陀、（四）算數暦術を明かす阿達婆吠陀の四種となすが（翻譯名義集五、大五四・一一四四）、智度論二に總じてこれが内容を「四韋陀經中治病法、鬪戰法、星宿法、祠天法、歌儛論議難問法、是等六十四種世間技藝」（七二）といつてゐるから、こはおのづから五明中の前四明に攝せられる。およそ菩薩はこれらを知るにあらずんば、機に應じ變に處して遺憾なく利他の能事を發揮すること不可能である。善財童子が百城を遍歷して一門通達の諸聖より學法するや、また黶子を相して三世を知る釋天主童子についてこの法術を學ぶが如きこの意味にほかならぬ（六十華嚴四八、大九・七〇四）。故に同論二十五に十地の菩薩の智識豐富なるを、

是菩薩得二此無礙智一、轉レ身受レ生時一切五通仙人所有經書、呪術智慧伎能自然悉知。所レ謂四韋陀・六

甕伽呪術、知二日月五星經・原夢經・地動・鬼語・鳥語・手語・四足獸鬼著人語、國王占相豐儉、醫藥章算數卜、歌舞伎樂一。如レ是等工巧伎術諸經盡知明達、過二一切人及諸道一、亦不二自高一亦不レ惱レ他（二四七）

といひ、菩薩地持經には左の如く明らかに菩薩の所學なるゆゑんを、

（一）一切明處精勤修學、善爲二衆生一決二諸疑難一攝取饒益、亦自攝受一切智因（一、大三〇・八九四）。

（二）於二一切明處一悉能修學（三、九〇〇）。

（三）明處有二五種一、一者內明處、二因明處、三者聲明處、四者醫方明處、五者世工業明處、此五種明處菩薩悉求（九〇三）

と示してゐる。況んや文殊根本儀軌經にはもとこれ佛說なりと說くにおいては、ます〱遍學の必要なことが明瞭となる。いはく、

又復我於二過去一爲二菩薩一時、世間一切衆生愚癡黑闇無レ智無レ慧、我爲二此等一說二於世間一切工巧技藝、陰陽算數圍陀典籍一（一四、大二〇・八八四）。

五明を遍學せよといふによつて、當然陰陽學をも學ばなければならぬ意味よく現はるゝも、そは方便の具としてゞあり、他山の石としてゞあり、いはゆる客位法門としてゞあり、中心思想とはよほどかけ離れたものである。そも〱時間と方位とは陰陽學よりしては最重要の地位を占むるが、まづもつ

てこれに對する一般佛敎すなはち顯敎の所見を明らかにしなければならぬ。このなか時については、大日經に異端學派を總じて三十種となすが時外道はその隨一である。智度論(一)を考ふるに、これには時をもつて萬有能生の眞因なりと見ると、および眞因にあらざるもその眞因の根本所依體なりと見るとの二派がある。すなはち前者は緣起の力を見る性宗の眞如の如く、後者はこれを見ざる相宗の眞如の如き關係なるが、要するに二派は時を形而上的實在と見ることは同じい。また同論に時に迦羅(𑖎𑖩)と三摩耶(𑖭𑖦𑖧)との二種ありといへるが、迦羅とは一定不變の常恒時であり、三摩耶とは前滅後生の無常時であり、このなか二派の對象となるは迦羅時である。大日經具緣品によらば、如來ひろく入壇灌頂の法を說きをはつてまさに大力大護の眞言を說かむとするにのぞみ、金剛手等一會の大衆異口同音に「世尊今まさしくこれ時なり、善逝今まさしくこれ時なり」とその說を勸請してゐる。同疏(九)にこの二つの時を、梵本にはゝじめの時を迦羅につくり、のちの時を三摩耶につくるが、そは次での如く春分播種の時節と、その時節における甘雨普潤の好機との如く、永久性と一時性の別なりと釋してゐる。

佛敎においてはこの永久性の迦羅時たると一時性の三摩耶時たるとを問はず、時とはすべて萬法生滅變化のうへに假立するものにほかならぬから、いはゆる「時無別體依法而立」(倶舍論)といつてこれを無體視する。況んや人爲の約束によつて空間を規定するにすぎない方位の如きは、これに准ずるに無體なることといふまでもない。これその倶舍論に一切諸法を攝して七十五法となすなかに、この二つを除外するゆゑんである。唯識論の百法中には、これを便宜不相應行法に屬するも、不相應行法はもとより非色非心の假法なるが故にその無體なること勿論である。大寶積經(三)に「菩薩應レ離三選二擇良日吉辰一」といひ、涅槃經に、阿闍世王が吉辰を撰んで佛陀に正法を問はむとするや、臣耆婆が佛法の見地よりそのいはれなきことを、

大王、如來法中無レ有レ選二擇良日吉星一。大王、如二重病人一猶不レ看二日時節吉凶一惟求二良醫一。王今病重求二佛良醫一不レ應レ選二擇良時好日一。大王、如三栴檀火及伊蘭火二一倶燒相無レ有レ異也、吉日凶日亦復如レ是、若到二佛所一倶得レ滅レ罪(北本二〇、大一二・四八二。南本一八、同・七二五)

と諫むるが、これすなはち佛教の本義を示したものである。しかのみならずこの經には、或ひは國王々子に親近し命を奉じて隣國に使ひし、或ひは屠獵酤酒の家に出入して販賣し、或ひは圍碁六博、或ひは卜筮占相にふけるは、これすなはち魔眷屬にしてわが弟子にあらずとさへ呵禁されてゐる(北本二五、五一七。南本二三、七六二)。また諸法皆空の觀點より智度論に、

菩薩知下日中分時、前分已過後分未レ生、中分中無二住處一無二相可一上取。日分空無二所有一、到二三十日一時二十

九已滅、云何和合成レ月、月無故云何和合而爲レ歳。以レ是故佛言、世間法如レ幻如レ夢、但是誑レ心法。菩薩能知二世間日月歳和合一、能知二破散無所有一、是名二巧分別一（四八、大二五・四〇九）といひ、天地八陽經に「迷故三界獄、悟故十方空、本來無東西、何所有南北」（杲寳の卽身義東聞記一・二一左所引のまゝ、大八五・一四二二の同經にこの文なし、谷響集四・五云想古賢依二佛經之意一爲二斯一頌一矣）といふが如き（たとひこれが僞經なるにせよその義はよく法空の眞意をえてゐる）、またみなこの思想である。

第三節　密教と陰陽思想

一、眞言經典に含む占卜思想

以下まさしく密教の經典に含む陰陽思想の考察を試みやう。このなかまづ時方の二者に對する態度いかんといふに、おのづから不可撰・可撰の二潮流となつてゐる。いはゆる、

（一）爲下利二有情一祈中無上願上、莫レ念二時處一、不レ慮二吉凶一、不レ依二儀式一。但能正修及正廻向、運心供養亦速成就（要略念誦經、大一八・六〇）。

（二）此大悲軌儀、不レ擇二日及宿一。時食與二澡浴一、若淨與二不淨一、常應レ不二間斷一。遠二離於散亂一、不レ營二諸

世務（如意輪瑜伽法要、大二〇・二一五）。

（三）不問吉凶黒白二月、齋與不齋、若淨不淨食與不食、先誦是呪滿十萬遍即得法成（陀羅尼集經九烏樞沙摩品、大一八・八六一）。

（四）淨與不淨但發菩提心爲淨、內外緣合不擇時日（尊勝佛頂軌儀、大一九・三七七）。

（五）不擇時宿曜、不擇念誦處、應當請本尊、而求諸悉地（菩提場經三、大一九・二〇五）。

以上は不可撰說の例證である。

（一）於白月鬼宿、取淨白素疊、畫愛染金剛（金剛峯瑜祇經上愛染王品、大一八・二五六）。

（二）若作最上成就、應取上宿曜時、其中下法類此應知。然諸宿中鬼宿爲最、若作猛利成就還依猛利宿曜時等（蘇悉地經下分別悉地時分品、大一八・六二五。このほか光顯品、六二四。中成就物品、六二三。祈驗品、六二〇。上獻食品、六一二。持戒品、六〇七等廣說）。

（三）一月分爲四時、從月生一日至八日應作息災。從九日至十五日應作增益。從十六日至二十三日應作降伏。從二十四日至月盡日爲敬愛法（都部陀羅尼目、大一八・八九九）。

（四）息災法取白月日月水木等曜、及和善等宿、初夜時起首、行者面向北方……增益法以白月日出起首、行者面向東方……慶愛法以後夜時起首、法依四種壇法、行者面向西方……調伏法取二黑月日中亦夜半一起首………其火曜星宿等尤吉、行者面向二南方一（秘藏記、全集五・三）。

（五）遇二良日晨一、定日時分宿直諸執皆悉相應、於二食前時一値二吉祥相一（大日經一、大一八・四）。

以上はこれを廣說する宿曜經をしばらくのぞき、自餘散說の經軌における可撰說の例證である。このなか前者は一往顯敎の無時方論と同じく涅槃經等の說に准ずるが如きも、悉地成就の根本條件がひとへに精進修行に存し、撰時撰方などはその補助條件にすぎないてふ立場より見たるものにして、決してこれを無視するのではなく、その內面の意味はかれと大いに異なり、事情の許すかぎりはむしろこれを撰んで萬全を期せしめやうとするのであるから、この意味において全く後者に合流する。これすなはち密敎の本義とするところなるが、その詳細の理由は大疏の三重釋をひく下節にゆづる。

總じて密敎においては丑寅すなはち艮の時方を重視することひろく經軌および口訣に散在せるが、今その二三の例證をあげて見る。守護經（九）によらば、釋尊自から成道の經路をば、われかつて三大劫にわたり種々の波羅蜜門を修し、最後身においてなほ六年苦行するも未だこれを成就せず、道場に坐するとき無量の化佛空中に現じわれを驚かして唵字月輪の秘觀を授け、これを觀じ後夜におよびはじめて成就することをえたりと告白されてゐる。故にいはく「作二是觀一已於二後夜分一、得レ成二阿耨多羅三藐三菩提一」（大一九・五七〇）と。宥快はこの後夜成道に對して、

於二後夜分一成二等正覺一事、自二初夜一至二後夜一者次第背レ暗至レ明義也、至二明相出一至二覺悟曉一義也。或云、晝夜境陰陽不二時也、以レ之表下得二理智不二覺一義上也。學者義云、或初夜成道顯教成道、後夜成道密成道也云云（寶鑰鈔下末六・一三）

といへるが、こは丑の刻をすぎて寅の刻にいりたるは晝夜不二・陰陽不二の位にして、理智不二の覺體とよく相應すとのこゝろである。また葉衣観自在菩薩經は鎭宅法を說くのであり、その法、二十八大藥叉將の眞言を紙素に書し、これを宅内の四方四隅等に帖附するにあるが、その順序はまづ艮位よりはじむべしとして、

先於二東方壁上一帖二四大藥叉將眞言一、從二東北角一起首（大二〇・四四八）

といひ、また大疏（五、大三九・六三〇）ならびに蘇《しゅ》呬《きゃ》耶經（中の摩訶曼荼羅品、大一八・七六四）にはひろく曼荼圖畫の絣線法を說けるが、その要、資はまづ艮位に立つて南面し、師は巽位に立つて北面し、ともに一線を持し艮位よりはじまつて東の一面を絣《すみう》ち、次に師は轉じて西面し、資は東南二方をめぐつて坤位に立ち、對向して南の一面を絣ち、次に資は轉じて北面し、師は南西二方をめぐつて乾位に立ち、對向して西の一面を絣ち、次に師は轉じて東面し、資は西北二方をめぐつてまたもとの艮位に立ち、對向して北の一面を絣ち、かくの如くにして輪廓を畫く、つまり艮位にはじまつて艮位にをはら

しむるのである。そしてゞきあがりたる曼荼羅壇上に五色の金剛線を引いて結界するのであるが、これまた艮位にはじまつて艮位にをはらしむる。乃至一座行法の灑水法もまづ艮位よりしてこれを十方にそゝぐのである。故に先哲の口決にいはく、

一、金剛線ヲ引クニ就テ亦兩部不二ノ義アリ、謂ク東北ノ隅ヨリ始メ南西北ト次第シテ引クナリ、故ニ其始タル金剛部ノ右ニ當ル、卽是東北隅ハ理智不二ノ方ナルガ故ニ以テ深秘トス。

菩提華曰、東北隅以爲二不二方一者何、謂丑寅際而爲二晝夜際一、此陰陽際以喩二理智不二一故、此金剛線始二於此隅一以爲二深秘一（慈雲の曼荼隨聞記五、金剛線下）。

二、私云從二東北角一散レ之者、丑寅是兩部不二方故、眞言以二不二一爲レ本故丑寅爲レ始。生佛不二卽身成佛表示也、後夜成道可レ思レ之（賴瑜の十八道口決、灑水下）。

三、東有二初寅中卯後辰一、今約二東中最初一也。又云、東北方陰陽交際、理智不二也此義甚深（淨嚴の別行秘記一、同下）。

また大師は自卜によつて南山奥院の定窟に入定さるゝが、こは根本大塔を起點としたる艮方である。艮方はたゞに彌勒の座位たるによるのみならず、法爾としてかゝる理智不二・始終不二等の深旨を含むによるからである。要之、艮位を重んずる密教のこの思想は、まさに陰陽思想と一致すといふべき

である。故に周易にいはく、

艮止也、時止則止、時行則行。動靜不㆑失㆓其時㆒、其道光明(下象傳)。

艮東北之卦也、萬物之所㆑成㆑終而所㆑成㆑始也、故曰㆑成㆓言乎艮㆒(說卦傳)。

また曼荼羅壇を築かむとするにあたつては、まづもつて恰當の地相を撰ばなければならぬ。すなはち磽角不毛なると、高下不平なると、鹹鹵不潔なると、艮方漸やく高くなるとの如きはその忌むところのものであり、艮方漸やく低くなると、甘味清淨なると、掌の如く平正なると、草木繁茂するとはその求むべきところのものである。故にいはく、

一、我今次說㆓地相善惡應作不應作曼荼羅處㆒。謂於㆓高下㆒及有㆓荊棘碎髑髏片㆒、近㆓崖坑坎㆒枯井枯地饒㆑有㆓樹根㆒、及有㆓蟲窠鹹𪉩炭灰㆒饒㆓石瓦礫㆒、自然乾土並髮蟲饒、如㆑是等地應㆓可遠離㆒。於㆓一切事諸曼荼羅㆒、於㆓平正地㆒淸淨潤澤離㆓如㆑前過㆒、於㆓東北方㆒其地少下、如㆑是等處作㆓曼荼羅㆒入爲㆓吉祥㆒(蕤呬耶經上、大一八・六〇五)。

二、彼應㆓先淨㆓其地㆒、多有㆓花菓㆒處、於㆓山頂金剛座轉法輪等處㆒、勝上成就應㆑畫。於㆓東北微下處㆒、其地平正不㆓鹹鹵㆒、無㆓棘刺骨毛髮爪甲㆒處、離㆓礓石髑髏沙穢黑泥㆒處、若土色好及無㆓如㆑上穢惡㆒、當㆘掘㆓出土㆒却用塡築㆖。如㆑地已堅土有㆑餘卽是上處、堪㆑爲㆓成就㆒。如土不㆑足此處不㆑堪、當㆓改覓㆓勝處㆒(奇特

佛頂經上、大一九・二九〇）。

大日經一具緣品（大一八・四）、梵天擇地法（同・九二四）、および建立曼荼羅及揀擇地（九二六）等にまたひろくこの相法を說いてゐる。家相に關する經說は殆んどこれなきも、すでに地相を詳說するにおいては、けだし世間の陰陽學にゆづつて略するまでゞあり、こは當然肯定さるべき性質のものである。從つて葉衣觀自在菩薩經といひ、聖無動尊安鎭家國等法（大二一・三二）といふが如きは、家宅鎭護の法を說けるもので、このなかに尠からぬ陰陽思想が含まれてゐる。要するに上述の部分はかの方鑑學や風水學との關涉多大なりといはざるをえない。

また次に密敎正機の人相を說くことも周密である。一字金輪時處軌に「傳法阿闍梨先簡擇弟子、淨信決定者、宿植諸善根、族姓具相好、孝忠義德備」（大一九・三二〇）といひ、蘇悉地經に「諸根支分皆悉圓滿」（上、大一八・六〇五）といふなどは極めて略說なるも、左の經說にいたつては全く一種の觀相學である。

一、其相靑白或白色、廣首長頸、額廣平正、其鼻修直、面酺圓滿、端嚴相稱、如是佛子應當殷勤而敎授之（大日經六囑累品、大一八・四四）。

二、次又辯其外相、略說其色謂靑白也、卽是非白又非大黑是吉祥色也、大本廣明今但擧一隅耳。

頭廣謂如㆓羅云㆒頂如㆓傘蓋㆒之類、然不㆓太廣㆒又不㆑合㆑小、要直豐纖得㆑中而相具也。高頸謂頸不㆓太長㆒又不㆓太短㆒、以㆑要言㆑之修直得㆑中而不㆓過甚㆒也。額廣而嚴亦謂㆓極理太廣㆒、又須㆑具㆓足端嚴之相㆒也。鼻修者謂非㆓太隆高㆒非㆓太卑平㆒、當㆑如㆓金鋌之類㆒也（一の釋、大疏二〇、大三九・七八七）。

三、諸根不㆑缺者、身色光潤黄白、生㆓於勝族清淨處㆒、生㆓於吉宿㆒大勤勇、身相圓滿不㆓太肥㆒不㆓太瘦㆒亦不㆓乾悴㆒、爪如㆓赤銅㆒踝骨平滿、身形長大肌膚潔白不㆓太團欒㆒、齒不㆓疎黑㆒、眼目不㆑睞《にらま》、亦不㆓黄綠㆒……頭圓平滿筋脈平正……爲㆓彼有情㆒而敷㆓演之㆒（菩提場經一、大一九・一九七）。

四、若復有㆑人族望尊高種姓清淨、身相殊異色如㆓眞金㆒頭如㆓傘蓋㆒、髮色紺青面如㆓滿月㆒、額相廣平眉不㆓雜亂㆒、眼長而紅睫不㆓交雜㆒、鼻如㆓截筒㆒、脣色赤好舌如㆓蓮葉㆒、牙齒齊白髭相青密、頦圓齶深、頂髮右旋耳相垂下（以上は上品）。

又復有㆑人或刹帝利、及婆羅門諸清淨種族、人相具足、身紫色或白色、胸臆圓滿乳相高起、毛毫右旋、大腹深臍、其腰廣潤、兩肩平滿、兩腋兩肋如㆓師子王㆒、手臂脯長筋脈不㆑現、上下相稱不㆑矬不㆑長（以上は中品）。

又復有㆑人種姓清淨、身肢具足無㆑缺無㆑減、或紫色或白色、光澤肥好不㆓太肥瘦㆒、偏順下分而有㆓殊特㆒、腰身廣潤腿相圓滿、脛膝上下不㆑曲不㆑戾如㆓鹿王蹦㆒、一一隱密相具足圓滿、足掌之內紅色滋潤、有二吉祥輪相・幢相・門樓相・魚相・幡相・優鉢羅花相一、如レ是諸相悉皆嚴好（以上は下品。文殊根本儀軌經一三、大二〇・八八〇）。

またかの三昧耶戒場において、受者に齒木を嚼ましめその抛つてとゞまる方位の善惡をトし（蕤呬耶經上、大一八・七六三）、護摩の焰相によつて悉地の成不をトし（建立護摩軌、同・九三四。大疏八、三九・六六四）、また夢によつてこれをトする（蘇悉地經中、大一八・六二一。尊勝佛頂修瑜伽法、一九・三八二。不空羂索經二八、二〇・三八三）が如き諸種の占法は、すべて陰陽思想に屬すべきこと勿論である。

二、兩者論據の共通點

眞言密教は萬有の本體を萬有超越の空理のうへに求むるのではなく、萬有に卽する地・水・火・風・空・識の六大のうへに求むるのである。從つて黃・白・赤・黑等の色もあれば方・圓・三角等の形もある有爲の事物なるも、しかしこれを離れて無爲の理體これなきこと、たとへば波を離れて水これなきが如くなるが故に、有爲卽無爲、無爲卽有爲にして有無爲一如である。これその俗諦の萬法が直ちに不變の眞諦にして毘盧遮那法身の顯現であり、金剛胎藏兩部の曼荼羅なるゆゑんであり、これを卽事而眞といふのである。擇地造壇等の俗諦行に對して、大日經一具緣品における薩埵・大日二聖の問答を觀るに、薩埵は俗諦のほかに眞諦を存してこの行のなほ未だ第一義ならざる義を疑問し、大日は卽事而眞の見地よりこの行の究竟眞實なる旨を答說されてゐるが、これすなはち六大卽本體なるゆゑんの論據である。六大のなか前の五大は色法、第六の識大は心法にしてその體五智なるが、色心本來無障無礙なるが故に五大卽五智なるとゝもに、五智卽五大であり、地・水・火・風・空次での如く種子よりいはゞ𑖀・𑖪・𑖨・𑖮・𑖏の五字、三昧耶形よりいはゞ方・圓・三角・半月・團形の五輪、尊形よりいはゞ五佛であり、すなはち或ひは阿閦・彌陀・寶生・釋迦・大日に配すべく（善無畏の傳）、或ひは大日・釋迦・寶生・彌陀・阿閦（不空の傳）に配すべきである。要するに五大はすなはち五行なるが、水・火の二つは相同じく、地・風・空の三つは次での如く土・金・木である。故に宿曜經には風精金曜・空精木曜といひ、三種悉地破地獄法には、五大をもつて五佛・五字・五部曼荼羅・五方・五色・五味・五臟等に配するにあたり、直ちに五行の名を用ひこれにかへてゐる（大一八・九〇九）。

たゞし五大說が木・火・土・金・水の次第を本とする五行說に對して、地・水・火・風・空すなはち土・水・火・金・木の次第を本とするところに注意すべきである。かれが木生火、火生土、土生金、金生水、水生木なる相生を尊ぶに反し、これがむしろ土剋水、水剋火、火剋金、金剋木、木剋土なる相剋を重んずることこれである。この相剋を重んずるゆゑんは、例せば光明や智慧は、これと相反する暗黑や煩惱が存することによつてその力を發揮し、もしこれなければ存在の意義を失ふが如く、諸法はすべてこの相剋の理法によつて各自存在の意義を保つのであり、相生のみにては本來的の能力價値を永久に發揮しえないによるからである。さてこの五大は前にいつたとほり色心一如・理智不二の自體なるが、その色理に具する萬德は胎藏曼荼羅であり、心智に具する萬德は金剛界曼荼羅である。胎藏は蓮華を體となし、金剛界は月輪を體とするが、こは次での如く色理と心智の表示である。しかるにこの二者はもとより相離れざるが故に、胎藏の諸尊は蓮華上の月輪に住し、金剛界の諸尊は月輪中の蓮華に住する。また蓮華は地上のものなるが故に地に配すべく、月輪は天上のものなるが故に天に配すべく、そして地は陰、天は陽なるが故に胎金の兩部はすなはち陰陽であり、もし方位につかば陽は東、陰は西である。しかるに西にあるべき陰の胎藏が東にあり、東にあるべき陽の金剛界が西にあることといかんといふに、こは前にいふが如く胎藏の諸尊は却つて智の月輪に住し、金剛界の諸尊は却つて理の蓮華に住しすなはち陰は陽に住し陽は陰に住するによつてゞある。これによつて五行說に、

一陰一陽謂㆓之道㆒、陽得㆑陰而成、陰得㆑陽而序、剛柔相配（白虎通三・二七）

といへると、眞言密敎に、

智法身佛住㆓實相理㆒……理法身佛住㆓如々寂照㆒……本來一法曾無㆓殊異㆒（三種悉地破地獄法、大一

八・九一二）

といへるとは全く同じい。上述によつてこれを考ふるに、陰陽學と眞言密教との比較はたゞに觀相・風水・方鑑などの形式の共通點に向つて注目すべきのみならず、むしろ陰陽五行といひ、六大兩部といへる論據の共通點に對してふかく注目すべきである。

第二章　干支と宿曜

第一節　干支の起原

時を紀し日を紀し月を紀し年を紀し乃至方位を紀するがために用ひらるゝ便利重寶なる干支の記號が、世界萬國中ひとり支那によつて發明されたといふことについてはもとより異論なきも、支那のいづれの時代に何人によつてつくられたかといふにいたつては茫漠の感を禁じえない。五行大義一にいはく、

支干者五行而立レ之、昔軒轅之時大橈所レ制也。蔡邕月令章句云、大橈採二五行之精一占二斗機所レ建始作二甲乙一以名レ日謂二之幹一、作二子丑一以爲レ月爲二之支一。有レ事二於天一則用レ日、有レ事二於地一則用レ辰、陰陽之別故有二支干名一也。

これは西紀前二千七百餘年の黃帝時代なりとするも、その百餘年後になりし尙書の堯典、特に曆學が中心思想となれる堯典に未だその片鱗すら現はれざるが故に證跡の見るべきものがない。新城氏の說によらば、づゝと古いところでは十日と稱してをつたので、十干を一旬十日にかけ十二支を一年十二

月にかくるやうになりしは、今から三千五百年前の殷時代であらう。昔には日沒直後に天に見ゆる星の模樣によりて季節を定めたもので、主として標準にとれる星のことを辰と稱へてをるのであるが、北斗はそれが夕方に上向きであれば六月、下向きであれば一月の標準とされてをつたので、北斗の象形なる子はゝじめは六月の記號であり、のちには一月の記號に改められてゐる。丑・寅のことはゝつきりしないが、四月は四番めだから四の月、四では紛らはしいから頭をつきだして丣(卯)となし、五月の標準辰は大火なるが、大火の辰をそのまゝとつて辰となし、六月は夏暑い節で、このころは蛇に困つたものと見えてこれを巳(古文ℇ)の月と稱へ、それから午・未・申・亥もまたはつきりしないが、十月は新穀を酒に釀して神人ともに嘗める月なので、酒甕の象形なる酉をもつてその記號となし、十一月は參すなはちオリオンの三つ星が目印の星であり、その象形なる戍を本月の記號とした。故に十二支中巳は最初から動物名なりしも、その餘はすべてこの意味をもつてゐない。これが全部動物名となりしは、支那の戰國時代ころ(西紀前四〇〇餘年)に、その東北滿鮮地方に行はれしものゝ影響でないかと思はれる。春秋に正月の郊の祭にあたり「鼷鼠食郊牛」といふことが數ヶ所にあるので子に鼠、丑に牛を配し、詩に「吉日庚午、既差我馬」とあるので午に馬を配せしものと思はれると(昭和四・一・一發行中外日報における氏の記事、昭和九・一二・二六發行大朝における氏の所談、及び氏著天文學槪觀參考）。

このなか春秋や詩經の引例によつて今私にこれを檢するに、春秋には齊の成公（西紀前八〇三）下に、

七年春、王正月鼷鼠食二郊牛角一、改レ卜レ牛、鼷鼠又食二其角一、乃免レ牛

といひ、又宋の哀公（西紀前七九九）下に、

元年春王正月公即レ位、楚子陳侯隨侯、許男圍レ蔡。鼷鼠食二郊牛一、改レ卜レ牛

といひ、春秋全編この二ヶ所に見えてゐる。この鼷鼠云云に對しては左傳にともに傳が闕けてゐるので、眞意をうるに苦しむが、冠註等によつてこれを考ふるに、鼷鼠とはいはゆるハツカ鼠の類で、これが郊祭（山川を祭る）における犧牲牛の角をかじつて疵ものとなし、つひにその牛を放つて郊祭を廢するといふことにして、こはまさに不祥事の起らむとする前相なりといふのであり、新城氏のいふが如き正月の子に鼠、二月の丑に牛を配せしものとは思はれぬ。それから詩經下に「吉日庚午、既差我馬」とは、庚午の吉日をもつて田獵の馬をえらび、王その强壯なものに騎つて獵場にゆくといふのであり、おぼろげながらもこれは午に馬を配したと見られぬわけでもないが、要之、これらの乏しき文獻のみで、このころに十二支獸の思想ありと見るのはやゝ早計であるまいか。たゞし周易革の卦に「革己日乃孚、元亨利貞悔亡」といひ、又「六二己日乃革レ之、征吉無レ咎」といひ、又巽の卦に「先レ庚三日、

後「庚三日」と文王・周公、が十干を用ふるよりするに、干支の思想が殷代にあつたといふことは事實のやうである。事物紀原に十二支を十二獸に配して十二ヶ月にかけることは黄帝に創まるといふにいたつては、たゞふかく究めざるの說といふべきである。普門律師おもへらく、干支はいふまでもなく支那に創まれるも、十二支を十二獸に配するは佛敎思想の影響をうけしものである。吉藏の仁王經疏下に十二支と十二獸とをならべあぐるより考ふるに、漢代をすぎ魏晋のころ漸やく行はるゝにいたつたやうであると。そして師は北涼曇無讖譯の大集經二十四虚空目分中四無量心品第四、および宋施護譯の十二緣生祥瑞經下と、宋天息災譯の文殊根本儀軌經十四の徵應品とを引いてこれを證する（曆象編三四四左）。

私にまづかの大集經を檢するに、無勝意童子佛に白ふして言さく、他方世界の人民はこの娑婆世界を不淨なりと觀るも、われはしからずこれを清淨なりと觀ると。佛いはく汝の所觀の如し、およそ菩薩が人天身をもつて衆生を敎化するは未だ必らずしもこれを難しとせず、鬼像・畜生像を現じかれらに應同して敎化するは容易の業にあらざるが、しかるにこの界の菩薩はよくこれをなす、この故にこの界は他方土にすぐれて清淨なりと。そしてその例證のために、菩薩所現の十二獸についてこれを詳說する。その要にいはく、この閻浮提外の南方海中に琉璃山あり、山に三窟ありて蛇・馬・羊の三獸これに住して慈三昧に入る。同西方海中に頗梨山あり、山に三窟ありて猴・鷄・犬の三獸これに住して慈三昧に入る。同北方海中に銀山あり、山に三窟ありて猪・鼠・牛の三獸これに住して慈三昧に入る。同東方海中に金山あり、山に三窟ありて師子・兎・龍の三獸これに住して慈三昧に入る。七月一日鼠遊行して鼠身の衆生を敎化し、二日は牛、三日は師子、四日は兎、乃至第十三日はまた鼠の巡番であり、かくの如くにして十二月をつくし十二歳にいたり展轉循環して盡期なしと。このとき會中に一優婆塞あり淨德といふ、佛に問うていはく、われ今この靈獸を見むと欲す、いかにして見ることをうべきかと。佛いはく、その法は、白土をもつて縱廣七尺、高さ十二尺の山をつくり、種々の香泥を塗つて金箔をつけ四邊に香華を散じ、銅器に種々の珍漿をもり、淸淨に持戒し日ごとに三たび洗浴し東面して呪を誦ずること十五日間に及ばゞ、その最後夜にいたり山上に忽然としてみか月像がいで、相ついで、十二獸影現し、もつて大智・大念・大定・大神通力をえしめむと(大一三・一六七)。

これによつて注意すべきは、一つには虎のかはりに師子をもつてするをのぞき餘はみな同じきと、二つには蛇・馬・羊を南に配し、猴・鷄・戌を西に配し、猪・鼠・牛を北に配し、師子・兎・龍を東に配するが、これは十二支を四方に配する支那所傳に全同なることこれである。但し梵語雜名によるに、師子は、虎はにして梵語各別なるも、舍頭諫の梵語に對して同本異譯たる摩登伽經上

には師子耳と譯し、舍頭諫經には虎耳と譯するより考ふるに、この二獸はときに或ひは共通的によばるゝのであるまいか。次に十二縁生經と摩登伽經と文殊根本儀軌經とは、說文簡なれば全文をあげておく。

若復有㆑人審諦觀㆓察十二縁生㆒、了㆓達善惡憂喜得失㆒、應㆘畫㆓轉輪㆒圖寫分明㆖。謂從㆓無明㆒乃至老死、月日分位次第羅㆓列鼠牛虎兎龍蛇馬羊猴鷄犬豕十二相狀本形㆒、輪轉次第爲㆑人解說（十二縁生經、大一六・八五〇）。

卯時地動害㆓諸國王象馬車乘㆒、午時動害㆓諸大臣㆒、未時動者害㆓衆雜畜及種田者㆒、酉時動者害㆓諸盜賊及諸僕使㆒、子時動者害㆓貧賤及與婦人㆒（吳竺律炎譯摩登伽經下、大二一・四〇八）。

若木星直日卯時生者、及得㆘日月星宿於㆓晝夜分㆒合㆗其本位㆖、乃是賢聖生處（文殊儀軌經、大二〇・八八四）。

これによれば、十二縁生經の十二獸は常の所傳そのまゝであり、又十二支をもつて十二時を紀するはもと印度の思想たることが知りえらるゝ。白虎通に干支の意義を、

甲者萬物孚㆑甲也。乙者物蕃屈有㆑節。丙者其物炳明。丁者强也。戊者茂也。己者抑屈起。庚者物更也。辛者陰始成時爲㆑秋。壬者陰始任。癸者揆度也時爲㆑冬（以上十干）。

子者孳也。丑者紐也。寅者演也。卯者茂也。辰者震也。巳者物必起。午者物滿長。未者味也。申者

身也。酉者老物收斂。戌者滅也。亥者仰也（以上十二支）。と定義せるは、けだし原始的の意味なりやいなや疑はしきも、こはもと淮南子によりしものである。たゞし白虎通の著者後漢の班孟堅と同時たる王充の論衡三の物勢篇に「寅木也其禽虎也。戌土地其禽犬也……子亦水也其禽鼠也。午亦火也其禽馬也」といつて明らかに十二獸に配するよりこれを思ふに、こはおそらく佛敎渡來以前の思想なるが故に普門律師の所見はあたらない。そしてこれが佛敎の說と合するは、東西思想の暗合と見るよりも、むしろ佛敎が支那思想の影響をうけたものと見るのが正しいのではあるまいかと思はれる。

第二節　十二支神

十二獸を菩薩の所變とするは大集經の說にしてしかも十二獸そのまゝの貌なるが、尊星王軌に說く十二神將は、獸頭人身である。義淨譯藥師七佛本願經下によらば、日光遍照・月光遍照の二菩薩と、宮毘羅《くびら》・跋折羅《はざら》・迷企羅《めいぎら》・頞儞羅《あにら》・末儞羅《まにら》・娑儞羅《さにら》・因陀羅《いんだら》・波夷羅《はいら》・薄呼羅《はこら》・眞達羅《しんだら》・朱杜羅《しゅごら》・毘《び》羯羅《きやら》の十二大將とを藥師佛の親眷屬とされてゐるが、こは日月および十二時月年の神格化たるや勿論

である。しかるにこの經には未だ十二大將の形像を說かざるも、尊星王軌には、

次外院東方寅位畫二甲寅將軍一、虎頭人身右手持レ棒。次卯位畫二丁卯從神一、兎頭人身左手持レ棒。次辰位甲辰將軍、龍頭人身手持二鐵鎚一。次巳位丁巳從神、蛇頭人身持レ戟。次午位甲午將軍、馬頭人身持レ戟。次未位丁未從神、羊頭人身持レ槌。次申位甲申將軍、猴頭人身持レ刀。次酉位丁酉從神、鷄頭人身持レ刀。次戌位甲戌將軍、狗頭人身持レ槌。次亥位丁亥從神、猪頭人身持二鐵鉤一。次子位甲子將軍、鼠頭人身持レ鉤。次丑位丁丑從神、牛頭人身持レ槌。此諸神著二天衣瓔珞一坐二盤石上一（覺禪抄尊星王法所引、大正圖像部（以下大圖といふ）五・三九七）

と一々の像を示してゐる。この軌は經錄に載せず眞僞疑はしきも、しかしかゝる十二神像は大體印度思想をうけしものかと思はれる。

十二支神には古來左の如き二種の異名がある。

子	丑	寅	卯	辰	巳	午	未	申	酉	戌	亥
神后	大吉	功曹	大衝	天岡	太一	勝光	小吉	傳送	從魁	河魁	徵明
玄枵	星紀	析木	大火	壽星	鶉尾	鶉火	鶉首	實沈	大梁	降婁	諏訾

このなか前者は五行大義（一）および十二神本地（一行集）等に見え、後者は宿曜經（上）および禳災決

（上）等に見ゆる。禳災決に、

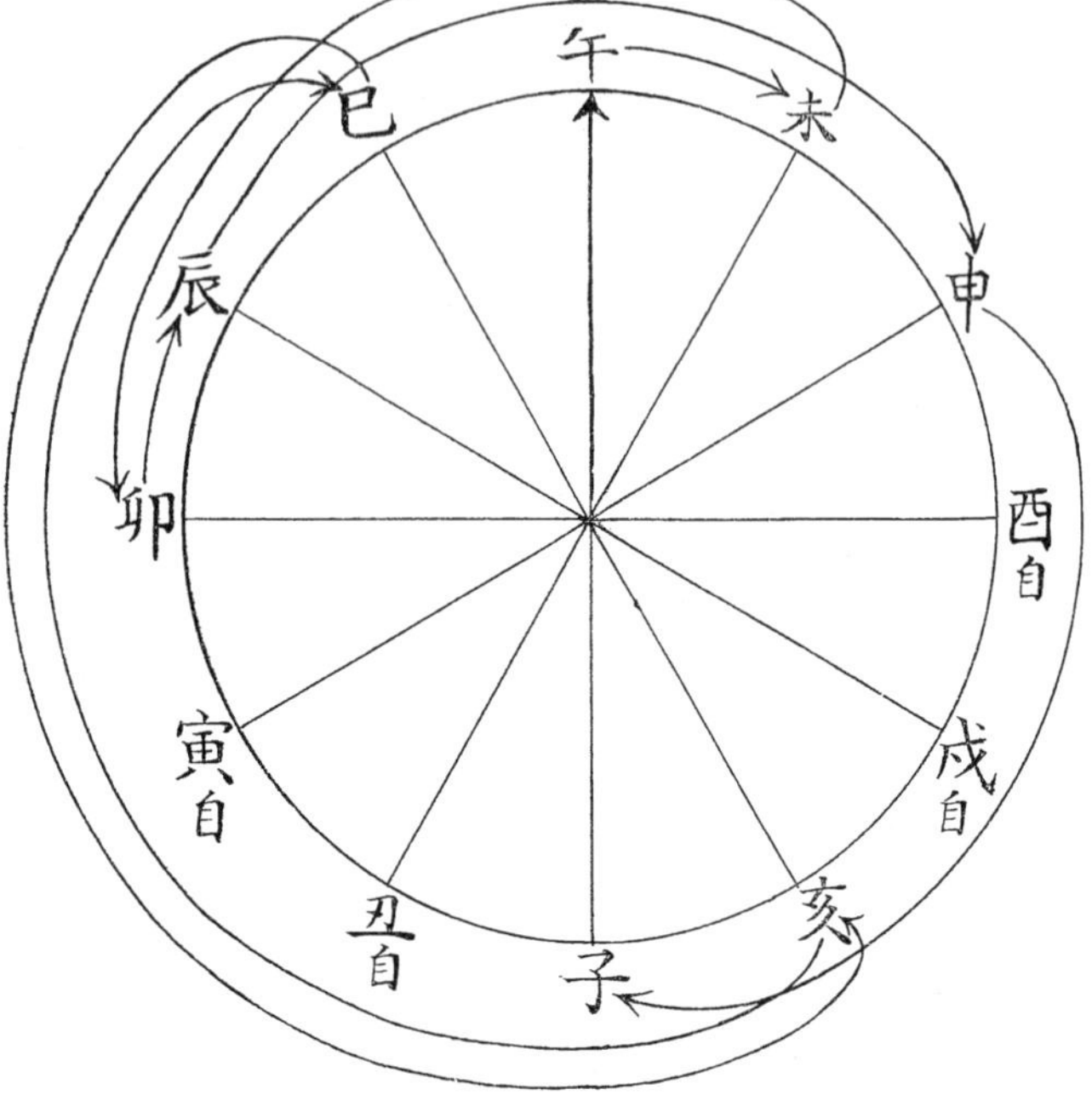

寅歸二折木一自處、卯付二壽星一辰、辰計二實沈一申、巳對二諏訾一亥、午當二鶉首一未、未慕二大火一卯、申生二玄枵一子、酉自大梁自處、戌元降婁自處、亥飛二鶉尾一巳、子衝二鶉火一午、丑位星紀自處、丑寅酉戌不動、巳亥互融、卯午親二前隣一、未慕二後第四位一、辰申思二前第四位一、子衝レ午

といへるが、これを圖示せば上の如くである。

私は未だこの意味を詳らかにせざるも、つまり十二支神中丑・寅・酉・戌なる獨立性の四神をのぞきたる他の八神は、卯は辰を好み、辰は申を愛し、申は子を想ひ、子は午を慕ひ、午は未を求め、未は卯に親しみ、亥巳は互ひに融合するから、いはゆる同氣相親しむといふのであり、おのづから一種占法の本源思想と見るべきである。正對化靈天眞坤元靈符傳（淸石天基原著、日本江臥仙匡弼補修）によらば、子歳は馬、丑歳は羊、寅歳は猴、卯歳は鷄、辰歳は狗、巳歳は猪、午歳は鼠、未歳は牛、申歳は虎、酉歳は兎、戌歳は龍、亥歳は蛇、このやうに各自の年支より數へたる第七支神をもつてわが運命と重大關係を有するものとなし、その靈符を佩帶せば漸次如意圓滿の域にいりうる。靈符の樣式は、絹又は紙にまづそれ〴〵の獸相を描き、そのうへに二個の符字を書きいるゝのであるが、その書寫の法、獸相を自から描き能はずんば畫家にこれを描かしめ、さて符字を書きいるゝに、たとへば馬の場合においては、午の月日を撰びて早起沐浴し、南面して自身赤珠となると觀じ、次に金光焰天空よりまひ下ると想うて一息にこれを吞み、この息を新筆に吹きこみ、そして一點一畫を誤まらぬやうよく注意して符字を敷き寫しするのであるがその所作願文など繁瑣なればこれを略する。この法は西晉武帝の太康年中（本朝一五代應神帝の御宇）に、許眞君（諱は遜、字は敬之）がはじめて世に傳へしものであり、淸朝第二祖康熈帝はじめ佛寺に沙彌たりし日、ある人よりこれを授かり、これを佩帶してつひに萬乘の寶位を繼承せりと、委曲なるはかの靈符傳の如くである。けだし各自の年支神より數へて第七に位する支神とは、これすなはち正對の方位、元氣發動の根原にして、坤元靈符の名稱これによつておこり、いはゆる年支神は本命星の如く、坤元神は元辰星の如くであり、かの禳災決の同氣相親底の思想とゝもに深く研究すべきものである。またかの第七が正對方位なるは、よろしく前圖によつてこれを知るべきである。

もしそれ子・午・卯・酉の四仲年支に生れたるものゝ守本尊を次での如く千手・勢至・文殊・不動となし、丑寅、辰巳、未申、戌亥の四隅年支に生れたるものゝ守本尊を次での如く虛空藏・普賢・大日・彌陀となす三世相說のよつて起るところを未だ詳らかにせざるも、こはけだしこの八尊を十二支神の本地佛と見ること勿論である。一行の十二神本地によらば子は釋迦、丑は金剛手、寅は普賢、卯は藥師、辰は文殊、巳は地藏、午は虛空藏、未は摩利支、申は觀音、酉は彌陀、戌は勢至、亥は慈氏と配するが、たゞしこの書の眞僞は疑はしい。摩訶止觀（八之二）、小止觀（四五）、釋論（九）および起信義記（下末）等によらば、いづれも眞如三昧に住する行者を惑亂する精媚神なるものを示してゐる。故に釋論には「第十五名二精媚神一作二應時境一」（大三二・六五八）といひ、義記には、

精媚神者謂十二時狩、能變二作種々形色一。或作二少男女相一、或作二老宿之形及可畏身等非レ一、衆多惱二亂行者一。其欲レ惱レ人各當二本時一來、若其多於二寅時一來者必是虎兕等、若多於二卯時一來者必是兎鹿等、乃至多於二丑時一來者必是牛類等。行者恒用二此時一則知二狩精媚一、說二其名字一訶責卽當二除滅一（大四四・

といつてゐる。今按ずるに、二十八宿の所管に二十八種の行病鬼あるが如く、この精媚神は十二支神所管の鬼魔である。上述によつてこれを考ふるに、十二支の記號は支那製にして最初は月を紀する所用であり、のちにいたつてひろく時・日・年および方位にまで擴大されて十二獸に結びつきしも、なほ未だこれに神格を見るにいたらなかつた。故に十二獸神といふが如き神格思想は、けだし佛教より來りしものと思はれる。

第三節　干支と占法

私のしらべたところによると、支那における干支の占法は六朝のころより漸次熾んになり、乃至淸朝にいたり協紀辨法や通德類情などが編纂さるゝにいたつて、殆んどその頂巓に達せしものゝ如く、從つてその所占の種類の如きは千差萬別にして到底枚擧しつくされない、今はたゞその三四の例證をあげて見る。

（一）人日。正月一日を鷄となし、二日を狗、三日を猪、四日を羊、五日を牛、六日を馬、七日を人、八日を穀となし、元日より人日にいたる七日間が、もし晴天ならば歲中百穀豐登し、もし曇天ならば

凶歳なりといふのであり、杜甫は人日の詩に、

元日到二人日一、未レ有二不レ陰時一。氷雪鶯難レ至、春寒花較遲云云（杜律集解一・四〇）

といつてゐる。

（二）正月甲子。朝野僉載にいはく「春雨二甲子一赤地千里」と。代宗の大暦元年正月朔日は丁巳なるが故に同月八日は甲子である。この甲子に雨がふつたので杜甫またこれを憂へて、

冥々甲子雨、已度二立春時一。輕箑宜二相向一、纖絺恐自疑。烟添纔有レ色、風引更如レ絲。直覺巫山暮、兼催二宋玉悲一

と詠ぜしが、史によるにはたしてこの歳は以來六月庚子にいたるまで一滴の雨を見なかつたといふことである（杜律集解四・二）。

（三）社日。こは春分と秋分とに近き土氣の日としての戊の日であり、支那の古例は春のこの日には豐年を祈り、秋のこの日には初穗をそなへて成熟を感謝する。

（四）金門鳥敏法。こは辛酉年に修する祕法に對して弘法大師（又は大江匡房ともいふ）がつくられし隱字である。庚申も辛酉も干支ともに金、納音はまたともに、木であり、金剋木の故にこれにあたる歳は凶作饑饉なること多く、ことに兩年相重なるなかのちの辛酉はこの禍ひが甚だしいといはるゝか

ら、古來この年に眞言宗においては朝命を奉じて五大虛空藏法を勤修し、自然界の殺氣を和らげて豐作を祈ることゝなつてゐた。しからば何故に特に五大虛空藏法によるかといふに、五大虛空藏は寶部の三昧に住し、その尊形は、中央は白色、東方は黄色、南方は青色、西方は紅色、北方は黑色なるが、これは果實はすべて白色にして春にいたつて發芽するや黄色となり、夏にいたつて鬱茂するや青色となり、秋にいたつて成熟するや紅色となり、冬にいたつて朽損するや黑色となり、この草木の本性と一致するによるからである(賴瑜の瑜祇經拾古抄中)。

(五) 納音。甲・丙・戊・庚・壬を陽干、乙・丁・己・辛・癸を陰干となし、子・寅・辰・午・申・戌を陽支、丑・卯・巳・未・酉・亥を陰支となし、五陽干はおの〳〵六陽支と結合して三十干支となり、五陰干もまたおの〳〵六陰支と結合して三十干支となるが故に合して六十干子となる。この六十干子に對して相つらなる二つの干支を一對となし、五行におの〳〵六種を分ち、よろしきに隨つてこれを配合する法を三十納音といふのである。五行におの〳〵六種を分つとは左の如くである。

木……(一)桑柘・(二)石榴・(三)松柏・(四)平地・(五)大林・(六)楊柳
火……(一)山下・(二)霹靂・(三)覆燈・(四)天上・(五)爐中・(六)山頭
土……(一)壁上・(二)大驛・(三)沙中・(四)路傍・(五)城頭・(六)屋上

金……（一）海中・（二）劍鋒・（三）白鑞・（四）沙中・（五）金箔・（六）釵釧
水……（一）天河・（二）大溪・（三）大海・（四）長流・（五）澗下・（六）泉中

大衍五十数のなか太極の一をのぞく四十九数を本となし、干支の配数を拂ひつくしたる殘數を見て五行の所屬を知り、そしてそれとの相生の對象をもつて納音とするのである。干支の配數とは、

甲・己・子・午……九。　乙・庚・丑・未……八。
丙・辛・寅・申……七。　丁・壬・卯・酉……六。
戊・癸・辰・戌……五。　巳・亥…………四。

その一二例を示さば、甲子生れの人と乙丑生れの人とは金性である。すなはち甲子のおの〱の九と乙丑のおの〱の八とを合すれば三十四となるが、四十九よりこれを拂はゞ十五がのこり、再び十を拂はゞ五がのこる。しかるに易によらば、一・二・三・四・五をもつて次での如く水・火・木・金・土の數となすが故に五は土の數であり、土は金を生ずるが故に金性となるゆゑんである。またもし壬戌生れの人と癸亥生れの人とは水性である。すなはち壬の六と戌の五と癸の五と、亥の四とを合すれば二十となるが、四十九よりこれを拂はゞ二十九がのこり、再び二十五を拂はゞ四がのこる。しかるに四は金の數であり、金は水を生ずるが故に水性となるゆゑんである。しかるに前にいふが如く金性

といつてもこのなかに六種があつて、いづれの金性水性といふことがわからないから、左に古來の定格をあげておく。

(一)甲子乙丑海中金。　(二)丙寅丁卯爐中火。　(三)戊辰己巳大林木。
(四)庚午辛未路傍土。　(五)壬申癸酉劍鋒金。　(六)甲戌乙亥山頭火。
(七)丙子丁丑澗下水。　(八)戊寅己卯城頭土。　(九)庚辰辛巳白鑞金。
(一〇)壬午癸未楊柳木。　(一一)甲申乙酉泉中水。　(一二)丙戌丁亥屋上土。
(一三)戊子己丑霹靂火。　(一四)庚寅辛卯松柏木。　(一五)壬辰癸巳長流水。
(一六)甲午乙未沙中金。　(一七)丙申丁酉山下火。　(一八)戊戌己亥平地木。
(一九)庚子辛丑壁上土。　(二〇)壬寅癸卯金箔金。　(二一)甲辰乙巳覆燈火。
(二二)丙午丁未天河水。　(二三)戊申己酉大驛土。　(二四)庚戌辛亥釵釧金。
(二五)壬子癸丑桑柘木。　(二六)甲寅乙卯大溪水。　(二七)丙辰丁巳沙中土。
(二八)戊午己未天上火。　(二九)庚申辛酉石榴木。　(三〇)壬戌癸亥大海水。

およそ九星をもつてわれらの本命となすのであるが、いはゆる一白は水性、三碧・四綠は木性、六白・七赤は金性、九紫は火性、二黑・五黃・八白は土性であり、そしてこれは魂の體となり性の源となり、これに對して納音の五行は魄の體となり質の源となる。魂と魄、性と質との別は次での如く心の本質と身の本質と見るべきであり、從つておよそ本命と納音と相生せば思慮明徹にして決斷流るゝが如く、もし相剋せば蒙昧癡鈍にして疑惑多く、もし比和同氣せば不偏不黨にして中をうるも、他言に隨つて節を變じやすいといふのである。そもそもこの納音は漢代における鬼谷子王詡の發明するところのものにして、その術や精微なりといふべきである（松浦琴鶴の方鑒祕傳集上四一左による）。

第四節　星宿の起原

星宿の字義については、康熙字典に「星古文曐、曐、鼎、皇」といひ、大疏演奧鈔（六）に「宿息六切。說文宿止也。周禮十里有廬三十里有宿、又星宿也。釋名宿々也、言星各止住其所。宥韻息救切、列星也、舍也。書洪範四曰、星辰註、二十八宿音夙、亦音秀小補入屋」（大五九・五三）といひ、阿娑縛抄百四十三に「平聲韻云、說文萬物之精上爲列星」（大圖九・四五六）といひ、淮南子三の天文訓に「積陽之熱氣生火、火氣之精者爲日。積陰之寒氣爲水、水氣之精者爲月。日月之淫爲精者爲星辰」といへるなどこれである。そもそも星宿は曼荼羅においていづれの部に攝すべきやといはゞ、それは勿論佛部や蓮華部に攝すべきでもなく、また金剛部に攝すべきでもなく、すなはち外金剛の天部に攝すべきであり、

そして天部に五類天の等級あるなかの第四遊虚空天に攝すべきである。故に祕藏記（全集五・三九）にいはく、

五類諸天天者自在光無邊義。上界天色界及無色界。虚空天夜摩天以上四天也。地居天四天王天忉利天、三十三者忉利天之四方。各有二八天一、此加二帝釋天一云二三十三天一也。遊虚空天日月星宿。地下天龍阿修羅及閻魔王等。或難云、日月等稱レ天可レ然、龍等稱レ天如何。答云、各隨レ分有二光明自在一之故稱レ天也。

けだし須彌山中心の世界建立を明かす佛敎思想よりしては、星宿は四大海水・九寶山とゝもに必らずこれなくてはならぬ重要性のものであり、そして高さの位置は須彌山の高さ（八萬由旬）の半ばを占むる持雙山頂とひとしく、衆生の業力より起る風によつて住し、つねに東方より南方に、南方より西方に、西方より北方にいたつて須彌山を圍繞すといふのであり、左に二三の證文を錄しおく。

（一）四大海水諸阿修羅宮、及諸龍王宮殿、遊乾陀等九寶山、日月五星二十八宿、及諸餘星圍繞莊嚴（智度論一〇〇、須彌山を說きをはつてこの文あり。大二五・七五二）。

（二）如下日月五星二十八宿、常從二東方一至二南方一、從二南方一至二西方一、從二西方一至二北方一圍中遶須彌山上（同六七、同・五三一）。

（三）日月諸曜、衆生業力置二於空中一、乘レ風而行。當二須彌之半逾乾陀羅之上一、運二行於二十七宿十二宮一焉（宿曜經上）。

（四）日月衆星依ㇾ何而住、依ㇾ風而住。謂諸有情業增上力共引ㇾ風起、繞二妙高山一空中旋環、運二持日等一令ㇾ不二停墜一。彼所住去ㇾ此幾踰繕那。持雙山頂齊二妙高山半一（倶舍論一一、大二九・五九）。

これらの意は、われらが肉眼に映じ來る光明赫々の日月星宿は一種の世界であり、それはすなはち地上における一切衆生の共業によつて一種の風をおこし、暗黑をのぞくべくそれに乘じて絶えず須彌山の半腹を周遊せしむるといふのであるが、すでにかゝる一種の世界が存在するにおいては、そこに必らず能住者としての人格すなはち天人が存在しなければならぬ。もしゝからばそはいかなる業力によつて棲住しうべきかといふに、智度論によらば、欲・色・無色の三界天の果報は次での如く下・中・上品の十善業の所感なるが故に、欲界第一四王天の所管としての日月星宿は當然下品十善の所感であり、そして星・月・日また次での如く下品十善のうへの下・中・上品の所感であると（十住心論三、全集二・一〇五參考）。要之、祕藏記および宿曜經によらば、日月星宿のわれらが肉眼に映じ來る部分は下面であり、能住の天人はその上面に存在する。そしてその徑量たるや日輪は五十一由旬にして下面は火珠頗梨の所成、月輪は五十由旬にして水珠頗梨の所成、金・木・水・火・土、次での如く十・九・八・七・六由旬、星の最大なるは十六由旬、最小なるは一倶盧舍なりといふのである。故にいはく、

(一) 日輪五十一踰繕那、下面頗胝迦寶火珠所成、能熱能照。月輪五十踰繕那、下面頗胝迦寶水珠所成、能冷能照。日月星宿上面皆向諸天居住、下面照耀世間。星大者十六由旬也、最小者一倶盧舍、遶須彌山無有留。日輪迅速、月輪遲鈍。北洲夜半東洲日沒、南洲日中西洲日出(祕藏記、全集五・五五)。

(二) 日月徑量幾踰繕那。日五十一、月唯五十。星最小者唯一倶盧舍、其最大者十六踰繕那。日輪下面頗胝迦寶火珠所成、能熱能照。月輪下面頗胝迦寶水珠所成、能冷能照。隨有情業增上所生、能於眼身果花稼穡藥草等物、如其所應爲益爲損。唯一日月普於四洲作所作事(倶舍論一一、大二九・五九)。

(三) 日廣五十一由旬、月廣五十由旬、風精太白廣十由旬、空精歳星廣九由旬、月精辰星廣八由旬、火精熒惑廣七由旬、日精鎭星廣六由旬、星最小者一倶盧舍。日宮下面頗梨之寶、火之質也、温舒能照萬物。月宮下面瑠璃之寶、水之質也、清涼能照萬物(宿曜經上)。

この三説殆んど大同である。たゞし一倶盧舍といはれ一由旬といはるゝ分量いかんといはゞ、倶舍論(一二)によるに、四肘(一肘は一尺六寸)を一弓(六尺餘)、五百弓を一倶盧舍、八倶盧舍を一由旬となすが故に、一倶盧舍は約八町餘、一由旬は約二里弱である。これをもつて前説日月星の量を測るに、大體においての小さすぎるのみならず太陽と太陰との差をわづかに一由旬となし、その他五曜の大きさなど現今の精到な天文學よりしてはもとより相容るべからざる說ではあるが、しかしこれがおそらく印度古代の傳說なるべきが故に、以上の三說はしばらくこれに準せしまでゞある。

さて次におこるべき疑問は、日月星宿は一體いづれの時より出現せしものなりや、もし出現のはじめあらば必らず滅亡のをはりあるべく、そのをはりは又いづれの時なるかゞこれである。こは天文學上の一大部門たる宇宙開闢論における論議の題目なるが、要するに古往今來すべて揣摩臆測の圏内をいでない。もし佛教の一般的解釋によらば、この世界に成・住・壞・空の四大劫ありとなし、日月星宿は成劫の最初と壞劫の最後および空劫とにこれない。その故は成劫の最初には衆生ありといへども清淨にして我慾なく、光明自在にして上天の生活をなし、さらにその日月星宿の光明の必要を感じない。しかるに過去の業力によりて一旦地上に墮落して見ると、自他の間に障壁を設け、我慾貪瞋盛んにしてもはや飛行の通力もなければ四邊をてらす光明もなく、世界は咫尺を辨じ能はざる暗黑の巷となる。こゝにおいて高位の菩薩これを愍れみ、通力よく日月星宿を現じこれをしてゝらさしむる。又壞劫の最後には劫火おこつて下は無間地獄より上は初禪天まで蕩盡せしめ、空劫は文字どほり無一物なるによつてゞあると。故に祕藏記には、

劫初衆生未レ具二十惡一、無二便痢之煩一猶有二光明一飛行。衆生受二段食一有二麁穢一、漸作二十惡一光明滅消飛行停沒。爾時世界黑闇無二光明一、便有二菩薩一發二慈悲一與二日月衆星一(全五・五五)

といひ、文殊根本儀軌經十四には、

彼世間劫初成時、一切衆生於二虛空中一自在行住。而於二彼時一無レ老無レ死、又彼之時無二宿曜一無二日月一、亦無二時節一亦無二陰陽一亦無二天人阿修羅等一。又彼之時雖レ有二衆生一未レ有二族姓一、人皆清淨無レ善無レ惡、亦無二所食一亦無二食者一、亦無二持齋一亦無二呪法一、彼多衆生但有二世間之想一。以二過去業一牽因墮二於地一不レ能レ飛レ空、是時便有二所食一便有二貪悋一、身既重濁大力乃失。是時便有二日月星宿一遂分二晝夜一、乃有二時節及與二陰陽一、乃說二天上人間勝劣有レ異、故有二天人阿修羅等一(大二〇・八八四)

といつてゐる。もしそれ壞劫最後における蕩盡の狀は仁王般若經(不空譯)下に、

劫火洞然、大千俱壞、須彌巨海、磨滅無餘。梵釋天龍、諸有情等、尙皆殄滅(大八・八四〇)

と說くが如きこれである。釋論九の廣釋魔事對治門下に十鬼をあぐるが、その第一を遮毘多提鬼といひ、この鬼術を「若第一鬼、或作二晝境一或作二夜境一、或作二日月及星宿境一、或作二節境一隨二應變轉一」(大三二・六五八)といへるこの星宿の如きは、無體用の幻化にしてこの所論の對象たらざるやいふまでもない。

第五節　星宿の有限無限

三千佛名經（大一四・三六五）によらば、三千佛とは過去莊嚴劫の千佛と現在賢劫の千佛と未來星宿劫の千佛これであり、祕藏記には、われらが身中に曼荼諸尊の無盡莊嚴藏を本具するを過去莊嚴劫といひ、これを開顯すべく普賢大菩提心の行願をおこすを現在賢劫といひ、行願力により煩惱の雲霧を拂つて本有の莊嚴光を顯現するを未來星宿劫といふと祕釋されてゐる（全集五・三四）。

同書に又いはく（三六）、

雲霧弊二日月一、雲霧披而見二日月一、非二日月今更生一、是密教顯二本有一之喩也、非下顯教所レ說六度爲レ因成二智身一之喩上也。

吽字義にもまた二ヶ所にこの喩をかつて三身三密の本有を明かされてゐる。げに悠久時を貫いて無限の大虛に羅列する星宿は、われら一法界心本具の無盡莊嚴藏を顯示するにおいて理想的の譬喩なりといふべきである。しかるに時としてはこれと正反對に、九品三毒等の惑體表示に用ひらるゝ場合がある。故に英心の西大寺流[illegible]字口決（北斗修法次第）にいはく、

一、星《ハ》惑品《ニ》擬《ン》數《フル》也。九曜《ハ》表二九品惑一故云二九執一也、七星《ハ》九品惑皆潤二七生一故號二七星一、十二宮《ハ》七星數多《ケレ𪜈》

不レ過二三毒一、故四方《ニ》三《ツ》宛《アリ》。

たゞし密敎のこゝろよりいはゞ、これら惑品の體性は本覺の功德にして自心佛の密號名字にほかならぬから、この意味において必らずしも前と正反對ではない。もしそれ三種悉地破地獄法によらば、宇宙神祕の光明體としての日月星宿は、福德莊嚴聚身たる南方寶生佛の種子眞言𑖝𑖿𑖨𑖯𑖾字の所生なりとして、

金玉珍寶・日月星辰・火珠光明從藍字二成(大一八・九一〇)

といつてゐる。又一切の星宿をもつて金輪佛頂の毛孔所現の光明輪と見るは、經軌の說に基づく事相門の秘傳なるが、これについてはのちにいたり特に一章を設けて詳論することゝする。又經軌には往々星宿を一種の天仙となしてゐる、それは七佛所說神咒經二には「太白仙人熒惑仙人」(大二一・五四七)といひ、孔雀明王經下には「歲星大仙・鎭星大仙・辰星大仙」(大一九・四三七)といへるこれである。そしてこれら星宿の性格三摩地は一々各別なるが故に大疏四には「宿有二上中下性一、剛柔躁靜不レ同」(大三九・六一八)といつてゐる。これその人生におよぼす重大關係の第一原因なるが、これらは漸次章節をかさぬるに隨つておのづから闡明さるゝであらう。支那の書物を見ると、國民塗炭に苦しむときは星宿搖動すといひ、又彗星、孛星、天棓、地槍、乃至四塡、地維なる二十一種の妖星が現じて國運の危機を報ずるといふことを往々にのせてゐる。杜甫の詩に「星臨二萬戶一動、月傍二九霄一多」といひ、「仙

杖離二丹極一、妖星帶二玉除一」（杜律集解一・五一・五五）といふが如きこの例である。

そも〳〵星宿の數は有限なりや無限なりやといふことは、要するに宇宙は有限なりや無限なりやといふことなるが、ニューコンムの星辰天文學の結論によらば、われらの宇宙はけだし有限なるべきも、しかしこの宇宙とかけ離れて、われらが夢想にだもおよばざる別種宇宙の存在するやもはかりがたしといひ、つまり宇宙の境界は不分明にして不規則なりといつてゐる。一戸直藏氏おもへらく、もしも有限なりとせば何故にその限界外に宇宙なきかといふ疑問に惱まされざるをえなく、もしも無限なりとせば無限とはゝたして何ぞやといふ疑問に惱まされざるをえないから、こは有限とも無限とも斷じがたいと（天文學六講）。しかるに現代科學界の泰斗アインシタインは明らかに有限說を主張するが、思ふに現今における東西の學界は殆んどこれを是認する狀態である。これによつて山本一清氏は比較測量を左の如くに示してゐる。

一、 印度よりジブラルタル（西班牙）にいたる直路……二千七百里。
二、 地球の周圍……一萬里。
三、 太陽系の直徑……九億里。
四、 銀河系の直徑……二十萬光年（一光年は二兆五千億里）。

五、全宇宙の直徑……三億光年（故に七十五核里か）。　（天文と人生）

試みにこれを佛敎に考ふるに、またおのづから無限有限の二説となつてゐる。大日經六の百字果相應品に「以レ知二心無量一故知二身無量一、知二身無量一故知二智無量一、知二智無量一故知二衆生無量一、知二衆生無量一、故卽知二虛空界無量一」（大一八・四〇）といひ、起信論に「虛空無邊故世界無邊、世界無邊故衆生無邊、衆生無邊故心行差別亦復無邊。如レ是境界不レ可二分齊一、難レ知難レ解」といふが如きこは無限説にして一般的なるも、六十華嚴三十四の性起品に、

一切諸如來、功德無レ有レ量、諸餘衆生類、無二能思議者一。如來一法門、一切諸群生、無量億劫中、思量不レ能レ盡。十方諸佛刹、盡末爲二微塵一、有レ人能計算、悉了二知其數一。彼人無量劫、算二數諸如來、一毛之功德一、莫レ能レ知二少分一。譬如三一士夫、能量二虛空界一。又第二士夫、隨算二知量數一。於二億無數劫一、算二虛空一可レ盡。如來諸功德、不レ可レ得二窮盡一（大九・六一四）

といふが如きは出色の有限説であり、大師はこれによつて「廣大也者虛空、久遠也者芥石。雖レ然芥石竭磷、虛空可レ量」（寶鑰下）といはれてゐる。現代の天文學は槪してこの有限説に立脚して星宿を觀測するのであるが、一戸直藏氏の説によらば、月なき晴夜に天空を望めば、星の數は約十萬もこれあるかに想はるゝも、その實肉眼に見ゆるは六千以下である。そして天空の半分は地平線下に沒するから、

一時に見らるゝは約三千であり、兩方合して健視眼の見るところは五千六百九十一といふ統計がある。もし光度によつてこれを分たば全天にわたつて一等星が十八、二等星が六十、三等星が百七十一、四等星が四百十一、五等星が千百二十三、六等星三千九百八にして、このなか北半球は二千八百八十三、南半球は二千八百八である。支那の天文學は古來必らずしも光度の强弱に注意しなかつたやうであるが、之れを判別する材料乏しきも、西洋は昔より星のMagnitude《マグニチユード》すなはち右の如き等級觀念を有してをつた。およそ宇宙間における星の總數は幾ばくあるかは趣味ある問題なるが、ある人は十億乃至二十億なるべしといつてゐると（天文學六講）。又ある人の說によらば、現在の望遠鏡および寫眞機など光學器械力によりてその存在をみとめうるは約三億以上なるべく、しかるに暗星の數はおそらくこれよりもなほ多かるべしといつてゐる。ニユーコンムはいはく、星光は千差にしてある星は太陽の數千倍又は數萬倍であり、ある星はその百分の一又は千分の一であり、光輝のつよきものは槪してその温度が高くその色彩が靑くその成分が稀薄である。すなはち白熱瓦斯の尨大なる塊まりであり、そしてこれらは多く銀河の部分に集中すると（星辰天文學）。

けだし星の色彩は多種である。太陽やシリウスの如きは純白、カペラは黃色、アルクチユラスやアンタレスは赤色、その餘紅水晶の如きものもあり、紅玉碧玉の如きものもあるなどこれであり、槪して青きは若星、茶褐色なるは老星といはれてゐるが、要するにその崇高森嚴にして超俗の美觀に富み、これを仰げばいよ〳〵高くして世上の何ものも到底これに及ばざるは星宿である。故に慈雲いはく「晴夜に仰で明月衆星を見る、此莊嚴は金銀珠玉の及ぶ所でない」（慈雲全集一一・二七八）と。星と星との距離を測らむにはつねの里數は殆んど用をなさないから、地球太陽間の距離の三千七百萬里餘を基本單位となし、さらに遠きはその百六萬九千餘倍たる地球シリウス間のそれを基本單位となすと（丘淺次郎の進化論講話・三四一）、もつてその宏大なるを察すべきである。菩提流支譯の五佛頂經一に「復有二百億日天子・月天子・星宿天子等大威德者一」（大一九・二二四）といへるは、無數の恒星はすなはち無數の太陽、無數の衞星はすなはち無數の月と見る現代科學に合する說にして興味ふかく感ぜらるゝ。

上來干支と宿曜とについてその一斑を語りをはつたが、これと本朝眞言密敎との關係いかんを尋ぬるに、憲深の四度加行口決の說は要をえたるものと思はれる。いはく、

問、宿曜與二支干一專以レ何可レ爲レ先乎。答、天竺者以二宿曜一爲レ本、漢朝者以二支干一爲レ先。我朝者受二兩國之風一、宿曜支干共用レ之由口傳也。但灌頂等自宗之習、猶《モ》以二宿曜一爲レ本歟、宜レ任二師主之所爲一而已。又赤舌日當時加行等日次可レ撰レ之事、凡修中爲二無爲ニ所願成就一尤可レ撰二吉日一、就レ中師資衰日可レ除レ之。多分不レ用レ之、但是非二陰陽道存知一云云。

宿曜經下にいはく、

西國以二子丑十二屬一記レ年、以二星曜一記レ日。不レ用二甲子一者、以二宿曜於レ人尤切於レ事尤當一故。

第三章　星宿と人生

第一節　五十六曜と四十一星

勝倶胝院實運の諸尊要鈔十一に、天部諸尊の供養法式五十天供・五十二天供・六十九天供・七十二天供の四種あることを示してゐるが、そはいづれもみな星宿が主要尊となつてゐる。すなはち第一の五十天供とは、四臂不動を中尊として十二天・九曜・二十八宿を加ふるこれであり、第二の五十二天供とは五大明王に十二天・七曜（羅・計をのぞく）二十八宿を合するこれであり、第三の六十九天供とは五大明王・十二天・北斗七星・五星（日月はすでに十二天中にあるが故にこれをのぞく）・十二宮・二十八宿これであり、第四の七十二天供とは五大明王・十二天・太山府《たいさんぶ》君・五道大神・吉祥天・北斗七星・十二宮神・五星・二十八宿これである。四種の天供にはかくの如く星宿が主要尊となつてゐるから、これを修するには豫じめまづこれら星宿の神格を解しなくてはならぬ。しかるに幸心鈔（憲深口、親快記）に「眞言師習《フコハ》星分齊不レ幾《アラズモ》、七曜九曜二十八宿等許也云云」といへるも、これくらゐの智識にては不十分なるやいふまでもない。宋天息災譯の文殊根本儀軌經五の菩薩變化儀軌品に星宿曼荼を說いて

「復安㆓八宿曜二十七星宿臨㆓行大地㆒、復有㆓八小曜㆒依㆑位粉畫㆒」（大二〇・八五六）といへるが、けだし八宿曜とは九曜のなか計覩をのぞき、二十七宿とは二十八宿のなか牛宿をのぞくことならむも、八小曜なるものゝ分齊が未だ詳らかならぬ。又同經三の序品（八四六）には五十六曜を上首とする無數の大曜と、四十一星を上首とする百千の眷屬とを列擧されてゐる。按ずるにこの曜星とは遊星と恒星であり、五十七曜中の九曜、四十一星中の二十八宿のみはこれを知りうるも、その餘は現在私の未熟なる智識をもつてしては到底解し能はざるは甚だ遺憾にたへない。まづ五十六曜とは、

復有㆓世間空居大曜㆒、所謂日・月大曜、金大曜、木大曜、水大曜、火大曜、羅護大曜、劍波大曜、計都大曜、阿舍儞大曜、儞哩具多大曜、哆囉大曜、馱嚩惹大曜、軀囉大曜、度沒囉大曜、度摩大曜、嚩日羅乙里乙叉大曜、勿哩瑟吒大曜、烏波勿哩瑟致大曜、曩瑟吒囉他大曜、賀娑多大曜、摩瑟致大曜、乙里瑟致大曜、訥瑟大曜、路建多大曜、乞叉野大曜、尾儞播多大曜、阿播多大曜、怛哩迦大曜、麼娑多迦大曜、俞巘多大曜、濕摩舍曩大曜、閉戸多大曜、嘮捺囉大曜、濕吠多大曜、阿鼻爾多大曜、每怛囉大曜、商俱大曜、路嚩大曜、嘮捺囉迦大曜、度嚩曩舍大曜、嚩羅嚩曩大曜、驅囉大曜、阿嚕拏大曜、尾賀悉多大曜、麼儞瑟吒大曜、塞健那大曜、沙曩大曜、烏波沙曩大曜、俱摩囉大曜、訖哩拏曩大曜、賀沙曩大曜、曩哩多波迦大曜、曩哩多迦大曜、佉惹大曜、尾嚕波大曜等、如㆑是無數大曜與㆓

其百千眷屬一、承二佛威德一俱來會坐

といふこれであり、次に四十一星とは、

復有二無數空居星宿一、所謂阿濕尾儞星（胃宿、二十八宿名は私に寶星經四、心覺の眞言集および法三宮の諸說不同記等を參考して挿入す）、婆囉尼星（婁宿）、訖哩底迦星（昴宿）、嚕醯抳星（畢宿）、沒哩摩尸囉星（觜宿）、阿囉捺囉星（參宿）、布曩哩囀蘇星（井宿）、布沙也星（鬼宿）、阿失哩沙星（柳宿）、摩伽星（星宿）、烏鼻哩頗攞虞儞星（張宿・翼宿）、賀娑多星（軫宿）、唧怛囉星（角宿）、薩嚩底星（亢宿）、尾舍伽星（氐宿）、阿努囉馱星（房宿）、爾曳瑟吒星（心宿）、沒嚕羅星（尾宿）、烏剖阿星（箕宿）、沙姹星（斗宿）、失哩囀拏星（女宿）、馱儞瑟吒星（虛宿）、設多鼻沙星（危宿）、烏剖鈦捺囉播努星（室宿・壁宿）、哩囀帝星（奎宿）、禰囀帝星、阿鼻惹星（牛宿）、布曩里囀星、祖帝星、鴦擬尸星、曩乞叉怛哩迦星、烏波頗攞虞星、頗攞虞帝星、路迦鉢囉囀囉星、鉢囉囀囉尼迦星、失哩野尸星、路迦麼多星、伊囉星、惹野囀賀星、阿囉他囀帝星、蘇左阿囉他星等、與二其百千眷屬一承二佛威神一、皆來集會趺坐聽レ法

といふこれである。又同經十四（八八四）の徵應品には、最上の星宿なるも末法の今日には災福ともに何らこれと關涉しない六萬四千の無力星ありといつて、その上首たる帝灑野二合、烏波々捺、迦儞瑟吒二合、儞瑟吒二合、阿路迦、部誐捺、輸婆捺、阿儞嚕馱、夜輸、帝惹囉吒、囉惹、路迦の十一星をあぐるが、

これらもまたよくその翻名を考へて星座と分齊とを決すべきである。

第二節　星宿の威力

經軌を考ふるに、國土における天災地變・叛逆騷亂より個人における不祥災難等は、すべて羅睺彗孛等の妖星がその分野にのぞみ、五星が常度を逸して本命宮宿を陵逼するに原因すといはれてゐる、この故に今二三の證文をあげておく。

（一）若有國王及諸大臣所居之處及諸國界、或被五星陵逼、羅睺彗孛妖星、照臨所屬本命宮及諸星位、或臨帝座於國於家及分野處、陵逼之時或退或進作諸障難……若太白火星入於南斗《ちゅ》、於國於家及分野處作諸障難者、於一忿怒像前畫彼設都嚕《しゃごろ》（𑖫𑖝𑖿𑖨𑖲なりこゝには怨といふ、今は惡星を指す）形、厲聲念此陀羅尼加持其災即除、移不順王命悖逆人身上受者（不空譯の熾盛光消災陀羅尼經、大一九・三三七）。

これによらば、國家又は個人におよぼす星禍を禳はむがため如法に建壇修法すれば、その目的を達するとゝもに前の星禍は一轉して悖逆の惡人に向ふといふのである。

（二）若國王男女難長難養、或薄命短壽、疾病纏綿寢食不安、皆由宿業因緣生惡宿直《ち》、或數被七曜陵二逼本命宿一令二身不レ安（不空譯の葉衣觀自在菩薩經、大二〇・四四八）。

（三）日月薄蝕五星違二失常度一、兵賊競起、水旱不レ時風雨失レ度、惡臣背逆損二害國民一、武狼惡獸食二啗衆生一、五穀不レ豐（菩提仙譯の八字文殊軌、同・七八五）。

東に向つてよく走るものはまたよく西に向つてよく走るものなるが如く、人をして瞑眩せしむる藥はまたよく人をして瘳愈せしむる藥なるが如く、この災禍を與ふることが速かなりといふことは、同時に幸福を與ふることもまた速かなりといふことを意味して、二つながら微溫的ならざることであり、すなはちその威力の勝るゝことを示すものである。從つていづれの尊法を修して悉地を祈るにも必らず兼ねて星宿の加護を被むるにあらずんば所志を達しがたい。故に文殊根本儀軌經十四にいはく、

爾時世尊釋迦牟尼佛、告二一切世界所有一切十方住者、一切大力最上諸宿曜天一言、聖者汝當二諦聽一、我今演二說一切眞言法義一、有下諸求二成就一者上、兼承二汝等宿曜之力一當レ獲二成就一。

抱朴子內篇三によらば、呉の文帝かつて道士介先生より祕符をうけしが、それは北斗七星および日月の靈符を書くことを知るものは白刃をおそれないといふことである。帝すなはちこれを知れる左右の數十人をして陣を陷ゐらしむるに、かれらは先登を競ひ好むで危地につくも何ら傷つけられなかつたと。又鄭君の說に、兵器はすべて星宿のつかさどるところのものにしておの〳〵一種の密號を有する

が、わづかにこの密號を唱ふるのみにても戰ひにのぞむでしば〳〵奇驗を發する。すなはち刀は虛宿これをつかさどり、密號を大房といひ、弓は氐宿これをつかさどり、密號を曲張といひ、矢は熒惑《けいこく》これをつかさどり、密號を彷徨といひ、劍は角宿これをつかさどり、密號を大傷といひ、弩は張宿これをつかさどり、密號を遠望といひ、戟は參《しん》宿これをつかさどり、密號を大將軍といふと。もしそれ大《だい》集《じつ》經五十六の月藏分十二によつて、二十八宿分擔守護の國土を合すれば三百三十國があり、このなかには波斯・于闐・摩伽陀・震旦・龜茲・師子國などの名も見えてゐて、この意味よりいはゞ二十八宿は鎭護國家の神である。故に不空譯の孔雀明王經下に星宿の威力を說いていはく、

宿有㆓二十八㆒、四方各居㆑七。執曜復有㆑七、加㆓日月㆒爲㆑九、總成㆓三十七㆒。勇猛大威神、出沒照㆓世間㆒、示㆓其善惡相㆒、令㆓晝夜增減㆒、有㆓勢大光明㆒（大一九・四三七）。

第三節　星宿と運命

人生は富貴なるあり、貧賤なるあり、健康長壽なるあり、病弱短命なるあり、美なるあり、醜なるありて千狀萬態なるが、こは業力所感の果報にして儒敎にいはゆる天命なるものこれである。天命は幽微にしてこれを知ること至難なるも、幸ひに宿業によつて値遇する星宿の存するあり、これをとほし

て各自の運命を豫知しうるとゝもに、その一面において轉禍爲福の實をあげうるわけである。われらが値遇するところの星宿を屬星といふ、恒久的と循環的とに、影の形に從ふが如くにわれに屬著して相離れないから屬星といはるゝゆゑんなるが、この屬星は大別せば本命星と當年星との二種となる。第一の本命星のなかゞ(一)元辰、(二)本命曜、(三)本命宮、(四)本命宿の四種となり、(一)は生年にかゝり、(二)・(三)・(四)は生日にかゝり、第二の當年星とはめぐり來る流年にかゝる。これみな一身一生の運命をつかさどつて吉凶禍福の前兆を示すが故に、五つのなかその一つを闕くも所占をつくしえない、これその五要星の名あるゆゑんである。故にもしこれを定むること一々正當をうるにおいては、幽微の天命を豫知して轉禍爲福の實をあげうること困難ではない。抱朴子外篇一に聖人の用心をのべて「考二七曜之盈虚一、歩三五之變化一、審二盛衰之方來一」といへるまたこゝに存する。文殊根本儀軌經十四の徵應品に、

彼宿曜等與レ宮相合、隨二諸有情各々生處宮分之位一、彼宿曜等或行或住、或逆或順生二善惡果一(八八四)

といひ、同十三の一切法行義品に、

又復有二吉祥星宿吉祥時分一、於二一刹那一瞬目間一、輪二轉天際一臨二顧世間一。所有衆生於二此時分一生時遇者、有二大吉祥一獲二大福德一、修二諸大法一決二定成就一。若有二衆生一無二宿善根一多二惡業一故、即於二生時一遇二惡星

宿一。決定無レ福、諸根缺減人相不レ具、所修大法決定不レ能レ得二成就一……若是上品之人、善力殊勝生合二吉星一、唯有二奇特祥瑞之應一。諸非人類及諸惡事悉皆遠離、恒善寂靜得二大安樂一(八八一)

といへるなど、これみな星宿と運命との關係を說くものなるが、さらに私のいはむと欲するところを遺憾なくもの語れるは抱朴子である。いはく、

玉鈐云、主命原由二人之吉凶一、修短於二結レ胎受レ氣之日、皆上得二列宿之精一。其値二聖宿一則聖、値二賢宿一則賢、値二文宿一則文、値二武宿一則武、値二貴宿一則貴、値二富宿一則富、値二賤宿一則賤、値二貧宿一則貧、値二壽宿一則壽、値二仙宿一則仙。又有二神僊聖人之宿一、有二治世聖人之宿一、有下兼二二聖一之宿上。有二貴而不レ富之宿一、有二富而不レ貴之宿一、有下兼二富貴一之宿上。有二先富後貧之宿一、有二先貴後賤之宿一、有下兼二貧賤一之宿上、有二富貴不レ終之宿一。有二忠孝之宿一、有二兇惡之宿一、如レ此不レ可二具載一(内篇三・三)。

私の聞くところによらば、西紀前二八〇〇年のむかし、埃及第四王朝クフ(Khufu)一世が二十年間にわたり日々に十餘萬人を使役してつくりあげたりし大ピラミッドは、これひとへに王の敬虔なる星宿信仰の所産である。そは當時傑出の天文學者が北方より來朝して、國家個人の運命は勿論、諸般の事象はすべて星宿の左右するところなりと說きしが、王その在來宗教の微溫的なるに比して深刻味あるに服し、すなはち他宗教の宣布を禁じて全力をこれに注ぎ、天體觀測のためにかの大業を完成したとい

ふのである。思ふに現代の天文學者は、おそらくは前掲の文殊根本儀軌經や抱朴子の說や又この金字塔の事實をもつて、荒誕不稽となし迷信の所作となして極力これを拒斥するであらう。そは太陽およびすべての恒星を火聚視し、太陰ならびにその餘の遊星を氣塊視又は土塊視し、一箇唯物的の自然現象にすぎないといふ見地に立つてこれを律するによるからである。たゞし宇宙の萬有はもとより單なる唯物論的の解釋法をもつて解釋さるべきでないとゝもに、又單なる唯心論的の解釋法をもつても解釋さるべきでなく、どうしても物心一如論すなはち地・水・火・風・空・識の六大緣起論によらざるをえない。すでに六大緣起の萬有なるが故に火聚・氣塊・土塊に卽して大精神の存在をみとめざるをえない。すでに物心渾融の事實をみとめざるをえないにおいては、そこにおのづから人格者靈格者の存在をみとめざるをえない。

經說によらば肉眼にては見えざるも、およそ世界には尺寸の一草一木存するところ、そこに必らず家として棲息する小鬼神が存在し、從つて高木巨林や深山幽谷や長江大海等にはまたおの〳〵それに相當する大鬼神が存在すると。これによつて考ふるに、星宿の如き不可思議なる世界には、必らず不可思議なる靈格者の存在すべきは當然であり、そしてこれはもとより肉眼や望遠鏡の所見にあらず、たゞ洞開無垢の心眼所見である。大師作と稱する星供祭文に十二宮・二十八宿および八卦・九宮の靈

を、

二六四七之宮宿、八卦九宮之龜龍、皆是普門示現之尊形、應化隨緣之妙體也。然則內證至貴、恩德高如レ山。外用殊妙、弘誓深如レ海（全集一四・二六六）

と讃歎するはゆゑありといふべく、要之、宇宙の神祕體が幸ひにもわれらの肉眼に映ずるは星宿以外に何ものもない。これその西紀前二千餘年において、天學に深き智識を有したりしバビロン（カルデア）人がこれを神として崇拜し、大哲プラトーンもまた「天の星こそはイデアそのものである」と讃美するゆゑんである。星宿は六大無礙にして法界に遍ずるが故におのづからわれらの身中にいり、われらもまた六大無礙にして法界に遍ずるが故におのづから星宿の身中にいる。かゝる入我々入觀に住して經軌に說ける轉禍爲福の行を行ずるとき、われが忽ちに光明界裡の人となりうるとゝもに、すべての人生をしてまた忽ちにこの光明界裡に攝しうる。淮南子の天文訓に「孔竅肢體皆通二於天一、天有二九重一人亦有二九竅一。天有二四時一以制二十二月一、人亦有二四肢一以使二十二節一。天有二十二月一以制二三百六十日一、人亦有二十二肢一以使二三百六十節一。故擧レ事而不レ順レ天者逆二其生一者也」といへるは、開會して觀れば暗に支分生曼荼の義にかなふ深旨に富むでゐる。

第四章　星宿の根本經典

第一節　顯教部の經典

（一）摩登伽經　二卷　吳竺律炎共支謙譯（大二一・三九九―四一〇）。

（二）舍頭諫太子二十八宿經（一名虎耳經）　一卷　西晉竺法護譯（同・四一〇―四一九）。

法經錄三の小乘修多羅藏錄衆經異譯部、および開元錄二に右の二經を同本異譯となしてゐる。このなか（一）は孫權の黃龍二年（西紀二三〇、本朝神功皇后攝政の三〇）に揚都において譯せられし古經であり、これらのなかに九曜二十八宿がゝなり委說されてゐる。

（三）大方等大集經　六十卷（大一三・一―四〇七）。

前の三十三卷は、北涼曇無讖（法豐）および宋智嚴・寶雲の譯、第三十四卷以下の二十七卷は隋那連提耶舍（尊稱）の譯であり、このなか第二十の三昧神足品第四に二十八宿を說いてゐる。第三十四より第四十五にいたる十二卷を日藏分といひ、このなかに星宿品二品ありて二十八宿と八曜（計都をのぞく）を說き、第四十六より第五十六にいたる十一卷を月藏分といひ、その星宿攝受品に十二宮・二十八宿・七曜を說いてゐる。

（四）寶星陀羅尼經　十卷　唐波羅頗蜜多羅（作明智識又は明友）譯（大一三・五三七—五八二）。

開元錄八にいはく「或八卷見二內典錄一、貞觀三年三月於二興善寺一出、四年四月訖、沙門法琳製レ序。佛於二大集會中一重說二此經一、卽大集寶幢分、是非二重譯一也」（大五五・五五三）と。このなか第四の大集品に二十八宿を明かせるが、これすなはち雪山香味仙人の所說である。

（五）寶星經略述二十八宿法佉盧瑟吒仙人經　一卷　圓仁請來（大五五・一〇七四）。

こは現存かいなかは疑はしきも、けだし（四）大集品の別行であらう。

（六）大智度論　百卷　後秦鳩摩羅什譯（大二五・五七—七五六）。

このなか第八に二十七宿に原因する地動を示してゐる。

第二節　密教部の經典

一、現存經

（七）七佛八菩薩所說大陀羅尼神呪經　四卷　晋代失譯（大二一・五三六—五六一）。

法經錄一の大乘失譯部に「七佛經四卷」とあるはこれであり、この第二に妙見および金曜・火曜三星の内證を説いてゐる。

（八） 金剛峯樓閣一切瑜伽瑜祇經　二卷　金剛智譯（大一八・二五三―二六九）。大師、惠運、宗叡の請來。

このなか上卷の愛染王品第五、および下卷の金剛吉祥大成就品第九に二十八宿を説いてゐる。

（九） 佛説大威德金輪佛頂熾盛光如來消除一切災難陀羅尼經　一卷　唐代失譯（大一九・三三八―三三九）。

（一〇） 佛説熾盛光大威德消災吉祥陀羅尼經　一卷　不空譯（同・三三七―三三八）。

（一一） 大聖妙吉祥菩薩除災敎令法輪　一卷　不空譯（同・三四二―三四七）。

以上の三部について二重幸聞記にいはく「此熾盛光法別《ツ》於二台家一執行スル也、種子・　・異本作レ　誤也。秘鈔異尊口決頼瑜云、此法本書事《ノ》、御口云、除災敎令輪、威德熾盛軌又名二熾盛光軌一、大妙金剛經以レ之爲二本書一云云。此尊流二出熾光一表相事《ノ》、私云、敎二令日月星宿等之光耀アル天等一故、殊放二熾光一彼等《ヲ》敎令攝伏スル也。金輪佛頂同體《ト》、八佛頂中最勝佛頂當《ニル》云云」と。しかるにこのなか大妙金剛甘露軍拏利焰鬘熾盛佛頂經（一卷、唐達磨栖那譯、同・三三九）には星宿の説文は皆無である。

（一二） 佛母大孔雀明王經　三卷　不空譯（大一九・四一五―四三九）。

このなか下に九曜二十八宿を説いてゐる。

（一三）七星《しつしやう》如意輪秘密要經　一巻　不空譯（大二〇・二二四―二二五）。

この經法は盜賊難をのぞくにおいて効驗第一といはれてゐる。

（一四）北斗七星護摩秘要儀軌　一巻　大興善寺翻經院灌頂阿闍梨述（大二一・四二四―四二五）。

この翻經院とは青龍寺中にありといふ、又灌頂阿闍梨について賴瑜は薄草口決十七に一行なりといふも、英心の西大寺流[梵字]字口決、および性寂の儀軌隨聞記六（眞言全書同・一一四）には不空なりといつてゐる、よろしくこれに從ふべきである。

（一五）北斗七星念誦儀軌　一巻　金剛智譯（同・四二三―四二四）。

（一六）北斗七星護摩法　一巻　一行撰（同・四五七―四五九）。

（一七）七曜星辰別行法　一巻　一行撰（同・四五二―四五七）、惠運請來（大五五・一〇九一）。

これは二十八宿所管の行病鬼王の祟害と、ならびに能管者に紙錢酒脯を供養してこれを攘ふの法術を說けるが、これに對して豐山の林常快道（享和二年）は通妨釋をなしていはく、

有疑者云、是此祭法非紙錢酒脯則不能也、是道家之所爲。又禁忌僧尼之入、豈爲佛家之說。今謂不然也、如禁僧尼等者但禁來者、更問、必不論自家也、太元帥禁兒婦來入之類亦爾也。於星供地鎮等法亦用紙錢淸酒、實是釋門之妙術、秘宗之奥旨也。夫秘密之旨趣、寄餘道之淺近而顯

法性之深遠一、如二諸部護摩一卽是也。又有レ用二魚肉魚膽一、或用二犬肉犬骨一、或取二人脂己血一、或取二人骨尸屍一、或以二鵄頸蛇肋骨一、或以二鼠狼豬鹿毛一、或巳甲蛇皮爲レ香、或毒藥犬脂爲レ供、或取二纏屍衣一、人骨爲レ筆犬首爲レ管畫二聖無動尊一、或取下男子屍未二瘡瘢一者上坐二其心上一而念誦、或取二兵死人血一書二惡人名形一爲レ符、或以二黑狗舌一和二安息香一爲レ丸、或進二蚯蚓之糞一、或獻二犢子之糞一等、經軌之說不レ可二具擧一。如レ是等之事皆是金口所說、而禁二見聞於非器一、豈其偏疑二酒脯一乎。金剛童子、聖無動尊、大威德、烏樞瑟摩、太元帥、不動法、使者等所レ說是也（本軌奥書）。

（一八） 梵天火羅九曜　一卷　一行撰（同・四五九―四六二）。

（一九） 宿曜儀軌　一卷　一行撰（同・四二二―四二三）。

（二〇） 七曜禳災決　一卷　西天竺婆羅門僧金倶吒撰集（同・四二六―四五二）、宗叡請來（大五五・一一一一）。

本文にいはく「今西國婆羅門僧金倶吒、命得二二十八宿神下一、問二其吉凶一畫二其形狀一、辨二七曜所至禳災法一」と。未だ金倶吒の傳を詳らかにせざるも、けだし天文通達の偉人である。その九曜の行度を測り二十八宿の分野を明らかにし、災祥のよつて生ずるゆゑんを示すなど深刻味にみちてゐる。たゞ誤字すこぶる多くして判讀しがたきところまた尠からぬ。現本は上中二卷を合して一冊となしてゐるが、中はけだし下の誤りか、または下卷が脱落せるかは疑問である。

（二一）大方廣菩薩藏文殊師利根本儀軌經　廿卷　宋朝天息災譯（同二〇・八三五―九〇四）。

この經は殆んど全編星宿思想に滿つるも、ことに第十四卷の徵應品は最も委しい。

（二二）難儞計濕嚩囉天說支輪經　一卷　宋朝法賢譯（同・二一　四六三―四六四）。

この經は十二宮・二十八宿・七曜の直《ち》日に生れたる人の善惡相を、やゝ詳らかに說きしものである。

（二三）超際仙人護摩祀火法　一卷（大圖七）、常曉請來（大五五・一〇七〇・一〇七一）。

この書の奧に十五種の護摩爐と二十八宿像とを附するが、いづれもゝつて優雅なる彩色畫である。故に大疏演奧鈔六に「超際仙人祀火法常曉請來、奧有二二十八宿圖像一」といつてゐる。また圓珍の些々疑問には「超際仙人經、此中說二七曜及三九秘宿一」といつて內容の一端を示してゐる。

（二四）九曜秘曆　一卷（大圖七）。

卷首にいはく、

夫天文法博難レ究二其玄一、自レ非レ精二委衆文一卽准□難レ定。今備探二異本一編列成レ章立二名九曜祕曆一、冀諸同味詳而覽焉。

演奧鈔六に「或記云開底隱者集、九曜祕曆云、羅睺此翻二月障一、此星在二天上一曰二羅睺一惡星也、在レ地爲二黃幡一

也云云」と、これによらば杲寶また未だ現本に接せざりしものと思はれる、のみならずこの所引の文現本にこれない。現本の奥書に「表紙云輿然九曜祕暦」と、輿然とはけだし勸修寺寛信法務の弟子にして、同寺慈尊院第二世の理明房智海なるべきも、たゞしこれは寫持者と見るべきものにして著者と見るべきものではなく、こはやはり晩唐人の著作であらう。

（二五）諸星母陀羅尼經　一卷　沙門法成於甘州修多寺譯（燉煌發掘、大二一・四二〇―四二一）。

（二六）佛説聖曜母陀羅尼經　一卷　宋朝法天譯（同・四二一―四二二）。

この二本は同本異譯である。すなはち九曜二十八宿をもつて星母となし、これに對し閼伽を加持して供養する呪、およびこの星母呪を誦じて延命長壽を祈る法を説きしものである。

（二七）大日經疏　二十卷　善無畏説、一行記（大三九・五七九―七八九）、大師請來。

この第四において、やゝ詳細に九曜・十二宮・二十八宿の内容にふれてゐる。

二、古逸又は疑似經

（二八）金剛頂經七星品。

（一五）の北斗七星念誦儀軌に七星の眞言を說きをはり「其印明出金剛頂經七星品」といつて廣說を讓れるより觀るに、大本十萬頌の金剛頂經に前記の一品これあること分明である。

（二九）　阿陀蜜經。

覺禪鈔北斗法にいはく「阿陀蜜經延壽品云、錢圓掌ㇾ天、内方掌ㇾ地、是云二陳那羅形一云云」（大圖五・四〇一以下）と。又一行の北斗七星護摩法に北斗七星の印をあげて「出二阿陀蜜經一或在二口決一云云」と註してゐる。

（三〇）　都利聿斯經　五卷。

（三一）　七曜二十八宿曆　一卷。

（三二）　七曜曆日　一卷。

この三部は宗叡の請來である（大五五・一一一一）。演奧鈔六に（二九）を引くが故に、それが或ひは名山大刹の經藏に隱沒されてゐるかも知れない、唐藝文史（四九・一六）に、これ及び陣輔聿斯四門經一卷をのせてゐる。前者は貞元中に都利術士李彌乾が西印より傳へたりしを、璩公なるものこれを譯せりといふ（佛國曆象編一・九右）。餘の二部は殆んど引用例を見ない。

（三三）　七曜曆略　一卷。

（三四）　七曜曆　一卷。

（三五）　三元九宮　一卷。

右の三部は圓珍の請來である（同・一〇九四）。三元九宮とは上中下元における九星循環（上元甲子一白、中元甲子四緑、下元甲子七赤）を示したものではなからうか。

（三六）玄鏡宿曜經　一卷。

又は玄韻宿曜經ともいひ惠運の請來である（同・一〇八七）。

（三六）祿命書。

（一八）の梵天火羅九曜にこの書をあぐるのみならず、かつて本朝に傳來せしものかとも思はれる。

（三八）文殊師利菩薩根本大敎王金翅王品。

これに二十八宿と七曜との配合いかんによつて四種大法の用法が異なるゆゑんを示し、密家宿曜考等に全文をのせてゐる。たゞし現行の文殊師利菩薩根本大敎王經金翅鳥王品（不空譯、大二一・三二五）を検するにその類似の意味もない。そこで宿曜考には、

已上文經中一紙首尾《アリテ》不レ屬、宛如二剩紙一前後脫簡、又他經《ヨリシ》混來歟。文殊根本儀軌經隨業因果品、及陰陽善惡徵應品多說二此等事一。而今撿而不レ得レ之、明本恐脫乎、他藏本更撿

といへるが、この所在を確かむることはけだし難事に屬する。

（三九）七曜新術。

（四〇）迦葉氏・瞿曇氏・俱摩羅の三暦書。

（四一）梵天宿曜經。

以上は覺勝の要訣に未見書としてあぐるものなるが、（三九）は淳祐の石山七集に引けるより観るにかつて存せしこと明らかである。（四〇）は宿曜經上の三九祕宿品第三に、

凡欲㆑知㆓日月五星所在宿分㆒者、據㆓天竺曆術㆒推㆑之可㆑知也。今有㆓迦葉氏・瞿曇氏・俱摩羅等三本梵曆㆒並掌㆓在司天㆒、然則今之行用瞿曇氏曆本也

といひ、又算曜直章第七に、

天竺曆瞿曇氏所譯本云、是大梵天所造、五通仙人傳授推求云云

といふものこれである。

（四二）新撰宿曜經　七卷。

演奥鈔六に「宿曜經有㆓二卷七卷二部㆒」といひ、安然の八家祕錄下に「新撰宿曜經七卷加㆓年記一卷㆒安穊述」といひ、勝賢の弘法大師行化記下の裏書に「安環新撰宿曜經」（大師傳全集二・二三七）といふものこれである。以上は古逸部として見るべきも、以下の三部は疑似經である。

（四三）佛說北斗七星延命經　一卷　婆羅門僧將到此經唐朝受持（大二一・四二五―四二六）。

これに七星おのく\の符文をのするが、そは道教抱朴子などにあると同型にして印度の經典としては認めがたいものである。故に覺禪鈔北斗法に「勸修寺云、件經眞僞可レ尋云云」といつてゐる。

(四四) 妙見菩薩神呪經。

中院流星供集(右二四)に「此有二一經一請來更考」と。覺禪鈔北斗法に「妙見菩薩神呪經云、畫二七小月輪一、輪中畫二作北斗神形一爲二內院衆一云云」とあるが、いふまでもなく經錄不載の經である。

(四五) 五大尊式經(又は五大尊式儀軌といひ義淨譯といふ)。

これまた類祕鈔・覺禪鈔等にまゝ引用するも疑はしきものである。

第三節　宿曜經の概要

一、傳　　譯

上來、星宿の根本經典四十五種をあげたるが、このなか大集日月藏分、および文殊根本儀軌經・摩登伽經・禳災決などは具體的なるも、その餘は多く斷片的であり部分的である。十二宮・二十八宿・七曜を體系的にかつ詳細に說明するは、何といつても宿曜經を第一位におかなくてはならぬ。これそのこゝに別節を設くるゆゑんである。當經はつぶさには、

文殊師利菩薩及諸仙所說吉凶時日善惡宿曜經（大二一・三八七―三九九）
と題して上下二巻になつてゐる。唐第七代肅宗の乾元二己亥年（西紀七五九、本朝第四十六代孝謙女帝の天平寶字三年）に不空の譯にかゝるものである。このときに不空の俗弟子たる端州の司馬史瑤がこの譯業を助けて筆受編纂したるも、史瑤は支那天文學の素養に乏しきがためにこれとの調和をなしえなく、文義煩雜にして實地運用上遺憾少なからざるにより、同俗弟子にして同學の造詣ふかき楊景風がさらに不空の指授をうけ、その五年後第八代々宗の廣德二年春にいたつて、これを修正し補註して大成したものである。大師まづこれを請來して請來錄にのせ（全集一・八〇）、また三學錄には雜部眞言經中につらね（同・一一五）、のちにいたり承和五年の入唐者圓仁、仁壽二年の入唐者圓珍もまたこれを請來した。圓仁の請來三錄を撿するにこれなきも、その資安然の八家祕錄下には分明に師の請來となしてゐる。圓珍にいたつては、その入唐求法目錄に「文殊師利宿曜經二卷」（大五五・一〇九八）と記してゐるから疑ふ餘地がない。たゞし八家祕錄に仁珍二家の請來を文殊師利宿曜經といひ、又「實是前本、但文少異」と註するよりこれを思ふに、大師の請來と題目が異なるのみならず、文句も少異といふのであるからその異本たるや分明なるも、たゞし二家請來のこの異本現存するやいなやは未詳である。
かくて當經は已上三家の請來たること分明なるが、今覺勝の宿曜經の叙文を見るに「其傳二本朝二有二四家といつてゐるから、この第四家なるもの追つて尋ぬべきである。

當經に對しては古來事相門にある種の古訣を傳へざるにあらざるも概して斷片的にとゞまり、殆んど註釋として見るべきものがない。明治三十年に名古屋の脇田文紹が宿曜經占眞傳一卷をものして上卷のみを註し、同三十三年に岸乾齋が二十八宿詳解二卷を著はして上下二卷を釋し、同三十九年に虛空庵立命（岡崎儀八郎）が二十八宿祕密奥傳二卷をつくつて當經の占法を述ぶるも、いづれも密敎の素養はもちろん天文學にも全くの素人なる俗居士の著書なるが故に、何らの參考ともなりえない。たゞし文化年間における台密普門圓通（無外子と號し、非常の尊王攘夷家なり、洛陽聖護院山内積善院に住す）の佛國曆象編五卷、梵曆策文一卷、宿曜經撰日法一卷、須彌山儀、同銘序、縮象儀、同說、および享保年間における大和國宇智郡丹原村柴《しばし》水山吉祥寺覺勝の宿曜要訣三卷（高野山の正智院・明王院・當院等の兩三所に寫本として現存するは上卷のみ）といふが如きは、いづれも直接的の末釋にあらざるも、當經研究上に多大の暗示を與ふるものであり、ことに覺勝の要訣にいたつては重要の價値を有するものである。そのゝち阿州德嶋舊津田浦町に生れ、同州名東《めうどう》郡國府《こふ》町常樂寺を董し、晩年東京澁谷室泉寺第九世となりし堅雄は、當經に親炙してうるところ深く、嘉永二年（昭和十六年より九十三年前）に宿曜經撮要一卷、その十二年後の文久元年に同經要盡圖釋一卷を著はして、實地運用上に多大の便益を與へてゐる。

二、異　本

私に見たる異本は明・麗・和の三本である。いはゆる元祿年間、黄檗鐵眼印刻の大藏中における秘密儀軌八十卷中の坎第二にあるは明本であり、大正藏第二十一卷にのするは麗本であり、もと栂尾山法鼓臺にあり寫傳して東寺觀智院に保存さるゝ本（たゞし印本）や、高野の無量壽院にありて覺勝の印刻せる本などが和本にして、これすなはち大師請來の原本なりと思はれるのである。覺勝はこのほかさらに坊間所傳の五本を對照して左の如くいつてゐる。

予所レ覽凡五本、文字異同不レ能二均一一、又校二之大明高麗藏本一增有二出沒一。蓋本國相傳者不レ過二展轉書寫之謬一、至二大明高麗兩本一則恐是臆斷、添二竄經語一易二置圖位一、大乖二聖旨一不二亦悲一乎云云（宿曜經敘）。

蘇悉地經にかぎつて明本最善の例外これなきにあらざるも、大體において密部の經典は和本最もよく、麗本これにつぎ、明本は第三位とされてゐる。かの杲寶所撰の演奧鈔における當經引用の部分について、靈雲寺慧光が對勘せし底本は明本にして、杲寶の所引はけだし和本である。故に該鈔にいはく、

宿曜經上云、今有二迦葉氏瞿曇氏僧倶摩羅等三本梵曆一、並掌二在司天一、然則今之行用瞿曇氏曆本也二十五左。

又云、天竺二曆瞿曇氏所譯本云、是大梵天所造、五通仙人傳二授推步一已上……光云現行宿曜經大異二鈔主所覽之本一、恨乎未レ得二其眞本一也、今見二其所引文一乃知是大好本也（五）。宿曜經上云、月宿有二三種合法一。一者前合、二者隨合、三者並合……月在レ東宿在レ西、則是宿在二月後一月居二宿前一也九左。光云、鈔主所覽之本大異下現本倶今所二校定一者上、卽取二其義便一耳（六）。

享保二十一年仲春の當經印刻における覺勝の叙にいはく、

去秋檢二閱南山無量壽院經藏秘籍一搜二得此一本一、冊樣字樣殊不レ類二當時流行本一、以二甲子一推レ之殆五百年而上物也、比二之諸本一爲二最古一矣。竊疑斯是嘗傳二寫吾大師請來之本一者也、慶幸遇哉之至之不レ堪、遂乃梓行傳二之永世一、庶古眞本之流不二湮滅一云レ爾。

東寺觀智院に「日玉所見本」と注する印本の當經があり、明治四十一年の夏、私はこれを拜見し明本に對してその異同を校合した。杲寶が演奥鈔に引用して慧光が「乃知是大好本也」と賞美するものこれなるが、試みにこれを覺勝の印本と對照するに殆んど符合する。現存三十帖策子中に當經これなきが故に、やはり覺勝のいふが如く斷言しかぬるも、これがおそらく大師御請來の和本であらう。

三、內　容

およそ宿曜當直《ち》の關係によつて曆日を定むるを宿曜曆法となし、これによつて人生の吉凶禍福を卜ふを宿曜占法となし、轉禍爲福、所願成就のために星宿の加持感應を求むる呪法を說くを宿曜儀軌となすのであり、當經はこの曆法と占法とをならべ說くも、ことに占法を本旨となすのである。そして上下二卷となつてはをれど常例に異なりて、その內容は大同少異なるが故に、けだしかつて印度において文殊說宿曜經と諸仙說宿曜經と併行せしを、不空これを合集して一本となしたものであるまいか、こは文殊師利菩薩及諸仙所說吉凶時日善惡宿曜經なる題目が、この意味をもらしてゐるものと思はるゝからである。當經上の冠首における景風の由來記に、

今此經文見有㆓兩本㆒、一是史瑤初筆受本、二是楊景風再加㆓修注㆒本

といふが故に、もとは史瑤本も行はれたりし事實が認めらるゝも、景風本いでしのちは湮滅せしものかと思はるゝ。しかるに普門の撰日法に、一般的に上下二卷と見てゐるは大きな誤りで、こはこれ次での如く景風本と史瑤本との二種なりといつてゐるが、しかしこれは贊同しがたき說である。

そも〳〵上卷は、

定宿宮圖品　第一
月宿所主品　第二
三九秘宿品　第三

七曜直品　第四
秘密雜要品　第五
白月黑月品　第六
算曜直章　第七

の七品よりなつてゐる。このなか第一の定宿宮圖品は十二宮と二十八宿との星座關係を說いてこれを圖示し、また一年十二ヶ月にわたる宿曆をあげてゐる。第二の月宿所主品は二十八宿について委說するのであるが、そはまづはじめに一々を別說し、のちにはこれを類集し七種となして總說する。第三の三九秘宿品は、牛宿をのぞく二十七宿と人生との間における直接的の利害關係あるゆゑんを明かすのであり、第四の七曜直品は七曜と人生との關係を示し、第五の秘密雜要品は、曜宿當直のいかんによつて甘露・金剛峯・羅刹日が成立するゆゑんと、太白所在の方位を避くべき用心と、三九秘要法の別種と見るべき六害宿と、および冥知命宿法との四項をあげ、第六の白月黑月品は一ヶ月間の吉凶日を示し、第七の算曜直章は、景風が私に七曜曆をつくる方式を語りしものである。

次に下巻は、

（一）白黑月所宜吉凶曆

(二) 二十七宿十二宮圖
(三) 二十七宿所爲吉凶曆
(四) 行動禁閉法
(五) 裁縫衣裳服著用宿法
(六) 二十七宿三九秘要法
(七) 七曜直日曆
(八) 七曜直日與二十七宿合吉凶日曆
(九) 擇太白所在八方天上地下吉凶法

の九章よりなつてゐるが、これと上卷の七品とを對照するに、(一)は第六品と同じく、(二)は第一品とほゞ同じく、(三)は第二品と同じく、(四)・(五)・(九)は第五品に屬すべき種類のものなるも、(四)は下卷不共であり、(五)はおのづから第二品の別說に含まれてゐる。(六)は第三品と同じく、(七)は第四品と同じく、(八)は第五品中の三日と同じい。由是觀此、下卷にあつて上卷になきは(四)であり、上卷にあつて下卷になきは、第五品中の六害宿と冥知命宿法、および第七の算曜直章これである。かくて大體において、上卷は下卷よりよく整つてゐるものゝ、互ひに出沒あるが故にやはり兩者は切離すことのできないものである。ことに下巻(七)の日夜をおの〳〵八時に分つて一日の界畔を明らかならしむる一節の如き、こは上巻にこれなく、しかも非常に大切な部分であるから、この意味において下巻がまた重要價を有するゆゑんである。

これをもつて本章ををはることゝする。以下こゝにあぐる經典を盛んに引用するも、所在頁數はすべてこれを省略するから、原典參考の場合にはよろしく本章を見られたい。

第五章　宿曜暦について

第一節　暦の種類

大品般若經に、陀羅尼門に達する菩薩は二十種の功德をうるなか、第十五に「巧得㆑分㆓別日月歳節㆒」と說けるに對して、智論（四八）には印度の暦法によつて正閏月の分るゝゆゑんなどをかなり詳細に論じてゐる。要するに經の意味は、菩薩はその一面において世間の暦術にも精通しなければならぬといふのである。これについてひそかに思ふに、唐玄宗の代に當時行はれたりし李淳風の麟德暦が年久しきにおよび少しく推步を誤まることゝなつたので、開元十二年春正月、わが住持八祖の第六祖一行禪師に勅して新暦を撰ばしめた。禪師すなはち上は軒頊・夏殷・周魯・五王一隻の遺式に範り、下は大初暦より麟德暦にいたる二十三家の衆義を酌み、その異同を較し疎密を考へ、日晷の長短と星座の廣狹とを審らかにし、周易大衍の數を推してこれに應じ、かゝる周密な研究のもとに、その四年後の同十五年九月にいたりこの大業が完成した、これすなはち開元大衍暦經である。道士邢和璞かつて尹愔に語つていはく、一行はそれ聖人なるかな。漢の落下閎暦をつくつていはく、のち八百歳にいたつてまさに、一日の差を生ずべし、聖人いでゝこれを正さむと。今年その期をはんぬ、しかるに一行新曆をつくつてその差謬を正す。すなはち洛下閎が言信あり、聖人に非ずんば何ぞよくせむと。天台を究め、律藏に長じ、禪門に通じ、密敎に達し、天文歷術に秀で、九流百家を兼ねて該博無比なる點において、三國僧史上において禪師の如きは、特に絢爛の異彩を放つてゐる。大業完成の開元十五年九月にいたつて寂するや、帝自から碑銘を製して「文揭二日月一、術窮二天地一」と歎ずるゆゑんのもの偶然ではない。

古き歷史を有する支那や埃及やカルデア（バビロン）や希臘など、今日より見るも驚歎に價すべき天文學を有し、同時に高度の曆術を有してゐた。支那の堯帝の時代は今よりおよそ四千二百餘年前なるが、帝の事蹟を書いた尙書の堯典（支那最古の文章）を見るに、いかにして民に正しい曆を授けうべきかといふことに苦心されたると、いかにして賢者を登庸しうべきかといふことに苦心されたるとの二つのやうであり、前者に對しては黃帝ころよりの司曆家と稱する羲和二氏よりおの〳〵二人の兄弟をえらび、天文臺を四方の適地に設け、つねに觀測に從事して曆をつくらしむることゝなした。かくも曆を重んずるは、民をして時を誤まらずに耕種して百穀を收めしめむとするにあるやいふまでもない。またこの堯舜の代に至誠天に通じて、コヨミ草すなはち蓂莢がおのづから階前に生じたといふことが傳へられてゐる。そは朔日にいたる間は日〻に一葉を生じ、以後は日〻に一葉を落し、これによつて月の盈虧を知つたといふことである(白虎通三)。

季節に對する敏感の度は、人はゝるかに動物に及ばないやうである。いはゆる杜甫が歸燕の詩に「不獨避霜雪、其如儔侶稀。四時無失序、八月自知歸」(杜律集解一・六九)といふが如きこれである。人は何によつてこれを知るかといはゞ、すなはち暦によらざるをえぬ。暦は何ものを標準とするかといはゞすなはち星辰である。この星辰の辰といふ字義は、十二支の辰にもなり、また日辰・吉辰・時辰儀といつたやうに時の意味ともなり、時代によつて種々に變遷してゐるが、後漢ころの人がこれを註して「民に時の早晩を示すものが辰である」といへるのがまづ正しいやうである。時の早晩を示すものは星宿なるが故に、この意味において星宿は暦準であり暦辰である。かの埃及においては大犬座の主星シリウス(Sirius)、すなはち支那名の天狼星が、あけがた東方に見ゆる季節をもつて標準となし、これがもはや東方に見ゆるやうになつたから、ナイル河もまもなく氾濫するであらう、その準備をしなければならぬといふことであつた。又西紀前千四五百年の支那の殷代には、蠍《さそり》座の主星アンターレス(Antares)、支那名の大火(心宿)が南中するを見て夏の眞中の標準としたるが、殷の國は殷商といつたから、大火を又は商星とも名づける。時代はよほど後世になるが、支那の中央部の晋においては、オリオン(Orion)、和名三ッ星、支那名參《しん》宿が夕かた東方に見ゆる季節を冬の眞中の目標となした、これは晋において大いに崇拝するが故に又は晋星とも名づける。西紀前三千年も前から注意されてゐたのは北斗七星なるが、これは季節によつて夕かた太陽が水平線についたときに、いはゆるその劍先に位する破軍星の向きかたが、眞東なれば春、眞南なれば夏、眞西なれば秋、眞北なれば冬であり、のみならず夜ふけてかの向きかたが、眞北なれば夜半、眞東なれば曉も近いといふ風に時計の代用ともなるから極めて重寶である(新城博士の天文學概觀參考)。

私の聞くところによらば、太陽暦は西紀前四千年すでに埃及において行はれたりし形迹があり、太陰暦は同三千年にバビロン人の宇宙観および宗教思想より來りし副産物であつた。のちにいたるや概して太陽暦は西洋において行はれ、太陰暦は東洋において行はるゝことゝなり、西洋において太陽暦を用ふることゝなつた最初は、西紀前四十五年(本朝崇神天皇の五三年)、羅馬王カーサルジュルエスの時である。太陽暦とはいふまでもなく太陽に基づく暦で、すなはち太陽が天球を一周して春分點から春分點に復歸するまでの時間を計算するによるともいはれやうし、または地球が太陽の周圍を一周する公轉時と、その一自轉時との配合によるともいはれやう。そしていづれにもせよ、その時間は三百六十五日と約四分一なるが、事實は四分の一よりも千分の八ばかり小さい、卽ち三百六十五日五時四十八分四十六秒である。そこで四年めに一日の剩餘をつくる、これがすなはち閏のできるゆゑんなるが、しかるに四年めに閏をつくると千分の十六だけの進みがあるので、四百年めに一度閏でない年をつくる。その法、西洋紀元が四でわりきれる年は閏、又をはりの二桁が零でその有効數字が四でわりきれる年、例せば一六〇〇年とか二〇〇〇年とかいつたやうな年を平年とする。或ひはまた神武紀元が四でわりきれる年は閏、紀元年數から六百六十を減じ、百をもつて整除しうべきもの丶なか、されに四をもつてその商がわりきれない年を平年とする。たとへば昭和十一年（二五九六）の如きは四でわりきれるから閏年、昭和十二年（二五五七）の如きは、六六〇を減じて一九三七となり、百にて整除すれば一、九三七となり、この商は四でわりきれないから平年である。太陰暦には幾多の種類ありと見え、普門の梵暦策進には、印度から支那に傳はつたものに（一）瞿曇氏暦、（二）迦葉《かせう》氏暦、（三）僧倶摩《しくもら》羅暦、（四）考威暦、（五）金倶吒の七曜暦なる五種ありといひ、又支那特有のものは一年を二十四等分して節と中とを設くるが、中は太陰により節は太陽によるが故にこは純太陰暦ではなく陰陽折衷の暦であつて、希臘暦とほゞ一致してゐる。純太陰暦はいはゆる一年を三百五十四日又は三百五十五日とする回教暦これである。

最後に三正綜覧によつて本朝暦の變遷を尋ぬるに、左表の如く最初より今日にいたり十回を經てゐる。

暦名	帝代	西紀	所用年数
一、南宋の元嘉暦	四一代持統帝の六年	六九二	六
二、儀鳳暦（唐の麟德暦）	四二代文武帝の元年	六九七	六八
三、一行の大衍暦	四六代孝謙帝の天平寶字八年	七六四	九四
四、五紀暦	五五代文德帝の天安二年	八五七	六
五、唐除昻の宣明暦	五六代清和帝の貞觀四年	八六二	八二三
六、貞享暦（保井春海）	一一二代靈元帝の貞享元年	一六八四	七一
七、寶暦甲戌暦	一一六代桃園帝の寶暦四年	一七五四	四四
八、寛政暦	一一九代光格帝の寛政九年	一七九七	四六
九、天保壬寅暦	一二〇代仁孝帝の天保十三年	一八四二	三一
十、太陽暦	一二二代明治帝の明治五年十一月九日	一八七二	現今所用（同年舊十二月三日を六年一月一日となす）

第二節　一ケ年間の區分法

試みに佛教における時量の計方を考ふるに、摩登伽經上によらば、婦人紡綖して長さ一尋をうる時間を一刹那となし、一刹那の六十倍を一羅婆となし、一羅婆の三十倍を一時となし、一時の三十倍を一日夜となし、一日夜の三十倍を一月となし、一月の十二倍を一年となすといひ、日藏分星宿品第八之二には、一千六百刹那を一迦羅となし、六十迦羅を一摸呼律多となし、三十摸呼律多を一日夜とすといひ、文殊根本儀軌經十四には、一百彈指をもつて一初分時となし、四初分時をもつて一中分時となし、四中分時をもつて一移分時となし、八移分時をもつて一日夜となし、乃至十二年を大年となすといひ、倶舍論十二には百二十刹那を一怛刹那、六十怛刹那を一臘縛、三十臘縛を一牟呼栗多、三十牟呼栗多を一日夜となすといひ、一月および一年の計方は前と同じい。以上によらば一日夜に對して、八移分時となす文殊根本儀軌經を除く餘はみなこれを三十牟呼律多となすが、一牟呼律多を今日の時間に直せば四十八分であり、そして三十牟呼栗多の一々の名は摩登伽經にこれをつらねてゐる。なほこの時量の詳細なるは曆象編三・三六以下の如くである。又一月を二分して十六日より晦日にいたる十五日を黑分となし、朔日より望日にいたる十五日を白分となし、黑分を前となし白分を後となし、白分望夜に月のやどる星名をとつて各月の名稱とするは印度特有の式である。故に宿曜經にいはく、

一、天竺月名一日為二白博叉一（博叉は𑖢𑖎𑖿𑖬なり分と譯す）、十六日為二黑博叉一（上）。

二、西國每二一月一分為二白黑兩分一、入レ月一日至二十五日一為二白月分一以二其光生一漸明白之謂也。入レ月十六日至二三十日一

爲黑月分（以其光漸減損暗黑之謂也）(下)。

三、大唐命月皆以正二三四至于十二、則天竺皆據白月十五日夜太陰所在宿爲月名。故呼建《さす》卯爲角月、建辰爲氐月、但呼角氐心箕之月、亦不論有正二三四及建卯建辰、此東夏西天之異文、學者切宜識此、先宜曉之(上)。

四、西國以十五日望宿爲一月之名(下)。

今略して十二月に對する印・支・日の名稱をあげて見やう。

月	印度名	支那名	日本名
一	翼月	孟陽、太簇	さみとり月、初春月
二	角月	仲陽、夾鍾	むめつさ月、雪消月
三	氐月	春陽、姑洗	花見月、花津月
四	心月	孟夏、中呂	このはとり月、卯花月
五	箕月	仲夏、蕤賓	草《さ》苗《なへ》月、授《さ》雲《くも》月
六	女月	季夏、林鍾	鳴雷月、すゝくれ月
七	室月	孟秋、夷則	めてあひ月、七夕月

八	婁月	仲商、南呂	木染月、月見月
九	昴月	季商、無射	いろとり月、紅葉月
十	觜月	小春、應鍾	かみなかり月、時雨月
十一	鬼月	天泉、黃鍾	雪見月、神歸月
十二	星月	臘月、大呂	年はつむ月、春待月

（宿曜經、白虎通一、三正綜覽參照）

又印度にはこの十二月を三時と分つ場合もあれば六時と分つ場合もある。故に文殊根本儀軌經十四にいはく「於二此一年一分二六時一或分二三時一」と。三時とは西域記二に左の如く分つてゐる。

（一）熱　時　正月十六日より五月十五日にいたる
（二）雨　時　五月十六日より九月十五日にいたる
（三）寒　時　九月十六日より正月十五日にいたる

これすなはち倶舍論十二に「於二一年中一分爲二三際一、謂寒熱雨各有二四月一」（大二九・六二）といふものこれである。次に六時とは日藏分星宿品第八之二に、

（一）暄暖時　正月、二月

(三)種　作　時　　五　月、　六　月
(四)物　熟　時　　七　月、　八　月
(五)寒　凍　時　　九　月、　十　月
(六)大　雪　時　　十一月、　十二月

と分つこれである。支那は前にいつたとほり一年を二十四等分して節と中とを分ける。いはゆる立春・雨水は一月(陰暦)の節と中。啓蟄・春分は二月の節と中。清明・穀雨は三月の節と中。立夏・小滿は四月の節と中。芒種・夏至は五月の節と中。小暑・大暑は六月の節と中。立秋・處暑は七月の節と中。白露・秋分は八月の節と中。寒露・霜降は九月の節と中。立冬・小雪は十月の節と中。大雪・冬至は十一月の節と中。小寒・大寒は十二月の節と中これであり、印度よりもよほど密にしてかつ文學的にできてゐる。又曆元たる正月の定めかたも一準ではなく、周においては一陽來復してなほふかく黃泉の下にひそむ十一月を天正といつて正月となし、殷においては萬物はじめて牙をふくむ十二月を地正といつて正月となし、夏においては萬物甲をひらいていづる十三月を人正といつて正月となす、いはゆる次での如く建子・建丑・建寅の別である(白虎三、四)。しかるに印度においては支那の建卯月たる二月をもつて歲首となすのである。すなはちこの白月十五日に月が角宿にやどるから角月といひ、この季節は春分點にあたつて晝夜平均し、陽氣遍滿して萬物榮に向はむとするによつてゞある。故に摩登伽經上には「起二於二月一日一節氣起レ春」といひ、宿曜經上には、

二月春分朔、于レ時曜躔二婁宿一。道齊景正日中氣和、庶物漸榮一切增長、梵天歡喜命爲二歷元一。大唐以レ建レ寅爲二歲初一、天竺以レ建レ卯爲二年首一

といつてゐる。

第三節　一日の界畔はいかん

一日の界畔はいかんといふについて、私の見聞するところによらば、(一)子の後半刻以下を明日の領分に屬し、子の前半刻のをはりまでを今日の領分に屬し、子の正刻を今明兩日の分界點とすると、(二)午の後半刻以下を明日の領分に屬し、午の前半刻のをはりまでを今日の領分に屬し、午の正刻を今明兩日の分界點とすると、(三)卯の後半刻以下を明日の領分に屬し、卯の前半刻のをはりまでを今日の領分に屬し、卯の正刻を今明兩日の分界點とするとの三說がある。

(一)　秘藏記に「調伏法取二黑月日中亦夜半一起首」

とあるこの夜半とは、當日の夜半なのか、昨日の夜半なのかといふについて、杲寶はその私鈔に昨夜

半と見る護摩要集の説をあげ、宿曜經および大疏の説によつてこれを批判してゐる。いはく、

問、夜半者取去夜々半歟、將又取今夜々半歟如何。答、護摩要集上云、半夜之事人未知之。假令擇二月一日可始降伏者、宜以正月三十日夜之半始行。假令六月十五日可始行者、從十四日夜半。言半夜者子時也、十二時之中以子爲初以亥爲終。縱正月一日之初分者十二月三十日之子時也、以是名爲半夜、明日初時也、此時降伏相應之時也。而擇正月一日應修之法、得其夜半修法、正月二日始行也、擇一日之義太乖違也。余就此説度々行之靈驗掲焉、人不知此事云云。私案之要集説猶以不詳、案宿曜經説、一曜一宿各領一日夜。彼經下云、毎日分爲八時、平明卽是所直之曜、乃至酉戌則八時而周。夜亦分爲八時、轉到明日曉時卽次後曜當直、如是細解用之萬不失一文。曜宿倶其日晝夜取以爲所直、正月一日夜半始行全非二日始行也。依之疏五云、是中從日沒後至明相出以來總名爲夜、初入夜分卽當圖畫諸位安置諸供養具、明相未出已前便使發遣竟。文勢所顯明相以前屬前日見、當時行用又以其日夜半屬當日始行之、既合宿曜經説。但或以子爲日始、或以寅爲日始之説是又有子細事歟、追可尋決之。

（二）は普門の宿曜經撰日法の説である。いはく、

逐日ノ交際ヲ取ヿ支那日域ニ同ジカラズ。支那日本ハ子ノ一時ヲ二分トシ、初ノ半時ヲ昨日ニ屬シ

後ノ半時ヲ今日ニ屬ス（一晝夜百刻ナル故ニ半時ハ四刻一十六分六十七秒ナル故ニ、子ノ初四刻一十六分六十七秒マデ昨日ノ刻分トスルナリ）。印度・回々・西洋等ノ諸國晝ル午ノ時初ノ半時ヲ今日ノ終トシ、後ノ半時ヲ以テ明日ニ屬ス。假令バ四日ノ夜ナレバ、三日ノ午後ヨリ三日ノ中夜子ノ半時ニ至ルマデヲ四日ノ夜トシ、四日ノ晝ハ四日ノ晨前夜半子ノ正ノ半時ヨリ、曉ヲ經テ四日ノ午初ノ半時ニ至ルマデ是ナリ。是故ニ經ノ本文ニ、惡ノ晝モ午後ハ通メ吉ト明シ玉フ、是レ午後ハ明日ニ屬スル故ナリ。又惡ノ夜モ中夜以後ハ吉トスルハ、中夜以後ハ晝ニ屬スル故ナリ。又密家ニ夕座・朝座・日中座ヲ分ツニ、午後ノ座ヲ夕座ニ屬スルハ此ノ義ニ准ズルガ故ナリ。

五印度スベテ陰ヲ先トシ陽ヲ後ニス、萬物ノ生ミナ陰ヨリ生ズル故ニ地ヲ造化ノ母トシ、月ヲ立ルニモ黑月ヲ前トシ、晝夜ヲ立ルニモ夜ヲ前トス。又蓮花ノ開合ヲ試ルニ、日午ノ正中ニ至リテ滿開シ午後漸々ニ合ス、是レ亦午後ハ陰位ナルヲ見ルベシ。又經ノ定宿宮圖品ヲ檢スルニ、正南午ノ方ノ中位ヨリ西ニ轉メ西北子ノ中位ニ至テ五十四足（百十八度ナリ）月ニ屬メ陰位ナリ。宮ハコレ六宮、宿ハ一十三宿半、是陰位ナル故ニ夜トス。又南午ノ位ノ正中ヨリ東ニ繞リテ北子ノ中位ニ至テ五十四足（百八十度ナリ）、六宮ニメ十三宿半、是レ陽位ナル故ニ日ニ配ス、是レ晝分ナリ、此ノ一夜一日ヲ一曜宿ノ所屬トス。又牛宿ヲ毎日午中ニ配スルモ、本日次日ノ交際ナレバナリ。然レドモ史瑤筆受ノ經（今流布ノ本誤テ下巻トスルモノ也）ニ、晝夜各八時ニ〆卯ノ時ヲ兩日ノ交際トスト見ヘタレ𪜈、史瑤ノ本ハ文義モ煩雜ニ〆難キヲ二行用シ一以テ、景風再ビ三藏ノ指揮ヲ蒙テ譯スル所ノ本卽是ナリ、然ハ兩本相違スルモノハ史瑤ノ本ハ之ヲ取ザルナリ。今此ノ文ヲ檢スルニ景風筆受ノ本ニ見ヘズ、且ツ晝夜時ノ說其文消スベカラズ、カタ〳〵依用シガタキナリ。若シ此ノ義ニオヒテ謬解スルトキハ曜宿魁斗等悉ク値日ヲ失ス、實ニ一步千里ヲ過ツ所ナレバ精細ニ論決セズンバアルベカラズ、是一大要目也。

たゞし前章星宿の根本經典下にいつておいたとほり、現流宿曜經の上下二卷に對して、上卷を景風の筆受本、下卷を史瑤の筆受本となし、互ひに相違するところは下卷をすてゝ上卷につくべしといつて以上の珍說をのぶるもこの景風本と史瑤本とを分つことの證據分明ならぬのみか、師が信ずるいはゆる景風本のいづこにもかゝる分別これなきが故に、こは賛同しかねる說といふほかゞない。梅國（寶永年間における新義派の學匠）の櫻陰腐談に「宿曜經時分永與曆異、自子至巳以爲晝分、自午至亥以爲夜分也」（一・一三）といへるが、晝夜のわけかたは普門と同じきも、今明日の界畔が未だ分明ならざるはものの足らない。

（三）は宿曜經下・智論四十八、および薩婆多毘尼毘婆沙四等の說である。このなか宿曜經の說文はすでに（一）下における杲寶所引のとほり、一日に晝夜あるなか、晝間を卯より戌にいたる八時に分ち、夜間を大いに亥より寅にいたる四時となし、この四時におの〳〵上下二刻を開いて八時に分ち、卯の刻より寅の刻にいたる十二刻十六時をもつて一宿一曜が當直する一日の領分となすのである。今便宜十二刻と現今の時間とを對照せしむべく左に圖示する。

二十四時間配當	記號	十二支時
午後11 至午前1	九ツ時	子
午前 1 至 3	八	丑
3 至 5	七	寅
5 至 7	六	卯
7 至 9	五	辰
9 至 11	四	巳
11 至午後1	九	午
午後 1 至 3	八	未
3 至 5	七	申
5 至 7	六	酉
7 至 9	五	戌
9 至 11	四	亥

かくの如く一刻は二時間なるが故に、上刻は前の一時間、下刻は後の一時間、上下の交點は正刻にしておのづから分岐點となる。故に卯の正刻より卯の正刻にいたるまで、すなはち今日の午前六時より明日の午前六時までをもつて今日の領分とする。又もし前の說文を反覆熟讀するにおいては、七曜は單なる七曜ではなく各々に七曜の德を具して、それが十六時にわたり相ついで現出すといへる意味

の含まれてゐることがわかつてくる。これその堅雄が宿曜經撮要に左圖を設け略して説明するゆゑんである。

晝分	直日ノ七曜							夜分
	日	月	火	水	木	金	土	
卯六	日	月	火	水	木	金	土	亥四 上
辰五	月	火	水	木	金	土	日	亥四 下
巳四	火	水	木	金	土	日	月	子九 上
午九	水	木	金	土	日	月	火	子九 下
未八	木	金	土	日	月	火	水	丑八 上
申七	金	土	日	月	火	水	木	丑八 下
酉六	土	日	月	火	水	木	金	寅七 上
戌五	日	月	火	水	木	金	土	寅七 下
晝分	竪ハ直時七曜							夜分

謂横書七曜者直日曜、右傍八支者晝分時、左傍四支者夜分時、竪七行八字七曜者主二時々二曜也。若求二

日曜直日而午時之曜、則以先直日々曜之經與午時緯爲十字所、可知其時刻當水曜。又夜分者毎一時一曜也、若土曜而求寅時、則金爲上刻土爲下刻、餘可準知之（以上撮要）。

薩婆多毘尼毘婆沙にいはく、

明相者有種々異名、有三種色、若日照閻浮提樹則有黒色、若照樹葉則有靑色、若過樹照閻浮提界則有白色、於三色中白色爲正（大二三・五二九）。

智論にいはく「日名從旦至旦、初分中分後分」（大二五・四〇九）と、これらは宿曜經と同意味にして梵曆の通法である。故に要訣にいふ、

凡曆書中定一日夜之際限月支震旦其說不一、宿曜經・摩登伽經・舍頭諫經・智度論・有部等經律論、皆取今明相至翌日明相以爲一日夜分。本朝自昔都從梵曆、然則限翌日明相已來屬今日明矣。諸經論不有異、乃疑應是天竺通法也、今取宿宮當以明相爲際限也。

第四節　二十七宿曆と二十八宿曆

月の一日の行程を測り、一ケ月をへて一周する天空を豫じめ二十八に區分したものが二十八宿にして、なほし東海道を五十三次に分てるが如き關係であり、この二十八宿をもつて一年十二月の各日に

配するを二十八宿暦といふのである。しかるに印度の暦法に二種ありて、大集日藏分、寶星經、摩登伽經、文殊根本儀軌經、瑜祇經等は二十八宿暦に屬し、宿曜經、智論等は二十七宿暦に屬する。二十七宿暦の場合には牛宿を除くのであるが、その理由は宿曜經に「天竺以牛宿爲吉祥之宿、毎日午時直事、故天竺暦以午時爲吉祥」(上)といひ、また「唐用二十八宿西國除牛宿、以其天主事之故」(下)といひ、大疏演奥鈔六には、

智論慧影疏云、此別列地動中何故不列牛宿者、星書云、日月如合璧、五星如連珠、皆起牛宿。又堯舜嗟歎四時之辭、日月倶起於牽牛之初、以牛宿爲根本故不論也文。又云、般若寺疏鈔云、私云、牛宿主日夜正中故云二十七宿也(上之五。十二右)。又云、光云、吾師考牛宿除不而言、摩登伽經(呉竺律炎譯)下巻説諸門中或列或否、宜以準知之耳(大三九・五三)

といつてゐる。このなか慧光があぐる師淨嚴の口説に基づいて、私に摩登伽經下を檢するに、二十八宿について十七門を分別するなかひとり牛宿にいたつては出沒不定である。要するに、牛宿は毎日正午時に君臨し、萬物をつかさどつて一ヶ月中に總通するが故にこれを除くといふのである。しかし二十八宿暦よりいはゞ、これを加へて一日中にときに或ひは牛女の二宿をならべ配し、ときに或ひは女虚の二宿をならべ配して調整を保つのである。この暦法はよろしく大集日藏分によるべきも、そは黑

前白後による宿曆にしてこれを見ること不便尠からざるにより、覺勝はこれによつて新たに現曆に合したる傍通曆をつくつてゐる。こは洵に重寶なるが故にこゝにこれを錄する。

日藏經二十八宿傍通曆

日　月	八	九	十	十一	十二	正	二	三	四	五	六	七
一	角	房	尾	斗	虛	室	奎	胃	畢	參	柳	張
二	亢	心	箕	牛	危	壁	婁	昴	觜	井	星	翼
三	氐	尾	斗	女虛	室	奎	胃	畢	參	鬼	張	軫
四	房	箕	牛	危	壁	婁	昴	觜	井	柳	翼	角
五	心	斗	女	室	奎	胃	畢	參	鬼	星	軫	亢
六	尾	牛	虛	壁	婁	昴	觜	井	柳	張	角	氐
七	箕	女	危	奎	胃	畢	參	鬼	星	翼	亢	房
八	斗	虛	室	婁	昴	觜	井	柳	張	軫	氐	心
九	牛女	危	壁	胃	畢	參	鬼	星	翼	角	房	尾
一〇	虛	室	奎	昴	觜	井	柳	張	軫	亢	心	箕

一一	危	壁	婁	畢	參	鬼	星	翼	角	氐	尾	斗
一二	室	奎	胃	觜	井	柳	張	軫	亢	房	箕	牛女
一三	壁	婁	昴	參	鬼	星	翼	角	氐	心	斗	虚
一四	奎	胃	畢	井	柳	張	軫	亢	房	尾	牛	危
一五	婁	昴	觜	鬼	星	翼	角	氐	心	箕	女	室
一六	胃	畢	參	柳	張	軫	亢	房	尾	斗	虚	壁
一七	昴	觜	井	星	翼	角	氐	心	箕	牛女	危	奎
一八	畢	參	鬼	張	軫	亢	房	尾	斗	虚	室	婁
一九	觜	井	柳	翼	角	氐	心	箕	牛	危	壁	胃
二〇	參	鬼	星	軫	亢	房	尾	斗	女	室	奎	昴
二一	井	柳	張	角	氐	心	箕	牛	虚	壁	婁	畢
二二	鬼	星	翼	亢	房	尾	斗	女	危	奎	胃	觜
二三	柳	張	軫	氐	心	箕	牛	虚	室	婁	昴	參
二四	星	翼	角	房	尾	斗	女	危	壁	胃	畢	井

二五	張	軫	亢	心	箕	牛	虛	室	奎	昴	觜	鬼
二六	翼	角	氐	尾	斗	女	危	壁	婁	畢	參	柳
二七	軫	亢	房	箕	牛	虛	室	奎	胃	觜	井	星
二八	角	氐	心	斗	女	危	壁	婁	昴	參	鬼	張
二九	亢	房	尾	牛	虛	室	奎	胃	畢	井	柳	翼
三〇	氐	心	箕	女	危	壁	婁	昴	觜	鬼	星	軫

このなか八・一一・一二・正・二・三・四・五・七なる九ヶ月の朔宿、および十二ヶ月の望宿にいたつては宿曜經と全同なるも餘宿には異同がある、そは次の二十七宿暦と對照してこれを知るべきである。

宿曜經二十七宿傍通暦

日月	二	三	四	五	六	七	八	九	十	十一	十二	正
一	奎	胃	畢	參	鬼	張	角	氐	心	斗	虛	室
二	婁	昴	觜	井	柳	翼	亢	房	尾	女	危	壁
三	胃	畢	參	鬼	星	軫	氐	心	箕	虛	室	奎

四	昴	觜	井	柳	張	角	房	尾	斗	危	壁	婁
五	畢	參	鬼	星	翼	亢	心	箕	女	室	奎	胃
六	觜	井	柳	張	軫	氐	尾	斗	虚	壁	婁	昴
七	參	鬼	星	翼	角	房	箕	女	危	奎	胃	畢
八	井	柳	張	軫	亢	心	斗	虚	室	婁	昴	觜
九	鬼	星	翼	角	氐	尾	女	危	壁	胃	畢	參
一〇	柳	張	軫	亢	房	箕	虚	室	奎	昴	觜	井
一一	星	翼	角	氐	心	斗	危	壁	婁	畢	參	鬼
一二	張	軫	亢	房	尾	女	室	奎	胃	觜	井	柳
一三	翼	角	氐	心	箕	虚	壁	婁	昴	參	鬼	星
一四	軫	亢	房	尾	斗	危	奎	胃	畢	井	柳	張
一五	角	氐	心	箕	女	室	婁	昴	觜	鬼	星	翼
一六	亢	房	尾	斗	虚	壁	胃	畢	參	柳	張	軫
一七	氐	心	箕	女	危	奎	昴	觜	井	星	翼	角

一八	房	尾	斗	虚	室	婁	畢	參	鬼	張	軫	亢
一九	心	箕	女	危	壁	胃	觜	井	柳	翼	角	氐
二〇	尾	斗	虚	室	奎	昴	參	鬼	星	軫	亢	房
二一	箕	女	危	壁	婁	畢	井	柳	張	角	氐	心
二二	斗	虚	室	奎	胃	觜	鬼	星	翼	亢	房	尾
二三	女	危	壁	婁	昴	參	柳	張	軫	氐	心	箕
二四	虚	室	奎	胃	畢	井	星	翼	角	房	尾	斗
二五	危	壁	婁	昴	觜	鬼	張	軫	亢	心	箕	女
二六	室	奎	胃	畢	參	柳	翼	角	氐	尾	斗	虚
二七	壁	婁	昴	觜	井	星	軫	亢	房	箕	女	危
二八	奎	胃	畢	參	鬼	張	角	氐	心	斗	虚	室
二九	婁	昴	觜	井	柳	翼	亢	房	尾	女	危	壁
三〇	胃	畢	參	鬼	星	軫	氐	心	箕	虚	室	奎

以上の二暦はおの〳〵理由あるが故に、いふまでもなく一をもつて他を難ずべからざるも、たゞし

古來多く用ひ來れるものは二十七宿曆なるが故に、よろしくこれによつて直《ち》日を求め又本命宿を定むべきである。しかるに月の一日の行程を一宿づゝに配し、毎月の朔宿が一定すといふについては疑問なきをえない。そは月の運行にも遲速があり、星座にも廣狹があつてつひに平均が保たれなく、これによつて時差を生ずべきことが當然なるからである。この疑問を通ずべく摩登伽經上に「而此諸宿共レ月合行凡有二三種一、一在二月前一、二在二月後一、三共二月俱一」といへるも、いかんせん前後俱の宿が分明でない、この關係を知らむにはよろしく宿曜經によるべきである。いはく、

香山仙人問言、天道二十七宿有レ闊有レ狹、皆以二四足一均分、則月行或在レ前或在レ後、驗二天與一說差互不レ同、宿直之宜如何定得。菩薩言、凡月宿有二三種合法一、一者前合、二者隨合、三者並合、知二此三合一則宿直之時可レ知也。云何爲二前合一、奎・婁・胃・昴・畢・觜六宿爲二前合一也。云何爲二並合一、參・井・鬼・柳・星・張・翼・軫・角・亢・氐・房十二宿爲二並合一也。云何爲二隨合一、心・尾・箕・斗・女・虛・危・室・壁九宿爲二隨合一也。凡宿在二月前一月居二宿後一爲二前合一。月在二宿前一宿居二月後一、如二犢子隨一レ母爲二隨合一。宿月並行爲二並合一。東爲レ前西爲レ後、假令月在レ東宿在レ西、則是宿在二月後一月居二宿前一也(上)。

しかるに湛然の止觀弘決十之一に前合隨合を略し、並合のみについて「又有二六宿一一日一夜共レ月俱行、謂畢・井・氐・翼・牛・壁」(大四六・四三八)といへるが、こはその依るところ分明でなく又今經の

説に合しない。以上の經說によつて覺勝は要訣上に左の如く論斷するが、これは傾聴すべき説である。

或問、考二本朝所須官曆一、貞享元年甲子已往用二二十七宿一與二宿曜經一同。乙丑以降依二通書法一、推二上元甲子天正十一月甲子朔一命二起虚宿一。二十八宿以レ次推旋經二七甲子一、則宿與二甲子一正等無二其餘殘一、名二之七元直宿法一。依二此法一則年月日之直宿、循環交代與レ歳變易而無二定準一矣。善合二天體運轉一、可レ謂レ得二其理一也。今觀二印度宿法一、雖二二十七八二法有一レ異、然至二直宿一則每歳一準未三曾有二改移一矣。以二一準直法一擬二至變天運一、誰能知二其合一哉。余曰、此未レ知二梵曆之術一、故致二此疑一。夫天竺取レ宿之法、月臨レ宿之處卽當日直宿也。月有二遲疾一星座有二廣狹一、故立二前合後合並合三法一以定二直日一。今推二其直日一驗二之天象一宿月允合、雖レ似レ有二或差三四宿一、以二佛勅無一レ變三年置二一閏一、則復與レ天合也。曆法以二善合一レ天爲二術之精要一、得三善合二天象一何嫌二其直之一準一哉。若二彼通書說一、則中夏曆法一術、而我門之所レ不レ取也。然如下近來密家師間有中依二世曆一取二本命宿一者上、不レ問二高祖傳承當否一恰似二狗之逐一レ塊。佛祖幽旨使三忽墮二于地一者、所三以難二默止一其只是而已。

第五節　閏朔の直宿

太陽曆による閏年はすでに第一節においてこれにふれたるが、今は太陰曆による閏月と、および宿曜經の二十七宿曆からはこの閏朔の直宿をいかに見るかといふについて説明しやうと思ふ。およそ太陽が春分點より春分點に復する一年の長さは三百六十五日・二四二二である。しかるに一月の長さは二十九日・五三〇六なるが故に、これを十二ヶ月にすると三百五十四日となり、十三ヶ月にすると三百八十四日となり、どちらにしても長し短かしで時々番號のない月のある年、すなはち十三ヶ月の年を組合せなければ季節が違つてきて調和しない。この十三月が閏である。閏はいかにしてつくるかといふに、易の繫辭上傳には「五歳再閏」といひ、白虎通三には「三歳一閏天道小備、五歳再閏天道大備」といひ、同四には「周天三百六十五日四分度之一、歳十二月日過十二度、故三年一閏五年再閏、明陰不足陽有餘也、故讖曰閏者陽之餘」といつてゐる。この三歳一閏、五歳再閏といふは大體の説であり、現代學術より精密にいはゞ十九年七閏の法によらなければならぬ。いはゆる十九年間における二百三十五ヶ月に對して適當にわりあつるならば、次の二十年めの正月は前の正月と同じ季節となる。二百三十五といふは十九年の月數に七を加へた數である。しかるにこの十九年七閏の法はすでに西紀二三〇年に譯せられた摩登伽經下に、

我今更説出閏之要、於十九年凡有七閏、五年再閏

と説いてゐる。次に閏朔の直宿いかんといふについては、覺勝の要訣に四説をあげてゐる。

（一）本月第二日めの宿をとる、例せば二月朔日はもとこれ奎宿なるが故に第二日めは婁宿である。もし閏あらばこの婁を閏朔の直宿となし順次に數へて三十日にいたる。

（二）本月第四日めの宿をとる、前例よりいはゞ、昴宿これである。

（三）壁・婁・昴・觜・參・鬼・張・角・氐・尾・女・危の十二宿をとつて、次での如く閏正月の朔宿乃至閏十二月の朔宿とする。私に云く、（一）の本説を未だ考へざるも（二）・（三）は簠簋内傳（五）の説である。

（四）本月の朔宿に准ずる、例せば本月の朔宿が奎なれば閏月の朔宿もまた奎である。

このなか前の三説は本朝の暦書にいで、第四説は大師の相傳にして實慧の檜尾口訣に見えてゐる。故にいはく、

若有二閏月一時、其正月直宿卽亦重直二閏月一。謂假令十二月有二閏月一而其十二月一日直宿是虛宿、十五日直宿是星宿、乃至三十日直宿是室宿。如レ是閏月十二月直宿亦同レ之更無レ異也。先月是正十二月、閏月是傍十二月也。故傍月直宿三十日皆用二正十二月直宿一、更不レ異レ宿也、餘月閏月準レ之知耳。

覺勝いはく「此説於レ義已允當、質二之天象一亦好契合。蓋大師所傳高弟相承之訣、而宗門後學所レ宜二從用一也。又日藏經閏宿相二准檜尾記一、依二彼經二十八宿之直法一、取二本月宿一當レ爲二閏月宿一」と。案ずるに、

大師によつて宿曜經の三大祕蘊が開拓されてゐる。いはゆる(一)上述の如く閏朔の直宿に對する指示と、(二)本朝における七曜暦の標準を示したると、(三)七曜と二十八宿との相剋關係を示したるがこれであり、もしこの三大祕蘊にして開拓されなかつたならば、おそらくは經は永く高閣に束ねられて何らの用をなさなかつたであらう。このなか(二)は次節によつて知るべく、(三)は第九章によつて知るべきである。

第六節　七曜暦

七曜暦の起原は埃及なりや印度なりや、カルデヤなりや、そしていづれの時代に何人によつて發明されたるかは大いなる謎にして、おそらくは何人もこれに明解を與へえないであらう。ある說に、月の盈虧中の四つの重もなる形狀、すなはち上弦・滿月・下弦・新月のおの〳〵の間隔が殆んど七日なるが故に週はこれによつて起れりと。舊譯全書の創世紀は西紀前七八世紀ころの編纂と傳ふるが、このなかに神が世界をつくるにあたつて七日めの休みあることがしるされてゐるから、少くも週はその前からあつたことが分明であり、かくて支那の干支とゝもにその起原遼遠である。要訣に「古昔日月火水木金土以レ次化出、其神直二于日一、七日一周々而復始、萬代無レ窮」といへるが、こゝろのいはく、上古に神人があり、七曜神の日々に順次當直して萬物をつかさどるを感知することによつて、この七曜暦が世に傳はるにいたつたといふ神祕的解釋なるが、しかしこれは今日の人が何ら起原を究めずして、たゞ一種の記號にすぎないなどゝいへる獨斷説よりもはるかにすぐれたるものかと思はれる。宿曜經上の末段に「算曜直章第七」といふ一章があり、開元二年より千五百一年前、すなはち西紀前七百八十八年に溯り算をおこして、七曜暦をつくる標準論據を明かせるものなるが、けだしこれは景風の自撰にして、そして高等數學を應用せし極めて難解なものであり、又覺勝上梓の和本宿曜經下に左の如き奥書がある。

太唐元和元年歳次二丙戌一正月二日丁卯是密日也、此則日本國延暦二十五年也、是年五月改元爲二大同元年一也。又大唐元和元年十二月々小盡也本國暦爲二大月一。又大同二年正月三日壬辰又蜜日、準二擬大唐暦一正月四日應二當是蜜日一也。又大同三年二月七日又是蜜日也。

密日は又は蜜日につくるが、こは日に對する胡國名の音譯なればいづれにても可なりである。故に宿曜經上には「日精曰二太陽一、胡名レ密、波斯名二曜森勿一、天竺名二阿儞底耶一」といつて密につくるも、同下の同文には蜜につくつてゐる。さてこの記者に對して覺勝は「案是我大師錄二當時兩三年直曜一、爲下末解二彼算曜章一者上開二其端緒一者也」といひ、末尾の大同三年二月七日について「二月當作二正月一、今布レ算推二考之一、大同三年正月七日己丑是蜜日也。二月七日己未火曜直而非二蜜日一也、自餘與二暦法一相合」といつて後人の寫誤を訂正してゐる。勝賢の大師行化記下裏書にいはく、

陰陽工巧畫圖等共能達レ之。大同以往暦家無レ知二蜜日一、是故日辰吉凶雜亂人多犯レ之、大師歸朝之後傳二此事一見二安環新撰宿曜經一（大師傳全集二・二三七）。

故に右の奥書は大師の手になりしこと殆んど疑ふべき餘地がない。要するに、わが邦がはじめて世界共通の七曜直日を知るにいたりしはこれひとへに大師の賜ものにしてその恩惠多大である。高弟實慧またこの口傳をうけて、承和七年正月一日より八日にいたる直曜を、

曜者七曜、謂日月火水木金土是謂二七曜一。直日次第、承和七年正月一日土曜、二日々曜、三日月曜、四日火曜、五日水曜、六日木曜、七日金曜、八日土、周而復始（護摩法畧抄）

と示してゐる。私に三正綜覧を考ふるに、本朝暦においてこの七曜を各月の朔日にのみ記入するにいたつたのは、百十二代靈元帝の時代にできた貞享暦からである。覺勝はかの大師の記に基づき推算して、百十代後光明帝の正保元甲申歳（西紀一六四四）より、百十七代後櫻町帝の寶暦十三癸未歳（同一七六三）にいたる百二十年の七曜暦をはじめてつくりたるが、その功績はもつて永世に傳ふべきである。その様式の一端は左の如くである。

その後堅雄はかの遺志を繼續して、寶曆十四甲申歲より百二十一代孝明帝の安政六己未歲（西一八五九）にいたる九十六年間の分を補へるが、私もまたこれを繼續し、世曆によつて萬延元年以後今日にいたる分を補つてをる。覺勝の推算法にいはく、

今依㆓彼經末之記㆒、以㆓大同元年丙戌正月二日丁卯太陽直日㆒爲㆓曆元㆒、新布㆑算推㆓考之㆒以證㆓世曆之不㆑違云㆑爾。大同元年丙戌歲正月二日丁卯太陽直日、距㆓正保元年甲申歲正月朔日㆒計八百三十八年、積月一萬零三百六十五月、積日三十零萬六千零八十四日。以㆓紀法㆒除㆑之則得㆓五千一百零一周㆒、不盡二十四日、命㆓起丁卯㆒則得㆓庚寅日㆒。又以㆑七去㆓積日㆒則得㆓四萬三千七百二十六周㆒、不盡二日、命㆓太陽㆒則得㆓太陰㆒、是則正保元年甲申歲正月朔日支干曜直也。遂則甲申爲㆑首、於㆓本朝用曆中㆒考㆓得每歲大小盡㆒、推㆓求每朔曜直支干㆒、新修㆓七曜直日曆㆒列㆓于後㆒。凡七曜直日法、日月火水木金土以㆑次轉易、一日一

七曜直日曆

正保元甲申	翼月	角月	氐月	心月	箕月	女月	室月	婁月	昴月	觜月	鬼月	星月
	正朔	二朔	三朔	四朔	五朔	六朔	七朔	八朔	九朔	十朔	十一朔	十二朔
	室	奎	胃	畢	參	鬼	張	角	氐	心	斗	虛
	大月庚寅	小水庚申	大木己丑	小土己未	小日戊子	大月丁巳	小水丁亥	大木丙辰	大土丙戌	大月丙辰	小水丙戌	大月乙卯

易七日而周、々而復始萬代無レ窮。欲レ求二本曜一、先須レ知二所生年月之朔日曜直一。命起於朔日曜一、以レ次推算至二彼生日一則止、卽得二彼人本曜一也。假令正保元年正月十一日生者、其朔日月曜直日、依レ次二日火曜、三日水曜、四日木曜、五日金曜、六日土曜、七日々曜、八日月曜、九日火曜、十日水曜、十一日木曜直日也。知彼人得二木曜一以爲二命曜一、他皆傚レ此（要訣上）。

又堅雄の附七曜曆序にいはく、

夫七曜者日月火水木金土也、宿者二十八宿也、曜宿主《トル》二人命一如二父母一矣。按主二男女之誕生日一曜與レ宿相應《ノ》依《テ》二鹽梅一雖レ爲《タリト》下未二面會一人上、考《ルニ》下觀其人之曜與レ宿、則雖レ易レ可レ知下其人機質與二相貌血色一、及禍福幷壽命長短等上、若不レ知二直日七曜一而者無二考レ之據一。依レ之嘉永元戊申歲秋、東武麻布天眞禪寺興峰大和尙、垂二慈心一令レ命二予七曜曆梓行一。故從二七曜要訣之中一、拔二出七曜曆一便二後來一也矣……今從二正保甲申年一至二寶曆十三癸未歲一百二十年之間畧《ヲ》レ焉、非二當用一故也（宿曜經撮要）。

古來の一說に九執曆などゝいつて、前の七曜に羅睺・計都の二星を加へ、この二星もまた輪次に循環するものとして日に配しもつて本命曜にあつるが、こは無稽の妄說である。故に大疏三に「除此二執之外、其餘七曜相次直レ日」といひ、同四に「其餘二執羅睺主レ爲二覆障一、彗星主レ見二不祥一故不二直日一也」といつて、直曜には明らかにこれを除いてゐる。およそ七曜の直日は年を逐つて同じからざるも、二十七宿の直宿は毎歳一定して移動しない。こは二十七宿は天の經星なるが故に古今かはらず、七曜は天の緯星なるが故に時に隨つて同じからざるゆゑんである。又七曜は日を逐つてこれに當直し、十二宮と二十七宿とは月に隨つてこれに配合するは、こは同類相從ふによつてゞある。故に古記にいはく、七曜日天眷屬也、故逐ㇾ日配直。二十七宿・十二宮月天眷屬也、故隨二月天所在宿宮一名二彼宮宿日一也（要訣上の所引）。

ちなみにいはく、直宿直曜の直は大疏演奥鈔六に「直逐力切當也、史平準書曰、金爲ㇾ幣直二三千一」（大三九・五三）といへるとほり、「チヨク」又は「ヂキ」とよむべきではなく「チ」とよむべきである。

第六章　宿曜經の撰日法

第一節　年月日時の吉凶

覺禪抄北斗法下に遊年八卦を示していはく、

☰ 乾吉　遊年當二此卦年一、始中終不二相害怪一大吉。何故然、云此年者化通皆陽卦故也。

☵ 坎　遊年當二此卦年一、始終害二盜賊口舌一凶。何然、云此二卦陰故、中富來大吉。何故然、云是卦陽故福來大吉云云。

☶ 艮　遊年當二此卦年一、始富榮大吉也、中終者有二災必來一大凶。

☳ 震　遊年當二此卦年一、始中大害來甚凶。何故然、云此二卦陰故、終大富來大吉。何然、云此卦陽故。

☴ 巽　遊年當二此年一、始中富來、終大害來凶。

☲ 離　遊年當二此年一、々始終福來大吉、中害來大凶。

☷ 坤凶　遊年當二此年一大凶。

☱　兌　　遊年當此卦年、始害來大凶、中終必來富貴大吉也。

この遊年と八卦との關係はいかんといふに、けだし易經のこゝろ、乾を一、兌を二、離を三、震を四、巽を五、坎を六、艮を七、坤を八となすが故に、遊年一歳より八歳にいたるまでは、次での如くこれを前數に配すべく、九歳以上は八を拂つた殘數をかの八卦に配し、もつてその一ヶ年の吉凶を知るべきであり、そして遊年とは必らずしも滿年をとるのではなく、直ちにその數へ年をとるべきである。

また同抄に、十二支年の各季節に生るゝものゝ貧富を示してゐる、その要左の如くなるが、たゞし本說および理由は追つて尋ぬべきである。

子・午は夏冬生れは富、春秋生れは貧。

餘はみな春秋生れは富、夏冬生れは貧。

ちなみに坤元靈符によつて十二ヶ月の卦象をかゝげおく。

十一月（子）の象　䷗　地雷復

十二月（丑）の象　䷒　地澤臨

正　月（寅）の象　䷊　地天泰

二　月（卯）の象　䷡　雷天大壯

三　月（辰）の象　䷪　澤天夬
四　月（巳）の象　䷀　乾爲天
五　月（午）の象　䷫　天風姤
六　月（未）の象　䷠　天山遁
七　月（申）の象　䷋　天地否
八　月（酉）の象　䷓　風地觀
九　月（戌）の象　䷖　山地剝
十　月（亥）の象　䷁　坤爲地

この十二ヶ月のなか、正・五・九の三月を菩提場經二には「佛神通二長齋月一」（大一九・二〇三）といひ、文殊根本儀軌經五には「夫建二曼拏羅一須レ在二三長月一、於二此月內一須レ得二白月一勿レ使二黑月一」といふなどの本說が隨所に見ゆる。櫻陰腐談によらば、雲麓漫抄には唐の太宗この三月特に佛事を修することをのべ、また元亨釋書には仁明天皇この三月に、息災增益の大法を修することを記せりといひ、そして、釋氏要覽引二智論一曰、天帝釋以二大寶鏡一從二正月一照二南洲一察二人善惡一。二月西、三月東、四月北、五月亦南、九月亦爾云云（二一・一七）

といつてゐる。これによらば、帝釋は須彌四洲人の善惡業を知るべく、正月より逐月に南・西・東・北と次第し大寶鏡をもつて照鑒するが、われら所住の南瞻部洲は、かくて正・五・九月にあたるから、この三月は特に謹愼し齋戒しもつて功德善根を積まなければならぬといふのである。

また念誦結護《金剛智譯》には、息災・增益等四種五種の大法を修すべき月について、息災は二・三月を用ふべく、增益・敬愛は十・十一月を用ふべく、降伏は四・五月を用ふべしといひ（大一八・九〇六）、蘇悉地經三の時分品には正・二・四・八・十二月を吉月となし、息災にはこの十五日を、增益と降伏とにはこの三十日を用ふべしといつてゐる。

次に世俗陰陽道《おんにやう》に傳ふる年月日時と九星との關係をいはゞ、

（一）年

上元甲子	一白
中元甲子	四綠
下元甲子	七赤

（二）月

子・午・卯・酉年正月	八白
辰・戌・丑・未年正月	五黃
寅・申・巳・亥年正月	二黑

三元がおの〳〵六十年なるはつねの如く、そしてこの年月における九星は、一白・九紫・八白・七赤等とすべて逆轉する。

(三) 日　冬至・雨水・谷雨前の甲子　一白・七赤・四綠
夏至・處暑・霜降前の甲子　九紫・三碧・六白

たゞし陽遁たる冬至・雨水・谷雨には一白・二黑・三碧等と順轉し、陰遁たる夏至・處暑・霜降には九紫・八白・七赤等と逆轉する。

(四) 時　冬至以後子・午・卯・酉日の子時　一白
辰・戌・丑・未日の子時　四綠
寅・申・巳・亥日の子時　七赤
夏至以後子・午・卯・酉日の子時　九紫
辰・戌・丑・未日の子時　六白
寅・申・巳・亥日の子時　三碧

そして冬至以後は順、夏至以後は逆なること日例の如くであり(三白寶海下、通德類情四)、よろしくこれによつてわが本星との相生剋を考へてその趨避を決すべきである。

通德類情四に建・除・滿・平等の十二日を示すが、こはわが國暦書の中段に「たつ」・「のぞく」・「みつ」・「たいら」等と記するものこれである。建とは建立の義にして帝王將相の卽位式などをあぐるによろしく、除とは革新の義にして僕婢を解き病痾を療し舍宇を掃ふなどによろしく、滿とは豐滿の義にして倉庫宅舍を修築し交易營利のことによろしく、平とは平安の義にして垣墻をつくり道路を平治するによろしく、定とは安定の義にして基礎をつくり又は新宅に移り、乃至百年の長計をたつるによろしく、執とは執持の義にして罪人を捕捉し畋獵し又は營利の事によろしく、破とは破壞の義にして家屋を破壞し、醫を求め病ひを療する等の事によろしく、危とは危難を防ぐ義にして邊境を安撫し兵士を訓練し堤防を築くが如き豫防事によろしく、成とは成就の義にして入學婚姻等の吉事によろしく、收とは收藏の義にして詔命し行幸し福を祈り嗣を求むるによろしく、開とは開展の義にして興造動土し發會し開店する等によろしく、閉とは閉息の義にして退いて己れを守るによろしい。今十二ヶ月の直日を示さば左表の如くである。

	正月	二	三	四	五	六	七	八	九	十	十一	十二
建日	寅日	卯	辰	巳	午	未	申	酉	戌	亥	子	丑
除日	卯	辰	巳	午	未	申	酉	戌	亥	子	丑	寅

滿日	辰	巳	午	未	申	酉	戌	亥	子	丑	寅	卯
平日	巳	午	未	申	酉	戌	亥	子	丑	寅	卯	辰
定日	午	未	申	酉	戌	亥	子	丑	寅	卯	辰	巳
執日	未	申	酉	戌	亥	子	丑	寅	卯	辰	巳	午
破日	申	酉	戌	亥	子	丑	寅	卯	辰	巳	午	未
危日	酉	戌	亥	子	丑	寅	卯	辰	巳	午	未	申
成日	戌	亥	子	丑	寅	卯	辰	巳	午	未	申	酉
收日	亥	子	丑	寅	卯	辰	巳	午	未	申	酉	戌
開日	子	丑	寅	卯	辰	巳	午	未	申	酉	戌	亥
閉日	丑	寅	卯	辰	巳	午	未	申	酉	戌	亥	子

しかるにこれを十二ヶ月の十二支にあつるには、毎月必らず同日を重ねなければならぬ不合理の結果を見ることゝなるが、こはいかに解釋すべきかは疑問の點である。およそこの十二日の本說は淮南子三の天文訓に、

寅爲レ建、卯爲レ除、辰爲レ滿、巳爲レ平主レ生、午爲レ定、未爲レ執主レ陷、申爲レ破主レ衡、酉爲レ危主レ杓、戌

爲₂成主₁小德₁、亥爲₂收主₁大德₁、子爲₂開主₁大歲₁、丑爲₂閉主₁大陰₁

といへるこれなるが、こゝに深く考へておかなくてはならぬことは、七佛所說神呪經四の所說これである。いはく、

建者葉生萠₂牙陽陰亦長。除者代謝移易之體。滿者神祇受₂供無₁復盈₁。平者陽氣凝澍無₁增減₁。定者鬼神交會惡氣不₂行。執者陰氣偏多陽氣少。破者陰陽交解說破之義。危者天窓開地戶閉。成者陽氣足陰氣並故名₂成。收者陽氣流行、陰平萠牙生故言₂收。開者陰性開陽氣出故名₂開。閉者天窓地戶儼然閉塞、萬神不₂行故名₂閉。

こはけだし印度においてもとより支那說と義を同じふする十二日の思想ありしが故に、翻譯にのぞむで便宜淮南子の立名を借つたものか、もしくば支那思想が一旦印度に輸入されて、この經典成立の一素材となりしものかは未詳である。たゞしこの經は晉代の失譯にして比較的新らしきも淮南子鴻烈解二十一卷は、前漢高帝（沛公）の第四子、淮南厲王長の長子劉安の所撰なるが故に、西紀前百六七十年にして佛敎渡來の二百數十年前である。故に經說はむしろ支那思想の影響をうけたりと見るべきすじのものであるまいか。本節をゝはるにのぞみ、ちなみに鎭宅符二種を錄する。

（一）不空譯の孔雀明王經上の、

一切日皆善　一切宿皆賢　諸佛皆威德　羅漢皆斷漏　以斯誠實言　願我常吉祥

の六句は、性寂の隨聞記（一四）および眞常の禀承錄（九）によるに、これを棟札の裏面に書くを古來の相傳とすると。

（二）左の本說未詳なるも、古來また一種の火難消除符と傳ふる。

奉請 智龍道覺神 男
海岸妙音神 女

寄語宋無忌　火光郎入地

家有壬癸神　日獻四海水

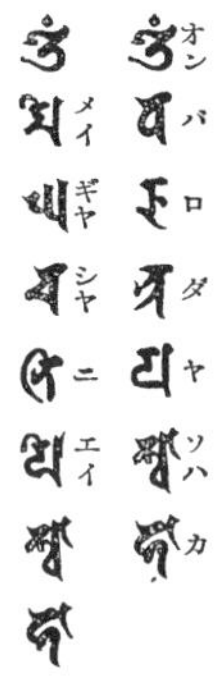

これまた棟札に書くべきであらう。

第二節　生家養者と沒滅日

古傳に生家方は萬事に吉、養者方は飲食等を求むるに吉なりといつてゐる。衰日は遍智院成賢《せいげん》の口

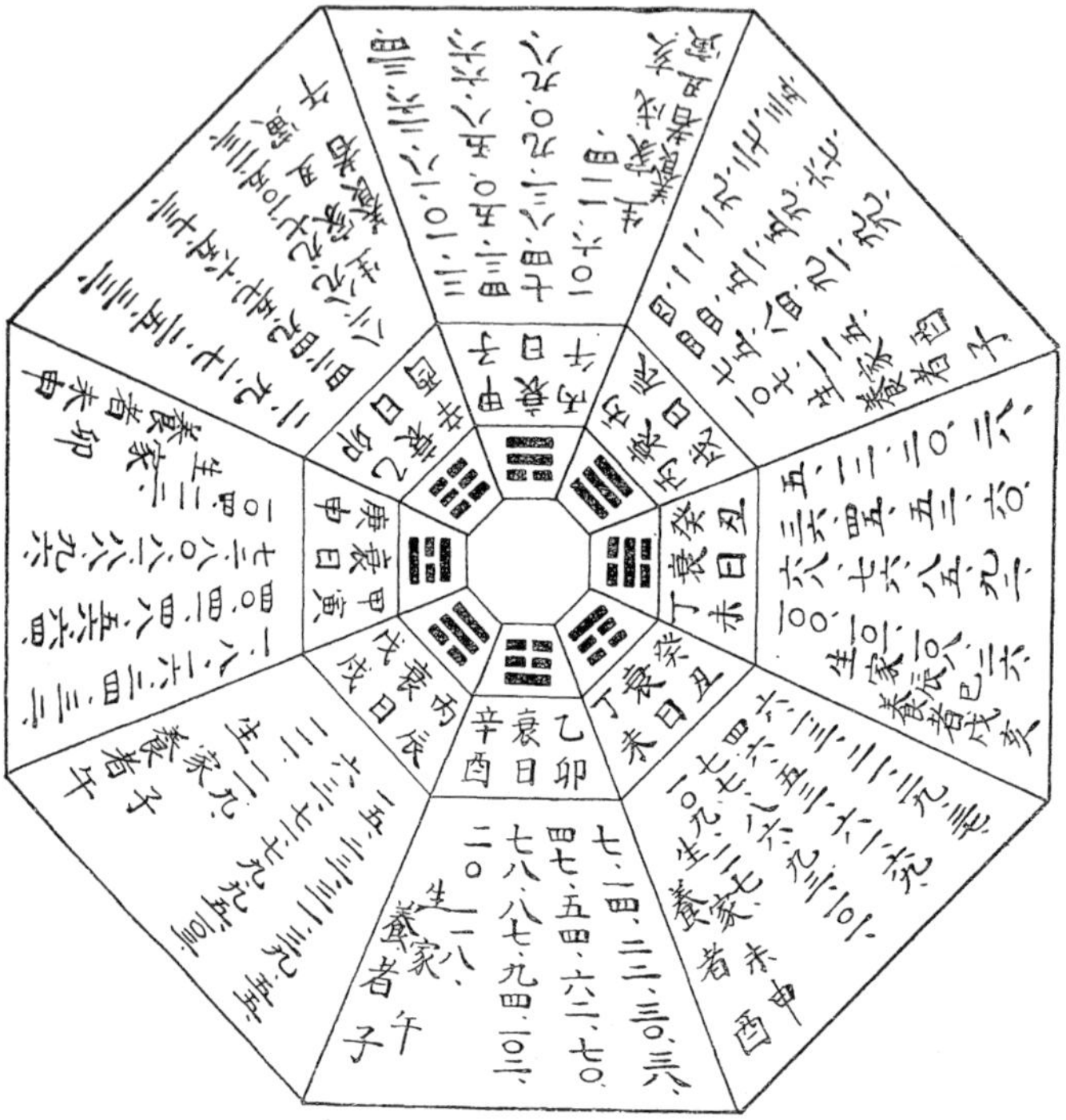

説ならびに印融の四度口決等には十干これなきが故に一ヶ月に兩三度これあるべきも、今この圖にはこれあるが故に六十日においてわづかに兩日であり、そして祕法の授受修行等には特にこれを忌むべきである。すなはち一歳・八歳乃至百十二歳は、甲寅と庚申の日が衰日であり、餘はみな准知すべきである。憲深の四度加行口決にいはく「加行等日次可レ撰レ之事、凡修中爲二無爲所願成就一尤可レ撰二吉日一。就レ中師資衰日可レ除レ之又赤舌日當時多分不レ用レ之、但是非二陰陽道存知一云云」と。たゞし内局に八卦を圖する意味が未だ分明ならぬ。又生

家養者の繰格には、初八越、四十躍、四十八越、八十一躍、八十八越、百一躍てふ名目ありて、越とは七を越ゆることであり、躍とは前後聯屬するなかの後位のことである。要するに生家養者および衰日は、古來加行又は別行祈念等に用ふべき唯一の指針となされてゐる。以上は釋室先師覺算が明治二年および同六年に、精細に諸本を對照して圖示せしものによつたのである。そしてこれらの諸本はその源眞雅の所記によれるが、眞雅の所記はその源大師の口傳より來れるは改めていふまでもない。

次に沒日・滅日にいたつては享保十二年に南山住侶曦堂が、循環暦および教要録等を參考して精透の推術を發明してゐる。予は遺憾ながら未だこれを理解しえざるが故に、今はたゞその序文の一節を錄するのみにとゞめおく。いはく、

惟夫沒日滅日者、陰陽不足《ソ》而日月相違、時候隱沒故、放《オキ》二直《サハノ》日定規一者除二避之一而更不レ攝二於其日數之域一、是則非二正日一之謂也。是故考二出之一以不レ用二萬事一、尤可レ愼二晝夜一之日也。蓋於二其定法一者、從二往古一雖レ有二通途流布之法一、全不レ當二於本術之定日一。爭不レ據二於暦算術一、而有レ得二其的正一耶、然則者未熟士止二于此一。是故予以二往古之名目一爲レ欲レ令レ叶二於暦算之本術一故、今暫考二求其頓成之法一、作二爲于レ新此圖一以施二於末學士一者也云云。

第三節　凶日

一、六齋日　大日經住心品に順世八心の第二牙心を「於㆓六齋日㆒施㆓與父母男女親戚㆒」と説くも、その六齋日なるものを知る由がない。しかるに智度論において分明にこれを説くが故に左にこれを證する。かの六十五にいはく、

經　佛告㆓須菩提㆒如㆑是々々。是善男子善女人若六齋日、月八日・二十三日・十四日・二十九日・十五日・三十日、在㆓諸天衆前㆒説㆓般若波羅蜜㆒。是善男子善女人、得㆓無量無邊阿僧祇不可稱量福德㆒。何以故、須菩提般若波羅蜜是大珍寶。

論　是六齋日是惡日令㆓人衰凶㆒、若有㆘是日受㆓八戒㆒持齋布施聽㆖㆑法、是時諸天歡喜小鬼不㆑得㆓其便㆒利㆓益行者㆒。是日法師高座説㆑法、如㆑是等種々因緣故諸天皆來下（大二五・五一五）。

しかるにこれのみにては未だ六齋日の凶日なるゆゑんのもの分明ならざるが、同十三にこれを詳説していはく、

問曰、何以故六齋日受㆓八戒㆒修㆓福德㆒。答曰、是日惡鬼逐㆑人欲㆑奪㆓人命㆒、疾病凶衰令㆓人不吉㆒。是故劫初聖人敎㆓人持齋修㆑善作㆑福以避㆓凶衰㆒。是時齋法不㆑受㆓八戒㆒、直以㆓一日不食㆒爲㆑齋……問曰、何以故

諸惡鬼輩以二此六日一惱二害於人一。答曰、天地本起經說、劫初成時有二異梵天王子一、諸鬼神父。修二梵志苦行一滿二天上十二歲一、於二此六日一割レ肉出レ血以著二火中一。以レ是故諸惡鬼神、於二此六日一輙有二勢力一。問曰、諸鬼神父何以於二此六日一割二身血肉一以著二火中一。答曰、諸神中摩醯首羅神最大第一、諸神皆有二日分一。摩醯首羅一月有二四日分一、八日・二十三日・十四日・二十九日。餘神一月有二一日分一、月一日・十六日、月二日・十七日、其十五日・三十日屬二一切神一。摩醯首羅爲二諸神主一、又得二日多一故數二其四日一爲レ齋、二日是一切諸神日、亦數以爲レ齋、是故諸鬼神於二此六日一輙有二力勢一（大二五・五一五）。

二、道虗日　毎月六日、十二日、十八日、二十四日、三十日の五日にして神事、移轉、出行、嫁娶等の慶事にこれを忌む。古歌にいはく、

一六や二六・三六・四六にて
五六・三十道虗なりけり

以上は釋室藏の宿曜經古暦便覧における袒惠の押紙に見ゆる。

三、棟折日　正・二月の卯、三・四月の巳、五・六月の未、七・八月の酉、九・十月の亥、十一・十二月の丑。以上の日は起工上棟にこれを忌む、これまた前記の押紙に見ゆる。

四、三・六・九日　櫻陰腐談二にいはく、

客問、跋祖之日俗諱二三六九一、其說出二於内典一不。答、無二所見一、顧慣下制二三六九人同入二灌頂壇一法上乎。大日經疏第四曰、一漫荼羅中、不ㇾ得下同時爲二三人六人九人一灌頂上、蓋如來密意、阿闍梨不ㇾ釋二所由一。又同下大方等陀羅尼經第二授記分不中得ㇾ過二十人以上一也。過ㇾ此以外恐二阿闍梨心量有ㇾ所ㇾ不ㇾ周、當下待二後緣一別爲中作法上（一四左）。

五、宿曜經の說

四日の夜、八日の晝、十一日の夜、十五日の晝、十八日の夜、二十二日の晝、二十五日の夜、二十九日の晝。以上八日の晝夜には所作すべて成就しない、たとへば鹹鹵の地に種植すともつひに發育を見ること能はざるが如くであると。櫻陰腐談一にいはく、

客問曰、凡詣二堂社一者俗云二朝觀音夕藥師一、每月十八日朝拜二觀音一、每ㇾ月八日夕禮二藥師一、不ㇾ知二何義一。答曰、按據二宿曜經之說一矣。謹檢二彼經一、每ㇾ月十八日以ㇾ朝爲二吉時一以ㇾ夕爲二凶時一、每ㇾ月八日以ㇾ夕爲二吉時一以ㇾ朝爲二凶時一。八日及十八日於二彼二尊一爲二娑婆有緣之日一、宜哉朝拜二觀音一夕禮二藥師一矣（一三左）。

たゞし簠簋内傳に小空亡日なる惡晝夜をあぐるが、一晝・四夜・八晝等といつて一晝以外は經說と全く同じい。そしてこれは太歲南門守護の七鬼の第一に位する小恚鬼橫行の時とされてゐる（三）。又こゝにいふ晝夜とは、午前六時より正午にいたる六時間を晝といひ、正午十二時より夜半十二時にいたる十二時間を夜といふのであり、從つて凶惡の晝も午後は吉時となり、同夜も夜半後はまた吉時とな

る。故に經下に「凡凶惡之晝午後通吉、凶惡之夜子後通吉」といつてゐる。

第四節　平　日

宿曜經上にいはく、

入レ月二日、六日、九日、十二日、十四日、十七日、十九日、二十一日、二十三日、二十四日、二十七日、三十日。

已上平日、若與二好宿好曜一幷者卽吉、如與二惡宿惡曜一幷者卽凶。

試みに今以上の十二日に對する同經上の全文および下の抄文をあげておく、

（一）二日・十七日造化神下梵云二苾利訶駁鉢底下一、此名二得財日一、宜二市賣納レ財所有增益一（上）。宜下按摩合レ藥作二工巧法一、遠行進レ路結レ交婚姻、營二田宅一爲中增益事上、所作皆吉（下）。

（二）六日・二十一日童子天下梵云二拘摩羅下一、是求名日、宜下營二建門戶一獻レ書上レ策見中大人上（上）。宜二諸久長安定之事一、營二田宅及天廟福舍伽藍一、建二城邑一立二牛馬等諸畜坊廐一並吉、不レ宜二遠行進路一（下）。

（三）、九日・二十四日毘舍闍鬼下梵云二嚕達羅尼神下一、此是凶猛日、宜レ作二毒害殺傷畋獵宰割一（上）。

宜下圍レ城縛レ敵進レ途代レ逆取レ毒、不レ宜レ入レ宅、修二理鬢髮一凶（下）。

（四）十二日・二十七日々天子下梵云二阿逸都神下一、此是名聞日、宜下嚴飾事儀以求二名譽一結中良友上（上）。

宜レ作二久長安定之事一、及修二輦輿一嚴二飾頭髻一、置レ倉出レ藏等吉、不レ宜二放レ債取レ債（下）。

（五）十四日・二十九日藥叉將下梵云二藥叉神下一、此是勇猛日、宜下捕二獲誑妄一執レ敵行中非事上（上）。

宜下往擒縛相二說詭誑事一、暴二虐惡人一作中非法之物上、宜下行二詐妄一詭中誘怨敵上、彼必信受、不レ宜二遠行進路一

二十九日晝惡午後吉（下）。

第五節　吉　日

（一）四法の相應日　　四法とは息災・增益・敬愛・降伏なる四種大法のことなるがこれを修する相應日子の經軌の本說を尋ぬるに、おのづから兩說となつてゐる。いはゆる仁王念誦軌によらば、息災の法は一日より八日にいたり、增益の法は九日より十五日にいたり、敬愛の法は十六日より二十二日にいたり、降伏の法は二十三日より晦日にいたるこれであり（大一九・五一六）、もし都部陀羅尼目によらば、息災と增益は前と同じきも、降伏は十六日より二十三日にいたり、敬愛は二十四日より晦日にいたるこれである（大一八・八九八）。大摩利支菩薩經六（大二一・二八二）にはその時を息災・增益は早

辰、降伏は日中、敬愛は夜半となし、祕藏記には、

息災　初夜起首　北面
増益　日出起首　東面
敬愛　後夜起首　西面
降伏　日中・夜半　南面

と規定されてゐる（全集五・三）。

（二）彼岸と八王日　春分を中心とする前後の七日間を春の彼岸といひ、秋分を中心とする前後の七日間を秋の彼岸といつて二期の彼岸會を修することつねの如くなるが、たゞしこれは經の本説があるのではなく、從つて印度・支那に行はれず、ひとり本朝において古代より重用されてゐる。八王日とは翻譯名義集七（大五四・一一七三）によるに、もと提謂經の説にしてすなはち（一）立春、（二）春分、（三）立夏、（四）夏至、（五）立秋、（六）秋分、（七）立冬、（八）冬至にして、これを天地諸神陰陽交代の吉日となされてゐる。

（三）密軌の異説

（い）八日、十四日、十五日、二十三日および晦日を五節日といふ（大陀羅尼末法中一字心呪經、大

一九・三一七）。

（ろ）八日、十三日、十四日、十五日（菩提場經三、同・二〇八）。

（は）一日、八日、十四日、十五日（五佛頂經四、同・二四六）。

（に）白月一日、十五日（文殊根本儀軌經五）。

（ほ）八日、十四日、十五日（七佛所說神呪經三）。

（へ）七日、十三日、二十三日（念誦結護、大一八・九〇六）。

（と）一日、三日、五日、七日、八日、十一日、十三日、十四日、十五日、十八日、二十日、二十二日、二十三日、二十八日、二十九日、三十日（蘇悉地經、一の分別戒法品、二の獻食品、三の祈請品、取物品、光物品、分別悉地時分品の所說を綜合す）。

（四）宿曜經の說　一日、三日、五日、七日、十日、十一日、十三日、十六日、十八日、二十日、二十二日、二十五日、二十六日、二十八日、以上の十四日は吉日にして吉祥事必らず成就すると。故にいはく、

（一）一日・十六日梵王下梵云二鉢羅闍鉢底下一、此名二建日一、宜下入レ學求レ道參中見大人上、建二立門戶一並吉（上）。
宜下爲二善業一學二伎藝一、苦節修行布施等事上、及作二愛敬增益久長之事一並吉、不レ宜二遠行一（下）。

（二）三日・十八日那羅延下梵云二毘紐神下一（那羅延は人生本と翻す）、此是威力日、宜レ調二象馬一、除レ暴去レ惡營田並吉（上）。

宜下摧レ敵除レ逆、調二習象馬四足諸畜等一、及訓中奬惡人下賤之類上、營レ田種蒔有二大爲作事一皆吉十八日夜惡中夜已後還吉（下）。

（三）五日・二十日月天子下梵云二蘇謨神下一、此是圓滿日、宜下聚二會親賓一宴樂之事上（上）。

宜下修二福善業一、作二臥具床座衣服莊飾物及車輿等物一、營二田宅一結中婚姻上、凡諸慶樂事並吉（下）。

（四）七日・二十二日北斗下梵云二七仙神下一、此是朋友日、宜下結レ交服二新衣一安中牀帳上（上）。

宜下結二朋友一安定事上、王者服二新衣一、及氈罽床座臥具、大寶嚴飾之物並吉二十二日晝惡午後吉（下）。

（五）十日、二十五日善法神下梵云二達謨神下一、此是善法日、宜レ爲二一切善事一、穿二鑿坑塹一修理並得（上）。

宜レ作二久長事及急速事一、置レ井穿二鑿坑塹一、行レ法修レ道又作二功德福舍伽藍一、凡諸順法及愛敬等事皆吉二十五日夜不吉半夜已後通吉（下）。

（六）十一日・二十六日自在天下梵云二嚕捺盧神下一、此是慈猛日、宜下營二立城廟宮司一及大祭厭伏上（上）。

宜三新立二宅舍一營二天廟城邑、官曹館室伽藍殿塔、及火祭室功德福舍一、並吉十一日夜惡中夜後還吉（下）。

（七）十三日・二十八日天魔王下梵云二鉢折底神下一、此是最勝日、宜下爲二一切吉事一、冠婚齋祭學中道術上（上）。

宜ニ所爲急速事一、修ニ衣服花鬘金寶嚴飾等事一、又宜ニ愛敬之事一、取ニ婦人一及乘ニ車輦等一、幷入ニ壇場一習ニ行道術一並吉（下）。

第六節　結　成

宿曜經下にいはく、

日有ニ一倍力一、宿有ニ四倍力一、曜有ニ八倍力一、好時之力有ニ萬倍一。

このこゝろのいはく、およそ一つの事業をなしとげるには、内因たる自力と外緣たる日・宿・曜・時の他力との相應を要する。しかるに自力に對して日・宿・曜・時の四つの力を比較するに、日には二倍の力があり、宿には四倍の力があり、曜には八倍の力があり、時には萬倍の力があると。たとへば航行するにあたり、かりに船主の力を五とすれば水力はこれに二倍する十であり、艫檝力はこれに四倍する二十であり、風力はこれに八倍する四十であり、機關力はよく逆流と逆風とに抗するが故にこれに萬倍するが如き比例である。三白寶海下にいはく「青鳥經云、好年不レ如ニ好月一、々々不レ如ニ好日一、々々不レ如ニ好時一、々々不レ如ニ好地一。蓋時爲レ果地爲レ根。故不レ避ニ諸凶一也」と、けだしまた經說と同型の思想である。たゞし宿曜に原因しはじめて日に吉凶あるべきに、この原因をからざる素樸なる日そのものに本來吉凶を有すといふことは、こはまさにいかに解すべきかは至難の問題なるも、しかし一往よりこれをいはゞ前引の經說の如く、例せば一日と十六日、三日と十八日等が吉日なるは、世界の主宰者たる梵王および那羅延天等が下つて萬物を支配するによると解すべきである。

第七章　二十八宿

第一節　列次《し》と讀みかた

二十八宿の列次については、昴宿より始まつて胃宿に終ると、角宿より始まつて軫宿に終るとの二種がある。宿曜・摩登伽・舍頭諫・寶星・孔雀ならびに大集四十一の日藏分星宿品等は前者であり、大集五十六の月藏分・同二十の三昧神足品・北辰菩薩所說經・仲尼遊方問錄・演密鈔五、および戒隔の大唐祭北斗法等は後者である。元來、昴を始めとするは印度の說にして角を始めとするは支那の說なれば、大集月藏分等は譯者しばらくかれに准ぜしものである。故に安祥寺流の二十八宿方別及次第にいはく「震旦ノ舊流ニハ角宿ヲ以爲レ首、月支ノ古風ニハ昴宿ヲ以爲レ首、眞言行者天竺ノ古風ニ可レ隨云云」と。星宿品にいはく、

爾時佉盧虱吒仙人告二一切天一言、初置二星宿一昴爲二先首一、衆星輪轉運二行虛空一。告二諸天衆一、說二昴爲レ先其事是不。爾時日天而作二是言一、此昴宿者常行二虛空一歷二四天下一、恒作二善事一饒二益我等一……佉盧虱吒仙人語二諸天一曰、如レ是々々如二汝等言一、我今以レ昴爲二初宿一也（第八之一）。

安置昴星一在二衆星前一、汝等諸天以爲レ是不。一切天言、善哉々々我等經二歷星宿一知二昴最尊一、大威德天之外甥也……是故昴星可レ爲二先首一（第八之二）。

これらの説は昴・畢・觜・參・井・鬼・柳の七宿を東方の守護となし、星・張・翼・軫・角・亢・氐の七宿を南方の守護となし、房・心・尾・箕・斗・牛・女を西方の守護となし、虚・危・室・壁・奎・婁・胃の七宿を北方の守護となし、かくの如く東・南・西・北と次第するのである。次に角を始めとする支那の説は、角・亢・氐・房・心・尾・箕の七宿を東に、斗・牛・女・虚・危・室・壁の七宿を北に、奎・婁・胃・昴・畢・觜・參の七宿を西に、井・鬼・柳・星・張・翼・軫を南に配し、かくの如く東・北・西・南と次第するのであり、このゝちの次第についてはなほ吉藏の仁王經疏下之五（大三三・三四五）、および元興寺願曉の最勝王經玄樞九（大五六・六七九）などをもあはせて對照すべきである。しかるに金光明經七の辯才天女品に「四方星辰及日月、威神擁護得二延年一、吉祥安隱福德增、災變厄難皆除遣」（大一六・四三五）とあるこの四方星辰とは、よろしく前の次第によつて解すべきである。

次にこの二十八宿名の讀みかたについては、古來往々に呉音の假名を付する筆錄これなきに非ざるも、こはよろしく「二十八宿名皆漢音讀レ之」といへる演奥鈔（六）、および儀軌隨聞記（一四）等の傳に

よるべきである。又軫宿は親快の幸心鈔（下之本）に、

究竟ノ宿曜師アリ勸二請《スルニ》二十八宿一皆降臨《ス》、而ニ之ヲチン宿ト讀ミケレハ不二降臨一、後尋《テ》レ人シント讀ミケレハ有二降臨一云云

といひ、快全《くわいせん》の西院八結聞書に、

陰陽家ノ事ハ不レ知、密家ニハ軫ジント讀ム也

といへるが、私は從來この快全の傳によるものである。

第二節　二十八宿の別說

一、昴　宿

昴宿は梵に訖哩底迦（孔雀經下・文殊根本儀軌經三）《キリチキヤ》（諸說不同記一〇）、枳哩治《キリチ》又は賀哩左（石山七集下本）といひ、舍頭諫に名稱宿、祕藏記に作者と譯し。姓を宿曜經に其尼裴苦、星宿品に韓耶尼、摩登伽に毘舍延、諫に居火といひ。所屬を宿曜經・星宿品・摩登伽には火神となしてゐる。洋名をプレアデス pleades といひ、又は七星とも七姉妹ともいひ、和名をスバル又は六連星《むつら》といふ。星象を宿曜に「昴六星形如二剃刀一」、摩登伽に「昴有二六星一形如二散花一」、星宿品に「其有二六子一運二行虚空一」、

舍頭諫に「有二六要星一其形像」といつてみな六星となすも、景風は「唐國天文昴七星」といつて支那と少異あるを示し、平天儀は支那によつて左圖をあぐる。

プレアデス星團は二等星にして牡牛座に屬し、常人の所見は七星なるも、健視は九星乃至十一星であり、もし望遠鏡をもつてすれば、直徑二度の視界に二千以上の密集を見るといはれてゐる。以下は左の如く各宿に七項をあげ、もつて概觀の便に供する。

(一) 性格運命

一、法合下念レ善多二男女一、勤二學問一有二儀容一、性慳澀足中詞辯上(宿曜上)。

二、昴星生者於二面右邊一權下四指有二赤黑黶一、黶上有レ毛、名聞智慧爵祿相應威勢熾盛(寶星)。

三、其日生者常得二大富一(星宿品)。

四、是日生者有二大名稱一、人所二恭敬一(摩登伽下)。性多躁急、武伎長壽懃二於祭祀一(同)。

五、名稱宿日生、名聞遠達(舍頭諫)。

六、樂於正法辯口利辭、聰明富貴多有名稱、護持禁戒人所敬信死已生天。膝有靑子、壽五十年（三昧神足品）。

（二）相　應　事

一、此宿直日宜火作煎煮、計算畜生、合和蘇藥作牛羊房舍。種蒔入宅、伐逆除暴剃頭並吉（宿曜上）。

二、昴宿宜火作煎煮等事。檢算畜生、融蘇和合、作牛羊諸畜坊舍及牧放、入温室種蒔黃色赤色等物、入宅及治金作等吉。宜伐逆除怨、作剃剪之具、賣物求長壽求吉勝事。宜莊飾冠帶、佩服金剛等寶物（同下）。

三、月在昴宿、應爲祭祀受於爵位、葺蓋屋宅、買衆雜畜調習牛馬、作金石器造爲温室。宜殖彩花建立牆壁、遷居洗浴著新淨衣。應修道路、宜爲金銀銅鐵之器（摩登伽下）。

四、月離《かる》昴星所立城邑、甚有威神多饒財寶、或爲火之所燒害（摩登伽下）。

五、名稱日所立、其城則巍々、多有衆珍寶、然後火所燒（舍頭諫）。

このなかの四・五は、城邑屋宅を築くに際して、吉宿を撰ぶべき用心を示すのであり、畢宿以下もまたみなこれに准じて察すべきである。

(三) 不相應事

不レ宜下修二理鬢髪一、及遠中行道路上（宿下）。不レ宜二織總諍訟繋閉一（伽下）。

(四) 裁　衣

若用二裁衣一必被二火燒一（宿上）。昴必火燒（下）

(五) 囚　禁

月在二昴宿一被二囚執一者三日必免（伽下）。

(六) 所主・分野

昴主二帝王一（伽）。昴名二旄頭一、主二刑獄一故卷舌附レ之（天經或問天三七左）。昴主二水牛一（月藏分一二）。昴爲二冀州一趙之分野（禳災決）。

(七) 守　護　國

波羅耽羅、只叔迦、婆樓遮、輸盧那、迦毘羅婆、奢耶、馬面、伽樓茶、憍羅跋陀、呉地、闍婆跋帝、鞞樓、伽樓訶、于塡、伽頗羅、狗面、尼婆羅、倶那娑。　以上十八ヶ國（月藏分一二）

左記星宿品所說の意味は、私になほ未だ明らかならざるも、他日の考察に供へむがためにこれを錄しおく、畢宿以下また同樣である。いはく、

昴宿速疾作二種々業一、其速如レ火………其日入胎、斗宿・房宿・虚宿・柳宿・室宿、此五宿日不レ宜レ造二作一切諸事一、唯得下共二於大敵一闘戰上。井・氐・翼宿、此三宿日善惡之事皆悉得レ作、畢宿之日亦得二自在一。井・氐・危宿、此三宿日昴宿生者、於二此日内一不レ得レ作二事遠行闘撃一、假令急事亦不レ得レ作。女・角・觜宿、此三宿日亦爲二最惡一。翼宿之日與二怨家一闘獲二得其勝一、或剛或柔還致二和合一。軫宿・牛宿、此二宿日求レ伴不レ得、服レ藥合レ藥、出家布施造二新衣服瓔珞床鋪臥具等物一皆得二成就一。參宿・虚宿・亢宿、此三宿日行來安隱。鬼・尾・室宿、此三宿日共レ他造レ惡離二於慈心一種々得レ作。七星宿日・心宿・房宿・柳宿・辟宿、此五宿日宜レ結二婚姻一、宜レ造二轝車及以牀縟一。參宿之日作レ事亦吉、然於二一切一須レ生二怜愍一。

二、畢　宿

畢宿は梵に尸嚧呬儞（孔雀）、又は嚕醯抳（文殊軌）《ロケイニ》（不同記）といひ、諫に長育宿、藏記に木者と譯し。姓を宿曜・諫に瞿曇、伽に婆羅婆、星宿に頗羅墮といひ。所屬を宿曜に鉢闍鉢底神、諫に有信天、伽に梵王、星宿に水天といひ。星象を宿曜・諫に「畢五星形如レ車」（曆象編に云く、按言二其象三角一、西域車形三角故）、伽に「畢有二五星一形如二飛雁一」、星宿に「畢有二五星一形如二立叉一」といつて五星となすも、支那天文には八星となしてゐる。

梵

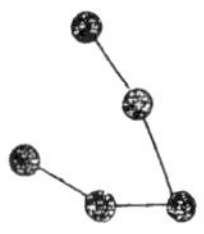

漢

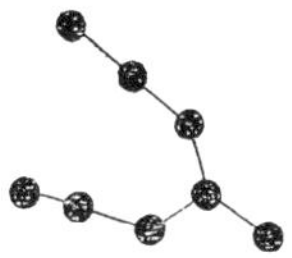

これまた牡牛座に屬し、その主星は一等星である。

（一）性格運命

一、此宿生人法合下多二財産一足二男女一、性聰明好二布施一、有二心膽一省二口語一、心意不二翻動一、行歩似二牛王一有中容儀上（宿上）。

二、畢星生者身上有レ疵若四指量、聰叡貞實心常守レ法、智慧慚愧爵祿具足、於二一切時一心常勇健能摧二勝怨一（寶）。

三、其日生者其人大富、福德樂レ法（星宿）。

四、慈悲多欲貪レ味、豐二有財物一壽命延長（伽）。

五、長育宿日生、則富難レ極（諫）。

六、屬二畢星一者人所二信伏一、惡性喜レ鬪、於二己姉妹一生二於貪心一。富貴多レ怨、常患二胸痛一不レ宜二錢財一、左有黑子壽七十年（神足）。

（二）相應事

一、此宿直日宜農桑種蒔、修理田宅通決溝渠、修理橋道作諸安久之事（宿上）。

二、畢宿宜農桑種蒔、修田宅嫁娶、作厨舍作食堂作畜生舍、通決渠河修橋梁、作諸安定之事（下）。

三、月在畢日宜應耕墾婚姻、蓋宅出財調獸（伽）。

四、月離畢星所立城邑、其中人民悉修善業多饒財物、習誦經典少於貪欲（伽）。

五、長育宿所興、多積諸財物、有聰明之慧、好布施奉戒（諫）。

（三）不相應事

不宜放債及出財納穀米（宿上）。不宜取債宜納穀及酒食雜物、不宜出財（下）。

このなか下巻はけだし誤字あるがために、その意味上巻と相違するのであらう。

（四）裁衣

若人用裁衣必多饒事務（宿上）。作衣服吉。畢饒事務（下）。宜裁衣（伽下）。

（五）四禁

月在畢宿被囚執者三日必免(伽)。

(六) 所主・分野

畢主天下(伽)。月行入畢則雨降(大疏四)。月離于畢俾滂沱矣(詩經下)。畢主外兵、昴畢之間有天街分焉(天經)。畢曰罕車、爲邊兵主弋獵(史記一七)。主一切衆生(星宿)。畢爲冀州趙之分野(禳)。

(七) 守護國

摩伽陀、鞞提訶、薩羅、奚浮迦、牟尼奢耶、羅々、餘尼迦、拘薩羅、跋沙伽、阿荼、鞞訶迦、頞那婆、伽耶、尼婆、槃羅婆、跋知尼、陀樓、尸利曼多、彌伽頗羅、摩醯首羅膩羅耶、罽賓、婆盧師多、沙勒、憶尼、纏提。　以上二十五ヶ國(月藏)

星宿品にいはく、

畢星水性、於此第二宿日造柔輭事悉得和合……牛宿・奎宿・七星宿日、及心宿日而受胎者、其人薄德常作下事。鬼・尾・室宿、此三宿日一切事業皆不得作、不得鬪戰、不得遠行、不得詣官、賣買交易工巧作務皆不得作。亢宿・虚宿、此二宿日若作好事不得和合、唯宜鬪戰剋獲勝捷。軫宿之日爲事有利、利作柔輭無有障礙。觜宿・角宿・女宿等日、衆事和合所作成辨、服藥得力。

若欲㆓捨施㆒、若造㆓衣服及以瓔珞㆒皆悉得㆑作。井宿・氐宿・危宿等日、遠行安隱。房宿・柳宿・辟宿等日、欲㆘離㆓慈心㆒造㆖惡得㆑成。斗宿・箕宿・婁宿・胃宿・室宿・翼宿、此六宿日宜㆘結㆓親友㆒婚娶知識㆖、床鋪輦轝皆悉得㆑造。

三、觜宿

觜宿は梵に蔑栗伽尸囉（孔雀）、又は沒哩摩尸囉（文殊軌）といひ、不同記に𑖦𑖴𑖐𑖫𑖰𑖨𑖿𑖬《ボリギヤシリシヤ》、ある書に𑖦𑖴𑖐《ヒリギヤ》𑖫𑖰𑖨《シラ》につくり、石山七集に「烏頭梵云㆓摩㜸尸沙𑖦𑖴𑖐𑖫𑖰𑖨𑖿𑖬㆒、又云㆓惹哩二合迦師羅㆒」、義浄の千字文に「鹿（𑖦𑖴𑖐摩利二合誐）頭（𑖫𑖰𑖨始羅）」といひ、諫に鹿首宿、藏記に烏頭と譯し。姓を宿曜に婆羅墮闍、星宿に毘梨伽耶尼、伽に鹿氏、諫に長育宿といひ。所屬を宿曜・伽・星宿に月天、諫に善志天となし。星象を宿曜に「三星形如㆓鹿頭㆒」といへるが、伽・諫・星宿も全同なるのみならず、支那天文もまた三星であり、光度は三等である。

（一）性格運命

一、此宿生人、法合㆘有㆓名聞景行㆒、姿容心肚淨愼、愛㆑服㆑藥得㆑力、心口隱密擧動不㆓輕躁㆒・爲㆑人好㆑法用禮儀（宿上）。

二、觜星生者從項量、以下一搩手半左相有黶、性多瞋癡而有爵祿（寶）。

三、屬觜星者富貴樂施、慚愧無貪無有病苦。衆生樂見死已生天、衰在七十壽滿八十（神足）。

四、月離於觜是日生者、喜多忿諍含毒害心（伽）。

五、鹿首宿日生、喜鬪諍訟（諫）。

六、其日生者爲人猛健大富饒財、當爲婦女見諸惡事、宜自防護（星宿）。

（二）相應事

一、此宿直日作舍屋、及造旌纛牀帳家具入新宅、嫁娶、沐浴裝束、入壇祭星曜除災害吉（宿上）。

二、觜宿作急要事及和善事並吉、宜種蒔白汁樹草等。又宜王者作舍作纛床座、又入新宅嫁娶、修理鬢髮洗浴求吉勝法、著新衣嚴飾作喜樂、調畜生作除災謹身咒術壇場之法、祭星曜作髻並吉（下）。

三、月在觜日宜爲市會遣使、塗舍植樹、造蓋建殿治路、著弊故衣瑩飾瓔珞、宜祭神祇（伽）。

四、月離觜星所立城邑、婦女繁多牛羊無數、香華瓔珞具足而有（伽）。

五、鹿首所立城、多女人牛財、花服衆飲食、適盛不久散（諫）。

（三）不相應事

經說これなし。

（四）裁　衣

此日裁衣被鼠咬（宿上）。觜必鼠咬（下）。

（五）囚　禁

觜星被執、二十一日然後得免（伽）。

（六）所主・分野

觜主曠野幷及大臣（伽）。觜行軍之藏府、座旗附之（天經）。爲益州晉魏之分野（禳）。

（七）守護國

鹿首宿者主卑提國（諫）。尼婆、迦尸、奢鳩尼、阿吒摩闍、緊陀、摩婆摩、達毘迦、八城、殊提沙、婆毘迦、婆求荼、摩訶羅吒、乾陀羅、迦婆摩、般遮羅、多荼沙、首婆迦、摩師跋那、兜羅婆、蘇摩、婆求、摩多摩利、摩羅婆、鳩留、瞿沙、鞞提訶。　以上二十六ヶ國（月藏）

星宿品にいはく、

觜宿四日用事、於此世間作諸事業速疾自成……觜宿生人、若以女宿・婁宿・斗宿・張宿等日而入胎者爲㆓惡不善㆒。昴宿・房宿・柳宿、此三宿日不㆑得㆓鬪戰㆒、不㆑得㆘遠行及向㆓官府㆒、有㆑須㆑行者㆖應㆓止勿㆒去。井宿・氐宿・危宿等日、造㆓作衆惡㆒不㆓相和順㆒、妄言諂曲欲㆑殺㆓怨家㆒皆得㆓成就㆒。角宿之日欲㆑成㆑事者剛柔並得。參宿之日作㆑事利益能致㆓自在㆒。亢・虛二宿不㆓相和合㆒。參宿之日乃得㆓利益㆒、其日服㆑藥出家布㆓施瓔珞衣服㆒並皆得㆑作。鬼宿・尾宿・室宿等日、遠行安隱。心宿・奎宿・七星宿日、此三宿日欲㆑作㆑惡者惡事得㆑成。軫宿・胃宿・畢宿・牛宿・箕宿等日、宜㆘結㆓親友㆒得㆓好知識㆒婚嫁吉事㆖、鑿車牀縟皆悉得㆑造。

四、參　宿

參宿は梵に頞達囉（孔雀）、又は阿囉捺囉（文殊軌）といひ、《アダランア》（不同記）、《アダラ》につくり、七集に「梵云㆓阿怛囉二合阿㆒」といひ、諫に生旨宿、藏記に米濕と譯し。姓を宿曜に盧醯底耶那、星宿に婆私失絺、伽に安氏、諫に最取といひ。所屬を宿曜に魯達羅神、諫に音響天、星宿に日天となし。星象を宿曜に「參二一星形如㆓額上點㆒」、諫に「有㆓一要星㆒其形類㆑圓、光色則黃」、星宿に「止有㆓一星㆒如㆓婦女黶㆒」、景風は「唐國天文參十星、今與㆓此經㆒不㆑同」といひ、象編はこれによつて漢圖を示すも平天儀と異なつてゐる。

象

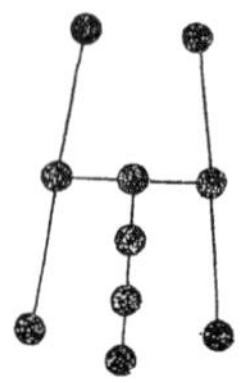

平

新城博士の天文概観によらば、參は和名三ッ星、洋名オリオン、支那名參伐といひ、冬東方に青白く光つて三つ列なるが故に參といひ、又支那人はこれを斧鉞形に見たて、鉞の金をとつた戉が轉じて伐となつたといふのである。天經或問に、

參中三星爲㆓中軍㆒、中星爲㆓大將㆒旁爲㆓參謀㆒也。三肩左右將軍、二足前後將軍也、中三小星曰㆑伐天都尉也

といへるが、こはよく象編の圖に合する。もしそれ光級をいはゞ一等星である。

（一）性格運命

一、此宿生人、法合㆘猛惡梗戾、嗜㆑瞋好㆓口舌毒害㆒、心硬臨㆑事不㆖怯（宿上）。

二、好㆑田性甘㆓肉味㆒（伽）。

三、參星生者頸下四指中有㆓黑疵㆒、爲㆑性勇健爵祿具足（寶）。

四、其日生人性雖㆓聰明㆒而心懷㆑惡、求㆓於錢財㆒遂至㆓於死㆒、亦主㆑作㆑賊致㆑失㆓身命㆒（星宿）。

五、屬參星者受性弊惡、多造惡業作守獄卒。貪欲偏多聰明貧苦、壽六十五多有黑子（神足）。

（二）相應事

一、此宿直日宜求財及穿地、賣乳酪煮蘇押油及諸强猛之事（宿上）。

二、參宿宜求財及諸剛嚴事、穿池賣買乳畜生、抨《しぼり》蘇押油醞酒、種甘蔗畋獵及置關津等並吉（下）。

三、月在參日宜應責斂、治井河渠買於牸牛、壓脂造酒及笮甘蔗（伽）。

四、月離參星所立城邑、多有美味及豐財寶、其中人民皆悉愚癡（伽）。

五、生告宿所立、多飮食財寶。其國人弊惡、愚蔽無智慧（諫）。

（三）不相應事

甚忌凶事（伽）。欲成業者少於利益（星宿）。

（四）裁　衣

若用裁衣終愼鼠厄（宿上）。參必逢厄（下）。

（五）四　禁

十五日（伽）。

（六）所主・分野

主曠野幷及大臣（伽）。主諸梵志（諫）。主刹利（月藏）。載名大將軍、參星主之也（抱朴子內篇三）。

爲益州晋魏之分野（攘）。

（七）守護國

弗吒國（諫）。阿濕婆、奢跋那、摩偸羅、鴦伽吒婆、摩頭曼多、倶周羅、曼遮、婆求摩、倶閣婆、震旦、首羅犀那、阿那牟佉、佉羅婆羅、犀摩娑、那毤邏婆跋陀、曼遲羅婆、奚周迦。以上十七ケ國（月藏）

星宿品にいはく、

參宿五日用事、能成諸惡、欲爲業者少於利益……其日生人及入胎者、虚宿・心宿・奎宿・翼宿・斗宿・胃宿、此六宿日多爲障礙。乃至鬼・尾・室宿等日亦不和合、一切諸事皆不得作。亢宿之日欲造作者宜爲輕事。氐宿・危宿・井宿・奎宿、此四宿日乃得自在。

五、井　宿

井宿は梵に布曩哩嚩蘇（文殊軌）、又は補捺伐蘇（孔雀）といひ、𑖢𑖲𑖡𑖪𑖭𑖲《フナウバツ》、𑖢𑖲𑖡𑖨𑖿𑖪𑖭𑖲《フナウリバツ》或ひは𑖢𑖲𑖨𑖨𑖿𑖪《ホロラバ》𑖭《サ》（不同記）につくり、諫に增財宿、藏記に服財と譯する。七集にいはく「服財梵云補那縛蘇𑖢𑖲𑖡𑖨𑖿𑖪

、又云二母嚢留波合二娑一、又云二矩波一」と。姓を宿曜に婆私瑟吒、星宿に婆私失絺、伽に安氏といひ。所屬を宿曜・星宿に日天、伽に歳星、諫に過去天となし。星象を宿曜に「井二星形如二屋栿一」、星宿に「其有二兩星一形如二脚跡一」、伽に「井有二二星一形如二人歩一」、諫に「有二三要星一其形對立」、景風は「唐國天文井八星與二此經一不レ同」といひ、象編に梵漢の二圖をあぐる。井宿は二等星にして雙子座に屬する。

漢

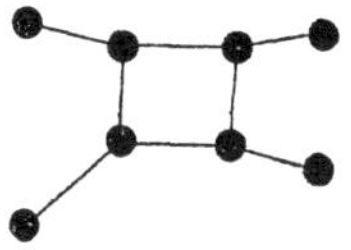

梵

（一）性格運命

一、此宿生人、法合下手裏錢財或有或無、情切レ建レ功愛二樂名賞一、作レ人利レ官、縱有二官厄一還得二解脱一、受性饒レ病亦多中男女上、若論二景行一稍似二澆薄一（宿上）。

二、富那婆蘇（唐言二井宿一）星生者、於二左脅下一當レ有二黑疵一、財穀具足而少二智慧一（寶）。

三、其日生人及受胎者、宜レ爲二田作一當レ得二大富一、又饒二畜生象馬羊等一（星宿）。

四、屬二井星一人多二饒財寶一、人所二恭敬一心樂二於法一。齋有二瘡瘢一、壽八十年。慈孝供二養父母師長一先二父母喪㆒、心無㆓慳悋㆒多有㆓慚愧㆒、衰禍在レ水（神足）。

五、增財宿日生、憙㆓佃作稼種㆒（諫）。

六、月離㆓於井㆒其日生者、倉廩盈溢牛羊殷多（伽）。若有レ生者多欲少食、好爲㆓衆事㆒（同）。

（二）相應事

一、此宿直日宜レ施㆓惠貧窮㆒必獲㆓大果㆒、凡有レ所レ爲必得㆓成就㆒。又宜レ祭レ天、宜㆓嫁娶納レ財（宿上）。

二、井宿有レ所㆓惠施㆒必獲㆓大果㆒、有㆘所㆓置立㆒事㆖必成就。宜レ作㆓諸祭法婆羅門祭天法㆒、宜㆔嫁娶及納㆓婦人㆒、必子息繁盛、此宿所作事皆成レ吉（下、なほ危宿の〔二〕對照）。

三、月在レ井日宜㆘造㆓瓶器㆒、剃髮受戒移レ處異居㆖（伽）。

四、月離㆓井星㆒所レ立城邑甚有㆓威神㆒、多有㆓財寶飯食穀麥㆒、不レ久亦當㆓而自磨滅㆒（伽）。

五、增財宿所レ立、城盛光巍々。財米穀興盛、適豐便壞滅（諫）。

（三）不相應事

不レ宜㆓合レ藥服食㆒（宿上）。不レ宜㆓合レ藥服㆒（下）。不レ應レ進レ藥（伽）。

（四）裁衣

若用㆓裁衣㆒必相離隔（宿上）。井必相分（下）。

(五) 囚　禁

經說これなし。

(六) 所主・分野

曠野及大臣(伽)。主二金寶家一(諫)。金師(月藏)。井主二水衡法令平中之事一、物之平者莫レ如レ水、故營レ國制レ城畫レ野分レ州皆取レ象焉、故四瀆五諸侯南北河附レ之。國必有レ社故天社附レ之、社必有レ祭故天厨附レ之(天經)。爲二雍州一秦之分野(禳)。

(七) 守護國

婆蹉、憂禪尼、憂樓頻羅、輸尼般多、摩荼婆、毘使拏提波、遮羅羯波、婆羅斫迦羅、羅摩伽摩、迦尸弗、鳩樓沙、陀修、盧醯多、阿婆陀荼、帝拏槃那、遮達那、毘伽闍。　以上十七ヶ國(月藏)

星宿品にいはく、

井宿六日用レ事、其爲二惡業一分判果決……於二辟宿日一百事不レ宜。柳宿・房宿此二宿日、造二作百事一多有二耗散一。氐宿之日宜レ作二衆事一、如レ意自在。鬼宿・參宿・尾宿等日、宜レ造二百事一所レ求稱レ意。心宿・星宿・奎宿等日、宜三出二遠行一道路安隱所レ向和合。斗宿・翼宿・奎宿等日、宜下結二朋友一求中善知識上。亢宿・畢宿・觜宿・虚宿、此四宿日爲三井生人一作二諸障礙一。

六、鬼　宿

鬼宿は梵に布灑（孔雀）《フシヤ》（不同記）、又は布沙也（文殊軌）《フシヤヤ》、《フシヤ》（或書）といひ、諌に熾盛宿、藏記に增益と譯し、七集に「增益梵云二迦恒摩二合曩乞叉二合恒羅一、梵云二布沙也二合《フシヤ》又云二婆娑一」といひ。姓を宿曜に謨闍耶、星宿に炮波那毘、伽に烏波若、諌に烏和といひ。所屬を宿曜に苾利訶駁撥底《ひりかさはち》神、星宿に「屬二歳星天一歳星之子」、伽に「屬二乎歳星一」、諌に舍天神といひ。星象を宿曜に「鬼五星形如レ瓶」、星宿に「其有三三星一如諸佛胸前滿相一」、伽に「鬼有三三星一形如二畫瓶一」、諌に「其熾盛宿者有三三要星一、形像二鉤尺一」、景風は「唐國天文、鬼五星與二此經一不レ同」といひ、象編に左の梵漢二圖をあぐる。所在は雙子、獅子の中間たる蟹座である。

漢

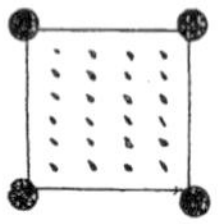

梵

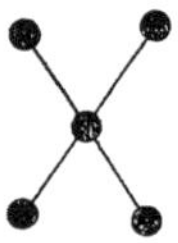

（一）性格運命

一、此宿生人、法合下分相端正無二邪僻一有中心氣上。合下多聞足二妻妾一、豐財能撿校處分又足中親識上（宿上）。

二、富沙（唐言二鬼宿一）星生有二最上相一、手中輪相猶如二日輪一。上妙端正髮相右旋、一切依住上身圓滿、能破二煩惱一爲二大導師一（寶）。

三、其日生者、此人持戒好二樂善事一、得二大官位國師宰輔一、常敎二國王善法治世一。至二於娶妻一特難二和合一、慇懃因レ人然後成就（星）。

四、月離二鬼星一生者修レ善（伽）。爲レ人賢善、壽命延長（同）。

五、熾盛宿日生、奉二護禁戒一（諫）。

六、屬二鬼星一人慳悋短壽、臍下四指當レ有二黑子一、不レ宜二父母一喜二樂諍訟一（神足）。

（二）相應事

一、此宿直日宜レ作二百事一、求二聲譽長壽一若理二生事一、及諸嚴飾之相、拜レ官昇レ位入壇受二灌頂一學二密法一並吉（宿上）。

二、鬼宿所作皆吉、求二聲譽長壽一、若爲二生事及諸端嚴相將具服一、拜レ官騰レ位有レ所二爲求一皆吉祥、福德增長。又宜下遠行進レ路修二理鬢髮一著中新衣上、及洗浴等事並吉（下）。

三、月在レ鬼日宜下服二妙藥一著二新淨衣一、洗浴祭祀置二立臣位一、貫二身瓔珞一剃髮造上レ蓋（伽）。

四、月離二鬼星一所レ立城邑、雖レ有二惡人一於レ後必善。仁孝修レ慈延年長壽、多有二風神一五穀少レ味（伽）。

五、熾盛宿所レ立、其城而德高。財穀豐熹レ祀、飮食多無レ味（諫）。

（三）不相應事

經說これなし。

（四）裁　衣

若用裁衣必有吉祥（宿上）。鬼必吉祥（下）。

（五）囚　禁

經說これなし。

（六）所主・分野

一切國王大臣（月藏）。鬼主祠祀（天經）。爲雍州秦之分野（禳）。

（七）守　護　國

熾盛宿者普主秦地（諫）。波吒利弗、摩尼藍婆、婆樓那、那遮羅、羯那、北般遮羅、帝跋羿、娑羅蹉、瞻波、蘇都那、鳩留差多、西地、富樓沙富羅、侯彌單、藍摩婆、瞿羅、奚摩、闍耶波梯、婆求彌、恒河門、頭婆羅婆帝、旃達羅跋帝、婆樓迦車、蘇尼棄、瞿沙跋帝。　以上二十五ヶ國（月藏）

星宿品にいはく、

鬼宿七日用事、能爲柔輭不破善法……其日生人欲在室宿・鬼宿・翼宿・婁宿・斗宿等日受胎者吉。畢・角・女・宿、此三宿日爲其障礙。七星・心宿・奎宿之日、作事不成當失財物。尾宿之日作事得成。房宿之日亦多於利益。辟宿・柳宿、此二宿日爲事不稱。張宿之日遠行安隱。婁宿・箕宿爲其障礙。軫・牛・昴宿、此三宿日作事和合必得良伴。亢宿・觜宿・參宿・虚宿、宜結朋友及善知識。亢宿・危宿、此二宿日所求者得多有利益。

古來の相傳によらば、大聖釋尊の出家・成道等すべてこの鬼宿にあたると。故に演奥鈔（六）にいはく、一切經音義云、沸星或云弗星、或作孛星、或言弗沙星、皆音字訛也、正音富沙。依諸經云、如來成道出家皆用二月八日鬼宿合時。依日藏經、二月九日曙夜分屬九日。故九之十七左。私云宿曜經意以二月九日配鬼宿、然云八日鬼宿合時令相違也。章實紳鏡鈔中云、二月九日相當鬼宿也、而最勝王經（八、大一六・四四〇）云、於白月八日布灑星合云云、曆説經説不同也。取晝夜時分事二道相分、玄應一切經音義、件宿出寅時、仍卯時以前出八日分故云合也。曆説寅尅以後可屬晝分、仍爲九日宿云云文。流志譯一字頂輪王經（五、大一九・二六二）云、若鬼宿日時若月蝕時、如法建修得最上成、惟日蝕時通上中下作成就法文。

蘇悉地經（下の分別悉地時分品）に「諸宿中鬼宿爲最」といひ、孔雀經（下）に「鬼宿能吉祥」といひ、瑜祇經（上の愛染王品）に「於白月鬼宿、取淨白素氎、畫愛染金剛」といへるが、正月十一日、二月九日、三月七日、四月五日、五月三日、六月一日、十一月十五日、十二月十三日はいはゆる白月鬼宿であり、なかんづく六月一日を愛染相應の吉日とするは、一日は日月合宿の際にして定慧和合の不二の義に相應するによつてゞある。又古來正月十一日を吉祥日、十二月十三日を煤拂の吉日とすることも、みなこれ鬼宿直日なるからである(性寂の隨聞記二ノ九)。

七、柳　宿

柳宿は梵に阿失哩沙(文殊軌)又は阿失麗灑(孔雀)といひ《アセイリヤセイ》(不同記)、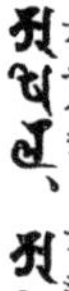《アセイラ》、《アシヤラシヤ》につくり、諫に不覲宿、藏記に不染宿と譯し、七集に「不染梵云二阿儗嚇合二沙一」、又阿鮮儞沙又云二阿擔儗沙一」といひ。姓を宿曜に曼陀耶、星宿に蛇氏、伽に龍氏、諫に慈氏といひ。所屬を宿曜に毘沙神、星宿に蛇天、伽に龍神、諫に醍醐天となし。星象を宿曜に「柳六星形如二蛇頭一」、星宿に「止有二一星一如二婦女鬟一」、伽に「柳宿一星」、諫に「有二五要星一形如二曲鉤一」、景風は「唐國天文柳八星、與二此經一不レ同」といひ、象編に左の二圖をあぐる、こは獅子座南の海蛇座に屬する三等星である。

漢

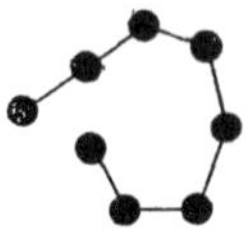

梵

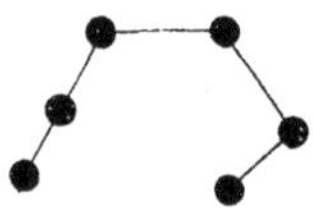

（一）性格運命

一、此宿生人、法合下軟眼饒レ睡、性靈梗戾嗜レ瞋不レ伏二人欺一、又好二布施一亦好二侵奪一耽中著諸事上（宿上）。

二、阿失麗沙（唐言二柳宿一）星生者、胸有二黑疵一好レ鬭犯レ戒、難二與共住一性多二婬欲一（寶）。

三、月離二柳星一生者多欲（伽）。性多二弊惡一好睡短壽（同）。

四、不覲宿日生、放逸多欲（諫）

五、其日生者性多二瞋怒一無レ有二慈悲一、多造二愆過一人所二憎嫉一、能破二善法一常好二獵射一（星宿）。

六、屬二柳星一者富貴持戒慕二樂法事一。壽七十五、增二長眷屬一死已生レ天、腰有二赤子一、敬二受法者一人所二信伏一（神足）。

（二）相應事

一、此宿直日宜下作二剛猛斷決一、伐レ逆除レ惡、攻レ城破レ賊呑中害天下上（宿上）。

二、柳宿宜下嚴飾事、是伐レ逆圍レ城、掩襲討レ叛、潛竊詭レ誓詐二敵人一等上（下）。

三、月在二柳宿一宜下建二凶事一、造二牆市肆一堰レ水立上レ橋（伽）。

四、月離二柳星一所レ立城邑、其中人民悲怨者衆、好生二鬭諍一多有二臭穢一（伽）。

五、不覲宿所レ立、多レ窮喜二鬭變一、居レ苦見二棄捐一、人民處如レ是（諫）。

（三）不相應事

經説これなし。

（四）裁　衣

若用二裁衣一後必遺忘（宿上）。柳必弃失（下）。

（五）四　禁

三十日（伽）。

（六）所主・分野

柳主二龍蛇依レ山住者一（伽）。雪山龍（月藏）。不覩宿者主二雨雪龍王一（諫）。柳主二草木饗燕一（天經）。柳周之分野（禳）。

（七）守護國

寄薩梨、摩訶尼梯、烏場、須尼棄、波羅婆、憂羅婆、區茶、尼佉、乾茶波羅婆、婆寄多。以上十ヶ國（月藏）

星宿品にいはく、

柳宿八日用レ事、一切惡業皆悉能作、於二世間中一如二閻羅王一……辟宿・斗宿、此二宿入胎者吉。軫宿・

昴宿入胎者凶。觜宿・虚宿・亢宿・張宿、此四宿日不レ宜レ作レ事多有二耗散一。箕宿・婁宿　房宿等日、宜レ爲二衆事一得二好成就一。心宿之日・七星宿日・胃宿之日、遠行安隱。翼宿・斗宿・女宿等日、宜レ修二讀學技藝一成就。角宿・斗宿・危宿・尾宿・畢宿、此五宿日宜レ結二知識一。氐宿・參宿・井宿・室宿、此四日亦復宜レ結二諸知識一。

以上東方の七宿

八、星宿

星宿を七星宿といひ、梵に摩伽（文殊軌・孔雀）《まぎや》（不同記、同記にいはく探玄記云此云二不惡主一）といひ、諫に土地宿と譯し、七集に「梵云二徵舍佉一、又云二若迦一又云二曩引羅迦諾察怛羅一」といへるが、この梵名追つて尋ぬべきである。姓を宿曜に瞿必毘耶、星宿に賓伽耶尼、伽に賓伽羅、諫に邊垂といひ。所屬を宿曜に薄伽神、星宿に火天、伽に鬼神、諫に父天となし。星象を宿曜に「星六星形如二牆一」、星宿に「其有二五星一形如二河岸一」、伽に「其七星者五則顯現、二星隱沒、形如二河曲一」、諫に「有二五要星一、其形之類猶如二曲河一」、景風は「唐國天文星七星、與二此經一不レ同」といひ、象緬に左圖をあぐる、これ卽ち海蛇座に屬する二等星である。

漢

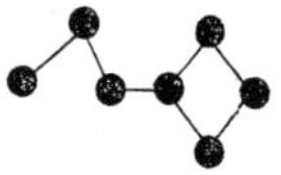

梵

平天儀

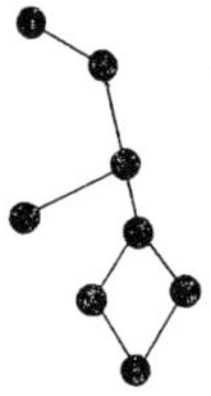

（一）性格運命

一、此宿生人、法合敬愛足奴婢畜生資產、有名聞善知識、亦多惡知識、一生間好祭神（宿上）。

所引の經文はすべて和本なるも、この一節明高二本によらば「法合敬愛諍競不能壓捺嗜瞋怒、父母生存不能孝養、死後方崇饗追念」となつてゐる。

二、莫伽（唐言星宿）星生者、若胸若背而有小疣、是善丈夫能如法行而多財貨（寶）。

三、其日生者聰明福德常爲善事、然彼人性微好妄言、若護其身宜愼妄語其人作事利（星宿）。

四、月離《かゝりて》七星生者尊貴。愛親好欲、長命多食鬪戰必勝、不宜凶事（伽）。

五、土地宿日生、得大豪貴（諫）。

六、屬七星者樂爲劫賊盜物爲業、姦僞諂曲薄福短壽、擧動麁獷、愚癡狂駭必被兵死（神足）。

（二）相應事

一、此宿直日宜種蒔雜物、宜修宅舍祭祀先亡（宿上）。

二、星宿凡諸種蒔皆吉、宜取五穀等種芸薹。又宜修宅祭先亡、將五穀入宅作諸住定業並吉(下)。

三、月在七星宜種雜穀、立倉和怨種芸造犂、祭祀尊靈(伽)。

四、月離七星所立城邑、其中人民皆有智慧及多財物、修戒行施孝敬貞潔(伽)。

五、土地宿所立、高明有大財。已將養其妻、有所歸祠祀(諫)。

(三) 不相應事

不宜種五穀(宿上)。不宜種疊(下)。不宜凶事(伽)。

(四) 裁　衣

若用裁衣後必損失(宿上)。星必喪服(下)。

(五) 四　禁

十六日(伽)。

(六) 所主・分野

巨富者(月藏)。七星主於種甘蔗人(伽)。土地宿者主諸織作(諫)。七星頸爲員官主急事(史記)。

星爲文明之會、黼黻文章(天經)。星周之分野(禳)。

（七）守護國

阿鞞遮、蘇跋拏、闍吒、金性、摩兜羅、毘摩尸利、檢婆樓遮、蘇梨婆求遮、頻頭羅婆、婆羅那、般遮、囊伽羅。　以上十二ヶ國（月藏）

星宿品にいはく、

七星九日用レ事、於二諸衆生一溫和柔輭……心宿日・奎宿・氐宿、此三宿日受胎者貧乏少二財物一。參宿・危宿・畢宿等日、受胎者凶常作二惡事一。角宿・女宿、此二宿日受胎者、作レ事自在得二他人物一。婁宿・張宿・箕宿等日、欲レ作レ事者多二饒障礙一。軫宿・牛宿・昴宿・氐宿、此四宿日行來安隱作レ事和合。虛宿・觜宿、此二宿日爲二其障礙一。

九、張　宿

張宿は梵に前發魯窶拏《ほろぐだ》（孔雀）、又は烏鼻哩頗攞虞儞《うびりはらぐに》（文殊軌）、《ミタラ》（不同記）、又は《ホロバハラグ》（印融）といひ、諫に前德宿、藏記に間錯と譯し。姓を宿曜に瞿那律耶、星宿に瞿曇彌、伽に善氏、諫に俱曇といひ。所屬を宿曜に婆藪神、星宿に福德天、伽に善神、諫に善天となし。星象を宿曜に「張六星形如レ杵（獨股杵なり）」、星宿に「其星有レ二形如二脚跡一」、伽に「張宿二星亦如二人歩一」、諫に「有二二要星一南北對立」、景風は「唐國天文張六星、今與二此經一相會」といひ、象編に左圖をあぐる。こは牡牛座に屬す

る四等星である。

（一）性格運命

一、此宿生人、法合下多レ妻少二男女一、出語愜二人意一甚得二人愛一、資財既似レ少、智策亦不三多業上、合レ得二他人財用一（宿上）。

二、初破求（唐言二張宿一）星生者、或齎左右必當レ有レ疵、多レ慳短命（寶）。

三、其日生者性樂二芳香衣裳瓔珞一、貪二於欲事一而復嗜レ酒、若在二衆中一須二自慎徹一（星宿）。

四、月離二張星一生者短命、少髪端正（伽）。

五、前德宿日生、薄祿短命（諫）。

六、屬二張星一者壽命八十、善二於音樂一首髪稀少、衰二二十七及三十三一。富貴勇健有二大名稱一、聰明無レ恪樂レ法慚愧。不レ宜二父母及以兄弟一、頂有二瘡瘢一。過二三十五一乃有二子息一、陰有二黑子一髀有二黃子一（神足）。

（二）相應事

一、此宿直日宜二喜慶事一、求レ女婚娶、修レ宅拜レ官作二新衣一、受二師長密法一學レ道求レ仙並吉（宿上）。

二、張宿宜二喜慶事一、求二男女一嫁娶、修レ宅作二衣服嚴飾物一、作二愛敬法一等並吉（下）。又張宿宜レ作二愛敬法一（同）。

三、月在二張宿一宜下造二瓔珞一著二新淨衣一、種二植果木一造中立市肆上。宜下爲二善事一葺レ宅屋中人上（伽）。

四、月離二張星一所レ立城邑多有二女人一、香華美味具足而有二藥穀並茂一、人民安隱（伽）。

五、前德宿所レ立、女人喜二花飾、香熏諸財寶一、厥成レ意如レ斯（諫）。

（三）不相應事

經說これなし。

（四）裁　衣

若用二裁衣一必被二官奪一（宿上）。張必官奪（下）。

（五）四　禁

經說これなし。

（六）所主・分野

前德宿主二諸盜賊一（月藏、伽・諫これに同じ）。張主二宗廟珍寶服用一、故天廟太尊附レ之、天啓甲子五星

聚レ張（天經）。張素爲レ厨主二觴客一（史記）。張周之分野（禳）。

（七）守護國

波斯、訶利陀、勅勒、阿摩羅、婆羅婆、蘇摩尼棄、叵耶那、三牟遮、尸梨沙、婆利、伽菀娑、摩遮、兜佉羅、摩頭師利。　以上十四ヶ國（月藏）

星宿品にいはく、

張宿十日用レ事、作二柔輭事一安二隱世間一……婁宿・井宿・此二宿日受胎最惡。虚・危・觜宿、是三宿日受胎最惡。虚・危・觜宿、是三宿日受胎亦惡不レ宜レ作レ事。昴・軫・牛宿、此三宿日亦多二障礙一。張宿之日乃得二自在一。胃宿・斗宿、此二宿日有二所求一者不レ得レ如レ意。氐宿之日、其受胎者能除二障礙一。亢宿・參宿・畢宿・女宿、此四宿日遠行安隱。柳宿・奎宿・鬼宿・心宿・房宿・辟宿、此六宿日欲レ結二知識一障礙不レ成。

一〇、翼宿

翼宿は梵に後發魯窶拏（孔雀）、又は烏鼻哩頗攞虞儞（文殊軌、張と同名）といひ、《ハラギヤニヤ》（不同記）又は《ウタラハラグ》につくり、諫に北德宿、藏記に果德と譯し、七集に「果德梵云二畢羅誐合一儞也　一、又云二保留波合二波哩具合二一」といひ。姓を宿曜に遏咥梨、星宿に憍陳如、伽に憍尸迦、諫に十里といひ。所屬を宿曜に利耶摩神、星宿に林天、伽に婆伽神、諫に種殖天といひ。星象を宿曜に「翼二一星形如二跏趺一」、星宿に「其有二二星形如二脚跡一」、伽に「翼有二二星形如二人歩一」、諫に「有二二要星南北對立一」、景風は「唐國天文翼二十二星、今與二此經一不レ同」といへるが、こはコップ座に屬する四等星であり、象編に左の二圖をあぐる。

漢

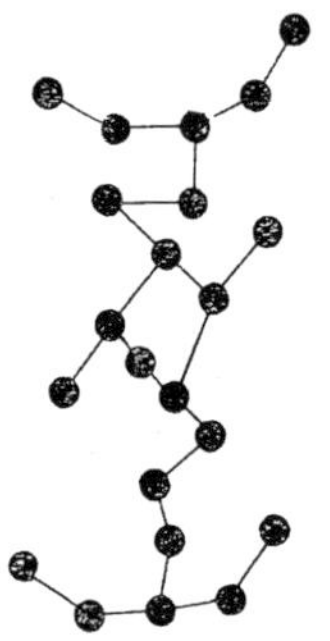

梵

（一）性格運命

一、此宿生人、法合三愛下乘二騎鞍馬一駕中馭車牛上、布二施喫用一觸レ處遊從、爲レ人穩口語、受性愛二音樂一主二樂府一（宿上）。

二、第二破求（唐言二翼宿一）星生者、齋下四指若見レ靨者、爵祿持戒皆悉失壞（寶）。

三、其日生者宜三於種々一、然性愚癡慳貪鄙恪不レ能二喜捨一。亦能不レ食五日六日乃至七日、不レ爲二世人之所二愛樂一、善須三謹愼防二護怨家一、不レ宜二鬪諍一（星宿）。

四、月離翼宿生者持戒（伽）。是日生者端嚴殊特、聰慧强識、亡失還得（同）。

五、北德宿日生、性遵修齋戒護於正法、願生善處（諫）。

六、屬翼星人善知算數、慳悋惡性鈍根邪見右有黑子、壽命三十三絕無子息（神足）。

（二）相應事

一、此宿直日所作皆吉、置田宅築墻穿塹、修農業種蒔、凡諸安久之事並吉（宿上）。

二、翼宿所作皆吉、宜置宅垣墻穿壕、作市作城邑作車轝、修農商業種蒔嫁娶、凡作諸安定之事並吉（下）。

三、月在翼日一切事吉（伽）。

四、月離翼星所立城邑多饒財寶、人皆愚癡爲諸婦人之所欺陵、城邑長久不可傾移（伽）。

五、北德宿所立、多有珍寶穀。男宜爲女伏、城所倚謂然（諫）。

（三）不相應事

經說これなし。

（四）裁衣

若用裁衣後必得財（宿上）。翼必獲財（下）。

（五）四　禁

經説これなし。

（六）所主・分野

商人（月藏）。翼主巽風、翼天子樂府也（天經）。翼爲羽翮主遠客（史記）。長沙轄、爲荊州楚之分野（禳）。

（七）守　護　國

阿槃提國（諫）。張と同じ（月藏）。

星宿品にいはく、

翼宿十一日用事、行四天下作兩種業、所謂諂曲及柔輭事……胃宿之日而入胎者多造諸惡。危宿・參宿・氐宿・房宿、此四宿日善惡二事並皆得作。房宿之日無有善惡。辟宿・鬼宿、此二宿日有受胎者好失財物。胃宿・婁宿・斗宿、此三宿日受胎之者、軫・牛・昴宿、此三宿日作事和合。若於虛宿・觜宿・亢宿、此三宿日作事者成、得三宿力遠行安隱。井・室・尾宿、此三宿日無善無惡。婁宿・七星・奎宿・柳宿・心宿等日、結善知識嫁娶之事皆得和合。

一一、軫　宿

軫宿は梵に賀娑多（文殊軌）、又は訶悉領（孔雀）といひ、不同記に𑖎𑖭𑖿𑖝《カサタ》、義淨の千字文に「軫𑖎𑖭𑖿𑖝曷娑多」につくり、諫に象宿と譯し、七集に「摩訶悉多亦名㆓訶悉多㆒」といひ。姓を宿曜に跋蹉那、星宿に迦遮延、伽に奢摩延、諫に迦葉といひ。所屬を宿曜に婆毘怛利神、星宿に沙毘梨帝天蝎仙の子、伽に咀吒神、諫に臥寐天となし。星象を宿曜に「軫五星形如㆑牛」、星宿・伽に「其星有㆑五形如㆓人手㆒」、諫に「有㆓五要星㆒其形類㆑象」、景風は「唐國天文軫四星、今與㆓此經㆒不㆑同」といへるが、こはコップ座の東、乙女座の南西にある烏座に屬する四等星であり、今左に象編の二圖および平天儀の圖をあぐる。

漢

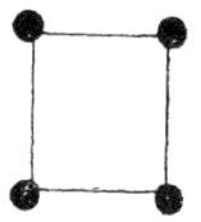

梵

平

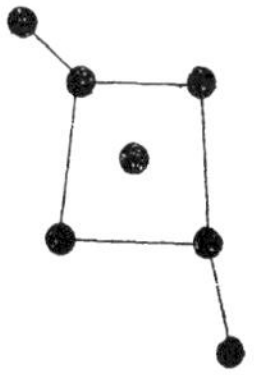

（一）性格運命

一、此宿生人、法合㆑有㆓諸寶物業㆒。合㆘遊㆓歷州郡㆒稟㆑性嫉妬少㆑病、能立㆓功德㆒能兼愛㆗車乘㆖（宿上）。

二、阿薩多（唐言㆓軫宿㆒）星生者、齋闕無㆑下當㆑有㆓赤靨㆒。性好作㆑賊諂曲少智、聰明薄福（寶）。

三、其日生者大富饒財能用㆓五兵㆒、刀・槊・弓箭・鬪輪・羂索、能作㆓大賊㆒殺㆓害衆生㆒。若修㆑善者亦能持戒喜捨布施、種々功德皆悉能作、其人行處七步之內蛇不㆓敢前㆒（星宿）。

四、象宿日生、性喜二盜竊一（諫）。
五、月離二軫星一生者奸盜（伽）。
六、屬二軫星一人巨富豪貴、多二饒眷屬奴婢僕使一、聰明勇健樂レ法愛レ法敬二受法者一、壽命百年死已生レ天（神足）。

（二）相應事

一、此宿直日宜二急速事一、遠行二外國一、修二理衣裳一學二藝業一、婚娶開二園圃一並吉（宿上）。
二、軫宿宜二諸急速事一、遠行向二外國一、修二理鬢髮一、取レ象調レ馬乘、學二伎藝一、求レ女嫁娶、服二著新衣裳一、穿レ池修二園圃一造二垣墻一等吉、除二蕩竊逆一南行大吉（下）。
三、月在二軫宿一一切皆吉、宜下調二象馬一授上官造レ池（伽）。
四、月離二軫星一所レ立城邑、其中人民多好二諍訟一、饒二有牛馬一（伽）。
五、象宿所レ立城、弊了有二大財一、喜貪二他人物一、彼土人若レ此（諫）。

（三）不相應事

不レ利二竊盜一（伽）。

（四）裁　衣

軫必恒久（宿下）。

（五）四　禁

五日（伽）。

（六）所主・分野

主於城内居士（伽）。主巽風（天經）。軫主車騎任載而復於角（同）。爲車主風（史記）。爲荊州楚之分野（禳）。

（七）守護國

須羅吒國、伽羅婆羅、憂羅賖、罽使拏、婆耆、檀多摩利、婆樓遮、陀荼、達拏、藪牟寄賖、鳩論遮差、呿羅婆羅、阿踈倶迦。　以上十三ヶ國（月藏）

星宿品にいはく、

軫宿十二日用事、爲惡自在速疾如風……尾宿之日其受胎者、所在之處無有障礙入陣鬪戰能勝怨敵。井宿・室宿・二宿之日、其受胎者從生至死常宜作事。牛・亢・虚宿、此三宿日其受胎者、唯除牛宿不宜作事。其餘亢・虚及女・觜宿、此四宿日作事利益得於自在。亢・畢・危等、此三宿日遠行安隱。氐宿・參宿・房宿・辟宿、此四宿日作種々事得人氣力、又宜娶婦、要結親友及善知識。箕宿・七星・婁宿・斗宿・張宿・胃宿、此六宿日有造作者如上利益。

一二、角　宿

角宿は梵に唧怛囉（文殊軌）、質多羅（孔雀）といひ、〔梵字〕《シツタラ》）不同記・七集）又は〔梵字〕《シツタラ》につくり、諫に彩畫宿と譯し。姓を宿曜に僧伽羅耶那、星宿に質多羅延尼乾闥婆の子、諫に伊羅所乘、伽に質多延といひ。所屬を宿曜に埵瑟室利神、星宿に喜樂天、伽に咀吒神、諫に細滑天となし。星象を宿曜に「角二星形如長布」、星宿に「止有一星如婦人黶」、諫に「有一要星形圓色黄」、伽に「角有一星」、景風は「唐國天文角二星」といへるが、こは洋名スピーカ Spica といひ、シリウス及びベーガアにつぐ全天第三位濃黄色の一等星であり、直徑は太陽の二十七倍大にして乙女座に屬する。象編に左圖をあぐる。

漢

（一）性格運命

一、此宿生人、法合善經論、饒六畜所作事多。合又手功所作慳人情只有三男（宿上）。

二、質多羅（唐言角宿）星生者、男女陰上當有黶子。爲性純直而多愛欲、復好歌舞（寶）。

三、其日生人、嘲戲音樂謌舞作倡皆悉能解、復能捨施又多色欲、亦復愛樂有知之人（星宿）。

四、月離角星其日生者、善知音樂能造瓔珞（伽）。此日生者聰明多智、善能瞻相恒好田獵性多輕躁一、壽命長久情好二貪欲一（同）。

五、彩畫宿日生、憙二自莊嚴伎樂歌舞一（諫）。

六、若人生日屬二角星一者、口闊四指額廣亦爾、其身右邊多生二黑子一、上皆有レ毛。當レ知是人多財富貴、廣額似像聰明多智、眷屬熾盛。其項短促、脚兩指長左有二刀瘡一。多有二妻子一、惡性輕躁壽命八十。四十年時一受二衰苦一、長子不レ壽心樂二法事一、衰患在レ火（神足）。

（二） 相應事

一、此宿直日宜三嚴飾造二衣裳寶物錦繡一、觀レ兵行レ軍祭二祀天神一賞二賜將士一並吉（宿上）。

二、角宿宜三嚴飾事二、取二雜色衣一作二安膳那一服レ藥、珊瑚金銀赤銅摩尼、金剛諸寶物等諸珍帛物、王者嚴レ服觀レ兵、及進レ路作レ求二安穩一、祭二祀天神一賞二賜將士金銀百穀衣物一、入レ城作二花鬘臥具一、歌舞詠唱幷諸伎藝等並吉（下）。

三、月在二角宿一宜下造二於瓔珞閣一軍布レ陣、撿二藏倉庫一服藥（樂一本）器習二船乘一、作二妓樂一營中素畫上（伽）。

（三） 不相應事

經說これなし。

（四） 裁　衣

若用裁衣終當逃亡（宿上）。角必安穩（下）。月在角宿宜當裁衣（伽）。

私に前後の文より考ふるに、この一節けだし上卷の文のまゝを用ふべきではなからう。

（五）四　禁

七日（伽）。

（六）所主・分野

角主飛鳥（伽）。主野人飛鳥（諫）。角主衆鳥（月藏）。劍名大傷角星主之（抱朴子内篇三）。角主發育萬物故特先焉（天經）。鄭分野（禳）。

（七）守護國

于摩、陀樓、悉支那、奈摩陀、陀羅陀、佉沙、羅佉、賒摩、侯羅婆、舍頭迦、頞闍婆、沒遮波。

以上十二ヶ國（月藏）

星宿品にいはく、

角宿十三日用事、爲惡速疾……其人入胎宜畢宿日。婁宿・七星・箕宿等日、其人入胎多造作惡事。辟宿・房宿・鬼宿等日、其人作事種々皆吉無有障礙。危宿・氐宿・參宿等日、若作事業亦得自在。觜宿・亢宿・虛宿・尾宿、此四宿日遠行安隱。觜宿・柳宿、營事業者得知識力。心宿・奎宿・

斗宿・昴宿・翼宿・牛宿・張宿、此七宿日、宜下結二親友一婚姻等事上。

一三、亢　宿

亢宿は梵に娑嚩底(孔雀)、薩嚩底(文殊軌)といひ、《ソバチシャ》(不同記)又は《ソバチ》につくり、諫に善元宿、藏記に自記と譯し。姓を宿曜に蘇那、星宿に迦旃延尼、諫に善所乘、伽に赤氏といひ。所屬を宿曜に風神、星宿に摩姤羅天、諫に風天、伽に咀吒神となし。星象を宿曜に「亢一星形如二火珠一」、星宿に「其有二一星一如二婦人黶一」、諫に「有二一要星一形圓色黃」、伽に「亢宿一星」、景風は「唐國天文亢四星、與二此經一不レ同」といへるが、こは乙女座に屬する四等星であり、象編に左圖をあぐる。

漢

(一) 性格運命

一、此宿生人、法合下統二領頭首一、辯口能經二營財物一、淨二潔裝束一愛二喫用一、造二功德一足レ力益二家風一上(宿上)。

二、薩婆底(唐言二亢宿一)星生者、或男根頭或在二根下一有二黃黶生一、受性多貪瞋二惱大衆一而無二智慧一(寶)。

三、其日生者善二能算計一大富饒財、其性慳貪不レ能二喜捨一。又多二瞋恚一心意難レ得、若見二特牛及黃腰一者須二自防護一(星宿)。

四、月離亢星生善算數（伽）。此日生者聰明多疾、性剛武勇（伽）。

五、善元宿日生亦復薄命、又工計挍書（諫）。

六、屬亢星者心樂法事、受性多巧聰明富貴、多懷慚愧怨不能害、樂欲出家。受性柔軟、輕躁确盡無所隱藏。壽六十年、三十五時身遇篤病、遶頭四指當有瘡瘢（神足）。

（二）相應事

此宿直日宜調象馬、又宜敎擊鼓。若婚娶結交種蒔並吉（宿上）。

二、亢宿宜調馬騾驢等、必易馴快利。宜敎擊諸鼓樂等、嫁娶結朋友。宜發遣怨讎、宜種蒔樹穀小豆大豆烏麻等皆吉（下）。

三、月在亢宿宜調象馬造於樂器、婚娉嫁娶（伽）。

（三）不相應事

不宜自行動（宿下）。不宜出外追逐怨惡（伽）。

（四）裁衣

若用裁衣後得財（宿上）。亢得美食（下）。

（五）四禁

十日（伽）。

（六）所主・分野

主出家修福之者（伽・月藏）。主化仙道専精攝意（諫）。亢曰疏廟（天經）。鄭分野（禳）。

（七）守護國

阿羅荼、訶利那、叔迦羅、波盧羅、弗利睺、那摩帝、倶致娑、蘇那婆、睺摩、跋陀婆。　以上十ヶ國（月藏）

星宿品にいはく、

亢宿十四日用事、能於世間作諸惡業。其性疾速爲業快利……若在觜宿・箕宿、此二宿日而入胎者爲惡不善。張宿・胃宿・柳宿・心宿、此四宿日欲作事者無有善惡。室宿・尾宿・井宿等日、欲爲事者多有障礙。參・氐・危宿、此三宿日有所營者得他人力。辟宿・箕宿・七星之宿、此三宿日遠行安隱。房・鬼・辟宿、此三宿日宜結親友娶婦之事。軫宿・女宿・畢宿・昴宿・牛宿・翼宿・亢宿、此七宿日但宜行來餘不可作。

一四、氐宿

氐宿は梵に尾舍伽（文殊軌）、又は毘釋珂（孔雀）といひ、不同記に《ビシヤキヤ》、ある書に《ソシヤキヤ》につく

り、諌に善格宿と譯し、七集に「梵云二摩伽𑖦𑖑一」といひ。姓を宿曜に邏怛利迦、星宿に呰吉利多耶尼、伽に桑遮延、諌に曰巳彼といひ。所屬を宿曜に因陀羅祇尼神、星宿・伽に火天、諌に伊羅天となし。星象を宿曜に「氐四星形如レ角」、星宿に「氐有二一星一形如二脚跡一」、伽に「氐宿一星形如二羊角一」、諌に「有二二要星一形像二牛角一」、景風は「唐國天文氐四星」といへるが、こは天秤座に屬する三等星であり、象編及び平天儀の圖は左の如くである。

（一）性格運命

一、此宿生人、法合下分相好レ供二養天仙一、心性解レ事受性良善承二君王優寵一、富二饒財物一、利智足中家口上（宿上）。

二、蘇舍佉（唐言二氐宿一）星生者、從レ跨已下八指量內隨レ處而有二赤黶生一者、眷屬具足多有二僮僕一、位居二卿相一聰明慚愧、勇健謀決能退二怨敵一、常受二安樂一命終生レ天（寶）。

三、其日生者威德肅然、大富饒財、其性慳貪婬二他婦女一、須下自治レ身勿上レ行二此事一（星宿）。

四、月離氐星生爲臣相（伽）。此日生者端正多智少於繼嗣、躁性貪味喜樂善人（同）。
五、善格宿日生、身屬縣官若作吏卒（諫）。
六、屬氐星者、生人受身勇健、巨富豪貴壽二十五、左有黑子。於父母所恒生惡心、敬出家人、於己眷屬不能增長（神足）。

(二) 相應事

一、此宿直日宜種蒔五穀果木醞酒（宿上）。
二 氐宿作農具、種大麥小麥稻粟等、幷種蒔諸果樹並吉。宜醞酒漿宜種疊、栽樹甘蔗等並吉（下）。又氐宿宜種蒔花藥栽接樹木（同）。
三、月在氐日、宜爲種植果及稻穈、造舍洗浴（伽）。
四、月離氐星所立城邑多有威神、其中人民善能祭祀、其後爲兵之所殘滅（伽）。
五、善格宿所立、厥城德巍々。人多憙祠祀、然後兵所壞（諫）。

(三) 不相應事

不宜起動舍屋車馬之事（宿上）。凡諸有爲作事並不可作（下）。不宜植豆（伽）。

(四) 裁衣

若用裁衣逢親識借將（宿上）。氐必覩友（下）。

（五）四　禁

二十六日（伽）。

（六）所主・分野

水生衆生（月藏）。主水人及與禽獸（伽）。主幻蠱道（諫）。弓名曲張氐星主之（抱朴子内篇三）。氐曰天根（史記・天經）。氐爲豫州宋分野（禳）。

（七）守護國

佉捜迦、信頭婆遲、阿摩利、餘尼目佉、難陀婆、伽沙、跋使俱闍、由婆迦、婆佉羅、沙婆羅、伽樓茶、鳩籌迦、婆遮利婆。　以上十三ヶ國（月藏）

星宿品にいはく、

氐宿十五日用事、能作諸惡人所畏敬……其人入胎宜在參宿、欲作諸事宜在危宿。若七星宿・婁宿・箕宿日、作事者成無有善惡。若昴宿日・牛宿・翼宿、營事則惡多有障礙。辟宿・房宿・尾宿、此三日則有利益。室宿之日遠行安隱。心・奎・柳宿、此三宿日欲爲事者得他人力。張宿・斗宿・胃宿、此三宿日宜結親友娶婦之事。

以上南方の七宿。

一五、房　宿

房宿は梵に阿努囉駄（文殊軌）又は阿奴囉拕（孔雀）といひ、[梵字]《アドラダ》（不同記）、[梵字]《アダラダ》、[梵字]《アドラダ》につくり、七集に「梵云阿度怛羅二合[梵字]。又云阿馱那乞叉二合怛羅二合是總顯也、若此尊則阿耨也」といひ、諫に悅可宿と譯し。姓を宿曜に羅多毘耶、星宿に阿藍婆耶尼、伽に阿藍婆といひ。所屬を宿曜に蜜多羅神、星宿に慈天、伽に親神となし。星象を宿曜に「房四星形如長布」、星宿に「房有四星形如瓔珞」、伽に「房宿四星形類珠貫」、景風は「唐國天文房四星」といふが故に梵漢同一と思はれる、こはまた天秤座に屬する四等星にして象編及び平天儀に左圖をあぐる。

（一）性格運命

一、此宿生人、法合有威德足男女饒錢財、合快活超本族榮家風（宿上）。

二、阿奴邏陀（唐言房宿）星生者、從膝已上八指量內若有小疵、持戒有法爵祿具足（寶）。

三、其日生者有墮崖岸刀兵之厄、於此二事須自護身。宜於治生販賣之業、耎弱儒雅樂法信福（星宿）。

四、月離二房星一生者、能御及善販賣（伽）。其日生者多贍二親戚一、樂行二福業一（同）。

五、悅可宿日生、憙二行估一作二販賣一求レ利（諫）。

六、屬二房星一人受性弊惡、愚騃無智、巨富豪貴。右有二黑子一壽三十五、當二被レ兵死一、宜二於兄弟一（神足）。

（二）相應事

一、此宿直日、宜二結レ交婚姻喜慶吉祥之事一、及受戒入壇受二灌頂一、學レ道修レ仙並吉（宿上）。

二、房宿宜下結二朋友一婚姻、凡諸和善事喜樂吉祥事上。交好往還、及攝レ情受レ戒布施、發レ使置レ官、修レ道學二藝工巧等一吉（下）。

三、月在二房宿一日宜レ出二財物一、亡者易レ獲（伽）。

四、月離二房星一所レ立城邑、其中人民仁孝貞和、恭二敬父兄一誦二習經典一、勤二能祭祀一（伽）。

五、悅可宿所レ立、伏レ根奉二法禁一。自將二護其妻一、隨レ時祀無レ失（諫）。

（三）不相應事

經說これなし。

（四）裁　衣

若用二裁衣一後必更得（宿上）。房必益レ衣（下）。

（五）囚　禁

十九日（伽）。

（六）所主・分野

行車求利（月藏）。房主商賣及御人（伽）。主行道人・車乘莊物（諫）。房爲天子之後寢、鍵閉鉤鈴、兩咸以防淫而謹內也（天經）。爲豫州宋分野（禳）。

（七）守護國

波頭摩、弗色迦羅、目帝、嵩伽摩、耆利、不摩婆、南耆利、遮波羅、修帝達賖、提婆那、奚周迦。

以上十一ヶ國（月藏）

星宿品にいはく、

房宿白月一日用事、能於世間作速疾事……其人入胎宜井宿日、張宿・斗宿・胃宿等日、欲作諸事無有善惡。軫・畢・女宿、此三宿日作事者凶。心宿・柳宿・奎宿、此三宿日作事者吉。室宿・房宿・鬼宿・辟宿、此四日作事安隱而得自在。箕宿・婁宿、此二日遠行安隱得知識力。虛宿・昴宿・張宿・翼宿、作事有利得他人物。箕宿・觜宿・角宿・虛宿・亢宿・參宿、此六宿日要結親友大小知識娶婦皆吉。

一六、心　宿

心宿は梵に爾曳瑟吒（文殊軌）、又は豉瑟佗（孔雀）といひ、不同記に《セイシュタ》につくり、諫に尋長宿、藏記に尋宿と譯し。姓を宿曜に儈佉利底耶那、星宿に迦羅延那、伽に迦旃延、諫に長所乘といひ。所屬を宿曜に因陀羅神、星宿に帝釋天、伽に天地神、諫に因帝天となし。星象を宿曜に「心三星形如階」、星宿に「心有三星形如大麥」、伽に「心宿三星其形如鳥」、諫に「有三要星其形類麥」、景風は「唐國天文三星」といつて梵漢同一なるを示すが、こは洋名アンタレス（Antares）といつて蝎座にあり、太陽の三千倍大の光を有する一等星である。一・二・三月が春、四・五・六月が夏なるとき、夏の眞中五月の星を支那の書物には往々に大火南中と記するが、こは大火又は火といひ、色赤く火の如き星といふよりえたる名にして、常の火星ではなくこの心宿のことである。西紀前千五百年の殷代に主として用ゐられ、殷を殷商といふところからこれを商星とも稱する。詩經上に「三星在天、今夕何夕見此良人」といひ、又「七月流火九月授衣」とあるこの三星流火はこの心宿のことである。覺禪抄百三（大圖五・四二〇）にいはく、

裏書云、一心宿云辰星、一水曜云辰星。類祕抄云、廣兼朝臣云、今此辰星者二十八宿之中心宿也、季夏沒星也、非五星中之辰星也。而後三條院御宇秋有天變、師平奏云、鎭星之變也。有行奏云、

辰星、五星之中辰之變也。勅難云、詩言辰星早沒夜初長云云、秋不レ可レ有二辰星之變一、仍召二退狀一。有行云、是勅難僻事也、文選辰星者是心宿也、五星中辰星者非二季夏沒星一云云、或云、流火心星也、秋心星西下將レ沒云云。又云、參辰二常出沒不二相見一云云。又云、吾不レ睹二參辰之相比一也、可レ尋。又云、參辰已沒、言二將曉一云云。

これによらば、心宿をまた辰星とも名づくること明らかであり、象編の圖左の如くである。

（一）性格運命

一、此宿生人、法合下處二族衆一皆得二愛敬一、承二事君王一亦蒙中禮待上。爲レ性摧レ惡奬レ善、運命皆合レ得レ所（宿上）。

二、逝瑟吒（唐言二心宿一）星生者、腔內有レ黶短壽貧窮、犯戒少レ慈爲レ人憎嫉（寶）。

三、其日生者性多二瞋恚一無レ有二慈心一、縱持戒者亦復破戒。若見三於他行二淨行法一、宜下於二此處一須中自愼儆上、生産之所亦須レ護レ身（星宿）。

四、月離二心星一生者、愚癡其命短促（伽）。其日生者必爲二長子一、多智長壽通二達經論一調二伏象馬一、宜レ立二宰守一、被レ傷者死（同）。

五、尊長宿日生、亦復短命少二于財業一（諫）。

六、屬二心星一人富貴多財、愚癡風病壽三十五、頭有二瘡瘵一。有二大名聲一毒不レ能レ中、妻子不レ樂（神足）。

（二）相　應　事

一、此宿直日宜レ作二王者所須事一、亦宜下嚴レ服昇レ位登レ壇拜レ官調中試畜乘上、按摩理レ身修二功德一並吉（宿上）。

二、心宿宜レ作二王者所須事一、亦宜下嚴レ服昇レ位、及取二象馬一調中乘諸畜等上。宜二按摩一必得二身分潤滿一、宜下事二王者一及取中左右駈使人等上、宜下修二鬢髮一作中農業上（下）。

三、月在二心宿一宜レ登二天位一、建二立城邑一官事通易、亡者難レ得（伽）。

四、月離二心星一所レ立城邑豐二饒財寶一、所有人民勤二習經術一豪强熾盛（伽）。

五、尊長宿所レ立、珍琦多二財寶一。博學問二經典一、日々增二進信一（諫）。

（三）不相應事

不レ宜二出レ財及放レ債（宿上）。唯除下營二功德一事上、自餘不レ可二輙出レ財與レ人、及放レ債凶（下）。不レ宜二凶事一（伽）。

（四）裁　衣

若用二裁衣一必亡失遺レ賊（宿上）。心必盗賊（下）。

（五）囚　禁

經說これなし。

（六）所主・分野

主二帝王一又主二曠野幷及大臣一（伽）。主二諸守門一（諫）。主二女人一（月藏）。心爲二明堂一（史記）。心天子之象（天經）。爲二豫州一宋分野（禳）。

（七）守護國

睺羅婆、鳩羅婆、牟羅婆、能伽婆、蘇提闍、鳩知迦、天王、毘那婆、波搜多、奚迦。以上十ケ國（月藏）

星宿品にいはく、

心宿二日用レ事、好作二惡事一……此心宿日入胎者吉、角・虛・觜宿、此三宿日入胎不吉。昴・牛・翼宿、此三宿日宜レ作二諸事一。辟宿之日若作レ事者多有二障礙一。七星・箕・婁、此三宿日乃得二自在一多有二利益一。尾宿・柳宿・奎宿・危宿・軫宿・畢宿、此六星宿得二他人力一。胃・張・斗宿、此三宿日宜二遠行來一、道路安隱。室宿・亢宿・危宿・井宿・氐宿・參宿、此六宿日宜下結二親友一及以娶上レ婦。

一七、尾　宿

尾宿は梵に沒噜羅（文殊軌）、又は暮攞（孔雀）といひ、不同記に𑖦𑖳𑖩《モラ》につくり、諫に根元宿、藏記に辰と譯し、七集に「辰梵云二摩羅合二攞𑖦𑖳𑖩一、又云倶哩二又云二保𠰒二」といひ。姓を宿曜に迦底耶神、星宿に迦遮耶尼、伽に迦旃延、諫に所乘といひ。所屬を宿曜に儞律神、星宿に獵師天、伽に沙陀神、諫に泥梨提天となし。星象を宿曜に「尾九星形如二師子項毛一」、星宿・伽に「尾有二七星一形如二蝎尾一」、諫に「有二三要星一、其形類レ蝎低レ頭擧レ尾一」、景風は「唐國天文尾九星」といふが故に宿曜と符合するが、いはゆる蝎座に屬する二等星であり、象編・平天儀の圖左の如くである。

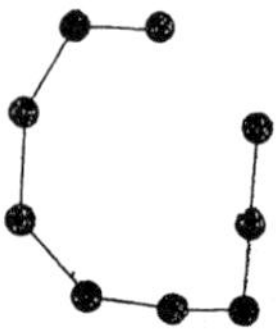

（一）性格運命

一、此宿生人、法合下足二食粳一多中庫藏一、性慳澀志惡戾嗜中鬪競上。合下得二外財力一受性愛中花藥上（宿上）。

二、暮羅（唐言二尾宿一）星生者、脞上當レ有二小疵一、此有二福德一而速滅レ門（寶）。

三、其日生者大富饒財多有二穀麥一、其人有相神德之人、唯生產處須二自防愼一。亦復好爲二草馬所一レ蹹、至二草馬所㆓又須㆓自備㆒（星宿）。

四、月離㆓尾星㆒生多㆓係胤㆒、大有㆓名譽㆒（伽）。其日生者多有㆓繼嗣㆒、豐財長壽所失難㆑得（同）。

五、根元宿日生又多子生、名德遠聞（諫）。

六、屬㆓尾星㆒人具諸相好㆒、雄壯富貴得㆓大自在㆒。兩乳輪相有㆓大名聲㆒、身諸光明勝㆓於日月㆒。聰明大智無㆓能勝者㆒、貪㆓樂出家㆒能調㆓煩惱㆒、增㆓長眷屬㆒多有㆓慚愧㆒。壽命百年、四十五時暫一受㆑苦。胸有㆓德相㆒衆生樂㆑見、不㆑宜㆓父母㆒（神足）。

（二）相應事

一、此宿直日宜㆓沐浴厭呪㆒宜㆓修㆑宅種㆓蒔樹木㆒、合㆓藥散阿伽陀藥㆒并入壇並吉（宿上）。

二、尾宿宜㆑作㆓根著事㆒、種㆓蒔樹㆒種㆑根及取並吉。又宜㆓剛嚴事㆒、洗浴除㆓滅厭呪㆒、種㆓押蒲桃甘蔗㆒、置㆑宅置㆑藏作㆓愛喜事㆒、合㆓湯及散阿伽陀藥㆒并壇場事並吉（下）。其尾宿日宜㆘種㆓蒔苗稼㆒栽㆓樹木㆒、營㆓造宅屋㆒置㆗立園林㆖、一切嚴固鬪競剛柔、孟浪辛苦等事並宜㆑作㆑之（同）。

三、月在㆓尾宿㆒宜㆘種㆓果菜㆒、責斂祭祀療㆓治衆病㆒身服㆗瓔珞㆖、宜㆑造㆓酒醴㆒（伽）。

四、月離㆓尾星㆒所㆑立城邑、多㆓饒財寶及以美味㆒。其中人民性多㆓暴惡㆒、其後爲㆔土之所㆓傷害㆒（伽）。

五、根元宿所㆑立、土多㆓珍寶物㆒、人熾盛難㆑當、爲㆓雨土所㆑壞（諫）。

（三）不相應事
種蒔醞酒療病之外餘者皆凶（伽）。
（四）裁　衣
若用㆓裁衣㆒、必逢㆓爛壞㆒（宿上）。尾必爛壞（下）。
（五）四　禁
三十六日（伽）。
（六）所主・分野
洲渚衆生（月藏）。主㆓歩行人㆒（諫）。主㆓后妃㆒（天經）。爲㆓幽州㆒燕分野（禳）。
（七）守護國
伽闍弗、迦羅婆、迦々波他、悉陀叉、鬱瑟吒羅婆、帝羅南、阿羅毘、那婆、弗色迦羅婆、摩兜利、迦隣伽跋帝、摩于達利、畢姜闍、鉢利犀羅婆。　以上十四ヶ國（月藏）
星宿品にいはく、
尾宿三日用㆑事、剛柔二事皆悉能作……尾宿之日而入胎者、柳宿・角宿・危宿・參宿、此四宿日宜㆑作㆓惡事㆒。軫宿・房宿・畢宿・奎宿、此四宿日不㆑可㆑造㆓作諸種事業㆒。危宿之日惡事得㆑作。斗宿・翼宿・

胃宿、此三宿日欲作惡事、無有利益多諸煩惱。箕宿・七宿・婁宿、此三宿日乃得自在爲有利益。角宿・虛宿・觜宿、此三宿日得他人力而獲自在。昴宿・牛宿・張宿、此三宿日行來安隱。室宿・辟宿・井宿・鬼宿・房宿・氐宿、此六宿日宜結知識大小親友、婚姻嫁娶其事皆吉。

一八、箕　宿

箕宿は梵に烏剖阿（文殊軌）、又は前阿沙茶（孔雀）といひ、𑖀𑖬𑖯𑖛《アシヤダ》（不同記）、𑖁𑖬𑖯𑖛《アシヤダ》、𑖁𑖬𑖯𑖜《アシヤダ》につくり、諫に前魚宿、藏記に杏と譯し、七集に「杏梵云波留波合二𑖀阿𑖬娑𑖛弩」といひ。姓を宿曜に剌婆耶尼、星宿に特叉迦旃延尼、伽に迦旃延、諫に財所乘といひ。所屬を宿曜・伽に水神、星宿に水天、諫に木天となし。星象を宿曜・伽に「箕四星形如牛步」、星宿に「箕有四星形如牛角」、諫に「有四要星其形類象、南廣北狹」、景風は「唐國天文箕四星」といつて梵漢同象となし、象編・平天儀に左圖をあぐるが、これは射手座に屬する二等星である。

（二）性格運命

一、此宿生人、法合遊涉江山經營利潤、爲人耐辛苦、立性娶姪婦饒病愛酒（宿上）。

二、初阿沙荼（唐言二箕宿一）星生者、膝蓋有レ黶、性好二捨施一能知二法道一、命終生レ天（寶）。

三、其日生人善二能耕レ田行レ船之業一、其性精進行二十善業一、多聞智慧有二大名譽一、大富饒財常與二智人一共相隨逐（星宿）。

四、在レ日生者長壽端正、孝順慈仁（伽）。

五、前魚宿日生、樂下在二閑居一獨行獲上定（諫）。

六、屬二箕星一人樂二喜諍訟一多犯二禁戒一、受性弊惡人不レ喜レ見。貪欲熾盛壽六十年、貧窮困苦常樂二遊行一、牙齒疎小胸臆确瘦（神足）。

（二）相應事

一、此宿直日宜二穿レ池造レ窖決レ渠開一レ水、種二花藥一修二園圃一醞二酒漿一吉（宿上）。

二、箕宿宜二剛嚴事一、又掘二溝渠一穿レ池通二決河流一、種二水生花及根實者一、修二園圃一醞二酒漿一、及作二橋梁等一並吉（下）。又箕宿宜下鑿レ井穿レ坑、塡二水渠一開中河路上、一切勞擾事務悉須レ爲レ之（同）。

三、月在二箕宿一宜下治二河渠一、種二植花果一建中立園圃上、宜二出家人一（伽）。

四、月離二箕星一所レ立城邑多有二財寶一、其中人民貪欲愚癡（伽）。

五、前魚宿所レ立、豐富饒二財穀一。人慳貪殉暴、還歸二于愚騃一（諫）。

（三）不相應事

治水種樹造園之自餘皆凶、所失難得（伽）。維南有箕、不可以簸物。維南有箕、載翕《ひく》其舌（詩經下）。

この詩經の意味、箕宿の直日には口禍をうけやすいとの教訓と思はるゝ。

（四）裁衣

若用裁衣後必得病（宿上）。箕必得病（下）。

（五）囚禁

十四日（伽）。

（六）所主・分野

主乘騎（伽）。主陶師（月藏）。主艮風又主八風（天經）。箕承帚掃尾受之、以箕示婦道也。天寶之間、五星聚箕尾（同）。庶民惟星、星有好風、星有好雨。日月之行則有冬有夏、月之從星則以風雨。註曰、星民象故衆民惟若星、箕星好風、畢星好雨、亦民所好、日月之行冬夏各有常度。君臣政治、小大各有常法。月經於箕則多風、離於畢則多雨（洪範註疏十二之三下）。箕星好風、月入箕則風起（大疏四）。爲幽州燕分野（禳）。

（七）守護國

尾宿に同じ（月藏）。

星宿品にいはく、

箕宿四日用レ事……角・觜・虚宿、此三宿日造二作諸事一無レ善無レ惡。氐宿・室宿、此二宿日爲レ事不吉。井宿之日、經二營事一者失二於舊業一。翼宿・昴宿・牛宿等日、欲レ爲レ事者自在如レ意能有二利益一。張宿・胃宿・斗宿等日、造二作事一者得二他力一。軫宿・畢宿・女宿等日、若欲二遠行一道路安隱。奎宿・胃宿・柳宿・房宿・辟宿、此五宿日宜下結二親友一娶レ婦之事上。

一九、斗宿

斗宿は梵に沙姹（文殊軌）、又は後阿沙茶（孔雀）といひ、𑖦𑖮𑖝𑖸𑖕《マカテイジヤ》（不同記）又は𑖄𑖝𑖨𑖯𑖬𑖯𑖜𑖯《ウタラアシヤダ》につくり、諫に北魚宿、藏記に大光と譯し、七集に「大光梵云二摩訶帝惹𑖦𑖮𑖝𑖸𑖕一、又云二烏怛羅阿娑弩𑖄𑖝𑖨𑖯𑖬𑖯𑖜𑖯一」といひ。姓を宿曜に鞞耶羅那、星宿に摸伽邏尼、伽に伽羅延、諫に向所作といひ。所屬を宿曜に毘說神、星宿に火天、伽に凶惡神、諫に種殖天となし。星象を宿曜・伽に「斗四星形如二象歩一」、星宿に「斗有二四星一如二人拓一レ地」、諫に「有二四要星一其形類レ象、南廣北狹」、景風は「唐國天文斗有二六星一」といへるが、これまた射手座屬の二等星にして象編・平天儀の圖左の如くである。

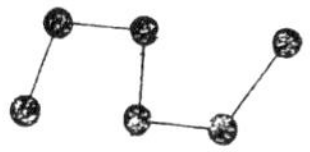

（一）性格運命

一、此宿生人、法合下愛二鞍馬一遊二歴山林一、愛二祈禱祭祀一、結二交賢良一多二伎能一足中錢財上（宿上）。

二、第二阿沙荼（唐言二斗宿一）星生者、於二右脛上一當レ有二靑黶一。性好二鬭諍一、人不二依附一而不二信受一（寶）。

三、其日生者是智慧人少レ病、大富多有二知識一（星宿）。

四、月離二斗星一生者富貴（伽）。其日生者孝敬寡言博二練衆典一、失者易レ得（同）。

五、北魚宿日生、工二便乘騎一通二利五兵一（諫）。

六、屬二斗星一者受性愚癡貪不レ知レ足、貧窮惡性壽命短促、當病食死黑色羸瘦（神足）。

七、韓昌黎云、愈生之辰月宿レ斗。東坡亦身在二磨蝎宮一、故知月宿二於斗一最出二文人才子一也。詩云、惟北有レ斗、不レ可レ挹二酒漿一。主下招二口舌一與中讒謗上也、一二君子未レ免、故曰君子爲レ仕多折（張果星宗三・二

八）。堅雄いはく、徳川家康もまたこの斗宿の生れなりと。

（二）相應事

一、此宿直日宜下著二新衣一及安久事上、置二藏庫一修二理園林一、造レ車營二田宅一、造二寺宇一作二兵器一並吉（宿）。

二、斗宿宜下著二新衣一及安久事上、置レ藏修二理園林一、造二車轝等乘載之物一、營二田宅城邑福舍寺等一、作二鬪戰具及新用物一並吉（下）。

三、月在二斗宿一不レ宜二忿諍一、不下服二新衣一收斂祭祀上（伽）。

四、月離二斗星一所レ立城邑、多二饒財寶一五穀豐熟。其中人民勤二於習誦一、唯好二鬪諍一（伽）。

五、北魚宿所レ立、財業五穀盛。人明二醫道術一、志性常鬪諍（諫）。

（三）不相應事

經說これなし。

（四）裁衣

若用二裁衣一多得二美味一（宿上）。斗得二美味一（下）。

（五）四禁

十四日（伽）。

（六）所主・分野

斗主二乘騎一（伽）。主二薦レ賢受一レ祿、斗爲二器量一所三以斟二酌一也（天經）。爲二揚州一呉越分野（禳）。

（七）守護國

澆部沙、辛頭鳩羅、瞿那悉鬚、迦羅差、娑羅差、達羅膩鉢帝、海果、阿樓瑟拏羅婆、那婆弗使波羅婆、摩那兜利、民陀羅跋帝。　以上十一ヶ國（月藏）

星宿品にいはく、

斗宿五日用レ事作二柔輭業一……其人入胎宜レ在二張宿一、若在二危・參・亢宿等日一平無二善惡一、欲レ營二衆事一皆悉成就。辟宿・房宿・鬼宿・胃宿、此四宿日作レ事不吉。畢・女・軫宿、此三宿日欲レ求二自在一多有二障礙一。昴宿・牛宿・翼宿等日、欲レ營レ事者自在如レ意。氐宿・井宿・室宿等日、亦宜レ作レ事有二其福力一。角宿・觜宿・虚宿等日、若遠行者道路安隱。奎宿・柳宿・房宿・婁宿・七星・心宿、此六宿日宜下結二親友一嫁娶之事上。

二〇、牛宿

牛宿は梵に阿惹哩社（孔雀）、又は阿鼻惹（文殊軌）といひ、《アビジク》（不同記）、《アビシャ》につくり、諫に無容宿、藏記に對主と譯し、七集に「對生梵云二阿卑而《アビジ》一、又云二阿枳惹《アビジ》一」といひ。姓を宿曜に奢拏那、星宿に梵嵐摩、伽に梵氏、諫に梵所乘といひ。所屬を宿曜に梵摩神、星宿・伽・諫に梵天となし。星象を宿曜に「其宿三星形如牛頭」（星宿・伽・諫また同）といひ、景風は「大唐牽牛六星」といひ、象編に左の二圖をあぐる、これは山羊座に屬する黃色光の三等星である。

漢

梵

七月初旬の初夜、東方右に一大星見ゆる、これを河鼓又は牽牛といひ、東北にもまた一大星見ゆる、これを天津又は織女といひ、こは七夕で有名な二星である。一戸直藏いはく「荊楚歲時記に云く、天河の東に天帝の女の織女あり、年々勞役して雲錦の天衣を織る。帝その獨居を憫れんで河西の牽牛に嫁せしむるに、のちつひに織を廢せしかば、帝怒つて河東に歸らしめ、たゞしそれをして一年に一度相會せしむと。西洋にこの種の傳說がない、しかるに牽牛を西に織女を東に配するは、正反對にして誤つてゐる」（趣味の天文）と。しかるに歲時記に氏がいふ傳說の意味なきのみならず、もとより牛を東に女を西に配するが故に誤つてはゐない。いはく、

七月七日爲牽牛織女聚會之夜。按戴德夏小正云、是月織女東向、蓋言星也。春秋斗運樞云、牽牛神名畧、石氏星經云、牽牛名天關、佐助期云織女神名收陰。史記天官書云、是天帝外孫。傅玄擬

天問云、七月七日牽牛織女會二天河一、此則其事也。河鼓黄姑牽牛也、皆語之轉、是夕人家婦女結二彩縷一穿二七孔鍼一、或以二金銀鍮石一爲レ鍼、陳二瓜果於庭中一以乞レ巧、有三喜子網二於瓜上一則以爲二符應一。按二世王傳一曰、竇后少小頭禿、不レ爲二家人所一レ齒、七月七日夜人皆看二織女一、獨不レ許二后出一、有レ光照レ室爲二后之瑞一。

山本一清いはく「このごろは教育的意味において、新暦七月七日の夕べ小學校庭において七夕祭を擧行する風盛んなるも、新暦にては日沒の空に牽牛織女がのぼつてこない。「星の祭り」といふからは、やはりこれと因縁ふかい實際の星の姿を樂しみつゝ、それにあやかる心と準備がなくては、却つて兒童の心をスポイルすることゝなるから、こは是非舊暦の日附けを採用しなくては無意味に歸する」（昭和十年七月九日大朝）と。そも〳〵二十八宿中の牛女の二星は前記の牽牛織女とは別體にして混同すべからざるも、今はたゞ牛宿の名にちなんでこれをのべしまでゞある。

（一）性格運命

一、其日生者爲レ性剛毅心無二怖畏一、猛健勝レ人能破二國土一、前無二强敵一大富饒財（星宿）。

二、失羅婆（唐言二牛宿一）星生者、於二右脛上一必有二兩黶一、常豐二爵祿一受身無レ病、人所二愛樂一命終生レ天（寶、けだし梵名は下の女宿なり）。

三、月離牛星生有名稱（伽）。

四、無容宿日生、幼有名稱勇猛難及（諫）。

五、屬牛星者性癡貪窮、樂爲偸竊心多嫉妬、壽七十年無有妻子（神足）。

（二）相　應　事

一、月在牛宿如斗星說（伽）。

こは相應事及び性格運命は斗宿に準知すべしといふのである。かつてしば〳〵いふが如く宿曜經の二十七宿曆よりしては牛宿の直日を見ないのであるから、この種の七項を分つ要なきも、今は二十八宿曆よりしてこれが解說に及ぶゆゑんであり、從つて星宿品には左の如く直日を示してゐる。

正月二十五日、二月二十三日、三月二十一日、四月十九日、五月十七日、六月十四日、七月二十二日、八月九日、九月六日、十月四日、十一月二日、十二月二十七日。

（三）不相應事

經說これなし。

（四）裁　衣

經說これなし。

（五）囚　禁

十四日（伽）。

（六）所主・分野

刹利・天祠（月藏）。牛主二南方赤衣盜賊及戲笑者一（伽）。民事莫レ重二于耕織一、故牛女相聯、牛農文人耕、驪珠女獻工也（天經）。爲二揚州一呉越分野（禳）。

（七）守護國

無容宿者主二一切南國、及多波洹小國、脂羅那小國、安加摩竭國一（諫）。安多鉢羯那國（月藏）。

二一、女　宿

女宿は梵に失囉嚩拏（文殊軌）、又は室囉末拏（孔雀）といひ、《シャラマダク》（不同記）、《シャラバダ》につくり、諫に沙栴宿、又は耳聰宿、藏記に寂といひ、七集に「寂梵云二舍羅合二摩拏一、又云二師羅合二婆曩」といひ。姓を宿曜に目揭連耶那、星宿に帝利迦遮耶尼、伽に迦旃延といひ。所屬を宿曜に毘藪紐神、星宿・伽に毘紐天、諫に種殖天となし。星象を宿曜に「女二星形如二犂格一」（カラスキノクビキ）、星宿に「有二四星一如二大麥粒一」、伽に「有二三星一形如二穬麥一」、諫に「有二三要星一、其形類レ麥邊小中大」といひ、景風は「唐國天文女四星」といへるが、こはまた山羊座に屬する四等星であり、象編の二圖は左の如くで

ある。

漢

梵

（一）性格運命

一、此宿生人、法合下足レ力少レ病好二布施一、守二法律一勤二道業一崇中宗祖上（宿上）。

二、陀儞瑟吒（唐言二女宿一）星生者、脛上有レ黶多瞋少貪、雖レ有二智慧一而無二爵祿一（寶）。象編にいはく「寶星經女虚梵名似二錯誤一」（四・二三）。

三、其日生者遠行遇レ伴、宜二以治レ生作二柔輭事一、其人有レ智少二於病疾一、常得二世間國王供養一（星宿）。

四、月離二女星一生多二榮寵一（伽）。是日生者少疾多智、聰明孝順（同）。

五、耳聰宿日生、爲二國王家所一見二恭敬一（諫）。

六、屬二女星一者持戒樂レ施、其人足下多有二黑子一、增二長眷屬一壽八十年、有二大名聲一無レ有二病痛一、宜二於父母及以兄弟一（神足）。

弘法大師の御本命宿は卽ちこれである。

（二）相應事

一、此宿直日宜レ爲二公事一、置二城邑一立二卿相一、發レ兵造二戰具一幷學二伎藝一、穿レ耳理レ髮按摩並吉（宿上）。

二、女宿凡爲二公事一皆吉。出二外城一發レ命除二逆敵一、置二城邑一立二宰輔一、發レ兵作二戰具一取與、及宜レ學二伎藝一、穿レ耳修二理鬢髮一按摩並吉、宜レ供二養尊者諸天父母及諸貴勝一（下）。

三、月在二女宿一宜下誦二經籍一、立レ臣祭祀閱レ軍出ス師（伽）。

四、月離二女星一所レ立城邑、多二饒財寶一無レ有二粟麥一、其中人民少レ有二疾病一善能和順（伽）。

五、耳聰宿所レ立、財穀普具足、人安隱少レ病、然爲レ病所レ壞（諫）。

(三) 不相應事

不レ宜レ著二新衣一或因レ之致レ死、又不レ宜二爭競一（宿上）。不レ宜下著二新衣一、及競レ財穿レ池等上（下）。

(四) 裁　衣

若用二裁衣一必足二病痛一（宿上）。女必得レ疾（下）。

(五) 四　禁

十四日（伽）。

(六) 所主・分野

女主レ象（史記）。爲二揚州一吳越分野（禳）。

（七）守護國

鴦伽摩伽陀、阿樓那、鴆私娑羅闍梨、瞻波兜徙、龜茲、摩藍浮沙、舍迦、物陀羅多、徙提、瞿師、婆羅彌。　以上十一ヶ國（月藏）

星宿品にいはく、

女宿七日用レ事……軫宿之日入胎者平無レ有二善惡一。鬼宿・房宿、此二宿日爲レ作二障礙一。七星宿・心宿・女宿・畢宿、此四宿日宜レ造二衆事一。亢宿・危宿・參宿等日、作レ事不レ合。虛宿・觜宿、乃得二和合一如レ意自在。室宿・井宿・氐宿等日、遠行安隱亦得二自在一。奎宿・房宿・柳宿等日、欲レ營レ事者得二他人力一、亦遇二良友一。昴宿・張宿・翼宿等日、宜レ結二親友一。

以上西方の七宿

二二、虛　宿

虛宿は梵に馱儞瑟吒（文殊軌）、但儞瑟佗（孔雀）、不同記に《ダニシユタ》につくり、諫に貪財宿、藏記に愛財と譯し、七集に「愛財梵云陀那沙也二合二、又云二陀儞沙二合一、又云二阿瞟他鉢也一」といひ。姓を宿曜に婆私迦耶、星宿・伽に憍陳如、諫に造眼といひ。所屬を宿曜に婆娑神、星宿に娑婆天子、伽に婆藪神、諫に居寐天となし。星象を宿曜に「虛四星形如二訶梨勒一」、星宿に「虛有二四星一其形如レ烏」、伽に「虛

有二四星一形如二飛鳥一」、諫に「有二四要星一、其形像二調脱《たい》之珠一」、景風は「唐國天文虛二星」といひ、象編・平天儀に漢圖をあぐる、こはまた山羊座に屬する三等星である。

(一) 性格運命

一、此宿生人、法合下足二穀食一多中貯積上。合下長貴勝蒙二君王寵愛一、又好レ祭二饗神廟一終身快樂上(宿上)。

二、其日生者性多二瞋貪一、貧無二衣食一、於二色欲間一亦復乏少、依二約親屬一常多二怖畏一(星宿)。

三、月離二虛星一生則鬪亂(伽)。此日生者聰慧多識、饒財柔善、所失難レ得(同)。

四、貪財宿日生、剛强難化、懦戾自用不レ知二羞慚一(諫)。

五、屬二虛星一者福德富貴、眷屬愛樂、慳悋不レ施壽六十五、其人足下當レ有二黑子一(神足)。

寶星に虛宿を脱す。

(二) 相應事

一、此宿直日宜二諸急速事一、學問及沐浴、求乞子法吉。宜レ供二養婆羅門一、置二城邑一營レ兵、著二新衣一嚴二飾衣冠一並吉(宿上)。

二、虚宿宜二諸急速事一、宜下學問及夜作中求子法上、其法不レ宜二畫作一。宜下供二養婆羅門一、置二城邑一及置中兵官財官上。又宜下還二人財物一賣二畜生一、著レ衣著二莊嚴具一作中商業上、新置二伎藝一並吉（下）。

三、月在二虚宿一衆事皆善（伽）。

四、虚宿直日、福德正行皆得二成就一（文殊軌一四）。

（三） 不相應事

經說これなし。

（四） 裁　衣

若用二裁衣一多得二粮田一（宿上）。虚必得レ糧（下）。

（五） 四　禁

十四日（伽）。

（六） 所主・分野

主二産閹官一（宿下）。虚主二死器一（天經）。虚爲二哭泣之事一（史記）。爲二靑州一齊分野（禳）。

（七） 守護國

拘留國及般闍國（諫）。中土（伽）。般遮羅、難提跋彌、波羅尸、滿福、憂羅奢、藍浮沙、娑婆、摩陀羅婆、蓰提、佉沙、娑羅斯、師子、訶波多、訶利鳩時、憂婆毘羅、多羅尼、毘舍離、憂迦利。

以上十八ヶ國（月藏）

星宿品にいはく、

虚宿八日用レ事……若角宿日受胎者吉。張宿・胃宿・箕宿之日、受胎者惡多有二障礙一。房宿・柳宿・奎宿等日、入胎者平無レ有二善惡一。氐宿・井宿・室宿等日、受胎亦惡離散不レ合。亢・危・參宿、此三宿日作レ事利益得レ有二和合一。觜宿之日欲レ作レ事者一切得レ作。鬼宿・尾宿・辟宿、此三日宜三以遠行二道路安隱。柳宿・七星・心宿等日、若爲レ事者得二善知識及於良伴一。翼宿・箕宿・昴宿等日、亦宜三要結二諸親友一。畢宿・牛宿、此二宿日亦復宜三於結二大善友一。

二三、危　宿

危宿は梵に設多鼻沙（文殊軌）、設多婢灑（孔雀）といひ、《シャタビシャ》又は《シャタビシ》（不同記）につくり、諫に百毒宿、藏記に百藥と譯し。姓を宿曜に丹荼耶、星宿に單那尼、伽に單荼延、諫に乘魅といひ、所屬を宿曜に婆嚕拏神、星宿に多羅拏天、伽に水神、諫に養育天となし。星象を宿曜に「危一星形如二花穗一」、星宿に「危有二一星一如二婦人黶一」、伽に「危宿一星」、諫に「有二一要星一形圓色黃」、景風は「唐國天文危三星、今與二此經說一不レ同」といへるが、こはベガス、座屬の二等星であり、象編に左の漢梵二圖を

あぐる。

漢

梵

（一）性格運命

一、此宿生人、法合下嗜レ酒耽レ婬耐二辛苦一、心膽硬與レ人結レ交不三久長存二終始一、性饒レ瞋能處中分事上、又解二藥性醫方一（宿上）。

二、舍多毘沙（唐言二危宿一）星生者、從レ膝以下十六指內當レ有二黑黶一。爲レ性愚癡、溺レ水而死（寶）。

三、其日生者性多二瞋忿一、猛健勇銳而有二水厄一、若至二水所一須二自防愼一（星宿）。

四、月離二危星一生者爲レ將（伽）。其日生者性急躁急（同）。

五、百毒宿日生、憙行二醫藥符呪之術若幻蠱道一（諫）。

六、屬二危星一者身無二病苦一、聰明持戒通二達世事一。富貴多財壽八十年、宜二諸眷屬一（神足）。

（二）相應事

一、此宿直日宜三合藥避レ病穿レ池種下麻。商人出行、納レ財造レ船醞レ酒並吉（宿上）。

二、危宿宜レ合レ藥、取レ藥服レ藥置レ藥並大吉。又宜二嚴峻破惡之事一、穿二池河等一及種二烏麻豆等一、發二遣商

人、納財置吏、取醫藥造船醞酒漿等、及估賣商販並吉（下）。又危・井宿宜營稼穀造酒醴、穿坑通決河渠、合和湯藥並吉（同）。

三、月在危宿宜應進藥、祭祀神祇出財市易、宜種麻麥所失易得（伽）。

（三） 不相應事

不宜出財（宿下）。不應遣使置位植藥（伽）。

（四） 裁衣

若用裁衣必遭毒厄（宿上）。危必毒厄（下）。

（五） 四禁

十四日（伽）。

（六） 所主・分野

主著花冠者（月藏）。主諸藥草及外異道（諫）。主醫巫合塗香者（伽）。危主禍耗故梁與墓附之（天經）。北魚玄武虛危、危爲蓋屋（史記）。爲青州齊分野（禳）。

（七） 守護國

迦車韓帝、波利支、龍花、鳩荼婆、難提跋檀那、婆樓迦、乾陀倶致、娑彌利、夜瑟吒倶利。以

上九ヶ國（月藏）

星宿品にいはく、

危宿九日用レ事、其性柔輭……亢宿之日入胎者吉。婁宿・七星・心宿等日、若作レ事者平無二善惡一。斗宿・昴宿・翼宿、此三宿日作レ事者惡。辟宿・鬼宿・尾宿・參宿、此四宿日作レ事亦惡不レ得レ如レ意。室宿・井宿・氐宿之日、作レ事和合而得二安隱一。七星之宿・房宿・柳宿・奎宿等日、遠行安吉。張宿・箕宿・胃宿等日、欲レ成レ事者得二良伴力一。角宿・女宿・觜宿・軫宿・畢宿・牛宿、此六宿日宜下結二善友一及以納上レ妻。

二四、室宿

室宿は梵に烏剖鈸捺囉播努（文殊軌）、前跋達羅鉢柁（孔雀）といひ、𑖥𑖟𑖿𑖨𑖢𑖟𑖾《バダラハダク》（不同記）又は𑖢𑖳𑖨𑖿𑖪𑖥𑖟𑖿𑖨《ホラババダラ》につくり、諫に前賢迹宿、藏記に賢鉤と譯し、七集に「賢鉤梵云二皤怛羅合二跛陀𑖢𑖟𑖿𑖨𑖢𑖟𑖾一、又云二母留合二迦怛羅合二波尼一」といひ。姓を宿曜に陀羅闍耶尼、星宿に闍那迦尼拘、伽に闍𠼱那、諫に生耳といひ。所屬を宿曜に阿醯歩陀神、星宿に「屬二蛇頭天蝎天之子一」、伽に富單那神、諫に人是天となし。星象を宿曜に「室二星形如二車轅一」、星宿に「室有二二星一形如二脚跡一」、伽に「室有二二星一形如二人歩一」、諫に「有二二要星一相遠對立一」、景風は「唐國天文室二星、今與二此經一同一」といへるが、これまたベガス、座屬の二等星である。象編・平天儀は漢によって左圖をあぐるが故に、これによって漢に二説あることがわかる。

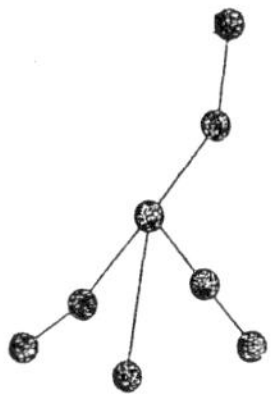

(一) 性格運命

一、此宿生人、法合下猛決惡性嗜レ瞋愛二劫奪一、勝二能夜行一不二怕慮一、性靈輕躁、礤毒無二慈悲一上(宿上)。

二、第一跋陀羅(唐言二室宿一)星生者、從二曲膝一下八指內膊上必當レ有レ疵、令二人瞋惱一、愚癡貧窮好作二賊盜一(寶)。

三、其日生者奸僞作レ賊、愚癡妄語殺二害衆生一、心常作レ惡不レ畏二父母一。若鬪諍盜賊、如レ是等處橫罹二其殃一(星宿)。

四、月離二室星一生、爲二盜賊主一(伽)。其日所レ生、豪貴和睦其性暴急(同)。

五、前賢迹宿日生、憙作二賊魁一劫二掠無辜一(諫)。

六、屬二室星一者、受性弊惡多犯二禁戒一。爲レ人富貴、壽命百年死墮二惡道一、不レ宜二父母及以兄弟一(神足)。

(二) 相應事

一、此宿直日宜㆓剛猛事㆒、勘㆓逐罪人㆒、捕㆑姦捉㆑逃並吉（宿上）。
二、室宿作㆓端嚴事㆒、勘㆓逐罪非㆒、除㆓滅凶逆㆒、詭㆓詐敵人㆒（下）。
三、月在㆓室宿㆒宜㆑爲㆓凶事㆒（伽）。

（三） 不相應事

若作㆓吉事㆒不㆑宜（宿上）。諸事並不㆑宜㆑作（下）。傷失難㆑得（伽）。

（四） 裁　衣

若用㆓裁衣㆒必遭㆓水厄㆒（宿上）。室必水厄（下）。

（五） 四　禁

十四日（伽）。

（六） 所主・分野

主㆓諸龍蛇腹行之類㆒（月藏）。危則復盈爲㆑室、室主㆑營㆓建宮室㆒、嘉靖甲申五星聚㆓營室㆒（天經）。爲㆓并州㆒衞分野（禳）。

（七） 守護國

大秦國（諫）。乾陀羅、輸盧那、侯曼陀、奢曼陀、頭摩迦、酬摩迦、犍沙婆、鳩支、博叉利、德叉尸

羅、婆彌婆利、跋陀跋帝、憂摩沙、跋娑多牟利摩、婆樓迦車、婆羅跋帝。　以上十六ヶ國（月藏）

星宿品にいはく、

室宿十日用レ事、其性速疾……其人入胎必在二氐宿一、若作レ事者箕宿・胃宿・張宿之日、無レ有二障礙一、處々可レ爲。畢宿・軫宿・牛宿、此三宿日若作二事業一一切皆惡。井宿之日作レ事乃吉。房宿・柳宿・奎宿之日、造二作事一者多有二障礙一不レ得二利益一。鬼宿・尾宿・辟宿之日、宜レ作二事業一爲レ得二利益一。婁宿・七星・心宿等日、遠行安隱。昴宿・斗宿・箕宿等日、若作レ事者得二良伴力一。虚宿・觜宿・角宿等日、宜三以要結二小知識者一。虚宿・參・亢宿等日、宜三以要結二大知識者一。

二五、壁　宿

壁宿は梵に後跋達羅鉢柁（孔雀）、烏剖鈸捺囉播努（文殊軌）といひ、《シヤタ》（不同記）又は《ウタナウバダラバ》につくり、諫に北賢迹宿、藏記に質多羅といひ、七集に「質多羅梵云二烏怛羅合二婆曩一、又云二惹怛懕合二曩乞叉合二怛羅合二一」といひ。姓を宿曜に瞿摩多羅、星宿に陀難闍、伽に陀闍延、諫に不といひ。所屬を宿曜に尼陀羅神、星宿に「屬二林天一婆婁那子」、伽に善神、諫に米天となし。星象を宿曜に「壁二一星形如二立竿一」、星宿に「辟有二二星一形如二脚跡一」伽に「壁宿二星形如二人歩一」、諫に「有二二要星一相遠對立」、景風は「專國天文壁二二星」といへるが、これまたペガス、座屬の三等星にして、象編・平天儀

の圖左の如くである。

（一）性格運命

一、此宿生人、法合下承二君王恩寵一、爲レ性愼密饒二男女一、愛二布施一供二養天仙一習中學典教上（宿上）。

二、其日生者其人智慧、樂二聖人法一學二於衆藝一種々皆能、歌舞伎倡亦復悉解、又主二大富一多有二金銀一及饒二穀帛一（星宿）。

三、第二跋陀羅（唐言二壁宿一）星生者、於二虎口内一當レ有二黶子一、好レ施持戒、念力强記有レ智有レ悲、性無レ所レ畏（寶）。

四、月離二壁星一生者、多能和二合馨香一（伽）。其日生者尊貴長壽、名稱高遠（同）。

五、北賢迹宿日生、憙二于伎樂一工二皷五音一（諫）。

六、屬二壁星一者雄猛多力、尊榮富貴有二大名稱一、眷屬增長不レ宜二父母一。壽命百年名聞無量、樂レ法出家敬二受法者一、聰明多智善解二世事一（神足）。

（二）相應事

一、此宿直日宜造城邑婚娶、求長壽增益吉（宿上）。

二、壁宿宜作求長壽增益法、宜造城邑聚財、嫁娶婚姻等喜善事皆吉（下）。

（三）不相應事

不宜南行（宿上・下）。不宜南行餘事不吉（伽）。

（四）裁　衣

若用裁衣多得財物（宿上）。壁必得財（下）。

（五）四　禁

十四日（伽）。

（六）所主・分野

主乾闥婆善音樂者（月藏）。主健沓恕（諫）。主能作樂者（伽）。壁圖書之祕府、主乾風（天經）。爲

幷州衞分野（禳）。

（七）守　護　國

室宿と同じ（月藏）。

星宿品にいはく、

辟宿十一日用事……若入胎者宜尾宿日。昴宿・斗宿、此二宿日造作衆事平無善惡。觜・女・鬼宿、此三宿日爲事成就。心・婁・七星、此三宿日爲事多障。柳宿・房宿、此二宿日欲作事者和合如意。軫宿・牛宿・畢宿之日、作事自如逢遇良伴。張宿・胃宿・箕宿之日、行來安隱。亢宿・虚宿・參宿、可要結小知識者。井宿・氐宿・危宿等日、宜可要結親友、大吉。

二六、奎　宿

奎宿は梵に哩嚩帝（文殊軌）、又は頡婁離伐底（孔雀）といひ、《レイバチ》（不同記）、《レイバチ》につくり、諌に流灌宿と譯し、七集に「梵云隷縛底、又云嚕婆尼、又云嚕尼」といひ。姓を宿曜に曼荼鼻耶、星宿に阿虱吒排尼、伽に八姝氏、諌に妙華といひ。所屬を宿曜に逋沙神、星宿・伽・諌に富沙天となし。星象を宿曜に「奎三十二星、形如小艇」、星宿に「奎有一星如婦人黶」、伽に「奎一大星、自餘小者爲之輔翼、形如半珪」、諌に「有一要星、形圓色黄」、景風は「唐國天文奎十六星」といへるが、これ卽ちカシオペーアの東南、ベガス、の東北、オリオン大星雲のあるアンドロメダ座屬の二等星にして、象編・平天儀の圖左の如くである。

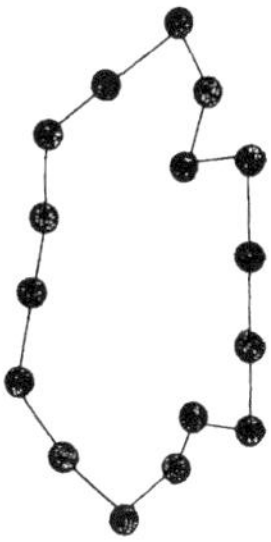

（一）性格運命

一、此宿生人、法合所有父祖產業、及自經營得財錢、總合用盡後更得之、爲性好布施業。合遊蕩存身、法用企慕善人、作貴勝律儀、足男女六畜明敎典（宿上）。

二、麗婆底（唐言奎宿）星生者、爲人卑下庸力自活（寶）。

三、其日生者作柔輭事、有大勢力人所尊重、唯在闇裏須自護身。大富饒財金銀穀帛無有限量、治生有利得他人物（星宿）。

四、月離奎星生、多卑賤（伽）。其日生者出家修福憐愍衆生、拯救窮乏和協親族（伽）。

五、流灌宿日生、多作船師（諫）。

六、屬奎星者、其人兩頰當有黑子。持戒樂法敬受法者、富貴樂施、身有火瘡壽五十年（神足）。

七、又復奎宿直日人若生者、具大福德有大勇猛、及多所知（文殊軌一四）。

（二）相應事

一、此宿直日宜下造二倉庫及牛羊坊一、按中算畜生上、醞レ酒融レ蘇冠帶出行並吉（宿上）。

二、奎宿宜レ取二珍寶一、宜下造二倉庫及牛羊坊一、按二算畜生一造レ酒融上レ蘇。及作二堤堰一研二服藥一、著二新衣一服飾莊嚴、遠行進レ路、作二和善事急速事一並吉（下）。

三、月在二奎宿一宜下出二金銀穀麥財物一、立レ倉造上レ酒（伽）。

（三）不相應事

不レ宜下營レ橋造レ葉治レ路、和二合香藥一著中新淨衣上（伽）。

（四）裁　衣

若用二裁衣一必得二寶器一（宿上）。奎必獲レ寶（下）。

（五）四　禁

十四日（伽）。

（六）所主・分野

主二將胎一（諫）。主二乘船一（伽）。主二行船人一（月藏）。奎曰二封豕一爲二溝瀆一（史記）。奎天子之武庫、故軍南門營壘、王良策府車騎附レ之（天經）。爲二徐州一魯之分野（禳）。

（七）守　護　國

鳩賒弗利、緊那羅、迦卑羅摩利、三護師、喹羅尼、時婆利、奚闍尼、摩兜褰遲、般荼梨、蜜犂梨、修羅毘、侯摩多尼。　以上十二ヶ國（月藏）

星宿品にいはく、

奎宿十二日用ㇾ事……彼人入胎宜ㇾ在ニ心宿・軫宿・畢宿・牛宿等日一、亦多ニ蓄積一。亢宿・虚宿、此二宿日作ㇾ事者平無ㇾ有ニ善惡一。參宿之日不ㇾ可ㇾ作ㇾ事。柳宿・翼宿・斗宿・昴宿、此四宿日行來安隱。女宿・畢宿・角宿之日、若作ㇾ事者爲ㇾ得ニ良伴一。箕宿・張宿・胃宿等日、欲ㇾ作ㇾ事者無ㇾ有ニ障礙一爲ㇾ得ニ人力一。婁宿・心宿・尾宿、此三宿日欲ㇾ結ニ親識一爲ㇾ有ニ利益一。井宿・氐宿・危宿、此三宿日可ㇾ要ニ結知識小者一。鬼宿・尾宿・室宿、此三宿日可ㇾ要ニ結知識大者一。

二七、婁　宿

婁宿は梵に阿說儞（孔雀）、阿濕尾儞（文殊軌）といひ、𑖀𑖫𑖿𑖪𑖰𑖡𑖰《アシユビニ》（不同記）につくり、諫に馬師宿と譯し、七集に「阿濕毘儞梵云ニ阿濕比合ニ母一、又云ニ阿此曳合ニ母一、又云ニ阿濕毘膩ニ婁宿一」といひ。姓を宿曜に阿說耶尼耶、星宿に阿舍婆、諫に馬師といひ。所屬を宿曜に乾闥神、星宿に乾闥婆天、諫に香神天となし。星象を宿曜・星宿に「婁三星形如ニ馬頭一」、伽に「婁宿一星形如ニ馬首一」、諫に「有ニ三要星一、形類ニ馬鞍一」、景風は「唐國天文婁三星、今與ニ此經一同」といへるが、こはペルセウス座の南西、魚座の東、牡牛座の西の牡羊座に屬する二等星にして、象編・平天儀に左圖をあぐる。

（一）性格運命

一、此宿生人、法合㆘多㆓伎能㆒少㆓疾病㆒、妙解㆓醫方㆒好㆓布施㆒、足㆓田疇㆒多㆗僕從㆖。合㆘事㆓君子㆒爲㆑性勤務、稟㆑性愼密㆖（宿上）。

二、阿濕毘膩（唐言㆓婁宿㆒）星生者、足母指間當㆑有㆓靑黶㆒、身無㆓病惱㆒而常大力（寶）。

三、其日生者爲㆑性躁疾、常護㆓衆生㆒不㆑害㆓物命㆒。若至㆓關津㆒須㆓自防愼㆒、當㆑作㆓醫師㆒、善解㆓方藥㆒能療㆓衆病㆒、亦復善㆓能歌舞之事㆒（星宿）。

四、月離㆓婁宿㆒生、能市㆓牛馬㆒（伽）。其日生者聰明端正、終獲㆓榮寵㆒少病剛武（伽）。

五、馬師宿日生、常樂㆓牧馬㆒（諫）。

六、屬㆓婁星㆒者、壽命短促貧窮困苦、樂㆑見毀㆑戒其心慳悋。膝下瘡瘢、壽三十年不㆑宜㆓於兄㆒（神足）。

（二）相應事

一、此宿直日宜㆑爲㆓急速事㆒、服㆑藥調㆓牛馬㆒吉（宿上）。

二、婁宿宜二諸急速事一、與レ藥取レ藥、調二乘象馬一出賣等並吉（下）。

三、月在二婁宿一宜下造二温室一、置二立馬厩一調二伏車馬一出中入財賄上。宜レ種二禾稼一、當下進二妙藥一療中治衆病上（伽）。

(三) 不相應事

經説これなし。

(四) 裁　衣

若用二裁衣一增二衣裳一（宿上）。婁必增レ服（下）。

(五) 囚　禁

經説これなし。

(六) 所主・分野

主二商人一（月藏）。婁當二市馬一（伽）。主二諸牧馬一（諫）。婁爲二聚衆一（史記）。武備莫レ要二于牧養一、婁主下蓄二牧犧牲一以供中祭祀上。自レ室至レ婁天子之宮館苑囿在焉（天經）。爲二徐州一魯之分野（禳）。

(七) 守護國

提帝睒婆、蘇摩跋羅、多羅比尼、阿睒若、俱薩羅斯、悉都那、娑羅瞬遲、緊孥多利、濕婆尼利、羅婆師肌、佉吒梨毘、佉娑利、白馬。

以上十三ヶ國（月藏）

星宿品にいはく、

婁宿十三日用レ事……心宿之日有二入胎一者無レ有二障礙一。角宿・觜宿・女宿・虛宿・井宿・亢宿・危宿、此七宿日若作レ事者平無二善惡一。此星宿日唯莫二賣買一、不レ宜二行來及以剃頭一、亦不レ得レ至二相鬪處所一。昴宿・斗宿・張宿、此三宿日宜レ報二怨仇一鬪諍得レ勝。宜レ作二輕利軟事一得レ成。七星宿日、作レ事牢固亦有二利益一。張宿・箕宿・胃宿、此三宿日欲二遠行一安隱。辟・軫・畢宿、此三宿日作レ事利益、亦宜二密語一。參宿・虛宿・亢宿之日、宜レ作二惡事一。鬼宿・尾宿・室宿等日、宜レ可二要結諸小知識一。柳宿・房宿・辟宿等日、宜レ可二要結諸大知識一、爲レ得二衆人愛護於己一、宜下造二床轝一及買中牛馬上。

二八、胃宿

胃宿は梵に婆囉尼（文殊軌）、跋嚩儞（孔雀）といひ、不同記に《バラニ》につくり、諫に長息宿、藏記に滿者と譯し、七集に「滿者梵云二婆羅泥一、又云二婆羅尼一。私云、若此尊名梵漢雙擧、多羅滿者胃宿」一といひ。姓を宿曜に婆栗笈婆、星宿に跋伽毘、伽に拔伽、諫に佳といひ。所屬を宿曜に閻摩神、星宿に閻摩羅天、伽に閻神、諫に炎天となし。星象を宿曜に「胃三星形如二三角一」、星宿・伽に「胃有二三星形如二鼎足一」、諫に「有二五要星一、其五要星其形類レ軻」、景風は「唐國天文胃三星」といへるが、こはまた牡羊座に屬する四等星にして、象編・平天儀に左圖をあぐる。

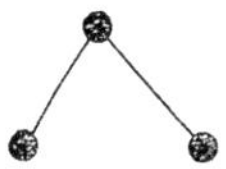

（一） 性格運命

一、此宿生人、法合心膽硬惡性靈、耽酒嗜肉愛作誑妄劫奪强暴、禀志輕逋足怨讎、饒男女多僕從（宿上）。

二、婆邏尼（唐言胃宿）星生者、於足掌下當有黶子。受性無悲好爲宰手、破戒惡行死入地獄（寶）。

三、其日生者性多瞋憤、獷惡剛毅難可親昵、有大官位能勝衆生（星宿）。

四、月離胃星生多屠殺（伽）。其日生者强取財貨多僞少實。無量雜惡、貪欲諂曲皆集其身、所失難得（同）。

五、長息宿日生、憙作屠魁（諫）。

六、屬胃星者不宜父母、多失財寶田業舍宅。膝有黑子、過二十二得大富貴、不慳樂施（神足）。

（二） 相應事

一、此宿直日、宜爲王者修善事並吉、宜剛猛、伐逆取叛除兇去姦並吉（宿上）。

二、胃宿宜レ爲二公事及王者之善事一、亦宜レ作二嚴整之事一、伐レ逆除レ兇、幷調訓在レ下及馬等畜生一並吉（下）。

三、月在二胃宿一宜下造二凶事一班レ位雇上レ人（伽）。

（三）不相應事

不レ宜二嫁娶一（伽）。

（四）裁　衣

若用二裁衣一減二損貧福一（宿上）。胃必減レ服（下）。虚・奎・鬼・婁・畢・軫・角・亢・氐・房・翼・斗・壁、此已上宿可四裁三縫服二著衣裳一、餘並大凶（同。通德類情五に、けだし當經によつて裁衣吉宿をあぐるも、往々相違するが故に用ふべからず）。

（五）四　禁

胃宿被レ執難レ可レ得レ免（伽）。

（六）所主・分野

胃主二耕種一（伽）。胃爲二天倉一（史記）。胃主二諸歳五穀之府一（天經）。爲二徐州魯之分野一（禳）。

（七）守護國

婆樓迦、阿斯那棄、軍陀羅毘、安尼師、遮俱波、兜伽帝、逋支、支多毘悉帝、憂筏帝、槃頭波羅、毘羅利迦、摩陀羅毘、迦拏波帝、達婆娑梨。　以上十四ヶ國(月藏)

星宿品にいはく、

胃宿十四日用レ事……胃宿縱惡自在如二首羅天一、能護二四方一皆得二安隱一。汝等天人見二彼爲一レ惡勿レ生二嫌恠一、嚴二治刑法一乃護二衆生一。一切天言、如レ是々々、如二聖人敎一嚴二於法令一乃濟二衆生一……亢・虛・參・胃、此四宿日不レ得二入レ陣鬪戰一、不レ可二遠行一、不レ得二剃レ頭及以治一レ鬚。畢・牛・軫星、此三宿日乃宜二鬪戰及以遠行剃レ頭洗一レ頭。柳・張宿日、可レ得レ造二作一切諸事一。昴宿・翼宿・斗宿、此三宿日求レ財可レ得、宜下服二醫藥一持戒布施上、宜下作二新衣一及造中瓔珞上。觜宿・角宿・女宿・七星之宿、此四宿日宜二於行來一、道路安隱。氐宿・井宿・危宿、此三宿日作レ惡得レ成。房宿・柳宿・心宿・婁宿・七星之宿・張宿、此六宿日得レ造二疊車床及繩床幷諸衣服一、要レ結二知識一。

以上、北方の七宿

第三節　二十八宿の分類法

以上は二十八宿の箇々に對し、私に諸經の要を七項に攝してこれを觀察せるが、しかるに各宿を比較相望するに、某星と某星との間にその性格三摩地の共通するものがある。故に宿曜經にはこれを（一）安住、（二）和善、（三）惡害、（四）急速、（五）猛惡、（六）輕躁、（七）剛柔の七種に分つのであり、大疏に「宿有二上中下性一、剛柔躁靜不レ同」（四）といひ、演密鈔（五）に二十八宿を四方に配しをはつて「此等諸宿各隨二所直之日一、或善或惡及所レ好不レ同、故須下依二息・增・降・敬相應一擇定上」といへるこれである。以下また揣摩臆測に亙るを避けむがために、そして兩々對照に便ならしめむがために上下の經文を錄する。

（一）畢・翼・斗・壁　爲二安住宿一。此等宿日宜レ造二宮殿伽藍・館宇寺舍一、種蒔修二園林一、貯二倉庫一收二積穀米一、結二交朋友一婚姻、策命封二將相一、造二家具一設二齋供養一、入二道場一及求二安隱一、并就二師長一入壇受二灌頂一、造二一切久長之事一並吉。唯不レ宜レ擧レ債充レ保、遠行進レ路、造レ酒剃レ頭剪レ甲博戲一。若此宿生人、法合二安重威正有一名聞一（上）。

畢・翼・斗・壁　此四是安住宿。宜下造二莊宅宮殿寺觀義堂一、種蒔栽接修二立園林一、貯二納倉庫一收二積穀麥一、結二交友一成レ禮爲レ婚、冊二君王一封二將相一、授二官策一錫二班職一、造二裝具一設二齋供一、入レ道修行及祈中安穩上。并就二師業一入二壇場一受二灌頂一、一切久長事務悉須レ爲レ之、皆吉。唯不レ宜下擧レ債充レ保、遠行進路、剃二毛髮一除二爪甲一、結二仇嫌一懷二讎隙一、習二淫慾一學中摴蒲等上、並凶（下）。

畢・翼・斗・壁　安重宿、安重威嚴有二名聞一（穰災決）。

（二）觜・角・房・奎　爲二和善宿一。此宿直日宜下入レ道聞二學伎藝一、習二眞言一結二齋戒一、入壇受二灌頂一、設二音樂一吉祥事慶善上。求レ婚學レ錢對二君王一參二將相一、冠帶出行服レ藥並吉。若此宿生人、法合二和柔而溫良、聰明而愛二敎典一（上）。

觜・角・房・奎　此等四是和善宿。宜下入二道門一學二伎能一、習二呪法一結二齋戒一、入二壇場一受二灌頂一建二功德一、設二音樂一吉祥事慶善業上。成レ禮求レ婚、還《つくのひ》レ錢學レ債、見二君王一參二宰相一、服二飾新衣裳一冠二帶好珠寶一、作二交關一營二家業一、進レ路結二親友一、服二湯藥一醫二療眼一、造二一切穩善事務一悉須レ爲レ之（下）。

觜・角・房・奎　和善宿、柔善溫良多二智照一（穰）。

（三）參・柳・心・尾　爲二惡害宿一。此等宿直日宜下圍レ城斫レ營、徵レ兵畧レ賊交レ陣破上レ敵（破敵の下、明高本に「劫盜樗蒲射獵並吉」の八字あり）。此宿生人、法合二磣毒剛猛一（上）。

參・柳・心・尾　此等四是毒害宿。宜下圍レ城破レ營徵レ兵喫レ賊、欺誑鬪爭陳二交鋒甲一、决烈破二和合一行二盜劫一、設レ誓樗蒲博戲、造二械戰具一閱二兵馬一點二募健兒一、探二覘冠敵一斬二决兇逆一、誅二戮罪人一放二磣毒一、調二習象馬一練下摝鷹犬上、一切猛浪事務悉須レ爲レ之吉（下）。

參・柳・心・尾　毒害宿、果决剛義有二信讓一（穰）。

（四）鬼・軫・胃・婁　為急速宿。此等宿直日宜放錢貸債、買賣交關進路出行、調畜乘習鷹狗。設齋行道、入學受業服藥、入道場受灌頂並吉。此宿生人、法合剛健而捷疾有筋力（上）。

鬼・軫・牛・婁　此等四是急速宿。宜放錢貸債、買賣交關行途進路往使征伐、估客上道商主過積、調伏畜生教習鷹犬。設齋行施習讀教書、教人典誥學諸伎能、服食湯藥并受佩持護身之術、豎幢建旌麾、造扇障營蓋傘、入壇場受灌頂、騎象馬乘車轝、一切事務悉須為之（下）。

鬼・軫・牛・婁　急速宿、剛健質直有急難（禳）。

（五）星・張・箕・室　為猛惡宿。此宿直日宜守路設險陰謀劫掠、樗博斷决收藥射獵、祭天祈神求兵威並吉。此宿生人、法合兇害好殺、宜捨子出家（上）。

胃・星・張・箕・室　此五是猛惡宿。宜守路險行劫行盜搆鬪端起、設誑博戲樗蒲、强梁侵奪姧非淫穢、圍城斫營造械具戰具、盡兵謀放毒藥施傪害、斬决怨敵誅戮罪逆、禳祭星辰祈禱軍福、一切艱難事務須為之（下）。

星・張・箕・室　猛惡宿、惡性剛猛有毒烈（禳）。

（六）井・亢・女・虛・危　五宿為輕躁宿、又名為行宿。此等宿直日宜學乘象馬、種蒔服藥並吉。

此宿生人、法合澆薄又亦質直（上）。

井・亢・女・虚・危　此等五是輕蹻宿、或名行宿。乘騎象馬驢騾駞騣及水牛諸畜、調習野獸幷捉乘騎、泛舟擊棹渡水浮江、奉使聘域說敵和怨、徵納庸調收斂租稅觀音樂看大禮、買賣興販、營造車乘點閱兵士、一切輕捷事務悉須爲之（下）。

井・亢・女・虚・危　輕蹻宿、質直和善有信義（禳）。

（七）昴・氐　爲剛柔宿。此等直日宜鍛鍊爐冶、修五行家具及造瓦窯。又宜設齋送葬鑽火鍊蘇、計算畜生入宅、又王者作盟會並吉。若此宿生人、法合爲性寬柔而慈猛、君子人也（上）。

昴・氐　此二是剛柔宿、或名平等宿。兼善兼惡帶剛柔、辛苦之務穩善之事悉須爲之。宜鍛鍊鐵消鑠金銀、打釵打釧鈿環珮、造作五行調度燒瓶瓦器。設齋送葬焚屍埋殯、鑽燧變火〓《しぼり》酪、出蘇壓蒲桃搦沙糖、放牛行禮遣馬逐群、撿算廐牧點數畜生、造軍器營械具、從城出莊從莊返城、移入新宅棄却舊墟宮室、笞責非違決戮罪人、幷王者盟誓結信、一切如此事務悉須爲之吉（下）。

昴・氐　二宿剛柔宿、寛柔慈猛有孝行（禳）。

以上は宿曜經の七種分類なるが、上下二卷を對照するに少異の點がある。卽ち下卷が急速宿のなか胃宿に代ふるに牛宿をもつてし、猛惡宿のなかに胃宿を加ふるが如きこれである。しかし牛宿を直日に加へざるがこの經旨なれば、こはよろしく上卷に從ふべきものかと思はれる。以下はちなみに吉凶宿を類集せる諸經の說文をあげて參考の資料としやう。

一、若復昴宿・畢宿・觜宿・參宿・角宿・亢宿・氐宿・房宿・心宿・尾宿・箕宿・斗宿・牛宿・女宿、如上衆宿悉皆吉善、於㆓持誦人㆒而有㆓利益㆒。若危宿・室宿・壁宿、此三宿直日若爲㆓惡事㆒當㆑得㆓成就㆒（文殊軌一四）。

これは昴等の十四を吉宿、危等の三つを凶宿、井・鬼・柳・星・張・翼・軫・婁・胃・虚・奎の十一を平宿とするのであつて必らずしも宿曜經等に符合しない。

二、吉善星者、婁宿・胃宿・鬼宿・室宿・壁宿・奎宿・房宿、如上宿曜直日爲㆓最上吉善㆒。若得㆓此日㆒修㆓成就法㆒有㆓成就義㆒、或結㆑壇亦得、此宿曜中黄白色星直日最爲㆓上吉㆒（同前）。

同經同卷中にかくの如く相違するについては深く考ふべきである。

三、復須㆘就㆓吉星宿直日㆒卽可㆑作法㆖、若翼星・畢星・斗星・觜星・尾星・心星・鬼星・箕星・室星、此是最上吉星、求㆓一切事㆒皆得㆓成就㆒。若井星得㆓作法成就㆒、所求必遂兼得㆓外來眷屬㆒。若尾星・斗星・觜星、得㆓人敬愛㆒及得㆓財物㆒。若參星得㆓息災㆒、若箕星得㆓子孫長壽㆒、若室星恒得㆓美事成就㆒、若鬼星得二一切最勝一、若心星・房星得二快樂一稱レ意、翼・斗・尾三星能破二財物一（文殊師利金翅王品、第四章星宿の根本經典下參照）。

四、次說二成就法一、於二心宿直日・柳宿直日・昴宿直日・牛宿直日一、不レ揀二日月吉凶一、但於二此宿直日一於二一日之中一不レ食、誦二滿一千八十遍一、所有心願應レ時便獲二大悉地一（瑜祇經上）。

五、若是火星・金星・昴星・閻羅王星・濕星・滿星、如レ是星時病亦難レ治不吉（北本涅槃經二〇、大一二・四八一。南本一八、大同・七二四も粗同）。

このなか閻羅王星は計都、濕星は水星なるべきも滿星はなほ未詳であり、そして宿曜經に寛嚴その中をえて理想的となす昴宿を今は不吉とする點に注意を要する。

六、魔魅・伏魅・喇鉢帝魅（元沙囉巴譯の大白傘蓋陀羅尼經、大一九・四〇一。このなか喇鉢帝は奎宿の梵名なり、故にその異譯たる同朝俊辯の經にいはく「令魔・寢魔・令鎭伏魔・奎宿魔」）と）。宿曜經によらば奎宿は和善宿なるに、今これを一種の鬼魔となしてゐるが、こは或ひは星辰別行法にいふ奎宿所屬の鬼魔ではなからうか。

七、是娑婆界有二八萬四千災變惡星一二十八大惡星而爲二上首一（大佛頂首楞嚴經七、大一九・一三七）。

八、海角經行船吉宿、凡遇二氐・房・尾・箕・斗・牛・危・室・婁・胃・昴・畢・參・井・星・張・

軫値日一者是（通徳類情五）。凡遇二房・虚・昴・星値日一者是爲二密日一（同）。

このなか（八）は氐・房等の十七宿を航行の吉宿となすのであり、又密日は日曜なる密日より轉訛せるものならむも、いづれも經説に合しない。

九、復説二諸宿攝二於三趣一、所謂奎・婁・參・井・鬼・軫・亢・房・牛等九宿攝二於天趣一。胃・昴・觜・柳・星・角・氐・心・尾等九宿攝二羅刹趣一。箕・室・張・畢・女・危・斗・壁・翼等攝二於人趣一。若遇二天趣諸宿照臨一生者、凡是男女皆處二富貴一子孫昌盛、一切吉祥最爲二第一一（支輪經）。

これは二十七宿を天・鬼・人三趣の所攝に分ち、なかんづく天趣所攝の九宿を最上吉宿となすのである。

以上によつて考ふるに、甲經において吉星となされたるは乙經において凶星となされ、丙經において凶星となされたるは丁經において吉星となされ、かくて二十八宿の吉凶を定むること異説多岐なるも、しかし大體においては宿曜經に準據すべきである。

一〇、云何謂二九野一、中央曰二鈞天一、其星角・亢・氐。東方曰二蒼天一、其星房・心・尾。東北曰二變天一、其星箕・斗・牽牛。北方曰二玄天一、其星須女・虚・危・營室。西北方曰二幽天一、其星東壁・奎・婁。西方曰二皓天一、其星胃・昴・畢。西南方曰二朱天一、其星觜嶲・參・東井。南方曰二炎天一、其星輿鬼・

柳・七星。東南方曰陽天、其星張・翼・軫（淮南子三の天文訓）。

一一、二十八禽星……考原曰、日有六十宿有二十八、綜四百二十日爲一週、故有七元之説。一元甲子起虚、二元甲子起奎、三元甲子起畢、四元甲子起鬼、五元甲子起翼、六元甲子起氐、七元甲子起箕、七元盡而甲子又起虚週而復始。蓋以虚宿隷於子宮、故自虚宿挨日順排、但一元起於何年月日、則不可得而考矣（通徳類情五）。

一二、北斗七星と七曜は二十八宿の能管者なるが、その關係は古來左の如くに見られてゐる。

貪狼星　室・壁・奎・婁。　巨門星　胃・昴・畢・觜。
祿存星　參・井・鬼・柳。　文曲星　星・張・翼・軫。
廉貞星　角・亢・氐・房。　武曲星　心・尾・箕・斗。
破軍星　牛・女・虚・危。

以上、諸尊要鈔一一

木　曜　昴・畢・觜・參・井・鬼・柳。
水　曜　星・張・翼・軫・角・亢・氐。
金　曜　房・心・尾・箕・斗・牛・女。

火曜　虚・危・室・壁・奎・婁・胃。

以上、安流二十八宿方別及次第

日曜　虚・昴・星・房。
月曜　危・畢・張・心。
火曜　室・觜・翼・尾。
水曜　壁・參・軫・箕。
木曜　奎・井・角・斗。
金曜　婁・鬼・亢・牛。
土曜　胃・柳・氐・女。

以上、通德類情五

類情にこの配當を宿曜經に見ゆといへるも經のいづこにもかゝる所說がない。

第四節　冥知命宿法

凡そ來つて占を求むる諸種の人〻のなかに、もしも自己誕生の月・日・時を憶せざるものに對しては、よろしくこの冥知命宿法によるべきなるも、しかしこれは圓熟老練の達人でなければ及ぶところのものではない。その法、かれがわれに問はむと欲してまづ手の觸るゝところを觀て本命宿を定むるのである。しかるに宿曜經と禳災決とを相望むるに大同少異なるも、またよろしく經によるべきである。經にいはく、

若人不レ記二得本命宿一者（但不レ得二生日一則此人不レ知二命宿一、當レ用二此法一也）、看下其人初來問レ我時、手所二觸著一處上斷レ之。

先觸レ頭昴宿。額畢宿。眉觜宿。眼參宿。兩頰及耳井宿。牙叉骨鬼宿。齒柳宿。項星宿。右肩張宿。左肩翼宿。手軫宿。頦頤角宿。缺盆骨及項下胸上亢宿。胸臆氐宿。右臂房宿。左臂心宿。心脾骨尾宿。右脇箕宿。左脇斗宿。臍牛宿。腹肚女宿。腹下虛宿。胯腿及後分危宿。右邊腿脾室宿。左邊腿脾壁宿。膝肕奎宿。脚脛婁宿。脚胃宿。

右察下其所二觸著一處上則其宿也、依二此宿一斷レ之。

禳災決に左圖をあぐる。

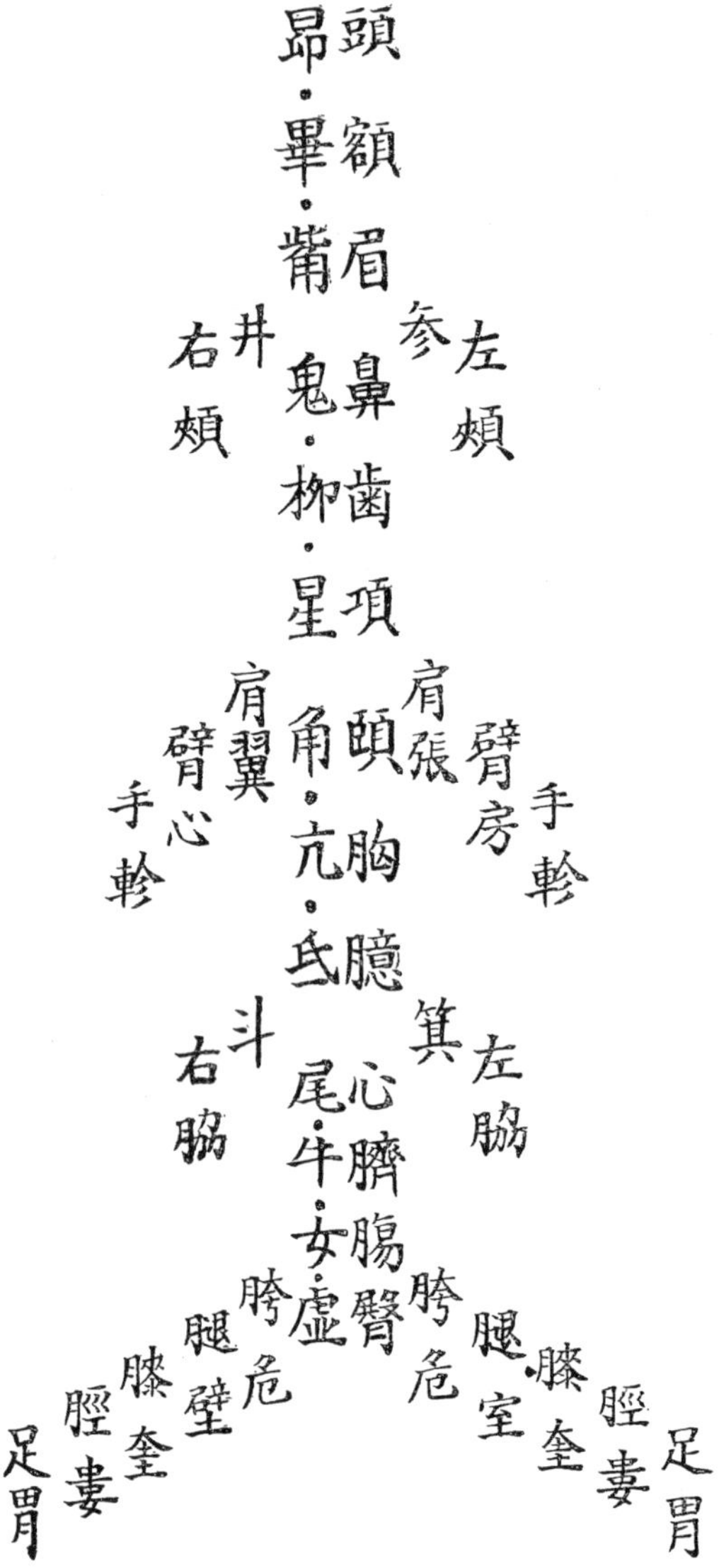

三種悉地破地獄陀羅尼法に「內五臟外五行出成形體、此則名也。色卽四大五根、名卽想行等四陰心也。卽是日月五星・十二宮・二十八宿成人之體也」（善無畏譯、大一八・九一〇）といへるがこのこゝろは、二十八宿等本來法界に遍ずるが故にまたわれらの全身に布列すといふのである。そしてその布列の位置は前によつて准知すべく、要之、この冥知命宿法には、おのづから大日經具緣品における支分

生曼荼と同一の深旨を含むでゐる。

第五節　二十八宿と自然界

一、二十八宿と地動

智度論八にいはく、

復次有人言四種地動、火動、龍動、金翅鳥動、天王動。二十八宿日月一周繞、若月至二昴宿・張宿・氐宿・婁宿・室宿・胃宿是六種宿中一、爾時地動若レ崩、是動屬二火神一。是時無レ雨江河枯竭、年不レ宜レ麥、天子凶大臣受レ殃。

若柳宿・尾宿・箕宿・壁宿・奎宿・危宿、是六種宿中爾時地動若レ崩、是動屬二龍神一。是時無レ雨江河枯竭、年不レ宜レ麥、天子凶大臣受レ殃。

若參宿・鬼宿・星宿・軫宿・亢宿・翼宿、是六種宿中爾時若地動若レ崩、是動屬二金翅鳥一。是時無レ雨江河枯竭、年不レ宜レ麥、天子凶大臣受レ殃。

若心宿・角宿・房宿・女宿・虚宿・井宿・畢宿・觜宿・斗宿、是九種宿中爾時地動若レ崩、是動屬二天帝一。是時安隱、風雨宜二五穀一、天子吉大臣受レ福、萬民安隱。

又法苑珠林（四）に地動三因の經說を引けるが、これによらば前說四種の地動はその第二因に屬する。いはく、

依佛般泥洹經云、阿難叉手問佛、欲知地動幾事。佛語阿難有三因緣。

一爲地倚水上、水倚於風、風倚於空、大風起則水擾、水擾則地動。

二爲得道沙門及神妙天、欲現感應故以地動。

三爲佛力、自我作佛已動三千日月萬二千天地無不感發、天人鬼神多得聞解（大五三・二九九）。

文殊根本儀軌經（一四）は、さらにこれを詳說するが故に左にその全文をあぐる。

又復分別說諸地動、若復婁宿・井宿・星宿、此等宿日及宮分之地方所地動者、彼之國內盜賊惡人處々皆起而爲侵害、南方國王注有大災。

又復胃宿・昴宿・畢宿・參宿、此等宿日及彼宮分有地動者、人民大怖及彼邊方一切惡人競爲賊盜、國外四境諸小王等、互相侵害而爲怨家。病疾流行地者非數、又主西方國王崩喪。

又復觜宿・鬼宿・柳宿・張宿及彼翼宿、此等宿日及彼宮分若地動者、國內大亂人民不安、因彼饑饉互相侵奪、還被繫縛受大苦惱。

又復軫宿・角宿・亢宿・氐宿・房宿・心宿、此等宿日及彼宮分有地動者、雪山周廻徧有惡人。及

波羅國境内邊地、一切小王決定互相侵奪相殺。

又復尾宿・箕宿、此等宿日及彼宮分有二地動一者、於二彼東方滿城國・烏吒國・迦摩嚕國・鏤識羅國一、如レ是諸國王等崩喪不レ疑。又矯拏國主侵二犯他國一、自致二其病一或復崩喪。又海岸及恒河岸住者、一切人民注有二漂汎及一切疾疫一。

若斗宿・牛宿・女宿・危宿・室宿・壁宿・奎宿、此等宿日及宮分之地、若日中時有二地動一者、分野之地所有衆山一切崩壞、彼北印土・西印土・南印土周迴四境住者、互相侵奪有二大災起一、處々饑饉以至二國破一。若早晨動者、國内災息人民安樂。若上時有二惡地動一者、彼摩竭陀國中内外上人皆受二苦惱一國王有レ難。若過レ午後或晩際若有レ動者、國境之内一切出家之人有二病疾起一。或瘧病或瘡癬等苦惱之事、七晝夜後災沴乃退。若日過時地動者、四姓修行上人受二苦惱事一、或王及重臣知法者有レ災。又或婆羅門・刹帝利・毘舍・首陀、乃至最上工巧之人、於二第一義一善能分別了解及修行、乃至多聞多記之者皆得二病苦一。若晩後日沒之時地動者、雜類畜生等疫死。若初夜分時地動者、及彼初夜前後動者兼現二不祥一、有下大風雨及降二大雹一者上、必有二他兵侵擾一逼二奪大位一。若初夜第二分時地動者、他兵入レ境自患二腹痛一、及陽毒陰毒諸疾疫病乃至致レ死、自境人民逃亡異レ地。若夜第二分中間時地動乃有二大風一者、帝宮之内樓閣臺榭皆悉傾壞、及彼樹木亦皆摧折、乃至城壁及寺舍殿堂、及以山間傍生住處皆悉破壞。若夜半時地動者、東方國主有子大災、兼彼國内人民饑饉。若過半夜後地動者、大地災息一切安樂。若半夜後分地動者、中國王必病至崩、後有苦惱惡事互相侵害。若夜第三分時動者、凡是微賤之人而得快樂、唯蚊䖟蛺蝶之類一切皆死唯得時熟。若早晨地動者、國中有大火災。若一切州日出時地動者、中國一切處賊起互有侵奪、乃至國中七日後有王崩喪。若是過七日不定若地動時、或兼霹靂電光白色者亦大不祥。若無地動恒常霹靂電光白者吉善。若地動時電光赤色有火、及有黑煙者王當崩喪。若地動時霹靂電光作黃色、及黃赤雜間色者有大災難。

しかるに摩登伽經は各宿についてこれを別說する。いはく、

昴　月在昴宿而地動者、火勢熾盛焚燒城邑、金銀工作悉皆衰滅、生者盡死。

畢　月在畢宿而地動者、懷孕婦人胎多夭殤。諸果凋落飢饉疾疫、兵刀相害死者甚衆、及諸國王亦當衰損。

觜　月在觜宿若有地動、藥木不茂、隱山學士懃祭之人皆當死滅。

參　月在參宿有地動者、草木萎死苗稼毀落、行人小王盜賊等死。

井　月在井宿而有地動、依山住者工作之人皆悉凋弊。

鬼　月在鬼宿而地動者、商主軍師遠行估客、近山諸王皆當亡滅、多於災雹傷害苗稼。

柳　月在二柳宿一而地動者、龍蛇蟄蟲飛鳥走獸、和合毒者當レ被二傷害一。

星　月在二七星一有二地動一者、諸王有レ災祭祀斷絕、豪姓大智作レ樂者衰。（若星宿之分有二地動一、彼處有二烟現一無レ雨、過二五日一不レ晴、或多日人互不二相見一及不レ見二人所住處一、彼人互相大驚怖者、彼國及王倶說二崩喪一。若地動時或有二霹靂一驚二怖一切一、或有二所說一二三大惡一、夜中或現二白虹一……如レ是衆多無數怪異所現之時起二諸災難一。所有如レ是善惡禎祥感應之事、無レ不二皆因二衆生過去之時所作所修之業一。文殊軌一四）。

張　月在二張宿一而地動者、四時調和稅二奪人物一、修戒者衰。

翼　月在二翼宿一而地動者、諸商賈人依レ山住者幷大臣衰。

軫　月在二軫宿一而地動者、凡師醫人軍主善算、如レ斯之等皆當二殘毀一。

角　月在二角宿一而地動者、如二軫所レ說。

亢　月在二亢宿一而地動者、諸有盜賊樂人屠者、行客象馬依レ山住人皆當二衰滅一。

氐　月在二氐宿一而有二地動一、山崩木落惡風暴起、雹傷二禾嫁一。

房　月在二房宿一而地動者、盜賊多死諂媚人衰、父違子逆不二相隨順一。

心　月在二心宿一而地動者、大王有レ災、烏鳥走獸勇健者衰。

尾　月在尾宿而地動者、二足四足在山穴者皆當衰殄、其年荒儉、乳者乾枯山石崩倒。

箕　月在箕宿而有地動者、在水諸獸、豪姓大富有智慧者悉皆衰滅。

斗　月在斗宿而地動者、銅鐵鉛錫造作之者、及諸貧賤皆當衰盡、村營移徙。

牛　月在牛宿如斗星說。

女　月在女宿而地動者、王人誦人小國王等皆當衰滅。

虛　月在虛宿而地動者、聚落分散、富人窮人長者等衰。

危　月在危宿而地動者、象馬諸畜多有疫死、乘御人衰。

室　月在室宿而地動者、畜養猪豕屠殺雜類、依恃山河凶惡人衰。

壁　月在壁宿而地動者、修福之人及依水者皆悉衰滅。

奎　月在奎宿而地動者、刀兵大起損害國土、客强主弱。

婁　月在婁宿而地動者、兄弟相害胎者夭殤、三災流行大惡雲集。

胃　月在胃星而地動者、盗賊多死果木不成。

大正十二年（一九二三）の大地震は、東京・橫濱の二市を中心に五府縣に亙り、災害總數は、倒潰家屋二十八萬三千五百五十九、燒失家屋二十九萬八千四百六十五、死者十萬二千百八十六、負傷者十一

萬四千三百二十一、行衛不明二十三萬一千三百五十八、掠奪と虐殺が甚だしく行はれて殘忍を極めた。又大正十四年（一九二五）の大地震は、兵庫・京都の二府縣に及び、災害の最も甚だしかつた城崎郡のみの倒潰家屋は一千四百六十一、燒失家屋は二千三百十一、死者二百六十三、負傷者五百六十四、行衛不明六十であり、又昭和二年（一九二七）には殆んど同一地方で前者より一層甚だしい大地震があつて、こんどは京都府下の方が災害が多かつた。以上三度の大地變は、今さらこれを回顧するだに戰慄を禁じえないが、大自然界の二十八宿と至大の關係これありしことゝ察せられる。

二、二十八宿と雨

摩登伽經及び舍頭諫經には、夏五月初旬直宿の雨によつて一歳の豐儉を豫知する相を說いてゐる。いはく、

昴　夏月在昴若有天雨、必多周遍地上水深二尺八寸、多卽陰雨十日乃止（伽）。其日若雨必不周遍（同、こは各月に通ず）。
名稱宿日五月始雨、九斛之時至于十日、六月七月亦復如是、多所茂盛五穀豐熟、秋冬少水、當時火種自然燒之（諫）。

畢　夏月在畢若有天雨二尺一寸、宜種下田、賊盜並起、唯有一疾患眼與腹、秋獲果實（伽）。

其日雨吉（同、各月）。
長育宿日五月初雨墮三斛一升半、高田爲旱下田得收、米穀不登、時有二疾、一曰眼疾、二曰腹痛、盜賊興盛（諫）。

觜　夏月在觜若天有雨二尺八寸、秋水勢盛、無有攻伐行路淸淨、皆無所畏人民安樂（伽）。其日有雨普皆周遍（同、各月）。
鹿首宿日五月初雨墮九斛六升、五穀豐熟、國若藏伏兵及不設、諸國安隱無窮厄者（諫）。

參　夏月在參天雨八寸、宜種下田。所有財物當密藏隱、其年饒賊應嚴兵仗、及有三疾、身熱・上氣・咽喉疼痛、幼者多死（伽）。其日雨者水必流溢（同、各月）。
生眚宿日五月初雨墮二斛七升、高田不收下田茂盛、當急備儲。所以者何、多諸盜賊、時諸國王興師起兵、則有四疾、一曰欬病、二曰上氣、三曰風痒、四曰熱病、多害小兒（諫）。

井　夏月在井天雨四尺、於其年中雲雨極多。雨十四日中間不息、兵刀連起殺害滋多（伽）。其日雨吉（同、各月）。
增財宿日五月初雨墮十三斛、又加五升從五月至八月止、諸國王皆藏兵仗、悉有慈心不加賊害（諫）。

鬼 夏月在レ鬼若天有レ雨一尺五寸、宜レ種二下田一、雨澤以レ時秋稼成熟、貴賤交諍禽獸暴亂、及有二三疾一、一瘡、二癰、三患レ疥（伽）。

熾盛宿日五月初雨墮四斛八升、高田不レ滋下田茂盛、諸異道人喜二共闘諍一、象虎暴害（諫）。

柳 夏月在レ柳上天降レ雨二尺一寸、宜レ種二下田一。惡風猛盛隣國諍訟、諸稼成熟（伽）。其日若雨多有二蚊虻一、後雨減少（同、各月）。

不觀宿日五月初雨墮三斛一斗五升、若有二知者一不レ犂二高田一當レ耕二下田一、風雨不レ時國王懷毒都不二和穆一、時雖二淋雨一五穀豐登、夫妻不レ穆數喜二闘諍一（諫）。

星 夏月在二七星一注レ雨九寸、秋多二苗實一、胎者傷夭、死亡者衆（伽）。其日有レ雨秋必成レ實（同、各月）。

土地宿日五月初雨墮九斛六升、當歲淋雨五穀熟成、時女人飛鳥羊畜漸有二傷胎一、人多死（諫）。

張 夏月在レ張若天降レ雨二尺七寸、其年秋實爲二他所一食、人民多レ疾胎者安全（伽）。其日有レ雨秋多成レ實（同、各月）。

前德宿日五月初雨墮九斛六升、五穀茂盛、其歲雖レ收遠方賊來逼二迫厥土一令レ不レ得レ安、飲食自恣、人畜胞胎永無二患難一（諫）。

翼 夏月在レ翼有レ雨、善惡如レ在二張說一（伽）。其日有レ雨秋稼成熟（同、各月）。

北德宿日五月初雨墮十二斛九斗一升、五穀熾盛諸國下兵刀及不設、人民安隱無窮匱者、諸梵志喜共鬪諍（諫）。

軫　夏月在軫若天有雨九尺二寸、其年諸稼爲禽鳥所害、雨澤尠少秋不成實（伽）。其日有雨必當流溢（同、各月）。

象宿日五月初雨墮七斛三㪷五升然後便止、其歲不登五穀不豐、人民飢饉（諫）。

角　夏月在角若天有雨二尺三寸、夏雨尠少秋則滋多、兵少止息人民安樂（伽）。其日有雨必不周遍（同、各月）。

彩畫宿日五月初雨墮九斛六㪷五穀盛熟、時諸國下兵仗刀及不設、安隱無他（諫）。

亢　夏月在亢若天有雨二尺一寸、盜賊並起高卑無異（伽）。其日有雨後必多風（同、各月）。

善元宿日五月初雨墮三斛一斗五升、多有諸風時盜賊興（諫）。

氐　夏月在氐有雨四尺高下皆成、兵火倶盛禽獸殞傷（伽）。其日若雨於後少水（同、各月）。

善格宿日五月初雨墮十二斛、當歲淋雨五穀滋茂、諸國強盛則有火災衆象死亡（諫）。

房　夏月在房有雨二尺秋苗成熟、人民相禍仁義都棄（伽）。此日有雨必當瀑漲（同、各月）。

悦可宿日五月初雨墮九斛矣、時諸五穀皆當熟成、親友強健（諫）。

心　夏月在レ心若天降レ雨一尺六寸、其年多レ疾、不レ宜下騎二乘象馬一之人及與刀兵上（伽）。其日雨吉（同、各月）。

尊長宿日五月初雨墮二斛四㪷、不レ當二復田一。所レ以者何、所レ種不レ生多害二小兒一、外賊暴來有レ所二損耗一（諫）。

尾　夏月在レ尾天若有レ雨一尺八寸、秋禾成熟四方賊暴、有二三疾起一、一者患レ眼、二者患レ癰、三者患レ脇、花果繁茂兵戈不レ興（伽）。

根元宿日五月初雨墮九斛六㪷、五穀豐登盜賊强盛。時有二三病一、一曰咽痛、二曰脅痛、三曰眼疾、花實滋茂、時諸國王下二諸兵仗一永無レ所レ設（諫）。

箕　夏月在レ箕有レ雨二尺、前旱後澇秋則成熟、有二一種疾一、患二腹與一レ目（伽）。

前魚宿日五月初雨墮九斛六㪷、五穀滋茂。六七月當レ有二大水一、則與二二病一、一曰眼痛、二曰腹痛（諫）。

斗　夏月在レ斗有レ雨七尺、宜レ種二高田一水極暴盛、其年藥穀悉皆成熟、有二三疾起一如二在レ鬼說一（伽）。其日雨善（同、各月）。

北魚宿日五月初雨墮十五斛、不レ宜二下田一當レ修二高田一、天大淋雨諸河漏溢、則有二水災一、澍二壞下田一高田獨茂。時有三病、一曰咽疾、二曰臍痛、三曰風痒（諫）。

牛　月在牛宿如斗星說（伽、諫に說かず）。

女　夏月在女有雨三尺、水雨不時秋水盛漲、依水居者皆有死亡、刀兵流行（伽）。其日雨吉、所失悉獲（同、各月）。

耳聰宿日五月初雨墮九斛六㪷、天雨往反五穀熟成、水居諸龍鬼神禽獸普遭災害、疫氣流行、時諸國興師起兵（諫）。

虛　夏月在虛上天降雨一尺七寸宜種下田、有癰疾生刀兵亂起（伽）。其日有雨於後少水（同、各月）。

貪財宿日五月初雨墮七斛六㪷五升、彼天雨時不多不少、下田得收高田薄入、則有一疾、謂瘡痍病、當諸國王修治兵仗（諫）。

危　夏月在危有雨五寸、宜種下田秋則成熟。內外兵亂、在城邑者携將妻子逃走他方（伽）。

百毒宿日五月初雨墮三斛四㪷、下田當修高田不耕、米穀不登、彼時人民怖懼不安、抱子驚走（諫）。

室　夏月在室有雨三尺、初旱後澇、花果凋落秋食不登、盜賊暴起橫病流行婦人多死（伽）。此日雨吉(同、各月)。

前賢迹宿日五月初雨墮九斛六㪷、先五月一日旱後有㆓大水㆒、災害五穀及諸花實㆒。當㆓淋雨時㆒怨賊興盛、則有㆓二病㆒、一曰心痛、二曰熱病、群臣不㆑和象畜死亡(諫)。

壁

夏月在㆑壁若天有㆑雨四尺五寸、水而流溢牆壁崩倒。有㆓四種疾㆒、患㆑下、目痛、咳嗽、身熱、幼死者衆、宜㆑種㆓高田㆒花果敷茂(伽)。此日有㆑雨所㆑亡滋多(同、各月)。

北賢迹日五月初雨墮十五斛、下田不㆑收高田滋茂、大水流行瀰㆓破城郭㆒及危㆓聚落㆒。時有㆓四病㆒、一曰欬病、二曰熱病、三曰疱、面色萎黃熱、四曰眼病、多害㆓小兒㆒象畜死亡、華實皆茂盛(諫)。

奎

夏月在㆑奎若天有㆑雨三尺二寸、宜㆑種㆓下田㆒、秋稼成熟兵戈不㆑起(伽)。其日宜㆑雨所失還得、宜㆑造㆓馬廐㆒(同、各月)。

流灌宿日五月初雨墮九斛五㪷、此雖㆓淋雨㆒五穀豐登家室和穩、及親知識飲食相娛、諸國下㆑兵布㆑恩施㆑德星宿順行(諫)。

婁

夏月在㆑婁若天有㆑雨一尺二寸、宜㆑種㆓下田㆒、兵盜並起(伽)。其日宜㆑雨所失易㆑得(同、各月)。

馬師宿日五月初雨墮七斛二㪷、先月曾旱後復値㆑旱、下田多收高田不㆑成、大麥小麥禾粟皆熟稻穬不㆑滋、諸國勇猛修㆑兵自嚴怨賊強盛(諫)。

胃　夏月在レ胃有レ雨四尺宜レ種二高田一、其年荒儉刀兵必起、父違子逆兄弟相害（伽）。降レ雨宜レ祭二神祇一（同、各月）。

長息宿日五月初雨墮十五斛、下田不レ茂高田不レ成、米穀踊貴人民死亡、諸國興レ兵轉共鬪諍、子孫恐懼（諫）。

三、二十八宿と蝕

以上は五月初旬の雨の直宿如何によつて一歳の豐儉を知る占法なるが、これは必らずしも定月を問はず、日月蝕の現ずる直宿によつてこれを察する法にして、これまた摩登伽及び文殊軌同巻に說くところのものである。このなかまづ初めに伽經を抄し、のちに文殊軌を錄する。伽經にいはく、

昴　月在二昴宿一若有レ蝕者、中國多レ災禍難必起。

畢　月在二畢宿一而有レ蝕者、普遭二患難一災亂頻興。

觜　若在レ觜蝕、大臣誅戮。

參　同前。

井　同前。

鬼　欠。

柳　若在二柳宿一、依レ山住者皆當二災患一、及與龍蛇無レ不二殘滅一。

星　月在二七宿一若有レ蝕者、種二甘蔗一人當レ被二毀害一。

張　在レ張蝕者、怨賊降伏。

翼　在レ翼而蝕、近二陂澤一者亦悉衰落。

軫　若軫蝕者、守二護城邑一及防衛者皆悉亡壞。

角　在レ角蝕者、飛鳥毀滅。

亢　欠。

氐　在レ氐蝕、近レ水住者皆有二災難一。

房　欠。

心　在レ心蝕者、大臣誅戮。

尾　在レ尾蝕者、行人多死。

箕　在レ箕蝕者、乘二騎象馬一若レ斯之人、亦當二墜落一。

斗　欠。

牛　牛星蝕者、出家之人及南方者禍患滋多。

女　在レ女蝕者、怨賊消滅、牧馬之人皆當二殘毀一。

虚　在レ虚蝕者、北方之人並悉破壞。

危　在レ危蝕者、敢二能呪術祠祀一之人皆當二傷害一。

室　在レ室蝕者、爲二香瓔一人亦皆毀壞。

壁　欠。

奎　若在レ奎蝕、諸乘船者亦不二利益一。

婁　在レ婁而蝕、市レ馬者死。

胃　在レ胃而蝕、田夫亡壞。

文殊軌にいはく、

若於二尾宿之分一、或日沒之際、或月沒之際、或日月中時、如レ是之時蝕者、乃是羅睺阿修羅王影之所レ障、東方之王決定崩喪、必有二東方邊地之主一而來侵害。

若婁宿・畢宿・胃宿、此等星宿之分日月蝕者、彼烏姹國主及一切人生二種々病一、所謂陰病陽病風病及發二衆病一。

若星宿・張宿・翼宿・軫宿・亢宿・氐宿、此等宿分若日月蝕者、亦決定羅睺爲レ障、北東方羅拏國王・鑁誐吒國、及摩竭陀國等王患眼病、王子有大災、仍有惡心怨家來集極甚怖畏。

若參宿・觜宿・井宿・鬼宿・柳宿、如是星宿之分若見日月蝕者、彼摩竭陀國王而被侵害、及忠臣乃至人民等合有病苦怖畏之事。

若房宿・心宿之分若見蝕者、一切人民合有疫病、一切上人有種々苦惱及禁縛侵害之事。

若箕宿・斗宿・女宿、如是之分有日蝕者、及月有赤暈者、彼地分定有饑饉。

若斗宿・牛宿・室宿・危宿、如是之分若有蝕者、是羅睺障蝕、一切人民有王所逼迫及賊盜之怖、及國界之內處々饑饉、人民憂。

若奎宿・壁宿之分若有蝕者、若先月蝕後有日蝕者、於半月中摩竭陀國王位損失、今此所說大地動處兼羅睺所現。禎祥星宿之分、日月之蝕於彼々處國界之內、生起禎應作大災難顯其善惡。

若地動處有煙起及大陰雨、若如是者五日中部嚩國有大災難、彼恒河北邊一切人民疫病亡歿、乃至人王亦有崩喪、乃至雪山四周深山之內彼有國土、君主及大臣等有種々憂苦崩喪、乃至王子妃后亦主亡歿。

そも〳〵昭和十一年六月十九日は數十年間に一度よりこれなき皆既日蝕にあたり、斯道の學者みな相競つてこれを觀測せるが、私は特殊の見地より當日の直宿を檢するに、陰曆五月一日に相當するが故に參宿である。しかるに參宿の蝕は國家に大不祥起ること前引の伽經によつて知るべきであるが、はたして經說のとほりなりしことは、第九章第七節下を見るべきである。

第六節　總結

上來二十八宿によつて生人の性格運命、まさになすべきの事となすべからざるの事、裁衣の吉凶、囚繫の遲速、そのつかさどる對象と支那の九洲における方域分野、及び守護國等の諸種の人事と、又これと關係する地動、雨、蝕等の自然界とにおける占法をのべをはつた。なほとり殘されたる直宿と病氣の一項は便宜これを後編に讓りおく。これによつて二十八宿運用の範圍が、すこぶる廣汎に亙ることを知るべきである。故に止觀弘決（十之一）にいはく、

復因㆓於星行離《かゝる》㆑日近遠㆒、辨㆓所生人善惡之相㆒。復占㆓諸宿離㆑月近遠㆒、辨㆓於起立成壞之相㆒。復占㆘月在㆓某宿㆒天雨多少、幷日月薄蝕所㆑主諸事㆖。復占㆓日月所在動地吉凶之相㆒（大四六・四三八）。

大集經二十四の三昧神足品に、曆と密切關係あるを「二十八宿日月隨行、一切衆生日月年歲皆悉繫屬」㆒と說き、又甲乙丙丁同宿に生るゝも、性格運命が必らずしも一準ならざるは卽ち宿業の不同に原因するとして「有㆘同屬㆓一星㆒生者㆖、而有㆓貧賤富貴參差㆒」と暗示されてゐる。但しこの參差不同中にお

のづから一脈の共通點あるべきは勿論である。又各人の性格運命をつかさどる本命宿を定むることは已に前章に詳述せるが、かつて村上天皇の御本命日につく法藏・保憲の論爭の事實を古書にあぐるが、多少の誤字あるによるか意味髣髴の感なきに非ざるも、けだし參考すべき史實なるが故に左にこれを錄する。

（一）本命日事

梵天火羅圖云、祭㆓本命元神㆒日一年有㆓六日㆒、但志心本命日供㆓養於北斗辰幷本命神㆒云云。

天地本命私記上云、本命日辰者○生日辰名㆓本命㆒云云。法藏僧都依㆓此說㆒。屬星祭祕法義淨云、午年生人主㆓火曜破軍星㆒云云。

應和天皇（村上天皇、醍醐第十四子）延長四年（西紀一五八六なり）丙戌六月二日丁亥御降誕云云。件本命供時以㆓丙戌㆒爲㆓御本命日㆒、以㆓六月二日柳宿㆒爲㆓御本命宿㆒、陰陽所用日也。以㆓丁亥日㆒爲㆓御本命日㆒、以㆓星宿㆒爲㆓御本命宿㆒、法藏僧都行用日也。依㆓二人諍㆒各進㆓上勘文㆒。

應和元年十月十九日、天文博士保憲勘文云、以㆓生年日㆒爲㆓本命日㆒、以㆓生日宿㆒爲㆓本命宿㆒、即引㆓二證文㆒。一者宿曜經云、有㆑人二月五日生屬㆓畢宿㆒、以㆑畢爲㆓本命宿㆒云云。二者鈐南違盆開五路射宜官文云、假令丙寅歲生人以㆓丙寅㆒祭㆑之云云。或云、甲子歲生者用㆓甲子日㆒云云。

應和元年十月二十五日、法藏僧都勘文云、保憲勘文皆不レ當二道理一。先火羅圖以二生年日一爲二本命日一、有二五之難一〇以二生日一爲二本命日一、生年名二本命年一云云。文多略レ之。陰陽宿曜二家諍有レ之、但法藏僧都未レ知二所據一、是不レ受二師說一獨見所レ致也、保憲勘文感心云云（覺禪抄一〇三、大圖五・四二〇）。

（二）昔法藏僧都與二保憲一成二大相論一。僧都云、置レ算以二生時月曜所在宿一爲二本命宿一、人間一期吉凶事、日曜所管故也。保憲云、曆所付每日宿以二相當生日一爲二本命宿一、例如二本命曜一文。本命日、僧都云、以二生日支干一爲二本命日一、假令甲子人以二甲子一爲二本命日一云云。保憲云、以二生年支干一爲二本命日一、假令甲子歲人以二甲子一爲二本命日一云云。兩人說頗乖角、爰吉野日藏君判云、本命宿可レ依二僧都說一、本命日可レ依二保憲說一、各有二由致一不レ能二具記一。此時日藏君制二三卷書一判レ之云云。自レ爾以來、本命宿幷日依二此判一而用レ之。帖云、本命星者本生年直星也。邑上御時、法藏僧都、保憲宿禰相論、保憲遂進二怠狀一、其後世多用二本生年直星一云云（阿娑縛抄一四三、大圖九・四五六）。

第八章　十二宮

第一節　十二宮の起原及び異稱

近世の天文學においては觀測の便宜上全天を八十八座に分つのであるが、このなか二十五座はわれらの北半球よりしては緯度の關係上見ることができない。十二宮はのこりの六十三座中にあるが、こは黄道十二宮と名づけて太陽が各宮に一ヶ月間止住しつゝ、十二ヶ月を經てこれを一周するが故に太陽所住の宮殿といふ意味である。その宮名は天秤・寶瓶の器物名なるをのぞき餘はみな動物名なるが、これらは西紀前二千年の昔し已に存するも、希臘時代より傳はりしものと支那に傳はりしものとの間には少異點ありといはるゝ。普門の暦象編に、鯨の梵語の摩竭名が命名當時より存するによつて考ふるに、その起源けだし印度にこれあるべしといつてゐるも、その實はなほ未詳である。文殊根本儀軌經(三二)の星座に對する所説を觀るに、

復有㆓十六宮㆒、所謂羊宮、牛宮、女宮、蟹宮、師子宮、童女宮、秤宮、蝎宮、弓馬宮、摩竭魚宮、瓶宮、魚宮、猴宮、大瓶宮、淨瓶宮、螺宮、象宮、水牛宮、天宮、人宮、禽宮、樂神宮、世間宮、

衆生宮、曜宮、光明宮、月明宮、槎吒宮、地宮、暗宮、塵宮、微塵宮、苦宮、樂宮、解脫宮、菩提宮

といひ、或ひは又、

復有辟支佛宮、聲聞宮、天人宮、福德宮、大福德宮、畜生宮、餓鬼宮、地獄宮、阿蘇囉宮、神鬼宮、藥叉宮、囉叉娑宮、及一切部多宮等

といつて十三宮をあぐる。このなか三十六宮中の初の十二は常の十二宮なるも、その餘は現今のいづれに當るかは知りがたい。又經軌によつて十二宮の列次を見るに左の二種がある。

一、師子、女、秤、蝎、弓、磨、瓶、魚、羊、牛、男女、蟹（宿曜經上）。

二、羊、牛、男女、蟹、師子、女、秤、蝎、弓、磨、瓶、魚（宿曜經下、文殊軌三・一二・一四、月藏分一二、支輪經）。

以下私の涉獵範圍においてその異稱を示さば凡そ左の如くである。

略字例

一、月　月藏分十二　一、日　日藏分八之二

一、宿　宿曜經　一、文　文殊根本儀軌經

一、支　難儞計支輪經
一、藏　祕藏記
一、不　諸說不同記八・九・一〇
一、天　近世天文學
一、新　七曜新術
一、石　石山七集下本・末
一、玄　玄法寺法全の胎藏軌
一、洋　西洋名

(一)師子宮宿。師子神日。絲訶月。僧伽石。[illegible]石。[illegible]不。師子座天。Leo《リーオ》洋。
(二)女宮宿。雙女文・支。童女文。天女神日。十二屬女天玄。十二眷屬天女石。少女石。迦若月。[illegible]石。乙女座天。Virgin《バージン》洋。
(三)秤宮宿。秤量神日。天秤支。執秤新。秤宮神藏。兜邏月。舍底遮洛石。捺都羅石。[illegible]石。天秤座天。Libra《ライブラー》洋。
(四)蝎宮宿。蝎神日。天蠍支。蠍文。蝎宮神藏。毘梨支迦月。[illegible]石。蝎座《さそり》天。Scorpio《スコーアピオ》洋。
(五)弓宮宿。射神日。弓馬文。人馬支・文。弓宮神藏。穀弓新。檀毱婆月。檀尼毘月。馱怒沙補羅石。馱尾石。[illegible]石。[illegible]石。射手座天。Sagittarius《サギテーリアス》洋。
(六)磨宮宿。磨蝎神日。摩蝎支・文。巨黿新。摩伽羅月。[illegible]石。嚩哩合二涅尾合二迦石。摩訶沒哩合二室制合二迦補羅石。摩蝎座天。Capricorn《キャプリコーン》洋。

（七）瓶宮宿。水器神日。寶瓶文・支。持甕新。賢瓶位藏。瞿摩多石。囉怛那二合迦羅迦補羅石。鳩槃月。石。水瓶座天。Aquarius《アケーリアス洋》。

（八）魚宮宿。天魚神日。雙魚文・支。鮫魚新。二魚藏。摩娑娜尾底麼補羅石。彌那月。石。魚座天。Pisces《ピシーズ洋》。

（九）羊宮宿。特羊神日。天羊支。羊宮神藏。白羊安流口決。吠沙石。迷沙補羅石。彌沙月。迷沙月。石。牡羊座天。Aries《エリーズ洋》。

（一〇）牛宮宿。特牛神日。金牛支。牛密玄。牛宮神藏。密牛石。毋里二合沙石。毘利沙月。石。牡牛座天。Taurus《トーラス洋》。

（一一）夫妻宮宿。雙鳥神日。陰陽文・支。男女石。夫婦石。毘陀那石。遮物頭石。彌偸那月。石。不。雙子座天。Gemini《ゼミナイ洋》。

（一二）蟹宮宿。蟹神日。巨蟹支。螃蟹位藏。摩訶迦羅迦二合吒迦補羅石。羯羅吒迦月。石。蟹座天。Cancer《キャンサー洋》。

この十二宮を月藏分には十二辰又は十二天童女といひ、近世の天學にては獸帶又は動物圈星座(Zodiac《ゾーダイアック》)といふ、これその黃道の兩側八度づゝ卽ち幅十六度の一帶に對する名稱である。

第二節　十二宮と十二ケ月

十二宮を十二ヶ月に配するについて古來左の四說がある。

一、師子宮を正月に女宮を二月に秤宮を三月に配し、乃至蟹宮を十二月に配する、こは寬助の七巻抄・中院星供及び安流口決(十二月十二宮相配之事)の說である。

二、羊宮を正月に牛宮を二月に夫妻宮を三月に配し、乃至魚宮を十二月に配する、こは心覺の別尊雜記に見ゆるが、そのもとは日藏分八の說である。

三、魚宮を正月に羊宮を二月に牛宮を三月に配し、乃至瓶宮を十二月に配する、こは屬星供及び前記安流口決の一說である。

四、弓宮を正月に蝎宮を二月に秤宮を三月に、乃至磨宮を十二月にと逆次に配する、こはまた七巻抄の一說である。

今より二千年前には春分點羊宮にありて、太陽が春の初めには羊宮、夏の初めには蟹宮、秋の初めには秤宮、冬の初めには磨宮にありしも、同點左旋の結果今日にては、春の初めには魚宮、夏の初めには夫妻宮、秋の初めには女宮、冬の初めには弓宮にあるが故に、前記の**二**・**三**は天象に合するも

一・四は合せざること知るべきである。南山正智院乗如の十二宮二十八宿季節考にいはく、

第一師子宮　自下入二小暑六月節一日上至二大暑六月中氣終三十一日　午宮

太陽位焉　星　十三度三々々
午中至二巳中一三十度　張　十三度三々々
翼　三度三々々

第二雙女宮　自下入二立秋七月節一日上至二處暑七月中氣終三十一日　巳宮

水星位焉　翼　九度九々々
巳中至二辰中一三十度　軫　十三度三々々
角　六度六々々

第三秤量宮　自下入二白露八月節一日上至二秋分八月中氣終日三十日　辰宮

太白位焉　角　六度六々々
辰中至二卯中一三十度　亢　十三度三々々
氐　九度九々々

第四蝎蟲宮　自下入二寒露九月節一日上至二霜降九月中氣終日三十日　卯宮

火星位焉　氐　三度三々々
卯中至二寅中一三十度　房　十三度三々々
心　十三度三々々

第五人馬宮　自㆘入㆓立冬十月節㆒日㆖至㆓小雪十月中氣終日二十九日　寅宮

木星位焉	尾	十三度三々々
寅中至㆓丑中三十度	箕	十三度三々々
	斗	三度三々々

第六磨竭宮　自㆖入㆓大雪十一月節㆒日㆖至㆓冬至十一月中氣終日二十九日　丑宮

鎮星位焉	斗	九度九々々
丑中至㆓子中三十度	女	十三度三々々
	虛	六度六々々

右以上六宮屬㆓太陽分㆒

第七寶瓶宮　自㆘入㆓小寒十二月節㆒日㆖至㆓大寒十二月中氣終日三十日　子宮

鎮星位焉	虛	六度六々々
子中至㆓亥中三十度	危	十三度三々々
	室	九度九々々

第八雙魚宮　自㆘入㆓立春正月節㆒日㆖至㆓雨水正月中氣終日三十日　亥宮

歲星位焉	室	三度三々々
亥中至㆓戌中三十度	壁	十三度三々々
	奎	十三度三々々

第九白羊宮　自㆘入㆓啓蟄二月節㆒日㆖至㆓春分二月中氣終日三十一日　戌宮

熒惑位焉　婁　十三度三々々
戌中至㆓酉中三十度　胃　十三度三々々
昴　三度三々々

第十金牛宮　自㆘入㆓清明三月節㆒日㆖至㆓穀雨三月中氣終日三十一日　酉宮

金星位焉　昴　九度九々々
酉中至㆓申中三十度　畢　十三度三々々
觜　六度六々々

第十一夫婦宮　自㆘入㆓立夏四月節㆒日㆖至㆓小滿四月中氣終日三十一日　申宮

水星位焉　觜　六度六々々
申中至㆓未中三十度　參　十三度三々々
井　九度九々々

第十二螃蟹宮　自㆘入㆓芒種五月節㆒日㆖至㆓夏至五月中氣終日三十二日　未宮

太陰位焉　井　三度三々々
未中至㆓午中三十度　鬼　十三度三々々
柳　十三度三々々

右以上六宮屬㆓太陰分㆒

十二宮合三百六十五日、第四年置㆓閏日一日㆒、其年三百六十六日、其閏一日則加㆓雙魚宮㆒。

前記によるに十二宮の方位は、瓶・磨・弓・蝎・秤・女・師子・蟹・夫婦・牛・羊・魚、次での如く子・丑・寅・卯・辰・巳・午・未・申・酉・戌・亥なるが、もしこれを四方に攝すれば、瓶・魚・羊を北に、牛・夫妻・蟹を西に、師子・女・秤を南に、蝎・弓・磨を東に配すべきであり、これは月藏分(一二)の説である。

第三節　十二宮と七曜・二十八宿

十二宮と二十八宿との關係は、前者は太陽が一ヶ年に通過する行路卽ち黄道を十二に等分し、後者は月が一ヶ月に運行する歷程卽ち白道を二十八に等分するのであるが、その分野に寬狹あるが故に、前者は必らず後者の二もしくは三を含むのである。但しこれに對して異説あるが故に、今私に覺勝(宿曜要訣)の所圖を聊か修正して圖示する。

十二宮	宿曜經上	同下	支輪經	日藏八	月藏三	文殊軌一四	禳災	石山下本・末
師子宮	星四足 張四足 翼一足	星 張	星 張 翼	柳 星	星 張 翼	星 張	星 張	星 張

女宮	翼三足 軫四足 角二足	翼 軫	翼 軫 角	張 翼 軫	軫 角	翼 軫	翼 軫	翼 軫 角
秤宮	角二足 亢四足 氐三足	角 亢	角 亢 氐	角 亢 氐	亢 氐	角 亢 氐	角 亢 氐	亢 氐
蝎宮	氐一足 房四足 心四足	氐 房 心	氐 房 心	房 心	房 心	房 心 尾	房 心	房 心
弓宮	尾四足 箕四足 斗一足	尾 箕 斗	尾 箕 斗	尾 箕 斗	尾 箕 斗	箕 斗	尾 箕 斗	尾 箕
磨宮	斗三足 女四足 虚二足	女 虚	斗 牛 女	女 虚	牛 女	牛 女	牛 女	斗 牛 女

瓶宮	魚宮	羊宮	牛宮	夫妻宮
虚二足 危四足 室三足	室一足 壁四足 奎四足	婁四足 胃四足 昴一足	昴三足 畢四足 觜二足	觜二足 參四足 井三足
危 室	壁 奎	婁 胃 昴	畢 觜	參 井
女 危 室	室 壁 奎	婁 胃 昴	昴 畢 觜	觜 參 井
危 室	壁 奎	婁 胃	昴 畢	觜 參
虚 危 室	壁 奎	婁 胃	昴 畢	觜 參 井
虚 危	室 壁 奎	婁 胃	昴 畢	觜 參 井
虚 危 室	壁 奎	婁 胃	昴 畢	觜 參 井
虚 危 室	壁 奎	婁 胃	昴 畢	觜 參 井

蟹宮	
	井一足　鬼四足　柳四足
	鬼　柳
	井　鬼　柳
	井　鬼
	鬼　柳
	鬼　柳
	井　鬼　柳
	鬼　柳

この八說のなか第一說宿曜經上によつて圖示せば左の如くである。

かくの如く十二宮を百八足に分つて一宮の分野をおの〳〵九足となし、二十七宿おの〳〵の分野を四足となすのであるが、この四足は月の一日の行程にして、一足は三度三々々なれば四足は十三度三々々、九足は三十度であり、これを十二倍すれば三百六十度となる。從つて每宮三宿を管するも、その一宿又は二宿は前後の二宮に通ずる。圖に向つて左方に位する師子・女・秤・蝎・弓・磨の六宮は陽位にして太陽の所管であり、右方に位する蟹・夫妻・牛・羊・魚・瓶の六宮は陰位にし

て太陰の所管である。但し太陽は師子宮を本居となし、女以下の五宮は次での如く水・金・火・木・土の五星をして代管せしめ、太陰は蟹宮を本居となし、夫妻以下の五宮はまた前と同様の次第に五星をして代管せしむる。又多く動物名によせて示さるゝこの十二宮は、西紀前二千餘年の觀測者が、自己觀測の便宜上恣ひまゝに星と星との間に線を引いて動物を假想するが故に、そはすこぶる不自然なりといふのが天文學の通説なるも、これを法爾の神格となし一々の形態をとほしてその特性を見やうとするのが宿曜經の立場である。故にいはく、

第一宮　星四足・張四足・翼一足、太陽之位日天子居焉。其神如㆓師子㆒、故名㆓師子宮㆒。
第二宮　翼三足・軫四足・角二足、辰星位焉。其神如㆑女、故名㆓女宮㆒。
第三宮　角二足・亢四足・氐三足、太白位焉。其神如㆑秤、故名㆓秤宮㆒。
第四宮　氐一足・房四足・心四足、熒惑位焉。其神如㆑蝎、故名㆓蝎宮㆒。
第五宮　尾四足・箕四足・斗一足、歳星位焉。其神如㆑弓、故名㆓弓宮㆒。
第六宮　斗三足・女四足・虛二足、鎭星位焉。其神如㆑磨、故名㆓磨宮㆒。
　右已上六位總屬㆓太陽分㆒、左以下六位總屬㆓太陰分㆒。
第七宮　虛二足・危四足・室三足、鎭星位焉。其神如㆑瓶、故名㆓瓶宮㆒。

第八宮　室一足・壁四足・奎四足、歳星位焉。其神如レ魚、故名二魚宮一。
第九宮　婁四足・胃四足・昴一足、熒惑位焉。其神如レ羊、故名二羊宮一。
第十宮　昴三足・畢四足・觜二足、太白位焉。其神如レ牛、故名二牛宮一。
第十一宮　觜二足・參四足・井三足、辰星位焉。其神如二夫妻一、故名二夫妻宮一。
第十二宮　井一足・鬼四足・柳四足、太陰之位月天子居焉。其神如レ蟹、故名二蟹宮一。

又いはく、

天地初建、寒暑之精化爲二日月一。烏兎抗衡生二成萬物一、分レ宿設レ宮管二標群品一。日理二陽位一、從二星宿一順行、取二張・翼・軫・角・亢・氐・房・心・尾・箕・斗・女等一十三宿一、迄二至虚宿之半一恰當二子地之中一、分爲二六宮一也。月理二陰位一、從二柳宿一逆行、取二鬼・井・參・觜・畢・昴・胃・婁・奎・壁・室・危等一十三宿一、迄二至虚宿之半一恰當二子地之中一、分爲二六宮一也。然日月天子、俱以二五星一爲二臣佐一。而日光炎猛物類相感、以二陽獸師子一爲二宮神一也。月光清凉物類相感、以二陰蟲巨蟹一爲二宮神一也。又日性剛義、月性柔惠。義以濟レ下惠以及レ臣、而日月亦各以二神宮一均賜二五星一。以レ速至レ遲卽辰星・太白・熒惑・歳・鎭排爲二次第一、行度緩急於レ斯彰焉。凡十二宮卽七曜之躔次、每歴二示禍福一。又諸宮各有二神形一、以彰二宮之象一也。又一宮配二管列宿九足一、而一切庶類咸得レ繫レ命以稟二吉凶一、而大體屬二於日月」。

第四節　十二宮と本命宮

十二宮によつてわれらの本命宮をいかに定むべきかといふについて、覺勝の宿曜要訣に凡そ十說をあぐるが、こは總じていはゞ生月說と生日說との二大說である。このなか生月說とは、誕生月における太陽所住の宮をとつて本命宮となすものなるが、しかるに十二ヶ月における太陽所住の宮を見るに第二節にいふが如き四說これあるが故に、これによつて生月說にまたおのづから四說これあるわけである。次に生日說とは、誕生日の晝夜の時刻もしくは直宿の所屬よりして推定するのであるが、これには左の六說がある。

（一）もし晝分に生るゝはその月における太陽所住の宮をとり、もし夜分に生るゝはその日の直宿をとる。例せば二月五日の晝分に生るゝは、晝分は太陽の所管にして太陽は正月十六日より二月十五日に至るまで羊宮に住するが故に、この羊宮をもつて本命宮となし（魚宮正月說による）、夜分に生るゝは、夜分は太陰の所管にして太陰はこの日畢宿に居し、畢宿は牛宮に屬するが故にこの牛宮をもつて本命宮となすが如きこれである。こはおのづから生月・生日の二說を折衷するものなるが、その說頗瑣なるのみならずこれを經典に徴するに何らの明據がない。

（二）宿曜經下卷に説く行動禁閉法に准じてこれをとる、そは左表の如くである。

生日宿	本命宮
星、張	師子
翼、軫	女
角、亢	秤
房、心	蝎
箕、斗	弓
女、虚	磨
危、室	瓶
壁、奎	魚
婁、胃、昴	羊
畢、觜	牛
參、井	夫妻

鬼、柳　蟹

(三) 魚・羊・牛・夫妻・蟹・師子・女・秤・蝎・弓・磨・瓶を次での如く正・二・三・四・五・六・七・八・九・十・十一・十二月朔の宮となし、繰つて生日にあたる宮をとる。卽ちもし正月朔日に生るゝは魚宮、二日に生るゝは羊宮、三日に生るゝは牛宮、乃至十三日に生るゝは又魚宮、かくて三十日に生るゝは師子宮であり、二月生れ以下またみなこれに准ずべきである。私に阿娑縛抄百四十三を檢するにこの説が見ゆる、いはく、

十二宮次第　師子宮、女、秤、蝎、弓、摩蝎、寶瓶、魚、羊、牛、男女、蟹可二數知一、如二二十八宿一可二意得一也。若正月一日生人者羊宮、乃至六日生人師子宮可レ知云云（大圖九・四五六）。

(四) 宿足の繋かる多少を考へてその多き宮をとる。例せば翼宿の如き一足は師子宮に三足は女宮に繋かるが故に、翼宿に生るゝは女宮をとることこれである。もしゝからば前宮に二足後宮に二足にして、前後相均しき角宿・虚宿・觜宿等はいかにすべきかは、けだしこの説の難點である。

(五) 兩宮に繋かるは足の多少を問はずして前宮をとる。例せば翼宿の前宮師子に一足後宮女に三足、氐宿の前宮秤に三足後宮蝎に一足、角宿の前宮女に二足後宮秤に二足なるが如き、次での如く師子・秤・女をとることこれである。

（六）生時における宿足の繫かる宮をとる。このこゝろは、一日の十二刻に對して卯（午前六時）より午（午前十二時）にいたる四刻を第一限、午より酉（午後六時）にいたる四刻を第二限、酉より子（午後十二時）にいたる四刻を第三限、子より卯にいたる四刻を第四限となし、兩宮に繫かるをばこの標準によつて決すべしといふのである。例せば前宮師子に一足後宮女に三足の翼宿に生るゝが如き、もしも第一限ならば師子宮に、後三限ならば女宮に屬する等これである。以上は生日説の六説である。

凡そこの生月・生日の二大説はいづれによるべきかといふに、古人は概して前説によるのである。卽ち、

一、十二宮者七曜ノ方ニ隨テ十二月ニ分タル名也、功力同レ先仍別不レ記、世間人ノ本命宮者是也（安流七星圖）。

二、本命宮ハ十二宮ノ内生月ノ事也（同星供口傳）。

三、一星約レ年、曜宿約レ日、宮約レ月、本命星、本命曜、本命宿、本命宮ヲ勘ル也（西院第三結大北斗）。

四、一成就院別行鈔云、凡本命有二三種一、生年、七星中一星北斗也。生月、十二宮中一星。生日、曜宿二星七曜二十八宿（中院本命星供口訣）。

五、十二宮云二本命宮一、生月宮也（同諸星各別印明）。

六、問、生月宮本命宮同耶。答、同也。命《おほせ》二次第圖一ニ以二本命宮一名二生月宮一、澤見本命供ニ若除二當年星入二

生月宮ニ時、本命宿處並ニ請本命曜一也取意、此意又本命宮云ニ生月宮一也。凡得ニ本命稱一生涯無レ違宿也、本命稱簡ニ當年星一之詞也。或云、宿曜道人、本命宮生月宮別宮也云云。宿曜道勘云、付ニ生時天幡一以ニ月曜所在宮宿一爲ニ本命宮宿一云云、此事未レ得ニ其意一、可ニ尋決一矣。月曜是生日曜宿中應レ云ニ生日曜一、何云ニ生月宮宿一乎。故曜宿供法云、本命者七星中生年一星、十二宮中生月一星、曜宿中生日一星、九曜二十八宿中二星是也（祕鈔問答一四末、大七九・五五四）

といふが如きこれであり、近世の普門またこれに左祖する。いはく、

宿曜經ノ圖見カタキ故ニ本命宮モ太陰ノ宿宮ヲ以テ定ル人多シ、是ナルニ似タレ𪜈經ノ意ヲ失ヘリ。所以イカントナレハ、若太陰過宮ニヨラハ太陽曆ノ闕如セルニナンヌ、且ツ月ハ闕ナリ日ニ何月ト云ヘキ理ナシ、故ニ月ニアツテハ何月ト號シ日ニアツテハ宮トヨブ實ニユヘアルナリ。加之、此十二宮ヲ太陰ノ過宮ト見ルキハ下之文通ゼズ、是レ瑣末ノ事ニアラサルナリ（宿曜經撰日法）。

但し宿曜經・支輪經・禳災決等のこゝろはおのづから生日說であり、本邦の學者としては智證の在唐記、心覺の鶴林抄ならびに作者未詳の三僧記類聚等みなこれによるのである。これ卽ち印度曆法の正術、諸師相承の祕說にしてまさしく天象に合し、衆說の動かすべからざるところのものである。而してこの生日說中に六說あるも、第六說はよく理をつくして間然するところなきが故に、よろしくこ

れを依用すべきであり、従つて覺勝は盛んにこれを主張してゐる。

第五節　十二宮と性格適業

一、師子宮

（一）師子宮主加官得財。若人生屬此宮者、法合足精神富貴孝順、合掌軍旅之任（宿曜經上）。

（二）若於師子宮合於星宿張宿、及得太陽値日生者、此人有大勇猛復貪肉食、亦復於深山險難之處得爲其王亦獲自在。若具如上之事及於彼處爲王者、此決定日出時生（文殊軌一四）。

（三）於師子宮當太陽直在星宿・張宿・翼宿各一分。此日男女生者、爲性急躁擧措多瞋、生三子毎所憐愛過於己命。雖豐財寶心常知足、好樂供養一切賢聖。爲人不拘散誕、自足偏好食肉亦好食魚。或往他國亦不受飢寒、恒怖疾病不懼大水、年至十五有中夭難。若遇吉曜臨照變惡爲善、得延壽命至於百歳、於十二月內當土曜及星宿直日、於殑伽河北岸而趣命終（支輪經）。

星宿と張宿及び翼宿の第一限（午前六時……同十二時）に生るゝものはこの師子宮に屬し、その人勇猛才略ありて統御の任に堪ふるが故に、身を軍籍におかば富貴にして名をなすであらう。二三子を生み極めてこれを愛育して親子の情濃やかなるべく、但し肉食を好んで急躁に事を處する短處があり、又天折のおそれがある。凡そ師子宮を本宮となすものは、日曜の日出時に生るゝにおいてはけだし將に將たるの人である。

二、女　宮

（一）女宮主妻妾婦人。若人生屬此宮者、法合難得心腹多男女足錢財、合掌宮房之任（宿）。

（二）若於雙女宮生合於翼宿及軫宿者、此人有勇猛好爲盜心、常散亂樂行邪染、亦得爲王或得爲軍主。若依此宮生者、或得木星合者、及得木爲本命者此爲最上、常得護持遇惡皆吉（文）。

（三）雙女宮當水曜、直在翼宿三分軫宿・角宿各二分。其日男女生者、猴面廣目肋下有黶人見敬愛、樂法愛香華。年少微賤晩歲豐財、然多疾病偏饒患目。好在他國不宜妻妾、每覩美麗神魂失次、年至三十有中天難。當天難時遇吉曜臨照變惡爲善、得延壽命至八十歲、於正月內因患瘡命終（支）。

翼宿の後三限（正午……翌日午前六時）と軫宿及び角宿の前二限（午前六時……午後六時）に生るゝものはこの女宮に屬し、その人陰險優柔にして胸襟を開いて語らない、女性の監視教養等の任にあたるべきである。錢財乏しからざるも多病にしてことに眼病にかゝりやすく、三十歲ころに天難があり、もしこれを免かるゝことをえば、晩歳は富貴長壽であらう。女宮を本宮となすものは木曜に生るゝを最上とする、即ち禍ひを未前に防いで慶福を招來する。

三、秤《しやう》宮

（一）秤宮主二寶庫一。若人生屬二此宮一者、法合二心直平正信敬多財一、合レ掌二庫藏之任一（宿）。

（二）若於二秤宮一合二於角・亢宿・氐宿一生者、此之生人注短二仁義一此宮非二善者一。若得二月照一及得下金土同二此宿分一生上者、又在二夜初分一生者、或得レ爲レ王或有二富貴一。若人生時不定或不レ貴者、爲レ性貪愛亦多二瞋怒一。若於二禁呪一好二於飲博一、亦得二大人愛樂一見レ重（文）。

（三）天秤宮當二金曜一、直二在角宿二分亢宿・氐宿各三分一。其日男女生者、爲レ人孝順福祿自如、稟性急躁多有二瞋怒一。然識見明達審二察徵細一、復有二氣義一又能剛忍長二於親友一。滑稽好レ色多遊二外國一、或於二非次一得二快樂事一、合レ主二手中有一幢蓋紋相一、至二二十二歲一有二中夭難一。於二天難時一若遇二吉曜臨照一變レ惡爲レ善、得下延二壽命一至中九十七上、於二二月內一値二火曜及房宿直日一命終（支）。

角宿の後二限（午後六時……翌日午前六時）と亢宿の全分及び氐宿の前三限（午前六時……午後十二時）に生るゝものはこの秤宮に屬し、その人正直謹愼にして財政管理の任に適する。もし金土曜に生るゝは富貴自在なるべきも、二十二歲に厄難あれば愼しむでこれを防ぐべきである。

四、蝎　宮

（一）蝎宮主㆓禁病尅身㆒。若人生屬㆓此宮㆒者、法合㆓多病薄相惡心妬忌㆒、合㆑掌㆓病患之任㆒（宿）。

（二）若人生㆓於蠍宮㆒合㆓房宿・心宿・尾宿㆒生者、又得㆓火星爲㆓本命㆒、此人主㆓慈心學業成就、復多㆓勇猛㆒不㆑怖㆓危難㆒能忍㆓勞苦㆒。若得㆘於㆓日中時㆒生㆖者或得㆑爲㆑王、於㆓大戰陣㆒決定得㆑勝。若彼火星如㆓童子形㆒一剎那臨㆓照此宮㆒、彼地彼時所有人主㆓而誕㆓異子㆒、宜㆓應護持㆒、必具㆓大智㆒聰明多記、孝順有㆑力復好㆓朋友㆒壽命延長、若火星逆倒事卽差異（文）。

（三）天蠍宮當㆓火曜㆒、直㆓在氐宿及房宿・心宿各一分㆒。其日男女生者合㆑主㆓利根㆒、所學易㆑成。爲㆑人氣義、雖㆑豐㆓財寶㆒或聚或散。至㆓年十八㆒有㆓蛇蠍虎狼之難㆒、至㆓年二十㆒再有㆓中夭之難㆒。當㆓夭難時㆒若遇㆓吉曜臨照㆒變㆑惡爲㆑善、得㆘延㆓壽命㆒至㆗七十七歳㆖、於㆓三月內㆒値㆓火曜及房宿直日㆒命終（支）。

氐宿の第四限（午後十二時……翌日午前六時）と房宿及び心宿に生るゝものはこの蝎宮に屬し、その人薄命多病にして醫療の任に適する。性質嫉妬にして人を陷ゐるの念强ければ、よろしく修養して寛容の風を學ぶべきである。もし火曜の日中に生るゝは、運勢盛んにして事ごとに勝利をうる。

五、弓　宮

（一）弓宮主㆓喜慶得財㆒。若人生屬㆓此宮㆒、法合㆘多㆓計策㆒足㆗心謀㆖、合㆑掌㆓將相之任㆒（宿）。

（二）若人生於人馬宮合箕宿斗宿生者、及得木爲本命、若人於午後及夜分生者、或求王位必破自族然後得成。當在中年而得富貴、雖得富貴須在小處。譬如人過中年如日過午、而於大位大財稍更難得。若是宿曜逆倒而見生之人、宜種々差異（文）。

（三）人馬宮當木曜、直在尾宿・箕宿・斗宿各一分。其日男女生者、合主身相端嚴兼有福黶。稟性柔善持戒堅固、凡所言說悉務眞實。足智慧好論議、一生之中常處大富、於年少時又得伏藏、至十八歲有中天難。於天難時若得吉曜臨照變惡爲善、卽延壽命至七十七歲。於四月内值金曜及牛宿直日、因斷食投水而終（文）。

尾宿・箕宿及び斗宿の第一限に生るゝものはこの弓宮に屬し、計策に長じて將相の任に適する。尾箕宿は木曜の午後及び夜分に生るゝは最上なるも、惜むらくは自己の種族を斷絕しをはつてのち榮達し、中心に孤獨寂寞を感ずることこれである。

六、磨宮

（一）磨宮主鬭諍。若人生屬此宮者、法合心麤五逆不敬妻子、合掌刑殺之任（宿）。

（二）若生於摩竭宮合於牛宿・女宿生者、及得土爲本命、又或得在初夜及中夜早晨生者、又更別有大吉星曜同照臨者當得王位。又此人生處不擇一切貴賤之族、稟性柔和法主眼赤、受身紫色或黒色有二勇猛一不レ怖畏一。或得二王位一合下在二多水之國一、而爲二其主上、然長壽能忍二勞苦一。若或星曜逆倒、所有之事而必差忒（文）。

（三）摩竭宮當二土曜一、直二在斗宿三分牛宿・女宿各二分一。其日男女生者、身相端直隱處有レ黶。爲レ性褊急常多二瞋怒一目相姦儍《さ》（不仁の義）、然有二氣義一智慧不レ群、全二忠孝一多二朋友一。心勇猛樂二鬪戰一、愛二歌舞一好二技術一、復愛二香華一多有二妻妾一、年至二三十一有二中天難一。當二天難時一遇二吉曜臨照一變レ惡爲レ善、得下延二壽命一至中七十五上、於二五月內一値二土曜及危宿直日一命終（文）。

斗宿の後三限と女宿及び虛宿の前二限に生るゝものはこの磨宮に屬する。その人受性冷嚴にして司法官に適し、もし土曜の夜分に生るゝは善相にして首領となるといはるゝ。

七、瓶　宮

（一）瓶宮主二勝强之事一。若人生屬二此宮一者、法合下好行二忠信一足二學問一富貴上、合レ掌二學鎭之任一（宿）。

（二）若人於二寶瓶宮一生、合二於虛宿・危宿一生者、又得二土爲二本命一。此人若得レ生二於夜分及早晨時一、又得二月或金星臨照一者、是人得二惡業淸淨一有二大智慧一、富貴自在受二用快樂一、如レ是星曜逆倒所二臨照一人得二貧病苦惱一（文）。

（三）寶瓶宮當二土曜一、直二在女宿二分危宿・室宿各三分一。其日男女生者合レ主二大富一常受二快樂一、各有二眷屬二亦多二奴僕一、而於二父母一志切二孝養一。雖レ有二妻室一不レ守二財物一、所生之子有二夭歿者一。眼目姦僂然有二氣義一、凡事明察所爲長久、性不二慳悋一唯好二布施一、所レ聚財物亦有二破散一。生怖二虎狼一年至二十八一有二虎狼之難一。於二有レ難之際一若遇二吉曜臨照一變レ惡爲レ善、得下延二壽命一至中八十四上、於二六月内一値二太陽及奎宿直日一因二患瘡一而終（支）。

虛宿の後二限と危宿及び室宿の前三限に生るゝものはこの瓶宮に屬し、忠信學を好むで令名を發する。もし土曜の夜分又は早晨に生るゝは、必らず榮位に上つて富貴自在である。

八、魚　宮

（一）魚宮主二加レ官益下職。若人生屬二此宮一者、法合下作二將相一無二失脫一、有二學問一貴勝忠直上、合レ掌二史館之任一（宿）。

（二）若人生二雙魚宮一合二室宿・畢宿（私考、畢は壁ならむ）・奎宿一生者、又得二金爲二本命一。又在二夜半及日中時一、或過レ中少分已來生者、及得二金星及別吉曜同照臨一者、法合二梵行淸淨有二大智慧一、具二最上善一知法吉祥。此之生人身黃白色顏貌殊妙、禀性仁孝眷屬和睦。凡所爲事精進堅固、長壽大福一切稱レ意。合下於二東小國一爲上レ主、彼地少寒及地多二卑濕一多居二水中一、以二宮分所主一之故。若得二土木臨照一此爲二最上一、或得レ爲二大國主一。若如レ是者此乃決定知二其生時一、宮中多有二最上吉祥種々之星一（文）。

（三）雙魚宮當木曜、直在室宿・壁宿・奎宿各一分。其日男女生者、身分端正眼目姦僂、多有妻妾眷屬復多僮僕。稟性急躁常多瞋怒、有筋力貪肉食復好食魚。然好布施及供養賢聖、愛香華好技術、貪著美色亦爲女妬。言多眞實亦合謗師、主患耳疾亦主長壽、年至十八有上樹上牆墮落之難。若遇吉曜臨照變惡爲善、得延壽命至九十五。於七月內値土曜及壁宿直日、因患瘡而終（支）。

室宿の第四限と壁宿及び奎宿に生るゝものはこの魚宮に屬し、精勵恪勤にして過失少なく、修史祕書の任に適する。文殊軌には金曜に生るゝを吉となすも、支輪には木曜に生るゝを吉となしてゐる。ひとりこの宮に限らず諸宮とも三經の所說往々に齟齬するも、要は宿曜經を標準となすべきである。

九、羊　宮

（一）羊宮主兩足人事。若人生屬此宮者、法合多福德少病長壽又能忍辱、合掌厨膳之任（宿）。

（二）於羊宮合於婁宿・胃宿、此等諸宿有力、最宜貨易財寶豐溢、若彼具足遇者得富貴自在。若生時或値日沒、彼人得惡事多歷險難、受身瘦薄又好綺語。若生時見日作紅色及大地紅色、剎那瞬息之間彼有重德。若復生背宿曜無所見者、是彼種々衆生叢雜生處雜行所生、亦得叢雜快樂富盛、又如是時生處說二十種善惡果報。若火星直日是惡生處、然彼人大腹姿容潤澤、長眼愛語又足心力。若木星直日卯時生者、及得日月星宿於晝夜分合其本位、乃是賢聖生處。若復生時宿曜逆倒、果感不實事多邪惡。若復生時得其正順、必感善果、於彼生地而得安住。若復身相白色、是其上人（文）。

（三）天羊宮當火曜、直在婁宿・胃宿全分昴宿一分。其日生者相貌端嚴身肥細妙、孝於父母敬事尊長、多眷屬饒僕從。具勇猛有精神、有大福德不奈飢寒。樂於法知慚愧好布施心堅固、言行眞實見解明了、合得君王愛重衆人欽仰。眼傻貪色多好遊歷一生多饒齒疾及有癀病壽或中夭。於生後第四年合有火難、至年十八亦合中夭、至年二十五合有虎狼之難亦主海中死。當天難時若遇吉曜臨照、即延壽命至一百歲。於八月內値火曜及昴星直日、夜半時命終（支）。

婁宿と胃宿及び昴宿の第一限に生るゝものはこの羊宮に屬し、健康長壽忍辱にして殖産の才を有し商賈に適する。

一〇、牛　宮

（一）牛宮主四足畜牧之事。若人生屬此宮者、法合多口福足親友、長壽得人貴敬、合掌廐牧之任（宿）。

（二）生於牛宮合於昴宿・畢宿、此爲上宮吉星所照。須臾之間而彼衆生々者、得富貴吉祥忍辱具足。長壽多子豐饒財寶、復得爲君主。此之生人作成就法、於須臾間而知善惡。若遇參宿有法知解、爲世間人之所愛見。若遇昴宿者於海中爲主。若生時宿曜分明得爲一小國之主。若生時宿曜具足重々照臨得爲大地主、或五年或十年處彼大位（文）。

（三）金牛宮當金曜、直在昴宿三分畢宿・參宿（參、恐らくは觜）各二分。其日男女生者相貌端嚴、身分長細面有星黶。合主大富常受快樂、多饒眷屬亦多奴僕。氣性剛强不宜妻妾、少小辛苦晩年之後、復得父母資財卽受快樂。有精神善工巧見識明了、所作堅固好樂布施。貪愛食味饒患喉病、至二十五歳命合中天。若於是時復得吉曜臨照變惡爲善、得延壽命至於百歳。後患風狂病、於九月中當水曜及畢宿直日、終於聖跡之地（支）。

昴宿の後三限と畢宿及び觜宿の前二限に生るゝものはこの牛宮に屬し、富厚長壽にして人に尊敬され、眷屬多く奴僕多くして農業牧畜に適する。しかるに呼吸氣病に犯されて命中天のおそれあれば、よろしく戒愼してこれを豫防すべきである。

二、夫妻宮

（一）夫妻宮主子孫之事。若人生屬此宮者、法合多妻妾得人愛敬、合掌戸籥之任（宿）。

（二）於陰陽宮生、合於婆里誐嚩星（觜宿なり）直日、又與觜宿・參宿・井宿合日生者、此人癡愚善惡不レ分、好二樂女人一復多二邪染一。受身黑色或復紫色、然不二慳悋一好二大捨財一。若土星直日於二此宮中一生者、於二彼日中或復夜中一、隨二彼時分一乃至須臾得二値遇一者、大富自在有二大心力一、其餘善惡稱量說レ之（文）。

（三）陰陽宮當二水曜一、直二在參宿（恐らくは觜宿）二分觜宿（恐らくは參宿）井宿各三分一。其日男女生者、稟性柔善身相端正、所言眞實談對辯捷、於二其交友一分義長遠。偏好二香華一貪二愛食味一、稟性滑稽厚二於女色一、目覩二美麗一神魂如レ失。於二諸幻術一見者愛樂、於二成就法一修習必得。若學二禁龍及呪水法一、於二此二法一最得二精妙一。少小辛苦至二中年後一、方有二名譽一見者愛重、初生之後至二第五年一有二中天難一。於二天難時一若遇二吉曜臨照一變レ惡爲レ善、得レ延二壽命一至二八十歲一。於二十月內一遇二水曜及參宿直日一、於二日中時一因レ疾命終（支）。

觜宿の後二限と參宿及び井宿の前三限に生るゝものはこの夫妻宮に屬し、衆人の敬愛をうけて財政又は祕書の任に適する。受性淫亂なれば最もよくこれを反省すべきであり、もし土曜の日中半夜に生るゝは大富自在をうる。

一二、蟹　宮

（一）蟹宮主二官府口舌一。若人生屬二此宮一者、法合二惡性欺誑聰明而不一レ壽、合レ掌二獄訟之任一（宿）。

（一）於㆓蟹宮㆒合㆓鬼宿・柳宿㆒生者、此所生人而有㆓尊重㆒是第一生處、若得㆓夜半時生㆒是最上人。此人受身金色㆒或紫色、清淨吉祥殊妙有㆑異兼有㆓大智㆒。若依㆑法爲㆑因得㆓一切義成就㆒、至㆓於大財大位㆒皆不㆑難㆑得（文）。

（二）於㆓巨蟹宮㆒當㆓太陰㆒、直㆓在井宿・鬼宿・柳宿全分㆒。其日男女生者、身分長細稟性柔善、有㆓智慧㆒能忍㆑事、孝㆓順父母㆒最得㆓父母憐愛㆒。於㆓手中足下㆒、合㆑有㆓蓮華紋・螺紋及吉祥果紋相㆒、多有㆓妻妾眷屬㆒又多㆓奴僕㆒、少年微賤晩歳豐富。樂㆑法勇猛好㆓於布施㆒、供㆓養賢聖及諸師長㆒性好㆓遠遊㆒、初生後至㆓二十歳㆒合㆘於㆓樹上㆒落下因㆑此傷夭㆖。當㆓此之時㆒若遇㆓吉曜臨照㆒變㆑惡爲㆑善、得㆘延㆓壽命㆒至㆗八十歳㆖、於㆓十一月㆒當㆓參宿及金曜直日夜半時命終（文）。

井宿の第四限と鬼宿及び柳宿に生るゝものはこの蟹宮に屬し、險惡短命にして司法官に適する。本宮に對する三經説は、文殊軌・支輪經は大同にして吉祥となすも、宿經は前記の如くにしてこれと大いに相違する。

第六節　十二宮と旅行方位

旅行の方位を撰ぶにはまづ各自の本命宮を基準となし、これと當日直宿の組合せ如何を觀て進退を

決すべきであり、このことを說くは宿經（下）の行動禁閉法これである。いはゆる、

（一）	師子宮	星・張日	西行大吉
（二）	女宮	翼・軫日	北行大吉
（三）	秤宮	角・亢日	東行大吉
（四）	蝎宮	房・心日	南行大吉
（五）	弓宮	箕・斗日	西行大吉
（六）	磨宮	女・虚日	南行大凶
（七）	瓶宮	危・室日	東行大吉
（八）	魚宮	壁・奎日	南行大吉
（九）	羊宮	婁・胃・昴日	西行大凶
（一〇）	牛宮	畢・觜日	北行大凶
（一一）	夫妻宮	參・井日	東行大凶
（一二）	蟹宮	鬼・柳日	北行大吉

とあるこれなるが、こは各宮わづかに二宿又は三宿直日の吉凶を示すのみで、一見すれば所用の範圍

狹きやに思はるゝも、その實吉凶の二邊をあげて餘はみな平なりと示すのであるから、これにて何ら間然するところがない。卽ち(一)師子宮に屬するものは、もし西行せむにはよろしく星・張宿の日を撰ぶべく、從つて餘宿の日はみな平であり、もし東行し南行し北行し東南行し西南行し西北行し東北行せむには全宿の日はみな平であり、乃至(六)磨宮に屬するものは、もし南行せむにはよろしく女・虛宿の日を避くべく、從つて餘宿の日はみな平であり、又もし他の七方に行かむには全宿の日はみな平なりといふのである。しかるにこれが一々の理由に至つては經にこれを說かざるが故に、みだりに暗推を許さゞるところのものである。

第七節　十二宮の相互關係

萬有に必らず相互關係を有すべき理法よりこれを推すに、この十二宮にもまた必らず相互に緊密の關係を有しなければならぬ。しからば前述の方法によつて本命宮が定まるときに、餘の十一宮はこれといかなる關係を生ずべきかといはゞ、今しばらく禳災決によつてこれを考ふるに、各人の運命を(一)命宮、(二)財宮、(三)兄弟宮、(四)田宅宮、(五)男女宮、(六)僮僕宮、(七)夫妻宮、(八)病厄宮、(九)遷移宮、(一〇)官位宮、(一一)福相宮、(一二)禍害宮なる十二宮に分つのである。卽ちもし第一の師子宮が本命宮なる場合には、第二の女宮は財宮、第三の秤宮は兄弟宮、第四の蝎宮は田宅宮、第五の弓宮は男女宮、第六の磨宮は僮僕宮、第七の瓶宮は夫妻宮、第八の魚宮は病厄宮、第九の羊宮は遷移宮、第十の牛宮は官位宮、第十一の夫妻宮は福相宮、第十二の蟹宮は禍害宮となり、餘の十一宮が本命宮なる場合もまたみな右の次第によつて配すべきである。それかくの如くにして天體の十二宮は、人生に及ぼす影響よりしてはそれが直ちに運命の十二宮なるが、しかるに㈠の命宮をして壽夭ならしめ、㈡の財宮をして貧富ならしめ、㈢の兄弟宮をして合離せしめ、乃至㈩㈡の禍害宮をして消長せしむるは實に七曜の循環に原因する。禳災決にこの因果關係を說くこと委曲なるも、しかるに文字の誤脫多くかつこの書には殆んど對照すべき類本がないから今私にこれを熟讀し判讀して左にその要をとつてみる。

（一）の命宮に臨む場合

日　分外の幸福をえて歡喜す。

月　遠信來つて希望を滿足す。

火　大傷害をうけて財僕を失ふ。

水　幽愁煩悶す。

木　威勢あつて優者の地位に立つ。
金　幸福あるも人と爭ふことを愼しむべし。
土　病にかゝり論訟に敗れて不利なり。

(二)の財宮に臨む場合

日　財を散じて口舌あり、よく愼しむで家を守るべし。
月　旅行すべからず、やゝもすれば奇禍にあふ。
火　長上の譴責をうけ、又熱病に犯さる。
水　口舌爭論多く、他に欺かれて不利を招く。
木　官位昇進して財祿を增す。
金　財利をうると雖も他の嫉視にあふ。
土　財を損して病にかゝり、かつ寃罪を蒙むる。

(三)の兄弟宮に臨む場合

日　同志の援助をえて資財を增す。
月　諸種の希望を成就して和悅す。

火　衆人歸順してわれに聚まる、初には得意なるも後には憂ひあり。
水　論訟利なし、遠信來らず。
木　親眷われに背き、宿痾再發して爭ひあり。
金　口舌あるも尊貴に接近す。
土　財祿進み名譽あがる。

（四）の田宅宮に臨む場合

日　親眷病にかゝり、自己また小病にあふ。
月　口舌起らむとす、これを防ぐべし。
火　損失を招きかつ病にあふ。
水　家庭團欒にして官祿を增す。
木　恥辱にあうて失意す。
金　進むで論訟するに利あり。
土　貴産に對する係爭あり、遠行すべからず。

（五）の男女宮に臨む場合

日　家門に不祥事相ついで起る。
月　憂に沈むもつひに杞憂となる。
火　火災起りやすく親眷離散す。
水　夫妻反目して落魄せむとす。
木　子孫榮達して光輝を發す。
金　財祿をうるも婦人について物議をひく。
土　論訟に敗れていよ〳〵不利なり。

（六）の僮僕宮に臨む場合

日　怨敵歸順す、遠行するによろし。
月　諸事意の如くにして自在なるべし。
火　家畜を傷つけ及び奴僕につく憂ひあるも後に幸慶あり。
水　小厄口舌ありて錢財を損す。
木　眼病にかゝり水禍にあひ所求を遂げず。
金　過失を生じ口舌起つて憂ひあり。

土　官祿昇進し子孫榮昌す。

（七）の夫妻宮に臨む場合。

日　憂慮多くして財物を失ふ。

月　百事意の如くにして悦樂す。

火　妻は病にあひ自己もまた風病にあふ。

水　口舌ありて子孫病む。

木　妻產に對する憂ひあるも、論訟に勝ち官位をう。

金　密事露顯して財貨を損す。

土　密事露顯し奴婢死亡し、かつ他の壓迫をうく。

（八）の病厄宮に臨む場合

日　手足の自由を失つて憂愁多し。

月　たゞ口舌を愼しむべし。

火　婦人物議をひいて財を失ふ。

水　遠信來つて福慶あり。

木　初には病にかゝり論訟に敗れ親眷を失ふも後には吉事來る。
金　親族和合し宿痾平癒す。
土　官位を失ひ妻に離れて病殃あり。

（九）の遷移宮に臨む場合

日　急變の驚怖あり、しばらく家を去つて遠行すべし。
月　口舌を防ぐべし。
火　落馬のおそれあり、爭事起つて所求を遂げず。
水　親眷分離し家畜を損し遠遊漂浪す。
木　子孫榮達し財貨增殖す。
金　病にあひ親友を失つて孤立す。
土　夭死のおそれあり、官位を失つて懊惱す。

（一〇）の官位宮に臨む場合

日　經營意の如く衣裳をえ、官職昇進す。
月　求むるところすべて滿足す。

火　漂泊のおそれありよく忍ぶべし、後に慶福あり。
水　官祿昇進す
木　若者は疾病を感じ老者は痊ゆ。
金　求むるところ多くは成つて事務繁多なり。
土　大人の寵遇をうけて榮達す。

（一一）の福相宮に臨む場合

日　怨敵散じ他の尊敬をうけて喜樂多し。
月　病おのづから癒えて吉事來る。
火　宿痾癒え官位すゝむで歡悅す。
水　論訟に勝つて家門和合し、過失あるも大害を及ぼさず。
木　貴人に接引せられ田宅を增す。
金　福祿おのづから來る、口舌を愼しむべし。
土　眷屬增加し子孫昌え牛馬蕃殖す。

（一二）の禍害宮に臨む場合

日　一老人より善物をうくべし、一切の事に吉なり。
月　論訟によろしからず、その餘みな平々。
火　火難のおそれあり、急變あり、爭ひあり。
水　貴子を生む、出行して財をう。
木　遠行に利あり大人の接引にあふ。
金　吉慶あるも口舌のおそれあり。
土　親族故舊を失ひ奴婢を失ふ。

以上は天體十二宮が七曜の循環に原因して運命十二宮に及ぼす影響の一端である。一行禪師の看命一掌金に、(一)佛道天貴星、(二)鬼道天厄星、(三)人道天權星、(四)畜道天破星、(五)修羅天奸星、(六)仙道天文星、(七)佛道天福星、(八)鬼道天驛星、(九)人道天孤星、(一〇)畜道天及星、(一一)修羅天藝星、(一二)仙道天壽星を十二宮となし、この交互錯綜によつて運命に種々相の分るゝゆゑんを示すが、しかるにこれは年月日時おの〳〵の十二支に、次での如く(一)より(一二)に配するものにして、これと黄道十二宮との間には殆んどその關係が見られない。

第九章　九　曜

第一節　七・八・九曜の本說

文殊根本儀軌經（三）に「復有二世間空居大曜一、所謂日月大曜、金大曜……計都大曜、阿舍儞大曜……佉惹大曜、尾嚕波大曜等如レ是無數大曜」（具文第三章にあり）といつて五十六曜をあぐるが、その初め十曜のなか、劍波大曜を除く自餘は常の九曜である。又同經（五）に星宿の曼荼羅を說いて「復安二八宿曜二十七星宿臨二行大地一、復有二八小曜一依レ位粉畫」云云といへるが、このなか二十七星宿は二十八宿中の牛宿を除きしものなるべく、八宿曜は九曜中、羅睺・計都のいづれかを除きしものなるべきも、これに對する八小曜の分齊が明らかでない。又通書大全（上）に「日月木火土金水謂二之七政一、紫氣・月孛・羅睺・計都謂二之四餘一……木之餘曰二紫氣一、水之餘曰二月孛一、火之餘曰二羅睺一、土之餘曰二計都一、皆無二形可一レ見」といつて十一曜をあぐるも、七曜以外の四つはこれを實星と見做さないのである。凡そ七政といふについては五行大義（四）に（一）七曜、（二）北斗七星、（三）二十八宿を四方におの〳〵七宿づゝ配するの三說をあげてゐる。いはく、

夫七政者乃是玄象之端、正天之度、王者仰之以爲治政故謂之政、七者數有七也。凡有三解、一云日月五星合爲七政。二云北斗七星爲七政。三云二十八宿布在四方、方別七宿共爲七政。此三種七政皆配五行、並三辰之首也。日月五星爲七政者、尙書考靈曜、七政曰日月者時之主也、五星者時之紀也、故曰在璇璣玉衡以齊七政。五政謂五行之政、七政卽日月五星也（演奥鈔六の所引）。

試みに七・八・九曜の本説を經に徵するに、七曜は摩登伽經（上）に「七曜者日、月、熒惑、歲星、鎭星、太白、辰星、是名七曜」といひ、宿曜經（上）に「七曜者日月火水木金土也」といひ、月藏分（一一）に「所言曜者有於七種、一者日、二者月、三者熒惑星、四者歲星、五者鎭星、六者辰星、七者太白星」といへるなどこれであり、八曜は日藏分（星宿品八之二）に「大星宿其數有八、所謂歲星、熒惑、鎭星、太白、辰星、日、月、荷羅候星」といひ、大佛頂別行法に「復有八大惡星以爲其主」といひ、前の文殊軌に八宿曜といひ、瑜祇經（下の內護摩品）に七母八執曜といひ、正法念處經に「八曜等功德相故、二十八宿功德相故」（一九、大一七・一一二）といひ、大疏（一二）に「日之眷屬凡有八曜皆名爲執」といへるなどこれなるが、心覺の鵝珠鈔（上之二）に「八曜者羅計之中除何耶」と不審をあげてゐる。但し日藏分の文分明なるが故に、八曜の場合には計都を除くと見るべきであらう。九曜は孔雀經（不空譯の下）に「有九種執曜名號、此執曜天巡行二十八宿之時、能令晝夜時分增減、世間所有豐儉苦樂皆先表其相一。其名曰二日月及熒惑、辰歳并太白、鎮及羅睺彗一、此皆名二執曜一、此等九曜有二大威力一能示二吉凶一といひ、前引摩登伽經に七曜をあげをはつて「羅睺彗星通則爲レ九」といひ、大疏（四）に「諸執者執有二九種一、卽是日月火水木金土七曜、及與羅睺計都合爲二九執一」といへるなどこれである。

羅睺・計都は梵語にして羅睺は障持（法華文句二）、月障（九曜祕曆）、障月（翻梵語集七）等と譯し、計都は「正翻爲レ旗、旗星謂彗星也」（大疏四）といひ、又「梵云二馱嚩合若一、此翻爲レ幢、梵云二計都一、此翻爲レ旗、其相稍異、幢但以二種々雜色綵一標幟莊嚴、計都相亦大同」（同九）といへるが、平天儀圖解に、

黃白の交る所を以て龍頭龍尾と名付、又正交中交とも云、羅睺計覩ともいふ、是皆黃白道の四ッ辻にて則日月蝕する所の名なり

といひ、通書大全に「羅計火土之餘」といひ、天經或問（天）に、

羅睺卽白道卽月行之道也之交點、計都卽白道之中點、曆家按二此二點一以便レ起二算交食一。月道自レ南遡レ北、以レ交二於黃道之一點一曰レ羅。此點有二本行一、毎日左旋三分有奇、而羅正對之點爲レ計、所謂龍首龍尾、內道口外道口也

といひ、要するに羅睺とは月の軌道の北における昇交點を指し、計都とはその南における降交點を指すが故に、これらは實星に非ずとするが天文學の所見である。しかるに前引の摩登伽經・孔雀經・大

疏等に見ゆる印度の說はこれらを實星とするのであり、又大疏(四)に「是交會蝕神」といひ、又「計都正翻爲レ旗、旗星謂彗星也」といふが故に、計都は卽ち彗星の上首と見るべく、羅睺は卽ち暗星の巨魁と見るべきである。禳災決に以上の兩說を判じていはく、

羅睺遏羅師者、一名二黃幡一、一名二蝕神頭一、一名レ復、一名二太陽首一。常隱行不レ見、逢二日月一則蝕、朔望逢レ之必蝕、與二日月一相對亦蝕、謹按二天竺婆毘磨一步レ之云レ爾。漢說云、日月同レ道月掩レ日而日蝕、又對レ日衝其大如レ日。日光不レ照謂二之暗虛一、暗虛値レ月而月蝕。二說不レ同、今按天竺曆得二其正理一矣。

このなか彗星は蚩尤旗又は孛星ともいはるゝが、こは次での如く尾の有無によつて分つ名稱であり、嘉祥の仁王經疏に「彗星者外國名二閻羅王星一」(下之六、大三三・三五四)といつて閻羅王の異名をあぐる。今日にてはこれの出現に對して、やはり太陽系に屬する週期星となして恐れざるも、古人は戰亂等不祥事のまさに起らむとする前兆として大いに恐れたりしものである。太平廣記に「政弊し道鎖すれば彗孛上に見はる」といひ、慈恩の上生經疏に「時有二星現一表二王婬荒一、彗星橫流洪水不レ止」(上、大三八・二七五)といひ、嘉祥の前記疏に「此星隨二所出處一必有二災難一也」といひ、その餘金光明經(六)及び密部經軌等にもこの義ひろく見えてゐる。梵天火羅九曜の說によらば、羅睺は張・翼宿を、計都は氐・尾宿をその本居となし常に隱れて現せず、もし現ずれば妖禍を起すといふが故に、日ごとに循環する七曜

とは撰を異にしてこれを直日星に加へない。從つて大疏（四）には「羅睺主爲二覆障一、彗星主見二不祥一、故不二直日一也」といつてゐる。

九曜中、羅・計・金・木の四曜は紛らはしからざるも、日・月・火・水・土の五曜と日・月・火・水・地の五天との同別體については、善無畏譯の尊勝軌（下）・慈氏軌（下）及び現圖胎藏曼荼羅等はこれを別體となすも、宿曜經等はこれを同體となすのであり、法三宮の諸説不同記（九）、重譽の深密鈔、及び阿娑縛抄（一四三）等は同體説によつてゐる。この説によつて私に案ずるに、胎藏曼荼羅等はしばらく光曜にみつる外用の邊を五曜となし、一門の三昧に安住する內證の邊を五天となして別立するまでゝ、實は五曜卽五天、五天卽五曜と見るべきであらう。その詳細は演奧鈔（六、大五九・六二）を見るべきである。又九曜を孔雀經（下）及び大疏（四）などに九執といつてゐる、こは梵語の糵哩何（《ギヤラカ》）は著の義なるが、著は執持の義であり、九曜はわれらと常に密著不離にして、運命の執持者なりといふ義邊に名づけられたものである。故に阿娑縛抄（一四三、大圖九・四五六）に「或云、五行在二上天一之時名レ曜、在二人身一之時名レ執」と。

第二節　九曜の異名

宿……宿曜經
梵……梵天火羅九曜
新……七曜新術
禳……七曜禳災決
禪……覺禪抄
石……石山七集
普……普星傳（星之行度、中院流口決）

日曜　梵に阿儞底耶（《アニチヤ》）（宿）、蘇哩也（《ソリヤ》）（千字文）、婆薩迦（石）、胡に蜜、波斯に曜森勿（宿）、漢に太陽（宿）、歳德（新）、通光天（梵）、密羅星（普）といふ。

月曜　梵に蘇摩（《ソマ》）（宿）、胡に寞、波斯に婁禍森勿（宿）、漢に太陰（宿）、大陰（新）、微借天（梵）、是貞星（普）といふ。

火曜　梵に盎誐羅迦（《オウギヤラキヤ》）（宿）、胡に雲漢、波斯に勢森勿（宿）、漢に熒惑《けいこく》（宿）、大將軍（新）、雲霄天（梵）、罰星（禳）、明星（禪）、普光天壽賢星（普）といふ。

水曜　梵に部陀（《ボダ》）（宿）、波引羅悉（新）、胡に咥《ちつ》、波斯に掣森勿（宿）、漢に辰星（宿）、歳刑（新）、遊咸

天（梵）、彘星（穰）、濕星（北本涅槃二〇）、啓明（詩經）、蜚《はん》柱天普密星（普）、啓明（詩經）といふ。

木曜　梵に勿哩訶薩跛底（《ボラカサハチ》）、胡に溫沒斯、波斯に本森勿、漢に歲星（宿）、大歲（新）、高倉天（梵）、攝提（穰）、倉積天圓祿星（普）といふ。

金曜　梵に戌羯羅（《シユキヤラ》）、胡に那頡（那歇宿下、那溢超際仙人經）、波斯に數森勿、漢に太白（宿）、歲殺（新）、飛揰天（梵）、長庚（穰）、天師星（嘉祥仁王琉下之六）、通光天婆六星（普）といふ。

土曜　梵に賒乃以室折羅（《シヤニシ・ヤラシセイテイ》）、胡に鷄緩、波斯に翕森勿、漢に鎭星（宿）、歲破（新）、赤虛天（梵）、尊星（禪）、光雲天廣辰星（普）といふ。

羅睺　梵名なり（《ラゴウ》）につくる。漢に太陽首、複、蝕神頭（穰）、黃幡（新）、大凊天（梵）、天岡（九曜祕曆）、火陽（梵）、善光天長星（普）といふ。

計都　梵名なり（《ケイト》）につくる。漢に太陰首、月勃力、蝕神尾（穰）、豹尾（新）、溫獨天（梵）、河魁（九曜祕曆）、彗（隨求陀羅尼經下、大疏四）、積微天蓮華星（普）といふ。

第三節　天文學上より觀たる九曜

以上の九曜をもし天文學上より見れば、これ即ち宇宙の一部を占むる太陽系（Solor System）の主件である。太陽をもつて宇宙の中心とする說は、今より三百餘年前に獨逸のコペルニクスによつて唱道され、そのゝちに同國のケプレルこれをうけて主張し、さらに英にニウトンいで幾何學及び物理學によつてこれを證明したるも、こはわれらの地球本位より來る一種の見かたにすぎない。當時の太陽系は土星にて限られしも、一七八一年三月十三日に英のウイリヤム・ハアセルによつて天王星が、一八四六年九月二十三日に佛のルベリヱ等によつて海王星が發見さるゝや、こゝにおいて大いに擴大した。卽ち中央に太陽がありて、次での如く位する水・金・地球・火・木・土・天・海の八大遊星を初め、火・木間にある約一千の小遊星と、及び合計二十七箇の衞星、幾百の彗星、無數の流星群がこれを圍繞する集團のことである。八大遊星のなか、水金の二星は地球の軌道內にあるが故に內星、餘は軌道外にあるが故に外星といひ、又水・金・地球・火の四つは、物理的性質が殆んど同じいから地球型遊星と名づけ、他の四つは前者に比してすこぶる大きいから大遊星と名づける。

太陽(Sun《サン》)　太陽は恒星の隨一にしてわれらの世界における光熱及び動力の淵源なるが、他の恒星に比して遙かに大にして光つよきゆゑんはわれらの世界より尤も近いからである。ケンタウルス座の首星は最も地球に近き恒星なるも、なほ地球太陽距離の約二十六萬倍であり、もしこれが太陽の位置にありとせばその光度は太陽の二倍である。凡そ地球太陽の平均距離は約九千二百九十萬哩(三千八百萬里）にしてその光度は滿月光の四十六萬五千倍、恒星中の第一位たる天狼の五百億倍であり、これが地球に達するは八分二十秒である。直徑は地球直徑（七九一三哩）の百九倍の八十六萬四千百哩（三十五萬三千百二十里）にして、成分はアルミニウム、パリウム、カドミウム、セリウム、クローム、イツトリウム、コパルト、カルシウム、マグネシウム、ソヂウム、ジルコニウム、チタン、マンガン、ニツケル、鐵、銅、錫、鉛、亞鉛、銀、珪素、水素、炭素、酸素等の五十種であり、これらが悉く灼熱して內部は幾百萬度なるか測るべからざるも、表面は攝氏六千度乃至七千度である。このなかにある黑點は、西洋にては約三百年前の一六一〇年にガリレオが望遠鏡を發明し、これによつて自から發見せしも、支那にては二千百年前つとに肉眼によつて發見されたるは、「日中有踆烏」といへる淮南子（前漢、西紀前一六四）の記事がこれを證明する。一九〇八年米國ウイルソン山天文臺の世界最大の望遠鏡（口徑百吋卽ち八尺）によつてなされたる寫眞を見ると、ものすごき大渦狀をなせるが、これと近く昭和九年六月二十八日に關西地方を襲ひたりし大風水害などの天變地妖との間に重大關係ありといはれてゐる。又恒星にも自轉運動は勿論、甲點より乙點への移動これあるべきが故に、太陽は赤徑二百六十二度、赤緯北二十九度卽ちヘルクレス座の近邊を目がけて、現に一秒二十粁の速度で進行しつゝある。

太陰(Moon《ムーン》)　カントの説に、月はもと瓦斯體なりしも今は已に冷却して固體となれりと。このなかに死滅せる約三萬の噴火坑ありて直徑一粁から二百粁に及ぶといはるゝも、その實噴火坑か否かは決しがたい。又多數の高峰連山があり、これをライブニッツ連山、デルフェル連山等と命名して最も高きは三萬呎にも達し、もと海洋らしき地形が數ヶ所ありてこれに危《あやふ》の海、豐饒の海、和《なご》の海、神酒《みき》の海などゝ名づけられてゐる。月は地球唯一の衞星なるが、もとは地球と一體なりしも太陽と潮汐の影響によつて、凡そ十億年前に分離したといふは近來の通説である。その大きさは地球の八十分の一、直徑は二千百六十三哩(七百八十六里)にして、地球よりの距離は最遠二十五萬一千九百四十七哩、最近二十二萬五千七百十九哩、平均二十三萬八千八百餘哩(九萬七千八百餘里)である。又月光が太陽の反射光なるは古人またつとにこれを知れりと見え、五行大義(四)に「月爲㆓陰精㆒、體自無㆑光藉㆑日照㆑之乃明。猶如㆘臣自無㆑威、假㆓君之勢㆒乃成㆗其威㆖」といつてゐる。

火星(Mars《マーズ》)　表面の色彩は橙赤色なるが、これは表面にある岩石の色でこの岩石中には赤い酸化鐵の如きものを含むならむといふ。その直徑は四千三百五十二哩にして太陽との距離は地球の一・五倍なるが故に、表面溫度は平均攝氏の零下三四十度であり、少量存在の水も大部分は氷結し、一部分は水蒸氣として存し、液體としての水は古來一滴もなかるべしといはるゝ。一八七七年に、このなかに文化の進んだ動物工作の多數運河が存在するてふ說がスキヤパレリによつて唱へられ、ローウェル等もまたこれに和し、かついはく、兩極には白色が見えて季節に增減するが故にこは雪ならむ、又中部には夏季に綠色の一團が見ゆる、こは植物の繁茂するならむと。しかるに最近米のウイルソン天文臺長ウヲルター・アダムス博士によつて、表面の溫度は前記の如く寒冷にしてたゞ荒漠の岩面であり、生物存在の必要條件殆んどこれなしと主張さるゝにいたつて、一種の幻影にすぎないことゝなりをはつた。火星には五千哩を距るところにテイモス、フオボスの二衞星を有し、地球火星間の距離は約三千四百六十萬哩である。丁抹の貴族チホ・ブラーエ（ケプレルの師）は自から天文臺を設け、火星觀測にふけること二十年にして、これが國運の消長に至大關係を有することを知つたといはるゝ。

水星（Mercury《マーキユリー》）　直徑二千七百六十七哩にして太陽に最も近く、卽ち平均約三千六百萬哩であり、光度は白色の斑文ありて一等星大である。年中殆んど太陽と同時に出沒するが故に觀望に適する日は僅少なるが、これがつとに古人に知られたるは一驚異である。

木星（Jupitar《ジユピター》）　大きさは太陽の千分の一にして地球の三百倍大、直徑九萬百九十哩にして遊星中最大である。地球木星間の距離は、最近三億九千萬哩、最遠五億七千六百萬哩であり、今なほ全體瓦斯體の熱を發して、光度の最大時は金星につぎ最小時も一等星大であり、九つの衞星を從へ悠々天球をめぐつて堂々の威風を有する、今より二十餘年前に逝きしホッフは木星の觀測者として有名であつた。

金星(Venus《ヴィーナス》)　宵の明星、曉の明星とよばれて日出前日沒後に約二時間見え、太陽と月についで最も輝やき、直徑は七千六百哩、地球金星間の距離は、最近は二千六百萬哩、最遠は一億六千萬哩である。このなかに高山大山脈があり、又生物も存在するならむといふ一說なきに非ざるも信じがたい。

土星(Saturn《サターアン》)　直徑七萬六千四百七十哩、內外大小の數輪を帶びて奇觀に富み、太陽よりの平均距離は約八億八千六百萬哩、地球よりは約七億四千五百萬哩にして十箇の衞星を有する。羅計の二星は已に前節に示しをはつたからこれを略する。

第四節　七曜直日の吉凶

七曜曆の起原については第五章(第六節)下に論述せしが故にかれにゆづり、今は直ちに經說における占法の要を示す。七曜が人生に及ぼす影響の大なることを明かすは、經說のなかにも特に密部のそれが精到である。故に宿曜經にいはく、

七曜者日月火水木金土也、其精上曜㆓於天㆒、神下直㆓于人㆒、所㆘以司㆓善惡㆒而主㆗吉凶㆖也(上)。夫七曜者所謂日月五星、下直㆓人間㆒、一日一易七日而周、周而復始。其所用各々於㆑事有㆓宜者㆒不㆑宜者㆒、請細詳

用ㇾ之(下)。

日月以外の五星には順卽ち西に行くと、逆卽ち東に行くと、留卽ち西にも行かず東にも行かずして停留すると、伏卽ち太陽に近づくと、合卽ち太陽と度を同じくすると、いはゆる順・逆・留・伏・合といふが如き複雜の場合があり、進んで西に行くかとすれば退いて東に還り、或ひは右し、或ひは左し、又は遲く又は疾く、その狀さながら曠野にさまよえる旅人の如くなるが故に、遊星の名あるとゝもに惑星の名あるゆゑんであり、その運行には尠からず古人の頭腦を惱ましてつひに西洋の占星術ともなり、又支那の五行說もこれによつてます〳〵複雜性をもつことゝなつたのであり、密部經典の占法も、根本に至つてはこれらと共通する。七曜直日につく吉凶大體の標準は、大師口訣の檜尾護摩法略抄に、

日月曜大吉祥、木曜水曜此爲ㇾ次吉ㇾ、火土金曜爲ㇾ不吉祥ㇾ

といつてある。このなか火・土・金曜直日の不祥なるは、文殊軌(一四)に「合ㇾ火星直日ㇾ、彼持誦人於ㇾ上中下三品之事ㇾ、一切所求皆不ㇾ成就ㇾ」といひ、熾盛光陀羅尼經に「若大白・火星入ㇾ於南斗《ちゆ》ㇾ、於ㇾ國於ㇾ家及分野處作ㇾ諸障難ㇾ」といひ、宿曜軌に羅・計・火・土を四大惡曜といへるによつて知るべきである。右のなか太白・火星南斗に入らば國家に障難を現ずといふは、斗宿直日に火曜又は金曜が循環し來る

ことであり、こは經說がしかるのみならず世說にまた「熒惑入二南斗一天子下レ殿走」（杜律集解一・五二）といつてゐる。しかるに金曜直日に至つては、むしろこれを吉祥となす本說がまれに見ゆる。いはく、

天秤宮當二金曜一、其日男女生者、爲レ人孝順福祿自如（支輪經）。

若木星・水星・金星吉善第一、若此三星和合直日、作二安像慶讃儀則一得二最上福一（曜宿私鈔所引の大教王金翅王品）。

若井星・鬼星・心星、與二金星一合大吉（同、取意）。

又前記の金翅王品によらば、水曜は畢・井・參・心宿と合し、木曜は畢・鬼・室・參宿と合するにおいて大吉となしてゐる。もしそれ宿曜經ならびに禳災決によらば、總じて七曜と二十八宿の配合關係によつて、甘露日・金剛峰日・羅刹日の三種が分るゝことを示してゐる。いはゆる、

（一）**甘露日**　日曜と軫宿、月曜と畢宿、火曜と尾宿、水曜と柳宿、木曜と鬼宿、金曜と房宿、土曜と星宿。

甘露日は大吉祥にして出家受戒、入壇灌頂、冊立拜官、寺舍造築などならびに吉である。

（二）**金剛峰日**　日曜と尾宿、月曜と女宿、火曜と壁宿、水曜と昴宿、木曜と井宿、金曜と張宿、土曜と亢宿。

金剛峰日は甘露日につぐ吉日にして、處刑斷罪、開戰などの猛烈事、及び護摩し特に日曜の眞言を念誦するに吉であり、又前記の出家受戒等にも適する。

（三）羅刹日　日曜と胃宿、月曜と鬼宿、火曜と翼宿、水曜と參宿、木曜と氐宿、金曜と奎宿、土曜と柳宿。

羅刹日は事の如何を問はず、なさば必らず災禍を招く大凶日である。但し禳災決に「唯だ草獵及び損害に利あり」との除外例をあぐるも、宿經にかゝる意味が見えないから、むしろこれらにも用ひざるを安全とする。

第五節　七曜直日と應不應事

七曜直日に應《ま》さに作《な》すべきの事と應さに作すべからざるの事との選びかたは、宿經・超際仙人經及び九曜祕曆につぶさにこれを說いてゐる。故に今おの〱にわたりまづその大要をかゝげ、しかるのちその文を證する。

日　曜

應作事　卽位式をあげ、大人に謁して官職を拜命し、武術を敎練し、法を學び道を問ひ、屋宅をつくり園圃を修し、遠行し、布施慈善事を營み、禮拜祈禱し、醫療服藥等。

不應作事 競爭、契約、婢僕の採用、死者を吊らひ病家を訪ひ、開戰等。

（一）太陽直日《ちにち》、宜二策命拜レ官教レ兵習レ戰、持二眞言一行レ醫放二群牧一遠行、造レ福設レ齋祈レ神、合レ藥內二倉庫一、入レ學臨レ官並吉。不レ宜二爭競作レ誓行レ姦、對陣不レ得二先起一（宿上）。

（二）太陽直日、其日宜下冊命拜レ官受レ職見二大人一、教二旗鬪戰一申レ威及金銀作、持レ呪行レ醫、遊獵放二群牧一、王公百官東西南北遠行、及造レ福禮拜、設レ齋供養諸天神上、所求皆遂。合レ藥服食割レ甲洗レ頭、造レ宅種レ樹內二倉庫一、捉二獲逃走一、入レ學經二官理一、當並吉。其日不レ宜二諍競作レ誓行レ奸、必敗。不レ宜二先戰一、不レ宜レ買二奴婢一（宿下）。

（三）太陽直日、君王昇レ位冠帶吉、教理宣令吉、文武百官宜レ謁二君王一。不レ宜レ受二名位一、不レ宜レ動二兵馬一。出二入東西一遠近設レ供、登レ席動二立（九曜祕曆立を音につくる）聲一求レ恩祭祀、修造嚴身之具、裁レ衣織レ繡、鍊二金銀一修二園圃一、學二伎藝一見二貴人一沐浴浣濯（祕曆に准ずるに濯の下に吉の字あるべし）。禁者早出逃者易レ獲、失物不レ覓自得、不レ宜レ吊レ死問レ病（超際仙人經）。

月　曜

應作事 善根功德事をなし、朋友を招いて饗宴し、女人に裁衣を敎へ、渠を穿ち堤坡を築き、井竈を修理し財物を賣買する等。

不應作事　戰爭、婚姻、移轉、私情の旅行、殺生等。

（一）太陰直日、宜レ造二功德一、必得二成就一。作レ喜二樂朋僚一敎二女人裁一衣服一、造二家具一安二坐席一、穿レ渠修二井竈一、買二賣財物一倉庫入二財物一、洗レ頭割レ甲著二新衣一、並吉。不レ宜二嫁娶入レ宅結一レ交、私情出行凶。奴婢逃走難レ得、囚繫出遲、殺レ生入レ陣並凶（宿上）。

（二）太陰直日、其日宜レ造二功德一必得二成就一。作レ喜二樂朋僚一敎二女人裁一衣服一、造二家具一安二坐席一、穿レ渠造二堤塘一修二井竈一、買二賣財物一倉庫內レ財、洗レ頭割レ甲著二新衣一、並大吉。其日不レ宜二嫁娶入レ宅結一レ交、私情出行不レ問二近遠一行大凶。奴婢逃走難レ得禁者出遲、殺レ生行レ惡入レ賊者必凶（下）。

（三）太陰直日、宜レ補二諸大官位一。君不レ宜下登二受官位一上、見二官貴人一吉。穿レ井灌二園林一、造レ酒洗レ衣沐浴染衣吉。五穀入レ倉與易無レ利、宜レ娶レ妻（宿經・祕曆に准ずるに宜の上に不の字あるべし）、一切造作修舍擧動經求、發二動兵馬一出行不吉。不レ宜二服レ藥及刺レ血剪一レ甲裁レ衣、不レ宜二誑惑之事一畢敗。不レ宜レ與レ人用レ支二（支、祕曆によるに友又は交か）、禁者遲出逃者難レ還失者不レ獲（超）。

智論に「於二六波羅蜜中一禪波羅蜜般若波羅蜜最大、譬如下雖レ有二星宿一日月最勝上」（七六）といふが如く、日月曜の直日は總じて吉祥となされてゐる。

應作事　制裁、斷罪、戰爭、起訴、畋獵、珍什寶器の購入、武器の製作等。

不應作事　婚姻、轉宅、交友、祭祀殯葬等。

（一）熒惑《けいこく》直日、宜決罪人圍取盜賊作欺誑事、買金寶牛羊、動軍兵修戎具教旗、打賊必勝、訴訟宜先起。合藥種蒔割甲結婚不得、營財徵債（下に准ずるに營の上に宜の一字あるべし）、禁者難出病者必死（宿上）。

（二）熒惑直日、其日宜決罰罪人圍取盜賊作誑事、買金寶買牛羊群、動兵甲仗教旗。打賊入陣必勝、姧盜者成。作誓勿畏、宜出畋獵。先經官府者勝、宜種田及種菓木、調馬療病合藥並吉。不宜下血者、其日成親著新衣、洗頭割甲入宅結交、火下出財皆不吉。宜徵債、禁者難出病者必重（下）。

（三）雲漢直日、宜動兵馬入賊破城堡、修理甲仗教旗吉。宜調象馬及摧伏怨敵無道之人、宜修城柵遊奕立望子用火號出隊（遊奕等の十字、祕曆と對照するも判讀しがたし）、曜軍宜拜補立理人官見（人官見、祕曆に准ずるに見官人なり）、論理先者吉、宜修理園圃種蒔花藥、穿伏藏寶物。此日不宜參官人、不宜音樂不宜穀麥入倉、不宜裁縫串帶沐浴、不宜洗頭剪甲、不宜

結婚。得病重禁者難出、逃者難追失物難獲、融鑄金銀銅鐵吉（超）。

水　　曜

應　作　事　入學、習藝、營繕、旅行、債務の徵收等。

不應作事　誓約、開戰等。

（一）辰星直日、宜入學事師長、一切工巧伎能皆成。又宜擧債、出行怨敵伏讎得財、宜修造宅舍。對戰鬪作賊妄語並凶、被閉即出逃亡即得（宿上）。

（二）辰星直日、其日宜入學、及一切諸巧工皆成。收債本利俱獲、割甲剃頭遠行者得財。宜伏怨敵、宜修造宅舍。遇戰敵勿先鬪、看卜問囚必讒語、作誓並凶、被禁自出失物及逃走必獲（下）。

（三）嘀直日、宜補官參官修舍窟。教示弟子修理船栰庶河塚山陵（庶河等、祕曆に江河登峻越丘壑につくる）、沐浴剪甲染色潛言妄語作誓定嫁吉。興易無利、虛矯誑惑之事凶。一云此辰直堆（直堆、祕曆に准ずるに宜唯なり）修福作功德、一切諸事並不宜（超）。

木　　曜

應　作　事　王侯の策命、師を求め學に入り、大人の請謁、交友婚姻、奴婢の採用、移轉種樹、禮拜修福等。

不應作事　盟誓、爭論、吊死問病、亡靈祭祀及び葬送等。

（一）歳星値日、宜下策二命王侯一及求中善知識上、幷學問禮拜修レ福布施、請謁結交入レ宅、著二新衣一沐レ髮種二菓木一、調二伏象馬一買二奴婢一、嫁娶作諸吉事並吉（宿上）。

（二）歳星直日、其日宜三册命及求二善知識一、幷學二論議一受レ法禮拜、造二功德一布施、謁レ官成レ親結レ交喜樂、入レ宅著二新衣一洗レ頭、宅內種二菓木一修二倉庫一、內レ財調レ馬買二奴婢一、及嫁娶內二象馬一、造宅作二諸事一並吉。不レ宜レ作レ誓作レ賊必敗、妄語諍競必凶。其日亡者未レ得二出埋一、不レ宜下祭二亡人一吊レ死問上レ病（下）。

（三）鬱沒斯直日、策二立國王一昇二官位一、百官宜レ謁二君王一。修二功德一作レ福、設レ客登レ席音聲善樂結婚、祭二祀神靈一合二湯藥一、造二纓絡劍釧一吉。栽二菓花藥一買二賣六畜一、裁レ衣縫レ衣著二新衣一、穀麥入レ倉沐浴剪レ甲服レ藥吉。登レ路獲、禁者難レ出失物難レ得、善事皆宜（超）。

金　曜

應作事　貴人長者に謁し、交りを良友に結び、新宅に移る等。

不應作事　畋獵、戰爭等。

（一）太白直日、宜下見二大人官長一沐浴冠帶、成レ親結二交良友一置二饌具一入上レ宅。逃亡難レ得、畋獵幷戰不吉（宿上）。

（二）太白星値日、其日宜下見二大人及諸官長一、洗レ頭幷著二新衣一冠帶成レ親、平二章婚事一結二交友一、會二朋流一置中宅舍上。逃走難レ得、勿三敢獵二幷戰陣不吉、繫者出遲（下）。

（三）那溢直日、參二貴人一受二官位一吉。造二金銀環釧及嚴身之具一、置二軍之首望一遠通二使命一、統二領兵馬一遠二（建か）立二纛旗一、宜レ修二功德一、修レ宅縫レ衣裁レ衣串レ衣吉、沐浴吉。設レ客作二音樂一、集二親識一婚嫁、合二和湯藥一吉、交易買賣吉、不二竊盜奸非一敗、不レ宜二吊レ死問二病氣一、發二凶患一者難レ差禁者恐死逃者不レ獲（超）。

大師が青年時精修の靈應を「勤二念土州室戸崎一、谷不レ惜レ響明星來影」（三教指歸）といへるはこの金曜である。

土　曜

應作事　佛殿を造り、墻竈を修し、山野に火を放ち、園圃を修し、田宅を買賣し、葬儀をあげ、怨敵を降伏する等。

不應作事　婚姻、旅行、祭祀等。

（一）鎭星直日、宜下修二園圃一買中賣田宅口馬上、合レ藥伏レ怨放レ火立二精舍一作レ竈吉。不レ宜二結婚冠帶及出行一（宿上）。

（二）鎭星直日、其日宜下修二園圃一買二賣田宅一買中口馬上。宜下合レ藥伏二怨家一放二野燒一、打レ（打、恐らくは作）墻作レ竈一切事上。總合作レ將入レ宅吉、擧二哀葬一吉、鞍レ馬上レ槽內二倉庫一並吉。不レ宜ア結レ婚作二喜樂一、服二新衣一及遠行上(下)。

(三) 鷄緩直日、參二謁貴人一安二營宅一置二城堰一昇レ位補レ官受レ職、立二修教一置二福門一設レ齋供養修レ善、置二莊宅一納二口馬一、出レ外經營、調レ馬上二槽櫪一後肥悅吉。此日殯葬得二弔レ死問レ病、擧發得レ納二財貨金銀一吉。納レ妻納レ婚貯二積財物一、五穀入レ倉祭二祀神靈一不レ宜。串二新衣一沐浴剪レ甲不レ宜。合虛詐久長善事吉。病者稍難、禁者難レ出走難(超)。

第六節　七曜と性格

日　曜

(一) 若人以二此日一生者、法合三足二智端正美貌孝順短命一(宿上)。

(二) 此日生者足レ智端正、身貌長大。性好二功德一孝二順父母一、足レ病短命(下)。

(三) 此日生男女四十日厄、不レ宜二將外養一、宗族中得レ爲二上首一、分相榮貴孝順短命。宜レ帶二金銀一宜二諸兄弟一、性多□□無二恐怖一、愛二雄豪一有二威德一。情惠勤レ業、快二性靈一念二恩義一、常得二衆人愛慕君王榮寵、父母偏憐妻子敬重一、不レ懷二妻(妻、恐らくは毒)惡一輕レ財重レ義、立性好二布施一不レ能レ屈レ節、向レ人可レ以二

善言二降伏上、難下以二惡語一伏上（九曜祕曆）。

（四）堅謂、面圓形血《キ》色薄紅《ウスアカク》、齒細能才發明陽氣福相也、信力厚人長命也（堅雄の要盡圖釋）。

月　曜

（一）此日生人多二智策一美貌レ、樂レ福好二布施一孝順（宿上）。

（二）此日生者多レ智美貌レ、樂二福田一好二孝順一（下）。

（三）此日生男女九十日厄愼レ之、所生男女短命、晝則優柔則剛健。爲レ性孝順、端正辨才聰明調順。難レ得二心腹一愛二善名一、嚮足二伎藝一、好レ恩慈愛□人物兼施二□窮一。供二養天人一得二一切人貴敬一、好二營謀一事多無二始終一愛二陰謀一、饒二男女一多二眷屬一、饒レ財不レ恒或增加或減如二月漸盈合一。依二止他人福力一愛レ近二泉池一好レ種二花菓一。男則多妻女則多夫、沈淫愛レ色（祕曆）。

（四）堅謂、面長形色白、齒並能揃《ヒ》言語柔和、陰氣性有二濕性病一手足寒（圖釋）。

火　曜

（一）若此日生者、法合下醜陋惡性妨レ親害レ屬、便二弓馬一勇性上（宿上）。

（二）其日生者醜陋惡性、妨二眷屬一便二弓馬一、能言語勇決難レ養（下）。

（三）此日生男女聰明孝順、好二鞍馬一猛決烈（超際に准ずるに、烈の下に惡あるべし）嫉二妬有名一嚮無二慈

順一、自用性愛二殺生一不レ敢二(敢、超に准ずるに取)敎誨一、愼二言語一敢信、精神爽利威德嚴肅、慘毒愛レ强二奪人財物一、無二人欺一得レ足二人寵愛一、恒敬恭多有二火厄一(祕)。

(四) 堅謂、面赤黑齒並《ナミ》不レ正、身多二煩氣而不レ辭レ寒、雖レ食二生物一不レ障レ腹有二上衝《ノボス》病一、生質不二柔和一動《モスレハ》逆レ人、若好二不和一者則不三立身二孤獨貧相也(圖)。

水　曜

(一) 若人以二此日一生者饒レ病、慈(下に准ずるに不ならむ)孝妨レ財長成已後心有二陰謀異志一、說動二當時一(宿上)。

(二) 其日生者饒レ病不孝妨二財物一、長成已後財物自足有レ智長命、能言語有二辯詞一得二人畏敬一(下)。

(三) 此日生者美二言語一富二辭辯一、好二法用一足二精神一、聰明調善能言歌舞、顏色光悅容儀端正。愛二音樂一解二醫術明呪誓禁一、愛二經論一巧二書筆一。懷二慈悲一愛二花菓薰香沐浴衣裳鮮潔一、愛レ遊二園林一好レ近二泉沼一。爲レ性不レ念レ舊、一生富貴快活(祕)。

(四) 堅謂、面長色靑白瘦形、性憂レ寒疾瘡忽慼、無二心《ニ》主一言語無二定相一、太酒手業器用也、若孝順之人富貴長命也(圖)。

木　曜

（一）此日生者、法合㆓貴重榮祿㆒（宿上）。

（二）其日生者、宜㆓與㆑人養長成收㆑之、長命有㆑智心善得㆓大人貴重㆒、於㆓父母有錢財㆒積聚（下）。

（三）此日生者富貴分相、景行純直膽智確定。堅守㆑法常承㆓君王寵愛㆒、可㆔以任㆓國大權㆒、可㆔以受㆓國家委寄㆒。美㆓言語㆒明㆓教典㆒好接㆓賓客㆒、立性質直大威德高㆓精神㆒。顏色端正博識多聞、孝㆓順父母㆒恭㆓敬師主㆒。不㆑受㆓人欺㆒不㆑失㆓人之望㆒、光㆓揚祖宗㆒饒㆓益眷屬㆒。納㆓辭理㆒見㆓人之善㆒、不㆓妄見㆓人之惡㆒不㆑念（祕）。

（四）堅謂、面正肉厚色白、柔和而穩語好㆑善、饒㆓男女㆒無㆓病患㆒無㆑僻人也（圖）。

金　曜

（一）若此日生者、法合㆓少㆑病好㆑善人皆欽慕㆒（宿上）。

（二）其日生者、短命好㆑善孝順、人皆欽慕（下）。

（三）此日生者甚聰明足㆓意智㆒、多㆓福德㆒寬㆓景行㆒貴㆓師長道㆒、分相富貴端正解㆑事。意氣壯浪精神高大、孝㆓順父母㆒□愛兄弟。解㆑求㆓別珍寶㆒、識㆓恩義㆒好㆓沐浴鮮潔㆒愛㆓藥草等㆒（祕）。

（四）堅謂、頤尖ル形、色靑黑聲黃而語靜、氣鬱性多㆓善人㆒（圖）。

昔し李白の母、太白懷ろに入ると夢みて娠み、生るゝに及んで太白と字した、金星の夢は不世出の文豪を産むといはるゝ（張果星宗二）。

土　曜

（一）若人以此日生者、法合少病足聲、樂孝順信朋友（宿上）。

（二）其日生者少病足有聲名、樂善孝順信於朋友（下）。

（三）此日生者凝重嚴難愛悅林泉、出野幽靜之處、心好書籍論教精微之理。愛近智者善知識、解道術講習自貴重。性靈淨潔膽智堅硬、好精神美容儀有□官位、性聰明多孝順、恐短命（祕）。

（四）堅謂、面肉太血色赤黑、有强氣有福祿、無方碍災厄《タヽリ》（圖）。

私の經驗によつて考ふるに、七曜・二十八宿が人の性格をつかさどるなか、二十八宿はその內面的性格をつかさどり、七曜は外面的性格及び風釆骨格をつかさどると思はれる。けだし二十八宿は恒星なるが故に遙遠のところに住し、七曜は遊星なるが故に比較的近天に居するに原因するのであるまいか。

第七節　七曜と一ヶ年の豐儉

七曜直日によつて一ヶ年の豐儉をトする標準日について、五月五日をもつてするは宿曜經及び九曜祕曆の說であり、正月元日をもつてするは超際仙人經の說なるが、なかんづく古來多く用ひて符節を合する確實性に驚かさるゝは前者である。

日　曜

（一）若五月五日得二此曜一者、則其歲萬事豐熟。若日食地動、則萬物不レ生大旱（宿上）。

若五月五日得二此曜一者、其歲萬事豐熟。其日若日月蝕及地動者、其處萬物不レ生（下）。

若五月五日遇二此直日一、其年萬物豐熟水旱調和。若日月蝕及地動不レ熟。若逢二陣敵一不レ宜三先起首入二陣、宜下大將及突圍之將、著二白衣一乘二白馬一、懸二白纓紼一白旗引ッ前、用レ日依上レ時（祕）。

（二）若正月一日得二此蜜日直一、其年豐熟。若日月蝕及地動五菓不レ成。若逢二陣敵一大將及突圍之將、宜下著二白衣一乘二白馬一、著二白纓紼一白旗引ッ前（超）。

月　曜

（一）若五月五日得二此曜一者、其年多二疾疫一秋多二霜冷一。若日蝕地動多二疫死一（宿上）。

若五月五日遇二此曜一者、其年多二疫疾一秋多二霜冷一加レ寒。其日若日月蝕幷地動、其年多二疫死一後虛耗（下）。

若五月五日遇二此直一者、其年多二病疾一。若日月蝕及地動則歲中疫死甚多。若逢二戰敵一大將及突圍將、

宜著緑衣乘驄馬（アシゲウマ）、懸緑纓紼旗（考、旗の上に緑を脱す）引前、用日月（考、月衍か）依時（祕）。

（二）若逢陣敵大將及突圍之將、宜著緑衣乘驄馬、著緑纓紼緑旗引前。若正月一日得此月直、其年足病疾多寒冷。若日月蝕及地動、其年有多流星聲雷、富貴人厄其年多有人死（超）。

火　曜

（一）若五月五日得此曜者、則歳中多爭競。若虧蝕地動有兵起（宿上）。

若五月五日遇此曜者、其年多鬪諍復多兵賊、饒疫病畜生死損。此日若有日月蝕及地動、其年多兵馬傷者多死（下）。

若五月五日遇此直者、其年主兵革戰陣生、亦畜生多主損傷。若日月被蝕及地動遇此直者、其年多動兵馬足有死損、先其蝕尤多頻失火旱苗稼損傷。若逢陣敵宜大將及突圍將、著緋衣乘赤馬、懸赤纓紼赤旗幟引前、用日依時（祕）。

（二）若正月一日遇此直日、其年多與賊戰、畜生多有死損。若日月蝕及地動、其年多動兵馬人多死頻有失。若逢陣敵大將及突圍之將、宜著緋衣乘赤馬、著赤纓紼赤旗引前（超）。

水　曜

（一）若五月五日得此曜者、歳中水厄。若虧蝕地動百物不成（宿上）。
若五月五月遇此曜者、其年江水泛溢、百物不成加寒。若此日々月蝕幷地動、歳多飢儉（下）。

若五月五日遇此日者、其年多江河泛溢陰雨甚多、百物薄熟加寒。若日月被蝕及地動、其年賊侵地境多憂、奸犯之事起。若逢陣敵宜大將及突圍將、著碧衣懸碧纓紼碧旗引前、用日依時（祕）。
（二）若正月一日遇此直日、其年多有江河水溢雨多、百物薄熟冬加寒。若日月蝕及地動、賊侵地男國有多憂奸犯之事。若逢陣敵大將及突圍之將、著碧衣乘驄馬、著碧纓紼碧旗引前（超）。

木曜

（一）若五月五日得此曜者、則歳中萬物熟。若此直日有虧蝕地動、則王公已下災厄（宿上）。
若五月五日遇此曜者、其歳萬物皆豐四時調順。如此日々月蝕及地動、王公已下災厄（下）。

若五月五日遇此直者、其年公貴之人多有災厄（考、この一節脱文多し）。若逢陣敵大將及突圍之將、宜著黃衣乘赤驃（イサム形）馬、懸黃纓紼黃旗引前、用日依時（祕）。
（二）若正月一日得此直日、若地動及日月蝕（考、この一節脱文尤も多し）。若逢陣敵大將及突圍之將、宜著黃衣乘赤驃馬、著黃纓紼黃旗引前（超）。

金曜

（一）若五月五日得此曜者、則歲中驚亂。若有虧蝕地動者、則下田多傷（宿上）。五月五日遇此曜者、人畜倒多驚失心、必誑賊擾亂、候取良日從東擊勝。此日若日月蝕及地動者、其歲足風復有雷電、損多少田苗（下）。

若五月五日遇此直日、其年畜多驚失、四方賊必敗亡。若日月蝕者其年足惡風、及雷電雨微損田苗、若地動者主百官流亡。若遇陣敵爭鬪宜使大將及突圍將、著白衣乘白馬、懸白纓紼以白旗引前、用日依時（祕）。

（二）若正月一日得此直日、人及象馬有賊動、五穀豐熟及須多好。若日月蝕其年多風、若地動百姓流散。若逢陣敵大將及突圍之將、宜著白衣乘白馬、白纓紼白旗引前（超）。

土曜

（一）若五月五日得此曜者、則歲中多土功。若虧蝕地動則國人不安（宿上）。

若五月五日遇此曜者、有土功事此日若日月蝕及地動者、世界不安威重人死（下）。

若五月五日遇此曜直、其年多疾病起、上帶金銀吉。若日月被蝕及地動、其年五穀不熟。若遇陣敵宜大將及突圍之將、著皂《ソウ(クロ)》衣乘皂馬、懸皂纓紼皂旗引前、用日依時（祕）。

（二）若正月一日遇二此直日一、其州多有二破散一、多諸錢財散失一。若日月蝕及地動（脫文あり）此曜日生者、厄所（この二字寫誤か）分野城厄足二病疾一（超）。

案ずるにこのなか祕曆・超際に、それ〴〵の直曜日にもし戰ふときは、軍將の衣服莊嚴、乘馬旗幟等すべて曜色を用ひ、又時曜（例へば日曜の日ならば日曜の時、乃至土曜の日ならば土曜の時をいふ、このことは第五章の第三節下參照されたい）をもつて始むれば勝利をうと說けるが、こは必らずしも五月五日又は正月元日に限るのではなく各月に通ずべきすじのものである。又超際の正月元日占はしばらくおいて問はず、宿曜・祕曆の五月五日占について、私に最近兩三年の結果を徵するに左の如くである。

一、昭和八年の五月五日は陽曆五月二十八日にして日曜なるが、この歲は百穀豐熟し、農家はむしろ生產過剩に苦しむだのであつた。

二、昭和九年の五月五日は陽曆六月十六日にして土曜なるが、各地に大風水害起りて大規模の土木工事を起すべく餘儀なくされた。

三、昭和十年の五月五日は陽曆六月五日にして水曜なるが、六月二十八日に西日本一圓は豪雨に襲はれて被害大きく、ことに京都と久留米は最大であり、又支那にありては黃河や楊子江が氾濫して溺死無慮九萬にのぼつた。八月二十八日に再び洪水起り、こんどは土佐が最大厄にあふた。

四、昭和十一年の五月五日は陽暦六月二十三日にして火曜なるが、二月二十六日午前五時ころ、一部靑年將校ら時事に慨して蹶起し、一千數百の兵を指麾して、內閣總理大臣岡田啓介氏(但し義弟松尾傳藏大佐その身代りとなれり)、大藏大臣高橋是淸氏、內大臣齋藤實氏、敎育總監渡邊錠太郞氏らを擊つてこれを斃し、ために帝都は戒嚴令をしいた。又このころ獨逸はロカルノ條約に背き非武裝地帶のライン地方に大軍を集注し、ために佛國との間に暗雲低迷し、又三月下旬ころソ聯の使嗾による外蒙はしきりに滿洲との間に事を構へむとして物情騷然たるものがあつた。又エチオピアと伊太利と戰ひ、エチオピアは全滅し、九月わが同胞若干名が成都及び北海において逆殺され、ために日支の風雲急なるものがあつた。

これらの事實をとほして考ふるに、日を紀する七曜をもつてこれを單に記號視する現代科學者の說に贊同できないものがある。

第八節　三九祕要法

一、三九祕宿の排列

三九祕要法は宿曜經の說にして、こは第七章二十八宿下に說明すべきも、その奧義は七曜と關聯せしめなくては解すべからざるが故に便宜本章にゆづつたものである。卽ち牛宿を除く二十七宿を三分して第一の九宿・第二の九宿・第三の九宿となし、おの〳〵の主體を次での如く命・業・胎の三宿といひ、これに又おの〳〵榮・衰・安・危・成・壞・友・親の八宿を配屬するのである。

そも〳〵命・業・胎の三宿とは何ぞやといふに、命宿とは生日にあたる本命宿であり、業宿とは前生の造業日にあたる宿であり、胎宿とは前生の造業によつて今生の報をうくる入胎日にあたる宿である。故に安流の口訣にいはく、

一命宿生日ハ直《ニアタルノ》宿也、業宿前生造業日也、胎宿初入胎日也。生日授ニ命長短一、若欲レ成就一切事業可レ祈ニ業宿一、此業宿萬事大吉也、胎宿凶宿也（七曜陵逼日事）。

賴瑜の瑜祇經拾古（中・四）にもまたこれと同釋をなしてゐる。次にこの三宿に配屬する八宿とは何ぞやといふに、卽ちこれらを扶翼して盛榮ならしむると、抑制して萎衰せしむると、支柱となつて平安ならしむると、力を與へずして傾危せしむると、有利の資緣を加へて達成せしむると、不利の地に導いて破壞せしむると、同氣相求めて友愛親密ならしむるとの利害關係を有するものこれであり、要之、天體二十七宿がわれらの運命をつかさどる義邊について、前記の三宿や八宿の名稱が起るゆゑんであ

る。凡そ二十七宿はつねの如く、

昴、畢、觜、參、井、鬼、柳、星、張、翼、軫、角、亢、氐、房、心、尾、箕、斗、女、虚、危、室、壁、奎、婁、胃

の列次なるが、かりにもし第十五の房宿が本命宿なる場合には、心・尾・箕・斗・女・虚・危・室はこの命宿に對して前記の利害關係をもつ八宿であり、第二十四の壁宿は業宿にして、奎・婁・胃・昴・畢・觜・參・井はこれと相離るべからざる八宿であり、第六の鬼宿は胎宿にして、柳・星・張・翼・軫・角・亢・氐はまたこれと相離るべからざる八宿であり、餘はみなこれに准じて知ることができる。つまり命宿なる一箇の中心點が定まるにおいては、自餘の二十六宿は破竹の勢で 當然定まるが、しかもこれらがわれと重大緊密の關係を有するが故に、もしくは單獨に事をなさむとするにも、もしくは彼我共同して事をなさむとするにも、最善の宿を精選しなければならぬのであり、これその三九祕要法の名あるゆゑんである。この法は古人もよく知るは稀れなりと見えて親快の幸心鈔（下之本）に、左の如き高野御室覺法親王の修法中における成蓮房兼意の逸話をあげてゐる。

師云、先師僧正常物語ノ鳥羽院《ニハ白河院》御時、高野御室御修法令レ候給。其修中以二御使者一御尋ニ云三二九祕要一何事乎云云。御返事追可二勘申一之由、大阿闍梨欲レ被レ申之處、兼意成蓮房阿闍梨、列二僧末一聊カ居出アレバ、

サル事ノ候者ヲ、則瑜祇經ノ文ニ見也。若七曜陵ニ逼命業胎等宿ニ、晝ニ彼形ニ那摩置ニ於師子口ニ、念誦一千八遍滅不ニ復生一ト申テ、人自レ生次第ニアテ、數事候ニテ也。三九ハ二十八可ニテ有レ今一宿除レ之也卽牛宿、天竺ニ此牛宿ヲ不レ入也。一九トハ一ニ具ニ九德一、命有ニ八榮・衰・安・危・成・壞・支・親也、具ニ本體命一九也、次業胎亦如レ此云云。此時二十人伴僧閉レ口諸人感歎云云、以來三九祕要事人ノ粗知レ之歟。

このなか八宿名について宿曜經は上下とも分明に榮・衰・安・危・成・壞・友・親とあるも、超際仙人經は危を怨に友を支につくり、阿倍晴明の簠簋内傳はたゞし友を支につくり、瑜祇拾古・安流星供年月之事、及び概して事相門の諸記は内傳に倣つてをれど、これらはけだし展轉寫誤のまゝを用ひ來つたものである。

二、その運用法

三九祕宿の選びかたは、業宿の直日は百事をあぐるに宜しきも、命宿と胎宿の直日はそれが最も不可である。榮宿の直日は官に入つて職を拜し、入壇灌頂、出家受戒、入學問道、上書表進等の吉事をなすべく、衰宿の直日は不祥事を防遏し及び病を療すべく、安宿の直日は旅行、移轉、修築、造壇等の事をなすべく、壞宿の直日は降伏制裁等の破壞事に適するも自餘の事に適せず、危宿の直日は交友、婚姻歡宴等に可なるも餘事には不可であり、成宿の直日は上の榮宿に准じて宜しく百年の大計を講ずべく、友宿・親宿の直日は最も婚姻交友等の事に適する。そのつぶさなるは左の宿經について思惟すべきである。

若榮宿日宜下入レ官拜レ職、對二見大人一上書表進獻二君王一、興榮買賣、裁レ衣著二新衣一沐浴上、及諸吉事並大吉。出家人剃レ髪割二爪甲一沐浴、承二事師主一啓二請法要一並吉。

若安宿日移徙吉、遠行入レ宅造二作園宅一、安二坐臥床帳一作二壇場一並吉。

若危宿日宜二結レ交定レ室婚姻一、歡宴聚會並吉。

若成宿日宜下修レ道學問、合二和長年藥一法上、作二諸成就法一並吉。

若友宿日・親宿日、宜二結レ交定二婚姻一、歡宴聚會並吉。

若命宿日・胎宿日、不レ宜レ擧二動百事一。

若値二業宿日一、所作善惡亦不成就（覺勝いはく、亦不二字恐寫誤と。上巻にいはく「業宿直日所作並得」とこれその證）。

若其衰・危・壞日、並不レ宜二遠行出入移徙一、買賣婚姻裁レ衣剃レ頭沐浴並凶。

若衰宿日唯宜下解二除諸惡一療上レ病。

若壞宿日宜レ作下鎮二厭降二伏怨讎一、及討二伐沮二壞姦惡一之謀上、餘並不レ堪。

又一説云、命宿・胎宿・危宿・壊宿日、此日不レ得レ進レ路、及剃髪裁衣除二爪甲一並凶（下）。

各自所作の可否を占ふには宜しくこれに準據すべく、又もし甲乙相ともに事をあげむとするには、まづもつて兩者命宿の關係を察すべきである、卽ち甲の命宿は乙の命宿と對比の結果、甲所具の三九の何宿にあたるか、又乙の命宿は甲の命宿と對比の結果、乙所具の三九の何宿にあたるかゞこれであり、もし業・榮・成・友・親宿ならば吉、もし安宿ならば平、命・胎・衰・危・壊は凶である。但し乙のために有利なるも甲のために不利なる等の場合往々にこれある。卽ち乙の命宿が甲の命宿と對比してもし乙の成宿にあたるにおいては、乙は甲によつて達成するも、しかるにこの場合に必らず乙の命宿は甲の危宿にあたるが故に、甲は乙によつて傾危することゝなる。又甲の命宿が乙の命宿と對比してもし甲の安宿にあたるにおいては、甲は乙によつて平安なるも、しかるにこの場合に必らず乙の命宿が甲の命宿と對比して乙の壊宿にあたるが故に、乙は甲によつて破壊さるゝことゝなる。この成と危、安と壊は必らず對立するのであるが、これはもとより吉に非ざるも、しかしこれをも避けなければならぬとせば、その交りを結ぶ對象が容易にえられないことゝなるから、この關係はむしろ平として採用すべきものと思はれる。宿經に、

三九宿者祕要之術、所レ欲二興レ事營求一、入レ官拜レ職移徙遠行所有爲作、一々自看下從二己身所屬宿一、今日

復是何宿、於三九中復善惡如何、與我本生宿善惡相宜否（下）

といへるは各自所占の場合であり、同及び超際經に、

三藏（不空なり）曰、凡與人初結交者、先須看彼人命宿押我何宿、又看我命宿押彼人何宿。大抵以榮・成・友・親爲善堪結交、自餘並惡不可與相知以爲祕法耳。景風曰、案太史有舊翻九執宿命占、殊末有此法今則新譯、庶用傳之流行萬代耳（宿上、但し明・高二本にありて和本に闕）。凡欲共人結交任用駈使、親密倚託以爲腹心者、皆先看彼人之命宿與己身命宿相宜爲（考、爲は否か）榮宿・安宿・成宿・親宿等、卽堪親密任用、所作之事皆得稱意成就衆神衞護。若是支・胎・業等、胎卽堪爲左右聲援、宣傳斷決驅使之能成事補之腹心。若是衰・危・壞等宿、縱是至親得意盡力昇薦、位極王公錢財無量與子無別、終無成益皆有離叛之心、如此之人並不得令在左右親近、及知飮饌和合藥物、整治疾病及作音聲等事特宜忌之。若是衰宿不堪任理人官、怨宿不堪任以爲腹心、壞宿不堪主法令禮律接待賓客。就中衰・怨・壞宿、不堪令理人及倚付驅使、皆不成就所作無益、後却爲怨宜切愼之（超際經）

といへるは甲乙修交の場合である。しかるに實際にこれを運用せむことは、以上の説明にてなほ隔靴搔痒の感なきに非ざるべきが故に、下編末尾の附圖第二によつて豫じめよくこれを練習されたい。

三　三九排列に對する私見

三九祕宿の排列は左圖の如くなるが、これによつて考ふるに、命宿より左に轉じて榮・衰・安等と順算すれば、業宿は第十番めに居し、胎宿は第十九番めに居するが、これにいかなる意味が寓するかゞ第一の疑問であり、又業宿を前生造業日の直宿なりとせば、五十年間にあれ七十年間にあれ、苟しくも一期相續する間は一日として惡業又は善業をつくらざる日なきに、何故にこれを一日に限定するかゞ第二の疑問である。

　今これを案ずるに、われらが母胎に住する期間は二百八十日である。故に命宿より溯つて第二百八十日が胎宿でなければならぬ。卽ち命宿より親・友・壞等と右に轉じて十回逆算すれば、最終の命宿は第二百七十一日であり、さらに逆算すれば第二百八十日はまさに胎宿にあたる、これその胎宿が命宿より順算して第十九番めに居するゆゑんである。又業宿が同樣にして

第十番めに居するについては、豫じめ佛教の中有説を考慮にいれなければならぬ。倶舍論（八・九）を考ふるにわれらが身心たる有漏の五蘊には總じて四位がある。いはゆる第一位を生有といふ、二百八十日の胎内生活を滿じをはつて出胎一刹那の身である。第二位を本有といふ、生有よりのち一期相續する間である。第三位を死有といふ、業力つきて壽をはる一刹那である。第四位を中有といふ、死有よりのち未來の報を感ずるまでの過渡期である。中有は小乘部派の大衆部・化地部等の四部はこれを立てざるも、一切有部・經部等の大多數及び大乘はみなこれを立てゝ、但し三界中に無色界を除く欲・色界は、下は地獄より上は第四禪天に至るまでに總通すと見るのである。中有の身相はやゝ小なるもしかし未來に生るゝ身相と全く同じく、そしてもし天界に生れむとするものは頭べ上に向ひ、地獄に墮せむとするものは足上に向ひ、餓鬼・畜生及び人界に生れむとするものは横行の水泳狀であり、天界のそれは青年期大、人界のそれは五六歲大である。又みな香を食して命を支へ、しかも報の優劣に應じて香に好惡の別があり、同類は互ひに見ることをえ、優者は劣者を見ることをうるも、劣者は優者を見ることができない。但しいづれもみな業通を有して、山河大地・樹林石壁などいたるところ縱橫無礙であり、かくて生緣熟してまさに母胎に入らむとするや、もしそれが女子ならば父に對し、男子ならば母に對して一種の顚倒愛を起すのである。

凡そ中有の期間に對して、大乘はこれを不定視するも、小乘は婆沙論に（一）少時、（二）極少は一兩日・極多は四十九日、（三）七日の三説あるが、このなか（三）は世友の説にしてかの論に正義となされてゐる。もしこれによらば七日の滿了は必らず第八日でなければならぬから、この意味において業宿に屬する八宿は中有の期間である。されば業宿は死有の直前本有の最後につくる業にして、而してそれは本有造業の總和である。これその造業直宿が一日に限定さるゝゆゑんであり、又前の理由によつてそれが胎宿より逆算すれば第十番めに居するが、これその命宿より順算すればまた同じく第十番めに居するゆゑんである。以上は全く一箇の私見にすぎないから、なほひろく經論の明文に徵してこれを検討すべきである。

四、七曜の陵逼

七曜の陵逼とは、七曜が常の行度に違ひもし行いて二十八宿の直下に迫るにおいては、その熾烈の光芒をもつてかれを壓迫してあれどもなきが如くならしむる場合をいふのであり、「七曜與㆓二十八宿㆒三尺之内附近必被㆓陵逼㆒」（瑜祇拾古中・四）といひ、「孟康曰、犯七寸以内光芒相及也。韋昭曰、自㆑下往觸㆑之曰㆑犯」（後漢書二〇天文志第十注）といひ、「七曜二十八宿尅時必致㆓陵逼㆒也、七曜勝也、二十八宿劣也、勝劣尅則致㆑災」（安流七曜陵逼日事）といへるこれである。故にこの現象がもしも自己の命・胎宿に起るときは、必らず厄難にあふときであるから、謹愼して善行をなし禮拜念誦の力によつてこれを禳はなければならぬ。もしも業・榮・安・成・友・親の吉宿に起るときは、吉宿變じて凶宿となつてこれを用ふべきところがなくなり、又もし衰・危・壞の凶宿に起るときは、凶宿變じて吉宿となつて大いに用ふべきことゝなる。かの經の上卷に、

凡日在二本命宮及第三(衰)・第六(成)・第十(業)位一爲二果吉一。熒惑在二本命宮一必有二火厄一月在二本命宮及第六(成)・第七(壞)・第三(衰)一皆爲二果吉一。歳星在二第二(榮)・第九(親)・第五(危)宮一並爲二果吉一。辰星在二第二(榮)・第四(安)・第八(友)・第十宮一者並吉。太白在二本命及第二(榮)・第三(衰)・第四(安)・第五(危)・第八(友)・第十二(衰)宮一皆爲二果吉一。鎭星在二命宮一合レ有二大厄一。凡人有レ厄之時。可下以修レ福持二眞言一以禳上レ之吉

といへるは不陵逼時の差別をいつたものである。以下試みに陵逼に對する經軌及び口訣の類文を抄出しやう。

一、凡日月五星淩二犯逼二守命胎之宿一、卽其人是厄會之時也、宜下修二功德一持二眞言一念誦以攘上レ之。若犯二業宿及榮・安・友・親等宿一、並所求不レ遂百事迍邅、亦宜レ念レ善。若犯二衰・危・壞等宿一者、則所求稱レ意百事通達(宿上)。

二、夫五星及日月淩犯守逼命胎之宿、卽於身大凶、宜修功德造善以禳之。若淩逼業宿者、及榮・安・成・友・親之宿、卽所求不遂諸途迍坎、亦宜修福、福者謂入灌頂及護摩幷修諸功德。如五星淩犯守逼衰・危・壞等宿、卽百事並遂所作稱心、官遷轉求者皆遂（下）。

三、若是念誦人應畫自本尊、若日・月・熒惑・辰星、及歳星・太白與鎭星彗及羅睺、如是等九執淩逼本命宿、所作諸災禍悉皆得解脱（隨求陀羅尼經下、大二〇・六二四）。

四、爾時佛頂輪王復説眞言曰……若誦此眞言者、所有執曜惡星陵逼本命胎業等、皆悉變爲吉祥、速離生死流轉疾成無上菩提（大妙金剛經、唐達磨栖那譯、善無畏よりやゝ以前の人、この文和本にのみこれありて大一九・三四〇の麗本に闕）。

五、若有國王及諸大臣所居之處及諸國界、或被五星陵逼……陵逼之時或退或進作諸障難（熾盛光消災陀羅尼經）。

六、或數被七曜陵逼本命宿、令身不安（葉衣觀自在菩薩經、具文は第三章第二節にあり）。

七、七曜陵逼命業胎等宿、畫彼形那摩置於師子口、念誦一千八、速滅不復生（瑜祇經染愛王品）。

八、厄難遠拂兮命業胎無危云云（全集一四、大師作と稱する星供祭文、こはたゞ命業胎名の引證）。

九、命宿尅則命怖、業宿尅則所作事業不成就、胎宿尅則横難（安流七曜陵逼日事）。

一〇、尅二命宿一時有二命怖一、尅二業宿一時有二所作之事不成之災一、尅二胎宿一時有二王難一也（瑜祇拾古中・四）。

しからば則ちいづれの曜宿間にこの陵逼現象を起すのであらうか。宿經にいふ、

如レ此當須聞二知司天者一、乃知丙此年月熒惑・鎭星・歳星・辰星・太白、及日・月在何宿、以レ此知レ之、其法甚妙宜二細審一也（下）。

凡欲レ知二日月五星所在宿分一者、據二天竺曆術一推レ之可レ知也。今有二迦葉氏・瞿曇氏・僧倶摩羅《しくもら》等三本梵曆一並掌二在司天一、然則今之行用瞿曇氏曆本也（上）。

このところ、いづれの曜宿間に陵逼現象を起すかは、よろしく梵曆精通の天文學者にあうて尋決すべしといふのであり、いはゆるその天機の妙にふれてゐない。しからば則ちいかにしてこの天機の妙にふれうべきか。今私に事相門の口訣類を涉獵するに、安流相傳の七曜陵逼日事にいはく、

七曜陵逼日事。一切凶日也。

日曜	尾・壁・參・軫。	月曜	箕・井・奎。
火曜	鬼・斗・角・婁。	水曜	亢・女・柳・胃。
木曜	氐・昴・虛・星。	金曜	房・畢・張・危。
土曜	心・室・觜・翼。		

私云月山室生御口云、日曜ハ尾・壁・參・軫ト尅、月曜ハ箕・井・奎ト尅、餘可二準知一也、宿日業宿ニ當ルモ尅合ニハ不レ可レ用云云。

こゝに室生御口といふは室生山堅慧大徳の口傳を指すものである。火曜以下を省略するは遺憾なるも、しかし前記の補加は必定してかの具文によりしものでなければならぬ。はたしてしからば大徳口傳のもとは又必定して大師の口傳でなければならぬ。もしこの大師の口傳これなきにおいては、七曜陵逼の祕蘊は永久に開拓されず、もしこれが開拓されざるにおいては、宿經の心髓たる三九祕要法は或ひは一種の空文となりをはるであらう。これそのかつて第五章（第五節）下に論述せしが如く、これが宿經三大祕蘊の隨一なるゆゑんである。今この口傳に基づき堅雄は宿曜經撮要において、十二ヶ月朔日の直曜によつて陵逼連續の期間を測算せるが、試みにその要をとらば左表の如くである。

十二ヶ月朔日	直曜	陵逼期間
正	日	十七日至三十日
	土	朔日至十六日
二	月	朔日至十四日
	火	十五日至三十日

三	水	朔日至十二日
	木	十三日至三十日
四	金	朔日至十日
	土	十一日至三十日
五	日	朔日至八日
	月	九日至三十日
六	火	朔日至六日
	水	七日至三十日
七	金	朔日至三日
	土	四日至三十日
八	火	朔日至二十七日
九	木	朔日至廿五日
	金	廿六日至三十日
十	日	廿四日至三十日
	土	朔日至二十三日

十一	火	朔日至二十日
	水	廿一日至三十日
十二	木	朔日至十八日
	金	十九日至三十日

而していはく、

閏月全如二本月一、因云、從二明和元年一嘉永二年迄八十六年之間、全無二陵逼一年者唯六年而已。

以上について一々説明せば煩瑣なるも、もし下編末尾附圖の第一圖によつて繰りあはすにおいては一目分明である。

五、六害宿について

六害宿といふは宿經上の雜要品五の所説にして、かの陵逼時における三九祕宿中の、別して祟害多き六種なるが故に、よろしくかれとゝもに併用すべきものである。故にいはく「此與二三九法一相參用、則災厄更定也」と。

（一）命宿。こは三九の命宿である。前には厄會大凶といひ、今は「七曜押二命宿一多レ厄」といつてゐる。

（二）事宿。　こは三九の業宿である。前には百事迍邅し所求遂げずといひ、今は「押二事宿一招二殃咎一」といつてゐる。

（三）意宿。　こは第一九（命）の安宿である。前には業宿と同様（但し三九おの〳〵の安宿に通ず）となし、今は「押二意宿一多二愁苦一」といつてゐる。

（四）聚宿。　こは第二九（業）の壞宿である。前には所作成就す（但し三九おの〳〵の壞宿に通ず）といひ、今は「押二聚宿一分居離別」といつてゐる。

（五）同宿。　こは第三九（胎）の榮宿である。前には業宿と同様（但し三九おの〳〵の榮宿に通ず）となし、今は「押二同宿一離別不安」といつてゐる。

（六）克宿。　こは第二九（業）の安宿である。前には業宿と同様（但し三九おの〳〵の安宿に通ず）となし、今は「押二克宿一亡レ官失レ勢」といつてゐる。故にいはく、

凡七曜犯二著人六害宿一者有二災厄一。此四須推レ暦看三當時七曜行レ天在二何宿處一。六害者、一者命宿、二者事宿、三者意宿、四者聚宿、五者同宿、六者克宿。從二本命宿一數第十爲二事宿一、第四爲二意宿一、第十六爲二聚宿一、第二十爲二同宿一、第十三爲二克宿一。假如有レ人屬二婁宿一、婁爲二命宿一、第四得レ畢爲二意宿一、第十得二星宿一、則星爲二事宿一他准レ此推尋可レ知也。

又この六害宿は、三九祕宿中たゞし陵逼時に現ずる特殊星なれば、從つて不陵逼時にこの名立たざるが故に「若七曜總不レ押二著六處一、則元吉無レ咎」といつてゐる。堅雄はこれに對する積年の苦心を語つ

ていはく、

堅癡鈍而三十餘年之間、不散於六害宿疑雲、爰庚申正月忽然得解矣。夫六害宿犯著與三九祕要陵犯守逼文異義同也、此故六害宿者非常行法、若爲七曜陵逼者、則起而爲害、若不爲七曜陵逼者、則無六害矣。問、然者陵逼之時六害於何地起哉。答、於三九祕要上起也。問、其地如何。答、立戻前三九祕要圖所須看。夫一九第一名命宿、第四名意宿、二九第十名事宿、第十三名克宿、第十六名聚宿、三九第二十名同宿也……堅按、爲雖當業・榮・成・安・友・親、若陵逼中凶、況當犯六害宿人、縱雖得甘露日・金剛峰日頗凶日也。楊景風註經上八丁右曰、自非久習致功卒亦難爲行用文、是謂此等也、可察可思（要盡圖釋）。

私に案ずるに左の禳災決及び宿曜軌の文は、またこの三九祕要及び六害宿とゝもに併用すべきすじのものである。いはく、

凡日月二曜至與木曜同法。依不空三藏所譯（こは何軌か未詳）、其所禳法及著衣服、並不得令外人知聞、當轉經不得雜語、雜語無驗。夫四七者用叶於暦方、以天文明其休咎。每方七宿四方共二十八宿、而七曜循環四時衰王者矣。然合朔之辰月行潛在日下、與太陽同度剛柔合體以蒙命焉。泊茲合朔行九十一度及有餘分、而上弦背日而明故二爲背宿。又行一象之度、而得其望與日

相衝故三爲衝宿。復行一象之度、而得下弦向日而明故四爲向宿。然日行一匝二十八宿合次、其命宿・衝・向之宿日、榮・安・衰・成・極。假令角爲命宿、則斗（第八、命中の友）爲背宿、奎（第十四、業中の危）爲衝宿、井（第二十一、胎中の衰）爲向宿、他效。用式法以生宿如命、視七曜所在之宿臨何宿詳其休咎。

若臨命宿、主有疾病死亡官事口舌、及貧窮遠行之事。

若臨背宿、朋友乖背言語口舌。

若臨衝宿、法有官私口舌疾病抑塞之事。

若臨十一安宿（業中の榮か）、法主官事禁繫疾病傷損死亡之厄。

若臨二十胎成宿（胎中の榮か）、法有疾病口舌錢物散、遠行移徙之厄。

若臨榮・安・成之宿、吉凶不定百事如々常。

若臨禍・衰・極之宿、百事皆吉。

其命宮前五爲生宮、後爲胎宮。若凶曜臨命宮則命厄。臨前五僮僕宮則多散財。臨後五病厄宮、則患腹藏病、各以消息之。火以凌犯環繞伏見不依宿度爲災、水以伏見不依曆爲災、木以不入變色向己爲災、金以失度留退爲災、土以逆行失度留守爲災。

又宿曜軌にいはく、

金剛大成就經吉祥成就品曰、我今宣説世間成就妙祕法。如是諸曜運行虚空、若一若二三四五等臨入衆生命宿、對衝宿・遷移宿・大殺業宿・安宿・薄相宿・奴婢宿作諸厄害。

しかるにこの禳災決及び宿曜軌の説は遺憾ながら、私は今日なほ未だ運用法を解せざるが故に、その精研を他日にゆづる。

第九節　九曜と流年

一、九曜の吉凶

われらの流年は循環して九曜の所管に屬するが故に、その年の直曜によつて吉凶禍福の運命を招くゆゑんである。しかるにこの流年と九曜の關係を見るについて、世俗陰陽家の傳と密部經軌の説とは大いに異なり、そして前者に左の三説がある。

一、上元生れの男と下元生れの女は、第一歳より第九歳にいたつて次での如く羅・土・水・金・日・火・計・月・木にあたり、第十歳以下またみなかくの如く、中元男と上元女は、同樣に金・日・火・計・月・木・羅・土・水、下元男と中元女は計・月・木・羅・土・水・金・日・火の次第である

(三元圖)。

二、三元を問はず男は羅・土・水・金・日・火・計・月・木、女は計・火・木・月・土・羅・日・金・水と次第する(三世相)。

三、三元及び男女を問はず、日・月・火・水・木・金・土・羅・計と次第する(今宿曜要決による、この本說尋ぬべし)。

もしそれ梵天火羅圖及び禳災決等の密部經軌によらば、勿論三元を問はず又男女を問はずして、第一歲より第九歲にいたるを羅・土・水・金・日・火・計・月・木と次第する。こは梵方の相傳にして源流の說なるが故に宜しくこれによるべきである。故に覺禪抄の北斗法には「曜宿供法云不レ知二作者一、屬星者羅・土・水・金・日・火・計・月・木、隨二人年一從二一歲一次第返二數之一」といひ、安流星供用意には「當年星者羅歲一、土二、水三、金四、日五、火六、計七、月八、木九、隨レ年主二其當年一也」といひ、中院星供には「羅睺歲一、土曜歲二、乃至木曜歲九、羅睺歲十、土曜歲十一等、如レ此周而復始、至二其人歲數一而止、知二某甲星配二當年一也、今流不レ用二宿曜家所謂男女上中下元之說一也」といつてゐる。

羅睺　一、一〇、一九、二八、三七、四六、五五、六四、七三等。

對二人本宮一則有二災禍一、或隱覆不レ通爲レ厄最重(禳災決)。

行年至二此宿一者凶、星隱而不レ見……臨二人本命一憂レ官失レ位、重病相纏財物破散、喪服愁二口舌一……人命屬二大清天一、此年百事如レ意所求必得、行來出入皆大吉利（火羅圖）。

このなか天清天以下の相違説をいかに解すべきか、尋ぬべきである。

土曜　二、一一、二〇、二九、三八、四七、五六、六五、七四等。

所在分野多レ憂（禳）。

行年至二此宿一者是中宮土星、其星周九十里屬二楚國之分野一、其宿最凶。偏臨宮之然及（以上の六字通ぜず）、庶人此宿貞愼疾病牢獄、君子重厄之年……本命屬二赤虛天一、百事不レ如レ意、男不レ宜レ官女不レ宜レ夫、忌二三月九月庚辛日一（火）。

水曜　三、一二、二一、三〇、三九、四八、五七、六六、七五等。

所在之位主二大憂一（禳）。

行年至レ此宿名二北辰一、一名二毚星一、一名二滴星一、周迴一百里、屬二燕趙之分野一。若臨二人本命一、主二陰愁口舌盜賊牽喚一……人命屬二遊咸天一、百事不レ成、男不レ宜レ官女不レ宜レ夫、忌二四月丙戌日一（火）。

金曜　四、一三、二二、三一、四〇、四九、五八、六七、七六等。

行年至二那頡一者、是太白星西方金精也。其星一名二太白一、一名二長庚一、一名二那頡一、其星周迴一百里屬秦國之分野。若臨人本命至有哭泣刀兵……人命屬飛揰天百事皆吉解憂、男財宜官婦子相係治生萬倍(火)。

これまた二節間に相違があり、後節は逐つて尋ぬべきである。

日曜　五、一四、二三、三二、四一、五〇、五九、六八、七七等。

行年至此宿者主大陽屬日、其星周迴一千五百里、一日一周天。若臨人本命加官進祿有喜事、常得貴人接引所作通達……人命屬通光天、百事如意天神相保終無實難、所向開通福祿自至(火)。

火曜　六、一五、二四、三三、四二、五一、六〇、六九、七八等。

行年至此星、一名南方熒惑星、一名罰星、一名雲漢、其星周迴七十里屬魏國之分。若臨人命必生口舌疾病相纏……行年至此者君子修福職事進益、小人修福災害不生、敬之即無殃咎。人命屬雲霄天、神相保不敢孽禍、錢財滿盈福祿廣至、雖有小憂自解無咎(火)。

これまた雲霄天以下の文は不審である。

計都　七、一六、二五、三四、四三、五二、六一、七〇等。

常隱行不見、到人本宮則有災禍、或隱覆不通爲厄最重(禳)。

行年至此計都亦是隱星、一名豹尾、一名大陰首、隱不見行無定形。若臨人名官最多逼塞、求官不遂務被遷移、官符相纒多憂疾病……人命屬溫獨天、所向不如意、口無利夫婦哭泣或夫流涙、忌五月六日甲乙日（火）。

月曜　八、一七、二六、三五、四四、五三、六二、七一等。

行年至此宿位者是太陰也屬月、其月周迴一千五百里、一日周迴天下。若臨人本命、大吉加官進祿所作通達、得貴人接引長有喜慶之事……行年至此萬事通和、求官得遂所作大吉。人命屬微借天千百事皆凶、遭病恐死、田蠶不收憂縣官事、忌正月九月丙丁日（火）。

微借天以下の意味未詳である。

木曜　九、一八、二七、三六、四五、五四、六三、七二等。

其色青而光明、所在有福、與太白合宿有喪（禳）。

行年至嗢沒斯者是歲星、東方木精名攝提、其星周迴一百里屬魯衛之分。臨人本命加官進祿萬事吉祥……行年至此宿、宜與貴人交通婚姻和合、此年□□大吉之事也。人命屬高倉天、萬事皆諧所向如意往來有利、居爲平安子孫熾昌（火）。

以上により總じて吉凶を判ずるに左の如くである。

一、畧頌曰、日月木三吉、餘六皆不善（安流星供用意）。

二、一羅睺　大惡　二土　少惡　三水　中吉　四金　中吉　五日　大吉
六火　少惡　七計　大惡　八月　中吉　九木　大吉（讓の後人附加分）。

三、一羅睺　凶男　二鷄緩　凶土　三嗟　吉水　四那頡　吉金　五蜜　吉日
六雲漢　大凶火　七計都　凶女　八莫　吉月　九溫沒斯　吉木
羅睺鷄緩男重女輕、計都雲漢女重男輕（讓）。

四、若不レ信卽變レ吉成レ凶、遇二吉星一嘉慶重々福德自至、遇二惡星一災害競生、王侯犯レ之卽謫レ官降レ職（演奧鈔六所引の都利聿斯經）。

五、所護衆生依レ有二好惡一、能護之星宿所レ司二禍福一也。爰吉星必非レ吉、入二惡宮一者成レ災。凶曜必非レ凶、入二吉宿一者成レ慶。但貧福雖レ酬二宿報之力一、榮衰定依二星宿之計一。依レ之景公謝レ咎七星授二三舍之悅一、一行遭レ難九曜照二火羅之闇一（星供祭文、全集一四・二六六）。

二、流年の直曜

昨年去つて今年來り、今年去つて明年來ることなほし江水の如きわれらの流年は、時に或ひは天佑幸福をえて顔ばせを開くこともあり、時に或ひは妖難凶禍にあうて眉を嚬むることもあり、一喜一憂、

一仆一起して眞に有爲轉變である。たとへば渺茫たる海原を航行する船が、時に或ひは無風地帯に入つて高く款乃一聲をあげてうち寛ろぐことあるかと見れば、時に或ひは猛風に襲はれ暗礁に坐して危險と鬪ふが如くである。されば流年がめぐりあふ九曜はかの大洋の安危相錯はる九つの地點の如く、卽ち羅・土・火・計・なる第一・二・六・七のそれは最も戒愼を要する險所であり、水・金なる第三・四のそれは非險非安であり、日・月・木なる第五・八・九のそれは安全區に屬する。但しいづれの地點を通過するにも、急がず焦らず從容自若として針路を失はず操縦を誤まらず、いはゆる人事をつくして天命をまつ用心の大切なるは勿論である。

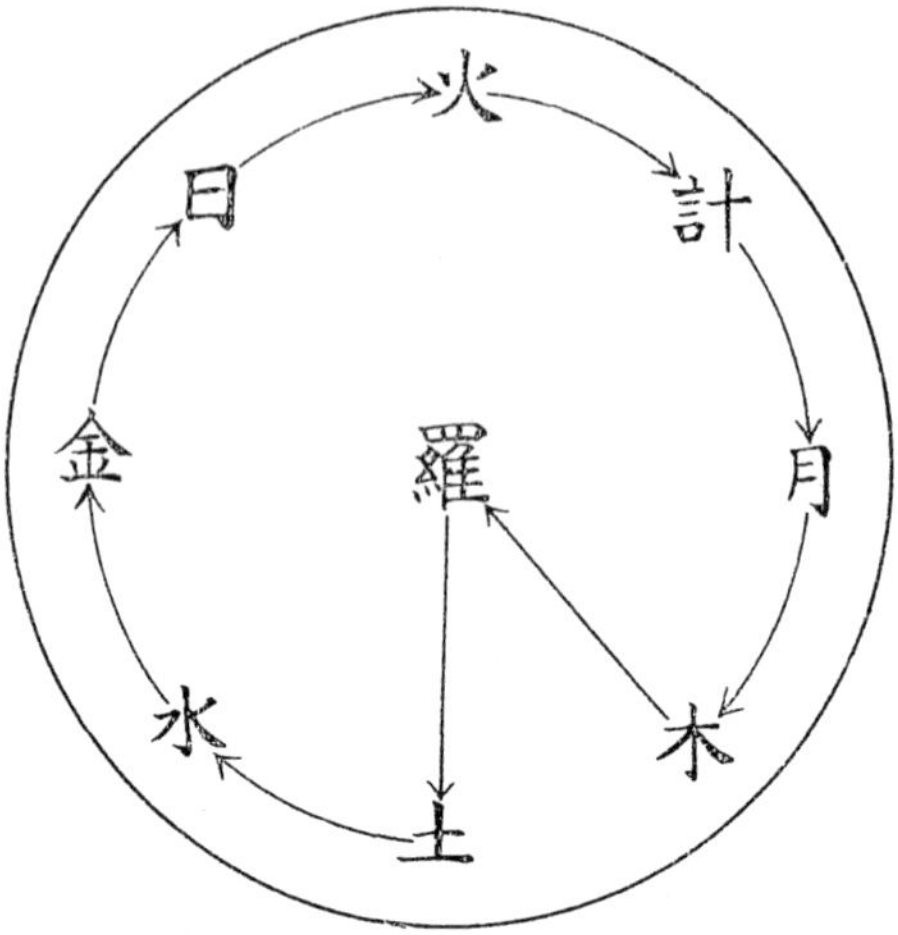

　かの洛書の九星は、星そのものが自から働らいて流年を逐ふのであり、今この九曜の場合は、流年そのものが自から働らいて星を逐ふのである。但し流年が羅睺に遇ふの年は必定してかの九星の中宮星に遇ふの年なるが、この兩者の關係についてはさらに深く尋求すべきである。

第十節　七曜面衝の殃禍

旅行、出陣、建築などすべて七曜所在の方位、特に金曜所在の方位を避くるに非ずんば殃禍を免かれがたい。故に宿經にいはく、

凡有二出行一不レ得レ面衝二七曜一、若衝二日曜一當レ遭二火厄一。若衝二月曜一軍兵多死。若衝二火曜一損二失資財一。若衝二水曜一親眷多傷。若衝二木曜一家人背レ心。若衝二土曜一必有二死厄一。若衝二金曜一則六曜之災併至、頌曰、日火月健　熒盗辰眷　歳背鎮死　金衝併忌（上）。

もしゝからばいかにして七曜所在の方位を知るべきかといふに、元來七曜は壁を連ぬる狀勢にて二十七宿を運行するが故に、その日の直曜よりしてつねに動かざる直宿の方位を推さばこれが知らるゝ。例へば昭和十一年二月二十三日は陰暦二月朔日にして日曜なるが、直宿は奎宿にして北々西に位する。このとき月曜以下は西北より西南に向つて布列するが故に、朔日々曜に北々西に面衝して旅行・出陣・建築などをなさば殃禍を免かれがたいといふのであり、もし下編末尾附圖第一圖の一・二・三輪を運用せばこの義分明である。又特に金曜所在の方位を愼しまなければならぬといふについては、經は上下とも毎月にわたつて日方を左の如く指示する。

日	方	日	方
一・一一・二一	東	二・一二・二二	東南
三・一三・二三	南	四・一四・二四	西南
五・一五・二五	西	六・一六・二六	西北
七・一七・二七	北	八・一八・二八	東北
九・一九・二九	中央	一〇・二〇・三〇	天上

而していはく、

此與二大唐日遊一相類凡太白所在出行及一切動用、不レ得二抵犯一避レ之吉（上）。

右太白如レ上一月轉者每月亦然、恒常隨レ天轉無二休息一。至二日月在時末世已來一、年月日常轉無レ盡。太白是闘戰大將軍、宜三須順行勿二令一レ逆也。若准二此理一出入移徙遠行、及嫁娶拜官闘戰、世間雜事等造作行用者、皆如二上日時一順行用者大勝吉利、如逆行不レ順二此太白所在行法一者皆凶、闘戰不レ勝、所有移徙遠行等亦無二利益一、常能順レ之擧レ事皆吉（下）。

明朝劉伯溫の佐元直指（七）にまたこの太白日方をあげて本說を示さゞるも、けだし當經によりしものである。

第十章　北斗七星

第一節　その星座

游子六の天經或問にいはく、

天學家以二三垣一者、曰天市按明堂位也、曰太微按朝廷位也、曰紫微按宮寢位也。明堂位者天子巡狩之居也、朝廷位者聽政之居也、宮寢位者燕息之居也。天市歲臨レ之、太微日臨レ之、紫微朝夕在焉……北斗七星在二太微北一（天）。

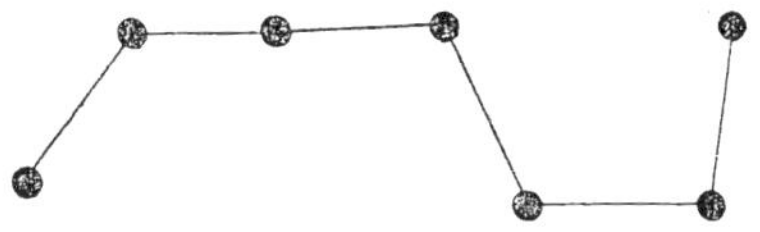

支那の天文學にては北極星の星座を紫微宮といつて宮寢に擬し、北斗七星の星座を太微宮といつて朝廷に配する。七星の排列は上圖の如く、初の四星は斗狀をなし後の三星は柄狀をなし、第四の三等星なるを除き餘はみな二等星であり、その斗柄狀と見るは自然に近きも、現今天文學の如くに大熊狀と見て大熊座といへるは不自然である。北斗に對して南天にこれとやゝ似たる次圖の如き六星があり、こは南斗にしていはゆる二十八宿中の

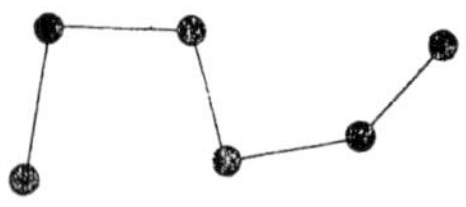

斗宿これである。北斗のなか第六星には、左側に角度にて十一分即ち月の直徑三分の一強のところに、アルコーアといへる五等級の小星と、及び望遠鏡をもつてすればさらに一小星を發見しうる、古人のいはゆる左輔右弼とはこの二小星であり、このなか左輔のアルコーアが見らるゝは普通眼であり、見られざるは普通以下である。かくてこの第六星はアンドロメダ座の天王將軍、北河の二、白羊座の婁宿二とゝもに雙星の種類である。又第一星は變光星にして、三十五日ごとに白黄色より赤色に變じ又もとの白黄色に復する。この變光には周期を有して、最も短きは二日七時五十一分二十秒、最も長きは三百三十一日十時間なるも、その理由未だ分明ならぬといはれてゐる。又第一・二星間の目測距離約五倍の位置に北極星があり、これを發見せばすべての方位を知りうるから、北斗を一名指極星と稱する。

七星所在の方位について、通書大全(中)には次での如く中央・乾・癸・艮・離・坎・坤となし、松浦琴鶴の家相祕傳集(上)には、震・巽・坤・坎・離・癸・艮となし、類祕鈔には第二より寅・丑・戌・子・亥・頂上虛空となして第一星を何れとも指さず、西院流祕部には第一・七星を除き、第二より次での如く北・西・中央・東・南となし、尊星王陀羅尼經には坤・兌・乾・坎・艮・震・巽となせるが、これらは何を標準としてこのやうに配するかは疑問である。古川龍城はこの星座が約一萬年ごとに小變化を起すとして左圖をあぐる（天文智囊七一九）。

（一）

今より一萬年前の形

（二）

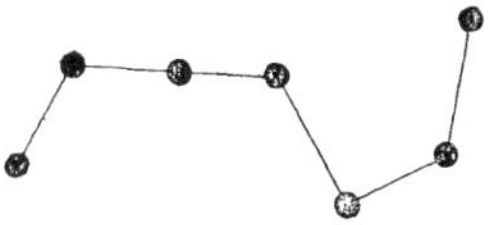

現在の形

（三）

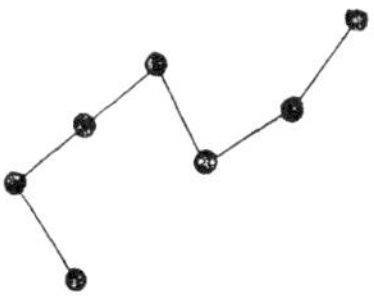

一萬年後の形

第二節　その異名

北斗七星にもまた種々の異名がある。いはゆる第一を貪狼《ごんらう》、第二を巨門《こもん》、第三を祿存、第四を文曲《もんごく》、第五を廉貞《れんでう》、第六を武曲《むごく》、第七を破軍といふ。私は未だこの名稱のよつて來る最古の文獻を詳らかにせざるも、こは七星延命經や一行の北斗七星護摩法等に用ひられ、まづその正名と見るべきものである。次に異名のなか司希神子、貞文子、祿存會子、微慧子、術不隣子、大東子、大京子といふは梵天火羅圖に見え、天樞、天璇、天璣、天權、玉衡、開陽、瑤光といふは天經或問に見ゆるが、これはもと春秋運斗極の名である。執（又は報）陰、叶詣（又は諧）、視金、拒（又は洰）理、防作、開寶、招搖といふは谷響集（一一）に引く酉陽雜俎の名であり、魁、魡（シャク）、䰟（クワン）、䰢（カウ）、魓（ヒツ）、䰩（ホ）、魒（ヘウ）、といふは覺禪抄に引く心覺抄の名なるが、私に康熙字典を檢するにこれを「斗星名」といつてゐる。陽明、陰精、眞人、玄冥、丹元、北極、天關といふは藤崎孝敬の靈符祕密集傳に見ゆるがけだし道教の所用であり、天爵、天順、天疾、天破、天逃、天富、天及といふは琴鶴の家相祕傳集（上）に見えてゐる。又史記天官書の註に、

索隱云、春秋運斗極云、第一至二第四一爲レ魁、第五至二第七一爲レ標、合而爲レ斗

といひ、天經或問にもまた「一至レ四爲レ魁、五至レ七爲レ杓」といひ、瑞祥志（覺禪抄所引）には「魁主二日蝕一、杓主二地動一」といつてゐる。尙書の舜典に「在《みて》二璿《せん》璣玉衡一以齊《とゝなふ》二七政一」といへるが、こは北斗を仰觀し七曜運行の歳曆を正しからしむといふこゝろである。故に天經或問にいはく、

北斗七星在二太微北一、七政之樞機陰陽之元本也。運二乎天中一臨二制四方一、以建二四時一均二五行一也、故曰、斗一北而萬物虛、斗一南而萬物盈。魁四星爲二琁璣一、杓三星爲二玉衡一。

もしそれ北斗七星なる語の梵名を、義淨の千字文及び禮言の梵語雜名(大五四)に考ふるに、《ウツタラ》は北、《ア、ハキヤ》は斗、《サハタ》は七、《ナウラキヤ》は星なるが故に、《タラカキヤサハタナウラキヤ》、もしくは《タラカキヤタバ》《ナウキシユタラ》といへる玄祕鈔(四)や、諸尊要鈔(一〇)の正しからざるを見るべきである。又七星一々の梵名は未詳なるも、召北斗の眞言に對する元海厚雙子の推定によらば貪狼は《ギヤラカン》、巨門は《ビウラタ》、祿存は《ライ》、文曲は《キヤイ》、廉貞は《ダイ》、武曲は《カイ》、破軍は《ハイ》となすべきかと思ふ。

第三節　北斗七星と人生

一、陰陽五行及び四季循環の精靈

北斗七星が陰陽五行及び四季循環の根本樞機たるは、前引天經或問の如くなるが、かれは全く史記天官書の左の文によりしものである。いはく、

斗爲㆓帝星㆒運㆓於中央㆒、臨㆓制四鄕㆒分㆓陰陽㆒、建㆓四時㆒均㆓五行㆒、移㆓節度㆒定㆓諸紀㆒、皆繫㆓於斗㆒。

又北斗七星護摩祕要儀軌にいはく、

北斗七星者日月五星之精也、囊㆓括七曜㆒照㆓臨八方㆒。上曜㆓於天神㆒下直㆓于人間㆒、以司㆓善惡㆒而分㆓禍福㆒、群星所㆓朝宗㆒萬靈所㆓俯仰㆒。

頼瑜の薄草決（一七）に以上の文を引き「私云、依二此軌一則今此七星、是諸曜之精衆星之主也……天文家隆武云、日月五星北斗所變、北斗日月五星精也云云」といつてゐる。故に陰陽五行の精靈が日月五星であり、日月五星の精靈がこの北斗七星なりと見るべきである。しかるに七曜を七星に配するについては左の如き異説がある。

（七星）	（禳災決）	（指尾法）	（七星讃）	（馬融尚書註）	（安流星供年月等）
貪	月	日	月	日	火
巨	火	月	木	月	水
祿	水	火	金	火	火
文	木	水	土	土	水
廉	金	土	水	水	土
武	土	木	火	木	木
破	日	金	日	金	金

以上の五説各〻理由あるも、頼瑜は「指尾説善順二妙見菩薩呪經一歟」といつて第二説を評取し、安流

七星圖もまた指尾法と同じい。

次に七星と二十八宿との能所管關係は事相門の一傳に左の如く分別する。

貪　室・壁・奎・婁
巨　胃・昴・畢・觜
祿　參・井・鬼・柳
文　星・張・翼・軫
廉　角・亢・氐・房
武　心・尾・箕・斗
破　牛・女・虛・危

抑も一年の歳首を定むるについて周は建子月（十一月）を用ひ、般は建丑月（十二月）を用ひ、夏は建寅月を用ひ、印度は建卯月を用ふるが、これみな北斗の指尾卽ち破軍星の建《さ》す方向によるものであり、いはゆる「秦城迴㆓北斗㆒、郢樹發㆓南枝㆒」といへる杜甫の詩（杜律集解一）や、「斗一北而萬物虛、斗一南而萬物盈」といへる天經或問などは、北斗が四季循環の根本樞機たるを語りしものである。北斗の指尾によつて四季の循環を知るは、日沒直後の初夜においてなるも、實は刻一刻にその方向を異にする、こは事相門に破軍星指尾方位なるものを重んじ、移轉、旅行、對決、臨產等大小諸般の人事、もしこれに對衝するにおいては必らず不利となり、背にその光りを負うて指尾の方向へ順應するにおいては必らず有利となる、昔し諸葛孔明はこれをつねに戰爭に應用して百戰百勝の偉功を奏したと傳へられてゐる。卽ち破軍星がもし午（南）に建すとき、午よりして子（北）に向ふは對衝であり、子よりして午に向ふは順應なるが、これを知る便法としては「四っ時去つて月の數」といへる口傳の意味に精通することにある。

例せばもし昭和十一年十一月二十八日午前十時を期して、ある重大事をあげむとするにあたつてその對衝と順應とを見分けるには、まづこれが陰曆十月十五日なるを見るべきであり、そしてこの場合に年と日は關係を有しない。午前十時は巳の刻なれば、巳・午・未・申と四つの時を去り、酉・戌・亥・子・丑・寅・卯・辰・巳・午と月の數まで數へつめたこの午がまさしくその建す方位である。しかるに午（正南）と子（正北）とは相對するが故に、子より午に向ふは順應、午より子に向ふは對衝なれば、かの順應の方位に向つてまさにこれをあぐべきである。このこと近くは諸尊要鈔十や覺禪抄北斗法などに見ゆるも、なかんづく通德類情（六）の圖表は精到なるが故に、今これをあぐる。

指方	正	二	三	四	五	六	七	八	九	十	十一	十二

午	寅	丑	子	亥	戌	酉	申	未	午	巳	辰	卯
未	卯	寅	丑	子	亥	戌	酉	申	未	午	巳	辰
申	辰	卯	寅	丑	子	亥	戌	酉	申	未	午	巳
酉	巳	辰	卯	寅	丑	子	亥	戌	酉	申	未	午
戌	午	巳	辰	卯	寅	丑	子	亥	戌	酉	申	未
亥	未	午	巳	辰	卯	寅	丑	子	亥	戌	酉	申
子	申	未	午	巳	辰	卯	寅	丑	子	亥	戌	酉
丑	酉	申	未	午	巳	辰	卯	寅	丑	子	亥	戌
寅	戌	酉	申	未	午	巳	辰	卯	寅	丑	子	亥
卯	亥	戌	酉	申	未	午	巳	辰	卯	寅	丑	子
辰	子	亥	戌	酉	申	未	午	巳	辰	卯	寅	丑
巳	丑	子	亥	戌	酉	申	未	午	巳	辰	卯	寅

卽ちもし正月寅の刻(午前三時より同五時まで)ならば、寅・卯・辰・巳と四つの時を去り、正月は一なれば次の午がその建す方位であり、もし十二月卯の刻(午前五時より同七時まで)ならば、卯・辰・

巳・午と四つの時を去り、次の未より十二月の數まで未・申・酉・戌・亥・子・丑・寅・卯・辰・巳・午と數へつめた午がその建す方位であり、みなこれに准知すべきである。

又八卦諺解や家相祕傳集には、門窓を初め護身の刀劍類や特に自己の本尊となさむとする佛像神體を圖刻する場合など、武曲、祿存、廉貞、巨門、貪狼、破軍、文曲、左輔、右弼（合して一となす）を次での如く財、病、離、義、官、劫、害、本の八字に配する星尺によつて、病、離、劫、害の凶尺にあたるを避けて財、義、官、本の吉尺にあたるに就くべきものといつてゐる。星尺といふはもし家相祕傳集によらば、金尺一寸二分づゝを前の八字に配すれば合して九寸六分となり、もし長きは九寸六分を除く殘餘についてこれを測るべきであると。私にその財を武曲に乃至本を左輔右弼に配する理由を未だ解せざるも、こは陰陽學上相當根據のあるべきことゝ思ふ。

二、本命星と元辰星

本命元辰といふ語のもとは、一行の北斗七星護摩法に「燈明印　慧手作レ拳以二空端一捻二火面一向レ上、奉二供北斗七星本命星並曜宿元辰等一」といひ、火羅九曜に「至心祭二拜本命星一……祭二本命元神一日一年有二六日一」といひ、七星護摩祕要軌に「目專視二其本命之星一」といひ、七星如意輪經に「神通王菩薩白レ佛言、世尊以二何因縁一不三但觀二念如意輪王菩薩一、又令レ禮二拜本命星等一耶……造二本星食餅及蘇蜜香藥等一云云」といひ、一行の本命元神位法に「本命王文卿、元辰杜中陽」(覺禪抄所引)といふ等これであり、元辰は又元神につくること上の如くである。本命星といひ元辰星といふは北斗七星中の二星にして、各人全生涯の本命財祿をつかさどつて命沒に至るまで瞬時も相離れざるものである。故に七星延命經には「若貴若賤大小生命、皆屬二北斗七星所管一」といひ、五行大義には「斗星之氣散而爲二人之命一」といつてゐる。しかるに本命星と元辰星との別如何といふに、私に考ふるに、元辰又は元神なる語は經軌のなか七星護摩法と火羅九曜に見ゆるのみで、本命星が直ちに元辰星なるか、本命星と元辰星と各別なるかは決しがたい。一行撰といはるゝ元神位法には明らかに各別となさるゝも、しかしこの書の眞僞如何がまづもつて疑はしい。その各別となすはもと陰陽家賀司馬の傳にして大外記師遠これを用ひ、仁海の小野六帖(大七八・九)にもまたこれを用ひし以來、安流の祕知元辰法、成賢の作法集(五〇)、中院の拾古撮要などみなこれによつてゐる。しかるに大原の長宴はよろしく本命星卽元神星となす經軌の説によるべく、各別となす陰陽家の傳によるべからずとして、

本命元神者宿曜家説不レ用レ之、今眞言家師傳云、北斗七星隨レ人有二命星一、卽以二北斗護摩軌一爲二憑據一、彼文分明也(大七五・九〇九)

といつてゐる。覺勝の要訣に「淳祐・寛朝・寛助等諸師用レ之、本命卽元辰也」といへるところまたお

のづからこれを信用するもの丶如くである。但し前述の如く北斗護摩軌にはもとより元神の語が見えないのであるから、これによつては未だ同異を決しがたい。心覺は「本命祿父、元神乳母」（覺禪抄所引）といつて兩星に陰陽父母の關係をみとめ、覺禪抄裏書に「本命星元神星互施二利生一故、本命星祈二本命一、元神星祈二官位榮祿病惱憂患之事一」といつて兩星のつかさどるところを各別となしてゐる。藥師本願功德經下に、

諸有情有二倶生神一、隨二其所作善惡之業一、悉皆記錄授二與琰魔王一。王卽依レ法問二其所作一、隨二彼罪福一而處二斷之一（大一四・四一五）

といへるが、この倶生神なるもの華嚴經によらば二人である。故に六十華嚴（四四）にいはく、

人從レ生有二二種天一常隨侍衞、一曰二同生一二曰二同名一、天常見レ人々不レ見レ天（大九・六八〇。八十華嚴は六〇、大一〇・三二四）。

これによつて印融いはく（成賢作法集の口決）「此二天者二倶生神也、是則本命元辰二星、陰陽二星和合成二一身一。男女和合時陽星主二天五大一、天《ヨリ》下《リテ》父《ノ》右耳《ヨリ》入《テ》五大《ノ》精《ヲ》取《リ》下《テ》成《ル》二白滞《ト》一。陰星主二地五大一、地《ヨリ》上《テ》母《ノ》左耳《ヨリ》入《テ》五大《ノ》精《ヲ》取《リ》下《テ》成二赤滞一、此赤白和合《スル》初《ヲ》名二𑖎𑖨𑖨𑖽《カラン》一也、此二星名二倶生神一也、仍《テ》我等根本者本命元辰二星也可レ祕云云」といつてゐる。これらによつて私に考ふるに、本命星と元辰星とを各別となす

説の方がよく理をつくしてゐると思はれる。但し本命星がもし陽星なる場合には元辰星は必らず陰星であり、もし陰星なる場合には元辰星は必らず陽星である。しからば北斗七星をいかに陰陽に分つかといふに、七星は元來十二支年に應じ循環してその一ヶ年をつかさどり、その隨一がつかさどる一ヶ年間に生るゝは必らずそれの所管に屬するが故に、これがいはゆるその人の本命星である。しかるに子、寅、辰、午、申、戌は陽なるが故に、この陽年をつかさどるは陽星なるべく、又丑、卯、巳、未、酉、亥は陰なるが故に、この陰年をつかさどるは陰星なるべきによつてゞあり、かくてこの陰陽の兩星は必らずしも男女を意味するのではない。

三、本命星元辰星の繰格

本命星繰格の便法は、祕鈔問答に示すが如く左手の頭・中・無名の三指を用ふべきである。

即ち貪狼と破軍はたゞ一支年にかぎるも餘はみな二支年に通ずる。これによつて貪狼・祿存・廉貞・破軍は陽年をつかさどる陽星であり、巨門・文曲・武曲は陰年をつかさどる陰星たるゆゑんを見るべきである。かくの如く配する本説は、禳災決・七星延

命經及び火羅九曜の三經に存するが、明朝劉伯溫の佐元直指（六）に、

子年貪狼入二中宮一、丑亥年巨門入二中宮一、寅戌年祿存、卯酉年文曲、申辰年廉貞各入二中宮一、只用二貪巨祿文廉武破七星一輔弼不レ用

といへるはおのづから前の經説に合する。

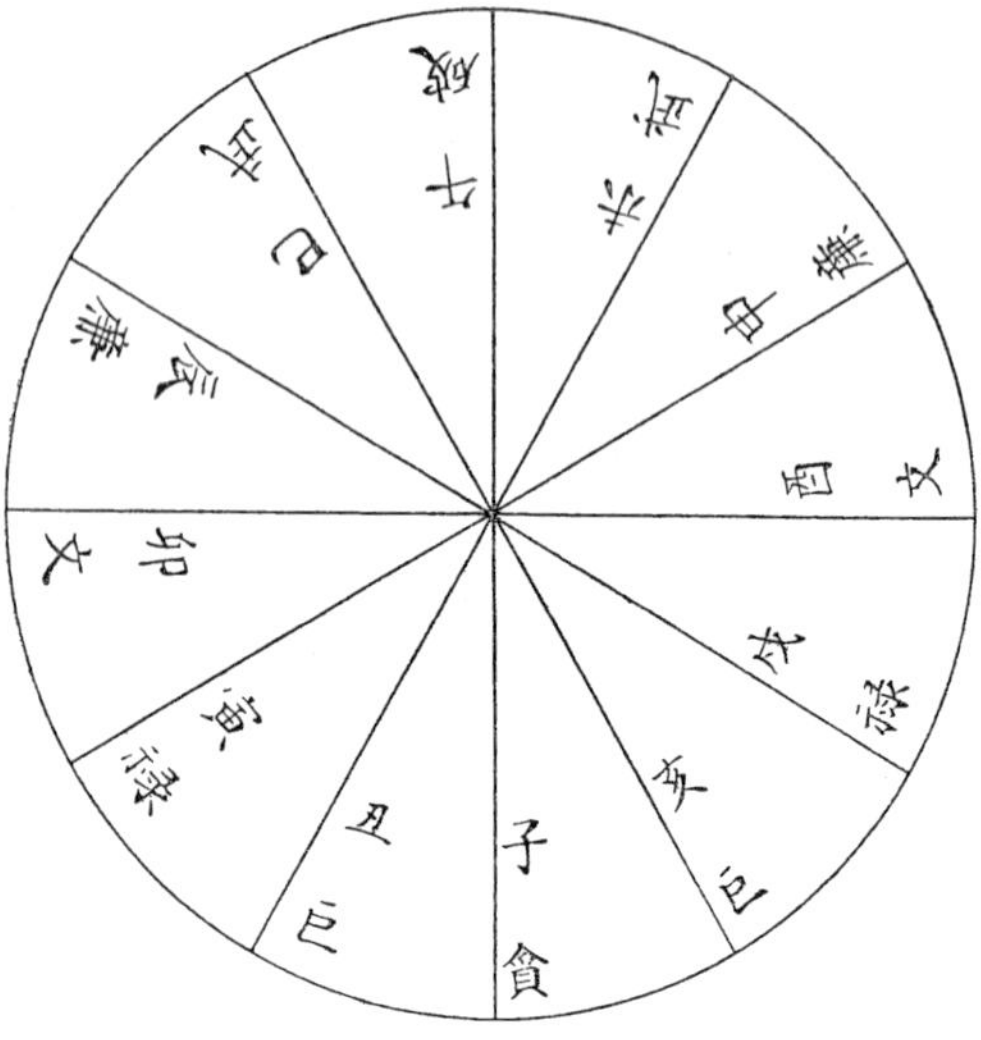

次に元辰星の繰格に兩説あるが、まづ上圖によって十二支の對衝關係を見るべきである。卽ち子・午、丑・未、寅・申、卯・酉、辰・戌、巳・亥はその對衝である。

一、陽（子・寅・辰・午・申・戌）男と陰（丑・卯・巳・未・酉・亥）女は前一の衝（もし子年の男ならば丑が前の一なり、丑の衝は未。もし丑年の女ならば寅が前の一なり、寅の衝は申）に位する星をとり、陰男と陽女は後一の衝（もし丑年の男ならば子が後の一なり、子の衝は午。もし子年の

女ならば後の一は亥なり、亥の衝は巳）に位する星をとる。故に阿娑縛抄百四十三（大日本佛教全書同六）にいはく、

陽男陰女義相叶無レ乖是順也、仍取二前一衝一。陰男陽女其義不レ叶、是違逆故取二後一衝一。假令子歳男陽男丑神爲二前一一、丑衝未也武曲是也、衝者相對心也所謂丑未相向也。後一衝者丑歳男陰男以レ子爲二後一一、子衝午破軍是也、陰女陽女准二知之一。陰女陽男云者、子寅辰午申戌是云二陽神一、丑卯巳未酉亥是云二陰神一、是依二陽數一云レ陽依二陰數一云レ陰。大玄經云、子午九者陽起二於子一訖二於午一、陰起二於午一訖二於子一、故子午對衝而陰陽氣之所レ起也。寅爲二陽始一申爲二陽終一、從二所起一而在レ數至レ所始而定數故自レ子數至レ申九、自レ午數至レ寅亦九、所以子午九也、乃至巳亥爲二對衝一自レ巳數至レ申四、自レ亥數至レ寅亦四、所以巳亥四也云云。

西院八結聞書にいはく、

一元辰《ノ》星事　以二陽陰一知也、所謂寅卯陽陰等次《ト》第《スル》　故《ニ》巳《ノ》年《ハ》陰《ノ》年也。陰六《ハツメノ》　星《ヲ》元辰定《トムルカ》　故《ニ》祿存星也、女《ナラハ》　巳《ノ》年人貪狼星也。陽八陰六男、陰八陽六女……陽男《ハヲ》爲レ本陰女《ハヲ》爲レ本、故男云《ニハ》二陽八陰六一、女云《ニハ》二陰八陽六一、陽男陰女支干相應故本也、陰男陽女支干不相應故逆也、於《テモ》二八卦一順逆不同也。

覺禪抄裏書にいはく、

一行の本命元神位法云一行撰、甲子生、本命王文卿、元辰杜仲陽。女本命同レ前、元辰唐文卿。六十日

皆有二異名一可レ見レ之、奥文云、杜仲陽者乙未云云。

二、男女を論ぜず陽命は前一の衝をとり、陰命は後一の衝をとる、いはゆる陽八陰六（おの〳〵の年支より數へて八つめと六つめ）これである。こはもと賀司馬の所傳にして前述の如く仁海等の採用する說であり、今またこれによるべきである。

本命星による性格を八結聞書に「貪狼星ノ人ハ貪深シ、祿存星ノ人ハ有レ福、文曲星ノ人ハ有二智惠一、廉貞星ノ人ハ正直也、破軍星ノ人ハ勝二合戰等一也」といへるが、これに准ずるに巨門星の人は寬仁、武曲星の人は武才ありと見るべきかと思はれる。こは星名よりの推考なるべきも、その星名は覺禪抄等の說によらば、もと星の性格によつて名づけられた仙人所傳の名稱といふのである。又事相門における北斗法には、七星の印言を面部の七ヶ所に安じて加持すべく傳へられてゐるが、しばらく北斗拾遺によらば、貪は額に、巨は面に、祿は左眼に、文は鼻に、廉は右眼に、武は口に破は頤にあつる、こは各人本具の七星の所在と見るべきこと前の二十八宿に准ずべきである。

以上は北斗七星に關する種々相である。もしそれ金剛智譯の北斗七星念誦儀軌によらば、大本十萬頌の金剛頂經に七星品なるものこれあることを知りうるも、惜いかな今日にてはこれを尋ぬるに由がない。

第十一章　妙見大菩薩

第一節　本經と名義

大藏經のなか妙見尊の本經として見るべきは、たゞ七佛八菩薩所說大陀羅尼神呪經四卷晋代失譯中、第二の妙見菩薩章あるのみである。私に未だこれを見ざるも、覺禪抄等に引用さるゝ兩三種の經典の如きは、前記の別行か又は後世作と思はるゝ疑はしきものである。釋室維寶の記に、

別行流布經三本、一名㆓北辰菩薩陀羅尼經㆒、文全同㆓七佛所說經㆒也。一名㆓北辰妙見尊星王菩薩所說陀羅尼經㆒、文稍異㆓七佛經㆒。一名㆓北辰妙見菩薩陀羅尼成就功德法㆒也

といつて三本を示せるが、この第二は覺禪抄によらば三卷にして當尊の曼荼羅などを說く最も詳細なものであり、このほか澄圓の白寶抄には佛說北方微妙成佛妙見經を引いてゐる。當尊は北斗七星とゝもに、兩部曼荼羅においてその圖位が闕けてはゐるも、しかし野澤諸流及び台密特に三井寺においては、相承の師傳によつて行軌が具備してゐる。

梵號を《ソ》《ジリシユタ》といひ、翻梵語集に「藪達梨舍菟譯曰㆓妙見㆒」といへるが、これ即ち諸法の實相を知見

し、衆生界に向つて難思の妙用を垂るゝが故に妙見といふのである。故に神呪經には、

我北辰菩薩名曰二妙見一、今欲下説二神呪一擁中護諸國土上、所作甚奇特故名曰二妙見一

といひ、妙見陀羅尼經下覺禪抄所引には、

爾時大雲星光菩薩白二佛言一、世尊妙見菩薩以二何因縁一名二妙見一。佛告二大雲星光菩薩一、善男子、若有二無量無邊衆生一受二諸極苦惱一、聞二妙見菩薩名一至心誓願向二正北方一稱レ名、妙見菩薩卽時悉皆解脱令レ得二安隱一

といつてゐる。又覺禪抄北斗法に「惠什云、妙見者觀自在異名也、妙觀察智義也」といひ、西大寺流吽字口決寀心三に「妙見二衆生苦一能拔濟故號二妙見一」といひ、白寶口抄に「口云、妙見者於二一切善惡諸法一皆悉知見妙體、是知レ見二諸法實相一、亦慈悲至極是悲生眼體也」といひ、妙見講式には深祕の義によつて「妙者不可思議之詞、則胎藏界意。見者圓明照見之謂、則金剛界之義、是兩部不二理智一體之身也」といつてゐる。

第二節　その異名

寶永四年（西紀一七〇七、五代將軍綱吉の時代）出雲路十念寺澤了の鎮宅靈符縁起集説二卷は、當尊

の本誓・靈驗・舊跡・修法・靈符など、かなり多方面に亙り集錄して裨益するところ尠からざるが、
これによらば左の如き十二種の異名をあげてゐる。

(一)眞武神仙　(二)眞武上帝　(三)太一　(四)上元太乙神　(五)救苦天尊太乙神　(六)玄元　(七)大元尊神　(八)星主北闕紫微大帝　(九)昊天金闕玉皇大帝　(一〇)靈符眞君　(一一)鎭宅靈符尊星　(一二)鎭宅七十二道靈符神

又白寶口抄の妙見法には「或經云」といつて、

(一)天上天下自在王　(二)有生自在王　(三)國土四大天王　(四)五大龍王　(五)八辰十二夜叉　(六)土王位立地王　(七)金剛密迹　(八)一切夜叉天　(九)北道尊星

の九名をあげて、これを七佛所說神呪經に說く當尊大呪の九箇の《タ》字に配してゐる。私に文殊根本儀軌經によつて考ふるに、第一序品に「復有二蓮華族大明王衆一、所謂十二臂明王……星明王・星王明王等」といへるこの星王明王は、けだし當尊ではなからうか。又第十八の執魅者儀則品にいづる離欲最上善人といはれ大力上人といはるゝものは、前後の說文よりこれを推すに當尊たること分明である。いはく、

彼有二離欲最上善人一、住二悲愍心一降二臨世間一而爲二救度一。彼最上善人、法相具足有二大力勢一、爲レ救二世間一行二

於二教化一、臨二照於世一如二彼日天一。若復有レ人具二最上善業一知二其法要一、具足淸淨精勤修習、於二白月時日沒之際一、或初夜分見二彼降臨一。彼大力離欲上人或在二世間淸淨國土一、以二白月或圓滿月十五日一、或白星宿時吉日吉辰、來二降世間一而有二幖幟一。若來之時形如二多羅樹一、住二虛空中一不レ至二於地一。結跏趺坐而乃發レ聲由如二梵音一、言二說最上無等々法一。而彼上人頂相具足、住二刹那間一降二於大地一。彼持誦者如レ是見已、用二葱帝華・白檀・供倶摩等一和合作二閼伽水一禮拜奉獻、復以二妓樂一而爲二供養一。誦者發二虔志心一唯爲二利益一求二其所願一、彼離欲上人慈心淸淨、乃爲言二說無數最上所樂正法一。得レ聞レ是已分明了知、慈心悲愍不レ得レ生レ怖、但念二妙吉祥菩薩一及結二五髻印及別頂印一、而作二結界一亦結二上下界一。彼如レ是時所有一切言說初中後善、至二於過去現在未來一皆如レ實知。彼天上人目視不レ眴觀照慈愍、凡所二言說一眞實不レ虛、所レ求眞言成就藥物成就。及生二善趣一至二於應供一、乃至決定證二大菩提一。所有求レ問二如レ前祥瑞等事一、彼大力上人一切皆說云云。

第三節　本誓と靈驗

當尊が一切星宿の帝王たるは、紫微大帝といひ上元大乙神といふが如き異名によるも分明である。

故に神呪經にいはく、

處於閻浮提衆星中最勝、神仙中之仙、菩薩之大將……住閻浮提爲大國師領四天下、衆星中王得最自在。

今その本誓を案ずるに、特に人界の帝王主宰者を擁護するにある。帝王主宰者にしてもし慚愧反省して惰慢に墮せず、賢良をあげて民福をはかり、ひろく仁政をしいて四海を苞容するにおいては、われまさに司命・天曹等の諸大星宿及び一千七百の諸天善神を率ゐてその國土に降臨し、國界を邏衞して天災地妖を禳ひ、風雨順時・百穀豐登・無爲太平の巨益をえしむべく、又もしこれに反し無慚放逸にして便佞の小人を任用し、苛斂誅求の虐政をなし民をして怨嗟せしむるにおいては、われ速かにこれに位を退かしめ、賢能をして代らしむべしといふのである。故に前者の善王に對しては、

我時當率諸大天王・諸天帝釋・司命都尉・天曹都尉、除死定生滅罪增福益算延壽、白諸天曹差諸善神一千七百、邏衞國界守護國土、除其災患滅其姦惡、風雨順時穀米豐熟、疫氣消除無諸強敵、人民安樂稱王之德

といひ、後者の惡王に對しては、

若諸人王不以正法任用臣下、心無慚愧暴虐濁亂、縱諸群臣酷虐百姓、我能退之徵召賢能代其王位

といひ、そして帝王の守るべき德目として、（一）三寶を恭敬すべきことゝ、（二）貧窮孤獨を憐れむべきことゝ、（三）怨親において平等心に住すべきことゝの三德を示し、又この三德を守るとゝもに兼ねてわが根本陀羅尼を念誦すれば、いよ〳〵威德巍々たることなほし轉輪聖王の如くならむといつてゐる、かくてその本誓は根本精神的の帝王學に存する。これその當尊が古來王者及び武將間において、特に信仰の對象となるゆゑんである。

私に案ずるに、當尊は道教に最も重んぜられて唯一本尊となされてゐるやうであり、かの靈符緣起にのする十二名の如きけだし道教の說である。なかんづく鎭宅靈符尊星といふが如きは、當尊に七十二種の靈符ありて、一々に禳災招福の威力あるが故に、もしこれを（一）宅前高く後方低く、（二）北に流水あり、（三）東南高く西北平らかなる最惡三愚の宅に安置せば、妖宅はその威神力に制せられ、十年にして大富貴となり、二十年にして子孫繁昌し、三十年にして白衣の天子臨入すといふが如き鎭宅の靈驗ありと傳へられてゐる。符とは勿論梵字でもなく漢字でもなき異樣の祕字にして、抱朴子內篇四に、

鄭君言、符出二於老君一皆天文也、老君能通二於神明一、符皆神明所レ授。今人用レ之少レ驗者、由二於出來歷久傳寫之多レ誤故也

といへるが、これによらばその源老子の所傳にして、印度の眞言陀羅尼に比すべき支那特有の呪禁文字である。故に祕藏記には「呪者佛法未ㇾ來ニ漢地一前有ニ世間呪禁法一、能發ニ神驗一除ニ災患一。今持ニ此陀羅尼一人、能發ニ神通一除ニ災患一與ニ呪禁法一相似、是故曰ㇾ呪」といつてゐる。七十二符といふについては、また抱朴子の同所に「卽立ニ七十二精鎮符一以制ニ百邪之章一」とのみいつて、字體を示さゞるも、靈符緣起にその一々を示してその効驗をのべてゐるから、今その一二を抄出しおく。

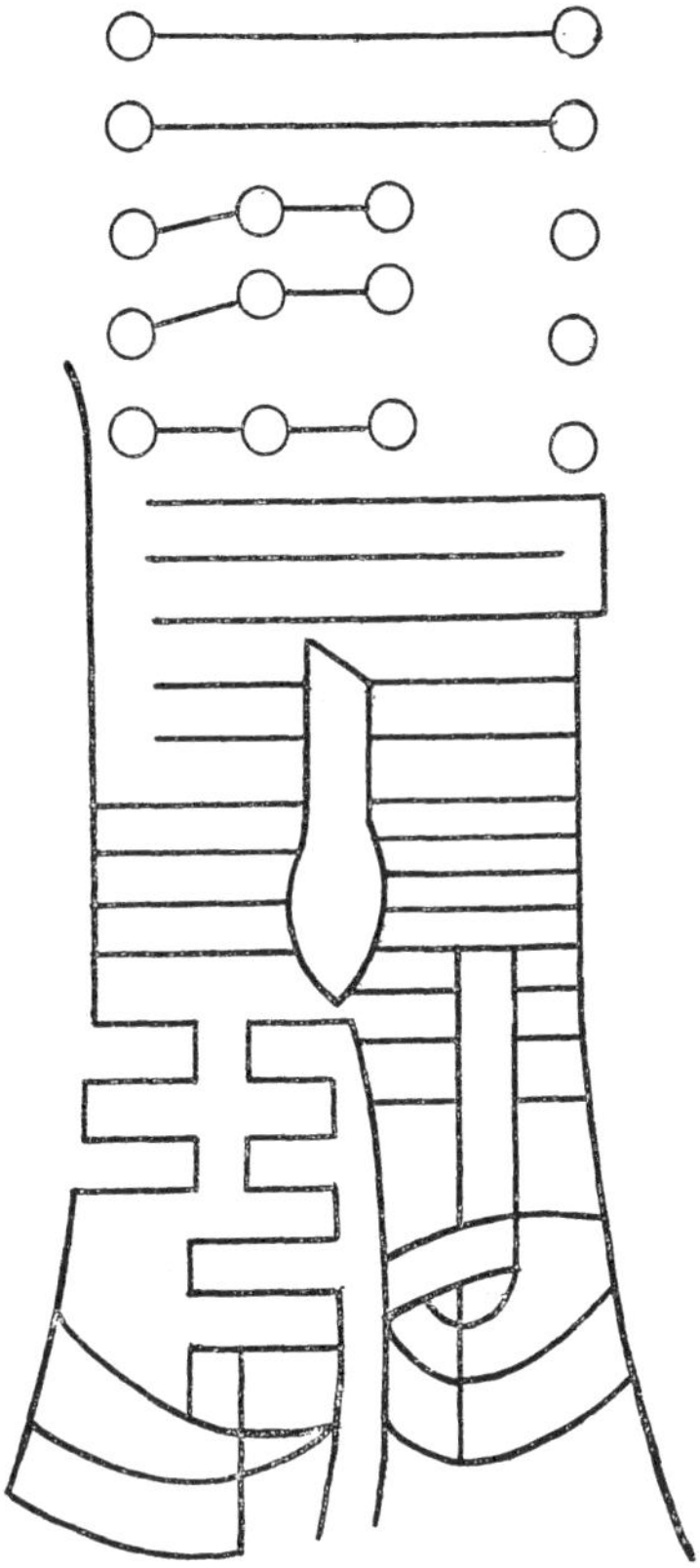

厭《タツ》下釜鳴狗上ㇾ牀斬ニ火光一切鬼上。釜鳴テ病事ヲコリ、狗床ノ上ヘアガリテ口舌火難起リ、又火光トテヒカリモノ飛ビナドスル一切靈鬼ヲ厭除ク靈符ナリ。

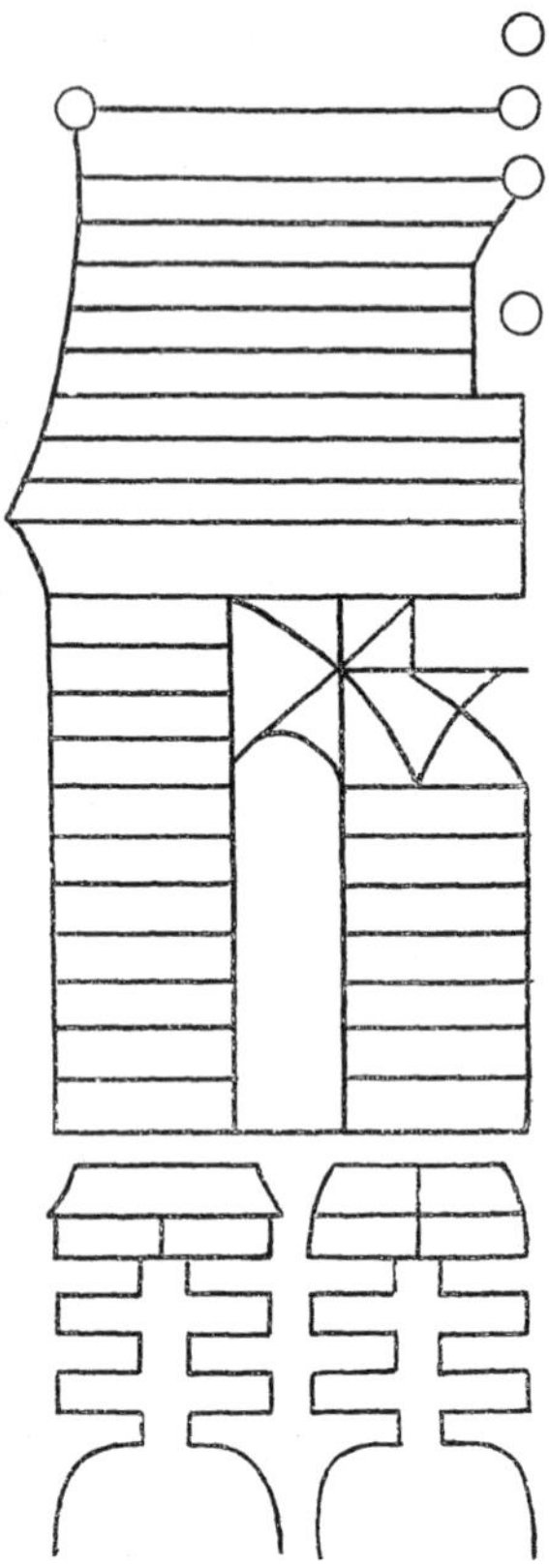

厭二猪猫犬等自食レ子怪一。猪・猫・犬ナド吾ガ子ヲ喰ナドシテ、家内ニ怪《ケ》事オコルヲ厭チ除ク靈符ナリ。

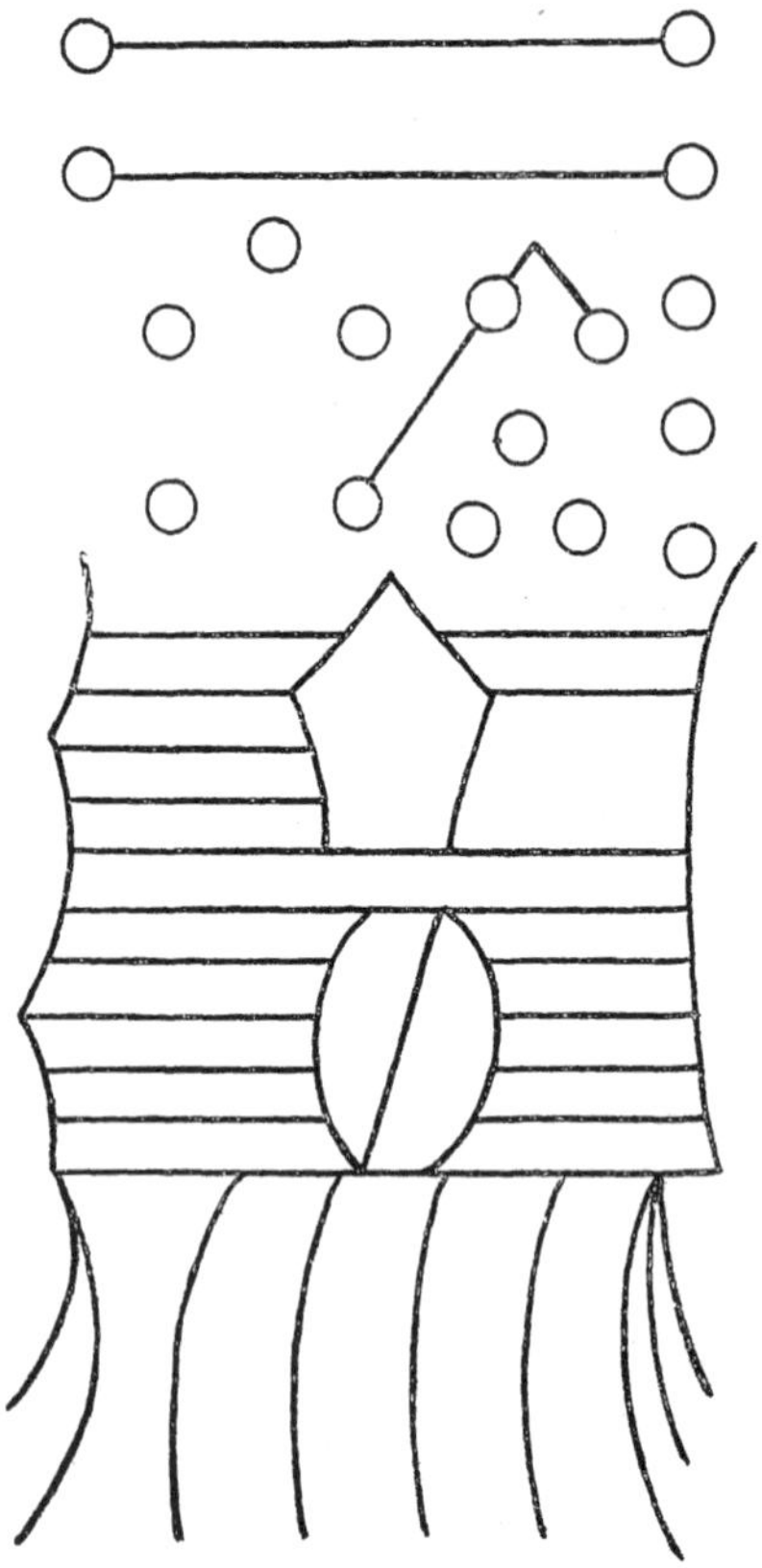

厭二除禍害之鬼一。禍口舌又人ヲ害シ自ラ殺害スル凶事起ル、靈鬼又如《クナル》レ其逢レ災又見《テレ》レ害レ人、爲二自害等一
死靈《シタル》鬼《ノ》除レ祟靈符ナリ。

七十二の數については一ヶ年七十二候の表示なりともいはれ、又は伏羲先天の八卦と文王後天の六十四卦を合する表示なりともいはるゝ。これ卽ち常に靈符曼荼羅といはれてゐるもので、當尊所具の一種の法曼荼羅と見るべきものである。

第四節　古來信仰の一端

印度の信仰狀態如何については、わづかに西紀二百六七十年晋代譯の七佛所說神咒經のみに見ゆる程度にすぎないから、これを尋ぬること至難なるも、支那においては西紀前二千數百年の堯舜時代に、つとにこの信仰が存したりしことを尙書や詩經や周易によつても類推される。いはゆる尙書に、

肆類二于上帝一、禋二于六宗一、望二于山川一、徧二于群神一（舜典）。
夏氏有レ罪、予畏二上帝一、不三敢不二正（湯誓）。
敢昭告二于上天神后一請二罪有夏一……上天孚佑二下民一（湯誥）。
惟上帝不レ常、作レ善降二之百祥一、作二不善一降二之百殃一（泰誓上）。

嗚呼皇天上帝、改㆓厥元子㆒（召誥）

といひ、詩經に、

維此文王小心翼々、昭事㆓上帝㆒聿懷㆓多福㆒（文王）

といひ、周易に、

聖人亨以享㆓上帝㆒、而大亨以養㆓聖賢㆒（下象傳）。

先王以享㆓于帝㆒立㆑廟（下象傳）

等といへるが、凡そこれらの上帝なる語は、おそらくば紫微大帝たる妙見尊を指したるものと思ふ。又事物紀原（一）に「漢有㆓天下㆒、高祖制詔㆓御史㆒、令㆔天下立㆓靈星祠㆒、蓋祈㆑穀也、時興八年矣。周制仲秋祭㆓靈星於國之東南㆒、則非㆓漢始祠㆒㆑之也」といへるより見るも、その起原の悠遠なることがわかる。秦の始皇が即位二十八年に徐福を蓬萊・方丈・瀛州の三神山につかはして仙藥を祈求せしめたるは、もとこの妙見尊に對する信仰より起つたものと傳へられてゐる、かの白氏文集に「徐福文成多㆓誑誕㆒、上元太一虛祈禱」とある諷詩の如きその反證である。そも〳〵七十二符の傳來は略して下の如くである。前漢第三世文帝（西紀前百七八十年）が弘農縣の劉進平より始めてこれをうけ、その靈驗を信じてこれを天下に弘布せるが、それが展轉して百濟に入り、本朝三十三代推古帝の十九年（西紀六一一）に、聖明王（欽明帝の十三年に始めて佛像經論を獻じたりし人）の第三王子琳聖が、肥後の八代《やつしろ》郡白木山に來つて盛んにこれを傳へた、これ卽ち本朝における當尊最古の靈跡である。桓武帝尊信の餘り延暦十四年この地に神宮寺を造營し、それより四百六年後の建仁元年に土御門帝これを再興し、後深草、龜山、後二條等の諸帝相ついでこれを修覆し、上中下の三宮と區分されて結構の美を極め、皇室及び武門信仰の焦點となつた。靈符版がこの寺において始めて彫刻されしは聖武帝の天平十二年であり、その後南朝の正平年中に、後醍醐帝の第六皇子良懷《よしふさ》親王が當國在住のみぎり、再びこれを彫刻してこの寺に納められた、靈符緣起にいだすものはけだしこれにとりしものである。

又琳聖太子來朝の推古帝の十九年に、太子に玉冠を賜ひ難波の生玉宮において當尊の法を修せしめ、平安奠都に際し京洛の四方に當尊を安置してその守護神となされた。しかるにある舊記にその殘れる鑄像を見て、蜀の關羽を祭りしものなどゝいへるは大いなる誤りである。四方安置のところについては、靈符緣起には、

昔平安城號二北斗堂一都四方安二置妙見菩薩一、其寺名二靈巖《レウガン》寺一爲二王城鎭守一云、東山階大屋家《オフヤケ》村有二妙見菩薩一、又西郊《ニシノオカ》奥海印寺村寂照院西北山號二妙見山一奉レ鎭二尊星一、又西九條長見寺有二妙見石一、北岩倉東巽有二妙見山一、皆是昔所レ祭二尊星王一也

といひ、白寶抄には、

妙見王城四方安二置之一、北山靈巖妙見供燈御祭等有レ之、西丹波路有レ之云云、東山階有レ之、南八幡邊有レ之可レ撿レ之（大圖一〇・一一六〇）

といひ、公事根源の註本には、

拾芥下本云、妙見寺在二王城四方一、又號二靈巖寺一歟文。今西賀茂有二故迹一、七月十六日燒二舟形炬一山是也

といへるなど、この間に多少の相違ありて今日よりしては、けだしその地點を明らかに知ること困難なるべきも、たゞし四方の高山にこれを安置せしことゝ、及び靈巖寺に等身の木像を安じて主殿寮より供燈の料油を送りしことゝの史實は分明である。いはゆる延喜式三十六の主殿寮式に「諸寺年料油、靈巖寺料油月別三升、小月減二一合一」とあるが如きこれであり、又公事根源（應永二九年後成恩寺關白兼良著）や年中行事（賀茂氏人保隆所傳）には、三月三日、九月三日の兩度、天子自から御燈を獻ぜらるゝ式典について記してゐる。いはく、

御燈　　　　三月三日

是は天子の北斗に燈明を奉り給ふなり、昔は北山靈岩寺なといふ所にてたかき峰に火をともして、北辰に供せられける由一條院の御記なとにも見たり。まへ一日に御神事有、今は御燈の儀はたえて、

内の御祓はかゝりそ侍る。御殿に北むきに御座を敷て三度御拝あり。兩段再拝なる例も侍れともそれはひか事なり、大かた御拝のありなしの事也。長暦の比、さた有て宇治の關白に仰あはせらる由の御はらへなれは、御拝はあるへからさるよし申さる、其理有によりて御拝はなし、されとも代々御拝は有けるにや、猶御拝なきをよしと申へきか。延暦十五年三月にはしめて北辰をまつらる。

御　燈　　九月三日

三月におなし（公事根源）。

御　燈　　三月三日

當日早旦主殿寮供二御湯一、御裝束畢出御位袍、藏人頭獻二御笏一盛二御笏筥一、蓋上擧レ之、次內藏寮獻二御贖物一、次宮主進二御麻一、主上一撫一吻之後返給不レ取二給杖一。宮主着座讀二祝詞一畢退出、次撤二御贖物一、次御拜三度延喜十年再拜不レ被レ奉二御燈一時御。拜可レ尋。雖レ當二御物忌一猶有二簾外出御一、御禊畢供二魚味一僧尼服者。不二參入一

御　燈　　九月三日　廢務、同二三月儀一（年中行事、續群書類從卷二四九）。

公事根源に「延暦十五年三月にはしめて北辰をまつらる」とあるは、こは朝廷の年中行事となりし最初なるも、信仰に至っては琳聖來朝後朝野を通じて年とゝもに熾んなりしものと思はれる。そは桓武帝が同十四年に八代神宮寺を既に造營されし事實に徵するも明らかであり、又日本政記五の同十五

年三月下に「禁三京畿吏民男女混雜濫二祭北辰一」といふによるも、當尊の祭祀が當時既に盛んに行はれたりしことが察せらるゝ。

承和五年六月に入唐し同六年十二月に歸朝し、勅を奉じて靈巖寺（京都西賀茂の奥にありと、ある說に花園妙心寺その舊跡なりと。又三憲洞泉の動潮口（八）に云く、或云北山鹿苑寺其舊跡云云）に住したりし圓行は大師門下の隨一にして、その傳は眞言傳三・弟子譜四などにありて當尊に關する記事これなきも、白寶抄に「圓行和尙殊仰二崇之一」といへるは、單に住寺の關係上よりの想像でなく必らず相當根據のこれあるべきことゝ思はれる。

當尊に對する朝廷式典の年中行事は三月三日・九月三日の兩度なるも、もし何らかの不祥事など現ずるにおいては隨時にこれに祈禱をさゝげられしものであり、そは七十三代堀河上皇聽政時たる康和二年（西紀一一〇〇）十月十一日付、及び同五年五月四日付になれる式部大輔正家作の尊星王告文《こうぶん》がこの事實を證明する。いはく、

維康和二年歲次庚辰、十月朔甲午、十一日甲辰、南瞻部洲大日本國皇帝諱

謹敬白二擁護衆生慈悲奇特尊星王大士一、繼二黃軒一以君臨、撫二蒼生一以子育、萬機惟繁、一日匪レ懈。抑

除レ厄消レ災偏仰二玄應一、延レ年益レ算在二丹祈一。　尊星王大士者、衆星中王、諸仙中主、住二閻浮提一領二四天下一、拔二濟衆生一如二船橋一、苞二含萬物一如二父母一。是以擇二良辰一定二吉日一、專凝二精進之誠一今修二深密之法一。空谷無レ心待レ聲以相應、圓鏡有レ明瀉レ影以相照。況如來實語尤可二歸依一者乎。仰請　尊星王大士、還二念本誓一成二就所レ祈、早答二一心之懇祈一、永保二萬歲之寶祚一、敬祇至深必以尙饗。

維康和五年歲次二癸未一、五月朔己卯、四日壬午、南瞻部洲大日本國皇帝諱
敬白二擁護衆生慈悲奇特尊星大士一、握乾之後年過二十年一、撫民之間日愼二一日一。引（けだし寫誤）頃者天變頻示二年厄可レ愼、就レ中去月雷降今月地動、司天之奏恐畏無レ極。夫轉レ禍爲レ福偏在二於佛法一、消レ妖得レ祥永任二於星宿一。是以擇二吉日一占二良辰一、專凝二精進之誠一今修二深密之法一。抑　尊星王者衆星中王、諸仙中主、住二閻浮提一領二四天下一、救二濟衆生一既如二船橋一苞二含萬物一又如二父母一。然則早消二變異一永除二災厄一、延年益算宜レ在二眇身一、丹祈至深玄應盍レ答。圓鏡者瀉レ影空谷者傳レ響、如來實語同二於影響一也。
仰請　尊星王大士還二念本誓一成二就所レ祈、必除二今年之重厄一久保二萬歲之寶祚一。兼又消二天地之變異一拂二內外之不祥一、祇敬尤深早以尙饗。

以上の二首朝野群載三、靈符緣起の所引。

同縁起に豊臣系圖を引けるが、それによらば、祖先國吉は江州淺井郡に生れ、幼年叡山の僧侶となつて昌盛と名づけた。あるとき竹生嶋の辯財天に一千日山籠し、のちさらに同州荒神山《あらかみ》に登り、二七日斷食し妙見尊に祈請していはく、われまさに歸俗し英邁無比の子孫をあげて國家に貢獻するところあらしめむと、のちつひに尾州愛智郡中村に住せりと。

第五節　妙見尊の靈場

當尊有縁の靈場として、まづ第一に數ふべきは前記肥後の神宮寺であり、これにつぐは琳聖五代の孫茂村《しげむら》朝臣が開きし周防の氷上《ひがみ》山であり、又長門の桂木山も最も古き靈場の隨一といはれてゐる。宇佐記によらば八幡大菩薩の神詫によつて同社域に北辰殿を建立し、神國決疑編（中）によらば、伊勢岡崎の山宮祭は、卽ち貞觀元年以來の妙見祭である。私の住する但馬國養父郡八鹿町石原の帝釋寺日光院は、允恭帝の十三年に日光房慶重當尊感見の勝域といふ寺傳縁起が直ちに信ずべからずとするも、けだし平安朝期の創立と見れば大差はなからう。靈符縁起に、

但馬國石原山帝釋寺日光院妙見菩薩、北斗七星垂跡、本地藥師如來但馬舊記

といへるが、その「北斗七星垂跡」といふに至つてはいさゝか解しかぬるも、「本地藥師如來」といふ

ことについては、藥師堂現存して等身大の尊像を奉安し、扉の裏面に妙見尊の本地佛たることを明記すると一致する。そして諸國武將の山野田園寄進狀類集の古文書兩軸現存して、往時の盛を偲ばしむるものがある。又靈符緣起に、

鳩嶺《はとのみね》足立《そくりふ》寺ノ繪圖亦有北辰殿、善法寺境内妙見宮幷七佛藥師于今現在。河州有妙見山、其處曰星田便チ善法寺之領地也

といへるが、このなか足立寺ならびに善法寺については私に未詳なるも、星田の妙見山に至つては、こは私の鄉里にして熟知するが故にやゝ詳記しやう。

星田といふは河內國北河內（舊稱交野《かたの》）郡星田村のことにして、現今は大阪の片町驛より山城の木津驛に通ふ省線電車の中間驛となつてゐる。この星田驛より東方十三町を去つて妙見山といふがあり、凡そ二百餘級の石磴をのぼりつめたところがその頂上にして古木鬱蒼の間に雙巨岩があり、これに面して拜殿が設けられ、その西方は眼界遠く開けて攝河の山川を一眸に藏しうる、この雙巨岩が大師の感見にかゝる妙見尊降臨の靈壇である。

弘仁七年初夏のころ、大師眞言密敎の根本道場を開かむがために、高雄山を下つてまづ畿內地方物色のみぎり、星田より東北約二十町私市《きさいち》村の一高峰中にある洞窟を發見し、この窟內に入つて佛眼佛

母の法を修行された。一夜西南に位する村落（卽ち星田）の三ヶ所に星辰の降臨するを感見し、奇異の思ひをなして翌日かの地を視察するに、その第一ヶ所はこの妙見山の雙巨岩であり、第二ヶ所は妙見山より西南八町餘の一森林であり、第三ヶ所は又妙見山より西北八町餘の林中にある岩頭であつた。降臨の三星は、けだし第一ヶ所は主星たる妙見尊、他の二ヶ所はその伴星である。大師すなはちその第一ヶ所を點じ一院を開創して、これを妙見山龍降院と名づけられた。明治維新の際寺名を撤して小松神社と改稱せしも、現存の略緣起はもと佛閣なりし事實を明示してゐる。いはく、

妙見山影向石略緣起

抑も當山は人皇第五十二代嵯峨天皇の御宇弘仁の頃、弘法大師京都を立出で丶有緣の靈場を尋ね玉ふ折節、當國私市村觀音寺と申しけるに滯留し玉ひ、虛空藏菩薩求聞持の法を修行せられけるに、悉地圓滿成就ましくける。其夜の曉に儼然として佛眼佛母の大光明を放ち、其長け數十丈に餘り玉へる尊容を拜見し玉ひ、斯かる奇瑞の靈現感應道交に預かることの有難さよと思召し、曉を拂て其出現の尊を尋ねいたり見玉へば、今の獅子窟山吉祥院の獅子岩窟の佛眼尊と拜見なされしなり。大師是より此獅子の岩窟に入て佛眼尊の祕法を修し玉ふに、やがて天より七曜星降臨し玉ひ擁護し玉ふ。時に此星伊字の三點のごとく當村の三ヶ所に下り玉ふ、故に當村を三宅庄星田村と號して末

世に其現瑞を傳ふるなり。

就中、此山は靈場なるが故に、弘仁七丙申年弘法大師高野山を開き玉ひし後、再び此山に攀ぢ登り玉ひ、先年星辰影向し玉ひし此靈岩を拜見したまふに、降臨宜なるかな、北辰妙見大悲菩薩獨秀の靈岳、神仙の寶宅、諸天善神影向集會の名山にして、山は高きにあらざれども茂林森々たり、松樹碧鱗を粧ひ、山川相繆ふて鬱乎として蒼々たりと。乃ち肅拜誦經し此山を妙見山龍降院と稱し、慇懃に勸請し玉ひ、四海泰平・五穀豐饒・國家擁護の靈場と雙岩を開眼供養し玉ふ。

このゆへに一度參詣の輩、七難速かに滅し七福乍ちに生じ、武運長久・息災延命靈驗あらたなること記するにいとまあらず。今にいたりて毎夜靈星昇降すること、見聞の人すくなからず。今古同じければ世の人に問ふてしるべし、委しくば本緣起にありと爾云ふ。

河州交野郡三宅庄星田村

妙見山　龍　降　院

次に第二ヶ所といふは、村の西南にあたる高地に紺碧をたゝふる十許町の大池があり、池の南岸二町を去つて杉檜蓊鬱の小茂林があり、林中に自然石にて つくられた 丈餘の燈籠ある 地點がこれにして、「星の森」と稱せられてゐる。第三ヶ所といふは、このところより西北に向つて八町ばかりゆくと、現今にては浄土宗に屬する光林寺といふがある。本堂の西方に檜杉天に朝する一森林があり、林中に高さ三尺餘の古岩あるところがこれであり、岩前に高さ尺餘の矩形石が据ゑつけられて「星御所」と刻んでゐる。試みにこの地點に立つてかの三ヶ所の方位を望むに、妙見山は東方にあたり、「星の森」は西南方にあたり「星御所」は西北方にあたり、この三ヶ所はおの〳〵八町ばかりの距離をたもちつゝ、いかにも伊字の三點たる鼎足形をなしてゐる。

江州三井寺に尊星水といへる閼伽井ありて、當尊映像の靈泉なりと傳へられ、古來宮中において尊星王の大法を修するは、この寺獨特の祕傳と稱せられ、その大規模にして森嚴なる道場莊嚴圖今なほ同寺に師資相承されてゐる。

下總相馬家には世々當尊を本尊となし、殿堂を城中に建てゝ奉仕した。古來八代、相馬、但馬を日本の三妙見と稱するは人口に膾炙するところである。日蓮宗の本山身延山に安置する七面大明神は當尊のことなるが、同宗に當尊が特に信仰さるゝに至りし因緣は追つて尋ぬべきであり、同宗に屬する能勢の妙見山は、一つには阪神の地利をえたることによつて最も盛んである。しかるに靈符緣起にこれをのせざるより思ふに、こは比較的新らしき創立と見らるゝからであらう。

第六節　妙見尊と北斗七星

一、北極星の星座

史記二十七天官書の註にいはく、

注爾雅曰、北極謂二之北辰一。又春秋合誠圖云、北辰其五在二紫微中一。楊泉物理論云、北極天之中、陽氣之北極也。極南爲二太陽一、極北爲二太陰一。日月五星行二太陰一則無レ光、行二太陽一則能炤、故爲二昏明寒暑之限極一也。又玄曜鉤曰、中宮太帝其尊北極星、含レ元出レ氣流レ精生レ一也。

太平御覧六にいはく、

大象列星圖云、北極五星一名二天極一一名二北極一、其第一星爲二太子一、第二星最明者爲レ帝、第三星爲二庶子一、餘二後宮屬也、並在二紫微宮中央一、故謂二之中極一。

以上によらば、北極星の所在は紫微宮にして、その星座は主伴合して五星である。しかるに史記の天官書にはこれを八星となし、主伴を左の如くに配する。

中宮天極星、其一明者太一常居也、旁三星三公或曰子屬、後句四星、末大星正妃、餘三星後宮之屬也、環レ之匡衞十二星藩臣、皆曰二紫宮一。

現代の天文學にては、北斗の大熊座に對してその形相似たるよりこれを小熊座と稱してまた七星であり、このなか北極星と他の一星は二等星なるも、餘は三等星が一箇、四等星が四箇であり、この七星わが國にては終年地平線下に沒することがない。北極星は抱朴子に「並二滄海一者、必仰二辰極一以得レ反」（外篇一）といへるとほり、古來の航海者にとつては唯一の羅針盤であつた。質量は太陽の四分の一にして光りが地上に達するには四十年餘を要し、そしてもし望遠鏡をもつてせばその附近に一箇の九等星が發見されるのであり、もし分光器をもつてせばこのほかさらに二伴星の存することが知られ、この主伴の四星間に相互の引力を有する。

論語に「爲レ政以レ德、譬如下北辰居二其所一而衆星共上レ之」といひ、抱朴子に「北辰以レ不レ改爲二衆星之尊一」（外編三）といひ、張果星宗に「蓋天之星運轉不レ窮、而北辰一星不レ易二其位一、北辰所レ居乃天之北極子位是也」（三）といひ、大師が「雖二圓蓋西轉一日月東流、南斗隨運北極不レ移」（寶鑰中）といひ、又「恒沙萬德森羅自居、無盡莊嚴塵廂非レ喩、各奉二大日之垂拱一、如三衆星共二北辰一」（金剛頂開題）といひ、又「無爲垂拱爭二北辰之天長一」（性靈集六）等といへる北極北辰はまさにこの北極星のことなりや、はた北斗七星のことなりやは容易に決しがたい。しかるに天文學の敎ふるところは、北極星は北極に近きも毎年五〇・二秒移動するが故に現今にては東へ一度十分相離れ、今より凡そ一萬三千年後には約四十七度東へうつり、琴座の織女がこれに代つて北極星となり、又一萬三千年後には前星もとの北極星の位置に復し、今より四千六七百年前には龍座のアルファ星が尤も北極に近く、やゝ下つて堯舜のころには龍座のカツパ星が尤も近かつた。かくて王勃が滕王閣の詩に「閒雲潭影日悠々、物換星移幾度秋」といへるこの星移は、全く北極星をいつたものであり、これを永久不變視するは短見といはざるをえない。

二、北極と北斗

古來北極北辰を同一となすと、北辰を紫微宮の總名となし北極をその主星の別稱となすとの二説がある。郭璞が「北極天之中以正四時、然則極中也辰時也、以其居天之中故曰北極、以正四時故曰北辰」といひ、魏石氏が「北極者北辰也、極者是中義也、最尊最正義也、又一名耀魄」といへるは同一説であり、事林廣記（一）に「北辰晉天文志、北極五星在紫微宮中、北極乃北辰中最尊者也」といひ、寶鑰中の快鈔に「南洲北邊有紫微宮、北極居其中此衆星尊主也。總有五星中第一名北極、自餘四太子眷屬等」といへるは總別説である。按ずるに、「我今爲末世薄福衆生故、説是北極七星供養護摩次第儀則」といへる北斗七星護摩祕要儀軌の文によらば北極は卽ち北斗であり、「我北辰菩薩名曰妙見」といへる七佛所説神咒經の文、及び「北斗七之星、北辰五之星不可同」といへる天文圖の文によらば、北辰と北斗を區別しなければならぬ。しかるに「以北斗七星爲北辰」といへる覺禪抄所引の本命供次第なり、「北斗七星者卽妙見菩薩」といへる同抄所引の仁海の小野抄なり、「妙見北斗同體」といへる覺禪抄の師傳なり、「妙見法與二北斗法一開合不同也、合時云二妙見一開時云二北斗一、妙見種々利益方便時七星顯ト云云」といへる祕鈔問答十七なり、「太一神妙見又化成二七星一」といへる靈符緣起等によらば、妙見と七星とはたとへば一拳と五指との如き開合の不同にして、要するに七星能現の本地身を妙見といふのであるから、自體もとより同一である、故に北極は卽ち北辰であり、北極北辰は卽ち北斗なりといふのである。かの尊星王陀羅尼經に妙見の形像を「左手持二蓮華一、々上作二北斗七星形一、右手作二說法印一」といへるは、この說にとつての唯一論據である。理學博士新城新藏氏いはく、

> 北極、これは今日いふ北極若しくは北極星といふ意味ではない。今日は地球の廻轉軸の向つて居るところを北極と云つて一つの點であるけれども、公羊傳にいふ北極は北の行止まりの方に在る星といふ意味で、こゝにいふ北極は北斗七星の事であります……北方の辰であるから北斗を又北辰とも稱へ、或は北極とも稱へた。是等の意味が後世分らなくなつてしまつたので、支那の學者であつても天文の時代の變遷が分らないから、後世その意味が段々不明になつて來た。論語の中に「北辰の其の處に居て衆星の之に向ふが如し」とある、德の高い人が眞中に立つて居つて、その人の指圖に從つて衆星自ら之に從ふが如きものだといふ北辰といふのは何だらう。

普通今日の漢學者は、その北辰とは北極の事だと云ふ人がありますが、これは今日の漢學者の說ぢやない、宋の時代の朱子の說であります。孔子樣の時代に星の無い理想的の處を云つたものでは毛頭なからうと思ひます。今日の北極星だといふのは間違で、あの星は當時には北極には無かつたので、目ぼしい北極星はなかつた筈で、孔子樣の云はれた北辰は北斗でなければならぬ……その北斗の効能が紀元前百年頃に出來た史記の中にえらい文章で書いてあります……史記よりもゝう少し後の時代、紀元後四五世紀五六世紀後になつて妙見さんに祀り上げられて、北斗は妙見菩薩であるとされて居ります(天文學概觀一八)。

これによらば、北極・北辰・北斗を同一とする說を正しいとしなければならぬ。しかしこれによつて七星のほかに妙見といはるゝ實在星なしとして、妙見を單に理想視するに至つては甚だ感服のできない說といはざるをえない。

三、妙見尊と輔星

西院流金玉にいはく、

智證門人云、知尊星有㆓三重深事㆒、淺略輔星、深祕文曲星、祕中深祕北辰云云。

この三重祕釋は、妙見尊の本體を北斗七星中に見むとするが前二重であり、常にいふところの北斗にあらざる北極星なりとするが第三重なるも、この第三重の信ずるに足らないことは已に前述の如くである。第二重に文曲星とするは、尊星王陀羅尼經や北斗指尾法に、日月五星を七星に配するとき水曜を文曲に配するが、しかるに火羅圖には水曜を北辰と名づけられてゐる。かつ又七星延命經によるも輔星は武曲星の侍從と見られ、從つて古來北斗は天子の如く輔星は臣下の如しといはれてゐるから、これを北斗の主たる妙見に配するは不合理と見たものであらう。但し抱朴子にはこの輔星を最第一の靈星となして、

爲二百鬼所一レ害或臥而魘者、卽出二中庭一視二輔星一、握固守レ一鬼卽去矣。若夫陰雨者但止二室中一、向レ北思レ見二輔星一而已（内篇四）。

祕鈔問答に「妙見《ハ》輔星也云云、報恩院口、石山内供傳、輔星卽尊星王云云」といひ、英心の〓字口決に「口云、輔星者尊星王也」といひ、同吽字口決三に「妙見者武曲星ノ傍ニアル小星也、北斗七星主」といひ、宗命の極祕抄に「輔星云二北辰一又云二妙見一歟」といひ、白寶口抄には「此輔星爲二諸星母一、出二生北斗等一故道場觀以二北斗七星一爲二眷屬一也」といへるなど、みなこれ妙見尊の本體は輔星なりと見たるものにして、伴星の如くに見えてその實は七星の根本主體である。今は宜しくこの說に從ふべきである。

密教占星法（上編）終

高野山大学
名誉教授森田龍僊著

密教占星法 下編

大学出版部

密教占星法

下編

星宿に對する修觀門　目次

第五章　星宿の種子・三形・尊形……二四二

第六章　星供の法施と縁日……三一四

附録

密教占星法 下編 目次終

密教占星法（下編）

第一章　星宿の本地垂迹

第一節　金輪佛頂說

一、五大佛頂と八大佛頂

凡そ佛頂部の諸尊に五大佛頂又は八大佛頂等の別がある、これみな佛果最上德の結晶にして從つて佛身最尊部の頂輪より化現する。五大佛頂とは不空譯の菩提場經一によらば、卽ち（一）大佛頂（又は最勝、轉輪王、最勝金輪、熾盛光といふ）、（二）白傘蓋（又は白繖といふ）、（三）高（又は廣生、極廣生、會通、黃色佛頂輪王といふ）、（四）勝（又は殊勝といふ）、（五）光聚（又は火聚、火光、放光といふ）（大一九・一九四）これであり、八大佛頂とは前の五種に除障（又は尊勝、除業、除蓋障、捨除、摧毀といふ）、發生（又は極廣、廣大發生、阿毘發生といふ）、無量聲（又は無邊音聲といふ）の三種を加ふるものにしてその詳らかなるは大疏演奧鈔十四所引の大日經心目等を檢すべきである。このなか（一）の大佛頂は釋迦金輪といはれて五八佛頂の根本總體であり、同時に一切星宿能現の本地である。故に祕鈔問答（一八）に「御口決云、一切星從二金輪毛孔一出生云云」といひ、西院八結聞書の金輪法に「一衆星ハ金輪ノ毛孔ヨリ出ル光リ也云云」といつてゐる。

金輪佛頂が一切星宿能現の本地たる證據としては、奇特佛頂經（中）に「能除二一切病一得レ斷二一切執曜一」（大一九・二九九）といひ、菩提場經（一）に「惡星陵逼皆得二息滅一」（一九・一九四）といひ、文殊根本儀軌經に「專心持誦此大明一者、於二彼所在五由旬內地界之中一、所有一切諸惡宿曜不レ能二侵近一」（一五）といひ、又「若被二星曜執持一、當下金輪呪加二持孔雀尾一拂上レ身、當レ得二除解一」（一六）等といへるによつてその主宰者たるを知るべきである。又この金輪を熾盛光佛頂といふにつき祕鈔異尊口決（瑜頼）に、

私云、敎二令日月星宿等之光曜天等一故、殊放二熾光一彼等敎令ヲ攝伏スル也。金輪佛頂同體ト、八佛頂中最勝佛頂ニ當ル

といへるが、その本經たる熾盛光消除陀羅尼經によるに、九曜・十二宮・二十八宿等その說會に列なりてこの尊の眷屬たることが明らかに見えてゐる。又瑜祇經下金剛吉祥大成就品所說の佛眼曼荼羅を見るに、この曼荼羅は三層の八葉蓮華よりなるが、第一層の中心に佛眼が居し、その前葉に金輪が居し、殘る七葉に七曜が居し、第二層は八大菩薩の座位、第三層は八大明王の座位であり、かくて外金

剛部の七曜がまさに内院に居する。これに對する三輪の寶篋及び醍醐の義範等の相傳によらば、佛眼金輪は次での如く諸佛の理智の二德であり、八大菩薩・八大明王は次での如く諸佛の攝受折伏の二方便であり、七曜は衆生本性の陰陽五行である。故にこの衆生の本性を、まづ攝受折伏の二方便によつてこれを調へ、次に理智の二德によりこれを加持して五佛五智の妙體とならしむる深旨の表示なりといふのである（賴瑜の瑜祇經拾古中）。又西院八結聞書には七曜が直ちに内眷屬なりとして「其位淺位也何内眷屬可ㇾ云乎」と問ひ、「内大《ノ》不同《ハ》位《ノ》淺深《ニハ》不ㇾ依歟、凡如二世間一朝夕在二君邊一給仕《スルハ》非二大名一故也云云」と答へてゐる。

二、大日金輪と釋迦金輪

金輪に大日金輪と釋迦金輪の二種があり、前者は大日の所變、後者は釋迦の所變である。前者は形服素月の如く五佛の寶冠を戴き智向前印（内に向へる智拳印）を結び、後者は身黄金色にして三十二相八十種好を具し、螺髮形にして法界定印の上に八輻金輪を持し赤色の袈裟を著する。故に前者を金輪時處軌に、

遍照如來身、形服如二素月一、以二一切相好一用莊二嚴法身一。戴二金剛寶冠一輪鬘爲二首飾一、衆寶莊嚴具種々挍二飾身一、持二智拳大印一處二於師子座日輪白蓮臺一（大一九・三二二）

といひ、後者を陀羅尼集經一に、

身眞金色著㆓赤袈裟㆒、戴㆓七寶冠㆒作㆓通身光㆒、手作㆓母陀羅㆒結㆓跏趺㆒坐㆓七寶莊嚴蓮華座上㆒（大一八・七九〇）

といつてゐる。但し後者にはこのほかに右手を施無畏になし、左手に開蓮華を持し華臺に竪に八輻輪を安ずるの異像（五佛頂經一）がある。なほ螺髪といふは大疏（五）の説であり、七寶冠といふは集經の説であり、師子冠といふは瑜祇經の説である。又三昧耶形をいはゞ前者は十二輻輪、後者は八輻輪であり、眞言をいはゞ前者はナウマクサンマンダボダナンボロン、後者はナウボウサンマンダダラ〱ハサラウムなるが故に種子三形ともに一往は各別である。しかるに後者の三形を熾盛光軌（大一九・三四三）、奇特佛頂經（中、大一九・二九六）、五佛頂經（四、大一九・二五二）に十二輻輪となし、又後者の眞言は一字頂輪王念誦軌（大一九・三一〇）、奇特佛頂經（上、大一九・二八六）、一字佛頂輪王經（一、大一九・二二六）、一字心呪經（大一九・三一五）によらば前者と同一である。故に中院流北斗供口傳に「當知二種金輪同體」といつてゐる。今經軌及び事相門における先德の口決を考ふるに、大日金輪は金剛界智法身の所現であり、釋迦金輪は釋迦の所現なるとゝもに胎藏理法身の所現であり、そして一切星宿能現の本地となるはこの釋迦金輪である。

この尊の曼荼羅は、菩提場經・奇特佛頂經・五佛頂經等に廣略の多種を説くも、しばらく熾盛光軌によらば合して七十餘尊である。即ちまづ十二輻輪を畫いて輪臍に八葉白蓮をおき、臺上に・𑖥𑖿𑖨𑖳𑖽《ボロン》字を書し、字後に熾盛光佛頂を字前に佛眼を安じ、佛頂の右に文殊、左に金剛手を、文殊の右に不思議童子、左に救護惠菩薩を配し、金剛手の右に毘倶胝、左に如意輪を配する。この外に一界道を設けて佛頂・佛眼・文殊・金剛手の眞言を書し、九曜・梵天・帝釋をしてこれを圍繞せしめ、輪輻に十二宮を安じ、二十八宿をして總じて以上の諸尊を圍繞せしむるものこれである。

三、金輪と佛眼

金輪佛頂は威德最尊なるが故に、もし一行者ありてこの尊法を修行するにおいては、その五百由旬內に他の行者ありて諸尊法を修行すともつひに法驗を現じ能はざること、たとへば星光の日光によつて隱沒せしめらるゝが如きこれである。故に大日金輪を時處軌に、

修二行諸尊一者、五百由旬內尊皆不二降赴一亦不レ賜二悉地一、以三輪王威德斷二壞諸法一故（大一九・三二四）

といひ、釋迦金輪を一字心呪經に、

誦念之處於二四方面五百驛內一、一切惡鬼皆自馳散、一切呪師行二其本法一、聞二此呪一（𑖥𑖿𑖨𑖳𑖽《ボロン》の一字呪）已皆悉摧壞、一切諸天所有神通皆悉退失（大一九・三一六）

といひ、又菩提場經（一）に、釋尊三昧に入つて佛頂相を現ずるや、會座上首の觀自在・金剛手すらな

ほかつ悶絶して地に躄れ、大自在・毘紐・帝釋等の威力天は器仗を地に墮して戰慄すること芭蕉葉の如しといつてゐる（大一九・一九五）。抑もこの尊のあるところには必らず佛眼があり、佛眼のあるところには必らずこの尊があつて相離れざるは、この二尊全く定慧理智の關係なるによつてゞある。金輪の大智は秋霜烈日の如く、佛眼の大定は春風和氣の如くなるが故に、かの一旦金輪の威德によつて悶絶又は戰慄せし聖衆も、一たび佛眼の眞言に接するやこゝに甦つて本來の姿に復するといひ、又金輪の眞言を誦持して應驗これなきにおいて、もし佛眼の眞言を加誦すれば速かに成就すといへる前經（一・三）所説のこゝろこゝに存する。佛眼の像は同經（二一）にこれを說いていはく、

佛眼明妃形如女天、坐寶蓮華種々莊嚴、著輕穀衣角絡而披。右手持如意寶左手施願圓光周偏、熾盛光明身儀寂靜。

又菩提流志譯の五佛頂經四の大法壇品に「當於佛前右邊畫一字頂輪王菩薩云云」（大一九・二四七）といつて金輪を菩薩となすが、さらに同譯不空羂索經の第九を見るにまた同樣である。これに對して淨嚴批難していはく、けだし形相菩薩に似たるが故にか、もしゝからば大日もまたまさに菩薩と名づくべしと。このこゝろ佛頂部の諸尊は當然佛部なるべきに、流志は正統の傳密者に非ざるが故に往々にかゝる誤譯ありといふのである。

第二節　藥師如來說

一、北斗七星と藥師

北斗七星延命經によらば、北斗七星の本地を左の如く東方世界の七佛となしてゐる。

星名	世界名	佛名
貪狼星	最勝	運意通證佛
巨門星	妙寶	光音自在佛
祿存星	圓滿	金色成就佛
文曲星	無憂	最勝吉祥佛
廉貞星	淨住	廣達智辨佛
武曲星	法意	法海遊戲佛
破軍星	琉璃	藥師琉璃光佛

この七佛は義淨譯の藥師本願經上（大一四・四〇九）所說の七佛に該當するも、但し名字は左の如くいさゝか違つてゐる。

世界名	佛名
無勝	善名稱吉祥王佛
妙寶	寶月智嚴光音自在王佛
圓滿香積	金色寶光妙行成就佛
無憂	無憂最勝吉祥佛
法幢	法海雷音佛
善住寶海	法海勝慧遊戲神通佛
淨琉璃	藥師琉璃光佛

そして本願經にはこの世界より東方へ累進的に四・五・六・七・八・九・十恒河沙の佛土を去る世界となし、七佛の本願は一・二はおの〳〵八種、三・四・五・六はおの〳〵四種、七は十二種なりといつてこれを別説する。かくの如く七佛の本願を別説するも、第七の藥師はその主體にしてこれの一體の分身にほかならぬから、經の最末にこの經に七名ありと説く隨一に藥師琉璃光如來本願功德經の名があつて常に七佛藥師と稱せらるゝゆゑんであり、從つて玄奘譯の當經はたゞ藥師一佛の十二願に限られてゐる。一切星宿の主體は北斗七星であり、七佛の主體は藥師なるが故に、この藥師を星宿の

本地となしたもので、そしてこれは北斗延命經によりしものである。故に大師作と稱する星供祭文にいはく「七星者七佛藥師之應迹」(全一四・二六六)と。

二、妙見と藥師

妙見の本地については古來(一)佛眼、(二)觀音、(三)八字文殊、(四)定光佛補處の菩薩、(五)藥師の五傳がある。(一)は覺禪抄の妙見法に「佛眼尊星王若同體歟」といへるこれであり、(二)は同抄同法に「妙見觀音故觀音名二妙眼一」といひ、同抄北斗法に「惠什云、妙見者觀自在異名也、妙觀察智義也」といへるこれであり、この(一)・(二)はけだし三者得名の相似より推考せしものである。(三)は澤見本命供道場觀の說であり、(四)は妙見講式に「若依二淺略一者、北方徹妙淨土之能化定光如來之補處之弟子也、爲下敎化二天衆一利中益人類上、以二弘誓本願一現二尊星王一」といひ、覺禪抄妙見法所引の尊星王抄に「此菩薩本地定光如來爲二左脇士一、此北方在二淨土一名二微妙一、在二彼淨土一以二弘誓本願力一故、成二北辰星一化二度衆生一」といへるこれである。(五)は同抄同法に「藥師本願經轉讀《スヘシ》、藥師妙見本尊也、仍𑖦𑖽《マン》𑖚《ダ》𑖩《ラ》有二十二神一云云」といひ、祕鈔問答(十七之本)の妙見法に「報恩院御記云、勸修寺云、妙見有二二傳一、一觀音所變、一百名讃說。二藥師所變、七佛所說神呪經說、藥師入二妙見三摩地一云云」といへるこれである。但しこゝに藥師本地說の證が七佛神呪經にありといふことは、かの經にこれを說かざるが故に信ぜられない。

覺禪抄妙見法所引の妙見釋にいはく、

漢地在レ王名二斑足王一其妻名二勝操女一、此王有二三人男子一、一名二阿閦一、二名二治閦一、三名二哆閦一、此中哆閦者是妙見菩薩也。今此菩薩者往二詣藥師如來所一、禮拜供養賜二如意萬術力一、住二摩利耶山一一萬歲內難行、能以二神通自在之力一度二南閻浮提衆生一云云。

又但州日光院本尊の妙見大菩薩は、古來本地を藥師と傳へてその本地堂を別に構へ來ること前章第五節の如くである。藥師本願經下に藥師神呪に左の如き、

（一）人衆疾疫難、（二）他國侵逼難、（三）自界叛逆難、（四）星宿變怪難、（五）日月薄蝕難、（六）非時風雨難、（七）過時不雨難

なる七難消滅の益あるを説けるが、これらはまさに星宿の帝王妙見尊の利益本誓と一致する。又尊星王陀羅尼經所説の妙見曼荼羅は、內院は妙見と北斗であり、外院は十二神將である。故にいはく（覺禪抄所引）、

次外院、東方寅位畫二甲寅將軍一、虎頭人身右手持レ棒。次卯位畫二丁卯從神一、兎頭人身左手持レ棒。次辰位甲辰將軍、龍頭人身手持二鐵鎚一。次巳位丁巳從神、蛇頭人身持レ戟。次午位甲午將軍、馬頭人身持レ戟。次未位丁未從神、羊頭人身持レ槌。次申位甲申將軍、猴頭人身持レ刀。次酉位丁酉從神、鷄頭人

身持レ刀。次戌位甲戌將軍、狗頭人身持レ槌。次亥位丁亥從神、猪頭人身持二鐵鉤一。次子位甲子將軍、鼠頭人身持レ鉤。次丑位丁丑從神、牛頭人身持レ槌、此諸神等著二天衣瓔珞一坐二盤石上一。

日光・月光の二菩薩とゝもにこの十二神將は、藥師の眷屬たること藥師本願經分明なるが、しかるにこれが同時に妙見の眷屬たるにおいては、藥師を妙見の本地とすることに理由ありといはざるをえぬ。

三、十二神將について

淨譯の藥師本願經下、笄譯の同經及び一行の藥師消災軌によつて左にその正名をあぐる。

淨譯	笄譯	消災軌
宮毗羅	宮毗羅	コン ビ ラ
跋折羅	伐折羅	バ ザラ
迷企羅	迷企羅	ミ キャ ラ
頞儞羅	安底羅	アン ダ ラ
末儞羅	頞儞羅	マ ニ ラ
娑儞羅	珊底羅	ソ ラン ラ

因陀羅　因達羅　インダラ
波夷羅　波夷羅　バヤラ
簿呼羅　摩虎羅　マゴラ
眞達羅　眞達羅　シンダラ
朱杜羅　招杜羅　ソウドラ
毗羯羅　毗羯羅　ビキヤラ

元沙囉巴譯の藥師本願經念誦儀軌に見ゆる十二神將の尊形は、前引尊星王陀羅尼經と異なる。いはく、

宮毗羅等藥叉王　各領七億眷屬衆
誓願守護如來敎　稽首諸大藥叉王
具大威德優婆塞　藥叉大將宮毗羅
其身黃色執寶杵　主領七億藥叉衆
誓願守護如來敎　供養讚歎而敬禮
（主領七億等の三句各神將にこれあるも第二以下を略す）

跋折羅白色執寶劍」　迷企羅黃色執寶棒」
安底羅綠色執寶鎚」　頞儞羅紅色執寶叉」
珊底羅烟色執寶劍」　因陀羅紅色執寶棍」
波夷羅紅色執寶鎚」　摩虎羅白色執寶斧」
眞達羅黃色執羂索」　招住羅青色執寶鎚」
毘羯羅紅色執寶輪」（大一九・三三）

この十二神將を前引尊星王陀羅尼經に合するについては、しばらく眞僞は疑はしきも一行撰と傳ふる十二神將本地によるべきかと思ふ。いはく、

金毗羅者是徵明卽亥神　彌勒菩薩
和耆羅者是河魁卽戌神　得大勢菩薩
彌佉羅者是從魁卽酉神　阿彌陀佛
安陀羅者是傳送卽申神　觀世音菩薩
摩尼羅者是小吉卽未神　摩利支天菩薩
素藍羅者是勝光卽午神　虛空藏菩薩

因陀羅者是太一卽巳神　地藏菩薩
波耶羅者是天岡卽辰神　文殊師利菩薩
摩休羅者是大衝卽卯神　藥師如來
眞陀羅者是功曹卽寅神　普賢菩薩
照頭羅者是大吉卽丑神　金剛手菩薩
毘伽羅者是神后卽子神　釋迦如來

なほこの十二神將については、第二章第一節の十二支神下を參照されたい。

第三節　觀音・勢至・文殊・虛空藏說

一、觀音・勢至及び虛空藏

法華經一の序品に「復有㆓名月天子・普香天子・寶光天子・四大天王㆒、與㆓其眷屬萬天子㆒俱」（大九・二）とあるを吉藏の法華義疏（一）に、

復有名月天子者、注解云帝釋輔臣也。有人云、月天子卽月天也、普香天子者謂星天也、寶光天子者謂日天子也……復有經云、觀世音名㆓寶意㆒作㆓日天子㆒、大勢至名㆓寶吉祥㆒作㆓月天子㆒、虛空藏名㆓寶光㆒作㆓

星天子也（大二四・四六四）
と釋する、これによらば日・月・星は次での如く観音・勢至・虚空藏の所現である。瑜祇經下に白色虚空藏、黄色虚空藏、青色虚空藏、赤色虚空藏、黒紫色虚空藏なる五大虚空藏の曼荼羅を説けるが、この五大虚空藏に對して頼瑜は「或云範五大虚空藏卽明星也、安然云、五大虚空藏是明星本身云云。而星是五大精故、一切衆生皆屬二五星一、卽衆生五行精是五星故、是故明星虚空藏卽一切衆生體也、又七曜九執二十八宿等又攝二五行一也」（瑜祇經拾古中・五三）といへるが、こは虚空藏を日月以外の五星の本地となすものであり、又山門黒谷光宗の溪嵐拾葉集には、虚空藏についての三身九身分別を左の如くになしてゐる。いはく、

問、付二虚空藏一三身九身習方如何。示云、先法身三身者、以二寶生尊一爲二法身一、以二虚空藏一爲二報身一、以二如意輪一爲二應身一已上。次報身三身者、以二虚空藏一爲二法身一、以二如意輪一爲二報身一、以二寶光菩薩一爲二應身一已上。次應身三身者、以二如意輪一爲二法身一、以二寶光菩薩一爲二報身一、明星天子以爲二應身一也已上（大七六・五七二）。

このなか明星天子についてさらに又左の如き祕釋を試みてゐる。

明星者理智相稱本源、妙成就至極也。凡世界建立義ヲ談スル時以二日月星宿一三部大日ト習也、所謂日月兩部

遍照大日也。星宿者不二妙成就本尊也、故求聞持行法時、一々表示三摩耶皆是以二不二平等一爲レ本、故不二妙成就明星天子以爲二本尊一修二行法一、然後本壇求聞持法ヲ修也已上。尋云、明星天子有二何功德一耶。示云、明星天子者丑ノ終ニ出テ寅時顯現也。其故丑時陰極黑闇時分也、是卽無明極際也、寅時陽始法性顯現表示也、所詮出二生死黑暗一法性幷至ヿヲ表也云云。又云、明星天子者暗瞑夜出明相盡照也、所詮斷迷開悟出離生死表相也。凡眞言敎意以二世間相常住法門一爲二自性法身說法一故、三光天子出現相併是三部大日全體也、深可レ思レ之。

明星の自體について賴瑜はこれを五星に通ぜしめ、光宗はこれを金星に限らしむる、いづれにもせよこれらは五星又は金星をもつて諸星の總體となすものである。しかるに宿曜軌には「若人欲二求福智一當レ歸二依此菩薩一、日月星皆虛空藏所變也」といふが故に、こは虛空藏を總じて日月星の本地となすものである。これに對して覺禪抄北斗法に「凡諸宿中以二觀音一爲二本主一、觀自在普現色身三昧也、經云、無刹不現身云云」といへるは觀音を日月以外の諸星の本地となすものである。しかるに類祕鈔及び惠什抄に白衣・馬頭・不空羂索・水面・聖・十一面の六觀音を次での如く北斗の貪・巨・祿・文・廉・武の六星に、虛空藏を破軍星に配するは、七星の本地を觀音・虛空藏の二菩薩となすものである。

二、白衣觀音

白衣觀音又は白處觀音といふ、密號は離垢金剛にして蓮華部の部母である。故に大疏五にいはく、
半拏囉嚩悉寧譯云二白處一、以二此尊常在二白蓮花中一故以爲レ名、亦戴二天髮髻冠一襲二純素衣一、左手持二開敷蓮花一、從二此最白淨處一出生普眼故、此三昧名爲二蓮花部母一也。

凡そ白衣、葉衣、大白身なる三菩薩の區別はやゝ紛らはしい。今不空羂索經を檢するに、

一、白衣觀世音母菩薩、左手搏二脇胜下一、仰レ掌執二不開蓮華一、右手側二揚掌一半跏趺坐。大白身觀世音菩薩、左手把二開蓮華一、右手臍下仰レ掌半跏趺坐（八）。

二、後白衣觀世音母菩薩、左手執二開蓮華一、右手仰二伸膝下一半跏趺坐。後摩訶濕廢多菩薩、左手執二蓮華一、右手揚レ掌半跏趺坐（九）。

三、次半拏羅婆徙儞白衣觀世音菩薩、手執二蓮華一。次摩訶濕廢多白身觀世音菩薩、一手執二如意寶杖一、一手執二澡罐一（一二）。

これによらば、白衣と大白身は明らかに別體である。

次に白衣と葉衣については、元海の厚雙紙に「先德傳云、白衣葉衣同一也、若本命五星中鬪戰失度可レ立二此觀音壇一云云。抑白衣觀音爲二星宿主一事詳不レ見、葉衣觀音法說二星宿事一、然者用二同一佛一爲二星宿之主一歟、但又此兩尊頗異歟」といつて同異を決しかね、八結聞書の葉衣法に「一葉衣觀音總ハ白衣ハ別也、

白色レ葉衣故倶蓮花衣著《ヲトツ》故《シ玉フ》云レ爾也」といひこれを同體となしてゐる。私に葉衣觀自在經所説の尊像によつてこれを考ふるにけだし別體である。いはく、

其像作二天女形一首戴二寶冠一、々有二無量壽佛一、瓔珞環釧莊二嚴其身一、身有二圓光一火焰圍遶。像有二四臂一、右第一手當レ心持二吉祥菓一、第二手作二施願手一、左第一手持二鉞斧一、第二手持二羂索一、坐二蓮華上一（大二〇・四四八）。

又その密號を異行金剛といひ、白衣と全然別なるより見るも別體なるべきかと思ふ。もしそれ葉衣と星宿の關係については、左の經文によつて知るべきである。

若國王男女難レ長……（具文第三章第二節對見）。卽結二線索一以二葉衣眞言一加持繫二其頭上一、若作二如レ是法一、身上疾病鬼魅禰禱執曜、陵二逼本命宿所一皆悉殄滅。

もしゝからば白衣と星宿にいかなる關係ありやといふに、いはゆる宿曜軌及び禳災決に、

九曜息災大白衣觀音陀羅尼、若日月在二人本命宮中一、及五星在二本命宮一鬪戰失レ度、可レ立二大息災觀音、或文殊八字、熾盛光佛頂等道場一、各依二本法一念誦、一切災難自然消散

といふが故にまたその主宰者たることが明知さるゝ。

三、如意輪觀音

薄草子二重幸聞記によらば、兵亂賊難消滅のためには七星《しつしやう》如意輪法を修すべきである。それに用ふる曼茶羅は左の如く內外二院よりなる。內院には八輻輪を畫いて輪臍に如意輪を、輻間に右旋して七星及び訶利帝母を安じ外院には四供四攝を安じて合計二十一尊である。

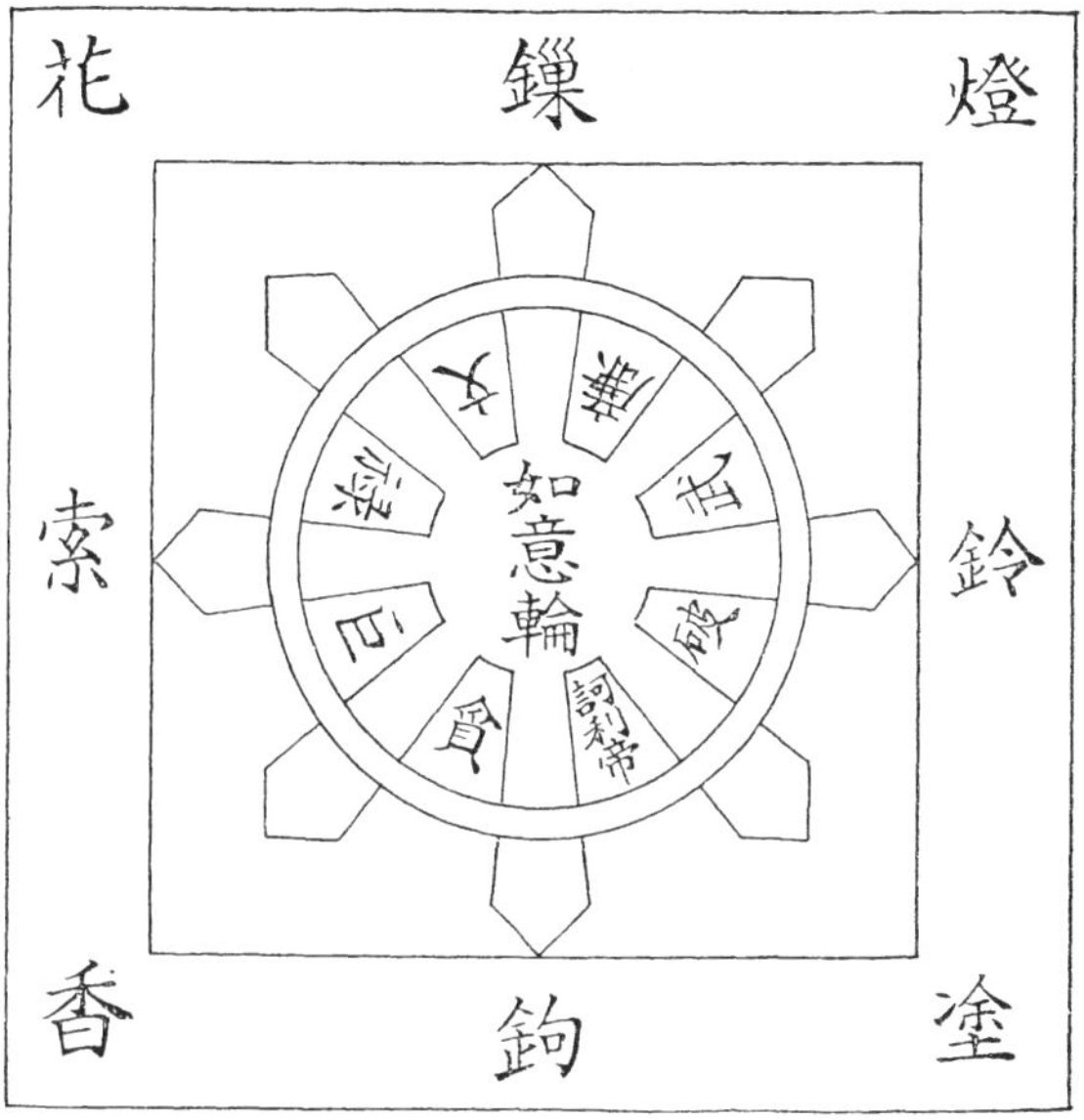

この曼荼羅について實慧が大師の指授をえ初めてこれを圖縮せるは九曜・十二宮をも加へたるが、これは河內國観心寺に祕藏されてゐる、しかるに後世になりし分は以上の外に三十六禽をも加へてゐるといふのである。觀心寺の本堂は最も有名なる大師眞作の如意輪が本尊にして、この本堂を圍繞して林中の七ケ所に七星を配祠するから、世にこれを七星塚と稱する。これは大師の意圖よりなりしものなるが、大師の意圖は七星如意輪祕密要經より來りしものである。經にいはく、

爾時神通王菩薩白レ佛言、世尊以二何因縁二不三但觀二念如意輪王菩薩一、又令レ禮二拜本命星等一耶。佛言、昔燃燈佛所受二此法門一、七星精靈從レ天而下、訶利大神從レ地而出、願我等翼二護此大法一。若有二人等一奉レ造二此法一、我等先至成二就法事一、以二此因縁一兼存二造法一（大二〇・二二四）。

古來、北斗と水天・焰魔王・訶利帝母間にある一脈の關係を見やうとしてゐるが、このなか北斗と訶利帝母とは今の經文に見えてゐる。八結聞書の水天法によらば、胎藏大日より阿彌陀へ、阿彌陀より如意輪へ、如意輪より北斗へ、北斗より水天へ、水天より訶利帝母へと重々に化現し來る本迹關係を見てゐる。故にいはく、

一此水天《ノ》本《ヲ》遠《ク》云《ハ》胎大日、次阿彌陀、次如意輪、次七星、々々如意輪《トハ》如意輪所現故也、次カリテイ也、重々《ニ》迹《ヨ》現《シテ》益レ生。七星等《ハ》流身度《ニソ》生《ノ》願雖レ深猶遠二下地《ノ》生一故現二訶リ帝《ト》一云云。

覺禪抄北斗法に「心覺云、以二水曜一爲二北斗一云云。或傳、北斗印用二水曜一」と。私に火羅九曜を檢するに、水曜を北辰星といひ、かつその三明をあぐるなかの心呪は「唵蘇底哩二合瑟吒莎婆訶」にして卽ち妙見の奇妙呪と一致する。北辰卽妙見なり、妙見卽北斗なりといふ一傳よりして水天と北斗を一體と見るのであらう。靈符緣起に「抱朴子云、熒惑火之精生二朱鳥一、辰星水之精生二玄武一、歲星木之精生二青龍一、太白金之精生二白虎一、鎭星土之精生二乘黃一。今考、辰星卽北斗尊星、漢土現二眞武上帝一也」といへるもま

たこの説の一潤色である。但し覺禪抄尊星王法所引のある抄によらば、辰の字は元來諸星の通名なるが、今水曜は北方の辰なるが故に火羅九曜に北辰といつたもので、北辰尊星王の北辰とは意味各別なれば、水曜と北斗を一混すべきではないといつてゐる。もしゝからばその心呪が妙見の奇妙呪と一致すること如何といふに、妙見には常に大呪と稱せられつゝある七佛神呪經所説の一種あるのみで、この奇妙呪及び心中心呪は師傳によつて用ひ來るものなるが故に、そはむしろこの水曜心呪の句義(妙見)より轉用し來つたものかと思はれる、從つてこの心呪によつて直ちに水曜と北斗を同視するは理由なきことゝなる。

次に北斗・焔魔王の關係については、藥師本願經にわれら各自の二倶生神が、そのなせる善惡業を記錄して王につぐることにより、王はよろしきに隨つてこれを處斷する旨を說けるが、この二倶生神なるものを既に本命星・元辰星の化現と見る以上は、北斗・焔魔王間に一脈の關係これあるべしとなすはあながち理由なきことではない。故に覺禪抄北斗法に「寛祐云、北斗焔魔天互ニ散念誦々ニ加眞言一、二天同體故也、但卷數不レ載レ之、小野曜宿抄有レ之云云」と。藥師本願經下にいはく、

若有ニ衆生一爲ニ諸病苦之所ニ逼惱一、身形羸瘦不レ能ニ飲食一。喉脣乾燥目視皆暗死相現前、父母親屬朋友知識啼泣圍繞。身臥ニ本處一見下彼琰魔法王之使、引ニ其神識一將至中王所上。然諸有情有ニ倶生神一隨ニ其所作善惡

之業一、悉皆記錄授二與彼王一、王卽依レ法問二其所作一隨二彼罪福一而處二斷之一。是時病人親屬知識若能爲レ彼歸二依諸佛一、種々莊嚴如法供養、而彼神識或經二七日或二七日乃至七七日一、如二從レ夢覺一復二本精神一、皆自憶二知善不善業所得果報一。由下自證中見業報不レ虛乃至命難上、亦不レ造レ惡（大一四・四一五）。

四、文殊師利

文殊にはその眞言の字數によせて一字文殊・五字文殊・六字文殊・八字文殊の四種となし、又髪髻の別なるよりしては、これを一髻文殊・五髻文殊・六髻文殊・八髻文殊とも名づくるが、なかんづく星宿の本地となるは八字文殊である。心覺の鵝珠鈔（上之二）に「勸修寺傳受集云、一切星宿皆文殊所變云云。相二尋本文一可レ書」といひ、澤見本命供の道場觀に「壇上有二獅子座一、々上有二[梵字]《キリク》字一變成二八葉蓮花一、々臺有二[梵字]字一成二智劍一、々々變成二大聖文殊一、首戴二八髻一身鬱金色、右手執二智劍一左手執二靑蓮花一、上立二智杵一放二大光明一照二十方世界一、此光中無量星宿悉顯現」云云といひ、覺禪抄北斗法に、

祕密抄、北斗法八字文殊爲二本尊一。覺禪曰、醍醐傳北斗ニ[梵字]《マンタラ》ニハ八字文殊爲二中尊一、破諸宿曜眞言者卽八字文殊眞言也……從二文殊御口一出二五色光一、々變成二五星一、從二左右眼一出二二光一成二日曜月曜一、從二身毛孔一出二一切星宿一云云。故星宿皆文殊所變……或云、北斗文殊師利菩薩異名也云云

といつてゐる。但し八字文殊を星宿の本地となすについて、心覺は「相二尋本文一可レ書」といへるが、今

私に本文を尋ぬるに略して左の如くである。

一、菩提仙譯の八字文殊軌にいはく、

若求三息災除難殄二滅七種災難一、所謂日月薄蝕五星違二失常度一、兵賊競起水旱不レ時風雨失レ度、惡臣背逆損二害國民一、武狼惡獸食二啗衆生一五穀不レ登、如レ是災禍急厄、官府王難死厄怕怖等事欲レ令二消散一者、當三心中書二[illegible]滿字一……若緣下五星失レ度、日月頻蝕彗孛數現、四方異國侵レ境劫二奪百姓一、大臣叛逆用兵不レ利、損二害國人一疫病流行上、皆作二大壇一云云（大二〇・七八五）。

二、文殊根本儀軌經二十卷は、釋尊淨光天に住して文殊の內證を說きしものなるが、その第一には會座に雲集する無量の星宿が文殊の自眷屬たることを說き、第十四には金輪の儀則を說き、第十八には妙見と推定さるべき大力上人なるものを說くなど、金輪・文殊・妙見は一體にして星宿の本地たることおのづから明らかになつてゐる。但しこの經にはそのいづれの文殊なるかは不明なるも、前軌よりこれを推すにけだし八字文殊である。

三、宿曜軌に星宿の障難を禳はむがためには、或ひは白衣觀音、或ひは熾盛光佛頂、或ひは八字文殊の壇法によるべしといつてゐる（前項白衣觀音下參照）。

第四節　星宿の化現

まづ第一に妙見大菩薩の化現をいはゞ、靈符緣起所引の役行者筆記に「閻浮提守護四神王在……二北辰在二閻浮北一、本師藥師日本名二熊野權現一」と、これは熊野權現をその化身と見たるものである。神國決疑編（中）にいはく、

山宮祭者祭二妙見一也、妙見菩薩者度會《わたらゐ》姓遠祖、大神主飛鳥《あすかい》苗胤、大内人高主女大物忌子也。貞觀元年十一月十五日沈二御《お》贄《へ》河一卒（時年十五）、卽時從二御贄河淵底一得二妙見星童形像一、奉レ居二尾倍陵以西、小田岡崎宮靈地一、以祈二氏人繁榮一（尊像今尙在焉）。

これは大物忌の子をその化身とする貞觀以後の信仰である。勝軍不動四十八使者軌にいはく、

第二十藥叉諸天王、是妙見菩薩所變身、右持二大刀一左押レ腰赤色形也、若人欲レ得レ止二疫病一者是呼二使者一（大二一・三六）。

靈符緣起所引の瑯邪代醉編二十九にいはく、

大和山眞武像披髮跣足、相傳永樂時塑像不レ識二其貌一、請レ之。文皇帝時成祖正披髮去レ膸云、當二如レ我然一。眞仙通鑑載、宋道君問二林靈素一、願見二眞武聖像一。靈素曰、客臣同二張淨虛天師一奉請、乃宿レ殿致

齊。於正午時黑雲蔽日大雷霹靂、火光中見蒼龜巨蛇塞於殿下。帝祝香再拜告曰、願見眞君幸垂降鑒、霹靂一聲龜蛇不見、但見一巨足塞於殿下。帝又上香再拜云、伏願玄元聖祖應化慈悲、既沐降臨得見一小身、不勝慶幸。須臾遂見身長丈餘、端嚴妙相披髮、皂袍垂地金甲大袖、玉帶腕劍跣足頂有圓光、結帶飛繞立一時、久帝自能寫眞、寫成忽不見、次日安奉醮謝。蔡京奏云、眞君未易降於人間、昔日太宗皇帝曾命張守眞降請、亦有畫本藏於閣下、乞取對之可見眞僞。乃宣取展看與見本更無差、殊帝愈悅。則眞武本像如是、非取像於成祖皇帝、因記之。

これらはけだし支那における妙見尊感應化現の一瑞相といふべきである。

次に北斗の化現といはるゝ水天・閻魔・訶利帝母等については前項所記の如くなるが故にこれを略する。慶安の兩部神代一貫口決鈔に、德川家康の參謀天海が南極星の化現たる因緣をあげていはく、

南光坊天海號慈眼大師、釋了意記云、兩部傳受時師容膝曰、天海化生人、將軍義澄庶流有足利傳助義近者、奧州會津人、中年住攝州浪華。一夜夢見南海水中《ヨリ》方寸許星出、留義近門前桐枝。翌朝隣家告曰、門外桐下有棄子。義近見之微笑不泣、乃養育之任夢意名星之助。義近以爲、此子恐可沈南海此界不能見南極星、天海雖聞之此怪事生涯不以語人。人若尋其生處等、曰俗氏行年非沙門所可語者云云。幼於和州長谷寺出家、聰明無類也。

次に月天の化身及び佛陀本生の月兎の因縁をいはゞ、前記の四十八使者軌にいはく、

第三十四那縛迦羅王、是月天所變身、欲レ得レ勝二軍陣一者此呼二使者一。

大妙金剛經にいはく、

剋二八葉蓮花一、々上置二月天變形一阿闍梨言伏兎是也（大一九・三四〇）。

西域記七にいはく、

婆羅痆斯國烈士池西有二三獸窣堵波一、是如來修二菩薩行一時燒レ身之處、劫初時於二此林野一有二狐兎猿一異類相悅。時天帝釋欲レ驗下修二菩薩行一者上、降靈應化爲二一老夫一謂二三獸一曰、二三子善安穩乎、無二驚懼一邪。曰、涉二豐草一遊二茂林一、異類同歡既安且樂。老夫曰、聞二三子情厚意密、忘二其老弊一故此遠尋、今正飢乏何以饋レ食。曰幸少留レ此我躬馳訪、於レ是同レ心虛レ己分レ路營求。狐沿二水濱一銜二一鮮鯉一、猿於二林樹一採二異花菓一俱來至止同進二老夫一、唯兎空還遊二躍左右一。老夫謂曰、以レ吾觀レ之爾曹未レ和、猿狐同レ志各能役レ心、唯兎空返獨無二相饋一、以レ此言レ之誠可レ知也。兎聞二譏議一謂二狐猿一曰、多聚二樵蘇一方有レ所レ作。狐猿競馳銜レ草曳レ木、既已蘊崇猛焰將レ盛。兎曰仁者我身卑劣所レ求難レ遂、敢以二微軀一充二此一飡一、辭畢入レ火尋卽致レ死。是時老夫復二帝釋身一、除レ燼收レ骸傷嘆良久謂二狐猿一曰、一何至レ此吾深感二其心一、不レ泯二其迹一寄二之月輪一傳二于後世一。故彼咸言二月中之兎自レ斯而有一、後人於レ此建二窣堵婆一（大五一・九〇七）。

杜律集解一所引の酉陽雜俎にいはく、
月中有蟾蜍何也。月陰也蟾蜍陽也、陰係于陽也。傳玄擬天問、月中何有、白兎搗藥。蟾蜍蝦蟇也、張衡靈憲姮娥奔月是爲蟾蜍。

次に二十八宿の化身は四十八使者軌に、
二十八宿諸大王、是觀音所變身。右手持蓮華左押腰、白色形也或赤色形、欲得諸人決定業障除滅者是呼使者。

これは觀音より二十八宿を現じ、二十八宿より二十八宿諸大王なる一藥叉神を現ずといふのである。

第五節　胎藏曼荼羅と星宿

一、胎曼における星宿の座位

覺禪抄北斗法に「香隆寺云、七曜主日天二十八宿主月天」と、このこゝろ七曜は日天の所屬、二十八宿は月天の所屬といふのであるが、その本說は尊勝佛頂軌に存する。いはく、
南門西面日天子幷后乘五馬車、兩手把開蓮華坐圓輪。七曜各其本色、手執本印在日左右圍繞。

門東面月天子幷后乘二五鵝車一、手執二風幢一上伏兎坐二白月輪中一。二十八宿各執二本契一、隨二本方色一狀若二天形一、繞二月天子一而坐（大一九・三七九）。

今大日經及び同疏に說く胎藏曼荼羅によらば、第三重釋迦院東門の南に日天があり、その眷屬に八曜・天狗・流星がある。西門の南に月天が日天と相對して居し、その眷屬に十二宮・二十七宿がある。故に疏五にいはく、

日天眷屬布二諸執曜一、鴦伽（《アウガ》、火曜なり）在レ西、輸伽（《シユキヤラ》、金なり）在レ東、勃陀（《ボダ》、水なり）在レ南、勿落薩鉢底（《ボラカサハチ》、木なり）在レ北、設儞說遮（《シヤニシヤ》、土なり）在二東南一、羅睺在二西南一、歛婆在二西北一、計都在二東北一。又於二南緯之南一置二涅伽《じりがた》多一謂二天狗一也、北緯之北置二嗢迦跋多一謂二流火一也。西門之南與二日天一相對應置二月天一乘二白鵝車一、於二其左右一置二二十七宿十二宮神等一以爲二眷屬一。

もしそれ現圖の胎藏曼荼羅を見るに、星宿の座位は外金剛部院である。卽ちその東方の南に日天曜があり北にゆきて外位には次での如く流星・霹靂・羊宮、井宿・觜宿・畢宿があり、內位には次での如く彗星・夫婦宮・羊宮・牛宮・柳宿・鬼宿・參宿・昴宿がある。次にその南方の東には西にゆきて外位には次での如く、摩竭宮・羅睺・亢宿・翼宿・氐宿があり、內位には次での如く雙魚宮・木曜・星宿・張宿・角宿があり、中位には次での如く寶甁宮・火曜・軫宿がある。次にその西方の南には北

にゆきて、内位には次での如く土曜・秤宮・蝎宮・女宿・牛宿・尾宿・房宿があり、外位には次での如く水曜・月曜・弓宮・斗宿・箕宿・心宿がある。次にその北方には毘沙門よりやゝ東にゆきて、内位には次での如く虚宿・室宿・壁宿・小女宮・蟹宮・金曜があり、外位には次での如く危宿・奎宿・婁宿・師子宮があり、中位には胃宿がある(以上菩提華の曼荼羅便覧による)。

かくて胎藏曼荼羅には、九曜・十二宮・二十八宿を具するも、妙見及び北斗は省略されてゐる。

二、大疏の祕釋

星宿の本地は上述の如く別していはゞ或ひは金輪・藥師、或ひは觀音・勢至・文殊・虛空藏等なるも、これらはすべて胎藏大日の所現なれば總じていはゞ胎藏大日である、これその星宿が胎藏曼荼羅の聖衆たるゆゑんである。天地麗氣記(一)及び兩宮形文深釋(下)には兩部神道の見地より、天神七葉を北斗七星に配して過去七佛の所現となし、地神五葉を五曜に配して五方五佛の所現となし、不空譯孔雀明王經(下)には九曜二十八宿の三十七星が卽金剛界の三十七尊なる深旨を暗示するなど、要するにみなこれ星宿を神祕の靈格者となすものに外ならぬ。大疏四に七曜について祕釋をなせるが、その要旨にいはく、日曜は淨菩提心の自體にして現じて中臺の大日となり、月曜は淨菩提心の活動にして現じて四方の寶幢・開敷・彌陀・鼓音の四佛となり、又土曜の德より四隅の普賢・文殊・觀音・彌勒の四菩薩を現じ、水曜の徳より右方の蓮華部を現じ、金曜の徳より左方の金剛部を現じ、木曜の徳より上方遍知院・釋迦院・文殊院等の如來の果徳を現じ、火曜の徳より下方五大院・虚空藏院・蘇悉地院等の如來の大力を現ずる、要するに、七曜は胎藏四重圓壇能生の本源なりといふのである。こは胎藏本位の釋なるも、これを推すに金剛界もまた同様でなければならぬ。又同所に土曜を信根に、木曜を進根に、金曜を念根に、水曜を定根に、火曜を慧根に配し、この五曜をもつて世間善と出世間善の本質となしてゐるが、これらの釋にはすこぶる深意ありといふべきである。

第二章　星供の壇場莊嚴

第一節　蠟　燭（らつそく）

一、その製方

星供に蠟燭を供《くふ》ずる由は祕鈔問答に「御口決云、天愛二光明一故用二蠟燭一也」といふこれである。その製法は、檜・杉又は肥松の長さ一尺二三寸にして中指大なるをとつて本末をよく見定め、本をば細くけづり末をば幅五六分になして三五の割目をつくり、やゝ厚き白布をまた幅五六分に切りたるをこれに挾み、火の燃えつき易きやうにヒラリと一寸ばかり端をいだし、末梢より本へと一寸ばかりを殘して順にまき下げ、これを新らしき榧《かや》油或ひは胡麻油のなかに兩三日浸しおき、そのゝち一兩度風日に曝して乾燥せしむるこれである。故に中院流星供支度料法にいはく、

一蠟燭　檜或肥松細削《クテ》如二中指大一、本《ノ》方尖削《ニリ》差二佛供上一方也末《ノ》方片々割《ニテ》、白布或紙奉書或杉原類幅五六分切レ之、端角少《シ》出《シ》令二火付易一也、一二三遍卷レ之。但佛供上《ニ》差《ス》方《ハ》一寸許《リ》不レ卷也、蠟燭長六七寸許也。如レ此調了《テ》兩三夜浸レ油、後出レ之晒二風日一令レ乾、辨供之時差二交飯上一。

これには長け六七寸とあるも、安流口決の一種には一尺六寸許りといひ、又同快旻口には「一尺二寸許可レ然也」といふが故に、まづこの快旻口によるべきである。この蠟燭の本說は五佛頂經四の大法壇品に「內院四面四角各然二蠟燭一、外院四面然レ燈」（大一九・二五〇）といひ、不空羂索自在王呪經中に「先作二吉祥禁身呪一了、卽以二蘇膏一塗レ布爲レ燭」（大二〇・四二五）といへるなどこれである。但し略法にはこの蠟燭の代りに紙燭を割目をつけし木首に挿みたるを用ふる、こは瑜伽護摩軌に「用二小蠟燭或紙燭一、以獻便插二粥上一」といふによるものであり、さらに最略の場合には佛供の前に土器の燈明を安じて火先を行者の方に向はしむる。

二、その供方

蠟燭供は初夜一時のみで後夜・日中には用ひない、その數はもし本命星供には十二本を要し、當年星供には三本を要する。このなか前者における供序について覺禪抄北斗法に、（一）妙見・本命星・貪・巨・文・廉・武・破・本命曜・本命宮・本命宿・當年星と、（二）妙見・本命星、それより順次に破軍にいたり貪巨を後になし、本命曜以下は（一）と同じといふ兩說をあげをはり（一）を用ひてゐる。こはしばらく本命星が祿存なるときの例であり、（一）は分明にして說明の要なきも、（二）についていはゞ妙見の次に祿、祿の次に文・廉・武・破、破の次に貪・巨と供ずるこれであり、從つてもし本命星が破軍又は貪狼なる場合には兩説全く同じい。その當年星供には三本なるべきこと、及び供序に至つてはのちにこれを明示する。

西院祕部北斗法に「蠟燭十二杯、五穀交飯《けうはん》也命穀多加ㇾ之」といへるが、こは白飯を杉盛になしてその上に稻穀・大麥・小麥・大豆・胡麻(生熟何れにても可なり)の五穀を少しづゝ交へ散じ、なかんづく命穀をばやゝ多く用ひ、これに蠟燭を立つべきことをいつたものである。しかるにこの命穀とは何ぞやといふに、命穀とゝもに命木なるものがあつて、こは本命星が好むところの穀木であり、もと北斗延命經や火羅九曜等の所説なるが、今これらによる安流星供要集の文を録する。いはく、

貪狼星	命穀	大豆或粟	命木	桐
巨門星	命穀	粟或稗	命木	樗《あふち》或槐《ゑんじゅ》
祿存星	命穀	稻或小豆	命木	楡《にれ》
文曲星	命穀	麥或黍	命木	桑
廉貞星	命穀	小豆或小麥	命木	棗或桑
武曲星	命穀	大豆	命木	李
破軍星	命穀	小豆或麻子	命木	杏《からも》

このなか五穀以外の粟・稗・小豆を用ふるには、豫じめ五穀中の一種を除くべきである。但しこゝに巨門の命木に樗・或槐とあるを西院祕部には樗或橙《あまたちはな》につくつてゐるから、槐橙はうるにまかせていづれかを用ふべく、理想的には幡幣や蠟燭の串もまたこの命木を用ふべきである。この蠟燭の點火には、紙燭をつけたる約三尺の細竹を壇右側の適所にかねて用意しおくべきが、もし承仕あるときはかれをしてこれをなさしめ、もしなきときは行者自からこれをなすべきである。凡そ諸流ともに當年星供には振鈴を用ひざるも、本命星供には多分これを用ふる。もしこれを用ひない場合には、承仕閼伽《あか》の音を聞くや壇の右邊に進みかの長紙燭に燈火をつけ、蹲居して前次第の如くに點火すべく、行者自からがなす場合における振鈴これなきときには獻座の次たるべく、これあるときにはその次たるべきである。

承仕をして點火せしむる場合には、行者念珠をとつてまづ妙見の印言を結誦し、次に北斗總印を結んで本命星等の各眞言を誦じ、次に金剛合掌にて本命曜以下の各眞言を誦じ、すべての點火終るとき念珠を摺りながら殊に祈念すべきである（覺禪抄北斗法）。又蠟燭を立つるには、皿にまづ少許の水を入れ、次に塗香を入れ、次に五葉の花をしき、次に交飯を盛つてこれを立つる。これ卽ち一杯の佛供に閼伽・塗香・花鬘・飯食・燈明の五供を具する表示なること、北斗抄における安流宗意《そうい》律師の所傳

なるが、そのもとは台密皇慶《くわうけい》の五十八位冥道供圖に見ゆる。いはく、

師云、盛㆓供物㆒之時先以㆓香水㆒灑㆑底、其上入㆑香、其上入㆑花、然後盛㆑粥云云。

第二節　佛供

私に諸流の星供次第を檢するに、當年星供は多分金輪を奉請せざるが故に佛供は交飯のみなるも、本命星供は多分これを奉請するが故に白飯と交飯をならべ供ずる。又前者は多分初夜一時なるも後者は多分初夜・後夜・日中の三時であり、そして後者のなかに單なる供と護摩の二種があり、これらによつて佛供の種類數量おのづから異なる。但し當年星供も星曼荼羅を掛くること普通なるが、その曼荼羅は多分金輪が中尊となり、又たとひこれを掛けざるにせよ、すでに金輪が星宿の總本地たる義邊よりしてはよろしく交飯とゝもに大小二杯づゝの白飯を供ずべきであり、從つて祕鈔問答(一八)にあぐる理性院流二傳中の宗命傳は、おのづからこれを暗示する。いはく、

理性院寶心傳、若本命若屬星、請㆓金輪㆒時可㆑供㆓白飯等㆒、不㆑爾時可㆓蠟燭供許㆒。若供若護摩、三時行㆑之時雖㆑請㆓金輪㆒、後夜粥、日中備㆓佛供㆒故初夜時不㆑用㆑之。宗命傳、如㆓當流屬星供㆒、雖㆑不㆑請㆓金輪㆒備㆑之。

當年星供もゝし丁寧ならば三時に行ずべく、本命星供もゝし略儀ならば初夜の一時に行ずべきはいふまでもなきが、このなか前者の場合の略儀には、初夜に白飯なく、後夜に粥二杯、日中に白飯二杯となすは三寶院薄草子當年星供押紙のこゝろである。後者の場合には大小二杯づゝの白飯を供ずべきであり、いはゆる祕鈔問答（一八）に「蠟燭五十七杯、白佛供四杯」といふこれであり、こは下にあぐる壇圖を參照すれば分明である。凡そ三時に行ずる本命星供は、開白の初夜には白飯十六杯と交飯十二杯、次後の初夜には白飯なく、後夜には粥八杯、日中には白飯十六杯なるべく、同當年星供は、もしつぶさならば開白の初夜に白飯十六杯と交飯三杯、次後の初夜に白飯なく、後夜と日中は前と同じい。白飯十六杯といふは大壇の四方におの〳〵大小二杯づゝを安ずるによつてゞあり、粥八杯といふは小豆粥を右の四方におの〳〵二杯づゝを安ずるによつてゞあり、交飯十二杯といふについては、妙見・本命星・餘の六星・本命曜・本命宮・本命宿・當年星の所用たること、前節蠟燭下の如くである（安流星供佛供等事、諸尊要鈔一〇等參考）。

交飯の製方を快旻口決して「一佛供ハ實ニハ五穀飯也、然共蠟燭ヲ立ツレハワル、故ニ常ノ白飯ヲ土器ニ盛テ上ニ五穀ヲ置也、又アヅキ計モ置也、生熟隨レ意」（安流星供事）といひ、又この五穀交飯を用ふべき意趣を宗意左の如くに口決する。

問、天衆供二五穀粥一意何乎。答、五行大義云、大祭二鬼神一令レ和二五味一留二神靈一也云云。一問、何由留二神靈於五穀一耶。答、大日經疏(四)云、若深祕釋者、卽是安二立菩提心中五智之寶一、能起二善萌一除二五種過患一故云二五穀五藥一也云云。爰知五味者五穀也、五穀者爲二菩提心一五智寶一、除二五種過患一爲二五穀五藥一、故留二神靈一者歟(安流北斗抄)。

第三節　幡幣

一、幡幣の造方

安流星供壇圖に「幡幣《ハ》本《ほん》在レ之、自由不レ可レ造レ之」といひ、同星供事快旻に「一幡　杉原横切《ニテ》幡二流《ニ》可レ用也切様本アリ、幣切様本アリ」といへるが、しからばまづ幡の切様如何といふに、西院流祕部北斗門に「幡七流、長之寸法、常《ノ》紙《ノ》横サマヲモテ用、足手各四筋」(三憲北斗供も全同)といひ、安流幡幣銀錢蠟燭等事に「一幡七流、紙長ニ先細クキリテ中ヨリタテサマニ折テ、カタソキニ中ヘキリテ如レ此可レ作、上ニハイロコカタニ穴ヲアクヘシ、是モ中ヨリ折タル時切リアクヘシ」といふが故にその大體はわかるも、今安流所傳の寛文七年臘月二十四日、南院の良意闍梨六十二歳現病祈念時における雛形を左に圖示し、あはせて切様を圖解しおく、

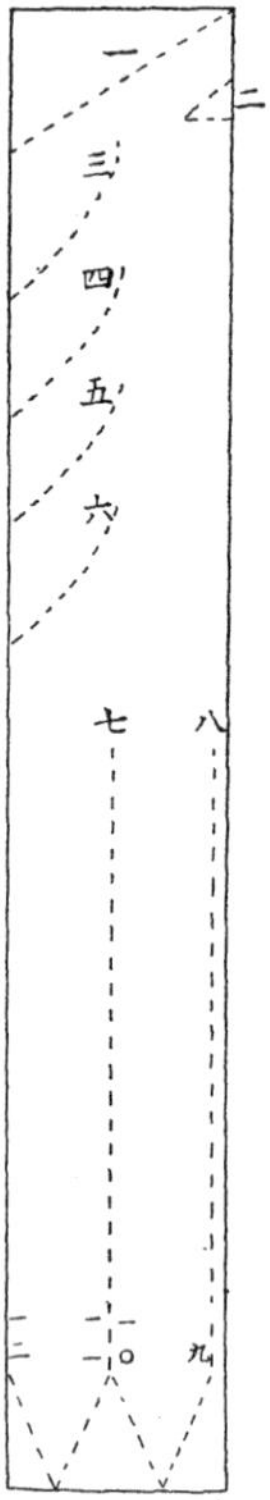

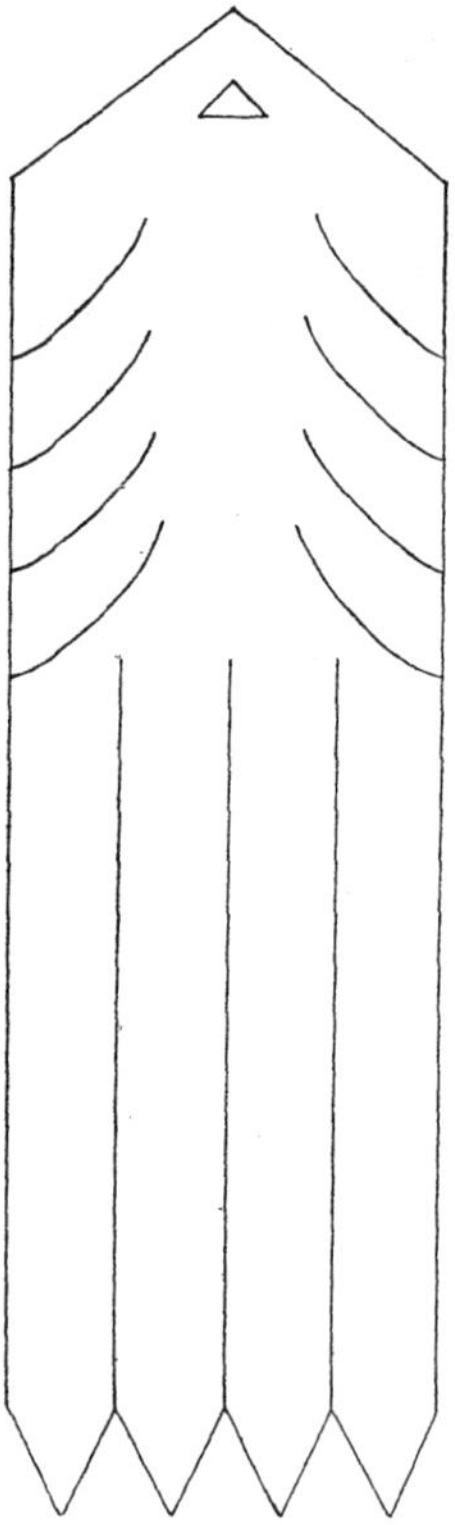

このやうに奉書又は杉原を二つ折になし、點線數字の順に鋏を入れゆけばよろしい。凡そ幡七流とは本命星供の場合をいひ、三流とは多分當年星供の場合をいふのであるが、そは大杉原二枚をかさね横に二つ折(横とは長き方)になし切つて四枚となし、その三枚をとり表てを内に二つ折になして、右の如くに切らば同時に三流ができる。

次に幣の切方は、大杉原を竪に二つ切となし、その二つ切を又竪に二つ折となしてこれを三等分すれば同時に六枚の幣ができる。もし幡七流のときには十四枚を要するから、半切五枚をかさねて前方によらば、計十五枚にして一枚は過剰となる。さてこれを串に挿むに、そのかさねたる二枚の方を下に折目を上になすが安流所傳の雛形なるに、中院星供支度料法には「若用レ幣者、紙長四寸幅二寸或一寸七八分、折以爲二四方形一折目爲レ下挾レ之」といつて前と反對になつてゐるが、今私にはつねに上になす安流の傳によつてゐる。この二つ折の方形幣を俗に田樂《でんがく》幣といへるが、もし丁寧ならば幡一流の左右におの〳〵四垂幣と錢形幣を配すべきである。故に右料法にいはく、

丁寧用二四垂幣七本錢形幣七本一、略儀時用下田樂幣一文充二一歳一錢幣上也、右幡幣最略無レ之。

二、幡幢《はたさほ》幣串《くし》とその臺

安流星供幡幣錢等之形にいはく、

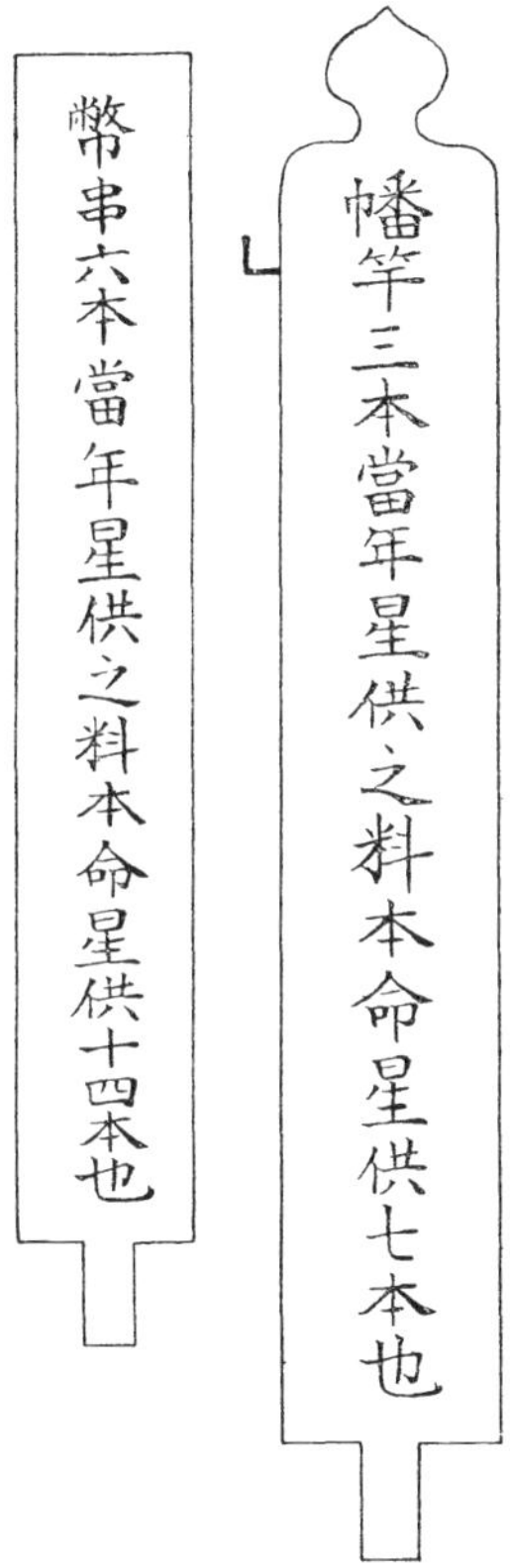

本命星供之時

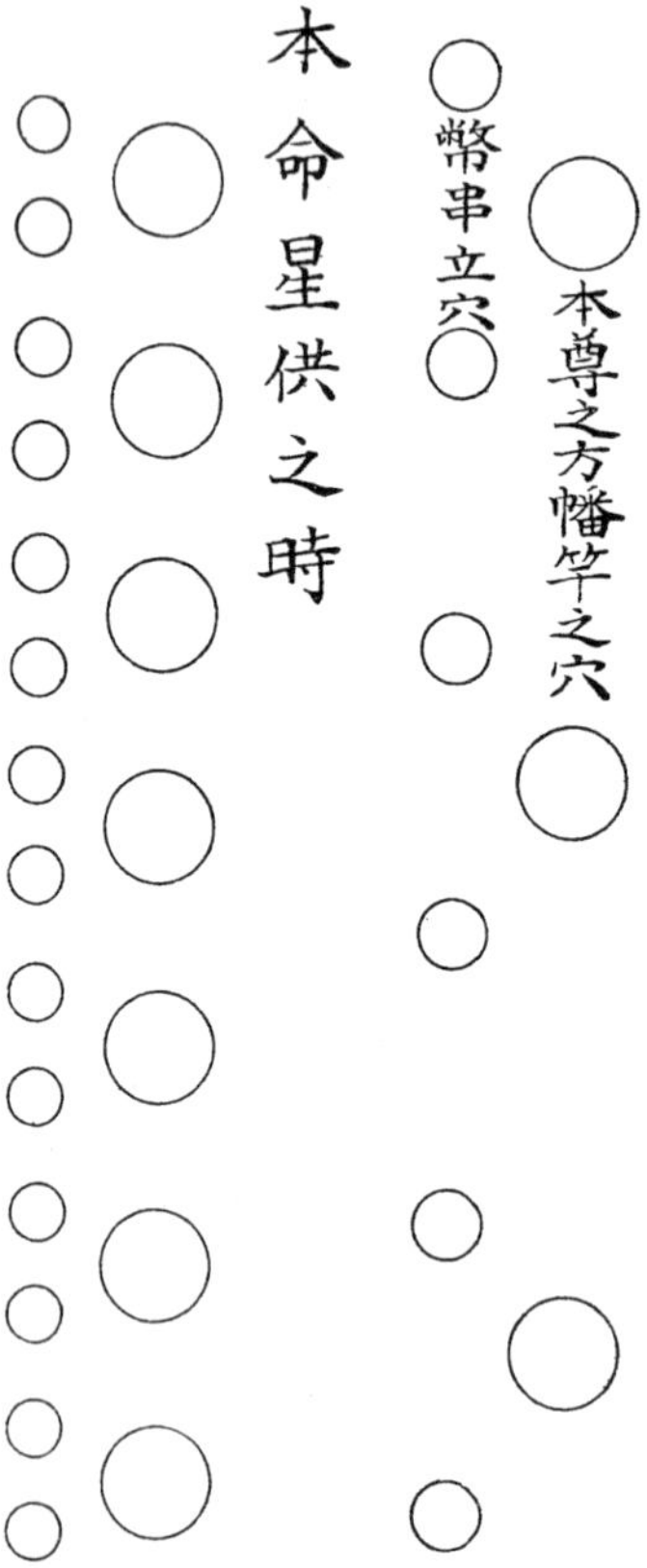

安流星供快旻に右の寸法を口決していはく、

幡竿幣串寸尺不レ定幡相應ニスヘキ也、凡ソ幡幢一尺二三寸計、幣串一尺計歟。幡幣立《ル》臺《ハ》方三寸計、長サ三尺計ノ木ニ穴ヲアケ幡幢ヲ立ル也。幡ノ左右ニ穴ヲアケテ幣串ヲサス、(分)(亻)(亻)如レ此サスヘキ也幡幣數ハ本命當年ノ星供ニ隨テ不同也。

幣は幡一流に必らずしも二本と限るのではなく、時としては一本をも用ふる。又幣串臺これなければ、幣を本尊の方に串を行者の方に向けて幡臺へもたせかくべきである、故に覺禪抄北斗法にいはく、

一毎レ幡右ノ幣ヲハ或一本ナラハ合ヌ七本ナリ、或説二本ナラハ合ヌ十四本也。二本ノ時ハ串ヲ並テ

置ㇾ之、串ヲ行者ノ方ニ向テ臥セテ居也、串ニハ杉檜可ㇾ宜也。

中院星供口決に右の寸法及び造方を示すこと委細なれば左にこれを錄する。

一幡幢臺、長二尺二寸高二寸許幅二寸三分、穴七或三。

一幡幢七本或三本、圓ク削テ徑五分許、長一尺七寸上有二寶珠一、々々次下有二折釘一、繫ㇾ幡料。

一幣串臺、長二尺二寸許幅一寸二三分、或略合《ソハ》二幡幢臺一造ㇾ之、穴十四、幣錢串各立二七本一料也。或七、幷立二紙錢與ㇾ幣二種七本一料。或六、紙幣與二錢幣一各立二三本一料。

一幣串十四本或七本亦六本、圓ク削リ或方、徑二三分許長一尺五寸許、上有下挾ㇾ幣挽目幷繫二銀錢一之筈《やはず》上。

余はかつて南山普門院藏の右道具に擬してこれをつくり、以來當年星供の行用にあてつゝある。もし本命星供のそれをつくらむにはこれに准じて別につくるべきも、しかし下に至つてあぐる當年星供次第の意味をよくうるに於てはこのまゝを用ふとも何ら闕如するところがない。

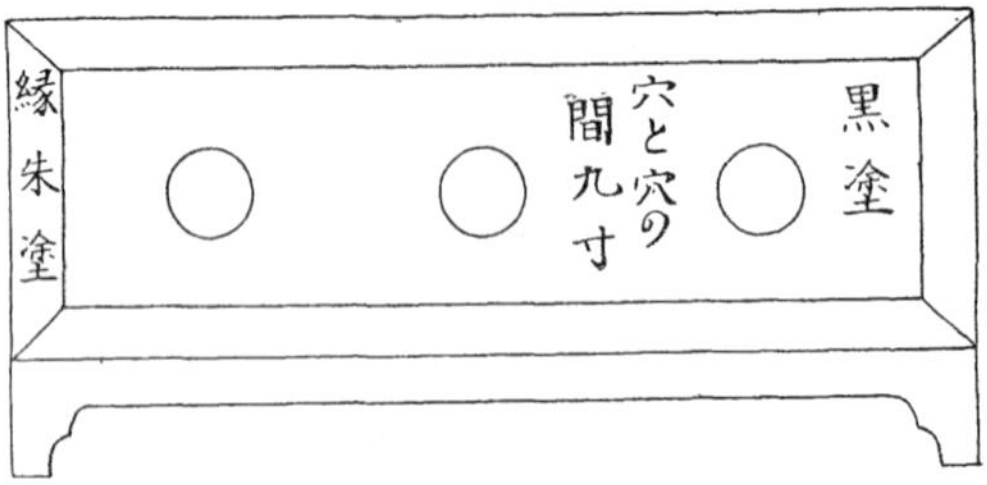

幡臺　高さ　二　寸
長さ　二尺二寸
幅　二寸三分

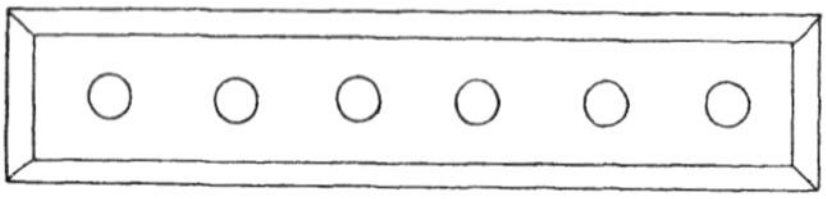

幣串臺　高さ一寸幅一寸四分にして黒塗、縁朱塗、穴と穴の間一寸八分。

要之、三流の幡にほどよくまくばることである。

一、白瓷皿　九枚

一、星曼荼羅　一軸

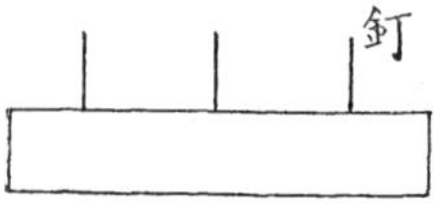

蠟燭立　白木板足なし、高さ一寸五分長さ八寸

幅三寸一分

これは略儀の所用

以上を入るゝ道具箱は檜のカブセ蓋になして、箱は高さ四寸、長さ二尺四寸五分につくるべきである。

三、幡の表示

幡の手足おの〳〵四つなるは八正道の表示なること諸口決一同にして、近くは西院八結聞書にも見ゆる。凡そ幣を供養物となして毎座新たなるを用ふることは諸流の通說なるも、幡に至つてはこれを供養物と見做すと、星宿の尊儀と見做すとの兩說がある。いはゆる安流星供快昊口に「一幡銀錢ハ毎座燒ク、餘ノ供物ハ受用スル也、焰魔天供ナトノ如ク土ニ埋ム事ハナシ」といへるは供養物と見做すものであり、西大寺流𪜈字口決英心に「幡ハ七日同幡ニテ不取替、幣ハ毎座取替也」といひ、又中院星供支度料法に「幡ハ一期限間不替之、謂非供物擬所供神形也、此當流口傳耳」といへるは、星宿の尊儀と見做すものである。この故に湛然の止觀輔行(二之二)に、

五色旛者總擧五色、繡畫間色亦應無在。字應作旛、々者旌旗之總名也、經中多作此旛々帑字耳、今佛法供具相狀似彼故云旛耳。凡造旛法切不得安佛菩薩像、旛是供具供於所供、如何復以形像爲之(大四六・一八九)

といへるはもつて前說の潤色となすべく、これに對して阿吒薄倶元帥軌(中)に、

壇内安二十八口神幡、像二十八部將軍護界（大二一・一九六）

といひ、又陀羅尼集經（一三）に、

畫金剛幡十八口、畫神王幡二十四口、畫四天王幡四口（大一八・八九三）

といひ、又不動の安鎭法に十六幡を用ひて八流に八方天の像を、八流に黃色不動の像を畫き、請雨經法に十二幡を用ひて十二天の眞言を書する類例などは、もつて後說の潤色となすべきである。案ずるに、この兩說ともに道理あればいづれによるも可なるべきである。從つて宗意の北斗抄に「一立幡事、問、於星宿天等法立幡有何由哉。答、有二義、一者天衆影向義、二者令趣菩提心義也」といへるが、このなかの第一義は尊儀說にあたり、第二義は供養物說にあたつてゐる。そして第一義については前記の安鎭・請雨の例をあげて「以是案彼、立幡事者令影向天衆義歟」といひ、第二義については、

私云、旗者戰旗也、戰旗者軍中之旗也。無旗者軍衆心亂也、有旗者如軍衆見旗心一向而不亂心也、寶幢佛幡者表戰旗也、仍寶幢佛者持旗表令趣一切衆生於菩提心義也。然者今法立幡事、天衆一向令趣菩提心、無障礙爲成所願立幡歟

といつてゐる。又同抄に「金命人白幡子、木命人靑幡子、水命人黑幡子、火命人赤幡子、土命人黃幡

子」云云とある北斗七星經なるものを引けるが、今北斗七星延命經を見るに右の文これなきが故に本説遂つて尋ぬべきである。しかるにこの五命は何によつてこれを知るかといふに、こはよろしく上編第十章第三節の本命星元辰星下を對照すべきである。卽ち子歳生れは貪狼星、乃至亥歳生れは巨門星なるが、亥・子は水命、寅・卯は木命、巳・午は火命、申・酉は金命、丑・未・辰・戌は土命なること常の如くなるが故に、自己本命の何命にあたるかはこれによつて直ちに知りえらるゝ。さて、幡を供養物と見做す傳によらば、後供養閼伽の後(しばらく三寶院の傳による、安流は前供事供の次なり)に、もし本命星供ならばまづ中央本命星の幡を、小三股の印・枳里々々(オンキリ〳〵バザラウンパッタ)の明にて順に三遍加持し、次に鉢印になし唵と誦じて供じ、次にそれに屬する左右の二幣を同様になして一度に供じ、次に貪狼以下はみなこれに准ずべきである。もし當年星供ならばまづ中央の幡幣を、次に向つて右の分を、次に左の分を供ずべきである。もし星宿の尊儀と見做す傳によらば、たゞし幣のみ右の如くになして供ずべきである(安流星供口傳及び覺禪抄北斗法による)。

第四節　銀　錢

一、銀錢の意義

星宿に銀錢を獻ずる本說は、火羅九曜所引の葛仙公禮北斗法に「再拜燒錢合掌供養……但志心本命日用好紙剪隨年錢」云云といひ、七曜星辰別行法に「祭輩宿須剪紙錢五十貫、以淸酒白脯取日午正南時祭」等といふこれである。又宗意の北斗抄に「或抄云、大師御筆云、燒紙銀法、避諸惡鬼、含怨鬼靈、善神歡喜、返爲守護云云。是不空三藏之所傳、通慈行賀法師之所示云云」といへるが、この大師の御筆いづれにありや未詳である。しからば何故に錢を獻ずべきかといふに、阿陀蜜經の延壽品に「錢圓掌天、內方掌地、是云陳那羅形、是人倫初因形也、人倫初因者母胎宿時形也。故以一貫宛過去年數報神恩以陳、殘量數得未來之算取意」（覺禪抄北斗法所引）といへるが故に、錢の圓形は天の陽氣、方形は地の陰氣二氣の結晶が入胎剎那の位にして一身の生命であり本質であり、衆生が最も重んずるものである。この生命本質についで重んずるものは錢寶なるが故に、錢を獻ずることは至心歸命の表示である。もしゝからば實錢を獻ずべきに、何故に銀錢ともいひ紙錢ともいひ寶鈔ともいひ擬錢ともいはるゝ假錢を用ふるかといふに、これを覺禪抄北斗法に「本云、シサント者焰魔被仰云、南閻浮提人眞實錢不可供、以紙造錢形可供之云云、仍擬錢可云也」といつてゐる。唐臨の冥報記（中）に左の物語をあぐるが、またこの潤色として見るべきものである。

隋の睦仁蒨は趙郡邯鄲の人にして未だかつて鬼神を信せず、これが存否を究むべく道士について學ぶこと十餘年である。のち向縣に移住するや、ある日路において衣冠堂々馬に乘つて從者數十人を率ふる偉丈夫に遇ひ、以來しば〳〵これを見た。あるとき睦怪しむで偉丈夫に問うていはく、君はこれいづこの人ぞやと。かれ答へていはく、余は成景と名づけもと弘農の人なるが今や鬼神となれりと。乃ち睦が家につれゆかれ酒食をうけて歡娯し、歸るにのぞみ睦友情を表すべく錢寶を呈するに、かれ辭していはく、鬼神の用ふるものは錫を塗れる紙錢にしてこの錢寶に非ずと（大五一・七九二）。

又特に銀錢を用ふるは、銀は息災の色にして白淨なるが故に、行者白淨の信心をさゝげて恭敬供養するとゝもに、星宿また白淨の大悲を垂れて加持護念するの表示である。

二、その製方

銀錢をつくるについて安流の口決に「一銀錢ハカタヲ二枚作テ其ニ紙ヲハサミテ可ㇾ作也」とあるが、これを詳言すれば樫の木の厚さ五分位なるにて錢形の十文つゞき又は十二文つゞきなるを二枚つくりおく、但し下になすべき分は圓形のみで中の方形を彫らない。銀紙を適當の大きさに切りたるを十枚ばかり上にのせ、これを方形づきの他の一枚にて挾み、豫じめ上下二枚の兩端をやゝ細長くなし、それに穴をつくりて丈夫な紐をとほしおき、小鑿をもつてこれを彫るに動かないやうにかの紐にてシッカリと縛りつける。一時に數十枚を重ねては中の方形を彫ること困難なれば、まづ十枚ばかりを適當とする、これを所要の數に達するまで幾度も反覆すべきである。製法はこのやうなるも、實際は幡幣を切るが如き容易さでないから、これのみはしかるべき職人に命じてつくらしむるを便法とする。

十文つゞき又は十二文つゞきといふについては、安流・中院等は前者であり、三寶院・西院等は後者である。故に安流口決に、

十丸ヲツヽケテ彫ル、或ハ十二丸、或ハ只一器ニ七ツヽ、七杯也、隨レ年數置レ之、或增レ一也（幡幣銀錢蠟燭等事）。

一銀錢十二丸ヲ一ツヽキニ切ルハ餘流ノ事也、當流ハ十丸ヲ一ツヽキニ切用也。施主ノ年ニ一貫增テ用也、委細ツヽミ紙ニ記セラルヽカ如シ、一貫ソユル事ハ何ノ月行フトモ可レ增也。本命供ニハ七貫ツヽ、三所ニ備也、施主ノ歳ニハ不レ依也、土器ニスヘ備也（星供快旻口）。

銀錢ハ十丸ツヽキタルヲ一貫ト云、一器ニ七貫ツヽ也（星供壇圖）

といひ、中院星供支度料法に、

口云、錢一連者十文也、一連配二一歳一、隨二施主之歳一其數不レ同相重供レ之、但增二一連一也、凡十歳之人料《ナラハ》三處各十一連故合三十三連也。或說十二爲二一連一表二十二月一、當流十文爲二一連一

といへるは十文つゞきの傳である。これに對して覺禪抄北斗法に、

師傳云、錢一貫數十二文、三具造レ之三辰料、或云三十二云云、又三十二貫云云、或一歳充二一貫一云云。錢形紙隨二施主年數一加二一枚一重也、年十歳人ノヨハ十一枚重也、一筋彫二十二文一也、十二文卽一年料也、三星一流一貫也。或云、十二文宛二十二月十二時一云云

といひ、祕鈔問答(一八)に、

銀錢三杯、以二十二刻《きざみ》一爲二一枚一施主ノ年ノ一年ニ配シ、施主ノ年ニ今一枚可レ增レ之。假令年十歳人十一枚可レ盛レ之、杯別此定也

といふが如きは三寶院の傳であり、又祕部北斗門に前と同様にいひ、澤見本命供に、

錢數說不レ同、先付二師說三杯以二十二貫一爲二一連一隨二人年一可レ用レ之

といふが如きは西院の傳である。凡そ十文つゞき十二文つゞきの意味は、宗意の北斗抄及び中院口決によらば、或ひは十は滿數なるによると、或ひは周書に人は十を感じて生る、天の五行・地の五行合して十となるなりといへるによると、或ひは人胎內にあり十月を滿ちて生るゝによると、或ひはこれ老陽々極の數であり、陽極まれば一陰を生ずるが故に一を加へし十の陰陽和合數なるによるとが十文つゞきの意味であり、一ケ年四季運行の十二月及び一日の十二時にかたどるが十二文つゞきの意

味である。

銀錢の量は本命星供と當年星供とによつて異なる。いはゆる前者の場合には、杯別七貫づゝなるを七杯要し、後者の場合には、杯別年に隨ふ數のうへさらに一貫増せるを三杯要する、このことは既に前項所引の口決に見えてゐる。又前者に杯別七貫づゝなるは過去現在七生の恩を報ぜむがためであり、後者に杯別年に隨ふ數なるは出胎より當年にいたる恩を報ぜむがためであり、さらに一貫を増すは兼ねて翌年の福壽をえむがためである。故に西院八結聞書にいはく、

一銀錢一枚增《スハ》事爲二未來一也、問、未來者如何。答、望《メテ》二當年星供一來年《ヲ》云也、假令《ヘハ》明年《ヲ》兼《テ》行《スル》義也。

三、その供式

この銀錢の供式いかんといふに、中院星供料法に「銀錢《ハ》辨供之時幡前立二幣串一懸レ之、又略時盛二土器一也、最略時一文擬二一連一」といつてゐる。このころ、幣串の前に折釘をうち、これに七貫錢又は隨年錢を竪に掛くるを本儀となし、土器に横に盛るを略儀となし、一文を卽一貫とするを最略儀となすといふのである。まさしく供ずるは、かの後供養閼伽後に供ずる幣の次にこれをなすべく、そしてもし承仕これなきときは供養法をはつてのち、自から幡（毎座新たなると否との異說あり）幣錢をとつて、豫じめ用意しおける打鳴邊の火鉢に投じ、緣生法身偈（のちにこれを示す）又は心經を讀みながら、燈

明の火を點じて燒きつくすべく、もしこれあるときは、散念誦の法施と同時にかれをしてこれをなさしむべきである。凡そこの燒くこともまた一種肝要の供養なるは、「深室供養燒錢禳之、卽變凶成吉」といへる都利聿斯經（演奧鈔所引）、及び「再拜燒錢合掌供養」といへる前引禮北斗法の文分明であり、その意味に至つては左記の口決その要をつくしてゐる。

星供等燒紙錢幣帛自古說爾也、謂己《ガ》本初之體想《ヲ》送彼（四十帖決）。

燒供物之烟上天至諸星宮故、令星宿納受給云云。燒供物有法卽空意也、此有空不二法門也。然則財施而法施故諸星納受也、如護摩供物也（安流北斗供宗意口）。

第五節　茶菓及び餘の供物

一、茶　菓

獻茶の本說は七曜星辰別行法に「當以紙錢四十九貫煎好茶祭《ス》之………當以佛香紙錢一百貫煎好茶祭《ス》之」といひ、又宗意の北斗抄に「七星如意輪極祕密般多羅道場儀軌經供養儀軌品云、初夜蠟燭・蘇燈・油餠、後夜乳粥・仙菓・蘇燈、日中煎茶・香飯・蘇燈、如此辨已云云」（私に云く、現流の經にこの文なし）といふが如きこれである。安流の快旻星供口決に「菓茶略儀也」といひ、祕鈔問答（一八）

に「茶三杯、茶葉煎ㇾ之可ㇾ用」といふが故に、よろしく常の好煎茶を用ふべきである。宿曜經には北斗七星を七仙神、七佛神咒經には金曜を太白仙人、火曜を熒惑仙人、孔雀經には木曜を歳星大仙、土曜を鎭星大仙、水曜を辰星大仙等と說き、無量歳を保つ諸星宿はすべて天仙なるべきが故に、古來仙藥と稱する茶を獻ずるゆゑんのものこゝにある。靈符緣起に「供物ノ次第ハ梔子《くちなし》、木犀《もくせい》、松、梅花花ナキ時、ハ干梅榧《かや》、上葉茶、右六種ハ四季共ニ究メテ供スルナリ」といへるが、このなか前の五種をば供花として用ふる、これを天仙所好の五木といふのである。ことに木犀は禪林風月集註によらば、秋に開花するや、その香氣高品にして遠く薫徹する、こはかつて天上桂花の一枝が支那靈隱寺の前山におちて茂生しけるに、李木・木犀の二化人このところに現じてその由來を語つたといふのであり、かゝる香木なるが故によし野澤諸流にこれを沙汰せずとも、よろしく採用すべきすじのものである。又覺禪抄北斗供に「供花用㆓時花㆒、或云、四葉蓮星供用ㇾ之」といつてゐるから、なるべくは時花を用ふべきである。

又菓子といふなかには田菓・木菓・仙菓の三つがあり、田菓とは餅のこと、木菓とは林檎・柿・栗・榧實・柑橘等のこと、仙菓とは棗のことである。葛仙公の禮北斗法に「謹奉㆓上銀錢仙菓㆒、供㆓養於北斗辰星幷本命神形㆒」といひ、前引七星如意輪經に「乳粥仙菓」といひ、星辰別行法に「屬㆓胃宿㆒者、粳米烏麻及野棗而以祭ㇾ之」といひ、又覺禪抄の妙見法に、

菓子用二干棗一、意延命物歟、天仙愛樂物也。昔劫初天人來二下人間一食二棗若干、棗無キ時ニハ前々人以二
柘榴一爲レ代

と干棗なければ柘榴を代用すべしといつてゐる。又祕鈔問答(一八)に「干棗三杯、多少可レ隨レ有」といふが故に量の增減は時に應じて可なりである。

二、名　香

星供の名香を八結聞書大北斗には沈、白檀、薫陸《くんろく》の三種となし、安流の三星供には麝香、牛黄、蘇合の三種となし、覺禪抄の北斗支度には單に沈の一種となし、靈符緣起には沈、眞盤《まなばん》の二種となし、禳災決には左の如く五曜の別香をあげてゐる。

金曜　龍腦、鬱金、蘇合、丁香。
木曜　沈。
水曜　甲香、龍腦、零陵。
火曜　丁香、紫檀香、蘇合。
土曜　安悉。

日・月・羅・計の別香をあげざるは遺憾なるも、當年星供においてもし右の五曜を本尊とする場合

にはまさにこれによつて用ふべきである。

三、二十八宿所好の食物

宿曜、摩登伽、舍頭諫、日藏星宿品等に二十八宿所好の食物を說くこと委曲なるが故に、もしも特に本命宿を供養し、もしくは發病の直宿に向つて平愈を祈らむには、よろしくこれに准じて奉獻すべきである。

昴　食二乳酪一（宿上）。祭則用レ酪……月在二昴宿一有レ得レ病者、酪飯祭レ火四日乃愈（伽上）。以レ酪爲レ食（諫）。屬二昴宿一者祭レ之用レ酪（星）。

畢　食二鹿肉一（宿）。麞肉以祭（伽）。牛肉爲レ食（諫）。屬二畢宿一者祭用二鹿肉一……其日病者以レ香祭レ火、五日後愈（星）。

觜　食二鹿肉一（宿）。月在二觜宿一有レ得レ病者豆麋祭レ月、八日方愈（伽下）。屬二觜宿一者祭二根及果一（星）。

參　食レ血（宿）。一日及月須レ蘇祭（伽上）。生酪爲レ食（諫）。屬二參宿一者祭用二醍醐一……其日病者以二生蘇糜一祭二於四道一、十日得レ愈（星）。

井　食二蘇餅一（宿）。祭必用レ蜜（伽）。屬二井宿一者以二粳米華一和レ蜜祭之……其日得レ病炒二粳穀華一祭二於日天一、八日得レ愈（星）。

鬼　食蜜麨稻穀花及乳(宿)。祭以桃花(伽)。屬鬼星者亦以粳米華和蜜祭之……其日得病以黄石蜜祭於歲星、五日除愈(星)。

柳　食蟒虵肉(宿)。祭之用乳(伽)。乾魚爲食(諫)。屬柳星者祭用乳糜(星)。

星　食六十日稻(宿)。月在七星病者至困、以胡麻糜祭其先人八日乃愈(伽下)。食油粳米(諫)。屬七星者宜用粳米烏麻作粥祭之……其日病者以胡麻油和粳米飯祭其先人、八日除愈(星)。

張　食乳粥(宿)。以果祭(伽上)。毘羅婆果以用祭之……其日病者以頻婆果生蘇祭神、七日得差(星)。

翼　食粟蘇(宿)。鮫魚祭之(伽)。以豆爲食(諫)。屬翼星者用青黑豆煮熟祭之……其日得病煮黑青豆以用祭神、十日除愈(星)。

軫　食乳粥(宿)。稗穀祭之(伽)。韮子爲食(諫)。屬軫星者作蕎稗飯而以祭之……其日得病以酪祭神、五日除愈(星)。

角　食蘇蜜香菜(宿)。以花祭(伽)。屬於角者以諸華飯而用祭之……其日病者去菉豆皮生擣祭神、六日除愈(星)。

亢　食大麥飯菉豆蘇(宿)。屬亢星者當取菉豆和蘇蜜煮以祭之……其日得病極惡難治、華蜜祭レ神（星）。

氐　食二烏麻雜花一（宿）。以レ花用祭（伽）。油花爲レ食（諫）。屬二氐宿一者取二種々華一作レ食祭レ之……其日得レ病以レ華祭レ神、滿二十五日一乃得二除愈一（星）。

房　食二酒肉一（宿）。酒肉爲レ祭（伽）。屬二房宿一者酒肉祭レ之……其日病者作二靑豆飯一以用祭レ神、十日除愈（星）。

心　食二粳米蘇乳一（宿）。一日及月粳米祭レ之（伽）。屬二心星一者以二粳米粥一而用祭レ之……其日得レ病以二粳米飯幷大麥飯、黃石蜜等一祭二帝釋天一、經二十三日一然後除愈（星）。

尾　食二乳果花草一（宿）。果以祭レ之（伽）。屬二尾星一者以二諸果根一作レ食祭レ之……其日得レ病取二諸果根、及果華氣一以用祭レ神、三十日愈（星）。

箕　食二翟陀甜苦一（宿）。尼俱陀果以用爲レ祭（伽）。尼拘類樹皮師爲レ食（諫）。屬二箕宿一者取二尼拘陀皮汁一祭レ之……其日得レ病應下以二麻麋尼俱陀子一祭中於水神上、八日乃愈（星）。

斗　食二蜜餅稻花一（宿）。桃花祭レ之（伽）。以二蜜餳一爲レ食（諫）。屬二斗宿一者末二粳米華一和レ蜜祭レ之……其日得レ病炒二粳穀華一以レ蜜和レ之用祭諸神一、七日除愈（星）。

牛　食二乳粥香花一（宿）。以レ風爲レ食（諫）。屬二牛宿一者以二醍醐飯一而用祭レ之（星）。

女　食新生蘇及鳥肉（宿）。鳥肉用祀（伽）。屬女宿者以鳥肉祭之……其日得病經十二日、石蜜及華祭於山神、乃得除愈（星）。

虛　食苽及大豆喩沙（譯云、和水煮乳爲喩沙）（宿）。豆糜爲祭（伽）。食早豆羹（諫）。屬虛宿者煮烏豆汁而用祭之……其日得病一年乃愈、應以菉豆・烏豆・小豆・江豆、作四種臛香華祭神（星）。

危　食羝羊肉（宿）。一日及月粳米爲祭（伽）。以粥爲食（諫）。屬危宿者以粳米粥而用祭之……其日得病蘇乳酪糜以祭水神、七日除愈（星）。

室　食一切肉（宿）。血肉祠祀（伽）。餅肉爲食（諫）。屬室星者肉血祭之……其日得病以種々華用祭於神、三十日愈（星）。

壁　食大麥飯蘇乳（宿）。以肉祭之（伽）。以牛肉爲食（諫）。屬辟宿者以肉祭之……其日得病華及鹿脯以祭火神、滿七日愈（星）。

奎　食肉飦（宿）。酪飯以祭（伽）。鹿糜爲食（諫）。屬奎宿者以酪祭之……其日得病宜以香華祭於神祇、經二十日乃得除愈（星）。

婁　食烏麻雜果（宿）。乳糜用祭（伽）。食魚麥飯（諫）。屬婁星者以大麥飯幷肉祭之……其日得病麥粥祭神、二十五日然後除愈（星）。

胃　食二烏麻米蜜一（宿）。胡麻爲レ祭（伽）。以レ糜爲レ食（諫）。屬二胃宿一者粳米烏麻、及野棗而以祭レ之（星）。

かくの如く畢宿・觜宿が鹿肉を、參宿が血を、柳宿が蟒蛇肉を、翼宿が鮫魚を、乃至壁宿が牛肉を好むなどいふことは、いかにしても推測の及ばざる神祕の說といふの外がない。もしそれ星辰別行法によらば「點二燈一盞一以二淸酒一盞白脯一疊一、祭二之於昴宿一」といへるが、この淸酒白脯は二十八宿の共通供具となつてゐる。淸酒は兎も角も白脯は乾肉のことであるから、疑問といはゞ疑問であり、林常快道かつてこれに著眼し、この書の作者について精到の議論を試みたりしゆゑんのものこゝに存する（第三章、星宿の根本經典下參照）が、但し右の經說より推さばむしろ當然のことゝ首肯さるゝであらう。

星供に酒を獻ずべきや否やといふに、諸流の星供壇圖を見るに概してこれを獻ぜざるものゝやうである。但し安流の當年星供勸請圖には、下より上に向つて明らかに淸酒・交飯・茶・棗・銀錢と次第する、況んや別行法分明なるが故にこれを獻ずることがむしろ本儀かと思はれる。

第六節　本命星供と當年星供

一、本命星供の供具

本命星供の護摩なくしてしかも三時に行ずる供物の樣を、安流の星供佛供等事に示していはく、

一佛供事

初夜

開白十六杯、如レ常歟十一杯用二五穀一、但可レ加二命穀一、但命穀五、穀外時除二五穀中一種一命可レ加レ之合二十七杯、後々初夜只十一杯。菓子十六杯餅八杯、木菓子八杯。汁八杯。茶三杯煎。茶菓子三杯棗。銀錢七杯或三。杯幣十四本。

後夜

粥八杯、幡幣錢等無レ之。

日中

佛供十六杯、菓子等如レ常、幡等無レ之。

これよりも聊か略なるは實運の諸尊要鈔（一〇）の北斗供師說である。

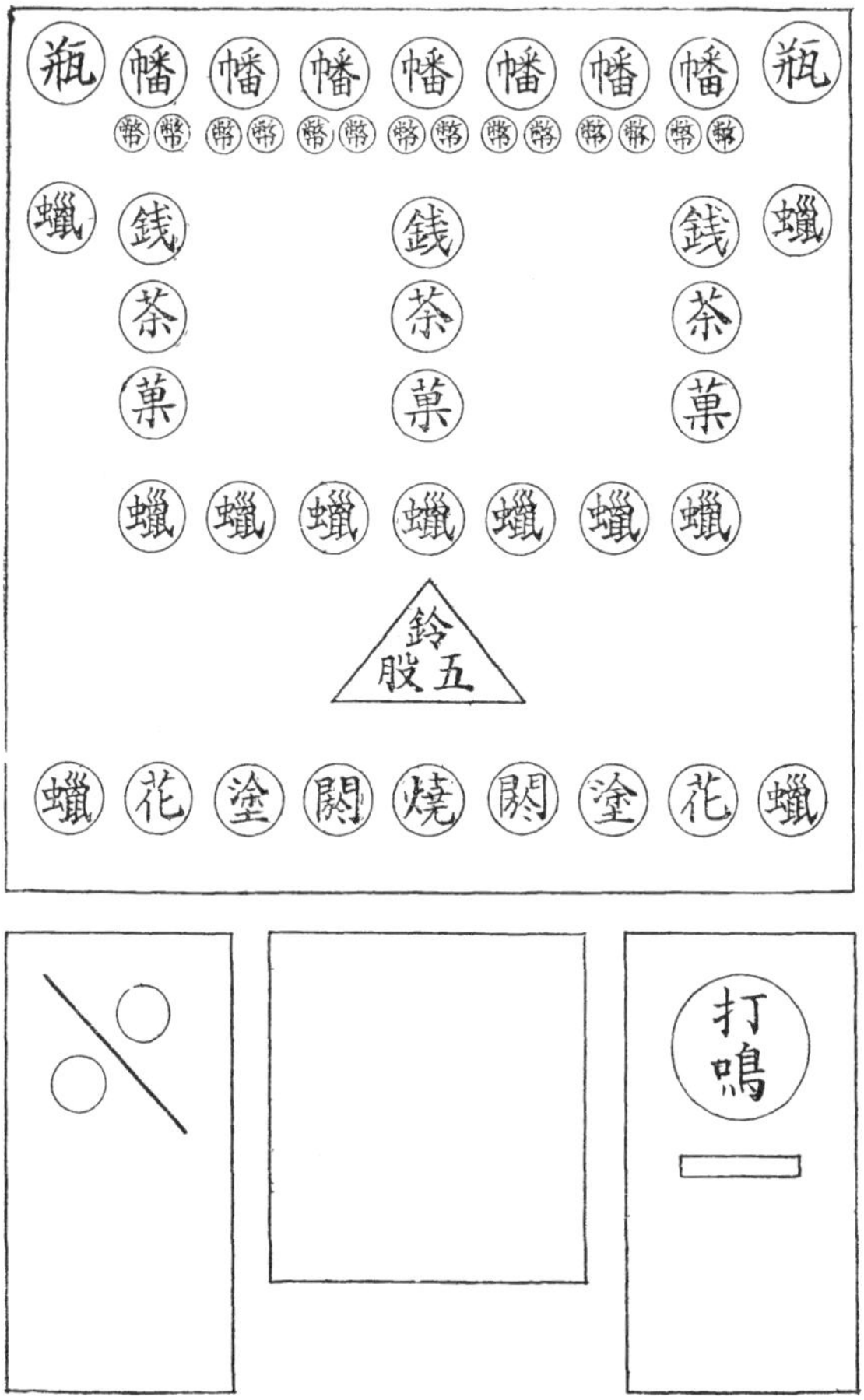

今此北斗供圖三時行レ之。

初　夜

佛供十一杯、上ニ蠟燭立レ之、波拏七本、錢・茶・菓各三杯、幣七重如レ圖備レ之。

後　夜

粥三杯。

日　中

佛供三杯、汁三杯也、菓子無レ之。

今圖樣、師主爲ニ顯長參河守一令レ行御處也。於ニ佛供一者令レ付ニ香隆寺次第一、法務說云、佛前四杯幷置レ之、次三杯並、今四杯ハ四角各一杯備レ之云云。

又初夜一時のみにして蠟燭五十七杯を用ふる樣がある。故に祕鈔問答（一八）にいはく、

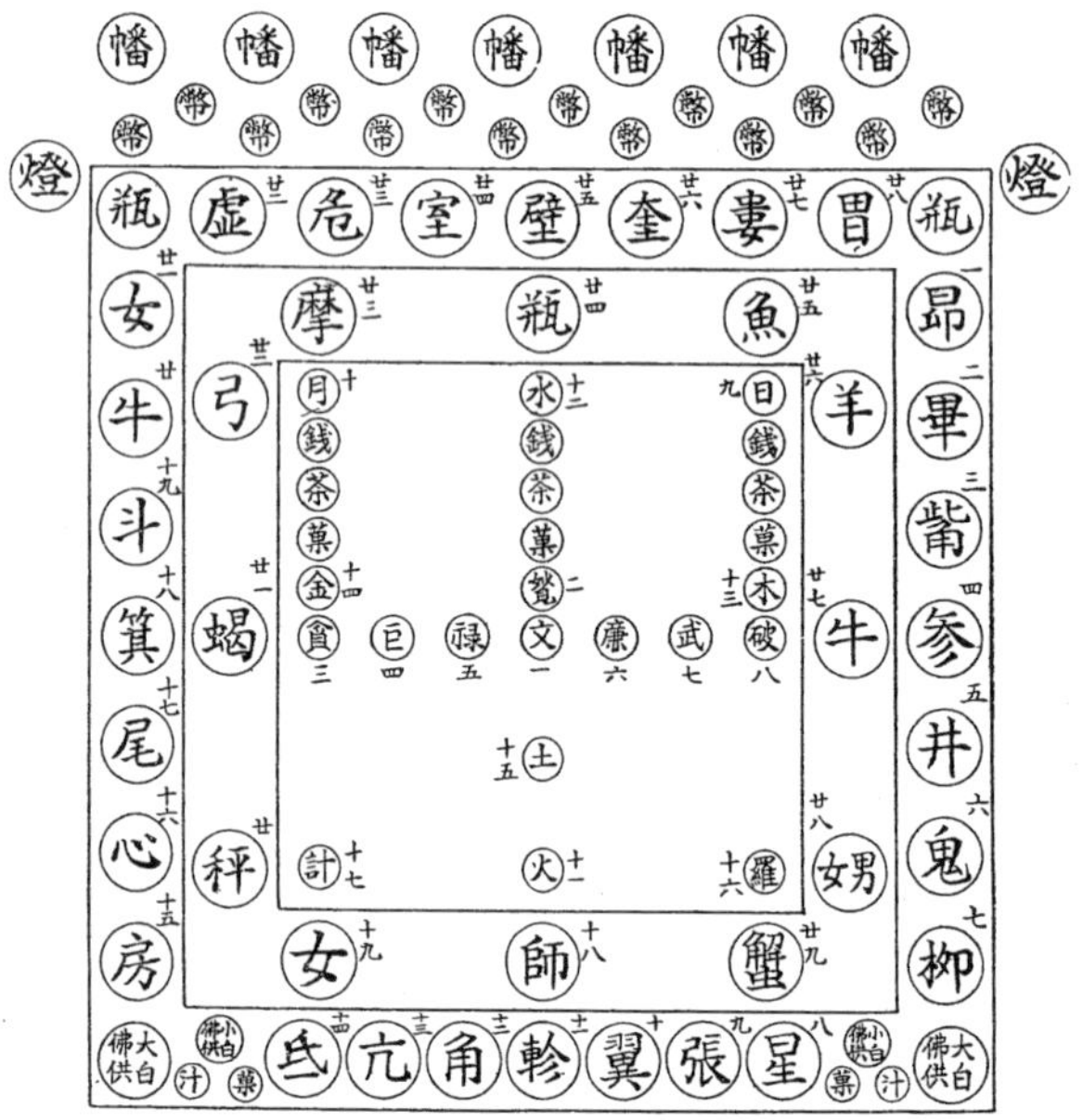

幡七流、幣十四本一具各、二交、銀錢三杯、茶三杯、干棗三杯、以上如常星供一。蠟燭五十七杯、白佛供四杯、汁菓子等如レ常。

本命星供の護摩あるときは、三寶院（祕鈔問答一八）及び西院（北斗冊）によらば左の如くである。

初　夜

蠟燭十二杯。幡七流。銀錢三杯（十二連）。茶三杯。干棗三杯。

後　夜

粥八杯。

日　中

佛供十六杯。汁菓各八杯。

而して三寶院には開白も常の初夜の如くになして、十六杯の佛供、各八杯の汁菓を用ひない。左に三寶院の壇場莊嚴圖をあぐるが、西院も殆んどこれと同じい、たゞ二本づゝの幣を向つて幡の右にならべ立つる（三寶院）と、中央幡及び向つて右の三幡にはその右にならべ立て、左の三幡にはその左にならべ立つる（西院）との相違あるのみである。

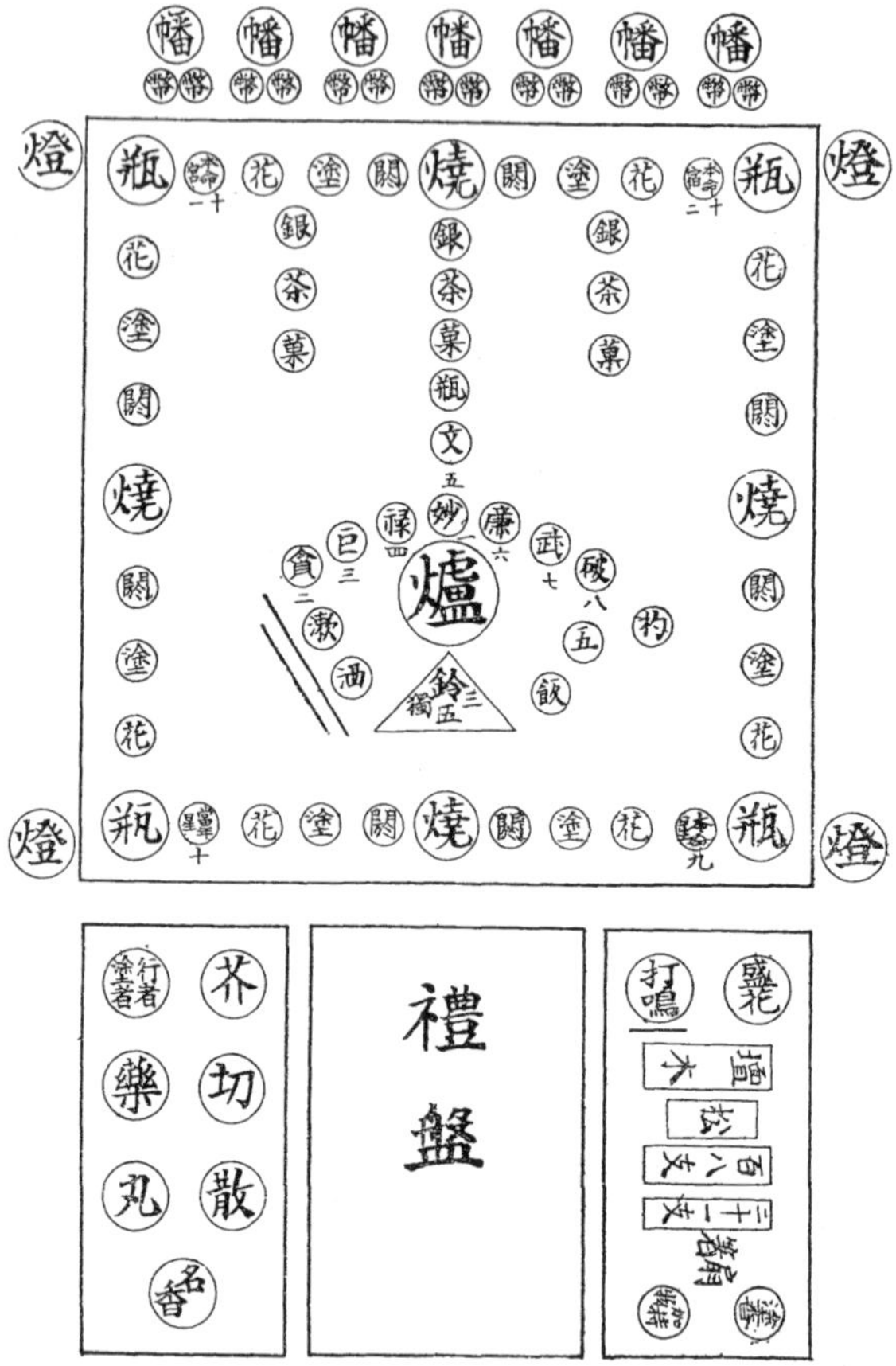

今圖に示さずと雖も、如法には十六杯の佛供などすべて前の單供の式に准じて供ずべきである。そして藥種には枸杞・白朮・人參・遠志・黄精根の五種和合せるを、加持物には胡麻を、塗香・散香・丸香には白檀・龍腦・白膠・薫陸・茅香の五種和合せるを用ふべく、房花には本尊段の妙見及び七星の勸請奉送料に、特に花八葉を重ねて一結びとせるを二つ用意しおくべきである。覺禪抄北斗法に久安五年における三河守顯長祈念時の注進をあぐる。

注進

北斗供一七日支度事

合

蘇　　蜜

名香　白檀　安息イ

壇　一面　三尺五寸　天台高三尺

脇机　一前

燈臺　二本

半疊　一枚

禮盤　一脚

壇敷布一段

蠟燭布二丈　或一段

紙　三　帖

壇供米三石五斗

御明三升五合

阿闍梨
駈使一人
承仕一人
淨衣白色
久安五年十月二十日
又同抄に天承元年近衛院御祈念時の北斗護摩注進をあぐる。
注進　北斗御修法一七箇日支度事
　　　合
蘇蜜
名香　沈
五寶　金　銀　瑠璃　眞珠　虎珀
五香　白檀　薰陸　龍腦　甘松　茅香
五藥　白朮　人參　黃精根　甘草　遠志
五穀　稻穀　大麥　小麥　大豆　胡麻

御命木
御命穀
壇一面 加爐桶
燈臺四本
脇机二前
禮盤一脚 在半疊
壇敷布一段
大幕一帖
蠟燭布二丈
同供二石三斗一升 毎夜十一杯
同油七合
紙三帖 錢幡幣等料
壇供米　御明油 已上二種如常
阿闍梨

伴　僧
承　仕
駈　仕
見　丁
淨　衣　白色

右注進如件
天承元年八月十八日行事從儀師法師信舜
阿闍梨權大僧都法眼和尚位寛信

同年五月二日、同師白河御所における鳥羽院御祈念時の注進によらば、壇供米は十石五斗、御明油は一斗二升六合、紙は七帖、伴僧は十二口、承仕は二人、駈使は四人、見丁は二人となつてゐる。但しこれは如法北斗(又は大北斗といふ、後節にこれを示す)の所用なれば、すべてが大規模である。

二、三時の當年星供

當年星供を三時に行ずるには、三寶院・中院等の所傳によるに、初夜に白佛供なく、後夜に粥一杯、日中に白佛供・汁・菓を各二杯用ふる。もしそれ公邊權貴の囑に應じて莊重にこれを修せむには、安流所傳の左記三星供支度注進に准ずべきである。

注進三星供支度事　依後三條院々宣被注進支度也

合

蘇蜜

名香　麝香　牛黄　蘇合

紙　五百六十張　日別八十枚

油　四升二合

米　七石六斗　火星土星供料各三斗計都星供料日別三斗

淨衣　白色

阿闍梨

承仕　二人

駈使　三人

右注進如件

年　月　日

凡そ見丁《げんちやう》といふは佛供等をつくるもの、駈使とはこれを運ぶもの﹅ことである。

三、本命・當年供の行樣

當年星供を又は屬星供とも屬曜供ともいふ、各自の遊年に屬當する九曜星隨一の供養行なるによつてゞある。又當年星に非ざるも別して羅・計・火・金の四惡星を供ずる場合もあるが、こは當年星供の行樣に准ずべくその行樣は三時に行ずることこれなきに非ざるも大抵は初夜一時である。故に安流星供用意にいはく、

此當年星供以二十八道一行レ之、但振鈴正念誦不レ用レ之、但正念誦用不レ隨レ時、初夜一時行レ之。

もしそれ屬星供の意義を廣意義に解すれば、當年星供は勿論のこと本命星供にも通ずる。何となれば、本命星はその生年に屬當し、本命曜・本命宮・本命宿はその生日に屬當するによるからである。但し多くの場合に用ひらる﹅屬星供の名稱は當年星供を意味する。この當年星供をもし臘月に行ずるときには翌年の當年星を本尊となし、臘月以外にはすべてその年の當年星を本尊となすべきも、當病平愈を祈るなどの場合にはすべてその年の當年星たるべきであり、こは安流快旻の星供口決に見えてゐる。但し當年星供といふもこは中央主尊につく別星爲本の名稱であり、これを供ずると﹅もに兼ねて餘の八曜を供じ、又向つて右方に本命星及び餘の六星をならべ請してこれを供じ、左方に本命宿を

主として餘の二十七宿、及び本命宮と自餘の十一宮をならべ請してこれを供ずべきである。從つて本命星供の三星立の場合には、又これに准じて右に本命曜と餘八曜を、左に本命宿と本命宮、ならびに十一宮二十七宿をならべ請して供ずべきであり、七星立の場合も運心に至つてはこれと同じい。

本命星供を又は北斗供といふ、卽ち本命星を供ずるとゝもに自餘の六星をならべ供ずるによつてゞある。故にもし本命星を主とせずに總じて七星を供ずるには、そは北斗供といふべくして本命星供とはいはれない。こは十八道又は別行次第によつてこれを行じ、振鈴・正念誦の存略は任意たるべきである。

四、一夜北斗と大《おほ》北斗

一夜北斗法とは北斗降臨日といはるゝ毎月七日・二十二日(宿曜經の說)兩日の初夜をトしての修法である。故に八結聞書にいはく、

一一夜北斗事、白月黑月七日ニ北斗地下ニクタルト云證アリ、仍テ點シ二其日一供スル也。

これらがいはゆる北斗供にして本命供に非ざる例證である。大北斗法とは又は如法北斗ともいひ、成就院大僧正寛助が白河法皇の院宣を奉じ、大壇・護摩壇ならびに六小壇を設け、二十口の伴僧を率ゐて毎日三時にこれを行じたるが初例であり、のち醍醐の定海又これを行じ、勸修寺の寛信もこれを

行じた。このなか寛助の壇場荘厳は左の如くである。

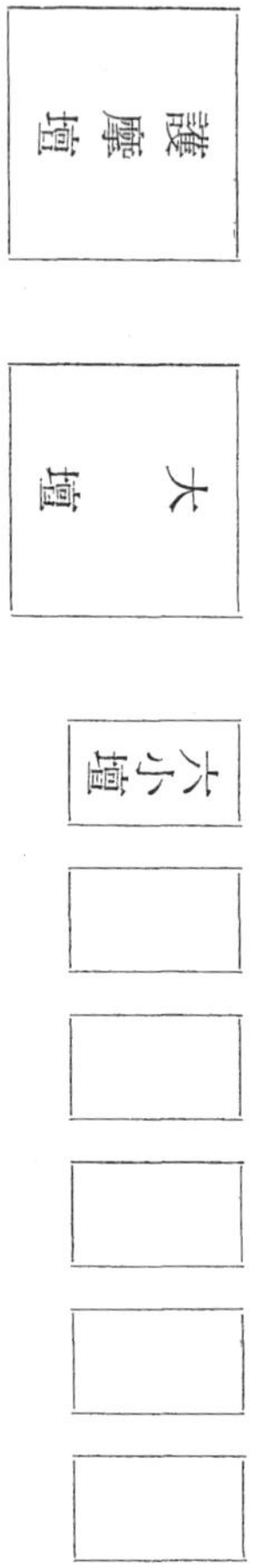

護摩壇の阿闍梨は伴僧中よりこれを選ぶ、大壇は日中は例の如く佛供十六杯、汁菓各八杯、初後夜は又例の如くである。六小壇はともに鈴杵なく、日中は大小佛供各二杯、汁菓各二杯。初夜は交飯十一杯、茶菓また各十一杯。承仕は大壇の振鈴を聞いて、まづ大壇、次に護摩壇、次に六小壇の蠟燭を點ずる。又大壇には三鋪の北斗曼荼羅を、小壇には各一鋪のそれをかけ、護摩師は大壇散念誦最初の佛眼呪の金を聞くや座についてこれを修し、六小壇の打鳴は便宜火舎の蓋を用ふる。詳細の儀は仁和寺大北斗について尋ぬべきである。

次に三寶院の様は、中央を護摩壇、左右におの〳〵三小壇を構へ、七壇ともに同一の北斗曼荼羅をかけ、七壇の振鈴同時であり、その詳細は醍醐大北斗の如くである。次に寛信の様は大壇、聖天壇、十二天壇の三壇構へにして、護摩壇及び六小壇を用ひない、これまたその詳細は勸流の如法北斗について尋ぬべきである。寛助の様に、六小壇師神分金のかはりに火舎の蓋を打つことは、大壇の方へ聞えしめない用心までにして、こは敢て深祕などゝいふべきすじのものではない。

第七節　星供の用心

上來星供の壇場について一通り概說しをはつたが、以下さらに數項の用心をのべて本章をゝはらむとする。

一、星供は息災を本となすが故に、著衣（衣、袈裟）は息災の色たる白色を用ふべきである。

二、修法は息災の方位たる北に向つて結跏趺坐し、一七日乃至三七日等修法の期間には、飮食も北に向つてなし、眠臥は頭を東に面を北になし、大小便は北に向ふことを嚴禁する。

三、如法の祈念を凝らすには一夜一人のためにこれを修し、二人のためにこれを修することを禁ずる。

四、幡幣以下種々の供具をつらぬるには、少くとも三尺平方の壇を要するが、もしこれなければ机二脚を合せて壇布を用ふべく、かつ燈明の二燈四燈はよろしきに隨ふべきである。

五、下供の處分は、幡幣銀錢はこれを燒き、自餘の供具は流水に投じて魚族に施こすべきである。餠菓の類は行者これを受用するも差支なしとする口決ないではないが、經軌によつてこれを考ふるに、その何ものをも受用しなきを正しいとしなければならぬ。以上は覺禪抄所引の護摩次第寛空、本命元神供次第不知作者、快全の八結聞書大北斗、安流快旻口の星供等によつてその要を摘んだのである。

第三章　星宿の讃式類

第一節　讃　詠

一、諸　天　讃

𑖡 𑖦𑖺 𑖭𑖿𑖝𑖲 𑖤𑖲 𑖟𑖿𑖠𑖯 𑖧。
曩謨率都沒駄野

𑖡 𑖦𑖺 𑖭𑖿𑖝𑖲 𑖤𑖲 𑖟𑖿𑖠𑖯 𑖧𑖸。
曩謨率都沒駄曳

𑖡 𑖦𑖺 𑖭𑖿𑖝𑖲 𑖦𑖲 𑖎𑖿𑖝𑖯 𑖧。
曩謨率都目訖多野

𑖡 𑖦𑖺 𑖭𑖿𑖝𑖲 𑖦𑖲 𑖎𑖿𑖝𑖯 𑖧𑖸。
曩謨率都目訖多曳

𑖡 𑖦𑖺 𑖭𑖿𑖝𑖲 𑖫𑖯 𑖡𑖿𑖝𑖯 𑖧。
曩謨率都扇多野

𑖡 𑖦𑖺 𑖭𑖿𑖝𑖲 𑖫𑖯 𑖡𑖿𑖝𑖯 𑖧𑖸。
曩謨率都扇多曳

𑖡 𑖦𑖺 𑖭𑖿𑖝𑖲 𑖪𑖰 𑖦𑖲 𑖎𑖿𑖝𑖯 𑖧。
曩謨率都尾目訖多野

𑖡 𑖦𑖺 𑖭𑖿𑖝𑖲 𑖪𑖰 𑖦𑖲 𑖎𑖿𑖝𑖯 𑖧𑖸。
曩謨率都尾目訖多曳

以上の對譯字は安流北斗供により、梵字は河州高井田長榮寺藏の星供による。この讃の本說は不空譯孔雀明王經の中卷（大一九・四三三）にある。

二、天龍八部讃

又は三寶讃ともいひ、又は香山偈ともいふ、本説は佛母孔雀經（中）に存する（大一九・四二三）。

天阿蘇羅藥《ヤキ》叉《シヤ》等《トウ》　來聽《テイ》法《ハツ》者應《イヨウ》至心
擁《イヨウ》護《コ》佛《フツ》法《パウ》使長《テイ》存《ソン》　各々勤《キン》行《コウ》世《セイ》尊教《コウ》
諸有《イウ》聽徒來至此　或《コク》在《サイ》地《チ》上《シヤウ》或居《キヨ》空《コウ》
常《シヤウ》於《ヨ》人《ジン》世《セイ》起慈《シ》心　晝夜自《シ》身依《イ》法《ハツ》住《チウ》
願《ゲン》諸世界常安隱《イン》　無《ブ》邊福智益《ヤキ》群《キン》生《セイ》
所《ソ》有《イウ》罪《サイ》障並《ヘイ》消除　遠《エン》離衆《シフ》苦《コ》歸圓寂《セキ》
恒《コウ》用《イヨウ》戒香《キヤウ》塗《ト》瑩《エイ》體《テイ》　常持《チ》定《テイ》服《フク》以資身
菩《ホ》提《テイ》妙《ビヤウ》花《クワ》遍莊《ソウ》嚴《ゲン》　隨《スイ》所《ソ》住《チウ》處《ソ》常安樂

三、諸天略讃

𑖌𑖼ビシ〳〵曩謨率都帝娑婆賀

（普門院藏當年星供押紙）

四、一字讃

麼禰《ディ》史膩薩縛惹詍一　地帶史膩拽捨枲縛頞尾步羅二合二　脕《ハイ》禰迦滿馱吠三　三麼娑多尾儞也地跛左四
訖羅二合麼里頞曩謨率都帝五　怛羅多里左訖羅縛底頞二合六
（台密の星供次第にありといふ、覺禪抄北斗法裏書）

五、漢語讃

北辰菩薩及北斗　日月五星與羅計　十二宮神四七宿　各々隨從諸曜等　人間有情降道場　次第就座受微供　常於人世起慈心　日夜自身依法住
（これまた台密の右次第にありといふ、同前所引）

六、天龍八部諸天讃

阿引演覩泥縛左詍素羅一　緊那羅那羅乞鑠迦羅二合那野二　鉢羅二合々々達磨蘗哩二合多地伽羅三　尼達磨尼鉢羅二合捨引磨操爾也二合四　儞銘二合多部多銘多鉢羅二合迦捨夜五　怛儞二合賀室羅磨拏也馱六　鉿引七
（白寶抄妙見雜集、大圖一〇・二五九）

七、日天讃

無垢清淨光　慧日破諸闇　能伏災風火　普明照世間

（阿娑縛抄一四三、大圖九・四五六）

八、四智讃

次當㆑誦㆓本尊一百八名讃㆒作㆓金剛合掌㆒當㆑心左低㆑身　是爲㆓敬禮儀㆒　應㆘以㆓美韻調㆒唱㆗此金剛歌㆖

次誦㆓嬉戲密　言㆒印用㆓前印㆒

𑖌𑖼 𑖪 𑖕𑖿𑖨 𑖭 𑖝𑖿𑖪 𑖭𑖽 𑖐𑖿𑖨 𑖮

唵　嚩　日羅二合諸同　薩　埵　僧上　蘗囉二合　賀

不㆑改㆓金剛掌㆒　合㆑臂舒安㆑額　卽是獻㆓花鬘㆒　淸雅調稱㆑此

𑖪 𑖕𑖿𑖨 𑖨 𑖝𑖿𑖡 𑖦 𑖡𑖲 𑖝𑖿𑖝 𑖨𑖽

嚩　日羅二合　囉　怛曩二合　麼　弩　跢上　覽

前印從㆓於臍㆒　漸上至㆑口寫　是奏歌卽誦

𑖪 𑖕𑖿𑖨 𑖠 𑖨𑖿𑖦 𑖐𑖯 𑖧 𑖡𑖹

嚩　日羅二合　達　磨　誐去　也　奈

當㆑心右旋轉　金剛合掌已　復安㆓於頂上㆒　名㆑進㆓金剛舞㆒　如㆑前誦復唱

𑖪 𑖕𑖿𑖨 𑖎 𑖨𑖿𑖦 𑖎 𑖨𑖺 𑖥 𑖪

嚩　日羅二合　羯　磨　迦　路　婆　嚩

（右略出經四、大一八・二四八。なほ三摩地軌、攝大軌一、敎王經三等にまたこの梵讃あり）

九、漢語四智讃

金剛薩埵攝受故　得爲無上金剛寶　金剛言詞歌詠故　願成金剛勝事業

（右略出經四に見ゆ。大日經持誦次第軌、大一八・一八五またこれと同じ）

この四智讃を金剛界大日の讃といひ、曼荼海會諸尊の内證四智を讃歎する通讃なれば、すべての行法みなまづこれを唱へ次に當尊の別讃を唱ふべきである。この通讃について淨嚴の別行祕記(五)にいはく、

六度供養既了、故次讃二歎本尊總別二德一也。先四智讃者、讃二轉識得智之總德一也。次本尊別讃者、讃二本尊悲願之別德一也。若以二實類天神等一爲二本尊一之時者、讃二理具四智一也。通二于諸尊一用二此讃一者、唯讃二内證總德一、則別德收二其中一故也。一百八名者、分二於四智一爲二十六尊一、分二十六尊一爲二三十二一、乃至離分成二百八尊一故也。然乃百八自二四智一而出故、根本立二支末稱一也、又別有二百八名讃一。

一〇、星宿和讃　釋圓濕撰

（圓濕の傳未詳、この一首釋室藏）

大聖文殊法王子
香山仙人に對してぞ
善悪業報標幟して
外道の邪見を摧きてぞ
師子雙女天秤《しやう》宮

末世の衆生を悲しみて
宿曜經を説き給ふ
三世因果を悟らしめ
出離菩提を勧めける
金蝎人馬磨羯宮

式の六宮は陽位にて
宝瓶雙魚白羊宮
此の六宮は陰位にて
昴畢觜参井鬼柳
房心尾箕斗女虚

六月以後と知りぬへし
金牛夫妻巨蟹宮
臘月以後と知りぬへし
星張翼軫角亢氐
危室壁奎婁胃なり

室奎胃畢参鬼張
これを毎月朔にあて
畢翼斗壁安重宿
参柳心尾悪害宿
星張箕室猛悪宿

角亢心斗虚をもて
かえへて其日の宿を知れ
觜角房奎和善宿
鬼軫胃婁急速宿
井亢女虚危軽躁

昴氏剛柔宿と知れ　これを七雄と名つくへし
命榮衰安危成壊　友親業栄衰安危
成壊友親胎栄衰　安危成壊友親なり
この二十七宿を　三九秘要と名けたり
命事意聚同克を　六害宿と名けたり

三九秘要も六害も
最初の命にあておきて
日月火水木金土
直日頒暦にしるしてえ
軫畢尾柳鬼房星

わか生れ日の宿をもて
次第にかぞへ知りぬへし
これを七曜とまふすなり
佛説つたへおかれたり
尾女壁昴井張亢

胃鬼翼参氏奎柳
太白所在をしることは
一の日東方に始まりて
上音
大菩提心うる人を
摂取光明の廣海には

甘露金剛峯羅刹日
八方めくりて中央天上
一月に三度めくるなり
諸天善神護るなり
衆禍の波こそ轉すなり

以上六十句あり、譜は涅槃講和讃によつて私に付せしが、もとより指南とするに足らず、ひとへに達士の是正を仰がんとす。

第二節　表白

一、星供表白

熾盛光佛頂軌（大一九・三四三）にいはく、

每二持誦時一應三發願啓二白衆聖一、手捧二香爐一至誠虔恭、長跪向レ佛作二如レ是言一此誓願文、須二道場主每日三時自入啓願一、念誦人亦須二自誦令一レ熟、常須レ發二此誓願一、弟子某甲俗人稱二姓名一、若僧云二比丘某甲一、若大臣官長云二某官姓名一、若國王云二某國號主姓名一、我今歸二命佛法僧寶海會聖衆一、仰啓二清淨法身遍照如來一、普告二十方三世一切諸佛大菩薩衆、一切賢聖聲聞緣覺、五通神仙九執大天、十二宮主二十八宿、衆聖靈祇四大明王、護世八天幷諸眷屬、土地山川護法善神、業道冥官本命星主一。我今遇二此災難變一所求之願一一具言レ之某事相陵、遊空大天、願順二佛敎勅一受二我迎請一、悉來赴レ會、饗二此單誠一發二歡喜心一、爲二我某甲一除二滅如レ是急厄災難一。我承二大聖攝護慈力一遇レ聞二此敎一、拔二濟我等及一切有情輪廻苦業一。唯願九執天神、依二佛敎輪一變レ災爲レ福、施二我無畏一令二安樂住一。當來共結二菩提眷屬一、永捨二愛憎一互相饒益、願施二無畏一令二我吉祥一已上願文每常須二懃誦一一日三時啓願勿レ絕也。每日三時或四時或長時、發願祈請除二不至心一、若也因巡怠慢卽所求無レ應。

二、葛仙公禮北斗法

鎮上玄元北極北斗、從二王公一及二於士庶一盡皆屬二北斗七星一、常須二敬重一、當レ不レ逢二橫禍凶惡之事一、遍救二世人之衰厄一、得二延年益算一無二諸災難一、幷本命元神志心供養、皆得レ稱二遂人之命祿一。災害殃咎迍塞竊識、皆由レ不レ敬二星像一。不レ知レ有レ犯二星辰一、黯々而行災難自然來至、禳レ之卽大吉也。祭二本命元神一日一年有二六日一、但志心本命日、用二好紙一剪二隨年錢一、用二茶菓三一疊淨床一鋪一、焚レ香虔心面視二北斗一、再拜啓告曰、隔居少人好レ道求レ靈常見二尊儀一、本命日謹奉二上銀錢仙菓一、供二養於北斗辰星幷本命神形一、願得二長生益壽一無二諸橫禍一、神魂爲安元神自在、衰年厄月駈二向遠方一。再拜燒レ錢合掌供二養之一。

(以上、梵天火羅九曜の後人雜記分に引けり)

三、本命星供表白

夫北斗七星者日月五星之精也、囊二括七曜一照二臨八方一、上耀二於天神一下直二于人間一、以司二善惡一而分二禍福一、群星所二朝宗一、萬靈所二俯仰一。是以若人禮供長壽福貴、不二爾爲一者運命不レ久。曾聞世有二司命神一、每至庚申日、上向于天帝說衆人罪惡。罪重《キハ》撤《ステ》算、罪輕《キハ》去紀。算盡紀失、即至命亡、是故如來爲說令薄福衆生修此燒供、其屬命星數削死籍還付生籍。非是但除不定天逝而已、又欲滅決定業得第一命之方便也。於是護持ム甲、謹修香花枝木之燒供、恭祈除災延壽之勅賜。仰願金輪北斗諸曜宿等、速還念本誓垂神祐加護、乃至法界平等利益。

四、本命當年通用表白

敬白眞言教主大日如來、兩部界會諸尊聖衆、殊金輪佛頂北斗七星、本命當年諸曜宿等、總佛眼所照恒沙塵數三寶護法天等而言。夫星辰者、遮那分身、金輪曼荼羅知識。垂跡萬邦、施化十方、悉掌善惡、能分禍福、具照信否、以示利罰。伏惟運否吉凶宿因所感、雖定業祈而無地《トコロ》、尙有亦能轉之金言、況不定業乎。所以護持ム甲、謹備香花銀錢之禮奠、恭請禳災於輪王諸星。仰願本命當年屬星、數削死籍還付生籍、金輪北斗聖衆、現除諸禍常得《シメ玉ヘ》大果、功德有鄰、餘慶普施回《セン》、敬白。

右本命當年星供通用之、但當年星供者、本命當年句應改爲《ラ》先當年、又屬辭雅趣任于能者之手耳。

（右三・四は中院流星供にあり）

五、北斗護摩表白　　續群書類從八二五

夫以璇璣廻レ空、仰レ之垂二感應一、玄戈存レ外、信レ之授二福祐一。是以北斗七星者囊二括七曜一、上耀二於天神一照二鑒八方一、下直二于人間一群星所二朝宗一、萬靈之所二俯仰一也。故禮拜供養之輩削二死籍於北宮一、誠心渇仰之類錄二生名於南簡一。寔拂二天孽一寶劍、保二壽算一妙藥也。加之說二決定業障悉得除滅一、況非時中夭之怖盡レ拂。演二五百由旬内一普皆圍繞、況供養恭敬之砌豈不レ來乎。何況大和尚言二熏修多年、圖繪供養之勤幾二乎思一、歸依日新持念眞言之功積、稍計二此勝業一可レ知二彼利益一。然者則本命元神者止二相剋一、垂二擁護於法體一、羅睺計都者住二慈心一、却二厄難於未兆一矣。

（元永三年〔西紀一一二〇〕二月二日成就院における鳥羽帝御祈の用）

六、北斗護摩表白　　同　前

夫以北斗七星者、垂二跡於北宮一、施二化於南洲一。是以信敬者垂二感應一改レ死付レ生、專念者施二効驗一轉レ禍授レ福。依レ之十ヶ日之熏修、偏祈二寶算於萬歲一、百萬遍之功力專任二玉體於七星一。然者則本命元神止二

相剋、而持念眞言之勝利爰顯。羅睺計都任慈心與、寶壽長遠之御願忽施。若爾者太上法皇德、是並北辰、椿葉之影再改尊、又備南面松花色十廻。乃至儀軌云、若諸國王猶自宮中作曼荼羅、如法護摩禮拜供養、北斗歡喜爲擁護故、久居勝位恒受安穩。

（保安四年（西紀一一二三）三月二十九日、北院における鳥羽帝御祈の用）

七、北斗護摩表白　寛信法務作

夫以轉禍爲福之計、專依祕密之威力、延齡益算之術、偏任星宿之護持。北斗大曼荼羅者、一字金輪之爲尊主、却厭魅於五百由旬、七曜星辰之起誓願、施利益於四天下界。上耀天神囊括群生之悉地、下直人間忽付百年之生籍。就中滿君王之御願、實効驗第一也。故儀軌說云、若諸國王於自宮中作曼荼羅如法護摩故、久居勝位恒受安樂、上下和穆人民熾盛。依之天竺者迦瀧大王、建壇場而轉定業、唐朝者中興皇帝、修行法而得感應。爰太上天皇更課毘首之工巧造立曼荼之諸尊、殊仰遮那之教法勤修護摩之行儀。如說如法深信深仰、擁護不起疑遙全萬歲之寶算、御願皆滿久四海之泰平矣。

（右は天承元年（西紀一一三一）八月十八日、鳥羽院御祈における寛信の作なるが、今覺禪抄北斗

法の所引を録す）

八、當年星供表白

敬白二祕密教主大日如來、一字金輪佛頂輪王、大聖文殊香山仙人、北斗七星七曜九執、二十八宿二三十六禽、殊護持施主、本命曜宿當年屬星等一言。夫當年屬星者、司二善惡一而分二禍福一、上曜二於天神一下直二于人間一。所以禮拜供養者長壽福貴、不二信敬一者運命不レ久。然則誠心信仰、病患速去福祐自來、至心供養、削二死籍一還付二生籍一。依レ之護持法主、爲レ祈二病速消除一、以二銀錢仙菓花水等之供一、敬奉レ獻二當年屬星北斗天神等一、仰願還二念本誓一成二就願念一、敬白。

（以上、三寶院流屬星供にあり）

第三節　祭　文

一、星供祭文　遍照金剛撰

維年支干月日、大日本國在所信心大施主官位姓名、沐浴潔齋奉レ設二禮奠一、

謹請二北辰妙見尊星王一　謹請二本命北斗七星一

謹請二當年九執曜星一　　謹請二生月宮十二宮神一

謹請二生日曜七曜神一　　謹請二七星四方二十八宿神一

謹請二九曜四方三十六禽神一　　謹請二九宮九々八十一神一

謹請二八卦八九七十二神一　　謹請二天地兩盤神祇冥衆一

伏願衆神降臨就レ座、哀愍護念所レ獻尙饗再拜。上レ酒

謹啓二衆星曜宿等一、夫以南北父母下二種於元辰一、寅申陰陽萠二根於行年一。自レ爾以降受二生於七星一、忝長二天地之中一、運二年於九曜一、幸遊二乾坤之間一。就レ中年月吉凶依二戒品之輕重一、日時善惡酬二業因之淺深一。所護衆生依レ有二好惡一、能護星宿所レ司二禍福一也。爰吉星必非レ吉、入二惡宮一者成レ災、凶曜必非レ凶、入二吉宿一者成レ慶。但貧福雖レ酬二宿報之力一、榮衰定依二星宿之計一。依レ之景公謝レ咎七星授二三舍之悅一、一行遭レ難九曜照二火羅之闇一。抑南斗《デユ》北斗某品似レ異、本命當年其精是同者歟。所以何者、陰陽者天地之法體、五星者五方之本也。日月者陰陽之總主、羅計者日月之交蝕。本命七星者五星加二日月一、當年九曜者七星副二羅計一。二六一十二宮者諸曜輪轉之棲《スミカ》、四七二十八宿者衆星順逆之泊《トマリ》也。八卦者九方除二中方一、九宮者八方加二中央一。只是陰陽順逆相生相剋之名、五行開合輪轉配當之異也。謹撿《ヘ》二儀軌一敬尋二本誓一、君臣歸レ之者寶祚無レ彊《キハマリ》、庶人敬レ之災殃無レ臻。依レ之北天萬乘之聖主愈《イヤシ》二御惱於三夜之祭勤一、南海五百

之商客免二鬼難於一時之稱念一。漢土中宗皇帝致二祭祀一而增二寶算一、扶桑吉備大臣凝二祈請一而昇二高位一。仍今捧二幣帛銀錢一刷《カイツクロヒ》二再拜之儀一、調二清酒美菓一致二三獻之禮一、々奠雖レ微精誠至大也。羨《クハ》削二死籍於北宮一永拂二三災七難之不祥一、錄《シルシテ》二生銘於南簡一久保二千秋萬歲之壽福一焉。謹啓再拜上レ酒供也。

謹重啓二尊神衆仙等一、夫以瑠璃地上金剛墻中、山復山峨々七金峰挾レ雲、海復海漫々八德波沈レ日。加之、鹹水帶二第七之山一、鐵山圍二第八之海一。點二中央一有二大山一、以二四寶一爲レ體以二八角一爲レ形、八卦靈龜以レ背負レ之、九頭神龍以レ腹卷レ之。山頂有二蓮臺一、々上有二[梵字]字一、々變成二八輻輪形一、輪變成二一字金輪一、佛眼佛母・八字文殊・白衣觀音・妙見菩薩、前後左右恭敬羅列。又[梵字]字所變七星常周二匝紫微宮一、[梵字]字轉成二九曜一鎭圍二遶妙高山一、一十二宮二十八宿、皆受二敎勅一而卜二方角一、悉隨二勅命一而主二日時一。竊以日輪者胎藏之樓閣、月輪者金界之宮殿也。蓮華部之覺王入二月輪一號二佛眼一、金剛部之遮那入二日輪一稱二金輪一。又示二四智於邊輪一、表二四行之隅葉一。又胎金不二之身、定慧一如之體、此名二普賢延命一、又曰二金剛薩埵一。倩案二祕決一粗思二口傳一、日曜者胎藏大日、月曜者金界覺王、羅睺者佛母、計都者一字、五星者五佛等流之粧、九執者九尊隨類之容、或醫王脇士二尊顯《レテ》二日月一而東西、或彌陀羽翼兩聖照二晝夜一而出入。又七星者七佛藥師之應迹、七母女天之別體也。或梵釋大辨四天王或大虛空藏六觀音、異說是多相傳區分。乃至二一六四七之宮宿、八卦九宮之龜龍、皆是普門示現之尊形、應化隨緣之妙體也。然則内證至貴恩德高如山、外用殊妙弘誓深如海。是故一字金輪勅下、北辰北斗讓不老之齡、佛眼佛母眼前、七曜九執授不死之藥。依之迎降臨緣日備事理之妙供、點相應良時讃本迹之功德。香華非淺略供有中道實相之句、茶藥具深祕用兼醍醐甘露之味。然則一時恭敬遍亘三世常恒之行、一座祭勤廣及十方法界之供。羨《クハ》早破宿曜障難災而滿眞俗之悉地、速施金剛吉祥喜而成壽福之永願矣。謹啓（再拜上酒。次散米）

謹追啓諸天衆星等、夫以佛天非遙心中則近、星宿無外棄身何求。依之明己身之腑藏顯本尊之身土。所謂心上八分肉團者、果中萬德星宿也。八瓣淸淨之邊名蓮華臺、九重團圓之分號滿月輪。只是於一心中而分胎藏金剛之品、於一體上而立素白丹赤之名。然則中宮邊輪是心王心數之妙閣、中臺隅葉亦自性眷屬之道場也。當知五藏六腑體相專輪圓五智之佛體、天圓地方身骨併理智二界之曼茶。内證五智號東西南北中和光、外示五行號仁義禮智信利物。天顯五星東歲星南熒惑西大伯、北辰星中鎭星是也。地現五神、左靑龍、右白虎、前朱雀、後玄武、中勾陳是也。然則五體行不調者五行官神成祟、五常守軌則者天地神靈垂惠。是則天地無昇降圓通人倫、人物不上下潛亘陰陽之故也。誠三才各住自位、五行同令互融者乎。抑彼餘尊濟度者本體未必顯示、此本尊利益者本身常不祕藏。凡衆星輝天眞容顯頂上、諸曜照地靈應遮眼前。凡身親觸生身之眞光、肉眼直拜眞身之正體一。就レ中依報之土正報之身、何非二星宿之體用一。口中之食身上之衣、皆是曜宮之利益也。伏見二經書一歸敬染二心腑一、仰臨二虛空一信力銘二肝膽一。依レ之歸二身中一而敬二本尊一、對二天地一而仰二化用一。仍今獻二財施法施一跪二降臨之廣前一、明二本地垂迹一畏《マル》二影向之神座一。羨《クハ》天地兩盤神君成二就一切悉地一、北斗之星前開二松華之榮一、南樓之月下保二椿葉之色一。厄難遠拂兮命業胎無レ危、壽福永保兮身命祿有レ慶。於《コヽニ》獻二一心誠至三二酌禮一、早歸二本府一久施二新德一焉。謹啓再拜次禮。（全集一四・二六六）

この祭文は大師全集編者長谷寶秀師の說の如く、文辭語法大師の文體に似ざるが故にけだし眞作に非ざるべきも、內容形式ともに深遠雄渾にして、星宿學造詣の深度人を威壓するの概がある。こはおそらくば台密先德の力作ならむ、星宿法樂のためにこれを讀誦するにおいては洵に意義深きものこれあるであらう。

二、安流星供祭文　宥快法印記

佛說北斗七星延命經　付本地幷緣木

南無貪狼星是東方最勝世界運意通證如來佛　千手觀音　子年　桐

南無巨門星是東方妙寶世界光音自在如來佛　馬頭觀音　丑亥　槐

南無祿存星是東方圓滿世界金色成就如來佛	不空羂索	寅戌	楡
南無文曲星是東方無憂世界最勝吉祥如來佛	十一面觀音	卯酉	桑
南無廉貞星是東方淨住世界廣達智辯如來佛	水月觀音	辰申	棗
南無武曲星是東方法意世界法海遊戲如來佛	正觀音	巳未	李
南無破軍星是東方瑠璃世界藥師瑠璃光如來佛	虛空藏	午年	杏

若復有人當惡星愼《ヲン》年、此經每日讀七遍、定其年平安。此經大威力坐《イマス》、能滅一切衆生一切重罪業障。比丘々々尼善男子善女人若貴賤、奉仕此北斗七星必福得《ヲ》無《ンヿ》疑。讀此經幷奉聞必得福智無疑、何況若人父母墮地獄受大苦惱、此經《ヲ》供養恭敬讀誦《セハ》、必離苦生極樂。若人爲鬼魅惱、見惡夢魂怖畏、讀此經無怖畏。若人仕公持此經增位。若人有病持此經病悉除愈。若人求財物商直持此經如意得。若蠶養、若作田畠、若願馬牛、受持此經皆得隨意。若女人難生產、持此經平安其子誕生、美妙長壽。若仕北斗七星人、一生間所有夭厄皆除滅、害事口舌一切惡事皆亡。此經大聖文殊師利菩薩所說經也、人於此經不可生疑。世間有人、此七星當守護給《シフ》、不知其由人一切不吉也。知此經意奉憑仰人、現世無苦後生定生極樂世界。依之世間有人、每晨朝洗手漱口先此經七遍、可奉讀誦信受奉行。

この一首安流の相傳なるが、たゞし七星延命經を讃歎するにとゞまり、祭文の體をなさないやうに思はるゝが如何。

三、祭　文　屬星招魂究二五禮一事

維大唐開元二年（第六世玄宗の年號）甲寅春三月七日、祇武皇帝、稽二首梵王帝釋一、和二南四王七星等一、修二屬星祕法一□招二魂靈一助二皇帝陛下一、于レ今三歳寢膳不預五體如レ剪。伏聞大菩薩靈驗弘誓、掲レ光感二祈願人一、本願獨挺救二三有一者也。佛曰吾四部弟子被レ犯二呪詛一、或爲二五毒一所レ殺鬼、或爲二疾病一所レ殺鬼、受二長病苦一未レ說二脫方一。國主某三魂七魄、或在二太陽之中一、或在二太陰之中一、或在二大將軍中一、在二□南斗中一。汝等四天王・閻羅王・地獄王・土神王・海神王・河伯王・雨師風伯王・水官君・二十八宿・日月太白二千石等所屬之者、開二通道理一典獄使者、急解二吾弟子國王某甲三魂七魄一、各還二其身一。不レ隨二佛語一者以破作二七分一如二阿梨樹枝一、亦如二犯油殃一已上。仍設二備香花一、贖二燈閼伽蘇蜜一、供二雜菓幣帛種々供具一、奉レ獻二梵王帝釋四大王衆二十八宿屬星寶宮一、大願力故必當二攝受一禮。滅二除呪詛一增二長寶壽一、屬星靈護忽慰二長病一、寢膳如レ例增二奉氣力一禮。十二月建前後八部神、東王父西王母、東井西井、大時少時、四時五帝一切神王等、合弟子某甲並后妃男女王等三魂七魄各還二其身一、解二脫短命夭死厭魅呪詛、宮中有司男女長幼、各保安樂無病長壽禮。或出獦蓑沙鬼四面熒惑鬼、夢悟顚倒鬼、捕人鬼、魂魄鬼、如此等鬼王衆、急去萬里外令不得留住、所願成辨急々如律令再拜。

（以上、類祕鈔別卷所引、眞言宗全書同鈔八六）

この一篇の原文何れにありや檢尋すべきである。文中にある阿梨樹枝とは、鵝珠鈔（下之二）にいはく「孔雀經上云、頭破作七分猶如蘭香。梵云遏爾迦曼折哩、是蘭香蕱頭也。舊云阿梨樹枝者訛也、西方元無阿梨樹」と。

四、祭　文

維大唐國永徽（第三世高宗の年號）二年辛亥、六月二十八日吉日良辰、高宗皇帝千廻恐懼、歸命梵釋四王衆、萬度恐惶頓首上星大菩薩衆曰、朕薄福辱登帝位、春遭霖雨災苗稼消失、時祭破軍星願得遍生、夏三月則旱魃來合五穀將焚、因令祀貪狼星等云云（同前所引）。

五、尊星王供告文　　式部大輔正家作

維康和二年（七三代堀河上皇の聽政時、西紀一一〇〇）歳次庚辰、十月朔甲午十一日甲辰、南贍部洲

大日本國皇帝諱　謹敬白二擁護衆生慈悲奇特尊星王大士一、繼二黄軒一以君臨、撫二蒼生一以子育、萬機惟繁一日匪レ懈。抑除レ厄消レ災偏仰二玄應一、延レ年益レ算在二丹祈一。尊星王大士者、衆星中王諸仙中主、住二閻浮提一領二四天下一、拔二濟衆生一如二船橋一、苞二萬物一如二父母一。是以擇二良辰一定二吉日一、專凝二精進之誠一令レ修二深密之法一。空谷無レ心待レ聲以相應、圓鏡有レ明瀉レ影以照、況如來實語尤可二歸依一者乎。仰請尊星王大士、還二念本誓一成二就所一レ祈、早答二一心之懇祈一永保二萬歳之寶祚一、敬祇至深必以尙饗。

六、同　前　　作者同前

維康和五年歳次二癸未一、五月朔己卯四日壬午、南贍部洲大日本國皇帝諱　敬白二擁護衆生慈悲奇特尊星大士一、握乾之後年過二十年一、撫民之間日愼二一日一。引頃者天變頻示二年厄可一レ愼、就レ中去月雷降、今月地動、司天之奏恐畏無レ極。夫轉レ禍爲レ福偏在二於佛法一、消レ妖得レ祥永任二於星宿一。是以擇二吉日一占二良辰一、專凝二精進之誠一今修二深密之法一。抑尊星王者、衆星中王、諸仙中主、住二閻浮提一領二四天下一、救二濟衆生一既如二船橋一、苞二倉萬物一又如二父母一。然則早消二變異一永除二災厄一、延年益算宜レ在二眇身一、丹祈至深玄應盍レ答。圓鏡者瀉レ影空谷者傳レ響、如來實語同二於影響一也。仰請尊星王大士、還二念本誓一成二就所一レ祈、必除二今年之重厄一、久保二萬歳之寶祚一、兼又消二天地之變異一拂二内外之不祥一、祇敬尤深早以尙饗。

（以上の二首朝夜群載第三にありと、今靈符縁起所引のまゝを錄す）

七、本命星供祭文

謹請北斗貪狼星ム星《ソレカシノホシ》、謹請生日直本命ム宿、謹請當年所屬ム曜。維謹以二仙菓香茶燈燭銀錢庶羞之奠一、敬祭二本命元神北斗某星、本命某宿及以當年所屬某神星一拜恭敬供《シ上ル》。伏惟人之本命主《ルニ》以二元神一、命之窮通屬以二星宿一、天道福レ善神靈誠應、故盡二潔齋一以致二薄奠一。仰願垂二護念一而禳二除災妖一、仰願垂二護念一而增二長福壽一、肅《ツヽシミ》敬白、尚饗。

（以上、中院本命星供）

第四節　講式伽陀

妙見菩薩講式

先　總　禮

頂戴香華雲　遍滿十方界

供養一切佛　經法并菩薩

南無一體三宝妙見菩薩北斗七星　三遍

導師以用塗香灑水

次導師着座　唄　散華　梵音　錫杖

取香呂

敬白周遍法界摩訶毘盧舎那界

会一代教主釈迦牟尼善逝十二

上願薬師医王大集宝星等諸

部経王本尊界会一字金輪妙見

菩薩北斗七星《シツシヤウ》日月星諸宿曜等一切權現天等寮前驚而言今弟子等受生於六《リク》合之間象形於五行之盛衰属命於七星之

中係運於二十八宿所以如來方
便遍國土菩薩利生滿虛空
故也所謂觀音成日輪大勢至
變月輪藥師現七星虛空藏

顕五星爰倩思現報之賤既知宿因之拙雖然懺悔即滅其罪新盡其福哉依之今為毎日不闕之勤方展稱揚之講演

讃本跡之功德行親當之利益
信心是深廻向亦廣願照丹誠
納香華燈明之供具早垂奈
鑒涼納銀錢茶菓之禮奠然則

佛子一期之間《アイタ》保《チ》松子梅生《セイノ》之算
誇銅陵金谷之富《トミヲ》萬歳之後翫
九禾蓮臺之蕚《ハナフサヲ》伴《トモナハン》一家菩提
之月《ツキニ》焉今《イマ》將《マサニ》奉《ント》讃妙見尊

本跡利益歎内外之功能一者奉
讃《ホメ》妙見菩薩二者讃《ホメ》北斗七星本跡
之功徳三世祈自他之悉地矣
置香呂
第一奉讃《ホメ》妙見菩薩者此菩薩

依深秘者大日如來全體一字金輪

異名也所謂妙若不可思議之詞

則胎藏界之意見者圓明照見

之謂則金剛界之義是兩部不二

理智一體之身也北辰菩薩別行
法記云北辰菩薩曰妙見擁護諸
國土所作甚奇特故名曰妙見文
若依淺畧者北方微妙淨土之能

化定光如來之補處之弟子也焉

敬化天衆利益人類以弘擭東歟

現尊星王四天下中一切國皆

悉頭知是衆星中最尊最

勝之神仙嘆薩之大將也文故毎

至庚申須轉於閻浮提書記衆生

善惡所作事是以爲貧窮援

福德爲榮官與官位爲病者成

醫王爲短命授長壽儀軌云
結妙心印誦滿妙心呪百萬遍削
死籍記生籍紀算令視百二十
年之春秋
文
然則云本云迹功德

中音

無窮利益無量界以講行之甚業消除過現之悪業令成就現當之愚地仍以伽陀奉讃歎矣

頌曰

皆

擁護諸群生　禳災消除悪
所求皆成辨　当知如意珠
南無皈命頂礼妙見菩薩北斗七星利益衆生　三遍
第二《ニ》明《アカラスト》北斗七星本迹之《ノ》功徳《ヲ》者《イハ》先《マツ》

本地之功德者北斗七星皆是往古
諸佛法身大士也所以或大日如来之
等流変化身七佛薬師之一體分身
也或観世音菩薩垂跡虚空蔵

菩薩權化也夫本有圓滿之月《ツキハ》
離居寂光之空和光利物之影《カゲハ》
普《アマネク》浮閻浮之水《ミツニ》藥師醫王者內
治百八煩惱之病《ヤマヒヲ》外療四百四病

之悲《ウレヒヲ》観音者《ハ》安養為《ナリ》補處弥陀
之行化《トシテ》助《タスケ》九品娑婆施無畏衆生
願求顕《ハス》一念虚空藏者《ハ》本誓悲願
妙用顕《アラハシ》智徳不思議之用求聞持

者授《サヅケ》智慧辯才之德願富貴者

與虚空寶藏之財然《シカラバ》則求地是

高成居尊覚應用亦廣成益

現世後世　次讃權化利生者北斗

七星即《スナハチ》日月五星之精也所以《ユヘナリ》貪狼星日天子精巨門星月天子精也

智度論《ニ》云《イハク》如日月照《テラスカ》四天下若《モシ》無《クンハ》日月百穀菓草及《オヨヒ》衆生以何《テカ》生長

月《ツキ》是陰氣日是陽氣二儀和合故

萬物生長於四天下有太利益云云

禄存星火《ヒ》精文曲星水《ミツ》精廉貞《デフ》

星土《ツチ》精武曲星木《キ》精破軍星金《カネ》

精是在天五星熒《ケイ》惑《コク》鎮星太白

辰星歳星是也七佛所説経云

我《ワレ》太白仙人内秘菩薩之行外現

神仙等繞鎮四天下及人天之事

中音

我悉知國土災害壽命延縮禳災

消惡之方法取意又在地五行在人

初重

五常也或五色五方亦五味五蘊也

是七星遍萬物散善惡攝五行

示吉凶歟是故拘依北斗君即拘依
諸天善神也天地悉動并靈併
通故也抑倩思諸神本跡不妥三
光利益彼冥雖靈德顯未見色像
二重

此肉眼見遊行之體凡身觸照臨

之光効驗顯《アラハル》頂上利生現前者乎

仰願一字金輪妙見菩薩北斗

七星炎魔法王泰山府君五道

太神羅睺計都日月五星十二宮神
二十八宿権実護法天等各《オノオノ》顕《アラハシ》威霊
於本跡還念本誓忽《タチマチニ》施壇場成就
祈願以伽陀奉讃歎矣

頌曰

處於閻浮提　擁護諸己土
衆星中最勝　廣濟於群生
南無歸命頂禮妙見菩薩北斗
七星利益衆生　三遍

第三祈自他悉地者属星妙文云
能知七星所属名字者男不兵死
女不横死若有横死者名呼属星
之名則轉禍為福衆邪不害萬神

救護厭《エン》魅《ミ》呪詛水火風賊殺止
不然起云云　儀軌云譬字變成北斗
七星謂譬字者鎮護國家之
義也佛云為末世薄福之衆生說式

二重

北斗七星供養法。若有人禮拜
修養福貴長壽又旧記云北斗七星
告若事吾者北斗出後令常礼拜
一生中無災横之事大小便及穢悪

事不得向北世人犯者則令貧賤夥多病

云、然則我等辱屬七星之管轄

心於三業須祈一期之運也是以

北印一天聖主致三夜之恭敬除

病痛南海五百商客依一時之

称念免鬼難漢土中宗白王帝禮

之延壽算本朝吉備大臣祭之昇

高貴夫古今時變天地未改三朝

風別一心是《コレ》同《オナシ》誓繫不空《ムナシカラ》感應豈《アニ》

隔哉《ヘダテンヤ》仰《アフキ》賴妙見菩薩北斗七星諸宿

二重

曜等官位福祿壽命愛敬之望隨

令成就病事夭命衰弱失賊之

厄亦能令消除上蒙一人之恩寵下
得萬民之仰崇乃至自他法界
貴賤親同満悉地無成二求仍
以伽陀奉讃歎頌曰

願以此功徳　普及於一切
我等與衆生　皆共成佛道
南無帰命頂礼妙見菩薩北斗
七星自他法界平等利益　三遍

この講式の作者は未詳なるも、譜は釋迦文院眞海の囑に應じて明和元年（西紀一七六四）臘月に、普門院理峯の資廉峯が付せられしもので、原本は日光院に現藏する。奥書にいはく、

此妙見菩薩式也元無ニ之墨譜一、一日釋迦文院眞海碩徳謂ニ先師理峯一曰、師吾山韻統也、願點ニ之韻譜一。師雖ニ許諾一嬰レ疾未レ果逝去矣。海碩徳慕ニ余繼ニ其燈一、復頻需レ點ニ之韻譜一、余雖ニ固辭一不レ許。卒操ニ兎毫一點ニ檢之四聲一、以充ニ齋莚之所須一云。昔

時明和元年甲申閏臘月吉辰

南山普門院廉峯謹誌

妙見菩薩伽陀

踊跳シテ可唱

能以香華雲

遍滴十方界

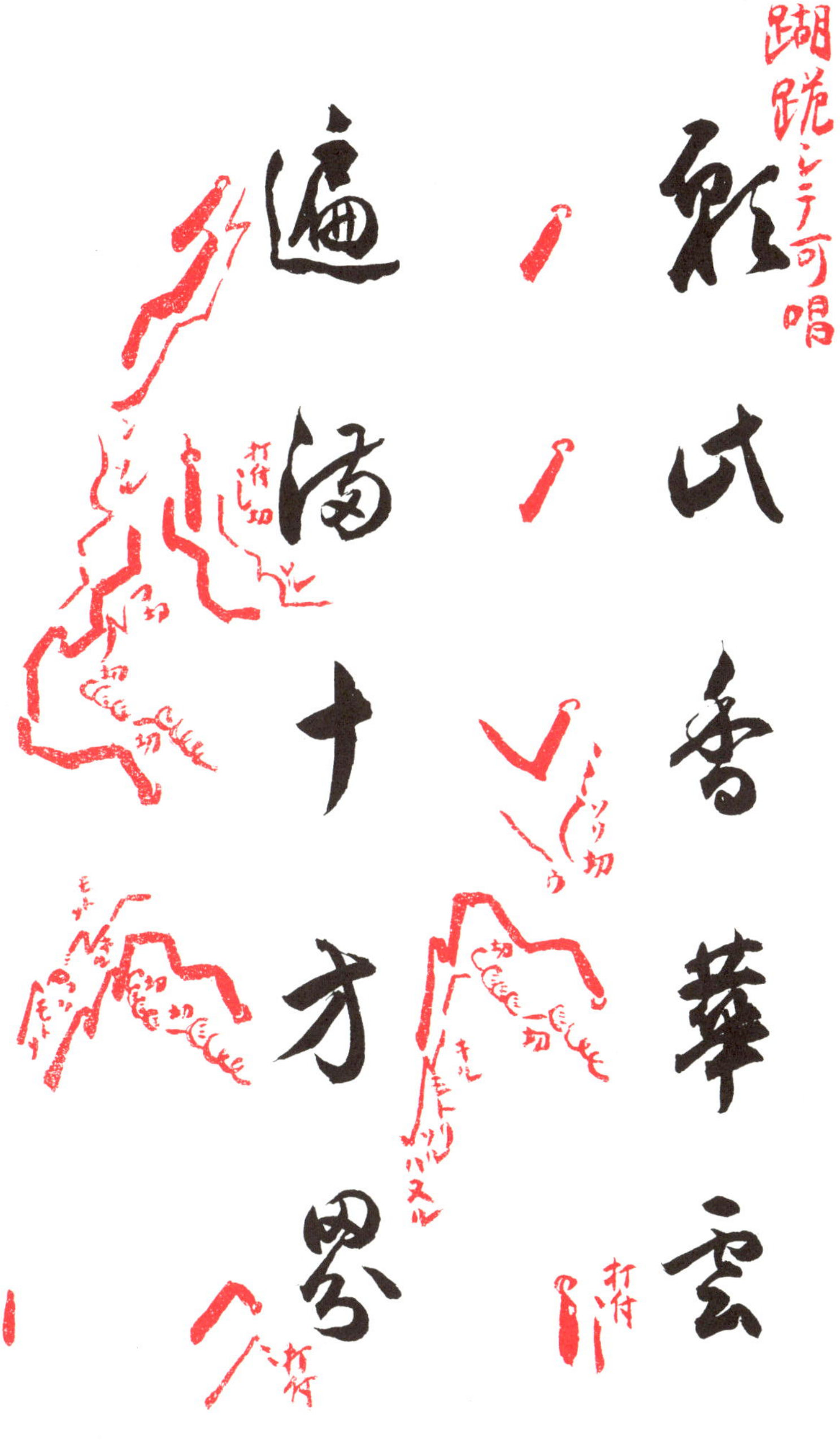

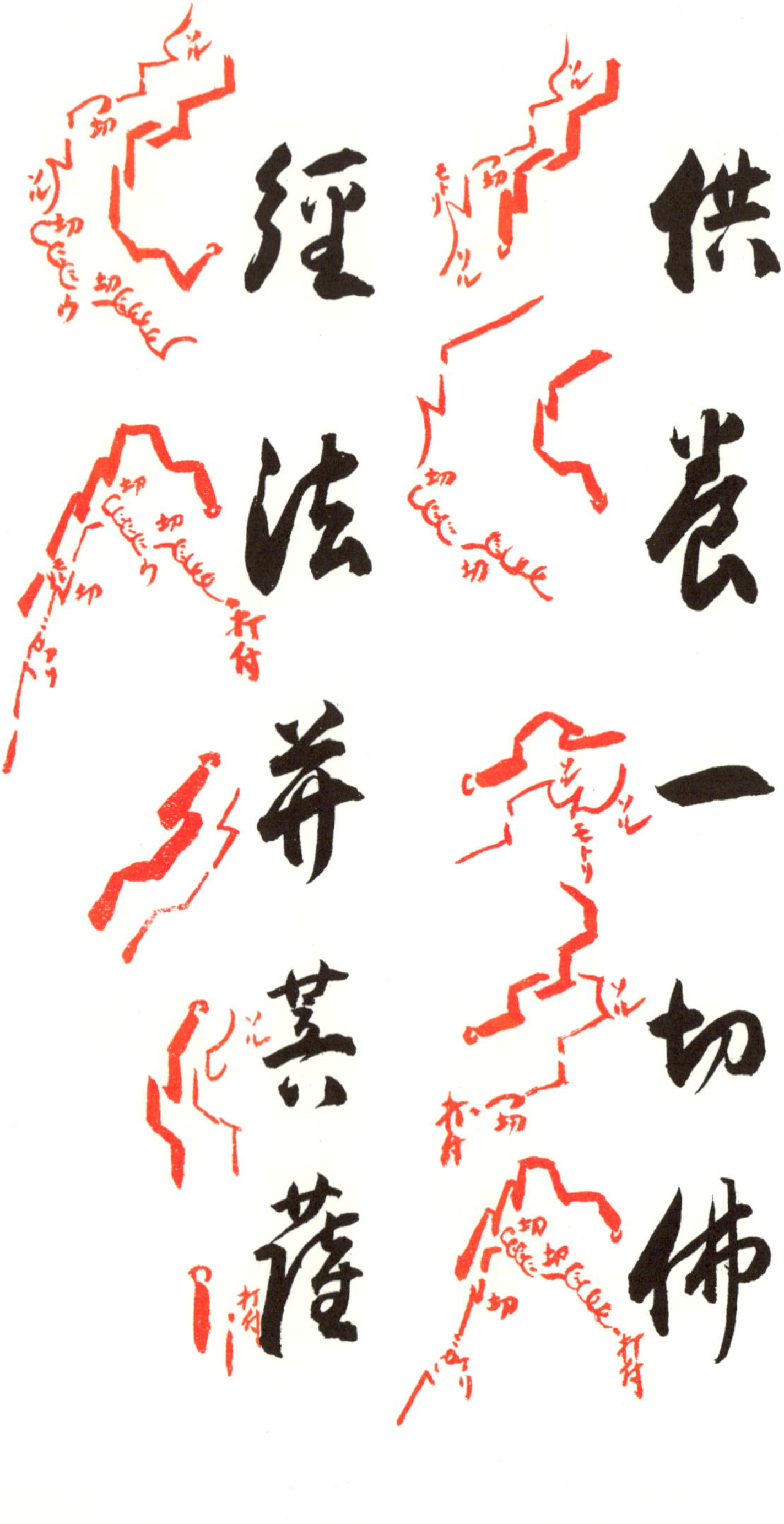
供養一切佛
經法菩薩

以下平六座ニテ可唱

擁護諸群生

穰災消除怨

所求皆成辨
當知如意珠

處於閻浮提
擁護諸國土

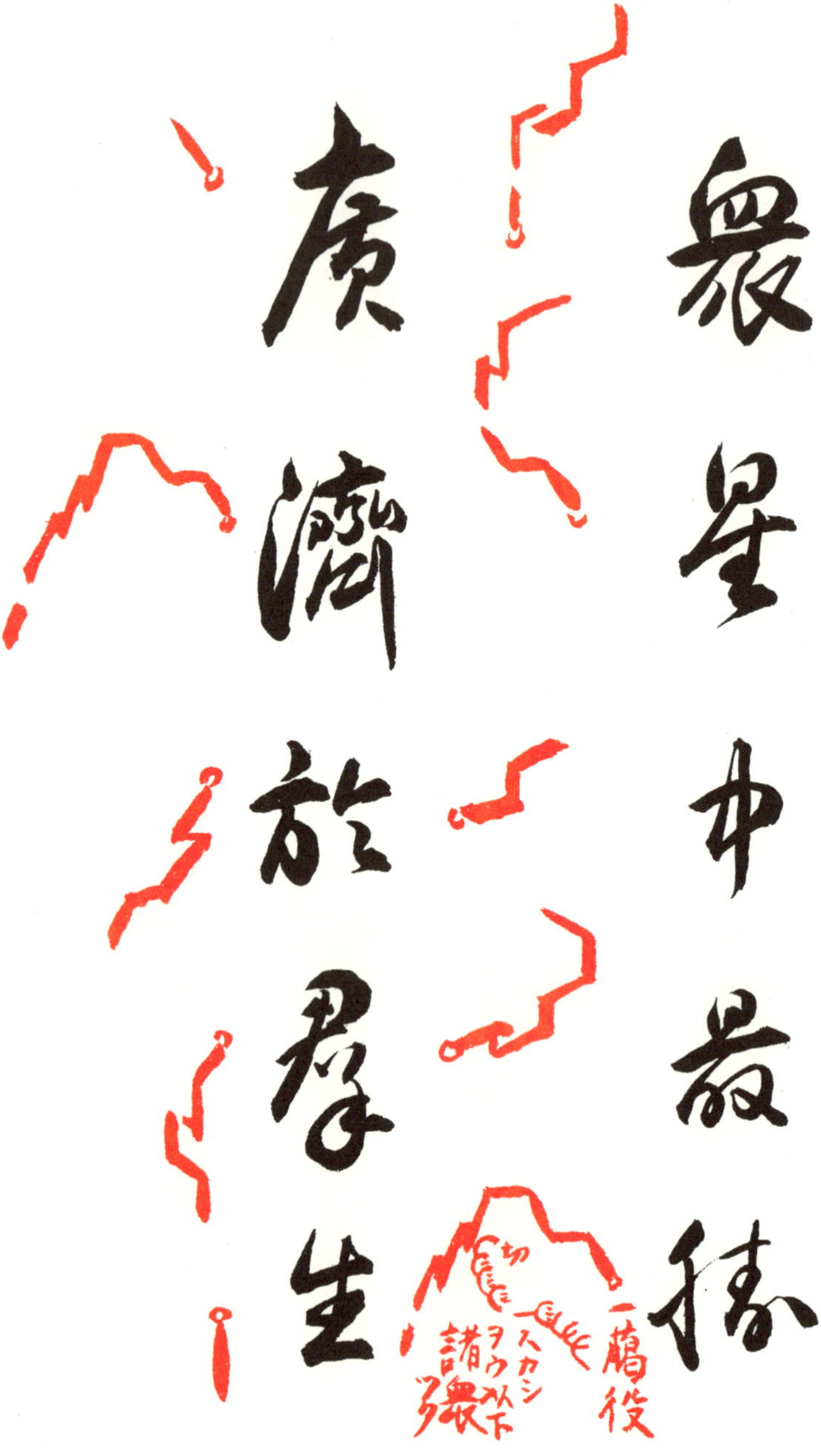
衆星中最勝
廣濟於群生
切
スカシ

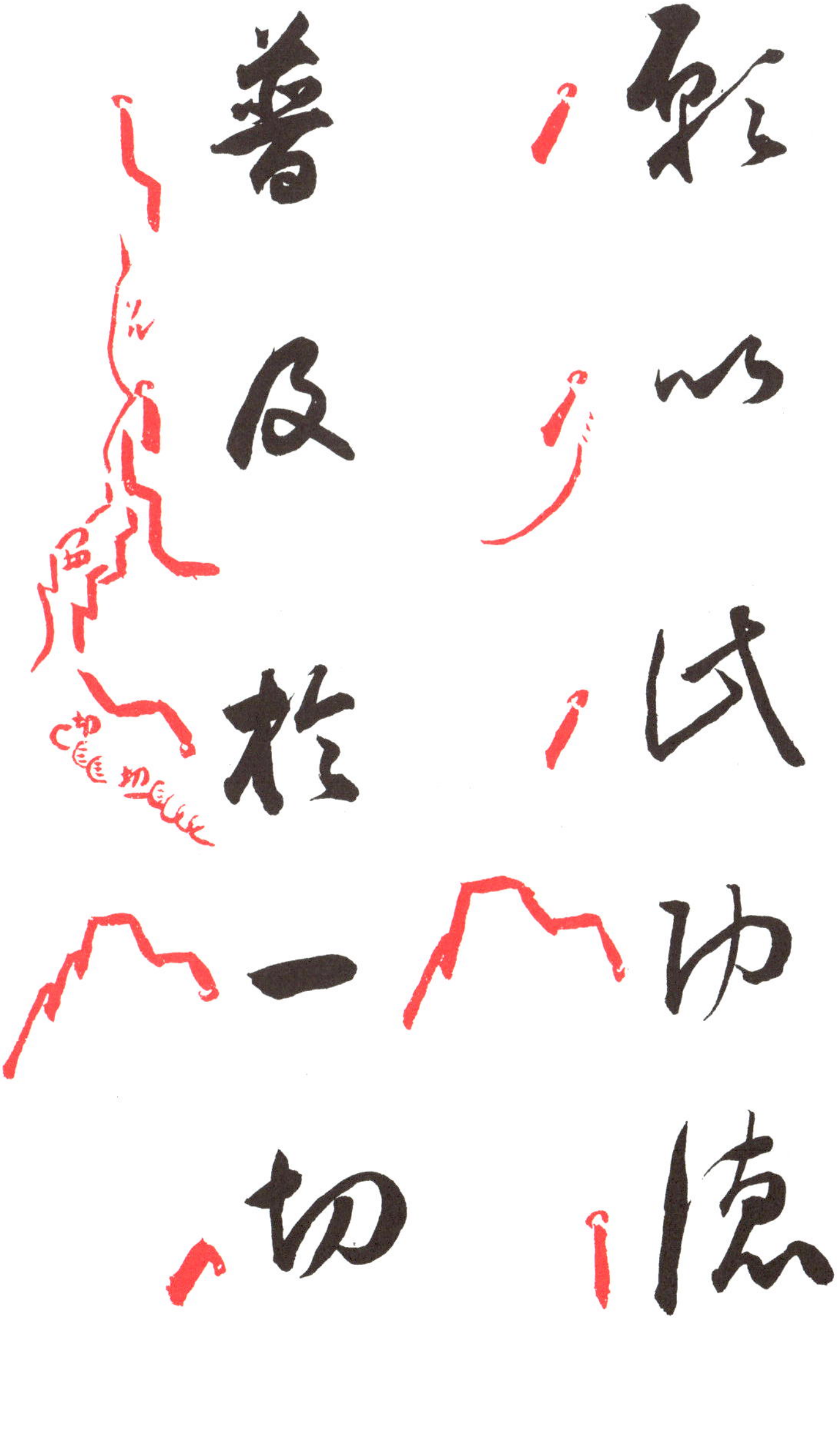
所以功德
普及於一切

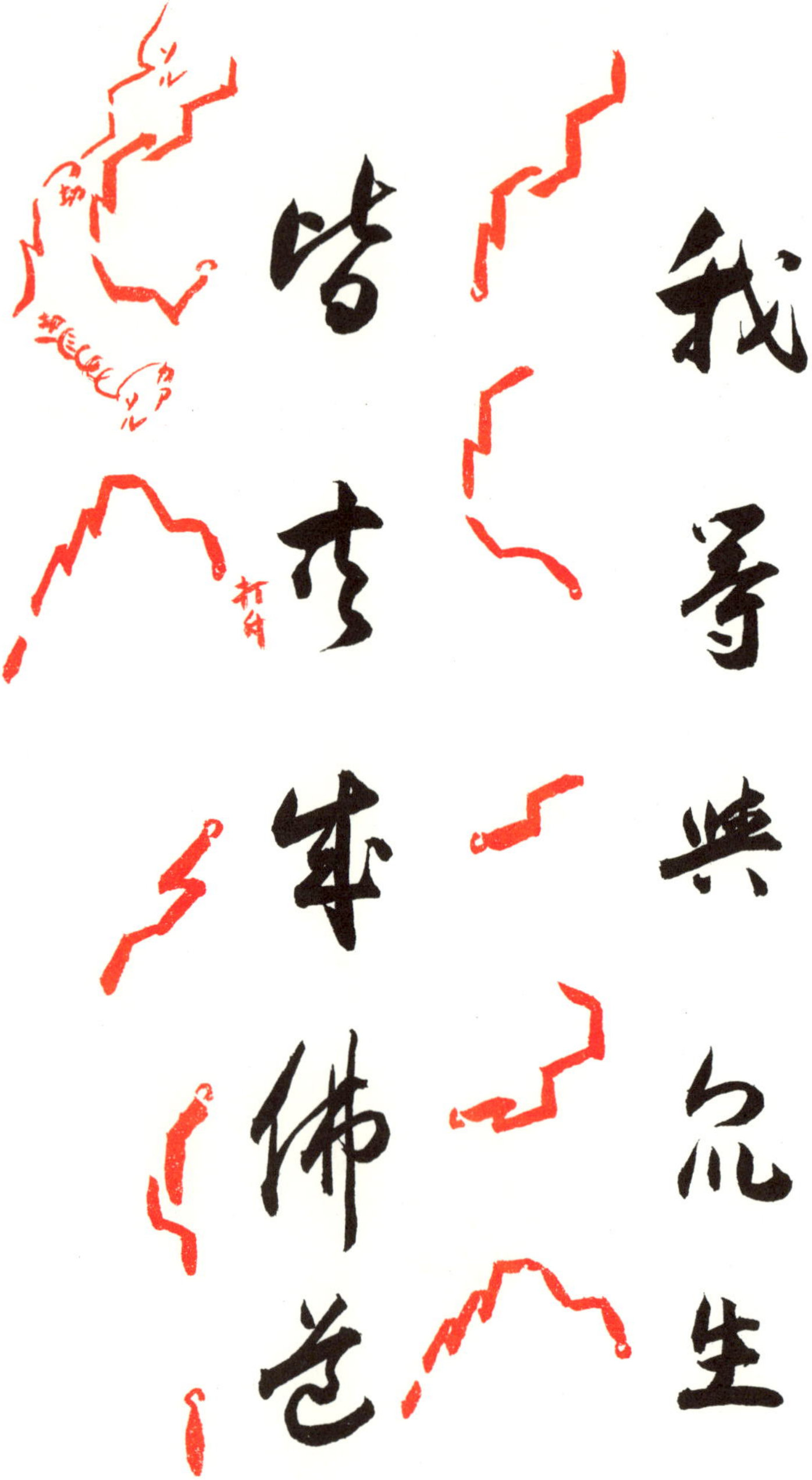
我等與衆生
皆共成佛道

式師作法

式師左手ニ念珠右手ニ扇ヲ持チ、別禮伽陀一三句ノ際ニ座ヲ起チ禮盤ノ前ニ至リ、蹲踞シテ左手禮盤ヲ押ヘ、扇ヲ磬臺ト禮盤トノ間ニ置キ、其便リニ槌ヲ外シ、右手禮盤ヲ押ヘ、左手香呂ヲ取リ右手ヲ添ヘ、立チ上リ三禮シテ亦タ香呂ヲ脇机ニ置キ、先ツ右ノ足ヨリ躢《にじ》リ上リニ登壇着座スヘシ。着座ノ後チ直キニ念珠ヲ脇机ニ置キ口授、其便リニ式ヲ取テ紐ヲ解キ、今マ讀ム所ノ式歟否ヲ披キ見ルヘシ。其後卷キカケテ亦元トノ所ニ置ク、夫ヨリ衣文ヲ繕ヒ今ハ顯立ノ故ニ不レ用ヒ二灑水等ヲ一也、別禮伽陀ノ終リニ念珠香呂ヲ取テ口授法用ノ金二打口授。

或記ニ云ク、式師法用之間ハ始終持ト二香呂ヲ一云云。瑞謂ラク、此義尤可也。於ハ二上方ニ一唄士持テ二香呂一而引ク レ唄、散華士梵音士亦隨テ二其席ニ一持ス二香呂一、又乞戒師法用之間持ス二香呂ヲ一、然則非レ無二其例一。

次ニ錫杖ノ終リニ磬一ツ打テ式ヲ讀ム、但シ表白段ヲ暗記シテ讀ム時キハ香呂ヲ持ツ、或ハ式ヲ見テ讀ム時ハ香呂ヲ壇ト脇机トニ胯ケ置キ是ハ擬レ持二香呂一也、表白段ヲ讀ミ終テ先ツ式、次ニ香呂、次ニ念珠ヲ二所ニシテ皆ナ脇机ニ置キ口授、其念珠ヲ置ク便リニ亦タ式ヲ取リ第一等ト發音ス。偖テ一段讀ミ終レハ式ヲ脇机ニ置ク、次ニ讃歎ノ伽陀ヲ唱フ、唱ヘ終テ式ヲ讀ム、是ノ如ク交々讀ミ交々唱フ。若シ又追伽アル時ハ近來略ソ不レ唱二追伽一也追伽ヲ唱ル間ニ式ヲ卷キ紐ヲ掛ク但紐掛樣有二冷泉家今樣之異一、次ニ回向伽陀ノ頭ノ句終ハ略神分或顯立、或ハ密立、亦勅會立、亦常ノ寺院非レ無二其異一、至レ下委記クス、次ニ六種但六種限二顯立式一也密立式不レ用レ之次ニ回向、回向畢テ珠數不レ摩直ニ香呂ヲ取リ恭シク揖スル體ニテ磬一打下禮盤唱二三禮文一ノ則一禮。或有二法用一則三禮

瑞云、無二法用一則式師唱二三禮如來唄一也此等所由。委見二于上一。御記云、只無言ノ體ニシテ而心中唱レ之令二他不一レ聞云云。

略神分等　略神分・六種回向並皆大御室所レ草也

爲令法久住利益人天　釋迦牟尼寶號丁

一切神分　般若心經丁

大般若經名丁

爲所願成辨　妙幢菩薩名丁

瑞云、大樂院常樂會ニハ所願成辨句可レ改二御願成辨一。又密式ノハ釋迦牟尼ヲ可レ改二摩訶毘盧遮那一、又如二妙幢菩薩句一、小野改云二金剛手菩薩一、廣澤改云二觀自在菩薩一、皆是有二其傳一、勿レ爲二等閑看一。

次六種

敬禮常住三寶丁　敬禮一切三寶丁

我今歸依　釋迦大師　今日所獻

香華燈明　以一切種　上妙供具

供養無量　無邊三寶　自他同證

無上菩提丁

瑞云、顯立必用二六種一、故云二釋迦大師一、密立無レ用二六種一也。偶雖レ有二書加ルレ式一而是後人之杜撰、不レ足三以爲二徵一也、尋二其原委一應レ知。

次回向

所修功德　回向三寶願海

回向三界天人　回向國內神等

回向行疫神等　回向弘法大師

回向貴賤靈等　回向聖朝安穩

回向護持弟子滅罪生善悉地圓滿

回向天下法界　回向無上大菩提丁

瑞云、嚴儀法會式師一向不レ摩二念珠一古記說分明、然則持二香呂一金一打、恭シク小揖シテ下禮盤（但一禮三禮可レ從二法用有無一也）。

伽陀士作法

別禮ノ伽陀ハ祭文竟テ發音ス、若シ祭文無クハ傳供竟テ（傳供有無有二其所由一具出二下卷一）唱フヘシ（古記云、別禮伽陀蹋。跪シテ而發音云云）　次ニ讃歎ノ伽陀ハ古記云、讃歎伽陀平座而發音云云可行禮拜ト云フ可ノ字ヲ聞テ發音スヘシ。

或記云、伽陀士若誤テ於二依テト云一字ニ發音、則式師不レ讀レ式之軌則也、瑞未レ知二其意一、更考。

偖テ頭ノ句ニ佛ノ字アルトキハ假名ヲ分《ワ》ラス、又三行目ノ頭ラ字二字假名アルトキハ終リノ響キニ假名ニ合フヘシ、其餘ハ多ク中カニテ合フ、是レ皆ナ聲明家ノ習トスルトコロナリ、尚ヲ舊記ヲ尋テ知ヌヘシ。

附　上音

伽陀上音ハ且ク五段式ニ就テ云フトキ、讃歎ノ伽陀ノ第三段目ニテ上音スルハ、卽チ伽陀士ヲ歎スルナリ、又第四段目ニテ上音スルハ是レ式士ヲ歎スルナリト云。

瑞云、不レ知二所二以歎一而上音スルハ可レ謂レ愚哉、苟知レ所二以歎一而上音利益至多、不レ可レ不レ辨。又今時稱ソ二上音ヲ一云レ反ハヌルト者甚誤也、何則一遍吟シ竟而亦復レ本名云レ反也。今則不レ然、須二復レ古稱二上音一也。

（以上靈瑞の諸法會儀則中三六右以下抄出）

第四章　星宿の尊像

第一節　二十八宿

一、昴　宿

法三の宮眞寂親王の諸說不同記（以下略して不同記といふ、大圖一）の十にいはく、

現圖（現圖の胎藏曼荼羅、以下みな同じ）在二大梵天之左內一、赤髮、或圖有二冠緒一、右手仰レ掌屈二中無名小指一置二之臍下一。或圖、拳叉二腰側一左手竪レ掌屈二中無名指一、執二蓮花一上安二赤珠一。或圖、竪レ拳執レ蓮上白珠。山圖、右掌掩レ胸赤蓮赤珠、面向二右方一、少竪二右膝一而交レ脛坐。或圖、左脚押レ右。

仁和寺の北斗圓曼荼羅（略して仁曼といふ、大圖七）の像は不明である。私所持の星曼荼羅（略して私曼といふ）には、左は掌を仰げて臍下に安じ、右は蓮華を持する。以下にあぐる二十八宿の彩色圖は大正藏圖像部第七の所載にして、もと小栗栖常曉の請來なるが、昭和十年四月、私に稗《はひ》田畫伯に囑して謹寫せしめたりしものであり、二十八宿像はよろしくこれを模範となすべきである。

昴宿

二、畢　宿

現圖在二作者（昴）左外一、右手執レ蓮上赤珠、蔽二前尊一不レ見。或圖、左手不レ見。或圖、竪レ拳當二胸上一執レ蓮上白珠。山圖、右拳叉レ腰左蓮花面向二右方一（不同記）。

仁曼は右施無畏、左金拳胸にあつ。私曼は左は拳にして胸にあて右に蓮花を持する。

畢宿

三、觜　宿

現圖在二作者左中一、右手覆レ掌當レ乳、左手豎レ拳當二心下一、執レ蓮上赤珠。或圖、當レ嬭蓮上白珠、右拳當レ胸面向二右方一、左脛押レ右有二冠繒耳璫一、或圖無レ璫（不同記）。

右拳膝に安じ、左拳胸にあつ（仁曼）。

右拳膝を按じ左に日輪杖を持す（私曼）。

觜宿

四、參　宿

現圖在作者左内、右手仰側掌少屈頭中指、執蓮上赤珠。或圖、兩手作縛中名指間夾持蓮上綠珠。山圖、右手竪拳屈中指面向右方、左脛押右。或圖如常、此圖有冠繒（不同記）。

一面四臂水牛に乘る、右の第一手は刀、第二手は日輪、左の第一手は胸邊に掌を仰げ、第二手は日輪（仁曼）。

右の第一は劍、第二は月、左の第一は槌、第二は日を持して水牛に乘る（私曼）。

參宿

五、井　宿

現圖在二木者(畢)左一、右手執レ蓮上赤珠、其手不レ見、左手不レ見。或圖、竪レ拳當二乳上一持レ蓮上白珠。山圖、右掌覆二左珠一面向二右方一。或圖、有二冠繒一(不同記)。

右拳腰に安じ、左二戟を持す(仁曼・私曼)。

井宿

六、鬼　宿

現圖在二鳥頭（觜）左一、々手竪レ掌屈二頭中指一執レ蓮上赤珠。或圖、竪レ拳持レ蓮上白珠、右手不レ明。或圖、右手竪レ掌向レ外屈二四指一。山圖、右拳叉レ腰左珠面向二左方一、右脛在レ上。或圖、如レ常交坐有二冠繒耳環一、或圖無レ環（不同記）。

右に珠をとり左拳膝に安ず（仁曼）。

老人形、右施無畏、左膝上に仰げて壺を載す（私曼）。

鬼宿

七、柳　　宿

現圖在二米濕（參）左一、右手側二竪掌一屈二無名指一。或圖、右手仰レ掌置二臍下一、左手亦爾屈二頭中名指一執レ蓮上珠。或圖、向レ内持レ蓮上白珠。山圖、拳叉レ腰面向二右方一竪二左膝一、有二冠緒耳環一、或圖無レ環（不同記）。不明（仁曼）。私曼圖に同じ。

柳宿

八、星　宿

現圖在㆓訶悉多（軫）左內㆒、右手執㆑蓮上赤珠。或圖、竪㆑掌向㆑外屈㆓頭中名㆒執、左拳叉㆑腰。或圖、仰㆑拳頭指鉤屈置㆓於臍下㆒、竪㆓右膝㆒交㆑脚坐。或圖右同、以㆓左脚㆒置㆓右足上㆒面向㆓左方㆒、或圖面向㆑左。山圖、

右蓮左如㆓始圖㆒（不同記八）。

右拳腰に安じ左佛像を擎げ、一侍左に坐す（仁曼）。

右拳膝上に安じ左に三戟をとり、左に一侍坐す（私曼）。

星宿

九、張　宿

現圖在二訶悉多左外一、右手竪レ掌向レ外屈二頭中名指一、臂拄二膝上一。或圖、竪レ拳執レ蓮上赤珠、左手垂下向レ內當レ臍執レ蓮、上赤珠。或圖、仰レ掌垂レ指々端少屈。山圖、右蓮左拳叉レ腰竪二右膝一坐。或圖、交レ膝而坐無二繒冠一（不同記）。

右掌は珠を載せ左拳は膝を押す（仁曼）。

私曼圖に同じ。

張宿

一〇、翼　宿

現圖在㆓間錯（張）左㆒、右手竪㆑掌屈㆓無名指㆒、以㆓頭指㆒著㆓中指背㆒。或圖拳叉㆓腰側㆒、左手當㆑臍向㆑內執㆑蓮上赤珠、或圖向㆑內執㆑蓮上綠珠。山圖、右蓮左及坐㆑荷、少立㆓左膝㆒身向㆑內坐。或圖、左脚押㆑右無㆓冠縉㆒（不同記）。

右手不明、左に蓮花をとる（仁曼）。

右施無畏、左に花盆を持す（私曼）。

翼宿

二一、軫　宿

現圖在二大主（木曜）阿伽羅伽（火曜）等之西一、著二耳環一視二左方一。或圖正視無レ瑞、右手覆レ掌當レ心。或圖竪レ掌屈二頭中名一執レ蓮、上青珠、左手竪レ掌屈二頭中指一執レ蓮、上赤珠。或圖仰レ掌當レ臍執レ蓮、上赤珠。或圖仰レ掌垂レ指、々端少屈。山圖、右蓮左拳叉レ腰竪二右膝一坐。或圖、交レ膝而坐無二縉冠一（不同記）。

右掌膝下に散じ左手不明（仁曼）。

私曼ほゞ圖に同じ、但し右に刀をとる。

軫宿

一二、角　宿

現圖在二自記一(九)左一、右手竪レ掌屈二頭中名指一執レ蓮、上赤珠、或圖白珠、左手至二右脇一向レ內持二蓮華莖一。或圖、仰レ掌大指小立安二臍側一。山圖、右蓮左少竪二右膝一、交レ脚身向レ內坐。或圖、右脚押レ左正向交坐無二冠繒一(不同記)。

右手頤を拄へ左掌肩の邊に仰ぐ(仁曼)。

右掌胸邊に仰げ、左掌やゝ高く仰げて獨股杵を立つ(私曼)。

角宿

一三、亢　宿

現圖在二摩伽(星)左一、右手竪レ掌屈二頭中名指一小指少開。或圖竪レ掌向レ外屈二頭中名一執レ蓮、上赤珠、左手徐垂當二臍側一向レ外、申二小指一執レ蓮、上赤珠。或圖、至二右脇一向レ内持二蓮莖一。山圖、右蓮左拳叉レ腰。或圖竪二右膝一交坐、竪二左膝一坐身向二内院一。或圖、向レ左視二果德一(不同記)。

右拳腰にあて左拳肩にあぐ(仁曼)。

私曼圖に同じ。

亢宿

一四、氐　宿

現圖在二果徳(翼)左一、右手屈レ臂仰レ掌垂レ指、々頭微屈舒二大指一揲開、以レ臂拄二膝上一。或圖竪レ掌屈二頭中名一執レ蓮、上青珠。左手拳當二嬭下一持レ蓮、上赤珠。或圖、覆レ掌指頭少垂置二於臍下一。山圖、右拳覆レ心左蓮蹲坐、身向レ内少竪二右脚一交坐(不同記)。

右拳膝を押し左不明、一童左に侍す(仁曼)。

右拳膝に安じ左に三瓣珠を持し、一童左に坐す(私曼)。

氐宿

一五、房　宿

現圖在二火水天眷屬右內一、右手仰レ掌指端向レ右、微屈二無名小指一。或圖、屈二小指一左手垂屈當二臍側一、竪レ掌向レ外屈二頭中名指一執レ蓮、上赤珠。或圖左手向レ內持二青珠一、有レ焔。山圖、右手仰レ掌向レ外垂レ指、屈二頭中名小指一、左脚押レ右交坐身向二右方一。或圖、右上無レ座著レ瑞。或圖、天衣前端自二肘上一向レ外垂下。

或圖如レ常（不同記九）。

左右ともに立てゝ胸前に仰げ開く（仁曼）。

右に月杖、左に日杖（私曼）。

房宿

一六、心　宿

現圖在二水天眷屬之右外一、右手仰レ掌向レ右。或圖掌少側、左手堅レ掌屈二頭中指一執レ蓮、上赤珠。或圖、堅レ拳持當レ心。山圖右拳當レ心面向二右方一、左脚押レ右交レ脛而坐。或圖向レ北雙跪面少下視、有二冠繒一耳著レ環、或圖並無（不同記）。

右拳を胸にあて左は膝上に仰ぐ（仁曼）。

右を上に左を下になして日杖を持す（私曼）。

心宿

一七、尾　宿

現圖在㆓七曜衆右㆒、右手當㆑嬭仰㆑掌向㆑前垂㆑指、微屈㆓頭中名指㆒大小指開。或圖蔽㆑尊不㆑具、左手竪㆑掌屈㆓頭中指㆒執㆑蓮、上赤珠。或圖竪㆑拳持㆑蓮、上緑珠有㆑焰。山圖、右拳叉㆑腰左蓮赤珠、頭少側左脛押㆑右。或圖、面向㆓左方㆒身向㆓北方㆒跪、有㆓冠縉耳璫㆒、或圖並無。山圖、右拳叉㆑腰左蓮赤珠（不同記）。右の第一は劍、第二は月輪、左の第一は珠、第二は日輪（仁曼）。一面六臂、右の第一手は孔雀羽を持し、第二手は月輪を載せ、第三手は索をとる。左の第一手は珠、第二手は日輪、第三手は髑髏杖を持す（私曼）。

尾宿

一八、箕　宿

現圖在尊(心)之右、右手屈臂當臍上、仰掌垂指屈名小指。或圖仰掌屈指叉腰側、左手反拳當嬭持蓮上赤珠。或圖竪拳持蓮、珠有焰。山圖右手竪掌屈頭中指、左蓮赤珠。或圖、向左方小竪左膝交坐。或圖、面向右方如常交坐有縉瑞、或圖俱無(不同記)。

仁曼には何故にか箕宿を闕す。右拳膝に覆せ、左掌臍上に仰ぐ(私曼)。

箕宿

一九、斗　宿

現圖在二辰（尾）右外一、或圖在二杏（箕）右一、右手開レ肘仰レ掌指頭向レ右。或圖當レ臍仰レ掌指垂、頭中小屈名屈。左手竪レ掌申屈二頭指一持レ蓮、上赤珠。或圖向レ內持レ蓮、上青寶。山圖右拳叉レ腰左蓮、上星、面向二左方一、右脛押レ左有二縉瑞一或圖無（不同記）。

仁曼不明。右に赤珠、左は肩に仰ぐ（私曼）。

斗宿

二〇、牛宿

現圖在二辰右內一、右手薇レ杏不レ明。或圖覆レ拳置レ臍、左手覆レ掌少屈レ指執レ蓮、上赤珠。或圖竪レ拳指持レ蓮、上綠寶有レ焰。山圖右拳當レ胸左蓮赤珠、面向二右方一。或圖、左脛押レ右。山圖、竪二左膝一有レ繒、或圖無(不同記)。

四面二臂、右蓮花を持す、左不明(仁曼)。

私曼ほゞ圖に同じ、但し右掌高く左に向つて仰げ、右拳胸にあつる。

牛宿

二一、女宿

現圖在二杏外一、右手屈レ臂手舒竪レ掌向レ右、大指少屈。或圖施無畏端少側レ右、々手竪レ掌屈二頭中名指一、小指擽執レ蓮、上赤珠。或圖向レ内持レ蓮、上綠珠。山圖右手拳覆當レ心、左如二現圖一面向二右方一左脚押レ右。

或圖、如レ常交坐有二縮耳環一、或圖無(不同記)。

二手不明、金翅に乗る(仁曼)。

一面四臂、左右の第一は笛を吹き、右の第二は月輪、左の第二は日輪をとり、金翅に乗る(私曼)。

女宿

二三、虚　宿

現圖在二成就明仙左内一、右手向レ内當レ嬭持レ蓮、上赤珠、左手仰レ掌屈二中無名小指一置二臍側一。或圖、側二竪掌一面向二右方一視二百藥一（危）著二冠緒一、或圖無（不同記十）。

右手膝上に垂れ左天衣をとる（仁曇）。

右は施願、左に獨股杵をとる（私曇）。

虚宿

二三、危　宿

現圖在二成就明仙左外一、右手立レ掌屈二中名指一、太開執レ蓮、上赤珠。或圖向レ内持、左手仰レ掌垂二指頭一、屈二中無名小指一開二大指一當レ心、仰レ掌屈二大指一置二臍下一。山圖拳叉レ腰坐レ荷面向二左方一、有二冠繒一、或圖無（不同記）。

仁曼不明。右手月杖をとり左掌これを受く（私曼）。

危宿

二四、室　宿

現圖在二愛財（虛）左一、右手仰レ掌大頭間夾二執蓮一、上赤珠。或圖覆レ掌屈二頭中名一也、左手仰レ掌微屈二四指一、大指開レ之當レ心。或圖、覆レ掌屈二頭中名指一當二心上一。山圖左拳叉レ腰坐レ荷、面向二右方一見二麗伐多一（奎）、或圖正向（不同記）。

右臂屈して肩上に仰げ、左拳膝に安ず（仁曼）。

右手をあげて三戟をとり左拳胸に安ず（私曼）。

室宿

二五、壁宿

現圖、右手竪レ掌屈二中名指一執レ蓮、上赤珠、左手屈レ臂仰レ掌垂レ指當二臍側一。或圖覆レ掌當レ臍、左珠、面向二右方一視有二冠緒一。或圖、竪二右膝一交坐(不同記)。

右は施無畏、左は天衣をとる(仁曼)。

右は施無畏、左は衣角をとる(私曼)。

壁宿

二六、奎　　宿

現圖在二百藥(危)左一、右手向レ內當二左嬭一持二蓮莖下一。或圖向レ內當レ嬭持レ蓮、上赤珠、或竪レ掌向レ左立。

山圖左珠右掌掩レ胸、面向二左方一有二冠繒一。或圖、少竪二右膝一交坐(不同記)。

仁曼不明。右に寶珠を持し左掌に蓮花を安ず(私曼)。

奎宿

二七、婁　宿

現圖在二北方曜左一、右手竪レ掌屈二無名指一執レ蓮、上赤珠。或圖屈二頭中指一執レ蓮、上白珠、左手仰レ掌指端向レ左。或圖、竪レ拳向レ左。山圖、右拳叉レ腰面向二左方一、著二冠緒一、或圖無（不同記）。

右拳胸にあつ、左手不明、馬に乗る（仁曼）。

右に獨股を持し左掌胸に仰ぎ、白馬に乗る（私曼）。

婁宿

二八、胃　宿

現圖在二十二眷屬女之左一、右手竪レ掌屈二頭中名指一執レ蓮、上赤珠。或圖竪レ拳執レ之、左手仰レ掌過レ胸、當二右乳下一承二蓮莖端一。或圖、仰レ掌少屈二大指一置二於膝下一。山圖、右執二含蓮一左拳叉レ腰、面向二左方一有二冠繒一、或圖正向（不同記）。

右掌肩上に仰げ左拳膝に安ず（仁曼）。

右に寶珠を持し左に日杖をとる（私曼）。

胃宿

第二節　十二宮

一、師子宮

宿曜云……其神如二師子一、故名二師子宮一。現圖在二螃蟹左一、二圖並在二十二眷屬女之左一。白色レ赤髮向レ内嚬伸之狀、尾端向レ頭。或圖淺黃色、少擧二尾端一向レ後（不同記十）。

仁曼・私曼これと同じ。

二、女宮

宿曜云……其神如レ女、故名二女宮一。現圖在二滿者（胃）左一、右手仰二側掌一指端向レ右、左手仰レ掌舒二頭指一置レ臍。或圖、左仰レ掌少屈二大指一置レ之。山圖、拳叉レ腰面向二右方一有二冠繒一、或圖無（不同記）。

仁曼、二少女拱手して月中に同坐す、但し十二宮には圓月のみありて荷葉座なし。私曼はかれと同じきもすべて荷葉座あり。

三、秤《しやう》宮

宿曜云……其神如レ秤、故名二秤宮一……現圖在二弓宮右一如二老仙形一、右手擧レ臂少竪二舒肘一、覆レ拳端向レ右頭指提レ秤。或圖、覆レ掌屈二頭指一執、左手向レ内舒レ掌少屈二中名指一。或圖、舒レ掌掩レ心。山圖、右拳當レ胸

身向二北方一歩狀、如二弓宮一亦縵褻跨、又以二淺紫褻一絡レ跨、如二犢鼻褌一、天衣無レ光。或圖、著二袈裟一無二座物一（不同記九）。

仁曼・私曼ともに單なる秤形なり。

四、蝎　宮

宿曜云……其神如レ蝎、故名二蝎宮一。現圖在二大光（斗）右一、卽蝎蟲形也、有二八足一頭在レ外尾在レ內（不同記）。

仁曼・私曼ほゞこれと同じ、六足あり。

五、弓　宮

宿曜云……其神如レ弓、故名二弓宮一。現圖在二寂（女）右一、右手竪レ掌屈二四指一執レ箭、羽在レ上。或圖、申二小指一執上少側レ右、左手向レ內持レ弓弦在レ左。山圖、赤色人身獸足也、身向二北方一右足在レ前左足在レ後、行歩狀也、無二座物一、以二淺紫褻一絡レ跨如二犢鼻褌一、無レ光著二脚環一、或圖無レ環（不同記）。

仁曼、箭を番《つが》へ、箭外に向ふ。私曼、弓をたつ、箭なし。

六、磨　宮

宿曜云……其神如レ磨、故名二磨宮一。現圖在二夜摩女之左一、大魚形也、張レ口擧レ尾頭內尾外（不同記八）。

仁曼、私曼これと同じ。

七、瓶　宮

宿曜云……其神如瓶、故名瓶宮……現圖在毘紐女之左、赤馬脳寶瓶口挿含蓮華、或圖無（不同記）。

仁曼・私曼一含華にして左右に葉横にいで、瓶腹に綵帛を掛く。

八、魚　宮

宿曜云……其神如魚、故名魚宮。現圖在賢瓶左二魚形也、一魚在東向南、一魚在西向北。或圖、在東者向内、在西者向外（不同記）。

仁曼、二魚ともに東北より西南に向ふ。私曼、一魚東に向ひ、一魚西に向ふ。

九、羊　宮

宿曜云……其神如羊、故名羊宮。現圖在不染（柳）左外白、向北而臥少企右膝（不同記十）。

仁曼、白羊東北より西南に向つて臥す。私曼、同西より東に向つて臥す。

一〇、牛　宮

宿曜云……其神如牛、故名牛宮。現圖在不染左内、黄牛有白角絆。山圖、青牛向北萎伏、其尾端向レ前付レ身（不同記）。

仁曼、青牛臥して東より西に向ふ。私曼、紺牛綠角臥して西より東に向ふ。

一一、夫　妻　宮

宿曜云……其神如二夫妻故名二夫妻二、宮一。現圖在二牛密左一、右手竪レ掌屈二無名指一、火風相著當二肩下一。左手開レ肘仰レ掌垂二指頭一、自レ前少屈二四指々頭一、左脚押レ右交坐、面向二左方一耳環。或圖有二二天一、一天在二内右一右手竪レ掌少側レ右屈二四指一向レ外、左手覆レ掌垂當二腰側一、左脚押レ右面向二左方一仰視。山圖、右拳左手持レ瓶。一天在二外左一右手舒レ臂抱二右天頸一、以レ掌置二其天右肩上一、左手竪レ拳執レ物似レ棒。山圖、右拳叉レ腰面向二右方一下視、右天有二冠繒一（不同記）。

仁曼、向つて右は白衣の女天にして男天を見、左は赤衣の男天にして女天を見る、冠あり。私曼、男女の位置前に同じ、但し男天は黃衣白裳、女天は綠衣紅袖俯見の形。

一二、蟹　　宮

宿曜云……其神如レ蟹、故名二蟹宮。現圖在二十二眷屬女之左外一、兩圖在二師子左一（不同記）。

仁曼は赤蟹形。私曼は綠蟹形。

案ずるに宿曜經には、神格を女宮と夫妻宮とは天形となすも、餘はみな動物形又は器物形そのまゝであり、月藏分（一一二）には十二天童女といふが故にすべてを童女形となすやうである。

第三節　三十六禽

星供には三十六禽の印言を結誦するを通例となすが、この三十六禽とは何ぞやといふに、こは時間と方位をつかさどる十二支神をおの〳〵三神と開くによつてゞある。しかるにこれに權實の二類があり、實類は一種の鬼魔にしてよく人を惱亂するも、權類はもとより聖者の化現なるが故によく人を潤益する。故に文殊根本軌には「復有菩薩摩訶薩、行無量義變身爲女人形……或變種々飛禽形……隨意敎化衆生」（一）といつてゐる。このなか星宿の曼荼羅にあつて念誦供養の對象となりうるは、勿論權類としての三十六禽である。運敞の谷響集（七）には、外書（瑯邪代醉編）に見ゆるそれと、内典（摩訶止觀八之下、大四六・一一五）に見ゆるそれとをならべあぐる。そは大同少異なるが、今私に止觀及び輔行の原文を抄錄する。止觀にいはく、

二明魔發相者、通是管屬皆稱爲魔、細尋枝異不出三種。一者⿰忄追惕鬼、二者時媚鬼、三魔羅鬼、三種發相各々不同……二時媚發者、大集明、十二獸在寶山中修法緣慈、此是精媚之主、權應者未必爲惱、實者能亂行人。若邪想坐禪多著時媚、或作少男少女老男老女禽獸之像、殊形異貌種々

不同。或娯樂人或教詔人。今欲分別時獸者當察十二時何時數來、隨其來時卽此獸也、若寅是虎乃至丑是牛。又一時爲三、十二時卽有三十六獸。寅有三、初是貍、次是豹、次是虎。卯有三、狐・兔・貉《はく》。辰有三、龍・蛟・魚。此九屬東方木也、此九物依孟仲季傳作《おこる》前後也。巳有三、蟬・鯉・蛇。午有三、鹿・馬・麞。未有三、羊・雁・鷹、此九屬南方火也。申有三、狖・猿・猴。酉有三、烏・鷄・雉。戌有三、狗・狼・豺。此九屬西方金也。亥有三、豕・貐・猪。子有三、猫・鼠・伏翼。丑有三、牛・蟹・鼈、此九屬北方水也。中央土王四季、若四方行用卽是用土也。卽是魚・鷹・豺・鼈、三轉既周卽有三十六、更於一中開三卽有一百八時獸。深得此意依時喚名媚當消去、若受著稍久令人猖狂恍惚、妄說吉凶不避水火云云。

湛然の止觀輔行（八之三）にこれを釋していはく、

大集二十四云、東方海中有瑠璃山、高二十由旬、中有虎・兎・龍。南方海中有玻瓈山、高二十由旬、中有蛇・馬・羊。西方海中有白銀山、高二十由旬、中有猴・鷄・犬。北方海中有黃金山、高二十由旬、中有猪・鼠・牛。所住之窟經各有窟名。東方樹神、南方火神、西方風神、北方水神、一一方各有一羅刹女及五百眷屬、隨其方面各自供養其方三神。其窟皆云是菩薩住處、一一獸皆云修聲聞慈、晝夜常行閻浮提內人皆恭敬、已曾於過去佛所發願。一獸每一日一夜遍閻浮提餘十一獸安住修慈。從七月一日鼠爲其首、二日牛、乃至十三日還從鼠起、是故此土多有畜獸能行教化、故他方恭敬。經云、若此佛四部弟子、欲得大智大定大神通、欲受一切所有典籍增進善法、應作白土山、方廣七尺、高一丈二尺、種々香泥以金薄々之、四面一丈散薝蔔華、以銅器盛種々非時漿安置四面、淸淨持戒日三洗浴敬信三寶、去山三丈正東立誦如是呪云云。經十五日當於山上見初月像、卽知已見十二時獸、見已所有願求隨意卽得。此十二獸或時作鬼鳥等像、行閻浮提教化同類。菩薩祇作人天等像是未爲難、爲獸則難。此獸旣云一日一夜行閻浮提、故知卽是權化者耳。今下文言隨其時來惱行人者、乃是支流實行之輩。如東方九獸但三爲正、故以三正而對孟仲季。言前後者孟者首也、正獸則在三中之後。仲者中也、正獸則在三獸之中。季者末也、正獸則居三中之初。餘之三方亦復如是、居初之後居末之初故云傳作前後。欲使九座均調孟仲季等、是故傳作前後分之。餘五行法並但十二、唯六壬式中列三十六。準彼文者、已有三、謂蟬・鱓《うなき》・蛇、今文云鯉多恐字誤。又列子云鷰・鼠・伏翼、今文云猫、仍恐彼誤。諸獸名並與式同、豺者犬足、貉者應作貈胡各反《かく》、爾雅云、雌者曰貒乃老反今江東呼爲𧳜𧳜《わらし》。羭字從豕、猰《かつ》貐類貙勅區反《ちう》、虎爪食人迅走貙勅俱切。若更開爲一百八獸、但爲時分猶寬恐在時間不識、故更開爲一百八也。隨其時分還以十二收之、隨其時來但稱本十二獸名、或稱三十六名其媚則去。故知鬼法懼人識名尙不敢來一、況復識レ形、故識二其形名二不二敢爲レ非（大四六・一一五）。

以上の説と代酔編の説とを對照するに左の如くである。

止觀・輔行	代酔編
（子）鸍《つばくらめ》・鼠・伏翼《かはほり》	（子）鼠・蝙・燕
（丑）牛・蟹・鼈《かはかめ》	（丑）水牛・黄牛・兕牛
（寅）貍《たぬき》・豹《なかつかみ》・虎	（寅）虎・豹・貙
（卯）狐・兔・貉《むじな》	（卯）兎・狐・貉
（辰）龍《たつ》・蛟《みつち》・魚	（辰）龍・蛟・虬
（巳）蟬（蛆《むかび》谷響）・鱓《うなぎ》・蛇。	（巳）蛇・蚓・蛞蝓
（午）鹿・馬・麞《くしか》	（午）馬・鹿・獐
（未）羊・鴈・鷹	（未）羊・犴・羚
（申）狖《やまこ》・猿《めさる》・猴《をさる》	（申）猿・猴・狖
（酉）烏・鷄・雉《きゞす》	（酉）鷄・雉・烏
（戌）狗・狼・豺	（戌）狗・狼・豺

（亥）豕《いのこ》・貐《いたち》・猪　　（亥）豚・貐・蒿猪

このなか（巳）下の蟬を輔行に何ら批せざるも、谷響に蛆となせるが或ひはこれに從ふべきである。

又總體の十二支神については、請ふ上編第二章の第一・二節を對照されたい。

第四節　九　曜

一、日　曜

（一）現圖在二有二天一（私に云く、日天と日曜なり）、此是日曜也、現圖在二霹靂左一。右手開レ肘仰レ掌指頭向レ右、掌持二月輪一。或圖日輪、中有二烏形一。左掌叉レ腰面向二右方一、乘二三臥白馬一著二天衣一、其兩頭飛颺。或圖、三赤馬。山圖、著二女衣一左拳叉レ腰駕二五白馬一（不同記十）。

かつていふが如く胎藏曼荼羅においては、日・月・火・水・土曜と日・月・火・水・地天とを別立し、從つてその尊形も各別である。このなか前記の分は日曜であり、以下は日天である。

（二）具緣品偈云、左置二日天衆一在二於輿輅中一、勝・無勝妃等翼從而侍衞。釋云釋天衆眷屬之南置二日天衆一、在二八馬車輅中一並二妃在二其左右一、所謂誓耶・微誓耶、譯云二勝・無勝一也……現圖、在二日天后之左一（以下日天なり）被二天衣一。或圖、二端飛上、兩手各向レ嬭持二開蓮一、其蓮上各至二頭邊一舒二小指一。

或圖、掌向㆑外屈㆓四指㆒執、乘㆓車輅㆒駕㆓赤五馬㆒。或圖、朱輪七白馬。山圖、五白馬。此圖膝前有㆓一小天㆒、兩手各執㆓蓮華㆒、疑摩利支歟、現圖無㆑之、此以㆓其隱㆑形不㆑見而不㆑載歟。然或七曜別圖、日月天前皆有㆓一小天㆒、叡山本月天無㆑之、是本爲㆑正。兩手竪㆑掌向㆑前屈㆓四指㆒各執㆓開蓮㆒、天衣端颺（同）。

日天后の誓耶《じやや》・微《び》誓耶、ならびに月天・火天・水天・地天なども對照便宜のためにこのやうに抄錄すべきも今は繁を恐れて省略する。

（三）若日在㆓人命宿㆒災蝕、其人即有㆓風災重厄㆒當㆓宜禳㆒。其禳法先須㆑知㆓其定蝕之日㆒、去㆑蝕五日清齋當㆑畫㆓其神形㆒。々如㆑人而似㆓獅子頭㆒、人身著㆓天衣㆒手持㆓寶瓶㆒而黑色、當㆘於㆓頂上㆒帶㆖之、其日過㆓本命宿㆒棄㆓東流水中㆒、災自散（禳災決）。

（四）太陽之精人君之象也、其神密王在㆓吐蕃國㆒、梵云㆓僕吒㆒（七山七集下之本、所引の七曜新術、大圖一）。

（五）五馬に乘り左右兩手にて日輪を持す（梵天火羅九曜の圖、仁曼・私曼同）。

（六）右は施無畏、左に光焰ある日輪を持す、立像龍冠（九曜祕曆圖）。

（七）右に瓶を擎げ左忿怒拳、髯あり（同奥圖）。

（八）乘五馬車、兩手把開蓮華坐圓輪（尊勝軌下、大一九・三七九）。

（九）日天作天王形、被甲於金車上交脛而坐、以四匹花驄馬駕之、兩左兩右。日天左手持鉞斧、下撫左邊靑衣童子頭。右上手持三股長柄叉、下手撫右傍靑衣童子首。車廂內日天前有一童子、而作金色御車也。天王髮黑色螽髻寶冠、身首皆有圓光、外以日輪環之、日輪赤色文如車輪。二靑衣童子幷御馬、於車廂內立出胸以上。日天首光靑身光像色也（迦樓羅及諸天密言經、大二一・三三四）。

二、月　曜

（一）現圖在秤宮右、々手仰掌指端向右、掌持半月上白兎頭向尊。左手作拳舒大指掩胸、面向右方左脚押右。山圖、以掌掩胸乘五鵝著縉璫、或圖無（不同記）。

（二）若月行不依行度當有災蝕、即須禳之。當畫一神形、々如天女著靑天衣持寶劍。當月蝕夜頂帶之、天明松火燒之、其災自散（禳）。

（三）太陰之精生女子之象也、其神莫王在南蠻國（新術）。

（四）五鵝に乘じ兩手に月輪を持して烏冠を戴く（梵天圖、仁曼・私曼同、但し髮冠）。

（五）乘五鵝車手執風幢、上伏兎坐白月輪中（尊勝軌下）。

(六) 黒冠、左手袖に入れ右劍をとる(祕暦の奥圖)。

(七) 左掌に蓮華を載せ、右に焔月をとり鳥冠を戴く(祕暦圖)。

(八) 月天形貌類レ日、左手拄二鐵斧一、右手上拄二獸面二股叉一、下二手又撫二左右二朱衣童子頭一。月天身首光外如二日輪一、環レ之作二黄色一有二車輪文一。又巳初月從二車廂兩傍一起、向二環外一繞レ之。月作二淺青色一、其月之二尖處、於二環上一當レ半而相拄也。有二四鵝一繞レ車而飛。其日月二天王車、但有二廂及輪轂一而無レ轅也(諸天密言經、大二一・三三四)。

三、火曜

(一) 現圖在二羅睺左一、右拳叉レ腰。或圖、下垂當レ腰側、竪レ掌微屈二四指一。左手仰レ掌大指向レ下執レ矛當二於腰側一、面向二右方。或圖、左脚押レ右向二右方一太下視。或圖、左脚押レ右(不同記八)。

(二) 若有レ災者當レ畫二一神形一、々如レ象黒色向レ天大呼。當レ項帶レ之、其火星過訖以二佛香楸木火一燋レ之、其災乃過(禳)。

(三) 其神到二宿命及背・衝・向之宿一、宜下畫二火曜本身一供養上。其神作二銅牙赤色貌一帶二瞋色一、驢冠著二豹皮裙一。四臂、一手執レ弓、一手執レ箭、一手執レ刀。宜下持二觀自在眞言一、轉中金剛般若經、及金光明經共七卷或七十卷上、宜下著二緋衣服一并帶中朱砂上(禳)。

(四) 其神雲漢王在二北蕃國一、其神形如二丈夫一。紫赤色四手、右上手把レ劒、下手把レ箭、左上手持レ槍、下手持レ弓、被二驢皮一著二豹皮裙一戴二驢頭冠一、跣足赤髮賓鬢(新術)。

(五) 馬冠四臂、右の第一は箭、第二は戟、左の第一は弓、第二は刀、立像(祕曆圖)。

(六) 赤色全身火焰、四臂、右の第一は箭、第二は劍を頭上にあぐ。左の第一は弓、第二は三戟。坐像、前に一侍あり(仁曼)。

(七) 肉色火焰、右の第一は箭、第二は三戟。左の第一は弓、第二は劍を頭上にあぐ(私曼)。

(八) 象形面を高く仰ぐ(祕曆の奥圖)。

(九) 神形如二外道一、首戴二驢冠一四手兵器刀及(祕曆)。私に圖を見るに、右の第一は箭、第二は戟、左の第一は弓、第二は刀なり。

四、水曜

(一) 現圖在二□曜右一、著二寶冠一似二帝釋冠一、有レ繒著レ瑞。或圖無二繒瑞一、兩手合掌當レ心面向二左方一(不同記九)。

(二) 四季至二人命星一、家中合レ有二陰謀事起一多有二失脫一、禳レ之法當レ畫二一神形一。々如二黑蛇一有二四足一而食レ蟹、當レ項帶過二命星一訖棄二不レ流水中一則吉(禳)。

（三）龍形（祕暦の奥圖）。

（四）其神女人著二青衣一、帶二獼冠一手執二文卷一。宜下持二藥師眞言一、轉二藥師經六卷或六十卷上（禳）。

（五）其神嚙王在二波斯國一、梵云二波引羅悉一、神形如二婦女一、右手袍レ筆抱レ紙（筆の下に左手の二字あるべきか）、皂衣戴二猴頭冠一著レ履（新術）。

（六）其神狀二婦人一、頭首戴二猿冠一、手持二紙筆一（梵天）。

（七）猿冠女形、右に筆を左に紙を持す（祕暦圖、仁曼・私曼同）。

五、木　曜

（一）現圖在二一魚左一、右手仰レ掌指頭向レ右、中無名指大指相捻。或圖、屈二中名小指一餘同、左拳叉レ腰覆レ掌叉レ腰。山圖、右手執レ蓮左如二現圖一、面向二俛右一左脚押レ右、或圖如レ常（不同記八）。

（二）若至二人命星一起レ災者、當レ畫二一神形一。々如レ人、人身龍頭著二天衣一、隨二四季色一。當レ項帶レ之、若過二其命宿一棄二於丘中一大吉（禳）。

（三）其神如二老人一著二青衣一、帶二猪冠一容貌儼然。宜下持二普賢眞言一、轉二法華經及維摩經共八卷或八十卷上（禳）。

（四）溫沒斯王在二佛林國一、神形如二美白大夫一。兩手捧二菓盤一著二青衣一、戴二猪頭冠一著レ履（新術）。

(五) 其神形如卿相、著青衣、戴亥冠手執華葉(梵天)。
圖を見るに左に花葉を持し右掌内に向ふ。
(六) 猪冠、左は花盤をとり右は施無畏狀(祕曆圖)。
(七) 龍面人身、二手笏を持す(同奧圖)。
(八) 猪冠、兩手花盤をとる(仁曼・私曼)。

六、金　曜

(一) 現圖在師子左内右、被天衣頭上少飄。或圖、披天衣袈裟、其天衣二端少飄上。右手伸掌少屈指端掩心。或圖、仰掌少屈大指安臍下。左手仰掌屈四指、指頭向左少屈大指。山圖、右瓶左拳叉腰、面向左方無光。或圖、有頭光坐荷(不同記十)。
(二) 四季至人命星、其人合有惡消息有名無形多足言訟禳之法當畫一神形。々如天女手持印騎白鷄、當項帶之過命星、以火燋之其災必散(禳)。
(三) 其神是女人著黃衣、頭戴鷄冠手彈琵琶。到人命宿、宜轉大般涅槃經・般若經・大集經・思益經、共九卷或九十卷、持大隨求眞言九十遍、文殊眞言九百遍(禳)。
(四) 其神那吉王在大唐國、神形如婦人彈琵琶、著白衣戴雄鷄冠著履(新術)。

（五）形如女人頭戴酉冠、白練衣彈絃（梵天、祕曆圖・仁曼・私曼同）。

（六）女形鷄に乘り、右は三指を屈して大小二指を立て、左は膝を押す（祕曆の奥圖）。

七、土　曜

（一）現圖在月曜右、右手開肘把杖、左手竪掌少屈指當心、形如老人向北立像也。右足少屈脛以下徐在後、著豹尾裙其上以赤縠絡跨、如犢白鼻褌、不被衣。或者被袈裟、不著皮犢白鼻若褸跨。山圖、赤色左手拳竪大指向內當胸無光座（不同記九）。

（二）四季至人命星、其人合有重病、禳之法當畫一神形。々如婆羅門騎黑沙牛。星其至宿當項帶之、星過其命宿訖、以枯木燋之其災乃過（禳）。

（三）其神似婆羅門、色黑頭帶牛冠。一手拄杖、一手指前微似曲腰。到宿命宮宜鑄可長四寸曲腰三衣瓶鉢。土直日平旦以黑瓷瓶盛之、於臥處頭邊以油麻油瀝於頂上、經三年止盡供養。持熾盛光一字王眞言、涅槃經・般若經十卷或百卷（禳）。

（四）其神鷄綏王在波羅國、神形如老瘦波羅門。左手持錫杖右手擎手、跣足著黃衣戴牛頭冠（新術）。

（五）老人形にして髯あり牛に乘る、左は錫杖、右手は前方を指す、一童子あり（梵天圖）。

土曜

(六)牛冠、右に戟をとり左に羯磨様のものを持す(祕曆圖)。
(七)牛冠、牛に乘り、右は劍左は膝を押す(同奥圖)。
(八)裸形裙をつけて牛に乘り、右に經卷を擎げ左に三戟をとる、前に一童後に一童あり(私曼)。
(九)牛冠、臥牛に乘る、右手不明。左手戟を持す。一童前にあり(仁曼)。

常曉請來の七曜像は、前記の種類とすべて異なる、その一々を示すべきも今はたゞ土曜のみをあぐる、その餘はよろしく大正圖像部七を見るべきである。

八、羅　睺

(一)現圖摩羯左有二一人頭一、其色深赤、髮髻冠怒レ目開レ口、有二二手一竪レ掌向レ外當レ耳無二光焰一。或圖、被レ髮不レ開レ口、二手仰レ掌著二於頷下一。山圖、與二或圖一大同小異也。山圖此次有二二天一、一天在レ内仙形、右持二書卷一左拳覆置二臍下一坐レ荷、一天在レ左著二天衣一兩手拱長跪坐(不同記)。
(二)三面三逆髮、髮中におの〳〵一蛇あり、神の半身は雲中に隱る(梵天圖)。
(三)三面四臂、右足を垂れ左足を屈して牛に乘る。右の第一は獨股、第二は月輪、なかに桂兎あり。左の第一は人の右臂を提げ、第二は日輪、なかに烏あり(祕曆圖)。
(四)三面三逆髮、髮中におの〳〵三蛇あり、右脚を屈し左脚を垂れて水牛に乘る。赤身四臂、右の第一は掌を外に向け、第二は月輪、左の第一は天衣をとり、第二は日輪、左に一侍あり（仁曼）。

（五）雲中に半身を現ず、赤色三面三眼三逆髪、髪中におの〳〵三蛇あり（私曼）。

（六）左圖は東寺觀智院藏にして圖像部七に載するものなり。

九、計　都

（一）現圖在二流星左一、兩手合掌舒レ臂置二於頂上一、並舒二一足一聳レ身在レ空之形也、無二袈裟光一（不同記十）。

（二）三面三逆髮、髮中におの〳〵三蛇あり、神の半身雲中に隱る（梵天圖）。

（三）三面六臂龍に乘る、左右の第一手は戟を横たへ、右の第二は月輪を持す、輪中に桂兎あり、第三は不明。左の第二は日輪を持す、輪中に烏あり、左の第三は人頭髮を提ぐ、各臂にみな蛇あり（祕曆圖）。

（四）三面六臂、赤身龍に乘る。左右の第一はおの〳〵拳になして膝を按じ、右の第二は月輪、第三は兎の兩耳をとる。左の第二は日輪、第三は不明（仁曼）。

（五）三面三眼三逆髮、髮中におの〳〵一蛇あり、神は青身、肩以下は雲中に隱る（私曼）。

（六）左圖は東寺觀智院藏にして圖像部七に載するものなり。土曜・羅睺・計都の三星は昭和十年四月、私に稗田畫伯に囑して謹寫せしむ。

第五節　北斗七星

一、貪狼星

（一）西南第一月輪畫二貪狼星一、小赤黑色左手持レ日（覺禪抄北斗法所引の妙見菩薩神呪經）。

（二）左靑龍、右白虎、前朱雀、後玄武（西院流北斗祕々及び安流北斗供、以下單に西安といふ）。

（三）兩手笏を持す（以下の六星もまた同樣）、頭上および左右兩側におの〳〵一狼あり、前に鵄あり（私曼）。

（四）袖中に拱《こまぬ》く（以下の六星もこれに同じ、但し輔星これなし）、一狼右側にあり、雲左邊より涌きおこる（仁曼）。

（五）逆髮（七星みなしかり）、右拳腰に按じ左掌に日輪を持す（東京丹治竹次郎氏藏本妙見曼荼羅、大圖七）。

二、巨門星

（一）西月輪畫二巨門星一、身面小白黃色、右手持レ月（神呪）。

（二）左童、右玉女、上五色雲（西安）。

（三）左右に雲あり、二侍あり（私曼）。

（四）雲なく二侍あり（仁曼）。

（五）左拳、右掌に月輪あり（妙曼）。

三、祿存星

（一）西北月輪畫祿存星、小赤青色左手持火珠、珠上火焔起（神呪）。

（二）三師在前（西安）。

（三）左右前におの〳〵一侍あり（私曼・仁曼）。

（四）右拳、左掌胸前に安じて珠を持す（妙曼）。

四、文曲星

（一）北方月輪畫文曲星、面色小青黑色、左手掌向外五指垂下、掌中流出水水流下形（神呪）。

（二）頭北斗、足北斗（西安）。

（三）頭上に北斗あり（私曼・仁曼）。

（四）右拳、左施願（妙曼）。

五、廉貞星

（一）東北月輪畫二廉貞星一、身面黄色右手持二玉衡一（神呪）。

（二）五色雲從レ口出繞レ身（西安）。

（三）右に赤雲、左に青雲（私曼、仁曼は左右ともに白雲）。

（四）左拳、右掌玉衡（妙曼）。

六、武　曲　星

（一）東方月輪畫二武曲星一、色小青赤色、左手持二柳枝一（神呪）。

（二）左目日、右目月（西安）。

（三）左目の邊に日輪、右目の邊に月輪あり（私曼・仁曼）。

（四）右拳、左掌柳枝（妙曼）。

七、輔　　星

神呪經に輔星像を說かず、仁曼・妙曼にもまたこれなし。私曼は武曲の左後邊にこれを圖す、すなはち笏を持する像。

八、破　軍　星

（一）東南月輪畫二破軍星一、其色小白赤色、右手持レ刀。是諸星皆作二藥叉形一、頭髮赤色、天冠瓔珞莊二嚴其身ニ（神呪）。

（二）左右有二兵士一（西安）。

（三）前後左右におの〱一侍あり（私曼・仁曼）。

（四）左拳、右に刀をとる（妙曼）。

凡そこの北斗七星に輔星を合して、金剛智譯の北斗念誦軌には北斗八女といつてゐる。北斗延命經の圖を見るに、武曲の左後邊に侍する輔星の、袖手曲腰して男形なるを除き、餘はみな垂髪にして笏を持する女形である。小野類祕鈔別卷にいはく「北斗軌云金剛智北斗八女云云、可レ見レ之。終南山圖女形云云。影響一行所レ女形云云。北斗眞言、颯多而曩耶者七女云云、御室令レ申レ院給云云」と、そして次に終南山七星臺の因縁をあげてゐる。いはく、

北斗護摩集云、皇帝遇二北斗七星圖並所屬星一出二大唐開成四年暦中一、皇帝遊二於終南山一忽見二一女一、被髪身著二素衣一山中遊行。皇帝問曰、是何女人乎。答曰、吾姉妹七人、是北斗七星管、不レ問二男子女人一生下便屬二吾管一。帝曰、朕亦屬二卿管一。女曰、陛下貴賤有レ殊、人命一盤亦屬二吾管一。皇帝曰、朕願レ事レ仙者得否。女曰、夫事レ吾者夜間北斗出後、各總北斗星合掌禮拜。一生中横惡之事、大小便及穢惡事、並不レ得二向レ北縁一。吾姉妹在二北陰之管一不レ忍レ見二穢惡之事一、世人犯者所以貧窮、又多二疾病一。陛下事レ吾今化二本

身及皇位一、令二萬性知悉一凡人向レ北不レ可二大小便一也旨在二此文一。惠什闍梨云、故匡房卿云、此說未レ見二外傳書籍一之一。この所引のみにては、院といはれ御室といはれ皇帝といはるゝ分齊なほ未だ判明しない。今中院星供集を繙くに「北斗護摩集云、唐本北斗曼荼羅所レ圖白衣女形也、漢明帝終南山建レ閣勸請時、降臨之像是也文。或鈔云、白河院御宇永保三年癸亥、法勝寺北斗堂造二營之一。其後鳥羽院有二勅問一、御室（朱書注に云く「私云、高野御室、寛助弟子也。又或抄云、成蓮房令三高野御室覺法親王申二云等文」）令レ申云、颯跢齒嚢者此翻二七女一、仍可二女形一歟」とあるが故に、北斗男女の問答は鳥羽院と高野御室覺法親王間になされ、又終南山において北斗の化身を感見せし皇帝は、後漢の明帝なりといふのである。又このなかに唐本北斗曼荼羅といへるは、大圖七の所載なるべきが、今これを見るに、中央金輪の座前に立てるは、けだし北斗にして、その前後右邊に散在するは九曜ならむ。しかるに北斗は五尊にしてこのなか男天は三人、女天は二人である。

凡そ北斗七星が男天なりや女天なりやといふについては決しがたき疑問である。從つて延命寺眞常はかの北斗念誦軌の「北斗八女」の文を註して「私謂師口云、北斗七星皆觀二男形一、二十八宿皆觀二女形一、然今云二八女一如何」（裏承錄三）といつて不審を表してゐる。しかるに英心の西大寺字口決にいはく「一、廣澤北斗云二女形一、小野傳二男形一也」と。このやうにハツキリ兩流の異傳となすについても實は疑問なきをえない、その故は小野は兎も角、廣澤においても寛助・信證及び北院守覺親王等はまた男天となしてゐるからである。故に中院星供集にいはく、

勸修寺法務云、七星者擬地下之七辨為天上之七辨故可男形。惠什十巻抄所載全寛助畫圖也、他門圖曼荼羅女形也……寛信・寛助・惠什等既為男形、西院僧正信證、北院御室守覺云可夜叉形、妙見菩薩神呪經説云云。

賴瑜の祕鈔問答に、「凡北斗有男女二星、欲天類故、八女者女方取也云云」といへる石山文泉房朗澄の調和説をあぐるが、けだしこれが允當ならむ。通德類情（四）に、

淮南子曰、北斗之神有雌雄、十一月始建於子月徙一辰、雄左行雌右行

といへるが、雌雄の文字はどうかと思はれざるに非ざるも、その意をうるにまたけだし男女の二天相ならぶといふのであらう。

ちなみにいはく、地下の七辨とは、左右大辨二人、左右中辨二人、左右少辨二人、中少辨の間に權官一人、これを七辨官といふ、近習の人これに任ぜらる重職なり（職原鈔一）。

第六節　妙見大菩薩

妙見大菩薩の尊像には、菩薩像があり、天女像があり、忿怒像があり、三目四臂像があり、背合像があるなど多種多様にして、國寶京都醍醐寺藏本、東京府丹治竹次郎氏藏本は大圖七にその寫眞版を載せてあり、このほか靈符縁起及び覺禪抄妙見法に記するもの、ならびに余の自坊但州日光院安置の三像等が余の知る範圍内であり、なほこれ以外に多種あるべきことゝ思ふ。なかんづくまづ醍醐寺藏本像よりこれを列擧する。

一、一面四臂の菩薩像

頭髪は釋尊のそれの如く螺髪にして眉間に白毫あり、身を斜めになし右に向つて四足龍背の輪寶上に立ち、右の第一は施願、第二は柄香爐様のものをさゝげ、左の第一は焰珠を持し、第二は王字ある紀籍をとる、頭光あり。

二、一面四臂の菩薩像

天冠を戴いて四足龍背の蓮華上に正立し、面を少しく右に向ふ。右の第一は施無畏、第二は鉤又は槌の如きものをとり、左の第一は三瓣焰珠、第二は孔雀羽、頭光あり焰あり。

三、一面二臂の天女像

天冠、頭光あり身光あり。羯磨衣を著して蓮華に半跏坐し、右は施願、左は大指にて中指の背を押し餘三指を立てゝ蓮莖を持し、華上に輪寶を立て、天衣華上の左右に垂る。

四、一面二臂の天女像

天冠、頭光あり身光あり。右足をあげ左足を押して荷葉座に半跏坐し、右に半月幢をとる、幢上に七星形あり、左拳膝を按じ、天衣長く座の左右に垂る。

五、一面二臂の天女像

天冠、頭光身光ありて蓮華座に半跏坐し、天衣左右に垂る。兩手胸邊にて外に向ひ、おの〳〵頭指と無名指を少しく屈し餘三指を立つ。

六、一面二臂の天女像

天冠、頭身光ありて蓮華座に結跏趺坐し、天衣左右に垂る。右に拂子樣のものを持し、左に日輪を持し、羯磨衣を著す。

七、一面二臂の天女像

天冠、頭身光、右足を垂れ左足を屈して荷葉座に坐し、天衣左右に垂る。座下に輪狀二箇をならべたて、その下に二重の臺座あり。右手施願にして右足上におき、左掌に足ある小盆狀のものを載せ、盆上に三圓あり、けだし三辰又は三瓣寶珠ならむ。

八、一面二臂の天女像

一箇の半三股を正面の飾りとする天冠、頭身光。荷葉に半跏坐し、例の如く天衣左右に垂る。左に半月幢をとり右に幢基を握る、幢上さらに半月あり。

九、一面二臂の天女像

左に向ふ四足龍に乗じ、猪冠頭光、光上の左右に日月輪あり。右掌高くあげて月輪を安じ、左掌高くあげて日輪を安じ、天衣左右に颺動す。左側竪に五獸ありて日を或ひは抱き或ひは載す、上より第一に虎、日を抱きて左に向く、第二に象、右に向ひ日を載す、第三に鼠、日を抱きて右に向く、第四に犬、前に同じ、第五に龜、右に向ひ日を背上に負ふ。

一〇、一面二臂の天女像

天冠、頭身光、蓮華に半跏坐す。右手覆せて膝上に垂れ頭指を屈して大指の背を押し、左劍印にして嫋上《ちのうへ》に安ず。

一一、一面二臂の天女像

天冠、頭身光、面を少しく左に傾けて蓮華に半跏坐す、座下二重の八角臺座あり、右拳腰を按じ左に寶棒をとる。

一二、一面二臂の天女像

天冠、冠繒長く垂る、頭身光。蓮華座に半跏坐し、天衣は座の左右に垂る。面右に俯し、右手覆せ垂れて頭小の二指を立て、中無名指をもつて大指を握る。左手大頭二指にて蓮莖を持す、蓮上に日輪あり。

一三、一面二臂の菩薩像

天冠頭光、蓮華座に結跏趺坐す。右手施願、左手蓮莖、上に八角輪寶をたつ。

一四、一面二臂の菩薩像

天冠頭光、二荷葉に半跏坐す、下葉は俯し上葉は仰ぐ、右に拂子、左掌に日輪。

一五、一面二臂の菩薩像

天冠頭光、荷葉に半跏坐す。右に半月幢を持す、幢上に七星形あり、左拳膝を按ず。

一六、一面二臂の菩薩像

華冠頭光、荷葉に坐し右足を垂れて左足を屈す、葉下三重の圓臺あり。右手仰げ垂れ、左手三瓣寶を持す、寶は荷葉上にあり。

一七、一面二臂の菩薩像

天冠頭光、蓮華に半跏坐し、右施無畏、左持花印になして蓮莖を持す。

一八、一面二臂の菩薩像

天冠頭身光、蓮華に半跏坐す。右拳臍邊を押し、左蓮莖を持す、華上に日輪あり。

一九、一面二臂の菩薩像

天冠、但し正面の上に半三股あり、股上に蓋あり。頭身光、光外に焔あり、荷葉に半跏坐す。右拳膝を按じ、左は半月幢、上に日輪、半月下に二圓あり。

二〇、一面四臂の忿怒像

逆髮、右足をあげ左足にて雲中の四足龍背上に立ち面を左方に向ふ、龍頭また左にあり。右の第一手は筆、第二は矢、鏃《やじり》上に向ふ。左の第一は紀籍、第二は弓を斜めに頭上にあぐ。

二一、一面四臂の菩薩像

猪冠、雲上に馳する四足龍背の日輪上に、右足をあげ屈して左足の股上におき左足にて立ち、尊面龍頭ともに左に向ふ。右の第一手は大中相捻し餘三指を立てゝ胸邊にあり、左の第一は大をもつて頭中を押して小無名指を立てゝ胸邊にあり。右の第二は月、左の第二は日。頭光ありてその上に日、やゝ右に月あり。左側は竪に第一に虎、左に面して日を抱き、第二に象、また左に面して日を負ひ、第三に鼠、右に面して輪寶を抱き、第四に犬、正面に向つて日を抱き、第五に龜、右に向つて日を負ふ。

二二、一面四臂の菩薩像

猪冠、面を左に向け、左に向ふ四足龍背の日輪上に立ち、右足をあげ左足裏の股邊に屈して趺をいだし、左右の第一手は胸邊にて外に向ひ、頭中を屈して餘三指を立つ。右の第二は月、左の第二は日、但しともに荷葉上に安ず。頭光は二重にしてその上に日、やゝ右に月あり、龍下に雲なし。左側の五獸前と同じ、但し鼠もまた日を抱く。

二三、一面四臂の菩薩像

天冠頭光の立像、面を左に向け、左に向ふ四足龍を座となす。龍下に雲あり、一藥叉神あり半身雲にかくれ右手をもつて硯をさゝぐ。尊の右の第一手は筆、第二は月、左の第一は紀籍、第二は日。右足をあげ屈し、冠繒天衣右に向つて大いに颺る。

二四、一面四臂の菩薩像

猪冠、面を少しく左に向け、左に向ふ四足龍背の日輪上に立ち、右足を左足の裏にあげて屈す、龍下に雲あり。左右の第一手は胸邊にて外に向け大頭相捻して餘三指を立て、右の第二は月、左の第二は日。左側に五獸あり、上より第一に虎、日を抱く、第二に象、日を負ふ、第三に犬、また日を抱く、第四に龜、日を負ふ、第五に鼠、日を抱く、みな右に向ふ。猪冠のやゝ上に日、少しく右に去つて月あり。日月の間、むしろ月方に偏して十九星形長く相列なり、十九星形の左に三圓形あり、けだし日・月・星か。又その三圓形の上に北斗形あり。

二五、一面二臂の菩薩像

一九と全く同じ、たゞ半月幢の半月下が、前は二圓なるにこれは一圓なる點が異なるのみ。

以上、醍醐寺の藏本。

二六、一面二臂の菩薩像

天冠、頭身光、蓮華座に半跏坐す、座下に八角の臺座ありて一一と全同なるも、かれは面を左に向ふもこれは正視し、かれは二重の八角臺座なるもこれは一重である。

二七、一面二臂の菩薩像

寶冠、雲中に半跏坐す。右手大指をもつて中無名指を押し頭小の二指を立て、左蓮茎を持す、頭光あり。

二八、一面四臂の菩薩像

天冠頭光、雲中四足龍の背上に左足にて立ち、右足を左足の裏にあげて屈し、面左方に向ひ、龍頭また左方に向ふ。右の第一手は筆、第二は月、左の第一手は紀籍、第二は日輪。左に一童立つ、けだし司命、面を左に低れ、右に筆左に文案。右に夜叉神あり、けだし司祿、兩足を少しく開いて立ち硯盤をさゝぐ。祕鈔問答所引の北辰別行法に「有二衆生一欲レ增二壽算一者、畫二作四臂菩薩像一、赤白肉色、嚬レ眉而慈怒。右第一手持レ筆、第二手持二月輪一、左第一手持二紀籍一、第二手持二日輪一、天衣瓔珞皆如レ前。身立二馳走靑龍背一、引二上右足一腰屈視レ地相。右邊畫二作持硯使者一形如二藥叉一、而著二天衣瓔珞一爲二赤肉色一、甚可畏之形、皆現二黑雲中一」（二七之本）といへるこれならむ、但し左の一童がないやうである。圖像鈔十（大圖三）の第二像もこれと同じ。

二九、一面四臂の忿怒像

逆髮七蛇あり、雲中に半跏坐して頭光あり。右の第一は筆、第二は膝邊に鉞刀をとる。左の第一は文案、第二は膝邊に輪寶をとる。圖像鈔の第二圖これと同じ。

以上の四種は丹治氏藏本。

三〇、一面四臂の忿怒像

祕鈔問答にいはく、

又有二菩薩所現忿怒像一、儀形如二前所說一（二八を指す）四臂像。但黃色開レ口、逆髮中有二七蛇一。除二前所持日月輪、右手持節刀、左手持金輪、餘無相違、司命司祿二神隨從左右。

三一、一面二臂の天女像

祕鈔問答にいはく、

或云、本朝往古圖畫妙見形像非一途、印相不同、但靈巖寺等有等身木像。左手當心持如意寶、右手作與願印、大底同吉祥天女像。

三二、一面四臂の菩薩像

覺禪抄の妙見法にいはく、

實相房圖本像、乘五色雲上龍背立具四臂、左右掌有山、其上有日月。又左右二手執錫杖鉾、界道十二ヶ付六ヶ日月三ヶ赤色三ヶ白色、鹿狗等六ヶ獸有之。有三重界道、中輪靑色、外二輪白色、尊身黃色、上靑下裳赤色云云。

三三、背　合　像

又いはく、

背合像、二[illegible]背合懸之。又云、尊星王女天卽帝王也、又背安七星俱女王也云云。法務御說云、白河尊星王堂、古覺宗僧正、二像背合立之、卽背合也云云。實相云、先代門迹人、祕法尊星王像背合歟、此一體ヲ取リ隱畢、其後龍雲闍梨依二新圖一一體如レ本合レ背云云。案レ之、有レ憚夫婦義歟。尊星王帝王也、北斗大臣也、仍星王後有二七星圖一。

三四、一面二臂の忿怒像

三五、大和山の被髮跣足像

この二種は本編第一章第四節下參照のこと。

三六、一面二臂の菩薩像

草山集にいはく、

足踏二白蛇與一レ龜、左手擎レ蓮右手提レ劍、以二七曜一爲二圓光一。白蛇綠毛、福壽兼施。金蓮寶劍、攝折稱レ宜。北辰所レ在、衆星共レ之。赫々光木、不レ容二人知一。豁然今日開二慈眼一、我主我親又我師。

三七、一面二臂の菩薩像

又いはく、

白蛇靈龜在二脚下一、七曜爲二圓光一、左手持レ珠右手執レ劍。二靈洋々、七星閃々、福云慧云、無レ所レ不レ贍。一見二威神一、惟狂克念。以レ筆左邊點云、左眼映二寶珠一。右邊點云、右眼照二寶劍一。

以上の草山集は靈符緣起所引のまゝ。

三八、一面二臂の忿怒像

霊符縁起所引の宇佐記にいはく、

若宮之内御正體安レ之、内第三御正體如二毘沙門天形像一、御甲《ヨロイ》黄色也著二打掛一、左右御手胸ニ留、左ノ御足ヲ下ケ右ノ御足ヲ擧テ坐二盤石一、深沓黒色云云。

三九、一面二臂の菩薩像

覺禪抄所引の尊星王軌にいはく、

當二中央一畫二大月輪一、中畫二菩薩像一。左手持二蓮華一、華上作二北斗七星形一。右手作二説法印一、五指並向レ上以二大指一捻二頭指頭側一掌向レ外、天衣瓔珞莊二其身一、五色雲中結跏趺坐。

圖像鈔の第一圖はこれによる、但し右手は小無名指を立て頭中指を屈し、大指をもつて頭指の側らを押す。

四〇、一面二臂の菩薩像

立像頭光、禿頭長髯、盤石上の荷葉に立つ、右手五指をのべて劍を按じ、左手頭指を屈して大指にて押し、中指を立て無名小指を屈す（御長一尺二寸五分の木像、厨子入）。

四一、一面二臂の菩薩像

立像頭光、光中に上・左・右におの〳〵一焔珠あり、龜を座とす、左手劒欄をとり右手欄頭を按じ、劍鋒龜背を押す（御長六寸八分の木像、厨子入）、威嚴にみつ。

この二種は日光院の所安にして、後者は本殿鎮坐の本尊である。

四二、一面二臂の菩薩像

垂髪肩を掩ひ頭光あり、雲は後方に靉靆たり。跣足立像、前に龜蛇の合形あり。右手大中二指にて劍を按じ餘指を立て、左手頭無名小指を屈し大指をもつてその背を押して中指を立つ、髭髯あり、服裝帝王に似たり。右に髭髯の一侍あり左を上に右を下になして旛をさゝぐ、旛頭に蓋形あり、旛中に大上帝の三字あり、左に髭ある一侍あり筐を持す。

こはまた日光院安置の畫像なるが、明の嘉靖年間菊英伏の寄進にかゝるいはゆる唐畫妙見にして、原本は明治維新に衰微の極に達せし際湮滅し、現在のはその模本である。昭和十一年の夏、私に京都の井上直泉畫伯に囑して左の如く縮寫せしめた。案ずるに、二侍は左が司命にして右が司祿なるか、又は攵での如く抱卦童子・示卦童郎（この名は靈符緣起に見ゆ）なるか、又は司命都尉・天曹都尉（この名は七佛神呪經二に見ゆ）なるか、さらに尋ぬべきである。

第七節　金輪佛頂

諸星宿の本地釋迦金輪については第一章第一節下を參照されたい。今はたゞ多數の星曼荼羅に見ゆる形像を記する程度にとゞめおく。すなはち海中に須彌山ありて、九頭龍冠人面龍身の難陀（向つて左）、跋難陀（右）の二大龍王が、おの〳〵山を纒ひ、山頂に七寶の蓮華座あり、螺髪出家形の黄金身にして赤袈裟を著し、法界定印のうへに八輻の輪寶を安じて結跏趺坐し、頭身光ありて日輪を光背となすものこれである。

第五章　星宿の種子・三形・印言

第一節　金輪と妙見

一、金　輪

種子　《ボロン》。　三形　八輻輪。

印、二手内相叉作拳、竪二中指屈上節如劍形、並竪二大指屈二頭指捻二大指頭上。

眞　言

《ナウ》《ボウ》《サン》《マム》《ダ》。《ダ》《ラ》《ヾ》。《ハ》《サ》《ラ》《ウン》（安流屬星供・其他多數）。

眞言は翻經院軌にいで、印は不空譯の一字頂輪王念誦儀軌にあり。いはく、

次結佛頂輪王印、二掌内相叉作拳、竪二光（二中）屈上節如劍、並竪二輪（二大）屈二蓋（二頭）兩節、相拄於二輪上印五處加護。眞言曰

娜莫三漫多勃駄南歩嚕唵三合（大一九・三一〇）。

又白傘蓋念誦法要の印相もこれと同じ。いはく、

次結㆓金輪佛頂一字王印㆒、二羽內叉拳、忍願並申合、屈㆓上第三節㆒、開㆓屈進力頭㆒、平等禪智申。七遍誦㆓眞言㆒

ナウマクサンマンダボダナン。オンボロン（大一九・四〇〇）。

二、妙見

種子 ソ。 三形 星形。

（一）根本印言

印、師傳用㆓集經十一星宿天法印㆒。其印二手各由開、左仰右覆、以㆓右水火押㆓左水火下節文㆒、又以㆓左水火押㆓右水火下節文㆒、然後二水二火相綟《もこらかして》如㆑索、二風二地共立合、二大並立三來去（眞言藏捬《ていれ》本、及び祕鈔問答一七之本等）。又の印、右手作㆓施無畏㆒、屈㆓大指㆒向㆑身招㆑之三度、左手作㆓金剛拳㆒安㆑腰。或說右手立㆑掌大指付㆓掌中㆒、以㆓風指㆒來㆓去之㆒似㆓火天印㆒云云（西院金玉妙見法）。

眞言

ボクチテイ。トソタ。アジヤミタ。ウトタ。クキタ。ハラテイタ。
ヤビジヤタ。ウトタ。クラテイタ。キマタ。ソハカ。

この呪は七佛所說神呪經二にいづる。いはく、

我北辰菩薩名曰妙見、今欲説神呪擁護諸國土…………

目低帝。屠蘇吒。阿若蜜吒。烏都吒。具闍吒。波頼帝吒。耶彌若吒。烏都吒。拘羅帝吒。闍摩吒。莎呵。

誦呪五遍、七色縷結作三結痛處繫。此大神呪乃是過去四十恒河沙諸佛所説、我於過去從諸佛所、得聞説此大神呪力。從是已來、經七百劫住閻浮提爲大國師、領四天下衆星中王（大二一・五四六）。

印融の句義鈔にいはく「大呪句義未勘也」と。しかるに亮尊の白寶口抄妙見法にいはく、

此呪中有九箇𑖘字、皆句々終置此𑖘字、憍慢不可得字也。慢常一主宰釋之、而王以憍慢爲食釋（止觀にあり）、仍王自在義也。而尊星王於天上天下自在有九名、經（白寶抄には或經といふ）云、一名天上天下自在王、二名有生自在王、三名國土四大天王、四名五大龍王、五名八辰十二夜叉、六名土王位立地王、七名金剛密迹、八名一切夜叉天、九名北道尊星文。此九名卽九𑖘也、同物可意得也。

陀羅尼集經十二の星宿天法印呪第十四にいはく、

先仰左手、右手逆覆左手相叉、以右手無名指頭絫、壓左手中指内根節、以右中指壓左無名指内

根節一、復以二左無名指一逆累壓二右中指內根節一、以二左中指頭一捻二右無名指內根節一、總捩《ねじて》正如レ索、以二二小指一直豎頭相拄、以二二頭指一斜直頭相拄、以二二大指一向レ身頭相拄開二大指一來去。呪曰、

唵一 那 刹 跢囉二 提 婆 跢 曳三 莎 訶

𑖌𑖼《オン》。𑖡《ナウ》 𑖎𑖿𑖬《キシヤ》 𑖝𑖿𑖨《タラ》。𑖟𑖸《ディ》 𑖪《バ》 𑖝《タ》 𑖧𑖸《エイ》。𑖭𑖿𑖪𑖯《ソワ》 𑖮𑖯《カ》（梵字は淨嚴の㨿本による）。

是法印呪若有二呪師一、日々相續對二於佛前一毎作二此印一誦レ呪供養者、身常無レ病。作二都壇一時亦通入レ數、請喚供養一切歡喜（大一八・八七九）。

亮尊いはく「口云、此印解文以外《テノ》難二意得一、故意得安依《ク》二口傳一次第載レ之給也。或說云、內縛二大二小頭合レ之、僞說也云云。眞言不レ用二集經一、七佛所說神呪經第一說レ之、仍用二此眞言一也」。

（二） 奇妙心眞言印

印、大三股印、合掌二小內相叉、二水於《ヨリ》二小指上一屈入レ掌、二大捻二二無名一二頭離立二二中背一（眞言藏㨿本、覺禪抄妙見法に云く「小野僧正傳」）。又の印、右手作二施無畏一、屈二大指一向レ身招レ之三度、左手作二金剛拳一安レ腰（覺禪抄妙見法其他）、これを寶部光菩薩の印といふ。

眞 言

𑖌𑖼。𑖭𑖲《ソ》 𑖟𑖴《チリ》 𑖬𑖿𑖘《シユタ》。𑖭𑖿𑖪𑖯 𑖮𑖯（𑖭𑖲は妙、𑖟𑖴𑖬𑖿𑖘は見と譯す）。

しかるに火羅九曜にこれを水曜の心呪となされたるが、水曜と妙見との關係については、さらに考ふべきことである。

（三）心中心呪印

印、八葉、これを八師子印（幸心鈔二）といふ。薄二重幸聞記にいはく「七星加二妙見一、開七星促《ムレハ》妙見也」。覺禪抄にいはく「中觀二寶一。亮惠云、聖住寺聖人傳祕印也。八葉印、指末不レ曲。法三傳用二北斗印一、表二七星幷輔星一也」。祕鈔問答にいはく「心中心呪、寛助成就院抄云二尊星王心呪一、三井寺明匠顯寂師心譽僧正傳云云。或云、八葉印裏書、觀二寶珠一不レ可レ然云云、今尊又寶珠爲二三形一、何不レ觀レ之。勸修寺後二呪倶用二金合一、勝倶胝院第三言用二被甲印一」。

眞　言

𑖌𑖼（歸命）。𑖦《マ》𑖎《カ》（大）𑖫𑖿𑖨𑖱《シリ》𑖧𑖸《エイ》（吉祥）𑖕𑖿𑖨𑖱《ジリ》𑖪𑖸《ベイ》（天）。𑖦𑖯𑖎（𑖕𑖿𑖨𑖱𑖪𑖸又は𑖝𑖿𑖨𑖱𑖪𑖸につくる、𑖝𑖿𑖨𑖱𑖪𑖸は𑖝𑖿𑖨𑖰𑖪𑖸と同じ）。

妙見に三呪あるなか、後の二呪は經軌に本說これなく、師傳によつてこれを用ふる。故に西院金玉にいはく「私云、心呪、心中心呪彼經無レ之、是師傳也……七卷抄云、尊星王心呪、心譽僧正傳云云」。

第二節　北斗七星

一、總印言

(一) 召北斗印言

印、虛心合掌、以大指捻無名指甲、二中指二小指如蓮葉、二頭指小開屈來去。

眞言

曩莫三曼多那羅曩翳醯呬頗伊賀伊那伊迦伊囉伊

謨囉二合哆囉伽囉唅　娑嚩訶（翻經院軌）。

又の印、左拳安腰、右拳舒頭指來去、眞言用下總呪（中院北斗供）。又一傳にいはく、前印の二風少しく開きしまゝで招かざるときを根本印といふ、そして眞言はまた下の總呪を用ふると。故に覺禪抄北斗法にいはく「小野云、不召時爲根本印。口云、總呪根本言之傳受集ナリ」と。今私に傳受集を檢するにこれを見ない、遂つて細檢すべきである。眞言の句義に對して元海の厚造紙にいはく、

口云、此眞言頂輪王爲レ主召請七星云云。私云、頗伊破軍歟、自レ下次第上サマへ召請歟（大七八・二七六）。

これによらば、《ダラナウ》は金輪、《ハイ》は破軍、《カイ》は武曲、《ダイ》は廉貞、《キヤイ》は文曲、《ライ》は祿存、《ボウラタラ》は巨門、《ギヤラカン》は貪狼と配すべきである。

（二）　七星總印言

印、左右二火二空相係《かけて》捻レ之、二水合指前面二地二風張立（一行の北斗七星護摩法、同軌に云く「出阿陀蜜經」）。

安流北斗供にいはく、

北斗七星總印祕、二火屈與二二空一相捻如レ環日月輪、二水竪端合二地二風開竪、是顯二餘五星一。口云、日月火水木金土表ヲ也、北斗七星日月五星精也。右地廉木、右風武火、左風祿金、左地巨水、二水合文土、左右火空相係環轉日月輪也、日破月貪。又一本にいはく、印習二最祕一、屈二二火一與二二空一相捻如レ環云云、以二右輪一係二左上一相重表二日月兩輪一、二水端立合、二地二風開立、是顯二餘五星一……　相配如レ前、以レ之爲レ習可レ祕レ之。

又印、二手内相叉、以二二空一相叉二二水甲一、二火立合、二地二風開立如二五古杵一、是表二五星一云云、最祕印(同前)。

又印、以㆓八葉印㆒爲㆓八星總印㆒、金剛智軌云㆓北斗八星呪㆒又云㆓八女㆒、然者七星具㆓妙見㆒歟(同前)。

又印、二羽內縛竪㆓合二頭指㆒。小野傳云、水曜印云云。心覺云、北斗印可ㇾ尋、用㆓水曜㆒(覺禪抄北斗法)。

又印、普印(金剛合掌)、心覺用ㇾ之(同前)。

又印、二手合掌十指相著、二風二空極開ㇾ之、香隆寺傳(同前)。祕鈔問答にいはく「問、此印表示何等乎。答、御口決云、地水火三指端合、三指間離立、二風二空開立、作㆓四三形㆒表㆓七星㆒也」。幸心鈔二にいはく「此印七星形可ㇾ習也、右大指ヨリ始ㇾ之」と。このこゝろ右の大を貪、左の大を巨、同頭指を祿、右の頭指を文、二中を廉、二無名を武、二小を破に配すべきである。

眞言

唵 颯 哆 而 曩 野 伴 惹 密 惹 野 染 普 他 摩 娑嚩(二合) 弭 曩 囉 乞山(二合)

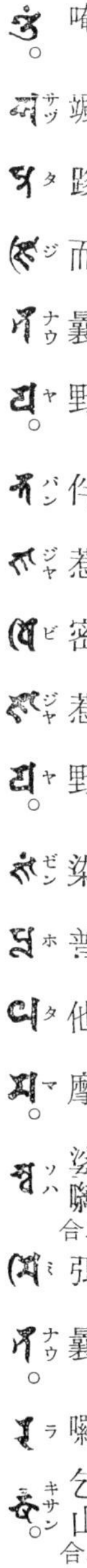

婆 嚩 都 莎 呵

この呪は七星念誦儀軌にいづる、かついはく「其印明出㆓金剛頂經七星品㆒」。印融の句義鈔によらば、

𑖭𑖢𑖿𑖝は七、𑖊𑖬𑖰𑖜𑖯𑖽は仁者仙者、𑖡𑖊𑖪𑖰𑖊𑖜𑖯𑖽は除障、𑖮𑖳𑖩𑖯𑖽は我、𑖨𑖎𑖿𑖬は因位の義である。

二、別印言

(一) 貪狼星

種子 𑖥𑖹《バイ》（安流星宿等印明其他）。　𑖪𑖰𑖎𑖿《ビク》（心覚）。

印、金剛合掌（七星共通）額にあつる。

眞言二首

一、𑖌𑖼。𑖠《ダ》𑖨𑖽《ラン》𑖜𑖰《ヂ》𑖠𑖨𑖽𑖜𑖰《〱》（總持々々）。𑖮𑖳𑖽《ウム》（成就）。

二、𑖡《ナウ》𑖦𑖾《マク》𑖭《サン》𑖦𑖡𑖿《マン》𑖝《ダ》𑖤𑖲《ボ》𑖠𑖿𑖠《ダ》𑖡𑖯𑖽《ナン》。𑖓𑖰《チ》𑖨《ラ》𑖮𑖿𑖨𑖰《ホリ》𑖜𑖰《ニ》𑖎𑖿𑖧《キヤ》𑖧𑖸《エイ》。𑖭𑖿𑖪𑖯𑖮𑖯。

(二) 巨門星

種子 𑖝𑖿𑖨𑖯《タヲ》（普通）。　𑖪𑖰《ビ》（心覚）。

印、金合面にあつる。

眞言二首

一、𑖌𑖼。𑖎𑖲《ク》𑖨𑖺《ロ》（所作）𑖠《ダ》𑖨《ラ》𑖝《タ》（堅持）。𑖮𑖳𑖽。

二、𑖡𑖦𑖾𑖭𑖦𑖡𑖿𑖝𑖤𑖲𑖠𑖿𑖠𑖯𑖡𑖯𑖽。𑖝𑖿𑖨《タラ》𑖝𑖿𑖨《〱》𑖝𑖿𑖨《〱》。𑖎《カ》𑖜𑖰《ニ》。𑖭𑖿𑖪𑖯𑖮𑖯。

(三) 祿存星

種子 《キヤ》（普通）。《ビイ》（心覺）。

印、金合左眼にあつる。

眞言二首

一、。《ハラ》《タ》《ギヤ》（勝如行）。。

二、。《キヤ》〈〈〈。《リ》《カ》〈。《ヤ》《リ》《ニ》。。

(四) 文曲星

種子 《ハラ》（普通）。《ロウ》（心覺）。

印、金合鼻にあつる。

眞言二首

一、。《イ》《リ》《ダ》《ラ》《タ》（欲樂堅持）。。

二、。《ハラ》〈。《バ》《ヤ》《ラ》。〈。。

(五) 廉貞星

種子 《タロ》（普通）。《カク》（心覺）。

印、金合右眼にあつる。

眞言二首

一、𑖌𑖼。𑖟𑖲《ド》𑖝《タ》𑖨《ラ》𑖜𑖰《ニ》（句義未勘）。𑖌𑖼。

二、𑖡𑖦𑖾𑖭𑖦𑖡𑖿𑖝𑖤𑖲𑖟𑖿𑖠𑖯𑖡𑖯𑖽。𑖐《ギヤ》𑖐《〱》𑖐《〱》。𑖨𑖰《リ》𑖎《カ》𑖨𑖰《〱》𑖎。𑖧《ヤ》𑖨𑖰《リ》𑖜𑖰《ニ》。𑖭𑖿𑖪𑖯𑖮𑖯。

（六）武曲星

種子　𑖡𑖺《ナウ》（普通）。　𑖀𑖾《ア、ク》（心覺）。

印、金合口にあつる。

眞言二首

一、𑖌𑖼。𑖐《ギヤ》𑖝𑖿𑖨𑖺《トロ》（去來無塵垢）。𑖮𑖳𑖽。

二、𑖡𑖦𑖾𑖭𑖦𑖡𑖿𑖝𑖤𑖲𑖟𑖿𑖠𑖯𑖡𑖯𑖽。𑖘𑖽《タウ》𑖘𑖽《〲》。𑖨𑖰《リ》𑖨𑖰《リ》。𑖐《ギヤ》𑖐《〱》𑖫《シヤ》。𑖨𑖰《リ》𑖎《カ》𑖨𑖰《リ》𑖎《カ》。𑖧《ヤ》𑖨𑖰《リ》𑖜𑖰《ニ》。𑖭𑖿𑖪𑖯𑖮𑖯。

（七）破軍星

種子　𑖪《バ》（普通）。　𑖮𑖳𑖽《ウム》（心覺）。

印、金合頤（一本頭につくる）にあつる。

眞言二首

一、。《バ》《サ》《ダ》（住處）。《カン》《タ》（擁護）。。

二、《バ》《タイ》。《タラ》《バ》《タイ》。《バ》《リ》《く》。《カ》《リ》《シャ》《ニ》。

。

以上、種子に二種あるなかの第一種は、安流の星宿等印明・北斗供及び諸流共通し、第二種は覺禪抄北斗法にあぐる心覺の說なるが、覺禪はこれに對して「私云、七佛藥師種子歟、本地故也」といつてゐる。印は又前記諸流の所用であり、眞言に二首あるなかの第一は諸流の所用、第二は義淨譯の五大尊式儀軌（僞經か）の所說といはれ、叡山延懷の所用にして、仁海の小野六帖（六八）にあぐるものである。要之、以上の別呪は經軌に本說の求むべきなく、全く師資相傳に屬する。又第一に對する句義は印融の句義鈔によりしものである。

三、七星符

貪

禄

廉

破

巨

文

武

このなかにおいて自己本命星の符を佩帶すれば大吉祥なりといはるゝ、これ卽ち七星延命經の所說である。

第三節　九　曜

一、總　言　印

印、定慧堅固合、雙建空輪、竪立同於幢、一切執曜印（熾盛光佛頂軌、大一九・三四六）。これに對して胎藏口決西大寺兼松橋には「私云、虛合二掌間少博《ヒロゲ》、二大離風並立也云云」といひ、三寶院一本の次第には「鉢印、定慧團而端合、二空退竪合當心」といひ、同薄初重（八之二）には「七曜九執十二宮總印、入佛三昧耶印也、定慧團而端合、二空退立當心」といへるなどは聊さか本軌と相違するも、三憲北斗護摩次第に「諸曜總印、二手合掌二空相並與餘指相離」といへるは符合する。印母が堅實か虛合か紛らはしきも、一行の宿曜儀軌に「九執曜天印、堅固合掌、並二空直立當心、以二空召之」とあるから、堅實となすべきである。又の印、金剛合掌（安流星宿等印明）。

眞　言

都請召諸天及七曜十二宮神二十八宿諸執幷地天等眞言曰

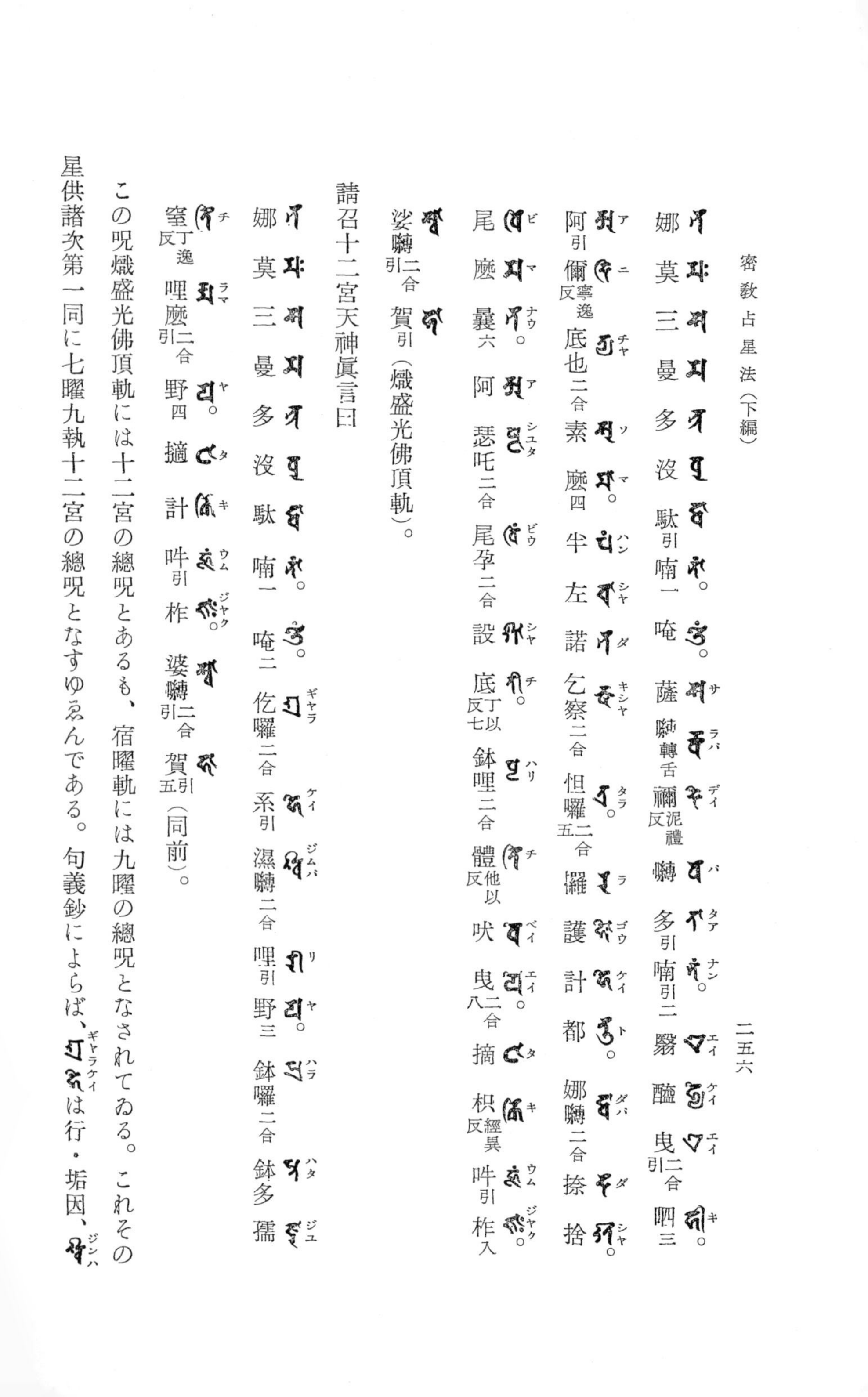

娜莫三曼多沒馱引喃一唵薩嚩轉舌禰泥禮反嚩多引喃引二翳醯曳引二合呬三

阿引儞寧逸反底也二合素麼四半左諾乞察二合怛囉五二合攞護計都娜嚩二合捺捨

尾麼曩六阿瑟吒二合尾孕二合設底丁以反七鉢哩二合體他以反吠曳八二合摘枳經異反吽引柞入

娑嚩引二合賀引（熾盛光佛頂軌）。

請召十二宮天神眞言曰

娜莫三曼多沒馱喃一唵二仡囉二合系引濕嚩二合哩引野三鉢囉二合鉢多孺

窒丁逸反哩麼引二合野四摘計吽引柞娑嚩引二合賀引五（同前）。

この呪熾盛光佛頂軌には十二宮の總呪とあるも、宿曜軌には九曜の總呪となされてゐる。これその星供諸次第一同に七曜九執十二宮の總呪となすゆゑんである。句義鈔によらば、《ギヤラケイ》は行・垢因、《ジンハ》

〓《リヤ》は自在、〓《ハラハタ》は得、〓《ジユチ》は明、〓《ラマヤ》は性である。

二、別　印　言

（一）日　　曜

種子　〓。

印、先合掌風以下四指頭相拄、前方大開、二空各著二風側一（七星護摩法一行）。しかるに諸流の次第を見るにすべて「合掌風以下四指頭相拄、前方大開、以二二空頭一各拄二水下節一」（安流星宿等印明等）となつてゐる。

眞言

〓《ナウ》〓《ボウ》〓《アラ》〓《タンナウ》。〓《タラ》〓《ヤア》〓《ヤ》（敬禮三寶）。〓《ナウ》〓《マク》（敬禮）。〓《ソ》〓《リヤ》（日）。〓《サ》〓《ラバ》（一切）。

曩　謨　羅　怛曩二合　怛羅　夜引　野　曩　莫　索　里野　薩　嚩

〓《ナウ》〓《キシヤ》〓《タラ》（星）〓《アラン》〓《ジヤ》〓《ヤ》（王）。〓（歸命）。〓《ア》〓《ボ》〓《ギヤ》（不空）〓《シヤ》各位。〓《セン》〓《デ》〓

曩　乞灑二合　怛羅二合　羅　若　野　唵引　阿　謨　伽　寫　設　底　娑嚩二合

〓

賀（七星護摩法・宿曜軌・梵天火羅九曜・九曜祕曆、句義は句義鈔）。

火羅九曜にいはく、

此星眞言不可思議、若至心帶佩幷供養、一年非横不レ死。

又呪

。ア《ア》ニ《ニ》チヤ《チヤ》（日）。シリ《シリ》（吉祥）。（諸流次第）。

以下、異印言

日天法印呪第十一

先背二兩手一、中指無名指小指等背竪使レ齊、以二二頭指一斜直頭相拄、以二二大指一側屈捻《メ》二頭指側本節文一、大指來去（淨嚴云、似二燒香印一、六指表二光炎一大頭日輪也）。呪曰、

唵一　娑訶　薩囉二　囉上聲　濕迷二合三　莎去聲訶四

。サ《サ》カ《カ》サラ《サラ》（千也）。アラ《アラ》シメイ《シメイ》（光明也）。。

是法印呪、若有下受二持此印一、誦レ呪日々供中養日天子上者一切無レ病、若在二佛前一爲二供養一者諸佛歡喜。

日天子供養印第十二（不レ見二別呪一捺）右手無名指小指屈在二掌中一、以二大指一捺《ヲセ》二無名指小指上節一、中指直竪少屈頭指一、指頭側著二中指上節一、即以二左手四指一把《ニギリ》レ腕、大指把著《ケ》二右手腕背一、小指斜伸屈、右臂肘直向レ上竪（右如二燈明印一捺）。

以上、陀羅尼集經十二（大一八・八七九）。

日曜太陽眞言印

那莫一句三滿多沒馱引喃二引那莫三惹嚩二合羅引提鉢底曳四莎引賀五引

○ ○ ○ ジムバ ラ ヂ ハ チ エイ○ ○

印、左拳覆、右拳竪向」左。

星明眞言

那莫一句三滿多沒馱引喃二引那謨三引囉怛那二合怛囉二合夜引野四那莫蘇引

○ ○ ナウ ボウ○ アラ タンナウ タラ ヤア ヤ○ ナウ マク ソリ

哩也二合五薩里嚩二合誐囉二合訶六羅引惹引野七阿目葛寫奉爲丕圖克永協玉燭於四時□德惟新御金輪萬秋扇引底

エイ○ サラ ベイ ギヤラ カ○ アラン ジヤ ヤ○ ア ボ カ シヤ セン ヂ

酤嚕八莎引賀九引

ク ロ○ ○

印、內縛二風開立、二大合立。

日天子眞言印

那莫一句三滿多沒馱引南二引唵三引阿引爾參引野四莎引賀五引

○ ○ ○ ア ニ チヤ ヤ○ ○

印、外縛二無名二中共立少開、二大立合、二風押二二中第一節一。

日天眞言

唵引一句 嚩 惹囉引二合 崑 拏二 哩 吽三

𑖌𑖼。 𑖪《バ》 𑖕𑖿𑖨《ザラ》 𑖎𑖲𑖽《クン》 𑖚《ダ》。 𑖩𑖰《リ》 𑖮𑖳𑖽。

天后眞言

唵引一句 嚩 惹囉引二合 蜜里二合 多二 吽引三。

𑖌𑖼。 𑖪 𑖕𑖿𑖨 𑖦𑖴《ミリ》 𑖝《タ》。 𑖮𑖳𑖽。

印、日天、二掌向レ外二大並立。后印、これなし、日天に准ずる意か。

以上、脊然請來の胎藏軌（大圖八・七）抄出、印はその印圖を見て私に記す。

太陽星印言

內縛、唵阿泥底也室哩𑖭𑖿𑖪𑖯𑖮𑖯。

眷屬星九十億恒河沙八萬九千七百八星。

普印（金合）、唵多々禮曳𑖭𑖿𑖪𑖯𑖮𑖯。

以上安流星之行度知事。

一切日天呪曰

吽馱羅末底波多曳莎呵。

以上、大佛頂別行法（大一九・一八七）。

日天眞言印

南　麼　三　曼　多　勃　馱　喃一　阿去　儞　怛夜二合　野二　娑　訶三（大日經二、眞言藏品）。

（字體は眞言藏）。

次日天子眞言、阿本不生也、地與也、多邪二合也日也、以二初阿字一爲二種子一、卽本不生義也。自通二達此理一而授二與人一、卽是常利二益衆生一義、猶如二彼日一也、世人謂レ日爲二常利益衆生者一（大疏一〇）。

印、以二定慧手一顯現合掌、屈二虛空輪一置二水輪側一、是日天輿輅印（大日經四、密印品）。

大疏十四にこの印を釋していはく「次顯露合掌、乃屈二二風指頭一、捻二火指第三節背上一、令下與二其二水指頭一相到上也、其二水指亦在二中指第三節之背一也」と。顯現合掌といひ顯露合掌といふは、大疏十三にあぐる十二合掌中、第五の嗢多那若合掌にして、卽ち「第五次又以二兩掌一仰而相並、令二倶向一上正相並鋪レ之、名二嗢多那上若合掌一（此云二露也一）」といへるこれである。演奧鈔（四四）にこれを、第五等者、私云、二手仰而相並、側二合兩掌一向レ上也。鋪滂模切、布也（小補平虞）。最珍抄云、仰二兩掌一相並、全非二合掌一如何。答、兩掌相近皆名二合掌一已上。梵云二𑖨𑖺嚧𑖝多𑖡那𑖕惹一と釋し、この顯現合掌を印母とする輿輅印を同書（四七）に左の如く釋する。

義釋十云、次日天車輅印、顯現合掌乃屈二二風指頭一、捻二火指第三節背上一、令三與二二水指頭一相到上也、其二水指亦在二中指之背一也。別本、仰二定慧手一並レ之、以レ空各捻二二水下文一、以レ風各繳二火背一、即是與レ疏不レ同、審勘レ之四十六左。青軌下云、日天、福智仰水入空持レ側、火風輪欲二相並一、舒二二地輪一合十五左。私云、此日天印、經及儀軌其相頗同。延次云、福智顯現印、二水入レ掌二火立合、二空入レ掌押二二水側一、二風竪散已上。此說依二經軌一歟、但二風竪散未レ見二說處一。今釋與二經軌一異、又義釋別本違二儀軌說一、更詳已上。光云、所引青軌作二火風輪欲相並一、現本作二火輪欲相並一、此軌本是五言偈頌、然乃火風欲二相並一之寫誤乎。又四部軌中、廣中之廿五右。攝中之卅七右、二軌全同二經說一、青軌亦大同レ經、玄軌全同二疏說一。彼曰、日天、福智仰風水加二火背一、其狀車輅形下之廿四右。

（二）月　曜

種子　𑖭𑖺《ソ》又は𑖭𑖼《ソウ》。

印、右手作レ拳安レ腰、左手五指相著竪レ之、少屈其高少許過レ肩（一本、眉）、即成、蓮花中想レ有二潔白月一（安流星宿等印明等）。

眞言

（歸命）。《セン》《ダラ》（月）。《ナウ》《キシヤ》《タラ》（星）《アラン》《ジヤ》《ヤ》（王）。《ア》《ボ》《キヤ》《シヤ》名位。

唵　戰上　怛羅二合　曩　乞灑引二合　怛羅二合　邏　惹　野　唵　阿　謨　伽　寫

《セン》《ヂ》（寂災）

設　底　娑婆　賀（七星護摩法・宿曜軌・火羅九曜・祕曆、字體は眞言藏、句義は句義鈔）。

又呪

。《ソ》《マ》（月）。《シリ》（吉祥）。（諸流次第）。

以下、異印言

月天、曩謨三滿跢沒馱喃。唵引蘇上摩野娑嚩二合賀引（熾盛光陀羅尼經）。

月天印、定手火空相捻餘直竪、如レ持蓮華一（七星護摩法）。

以三三昧手一作二蓮華相一、因作二潔白觀一、是月天印（大日經密印品）。

これらは安流星宿印明等の本説である。

月天眞言曰

南麼三曼多勃馱喃一戰捺羅引合二也二娑訶三（同眞言藏品）。

次月天子眞言、戰不死也、達囉卽月名也、以二初字一爲レ體。若不死者則亦不生、不生不死者是名二甘露一。

世人以下月能除二毒熱煩惱一同中於甘露上故以爲レ名、一切甘露之味無レ過二淨月三昧一也（大疏一〇）。

一切月天呪曰、吽蘇摩底波多曳莎呵（大佛頂別行法）。

太陰星印言

金剛合掌、唵戰捺羅野[illegible][illegible]。

眷屬十萬億恒河沙八千百六十二星。

合掌、唵嚩曰羅吽吽[illegible][illegible]（星之行度）。

月天眞言

唵引一句　嚩　惹囉二合　鉢囉二合　婆二　吽引三

[illegible]。　[illegible]　[illegible]　[illegible]《ハラ》　[illegible]《バ》。　[illegible]。

印、如二法界定印一二大離立。

天后眞言

唵引一句　嚩　惹囉二合　葛　里帝二合二　吽引三

[illegible]。　[illegible]　[illegible]　[illegible]《カ》　[illegible]《リチ》。　[illegible]。

月曜太陰眞言

那莫一句三滿多沒馱引喃二引那莫三阿密哩二合多誐哩毗四莎引賀五引

𑖡𑖦𑖾。𑖭𑖦𑖡𑖿𑖝𑖤𑖲𑖟𑖿𑖠𑖯𑖡𑖯𑖽。𑖡𑖦𑖾。𑖀《ア》𑖦𑖴《ミリ》𑖝《タ》𑖐𑖨𑖿𑖥《ギャラ》𑖸《ベイ》。𑖭𑖿𑖪𑖯𑖮𑖯。

印、右拳覆左拳立向㆑外。

星明眞言

那莫一句三滿多沒馱引喃二引那謨三引囉怛那二合怛囉二合夜引野四唵五引贊捺囉二合

𑖡𑖦𑖾。𑖭𑖦𑖡𑖿𑖝𑖤𑖲𑖟𑖿𑖠𑖯𑖡𑖯𑖽。𑖡𑖦𑖺。𑖨𑖝𑖿𑖡𑖝𑖿𑖨𑖧𑖯𑖧。𑖌𑖼。𑖓𑖽《セン》𑖟𑖿𑖨《ダラ》

諾剎怛囉二合囉引惹引野六阿目葛寫（奉爲丕圖克永協玉燭於四時　口德惟新御金輪於萬秋）扇引底酤嚕七引莎引賀八引

𑖡《ダ》𑖎𑖿𑖬《キシャ》𑖝𑖿𑖨《タラク》𑖨𑖯𑖕𑖯𑖧。𑖀《ア》𑖤𑖺《ボ》𑖏《カ》𑖫《シャ》𑖫𑖯𑖽《セン》𑖝𑖰《ヂ》𑖎𑖲《ク》𑖨𑖲《ロ》。𑖭𑖿𑖪𑖯𑖮𑖯。

印、如㆓法界定印㆒二大離立。

月天子眞言

那莫一句三滿多沒馱引喃二引唵三引贊捺囉引二合野四莎引賀五引

𑖡𑖦𑖾。𑖭𑖦𑖡𑖿𑖝𑖤𑖲𑖟𑖿𑖠𑖯𑖡𑖯𑖽。𑖌𑖼。𑖓𑖽《セン》𑖟𑖿𑖨𑖯《ダラ》𑖧。𑖭𑖿𑖪𑖯𑖮𑖯。

印、右火空相捻餘三指竪、左拳。

以上、胎藏軌。

（三）火　曜

種子[梵字]。

印、左手作レ拳安レ腰右手五指直竪相著、屈レ空納二著掌中一、風屈二中節一與二娑嚩訶一相招（七星護摩法、諸流次第これによる）。

眞　言

[梵字]。[梵字]《ア》[梵字]《ギャ》[梵字]《ラ》[梵字]《キャ》（火）。[梵字]《ロ》[梵字]《ギ》[梵字]《ヤ》（或ひは[梵字]《ア》[梵字]《ロ》[梵字]《ギ》[梵字]《ヤ》につくる）名位。[梵字][梵字]。

又　呪

[梵字]。[梵字]《ア》[梵字]《ウギャ》[梵字]《ラ》[梵字]《カ》（火）。[梵字]《シリ》。[梵字][梵字]。

以上、眞言藏。

唵阿誐囉迦。阿魯名位儗野。娑嚩二合賀（七星護摩法・火羅九曜・宿曜軌・九曜祕曆）。

以下、異印言

熒惑星之印、外縛印。呪曰、唵摩利多[梵字][梵字]。

眷屬星八十億恒河沙五萬八千二百七十星。

八葉印、唵縛日羅帝曳吽[梵字][梵字]（星之行度）。

火星眞言曰

歸命唵摩利多莎婆訶（火羅九曜）。

七佛所説神呪經（二）にいはく、

我今日欲説大神呪、名具吒呼盧兜、晋言擁護國土濟拔諸王難、消伏諸姦非、療治衆生病厭禱及毒氣。

呼都帝晝盧。阿支不帝晝盧。閣摩帝晝盧。不梨帝囊帝晝盧。烏蘇兜帝晝盧。具帝々晝盧。耶摩蜜閣帝晝盧。不梨帝々晝盧。究守波帝晝盧。莎呵。

誦呪三遍、縷一色緋結作七結痛處繫。此大神呪能令諸國王幷及諸國土悉皆安隱、消災禳禍莫不由是。一切行人及疾病者、悉應讀誦皆令通利。若欲修行此陀羅尼者、一者斷酒、二者斷肉、三者斷辛、於三七日中香湯澡浴著新淨衣、若於塔中若空靜處安置佛像、燒香散花離衆憒閙、於六時中勤心讀誦懺悔十方、慚愧自責淨身口已應當讀誦。於一々時中三七二十一遍誦已默然、專心念我熒惑仙人五住菩薩、我今歸依、如是三説、如是説已默然而坐。我於爾時當往其所令其所求皆得成辦、亦當授與如意寶珠滅結使火、國土災祥豐儉疫氣悉皆禳之、當知是此大神呪力。

奝然の胎藏軌にいはく、

熒惑天眞言

唵引一句　嚩　惹囉二合　氷　誐　囉二　吽三引

𑖌𑖼。 𑖪 𑖕𑖿𑖨 𑖢𑖿𑖧《ヒャ》 𑖐𑖿𑖧《ウギャ》 𑖨《ラ》。 𑖮𑖳𑖽。

印、右拳覆、左掌竪大指分離。

天后眞言

唵引一句　嚩　惹囉二合　彌　坷　梨二　吽三引

𑖌𑖼。 𑖪 𑖕𑖿𑖨 𑖦𑖰《ミ》 𑖏《キャ》 𑖨𑖰《リ》。 𑖮𑖳𑖽。

火曜熒惑眞言

那　莫一句　三　滿　多　沒　馱引　喃二引　唵三引　阿　儗尼二合　阿　嚩　婆引　娑引　野四　莎引　賀五引

𑖡 𑖦𑖾。 𑖭 𑖦 𑖡𑖿𑖝 𑖤𑖲 𑖟𑖿𑖠 𑖡𑖯𑖽。 𑖌𑖼。 𑖀《ア》 𑖐𑖿𑖡𑖰《ギニ》 𑖀《ア》 𑖪《バ》 𑖥《バ》 𑖭《サ》 𑖧《ヤ》。 𑖭𑖿𑖪 𑖮。

印、左拳竪向右、右掌仰大頭二指相捻。

星明眞言

那　莫一句　三　滿　多　沒　馱引　喃二引　唵三引　盎　囉引　誐　歌引　野四　莎引　賀五引

𑖡 𑖦𑖾。 𑖭 𑖦 𑖡𑖿𑖝 𑖤𑖲 𑖟𑖿𑖠 𑖡𑖯𑖽。 𑖌𑖼。 𑖀𑖽《アウ》 𑖐《ギャ》 𑖨 𑖎 𑖧。 𑖭𑖿𑖪 𑖮。

印、左拳向右、右拳亦然。

（四）水　曜

種子 𑖤𑖺《ボ》。

印、二手内縛二頭圓合（眞言藏抄、これ卽ち水天の印）。

眞　言

𑖌𑖼 𑖤𑖺《ボ》 𑖟《ダ》（水）。𑖡《ナウ》 𑖎𑖿𑖬《キシャ》 𑖝𑖿𑖨《タラ》 𑖭𑖿𑖪《ソバ》 𑖥𑖰《ビ》 𑖡《ナウ》名位。𑖎𑖸《ケイ》 𑖝𑖲《ド》 𑖦《マ》（可噉）。𑖭𑖿𑖪𑖯 𑖮𑖯（宿曜軌・七星護摩法・祕曆・火羅九曜）。

又　呪

𑖌𑖼 𑖤𑖺 𑖟 𑖫𑖿𑖨𑖱《シリ》 𑖭𑖿𑖪𑖯 𑖮𑖯（諸流次第、以上の字體は眞言藏）。

以下、異印言

唵倶悉陀。他姪佗利多。崖々紫々儞帝。莎婆訶。

唵蘇底哩二合瑟吒莎婆訶（火羅九曜）。

水曜北辰星印、合掌當左目。呪曰（次前二呪中の前呪を用ふ）。

眷屬星二十萬恒河沙八十二星。

八葉印、唵信帝利々々々。叶々曳𑖭𑖿𑖪𑖯 𑖮𑖯（星之行度）。

水曜辰星眞言

那莫一句三滿多沒駄引喃二引唵三引栗絕誐拏引野四剌尼剌尼五莎引賀六引

。。。《リ》《シ》《ギャ》《ダア》《ヤ》。《ラ》《ニ》。。

印、左拳安レ胸、右拳竪二頭指一。

星明眞言

那莫一句三滿多沒駄引喃二引唵三引沒駄引野四諾刹怛囉引二合野五莎引賀六引

。。。《ボ》《ダ》《ヤ》。《ダ》《キシャ》《タラ》《ヤ》。。

印、左拳覆、右掌向レ外（胎藏軌）。

（五）木曜

種子《ビリ》。

印、鉢印（諸流次第）。

眞言

。《ボラ》《カ》《サムハ》《チ》（木）。《ナウ》《マ》（敬禮）。《ヒ》《タ》《バナウ》《ヤ》名位。《マ》《ラ》（鬘）。《バ》《ラダ》《ニ》（與願）。

（祕曆・宿曜軌・七星護摩法）。

又呪

（眞言藏等）。

曩謨三曼多沒馱南。唵印那羅野娑婆賀（火羅九曜）。

東方木星印、二手金剛合掌、二空直立（七星護摩法）。

歳星印、合掌當右目。呪曰、唵印那羅野。

眷屬星八萬恒河沙十萬八千七十二星。

合掌開中指、多羅々々。欠《ケン》萬帝曳（星之行度）。

木曜歳星眞言

那莫一句三滿多沒馱引喃引二那莫三儞嚩喃引四虞訶也引二合怛摩二合蒲引誐引野五。

沙引賀引六

印、右大頭捻餘三竪向外、左拳覆。

星明眞言

那莫一句三滿多沒馱引喃引二唵引三沒哩二合訶薩鉢底喃引四必多嚩捺引野五

。。。《ビリ》《カ》《サ》《バ》《チ》《ナン》。《ビ》《タ》《バ》《ダ》《ヤ》。

薩摩嚩哩多二合泥六莎引賀引七

《サン》《マ》《バ》《リタ》《ネイ》。。

印、左掌仰大指横」内、右拳覆（胎藏軌）。

（六）金　曜

種子　《シユ》

印、二羽内縛舒立二中指叉、如愛染弓箭印、但右中稍屈（眞言藏㧞・諸流次第）。

眞　言

。《シユ》《キヤラ》（金）《ギヤ》《ダバ》《ラバ》。《アラン》《ジヤ》《ヤ》名位。《シリ》（吉祥）《キヤ》《リ》（所作）。（宿曜軌・火羅九曜・七星護摩法・祕曆）。

又　呪

。《シユ》《キヤラ》《シリ》（眞言藏・諸流次第）。

以下、異印言

西方金星印、二手合掌、二空直立（七星護摩法）。

歸命唵。吠尾野娑婆訶（火羅九曜）。

太白星印、合掌當レ口、唵吠尾。

眷屬八萬恒河沙十二萬二千星。

合掌、唵多陀伽多吽々（星之行度）。

今欲下說二神呪一幷護中其國土上、有レ呪名二阿那呼吒盧一（晉言二擁護國土及閻浮提一方衆生故一）。

波吒呼婆盧。閻摩呼婆盧。焰摩兜呼婆盧。烏闍那呼婆盧。焰摩呼婆盧。烏晝呼婆盧。具闍呵呼婆盧。胡若兜呼婆盧。莎呵。誦レ呪三遍、縷二色黄白結作二一結一繫レ項。此大神呪乃是過去三恒河沙諸佛所說、我於二過去一從二諸佛所一得レ聞二是呪一、從レ是以來已經二百劫一、所修功德於二神仙中一無二能及者一（七佛所說神呪經二一）。

金曜太白眞言

那莫一句三滿多沒馱引喃引二那莫三嚩蘇末底四惹野室哩二合引曳五莎引賀引六

印、左掌仰垂開二大指一、右手覆頭指拄二中指背一小指少屈。

星明眞言

那莫一句三滿多沒馱引喃二引唵三引輸《シュ》引葛囉《キャラ》二合誐《ギャ》馱《ダ》四囀《バ》囉《ラ》々々五囉引《アラン》惹《ジャ》引

野《ヤ》室哩《シリ》引二合葛《カ》哩《リ》六莎引賀引七

印、右掌竪向外、左拳（胎藏軌）。

大集經二十三淨目品第五にいはく、

爾時會中有二一天子一名曰二明星一、白レ佛言、世尊若菩薩摩訶薩初修二慈心一、如レ是慈心有二何等果一、爲二是現在一、爲レ在二未來一、具二足成就幾所福德一……爾時明星天子聞二是法一時、於二諸禪定一出入自在。無勝意童子白レ佛言、世尊如レ是天子、以二何力一故於二禪定中一速入速出。佛言、善男子是天子者、已於二無量諸如來所一殖二諸善根一、無量世中修二法緣慈一、本願力故生二四天處一、在二日天前十千由旬一。所住宮殿縱廣二萬二千由旬、琉璃所成、前後左右滿二十由旬一、諸天男女而共圍遶。是人在レ中離二其眷屬一三由旬所、獨坐二寶床一出二入禪定一一日一夜。此四天下有二八十天處・六十龍處・四阿修羅處・四迦樓羅處・五十二緊那羅處・四十六摩睺羅伽處・八拘辨荼處・三十富單餓鬼處・三十毘舍遮處一、於二如レ是處一悉能調二伏如レ是衆生。以本願力故往昔發願、此閻浮提夜五分過餘一分在、當在日前十千由旬、先當破壞閻浮提闇而作明相。若閻浮提諸善衆生、欲度生死修禪定者、當爲是人除去睡眠施其念力。若欲見我、我當於夢現作和上師長父母。若有凡夫修集外道、我當破壞其人邪心示以正道。若有衆生於世間事及出世事生懈怠者、覩見我已除去懈怠勤修事業。若有衆生迷失正路、得見我時則還見道。若有衆生身遇重病、得見我者苦痛休息、身得安眠受大快樂。若有老人身受衆苦心多忘誤、得見我者還得念心。然我出時能令衆生繫心念善。若有衆生命將欲盡、最後一念我當爲說大乘經典、彼既聞已面見佛像、捨身得生淨佛世界。若有欲求辟支佛者、我當爲說辟支佛乘。若有欲求聲聞乘者、我當爲說聲聞乘。若有衆生有三惡業、聞我說法惡業即滅。世尊我先行於閻浮提國、然後次行於瞿陀尼、々々々後次鬱單曰、々々々後次弗婆提。以如是等本願力故、常得修行六波羅蜜、乃至得成阿耨多羅三藐三菩提。爾時明星天子白佛言、世尊我今爲欲利益一切衆生故說此陀羅尼。

盧遮羅一。盧遮羅二。盧遮那三。娑羅叉婆四。娑羅叉婆五。娑羅叉婆六。阿嘍呵々七。阿嘍特茶八。阿婆闍婆九。阿婆叉那十。阿叉々々十一。富羅婆羅十二。阿婆叉々十三。闍婆々々十四。摩呵迦波十五。阿婆々々十六。摩呵娑摩十七。頻豆十八。莎闍羯波十九。阿韓二十。阿韓二十一。呵々尼摩二十二。沫羅莎律闍二十三。

迦留那闍邏二十四。莎呵。
世尊若有二比丘々々尼・優婆塞・優婆夷・若男若女・若大若小一、若有三至心念二我事一者、是人則得下淨二於諸業一、神通施戒忍辱精進、禪定智慧解脱、佛土四無礙智上。如レ是諸人不レ得レ成二就如レ是事一者、我則欺二誑十方諸佛一、於二未來世一亦莫レ令三我得二阿耨多羅三藐三菩提一。

（七）土　曜

種子《シャ》。

印、鉢印（地天の印）。七星護摩法にいはく、

先合掌風已下四指頭拄前方大開、二空各著二風側一。

眞　言

。《シャ》《デイ》《サニ》《ラ》（土）《ナウ》《キシャ》《タラ》（星）。《ハラ》《カ》《マ》《ナウ》（最勝意）。《ロ》《ハ》《ヤ》名位。《ホ》《シユチ》《キヤ》《リ》（作）。（七星護摩法・宿曜儀軌・祕曆・火羅九曜）。

又　呪

。《シャ》《ニ》《シシヤ》《ラ》《シセイ》《テイ》（土）。《シリ》（諸流次第）。

已下、異印言

唵戌々羯囉誐駄嚩二合囉嚩二合邏嚩二合邏若名位。室哩。娑婆二合賀（火羅九曜）。

鎮星之印、合掌當ㇾ鼻。唵贊計曳𑖭𑖿𑖪𑖯𑖮𑖯。

眷屬星二十八萬億恒河沙二千七百八十二星。

内縛印。唵多羅禮々々々吽𑖭𑖿𑖪𑖯𑖮𑖯（星之行度）。

鎮星天眞言

唵引一句　嚩　惹囉二合　母　娑　羅二　吽引三

𑖌𑖼。𑖪《バ》𑖕𑖿𑖨《ザラ》𑖦𑖲《ボ》𑖭《サ》𑖨《ラ》。𑖮𑖳𑖽。

印、左拳仰、右竪ㇾ掌大指離向ㇾ左。

天后眞言

唵引一句　嚩　惹囉引二合　凝寧引二合二　吽引三

𑖌𑖼。𑖪𑖕𑖿𑖨𑖐𑖰𑖜𑖰《ギニ》。𑖮𑖳𑖽。

土曜鎮星眞言

那莫一句　三　滿　多　沒　駄引　喃引二　那　莫三　設　嬭引　設　嬭引四　設泥　室左二合　囉引　野五

𑖡𑖦𑖾。𑖭𑖦𑖡𑖿𑖝𑖤𑖲𑖟𑖿𑖠𑖡𑖯𑖽。𑖡𑖦𑖾。𑖫《シャ》𑖡𑖸《ネイ》𑖫《シャ》𑖡𑖰《ニ》。𑖫𑖿𑖠《シダ》𑖫𑖿𑖓《シシャ》𑖨𑖯《ラ》𑖧《ヤ》。

舍引薩泥舍引末泥六引莎引賀七引

《シャ》《サ》《ニ》《シャ》《マ》《ニ》。。

印、左拳覆、右大指竪自餘屈。

星明眞言

那莫一句三滿多沒駄引喃二引唵三引設泥室左二合囉四諾刹怛囉引二合野五摩

。《シャ》《ニ》《シシャ》《ラ》。《ダ》《キシャ》《タラ》《ヤ》。《マ》

訶引捺引嚕引拏晡引瑟砧二合酤引嚕六莎引賀七引

《カ》《ダア》《ロ》《ダ》《ボウ》《シユチン》《ク》《ロ》。。

印、左掌竪屈頭指、右掌覆垂（胎藏軌）。

（八）羅睺

種子《ラ》。

印、二手各展五指向面（胎藏軌・眞言藏𢮃・諸流次第）。

眞言

。《ラ》《コ》《ナウ》（障日）。《ア》《ソ》《ラ》（非天）。《アラン》《ジヤ》《ヤ》（王）。《ソ》《マ》《シヤ》《ト》《ナウ》《ヤ》名位。

𑖫𑖯𑖽《セン》𑖝𑖰《ヂ》𑖎《キャ》𑖨𑖰《リ》（寂作）。𑖭𑖿𑖪𑖯 𑖮𑖯（七星護摩法・宿曜軌・火羅九曜・祕曆）。

又　呪

𑖌𑖼。𑖨《ラ》 𑖮𑖲《コ》 𑖫𑖿𑖨𑖱《シリ》 𑖭𑖿𑖪𑖯 𑖮𑖯（諸流次第）。

以下、異印言

二手金剛合掌、二空直立（七星護摩法）。

合掌當ㇾ頂。唵羅睺曩阿素羅々惹野。扇底迦里𑖭𑖿𑖪𑖯𑖮𑖯。

眷屬星八十萬恒河沙二萬三千二百七十星。

合掌當ㇾ頂。唵多羅曳々々々帝（星之行度）。

羅睺眞言

那莫一句三滿多沒駄引喃二引唵三引囉引訶尾四阿蘇囉囉引惹引野五莎引賀六引

𑖡 𑖦𑖾。𑖭 𑖦 𑖡𑖿𑖝 𑖤𑖲 𑖟𑖿𑖠𑖯 𑖡𑖯𑖽。𑖌𑖼。𑖨《ラ》 𑖮《カ》 𑖪𑖰《ベイ》。𑖀《ア》 𑖭𑖲《ソ》 𑖨《ラ》 𑖨𑖯𑖽《アラン》 𑖕《ジャア》 𑖧《ヤ》。𑖭𑖿𑖪𑖯 𑖮𑖯。

印、兩掌掩ㇾ面。

星明眞言

那莫一句三滿多沒駄引喃二引唵三引囉引護𧮓引摻四阿蘇囉囉引惹引野五蘇引

𑖡 𑖦𑖾。𑖭 𑖦 𑖡𑖿𑖝 𑖤𑖲 𑖟𑖿𑖠𑖯 𑖡𑖯𑖽。𑖌𑖼。𑖨《ラ》 𑖮𑖲《コ》 𑖠𑖽《ダン》 𑖫《シャ》。𑖀《ア》 𑖭𑖲《ソ》 𑖨《ラ》 𑖨𑖯𑖽《アラン》 𑖕《ジャア》 𑖧《ヤ》。𑖭𑖿𑖪《ソ》

摩　設　咄嚕引二合　赧引六　扇引　底　䩻　嚕七　莎引　賀引七
𑖦《マ》 𑖫《シャ》 𑖝𑖿𑖨𑖲《トロ》。 𑖟𑖽《ダン》。 𑖫𑖽《セン》 𑖝𑖰《ヂ》 𑖎𑖲《ク》 𑖨𑖲《ロ》。 𑖭𑖿𑖪𑖯 𑖮𑖯。

印、右加レ左各仰レ掌(胎藏軌)。

(九)計　都

種子 𑖎𑖸《ケイ》。

印、二手內縛、左中指押二右中指初節內一(眞言藏拵・諸流次第)。

眞　言

𑖌𑖼。 𑖪《バ》 𑖕𑖿𑖨《ザラ》(金剛)。 𑖎𑖸《ケイ》 𑖝𑖲《ト》(幢旗) 𑖡《ナウ》 𑖎𑖿𑖬《キシャ》 𑖝𑖿𑖨《タラ》(星) 𑖨𑖯《アラン》 𑖕《ジャ》 𑖧《ヤ》(王)名位。 𑖮𑖳𑖽。 𑖭𑖿𑖪𑖯 𑖮𑖯(七星護摩法・火羅九曜・宿曜軌・祕曆)。

又　呪

𑖌𑖼。 𑖎𑖸《ケイ》 𑖝𑖲《ト》 𑖫𑖿𑖨𑖱《シリ》 𑖭𑖿𑖪𑖯 𑖮𑖯(眞言藏・諸流次第)。

以下、異印言

計都星印、二手合掌、二空直立(七星護摩法)。

合掌開二小指無名指一。唵縛日羅計都曩乞殺怛羅々惹吽𑖭𑖿𑖪𑖯 𑖮𑖯。

眷屬星七十萬億恒河沙二千八百八十一星。

外縛印。唵縛日羅帝曳(星之行度)。

計都眞言

那莫一句三滿多沒馱引喃二引唵三引度《ド》摩《マ》訶《ケイ》都《ト》四引諾《ダ》叉《キシャ》怛囉《タラ》五二合囉引惹引野六

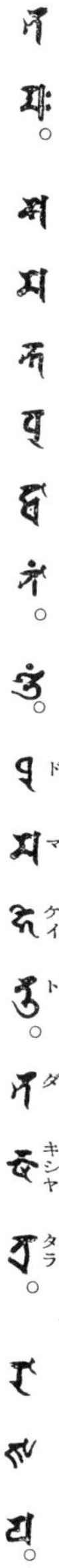

吽七引

印、右掌仰載二左拳一。

星明眞言

那莫一句三滿多沒馱引喃二引唵三引度《ド》摩《マ》計《ケイ》都《ト》四引諾《ダ》叉《キシャ》怛囉《タラ》五二合囉引惹引野六

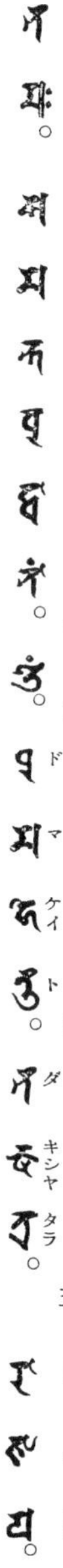

莎引賀七引

印、同前(胎藏軌)。

扃然の胎藏軌には九曜おの〳〵本印言の外に星明印言をあぐるが、この星明なるもの私において未詳である。

第四節　十二宮

一、總印言

前節總印言下の熾盛光佛頂軌を見られたい、胎藏軌は左の如くである。

十二宮辰眞言

那　莫一句　三　滿　多　沒　駄引　喃二引　屹囉二合　呬四　說　哩三　鉢囉二合引　鉢多二合四　哩儒二合引　帝哩　磨二合

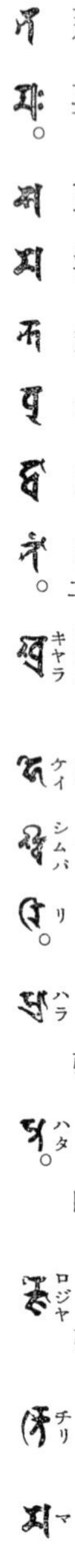

野五　莎引　賀引六

印、左右共火空相捻向」前。

二、別印言

（一）師子宮

種子　（眞言藏拵）。　（實運の諸尊要鈔一〇）。

印、すべて前の總印（虛合、二空極磔立。又は金合）を用ふ。

眞言

𑖌𑖼。𑖭𑖰𑖽《シウ》𑖮《カ》（師子）。𑖢《ハ》𑖝《タ》（主）𑖧𑖸《エイ》（助語）。𑖭𑖿𑖪𑖯𑖮𑖯（要鈔、字體は眞言藏、句義は句義鈔）。

（二）雙女宮

種子　𑖎𑖽《カン》（眞言藏㧐）。𑖎𑖸《ケイ》（安流星宿等印明）。[illegible]（要鈔）。

眞言

𑖌𑖼。𑖎《キャ》𑖡𑖿𑖧𑖯《ニャ》（小女）。𑖢《ハ》𑖝《タ》𑖧𑖸《エイ》𑖭𑖿𑖪𑖯𑖮𑖯。

（三）秤量宮

種子　𑖨𑖺《ロウ》（㧐）。𑖩𑖾《ラク》（安）。𑖫《シャ》（要）。

眞言

𑖌𑖼。𑖝𑖲《ト》𑖩𑖯《ラ》（秤）。𑖢𑖝𑖧𑖸𑖭𑖿𑖪𑖯𑖮𑖯。

（四）蝎蟲宮

種子　𑖪𑖴《ビリ》。

眞言

𑖌𑖼。𑖪𑖴《ビリ》𑖫𑖿𑖓𑖰《シ》𑖎《キャ》（蝎）。𑖢𑖝𑖧𑖸𑖭𑖿𑖪𑖯𑖮𑖯。

（五）弓　宮

種子　𑖟《ダ》。

眞　言

𑖌𑖼。𑖟𑖽《ダン》𑖠𑖲《ド》（弓）。[illegible]。

（六）摩竭宮

種子　𑖦《マ》。

眞　言

𑖌𑖼。𑖦《マ》𑖎𑖿𑖧《キヤ》𑖨《ラ》（鯨）。[illegible]。

（七）寶瓶宮

種子　𑖎𑖲《ク》。

眞　言

𑖌𑖼。𑖎𑖲《ク》𑖤𑖽《ハン》（瓶）。[illegible]。

（八）雙魚宮

種子　[illegible]。

眞言

𑖌𑖼。𑖦𑖱《ビ》𑖡《ナウ》(魚)。𑖨𑖫𑖧𑖸𑖭𑖿𑖪𑖯𑖮𑖯。

(九)白羊宮

種子　𑖦𑖸《メイ》。

眞言

𑖌𑖼。𑖦𑖸《メイ》𑖬《シャ》(白羊)。𑖨𑖫𑖧𑖸𑖭𑖿𑖪𑖯𑖮𑖯。

(一〇)牛密宮

種子　𑖎𑖿𑖧《キヤ》。

眞言

𑖌𑖼。𑖪𑖴《ビリ》𑖬《シャ》(牛密)。𑖨𑖫𑖧𑖸𑖭𑖿𑖪𑖯𑖮𑖯。

(一一)夫妻宮

種子　𑖎。𑖫𑖰《シ》(要)。

眞言

𑖌𑖼。𑖦𑖰《ビ》𑖞𑖲《ダ》𑖡《ナウ》(夫婦)。𑖨𑖫𑖧𑖸𑖭𑖿𑖪𑖯𑖮𑖯。

（一二）螃蟹宮

種子 𑖎。

眞　言

𑖌𑖼。𑖎《キヤ》𑖨𑖿𑖎《ラキヤ》𑖘《タ》𑖎《キヤ》（螃蟹）。𑖢𑖝𑖧𑖸𑖭𑖿𑖪𑖯𑖮𑖯。

第五節　二十八宿

一、總印言

印、堅固合掌、並二一空一直立當レ心以二一空一召レ之（宿曜軌・七星護摩法）。

定慧堅固合、雙建二二空輪一、竪立同二於幢一、一切執曜印。不レ改二前印相一、空火各相交、令二指著二手背一、是一切宿契（熾盛光佛頂軌・金剛頂瑜伽護摩軌）。

虛心合掌、二火外相叉二空亦相交（安流星宿等印明・諸流次第）。

以上の印母に堅實・虛心の二說あり、虛心は大師の胎藏梵字次第（全六・三五による）。

眞　言

𑖡𑖦𑖾𑖭𑖦𑖡𑖿𑖝𑖤𑖲𑖟𑖿𑖠𑖯𑖡𑖯𑖽。𑖡《ナウ》𑖎𑖿𑖬《キシヤ》𑖝𑖿𑖨《タラ》。𑖡𑖰《ニ》𑖨𑖿𑖜《リツ》（聲）𑖟《ダ》𑖡𑖰《ニ》𑖧𑖸《エイ》（食）。𑖭𑖿𑖪𑖯𑖮𑖯（胎藏

梵字眞言・金剛頂瑜伽護摩軌)。

又　呪

《ア》《シュタ》(八)《ビウ》《シャ》《チ》(二十)《ナン》。《ビャク》(星等)。《ニ》《ナウ》(聲)。《ニ》《エイ》(食)。《タ》《キ》《ウム》《ジャク》(熾盛光佛頂軌、字體は眞言藏)。

以下、異印言

二十八宿都名眞言

那莫一句三滿多沒駄引喃引二阿瑟吒二合引尾微里切設帝喃引三諾刹怛囉二合引赦引四

。《ア》《シュタ》《ビ》《シ》《チ》《ナン》。《ダ》《キシャ》《タラア》《ダン》。

泥儞引仁夜切惹泥曳五□計吽引六莎引賀引八

《ニ》《ゼイ》《ジャ》《ニ》《エイ》。。

印、金合(胎藏軌)。

二十八宿總印呪

合掌開二大指一。唵信禮曳々々々吽(星之行度)。

二、別　印　言

（一）昴　宿

種子《ロウ》（安流星宿等印明・諸尊要鈔等、以下これに准ぜよ）。

印、二十八宿はすべて前の總印を用ぶ、但し脩然の胎藏軌にはそれ〲の別印を圖する。

眞　言

。《キ》《リ》《チ》《キヤ》（名稱）。《ナウ》《キシヤ》《タラ》（要鈔・眞言藏等）。

又　呪

那莫一句三　滿　多　沒　馱引喃引二　唵引三　訖哩二合帝　歌引野四　莎引賀引五

。。《キリ》《チ》《カア》《ヤ》。。

印、金合（胎藏軌）。

（二）畢　宿

種子《ロウ》。

眞　言

。《ロ》《キ》《ニ》（長育）。。

又　呪

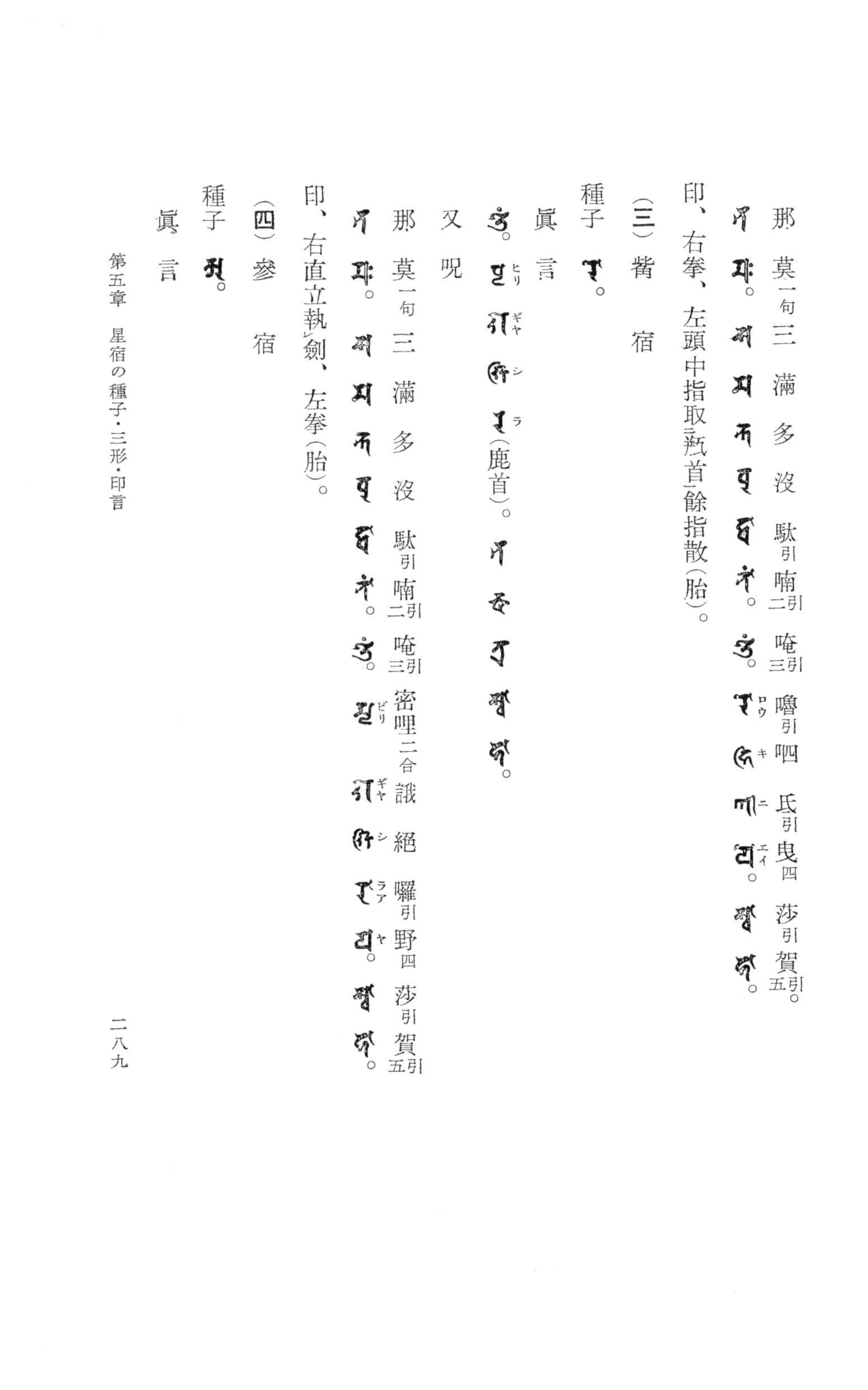

那莫一句三満多没駄引喃二引唵三引嚕引呬氏引曳四莎引賀五引。

。。。《ロウ》《キ》《ニ》《エイ》。。

印、右拳、左頭中指取瓶首餘指散(胎)。

(三)觜宿

種子。

眞言

。《ヒリ》《ギヤ》《シ》《ラ》(鹿首)。。

又呪

那莫一句三満多没駄引喃二引唵三引密哩二合誐絶囉引野四莎引賀五引

。。。《ビリ》《ギヤ》《シ》《ラア》《ヤ》。。

印、右直立執剣、左拳(胎)。

(四)參宿

種子。

眞言

𑖌𑖼。𑖀𑖽《アン》 𑖠𑖿𑖨《ダラ》（最取）。𑖡 𑖎𑖿𑖬 𑖝𑖿𑖨 𑖭𑖿𑖪𑖯 𑖮𑖯。

又呪

那莫一句三滿多沒駄引喃二引唵三引阿捺囉引二合野四莎引賀五引

𑖡 𑖦𑖾。𑖭 𑖦𑖽 𑖝 𑖤𑖲 𑖟𑖿𑖠𑖯 𑖡𑖯𑖽。𑖌𑖼。𑖀𑖽《アン》 𑖠𑖿𑖨《ダラ》 𑖧《ヤ》。𑖭𑖿𑖪𑖯 𑖮𑖯。

印、左掌安日、日中有烏、右拳（胎）。

（五）井宿

種子 𑖢𑖲《フ》。

眞言

𑖌𑖼。𑖢𑖲《ホ》 𑖡《ナウ》 𑖪《バ》 𑖭𑖲《ソ》（増財）。𑖡 𑖎𑖿𑖬 𑖝𑖿𑖨 𑖭𑖿𑖪𑖯 𑖮𑖯。

又呪

那莫一句三滿多沒駄引喃二引唵三引補那里嚩二合蘇四莎引賀五引

𑖡 𑖦𑖾。𑖭 𑖦𑖽 𑖝 𑖤𑖲 𑖟𑖿𑖠𑖯 𑖡𑖯𑖽。𑖌𑖼。𑖢𑖲《フ》 𑖡《ナウ》 𑖨𑖿𑖪《ラバ》 𑖭𑖲《ソ》。𑖭𑖿𑖪𑖯 𑖮𑖯。

印、右三戟、左拳（胎）。

（六）鬼宿

種子 𑖢𑖲《フ》。

眞言

𑖌𑖼。𑖪𑖰《ビ》𑖫《シャ》𑖧《ヤ》(熾盛)。𑖡𑖎𑖿𑖬𑖝𑖿𑖨𑖭𑖿𑖪𑖯𑖮𑖯。

又呪

那莫一句三滿多沒駄引喃二引唵三引補沙耶引二合野四莎引賀五引

𑖡𑖦𑖾。𑖭𑖦𑖡𑖿𑖝𑖤𑖲𑖟𑖿𑖠𑖯𑖡𑖯𑖽。𑖌𑖼。𑖢𑖲《フ》𑖬𑖿𑖧𑖯《シャア》𑖧《ヤ》。𑖭𑖿𑖪𑖯𑖮𑖯。

印、兩手共拳(胎)。

(七) 柳宿

種子 𑖀。

眞言

𑖌𑖼。𑖀《ア》𑖫《シャ》𑖩𑖸《レイ》𑖫《シャ》(不覲)。𑖡𑖎𑖿𑖬𑖝𑖿𑖨𑖭𑖿𑖪𑖯𑖮𑖯。

又呪

那莫一句三滿多沒駄引喃二引唵三引阿設梨二合沙引野四莎引賀五引

𑖡𑖦𑖾。𑖭𑖦𑖡𑖿𑖝𑖤𑖲𑖟𑖿𑖠𑖯𑖡𑖯𑖽。𑖌𑖼。𑖀《ア》𑖫𑖿𑖨𑖰《シリ》𑖬《シャ》𑖧《ヤ》。𑖭𑖿𑖪𑖯𑖮𑖯。

印、兩手共拳（胎）。

（八）星　宿

種子 𑖦《マ》。

眞　言

𑖌𑖼。𑖦《マ》 𑖑𑖯《ギャア》（土地）。𑖡 𑖎𑖿𑖬 𑖝𑖿𑖨 𑖭𑖿𑖪𑖯 𑖮𑖯。

又　呪

𑖡 𑖦𑖾。𑖭 𑖦 𑖡𑖿𑖝 𑖤𑖲 𑖠𑖿𑖠𑖯 𑖡𑖯𑖽。𑖌𑖼。𑖦《マ》 𑖑𑖯《ギャ》 𑖧《ヤ》。𑖭𑖿𑖪𑖯 𑖮𑖯。

那莫一句三滿多沒馱引喃二引唵三引摩伽引野四莎引賀五引

印、左持索、右拳（胎）。

（九）張　宿

種子 𑖣《ハア》。

眞　言

𑖌𑖼。𑖢𑖳《ホ》 𑖨𑖿𑖪《ラバ》 𑖣《ハラ》 𑖩𑖿𑖐𑖲《グ》（前德）。𑖡 𑖎𑖿𑖬 𑖝𑖿𑖨 𑖭𑖿𑖪𑖯 𑖮𑖯。

又　呪

那莫一句三滿多沒馱引喃二引唵三引布哩嚩二合發引囉虞引二合泥曳四莎引賀五引

〔梵字〕〔梵字〕。〔梵字〕〔梵字〕〔梵字〕〔梵字〕〔梵字〕。〔梵字〕。〔梵字〕《ホラ》〔梵字〕《バ》〔梵字〕《ハア》〔梵字〕《ラグ》〔梵字〕《ニ》〔梵字〕《エイ》。〔梵字〕〔梵字〕。

印、右大頭指二指執二小焰珠一、左拳(胎)。

（一〇）翼　宿

種子〔梵字〕《シ》。

眞　言

〔梵字〕。〔梵字〕《ウツ》〔梵字〕《タラ》〔梵字〕《ハラ》〔梵字〕《ログ》(北德)。〔梵字〕〔梵字〕〔梵字〕〔梵字〕〔梵字〕。

又　呪

那莫一句三滿多沒馱引喃二引唵三引嗢多囉發引囉虞引二合泥曳四莎引賀五引

〔梵字〕〔梵字〕。〔梵字〕〔梵字〕〔梵字〕〔梵字〕〔梵字〕。〔梵字〕。〔梵字〕《ウツ》〔梵字〕《タ》〔梵字〕《ラ》〔梵字〕《ハア》〔梵字〕《ラグ》〔梵字〕《ニ》〔梵字〕《エイ》。〔梵字〕〔梵字〕。

印、左拳竪、右手覆垂(胎)。

（一一）軫　宿

種子〔梵字〕。〔梵字〕《カア》(要)。

眞　言

𑖌𑖼。𑖎《カ》𑖭𑖿𑖝《サタ》（象）。𑖡 𑖎𑖿𑖬 𑖝𑖿𑖨 𑖭𑖿𑖪𑖯 𑖮𑖯。

又　呪

那莫一句三滿多沒駄引喃二引唵三引訶《カ》薩多二合曳《エイ》四莎引賀五引

𑖡 𑖦𑖾。𑖭 𑖦 𑖡𑖿𑖝 𑖤𑖲 𑖟𑖿𑖠𑖯 𑖡𑖯𑖽。𑖌𑖼。𑖎《カ》 𑖭𑖿𑖝《サタ》 𑖧𑖸。𑖭𑖿𑖪𑖯 𑖮𑖯。

印、左手覆垂、右大頭二指執二小焔珠一（胎）。

（一二）角　宿

種子 𑖭𑖰《シ》。

眞　言

𑖌𑖼。𑖓𑖰《シツ》 𑖝𑖿𑖨《タラ》（彩畫）。𑖡 𑖎𑖿𑖬 𑖝𑖿𑖨 𑖭𑖿𑖪𑖯 𑖮𑖯。

又　呪

那莫一句三滿多沒駄引喃二引唵三引唧恒羅引二合野《ヤ》四莎引賀五引

𑖡 𑖦𑖾。𑖭 𑖦 𑖡𑖿𑖝 𑖤𑖲 𑖟𑖿𑖠𑖯 𑖡𑖯𑖽。𑖌𑖼。𑖓𑖰《シツ》 𑖝𑖿𑖨《タラ》 𑖧《ヤ》。𑖭𑖿𑖪𑖯 𑖮𑖯。

印、左拳、右大頭二指執二小焔珠一（胎）。

（一三）亢　宿

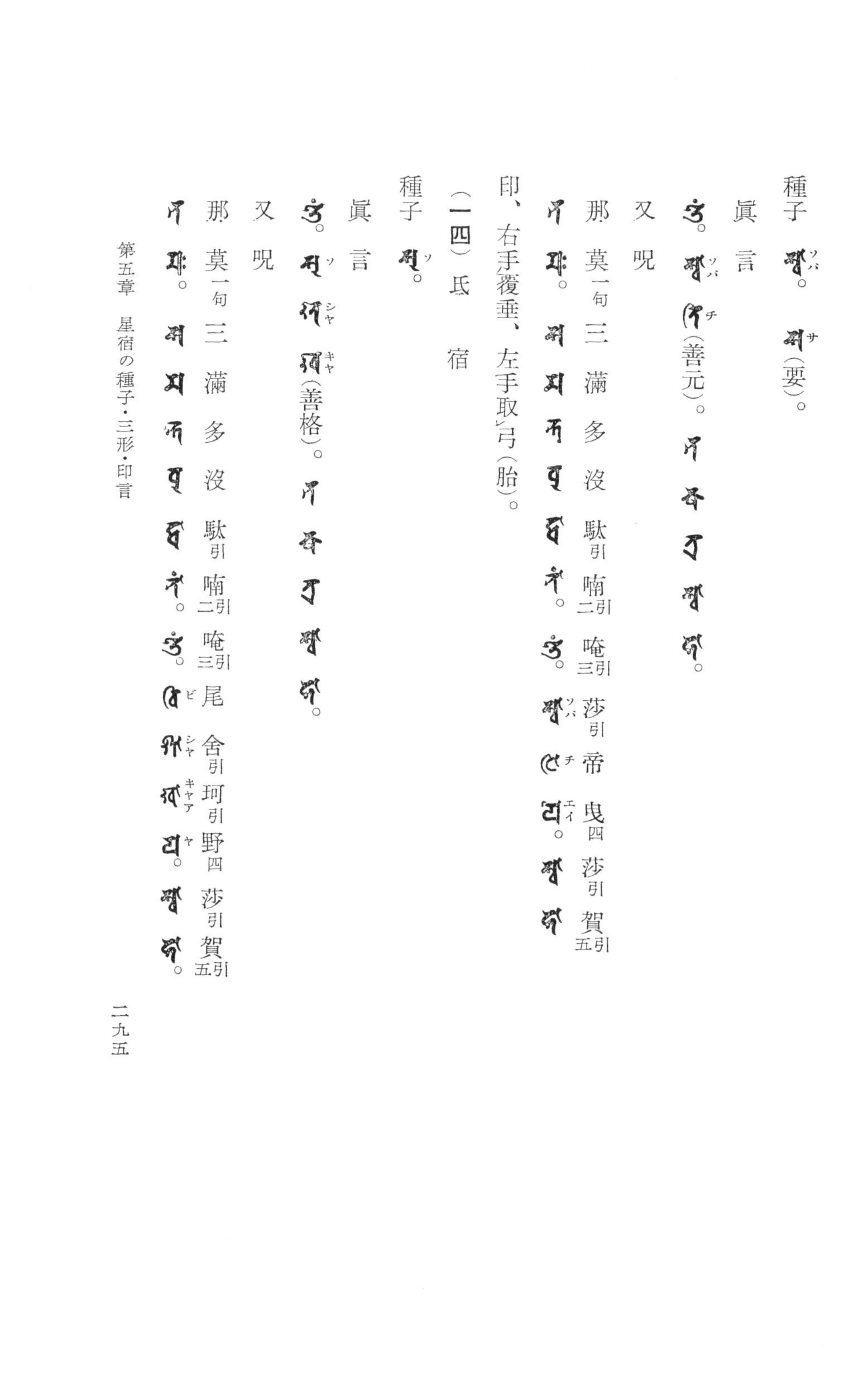

種子 《ソバ》。《サ》（要）。

眞言

。《ソバ》《チ》（善元）。。

又呪

那莫一句三滿多沒馱引喃二引唵三引莎引帝曳四莎引賀五引

。。。《ソバ》《チ》《エイ》。

印、右手覆垂、左手取レ弓（胎）。

（一四）氐宿

種子 《ソ》。

眞言

。《ソ》《シャ》《キャ》（善格）。。

又呪

那莫一句三滿多沒馱引喃二引唵三引尾舍引珂引野四莎引賀五引

。。。《ビ》《シャ》《キャア》《ヤ》。。

印、左手覆垂、右拳（胎）。

（一五）房　宿

種子 𑖀𑖽。

眞　言

𑖌𑖼。𑖀《ア》𑖡𑖲《ド》𑖨𑖯《ラ》𑖠《ダ》（悦可）。𑖡𑖎𑖿𑖬𑖝𑖿𑖨𑖭𑖿𑖪𑖯𑖮𑖯。

又　呪

那莫一句三滿多沒駄引喃二引唵三引阿奴囉引駄引野四莎引賀五引

𑖡𑖦𑖾。𑖭𑖦𑖡𑖿𑖝𑖤𑖲𑖟𑖿𑖠𑖯𑖡𑖯𑖽。𑖌𑖼。𑖀《ア》𑖡𑖲《ド》𑖨𑖯《ラ》𑖠𑖯《ダア》𑖧。𑖭𑖿𑖪𑖯𑖮𑖯。

印、内縛。

（一六）心　宿

種子 𑖕𑖸《ゼイ》。

眞　言

𑖌𑖼。𑖕𑖸《ゼイ》𑖬𑖿𑖙《シユタ》（齊長）。𑖡𑖎𑖿𑖬𑖝𑖿𑖨𑖭𑖿𑖪𑖯𑖮𑖯。

又　呪

那莫一句三滿多沒馱引喃二引唵三引𠰒《ゼイ》瑟姹《シュタ》引二合野四莎引賀五引

𑖡 𑖦𑖾。𑖭 𑖦 𑖡𑖿𑖝 𑖤𑖲 𑖟𑖿𑖠𑖯 𑖡𑖯𑖽。𑖌𑖽。𑖕𑖿𑖧𑖸 𑖬𑖿𑖘 𑖧。𑖭𑖿𑖪𑖯 𑖮𑖯。

印、左持二三股杵一、右拳(胎)。

（一七）尾宿

種子 𑖢𑖿𑖨《ハラ》。

眞言

𑖌𑖽。𑖤𑖿𑖨《ボラ》(根元)。𑖡 𑖎𑖿𑖬 𑖝𑖿𑖨 𑖭𑖿𑖪𑖯 𑖮𑖯。

又呪

那莫一句三曼多沒馱引喃二引唵三引母《ボ》引囉《ラア》引野四莎引賀五引

𑖡 𑖦𑖾。𑖭 𑖦 𑖡𑖿𑖝 𑖤𑖲 𑖟𑖿𑖠𑖯 𑖡𑖯𑖽。𑖌𑖽。𑖦𑖳 𑖩𑖯 𑖧。𑖭𑖿𑖪𑖯 𑖮𑖯。

印、左持レ剣、右執レ索。

（一八）箕宿

種子 𑖎。

眞言

𑖌𑖼。𑖢𑖳《ホ》 𑖨𑖿𑖪𑖯《ロバ》 𑖁《ア》 𑖬𑖯《シャ》 𑖛《ド》（前魚）。𑖡 𑖎𑖿𑖬 𑖝𑖿𑖨 𑖭𑖿𑖪𑖯 𑖮𑖯。

又　呪

那莫一句 三 滿 多 沒 駄引 喃二引 唵三引 布引 哩二合 嚩引 沙引 荼引 野四 莎引 賀五引

𑖡 𑖦𑖾。𑖭 𑖦 𑖡𑖿𑖝 𑖤𑖲 𑖟𑖿𑖠𑖯 𑖡𑖯𑖽。𑖌𑖼。𑖢𑖿𑖨《ホラ》 𑖥𑖯《バア》 𑖬𑖯《シャア》 𑖚《ダ》 𑖧。𑖭𑖿𑖪𑖯 𑖮𑖯。

印、左覆垂、右仰㆑掌立㆓大指㆒（胎）。

（一九）斗　宿

種子 𑖧。

眞　言

𑖌𑖼。𑖄《ウツ》 𑖝𑖿𑖝《タ》 𑖨《ラ》 𑖁《ア》 𑖬𑖯《シャ》 𑖛《ド》（北魚）。𑖡 𑖎𑖿𑖬 𑖝𑖿𑖨 𑖭𑖿𑖪𑖯 𑖮𑖯。

又　呪

那莫一句 三 滿 多 沒 駄引 喃二引 唵三引 昷 多 羅引 沙引 荼引 野四 莎引 賀五引

𑖡 𑖦𑖾。𑖭 𑖦 𑖡𑖿𑖝 𑖤𑖲 𑖟𑖿𑖠𑖯 𑖡𑖯𑖽。𑖌𑖼。𑖄《ウツ》 𑖝𑖿𑖝《タ》 𑖨𑖯《ラア》 𑖬𑖯《シャア》 𑖛𑖯《ダア》 𑖧。𑖭𑖿𑖪𑖯 𑖮𑖯。

印、左大頭指執㆓小焔珠㆒、右拳（胎）。

（二〇）牛　宿

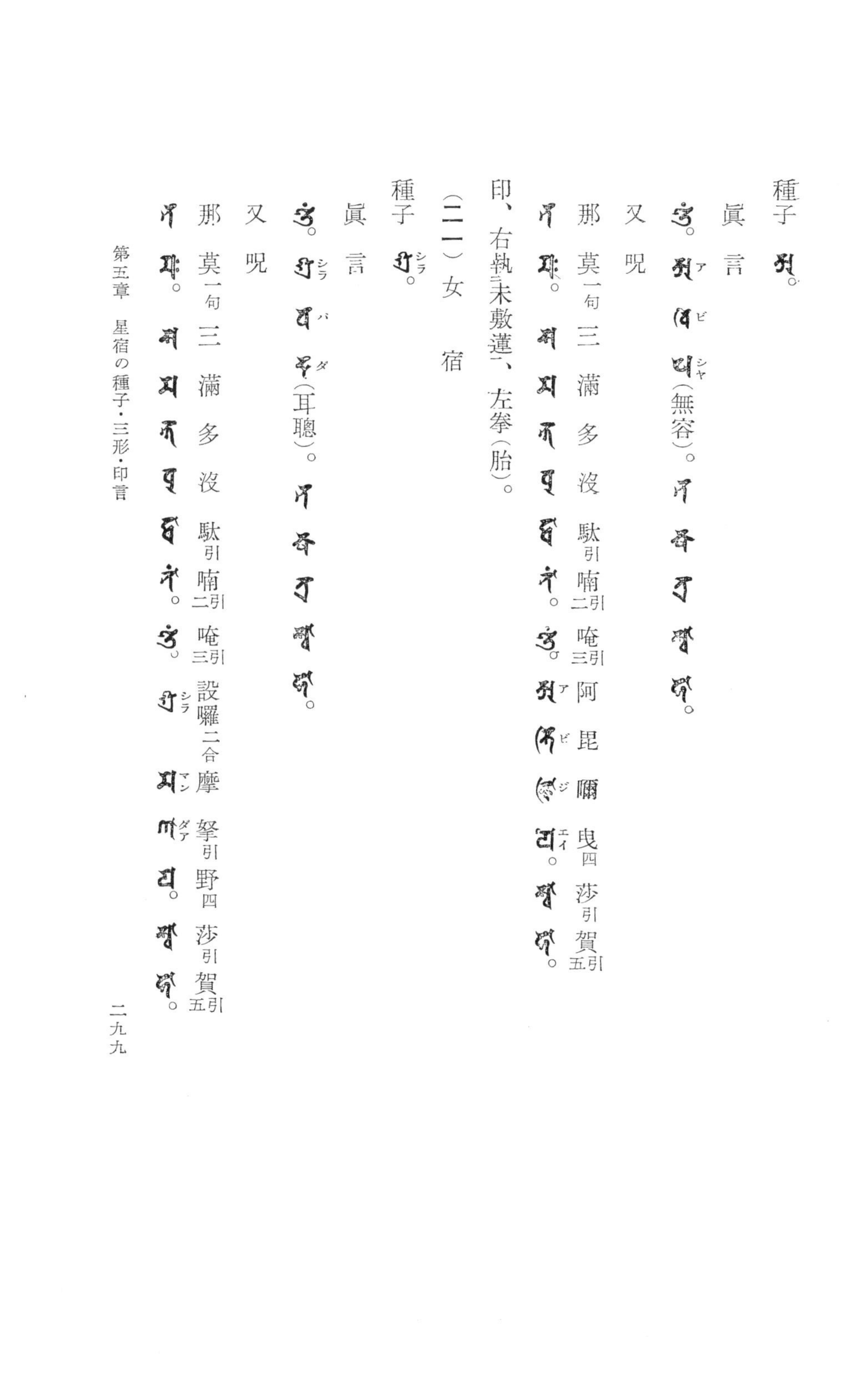

種子

眞言

（無容）

又呪

那莫一句三滿多沒駄引喃二引唵三引阿毘爾曳四莎引賀五引

印、右執未敷蓮一、左拳（胎）。

（二一）女　宿

種子

眞言

（耳聰）

又呪

那莫一句三滿多沒駄引喃二引唵三引設囉二合摩拏引野四莎引賀五引

印、右掌置レ日、日中有レ烏、左掌安二半月一（胎）。

（二二）虚　宿

種子 𑖠。

眞　言

𑖌𑖼。𑖠《ダ》𑖜𑖰《ニ》𑖬𑖿𑖙《シュタ》（貪財）。𑖡 𑖎𑖿𑖬 𑖝𑖿𑖨 𑖭𑖿𑖪𑖯 𑖮𑖯。

又　呪

那莫一句三滿多沒馱引喃二引唵三引達泥瑟吒二合引野四莎引賀五引

𑖡 𑖦𑖾。𑖭 𑖦 𑖡𑖿𑖝 𑖤𑖲 𑖟𑖯 𑖡𑖯𑖽。𑖌𑖼。𑖠《ダ》𑖜𑖰《ニ》𑖬𑖿𑖙《シュタ》𑖧𑖯。𑖭𑖿𑖪𑖯 𑖮𑖯。

印、左拳、右掌仰大指離竪（胎）。

（二三）危　宿

種子 𑖫。

眞　言

𑖌𑖼。𑖫《シャ》𑖝《タ》𑖥𑖰《ビ》𑖬《シャ》（百毒）。𑖡 𑖎𑖿𑖬 𑖝𑖿𑖨 𑖭𑖿𑖪𑖯 𑖮𑖯。

又　呪

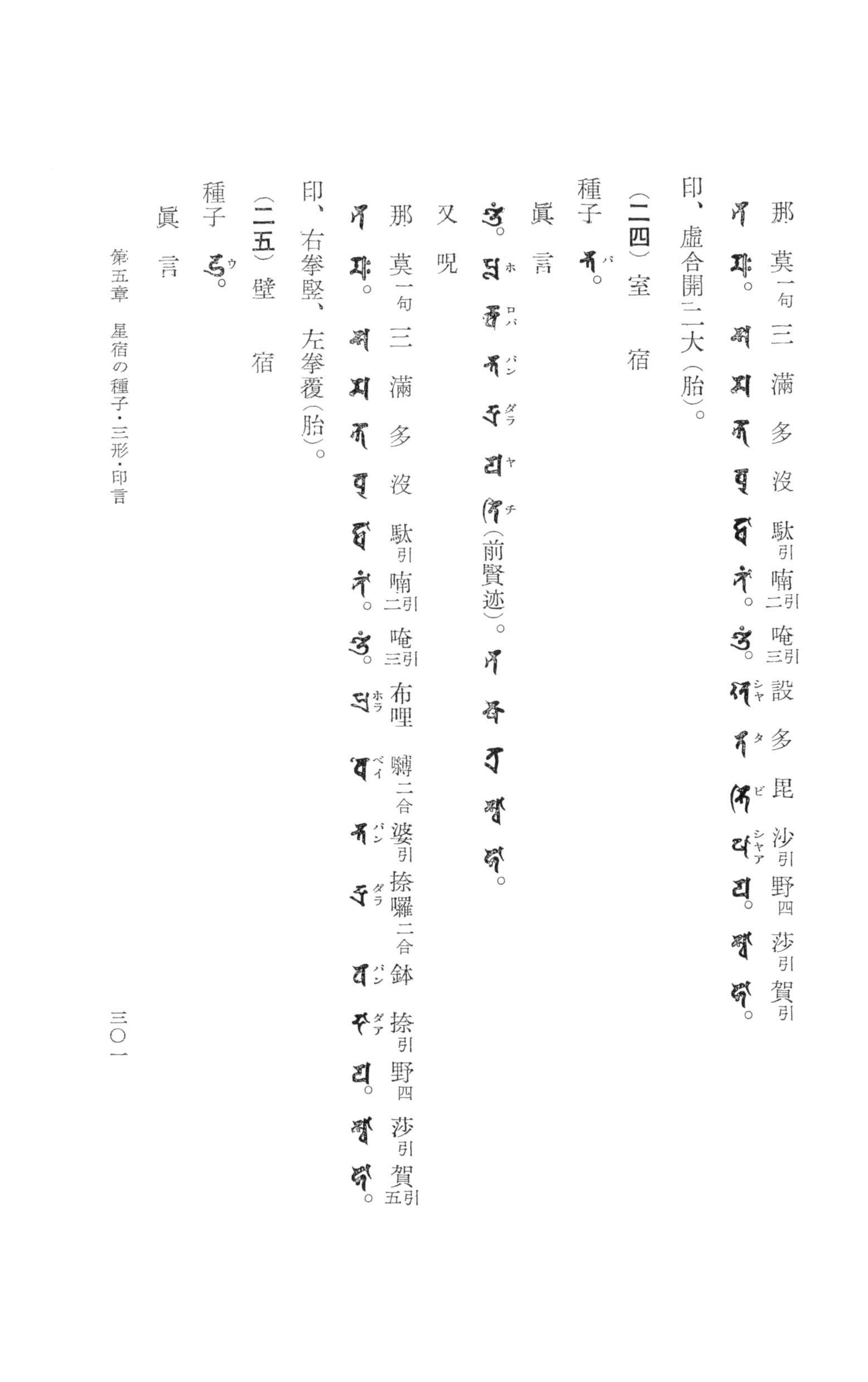

那莫一句三滿多沒駄引喃二引唵三引設《シャ》多《タ》毘《ビ》沙引野《シャア》四莎引賀引

印、虛合開二大(胎)。

(二四)室宿

種子

眞言

(前賢迹)。

又呪

那莫一句三滿多沒駄引喃二引唵三引布哩《ホラ》嚩《ベイ》二合婆《バン》引捺囉《ダラ》二合鉢《バン》捺《ダア》引野四莎引賀五引

印、右拳竪、左拳覆(胎)。

(二五)壁宿

種子

眞言

𑖌𑖼。𑖄《ウ》𑖝《タ》𑖨《ナウ》𑖥《バン》𑖟𑖿𑖨《ダラ》𑖢《バ》(北賢迹)。𑖡𑖎𑖿𑖬𑖝𑖿𑖨𑖭𑖿𑖪𑖯𑖮𑖯。

又呪

那莫一句三滿多沒駄引喃二引唵三引嗢多囉婆引捺囉二合鉢捺引野四莎引賀五引

𑖡𑖦𑖾。𑖭𑖦𑖡𑖿𑖝𑖤𑖲𑖟𑖿𑖠𑖯𑖡𑖯𑖼。𑖌𑖼。𑖄《ウツ》𑖝《タ》𑖨《ラ》𑖥《バン》𑖟𑖿𑖨《ダラ》𑖢《バン》𑖟《ダ》𑖧。𑖭𑖿𑖪𑖯𑖮𑖯。

印、兩手執二盆菓一(胎)。

(二六) 奎　宿

種子 𑖨𑖸《レイ》。

眞言

𑖌𑖼。𑖨𑖸《リ》𑖪《バ》𑖝𑖰《チ》(流灌)。𑖡𑖎𑖿𑖬𑖝𑖿𑖨𑖭𑖿𑖪𑖯𑖮𑖯。

又呪

那莫一句三滿多沒駄引喃二引唵三引哩嚩帝曳四莎引賀引

𑖡𑖦𑖾。𑖭𑖦𑖡𑖿𑖝𑖤𑖲𑖟𑖿𑖠𑖯𑖡𑖯𑖼。𑖌𑖼。𑖨𑖸《レイ》𑖪《バ》𑖝𑖰《チ》𑖧𑖸《エイ》。𑖭𑖿𑖪𑖯𑖮𑖯。

印、左執二三股杵一、右拳覆(胎)。

(二七) 婁　宿

種子　𑖀。

眞言

𑖌𑖼。𑖀《ア》𑖫𑖿𑖪𑖰《シン》𑖡𑖰《ビ》（馬師）。𑖡𑖎𑖿𑖬𑖝𑖿𑖨𑖭𑖿𑖪𑖯𑖮𑖯。

又呪

那莫一句三満多沒駄引喃二引唵三引阿濕尾二合泥曳吽四引莎引賀五引

𑖡𑖦𑖾。𑖭𑖦𑖡𑖿𑖝𑖤𑖲𑖟𑖿𑖠𑖯𑖡𑖯𑖽。𑖌𑖼。𑖀《ア》𑖫𑖿𑖪𑖰《シンビ》𑖡𑖰《ニ》𑖧𑖸𑖮𑖳𑖽。𑖭𑖿𑖪𑖯𑖮𑖯。

印、右持鈴、左拳覆（胎）。

（二八）胃宿

種子　𑖫《シャ》。

眞言

𑖌𑖼。𑖥《バ》𑖨《ラ》𑖜𑖰《ニ》（長息）。𑖡𑖎𑖿𑖬𑖝𑖿𑖨𑖭𑖿𑖪𑖯𑖮𑖯。

又呪

那莫一句三満多沒駄引喃二引唵三引婆囉尼曳四莎引賀五引

𑖡𑖦𑖾。𑖭𑖦𑖡𑖿𑖝𑖤𑖲𑖟𑖿𑖠𑖯𑖡𑖯𑖽。𑖌𑖼。𑖥《バ》𑖨《ラ》𑖜𑖰《ニ》𑖧𑖸《エイ》。𑖭𑖿𑖪𑖯𑖮𑖯。

印、左持焰劍、右拳覆（胎）。

私にいはく、(八)星宿の明を安流星宿等印明に「帰命摩々曩乞灑怛羅娑縛賀」、眞言藏に「」となし、要鈔に「唵訶可」となすも、文殊根本軌・孔雀經にその梵號を摩伽といひ、諸説不同記ににつくるが故に今これらによつて訂正した。又星宿印明・眞言藏には(二七)婁宿と(二八)胃宿の明が正反對になれるも、こは梵號及び胎藏軌・要鈔等より見るも誤まりなること分明なるが故に、今また前記の如くに修正した。

第六節　星宿雜印言

（一）三十六禽

一、印、二手内縛、二風二空端合彈指。

眞　言

唵。阿詣《ケイ》羅々々々。僧伽《ギャ》羅々々々（要鈔一〇・安流北斗供）。

二、二十八宿三十六禽召請印（用二輪壇印一通）

呪　曰

唵。知里安疑嚕儞曳莎訶（聖歡喜天式法、大二一・三二四）。

三、三十六禽印、總印明也、二手各作二內縛一各申二地風一、地與レ地鉤、風與レ風又鉤、以二二風一來去。

惡諦婆諦那諦迦羅諦。蘇明縵契薩摩哥縛闍陀悉闍曼荼拔。沙哥。

此三十六禽印明出二五大尊式經軌一、予私書二出之一、非二師傳一也（覺禪抄北斗法）。

四、三十六禽總印呪

外縛開二大指一。唵信阿蘇帝曳（星之行度）。

（二）司命・司祿

司　命

普印（金合）。司命《シメイ》々々。多都《タト》々々唵。哆本尼耶《タホンニヤ》。

司　祿

普印。已者《イシヤ》々々。毗迦良《ビキヤラ》。

以上、要鈔十一等。

（三）太山府君《タイザンブクン》

又は判官、奉教官、訊獄者ともいふ、金寶鈔（七）にいはく「古人傳曰、深沙大將也」。又いはく「肉

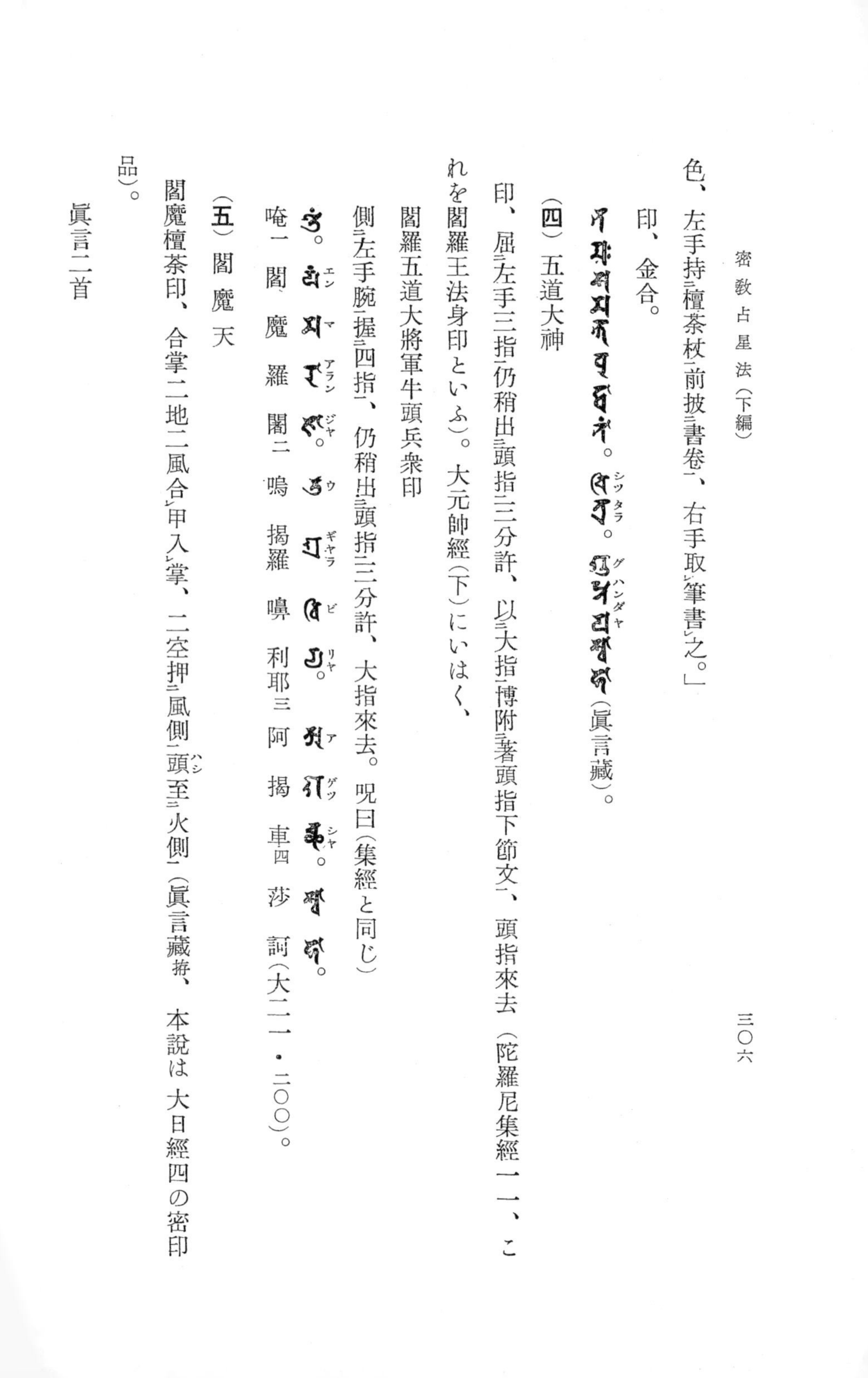

色、左手持二檀茶杖一前披二書巻一、右手取レ筆書レ之。」
印、金合。
。《シッタラ》。《グハンダヤ》（眞言藏）。
（四）五道大神
印、屈二左手三指一仍稍出二頭指三分許、以二大指一博附二著頭指下節文一、頭指來去（陀羅尼集經一一、これを閻羅王法身印といふ）。大元帥經（下）にいはく、
閻羅五道大將軍牛頭兵衆印
側二左手腕一握二四指一、仍稍出二頭指三分許、大指來去。呪曰（集經と同じ）
。《エン》《マ》《アラン》《ジャ》。《ウ》《ギャラ》《ビ》《リヤ》。《ア》《ゲツ》《シャ》。。
唵一 閻 魔 羅 闍二 嗚 掲羅 嚊 利耶三 阿 掲 車四 莎 訶（大二一・二〇〇）。
（五）閻 魔 天
閻魔檀茶印、合掌二地二風合レ甲入レ掌、二空押二風側一頭至二火側《ハシ》一（眞言藏拚、本説は大日經四の密印品）。

眞言二首

。《バイバソバタヤ》(大日經二普通眞言藏品)。
大日經疏(一〇)にいはく、焰摩王眞言、毗縛薩縛哆也、亦以本名爲眞言也、以初字爲體、更問之、所謂無縛三昧也。毘縛是堅固住義、亦是除諸縛也、謂以理除縛不以非法也。

又　呪

。《エンマヤ》(瑜伽護摩軌)。

演密鈔(九)にいく、閻魔梵語也、此名平等亦名殺者。藥師經疏にいはく、炎摩王者是梵語也、唐言靜息王。

覺禪抄北斗法にいはく、

師主權僧勝覺云、炎魔天泰山府公卽星也、天門泰親談會事也云云。

(六)　十二支神感見呪

大集經二十三にいはく(上編第二章第一節下、下編第四章第三節下を參見のこと)、

爾時會中有一優婆塞、名曰淨德。白佛言、世尊我今可得觀見如是十二獸不。善男子、若有比丘々々尼優婆塞優婆夷、欲得觀見是十二獸、欲得大智・大念・大定・大神通力、欲受一切所有典籍四無量心、欲行正道得奢摩他、欲得寂靜、是人當以白土作山。縦廣七尺、高十二尺、種

々香塗金薄帖レ之、四邊周匝二十尺所散二瞻婆華一、當下以二銅器一盛二諸種々非時之漿一置レ之四面上。清淨持戒日三洗浴敬二信三寶一、離三丈正東而立誦二如レ是呪一。

戰陀羅呵一。修利蛇比摩二。其羅脫三。沸己牟邏四。若蛇牟邏五。阿呵希六。娑呵囉希七。若蛇呵希八。薩婆復多呵九。梨蛇婆呵休十。摩莎車婆牟梨十一。迦呵浮十二。邏奢浮十三。修邏蛇牟十四。呿迦那十五。摩希叉婆十六。迦婆摩訶十七。阿叉比婆邏十八。多波比莎十九。沙持因持利蛇鞞莎二十。阿闍牟他婆二十一。婆盧婆叉二十二。槃陀哆二十三。遮羅叉婆希二十四。呵迦比牟二十五。哆比勒搜二十六。散遮勒搜二十七。嘍婆浮二十八。娑邏嘍叉搜二十九。沸己遮三十。哆莎賴莎三十一。陀叉邏莎三十二。波利波遮三十三。修羅修三十四。搜婆莎彌三十五。希邏莎三十六。嘍邏牟莎邏莎三十七。牟莎邏私三十八。邏婆邏娑三十九。頻婆思邏莎四十。嘍々邏娑四十一。陀摩盧遮那邏娑四十二。富囊挫蘭呵邏娑四十三。首陀盧遮那邏莎四十四。嘍摩々邏娑四十五。比摩盧遮那呿伽四十六。薩顛摩邏娑四十七。阿利耶盧遮那耨々四十八。比摩牟四十九。婆羅呵芒嘍呵邏私毚々五十。阿由比目猛五十一。牟尼邏提致泜五十二。莎呵。

住二十五日一當下於二山上一見中初月像上、爾時則知二見十二獸一、見已所願隨レ意即得。善男子、若能如レ是修二行苦行一、即得二眼見二是十二獸一。

（七）星宿總呪

喚一切星天呪曰

吽。他呵梵波多曳莎呵（大佛頂別行法、大一九・一八七）。

召請諸曜宿明

又師執香爐燒衆名香、召請本宮曜及命宿業宿安宿、誦曜及宿呪曰

那莫日縛羅地跛鉢囉二合地跛寧娑縛訶。那謨阿摩囉二合多哦囉迷娑縛訶。那謨阿哦儞縛婆引娑縛訶。那謨哩史誐拏賀羅賀囉拏娑縛訶。那謨坭縛喃句喜耶烏多摩步陵娑縛賀。那謨縛素縛底惹耶施哩二合娑縛引訶。那謨舍寧々々尸者囉舍々寧舍摩寧娑縛訶。

已上呪、息災・增益・敬愛、若作三種念誦、應前頭安那謨後安娑縛訶。若降伏念誦、前頭安唬後安唬泮吒字（超際仙人經）。

第七節　除宿障部

（一）佛眼佛母

瑜祇經下金剛吉祥大成就品第九にいはく、

爾時本所出生一切佛母金剛吉祥、顧視一切方所說根本明王曰

曩謨一婆誐嚩底鴫瑟抳二合沙二唵三嚕嚕娑跛二合嚕四入嚩二合攞底瑟吒二合五悉

駄路左抳六薩嚩囉他二合娑駄顊曳七娑娑二合訶八引

爾時佛母告二諸如來一言、若有二金剛生金剛子等一常持二此明一者、身如二金剛山一、如二金剛杵一、如二金剛頂峰一……所作事業皆悉成辦、急難之中如二日昇一レ空、一切宿業重障、七曜二十八宿不レ能二破壞一得二大安樂一、若持二百萬遍一得二大涅槃處一……

其印相、二手虛心合掌、二頭指屈附二二中指上節一如二眼笑形一、二空各捻二忍願中節文一亦如二眼笑形一、二小指復微開亦如二眼笑形一、是名二根本大印一。若以レ印拭二目及眉一兼竪拭二眉間一、想成二五眼一。又以レ印兼誦レ明右旋拭レ面三遍、一切見者皆悉歡喜。

（二）藥師如來

藥師消災軌にいはく、

根本之密印、二羽內相叉、兩腕稍相去、開張二三寸、禪智而來去。彼々眞言曰

《ナウ》《ボウ》(敬禮)。《バ》《ギャ》《バ》《テイ》(世尊)。《バイ》《セイ》《ジャ》(藥)。《グ》《ロ》(師)。《バイ》《チヨ》《リヤ》(吠瑠璃也)。
曩 謨引 婆 誐 嚩 帝 佩 殺 紫野二合 虞 嚕 吠 吺 哩也二合
《ハラ》《バ》(光)。《アラン》《ジャ》《ヤア》(王)。《タ》《タ》《ギャ》《タア》《ヤ》(如來)。《アラカ》《テイ》(應供)。《サン》《ミヤク》(正等)。
鉢羅二合婆 囉 惹 野 怛 佗 蘖 哆 野 囉喝二合帝 三 藐
《サン》《ボ》《ダア》《ヤ》(正覺)。《タ》《ニヤ》《タア》(所謂)。(三身)。《バイ》《セイ》《ゼイ》(藥)。《バイ》《セイ》《ゼイ》(同上)。
三 没 馱 野 怛 儞也二合 佗引 唵 佩 殺 爾曳二合 佩 殺 爾曳二合
《バイ》《セイ》《ジャ》。《サン》《マ》(平等)。《ドギャ》《テイ》(至)。。
佩 殺 紫野二合 三 麼 弩蘖 帝 娑嚩二合 賀引

由二是本尊一故、誦二眞言一遍數、七遍至二百八一、散二印於頂上一、陳下所レ祈願上心、對二彼本尊前一、願希垂二照囑一、殄レ災除二橫死一。

藥師本願經(下)によらば、この呪に(一)人衆疾疫難、(二)他國侵逼難、(三)自界叛逆難、(四)星宿變怪難、(五)日月薄蝕難、(六)非時風雨難、(七)過時不雨難の七難銷滅益ありといつてゐる(大一四)。

(三) 熾盛光佛頂

不空譯の熾盛光陀羅尼經(大一九・三三七)にいはく、

爾時釋迦牟尼佛在㆓淨居天宮㆒、告㆓諸宿曜遊空天衆九執大天、及二十八宿十二宮神一切聖衆㆒、我今說㆓過去娑羅王如來所說㆒、熾盛光大威德陀羅尼除災難法㆒。若有㆓國王及諸大臣㆒、所居之處及諸國界。或被㆓五星陵逼㆒、羅睺彗孛妖星、照㆓臨所屬本命宮宿及諸星位㆒、或臨㆓帝座㆑於㆑國於㆑家及分野處陵逼之時、或退或進作㆓諸障難㆒者、但於㆓淸淨處㆒置㆓立道場㆒、念㆓此陀羅尼㆒一百八遍或一千遍、若一日二日三日乃至七日、依㆑法修㆓飾壇場㆒至心受持讀誦、一切災難皆悉消滅不㆑能㆑爲㆑害。若太白火星入㆓於南斗㆒、於㆑國於㆑家及分野處作㆓諸障難㆒者、於㆓一忿怒像前㆒畫㆓彼設都嚕形㆒、厲㆑聲念㆓此陀羅尼㆒加持、其災卽除移㆓於不㆑順㆓王命㆒悖逆人身上㆒受者、卽說㆓陀羅尼㆒曰

曩謨三滿跢一。沒馱喃上聲二。阿鉢囉二合底丁逸切三。賀哆舍四。娑上聲娜喃上聲五。怛姪他六。唵引七。佉々八。佉上聲佉呬九。吽々短呼十。入嚩二合囉十一。入嚩囉十二。鉢囉二合入嚩二合攞十三。鉢囉入嚩攞十四。底瑟姹二合十五。底瑟姹二合十六。瑟致二合哩十七。瑟致二合哩十八。薩普二合吒十九。薩普二合吒二十。扇底迦二十一。室哩二合曳二十二。娑嚩二合賀二十三。

此陀羅尼、一切如來同共宣說……能成㆓就八萬種吉祥事㆒、能除㆓滅八萬種不吉祥事㆒……祕密受持勿㆓妄宣傳㆒。

（四）白傘蓋佛頂

元沙囉巴譯の白傘蓋經（大一九・四〇二）にいはく、

婆伽婆帝大白傘蓋無レ有二能敵一……摧二壊八萬四千妖魔及八執曜一、復能使レ令二二十八宿生二大歡喜一。

（五） 白衣觀音

宿曜軌にいはく、

四大惡曜、所謂火曜・土曜・羅睺・計都最重。衆生是時修二諸福業一廣施二仁慈一、或依二文殊八字眞言一、或依二熾盛光佛頂一、或依二被葉衣觀音一（卽ち白衣のこと）、或依二一字王佛頂一、立二大息災護摩壇場一、各依二本法一念誦供養、一切災難自然消滅。

又いはく、

能吉祥眞言曰

曩謨羅怛曩二合怛羅二合夜引野。曩莫素摩。薩羅縛二合諸乞灑二合怛羅二合邏引惹上野。者々去都地波阿去引路迦羅野。怛儞也二合他。努摩底跛努摩底。薩賓上儞佉上細娑縛賀。

誦二此九曜息災大白衣觀音陀羅尼一、若日月在二人本命宮中一、及五星在二本命宮一鬪戰失度、可レ立二大白衣觀音或文殊八字・熾盛光佛頂等道場一、各依二本法一念誦、一切災難自然消散、一切曜不吉祥誦二此眞言一。

九曜祕曆にいはく、

九曜息災大白衣觀音陀羅尼曰

曩　謨引囉　怛曩二合怛囉二合夜引野　娜　莫　阿去哩耶二合縛　路引枳　帝　濕嚩二合　囉引野

冒　地　薩　怛縛二合引野

又文云、由下結二此印一誦中眞言三遍上、無量劫積集十不善黒業悉皆消滅、一切善品白法無漏圓寂皆得二圓滿一……若日月在二人本命宮中一、及五星在二本命中一鬪戰失レ度、立二大息災觀音道場一、可レ念二誦此陀羅尼一。一切星曜不吉祥、誦二此眞言一能令二吉祥一。

ナウボウバンタラアヤアヤ。ナウマクソマ。サラバナウキシヤタラアランジヤヤ。タラトチ

ハ。アロキヤラヤ。タニヤタ。。ドマハンドマチサ。ハニキヤセイ。

禳災決にあぐる眞言はこれとやゝ異なるが、祕鈔（十）等はこの禳災決によつてゐる。決にいはく、

九曜息災大白衣觀音陀羅尼

一切曜不吉祥誦二此眞言一能吉祥、眞言曰

曩謨囉　怛曩二合怛囉二合夜引野　曩莫素麼。薩　囉嚩二合諾　訖灑二合怛囉二合邏引

ナウ ボウ アラ タンナウ タラ ヤア ヤ。ナウ マク ソ マ。サ ラバ タ キシャ タラ アラン

惹上野　者去観　地　波　阿引去路　迦　羅　野　怛　儞也二合　鉢　努　摩　底　跛　努　摩

ジャ ヤ。シャ ト チ ハ ア ロ キャ ラ ヤ。タ ニャ タ。ド マ チ。ハ ド マ

底　薩　賓上儞　佉上細　娑嚩二合引　賀引

チ。サ ヒン ニ キャ セイ。

以上

又呪

シベイ テイ ハン ダラ バ シ ニ

印、二手内縛二頭指圓立合、二大指並立（祕鈔）。

（六）金剛吉祥

瑜祇經下金剛吉祥大成就品にいはく、

爾時復説㆓金剛吉祥成就一切明㆒曰

バ ザラ シリ。マ カ シリ。ア ニ チヤ シリ ソ マ シリ。アウ ギャ

唵一嚩　日羅二合　室哩二合　摩　訶引　室哩二合三　阿引　涅寧逸反　底也二合　室哩二合四　素　麼　室哩二合五　盎　誐

[梵字]《ラ》[梵字]《カ》[梵字]。[梵字]《ボ》[梵字]《ダ》[梵字]。[梵字]《ボラ》[梵字]《カ》[梵字]《サムマ》[梵字]《チ》[梵字][梵字]《シュ》[梵字]《キャラ》[梵字][梵字]《シャ》[梵字]《ニ》

羅　迦　室哩二合六　沒　馱引室哩二合七　沒囉　訶　娑麼二合底　室哩二合八　戌　訖囉二合　室哩二合九　捨　禰

[梵字]《シシャ》[梵字]《ラ》[梵字]《シセイ》[梵字]《テイ》[梵字]。[梵字]《マ》[梵字]《カ》[梵字]《サム》[梵字]《ヤ》[梵字]《エイ》[梵字]。[梵字][梵字]。

始者二合　囉　始制二合帝　室哩二合十　摩　賀引三　摩　曳　室哩二合十一　娑嚩二合賀引十二

この呪の句義について瑜祇經拾古（中）にいはく、

月抄示二金剛吉祥明句義一云、[梵字]金剛吉祥佛眼、[梵字]大吉祥白衣觀音、[梵字]日曜、[梵字]月曜、[梵字]火曜、[梵字]水曜、[梵字]木曜、[梵字]金曜、[梵字]土曜、[梵字]大普賢吉祥諸大曜、[梵字]。師說云、此眞言前後者佛眼也、中者七曜也、是則攝二伏七曜障難一、速成二悉地一之意也云云。

實運の玄祕鈔（四）にいはく、

一行意者、嚩日羅室利、此云二金剛吉祥一、是虛空藏別名也。金剛智意者、以レ義云レ之是佛眼菩薩也云云。兩義雙二擧之一、此呪中無二羅睺計都二星一、是七曜總名也（大七八・四一三）。

なほ佛眼と七曜との關係については、當編第一章第一節の一を參照されたい。

印、二羽金剛掌、以二檀慧一內相鉤、戒方雙屈二入掌一、忍願相合如レ峰、屈二進力一各捻二忍願上節一、以二禪智一各捻二忍願初文一(同品)。

(七) 文殊破諸宿曜

同品にいはく

唵一 薩 嚩 怛囉二合 三 摩 耶三 室哩 曳四 娑嚩二合 賀引五

印、內縛統二指節一、並遍豎二二空一、是名二破宿曜一切不祥印一。當下觀二妙吉祥一而作中降伏事上、結レ印誦百遍不レ久卽成就。

八字文殊軌(大二〇・七八四)にいはく、

若求二息災除難一、殄二滅七種災難一。所謂日月薄蝕、五星違二失常度一、兵賊競起、水旱不レ時風雨失レ度、惡臣背逆損二害國民一、武狼惡獸食二啗衆生一、五穀不レ豐、如レ是災禍急厄、官府王難、死厄怕怖等事、欲レ令二消散一者當二心中一書二滿字一。

又いはく、

爾時世尊卽說二八字大威德心眞言一曰

唵引 阿引入聲惡 味引 羅 訡引 佉 左 洛

その印は前印を用ふる。但し前印は師傳によらば、二大指を並べ立て、屈して師子口の如くになすべきである。故に祕鈔問答（一一）に「即以二大二頭之間一観二師子口一、噉二食行者或施主等煩惱業障、不祥怨家等一可レ觀レ之」といつてゐる。即ち前の八字は八大童子、最後の一字は本尊を表する。宿曜軌所說の印にいはく「虛心合掌、以二火指一各押二水甲一、二風屈捻二空端一」と。

禳災決にいはく、

一切如來說破一切宿曜障吉祥眞言

唵薩嚩諾刹怛羅二合三麽曳室哩曳。扇底迦俱嚕娑嚩二合賀引（宿曜軌もこれと全同）。

文殊根本儀軌經（四）にいはく、

爾時妙吉祥童子、復觀二淨光天內一切大衆一說二自己明王眞言一

曩謨三滿哆沒馱引喃引。摩鉢囉二合底賀哆。舍娑曩引南引唵儞致。

此眞言名二塢波枳世儞一、印名二廣開一、一切之事所求皆成、若有二一切凶惡宿曜一自然退散。

當經はすべて印を省略するが故に、今の廣開印なるものもまたその印相を知る由がない。

（八）成就一切明眞言

印、以㆓定慧手㆒作㆓不動尊刀印㆒、以㆓刀及㆒互挿㆓掌中㆒、卽成（瑜祇經下金剛吉祥品）。

眞　言

。タ　タア　ツ。チ　チイ　チ　チイ　ツ。ツウ　ツウ　ツ。バ　ザラ　サ　トバ。ジャク　ウム　バン　コク。キリク　カク　ウム　ハツ　タ。（同）。

又この印明の功能を說いていはく、

此眞言能成㆓就一切明㆒、能攝㆓伏一切天㆒、能成㆓辦一切事㆒。若欲㆑知㆓未來之事㆒、卽結㆑印安㆓於左脇㆒、誦㆓眞言㆒一百八遍、隨㆑印便睡。本尊阿尾奢、卽於㆓夢中㆒見㆓一切吉凶之事㆒。先誦㆓此明三七遍㆒、一切速得㆓成就㆒。若欲㆑往㆓諸方所㆒、想前宿形在㆓足下㆒按㆑之、觀㆓自身如㆓本尊㆒。卽得㆓一切方處無礙無障㆒、所作皆得㆓成就㆒。此吉祥明能成㆓辦百千種事㆒、意之所㆑起皆得㆑遂㆑情。

（九）普　賢

宿曜軌にいはく、

普賢印、虛心合掌。眞言曰

支波啄一決定。毘尼波啄二斷結。烏蘇波啄三盡生死。

此呪平旦誦七遍夜七遍、厭魅野道蠱毒皆悉消滅、能得二身心慧三解脫一、後生不レ受二生死之身一獲二得法身一。内外國土怨賊一切惡人、一切鬼神一切盜賊、虎狼師子毒蟲惡獸、聞二此呪聲一皆口噤閉不二相惱亂一。天變致厄惡夢災殃、百鳥怪異自然消滅、此呪功能不レ可二說盡一。

（一〇）佛慈護（又は文殊慈護といふ）

金輪佛頂念誦儀軌法要（大一九・一九二）にいはく、

次結二大慈普護印一、十度相叉作二月形一、禪智檀惠相著、印二心額喉頂上一散（これ即ち外縛して二小二大を立つ）。慈護眞言曰

唵　沒駄　昧　怛哩二合　嚩　日羅二合　洛　乞灑二合　憾

𑖌𑖼。𑖤𑖲《ボ》𑖟𑖿𑖠《ダ》（佛）𑖦𑖹《マイ》𑖝𑖿𑖨𑖰《チリ》（慈）𑖪《バ》𑖕𑖿𑖨《ザラ》（金剛）。𑖨《ラ》𑖎𑖿𑖬《キシャ》（護）。𑖮𑖼《カン》（我）。

結レ印誦レ明除二怖畏一　起二大悲心一遍二一切一
所有怨敵惡相淩　願彼皆當二大安樂一
由三此三誦二悲護一故　毒害之心自覺悟
深生二悔過一向二菩提一　歡喜敬仰善人所

初後若常誦二此明一　惶怖衆生得二安慰一
獲二大利益殊勝事一　速滿二諸願一證二悉地一。

藥師消災軌（大一九・二二）またこの印言を說けるが、功能文にいはく、

由二此加持一故、一切魔障難、及惡人相害、疾起二於慈心一。

（一一）大雲輪呪及び加句

大雲輪請雨經（上、大一九・四八八）に大雲輪呪の功能を說いていはく、

能作二息災吉祥之事一、能除二妖星變怪一。

不空譯の菩提場經（四、大一九・二一九）にいはく、

又眞言句中、加二息字一禁二惡星一。

この息字とは梵漢の間明らかならざるが、菩提流志譯の五佛頂經（六）に「又加二枲字一七遍」といふが故に、淨嚴は「𑖭𑖰《シ》字歟、息者漢語歟云云」といつてゐる。

（一二）北斗呪と羅睺計都

宿曜軌にいはく、

北斗七星眞言曰

唵颯跢曩而齒曩野。伴惹密惹野二合。染普他摩。娑縛二合弭曩名位。羅訖山。婆嚩都莎訶（第二節總印言下參見）。

若羅睺計都暗行二人本命星宮一、須レ誦二此北斗眞言一。

禳災決によらば、この呪を朱書して佩帶すれば羅計の殃禍を免かるゝことをうると。

（一三）疫病符と聞惡事法

仙臺梅國の櫻陰腐談（寶永七年著）にいはく、

客曰、間者《コノゴロ》書二片紙于韃簖乙三字一、多懸二民間門戶一、不レ知二是何一也。答、元世生米渡舟子驅二疫鬼一之符也。群談採餘第五僧梵部曰、豫章之南數十里生米渡、乾道八年三月八日有レ僧晨濟將レ登レ岸、戒二津吏一曰、少頃有下衣二黃袗一五人絡レ籠而至上、切勿レ使レ渡、渡レ之則有二奇禍一。取レ筆書二三字一、似レ符非レ符了不レ可レ識。其文曰、韃簖乙。以授レ吏曰、必不レ可レ拒當二以レ此授一レ之、語畢而去、吏不二甚信一然私怪レ之。至レ時果有二五人衣二黃袗一、如二府州縣急捉者一。各負二兩弱籠一直前登レ舟、吏不レ許レ渡。皆怒罵欲二毆擊一良久不レ解、吏乃取二所レ書字一示レ之。五人一見狼狽反走、轉盻間失二所在一、委二其籠於岸側一。發レ之中有二小棺三百具一、吏焚レ棺而傳二其符一、豫章人家々圖二供之一。是時江浙多レ疫此邦晏然。識者謂、五人乃疫部鬼也、僧必異人（一・一八、韃簖の二字、私に玉篇を檢するにこれなし）。

陳后山集第十一曰、論レ昔先急唾。註曰、黃帝雜忌法曰、凊旦聞二惡事一、卽向二所レ來方一唾レ之吉（同・二四）。

第八節　星宿の通種子・通三形

通種子　。。。。

通三形　星形。寶珠。

一、總種子　劣。或。。大疏（一〇）云、次普世天等諸心眞言、嚧迦々々世間也、即是暗冥之義、所謂無明也。此字側皆有阿聲、無暗即是眞明也。阿嚧迦是明……以最初路字爲種子也（覺禪抄北斗法）。

二、又説　。三形　寶珠。或實任傳（同妙見法）。

三、星宿通種子　或。通三昧耶形星形也（三寶薄初重八之二）。

四、星形寶珠也、即星形習寶珠也（西大寺字決）。

五、星形者是宮殿也（亮尊白寶口抄妙見法）。

私に案ずるに、これは古來沙汰なきも三種悉地破地獄法より觀るに、字を通種子となすこともまた可ならむ。いはく、

金玉珍寶日月星辰火珠光明、從藍字成（大一八・九一〇）。

第六章　星供の法施と緣日

第一節　法　施

諸流の星供次第によらば、いづれも一樣に散念誦のとき、各尊の呪を誦じをはりてのち大金剛輪呪の前に、任意諸種の要文を讀誦して法樂に備ふることゝなつてゐる。故に覺禪抄の妙見法に、毎日金剛般若三卷轉讀、又仁王經一部、藥師本願經轉讀スヘシ。藥師ハ妙見本尊也。仍𑖦𑖽《マム》𑖟《ダ》𑖨《ラ》有㆓十二神㆒云云

といひ、同抄北斗法に「或云、尊勝陀羅尼、種々貴文等誦㆑之」といつてゐる。即ち、尊勝陀羅尼。理趣經百字偈。般若心經。立義分。八不頌。金剛般若偈。仁王經偈。緣起法身偈等これである。但し尊勝・百字・心經・立義分は常の熟知の文なるが故にこれを略し、今八不頌以下を錄する。

八　不　頌

不生亦不滅　不常亦不斷　不一亦不異　不來亦不出

以上、中論一観因縁品第一（大三〇・二）。

金剛般若偈

一切有爲法　如夢幻泡影　如露亦如電　應作如是觀

以上、羅什譯（大八・七五二）。

仁王經偈

劫火洞然　大千俱壞　須彌巨海　磨滅無餘　梵釋天龍　諸有情等
尙皆殄滅　何況此身　生老病死　憂悲苦惱　怨親逼迫　能與願違
愛欲結使　自作瘡疣　三界無安　國有何樂　有爲不實　從因緣起
盛衰電轉　暫有卽無　諸界趣生　隨業緣現　如影如響　一切皆空
識由業漂　乘四大起　無明愛縛　我々所生　識隨業遷　身卽無主
應知國土　幻化亦然

以上、同經下護國品第五不空譯（大八・八四〇）。

緣起法身偈

諸法隨緣起　如來說是因　是法隨緣滅　是大沙門說

以上、祕藏記（全五・六）。

この偈は佛說造塔功德經（大一六・八〇一）、浴佛功德經（同・八〇〇）、大日經供養儀式（大一八・一八〇）、妙吉祥除災敎令法輪（大一九・三四七）、熾盛光佛頂軌（大二〇・三四七）等にも見ゆるが、譯文すべて大同少異である。祕藏記の杲寶鈔にいはく、

大師東寺講堂五佛御頭中被レ安二此偈梵文一、誠有二子細一事歟、留レ意深可レ思レ之。四句中、初二句說二緣生理一、後二句說二緣滅理一。從レ緣生從レ緣滅法、從レ本不生不滅也、不生不滅理名二法身一故、此偈名二法身偈一也。

大疏（六）にいはく、

法從レ緣生則無二自性一、若無二自性一則是本來不生。因緣和合時亦無レ所レ起、因緣離散時亦無レ有レ盡、是故如二淨虛空一常不二變易一。

なほ蘇婆呼童子經下（大一八・七三四）、一字奇特佛頂經上（大一九・二九四）、同中（同・二九六）、菩提場經四（大一九・二一八）等によつてその所用の祕趣を知るべきである。

五曜法樂の經

禳災決（當編第四章第四節に正文あり）によらば、五曜に對する法樂經を左の如く別說する。

火曜　金剛般若經、金光明經。
水曜　藥師本願經、藥師眞言。
木曜　法華經、維摩經。
金曜　大般涅槃經、般若經、大集經、思益經、大隨求陀羅尼、文殊眞言。
土曜　大般涅槃經、般若經、熾盛光一字王眞言。

第二節　緣日

一、妙見尊

靈符緣起にいはく、
北辰每月降臨日之事

正月	初七日	二月	初八日	三月	初三日		
四月	初四日	五月	初五日	六月	初七日		
七月	初七日	八月	十五日	九月	初九日		
十月	二十一日	十一月	初七日	十二月	二十七日		

右日別沐浴淨衣淨二壇場一、逮夜至二明日一可二慇懃修法一。
私に未だこの本據を詳らかにせざるも、しばらく錄して參考に供する。

二、北斗七星

火羅九曜にいはく、
祭二本命元神一日一年有二六日一、但志心本命日、供二養於北斗辰并本命神一。
この意は、例せば甲子歲に生るゝは貪狼が本命星、癸亥歲に生るゝは巨門が本命星なるが、一ヶ年中右の干支にあたるは六日づゝあり、よろしくこの日を卜して本命星供を修行すべしといふのである。
宿曜經（下）にいはく、
七日・二十二日是朋友日、梵云二七仙神下一（唐云二北斗一也）、宜レ結二朋友一。
覺禪抄北斗法にいはく、
北斗護摩次第（香隆寺）云、欲レ修二此法一者從二月一日一起首至二月八日一可レ爲二一期一云云。本命元神供次第（不レ知二作者一大谷傳）云、欲レ修二此法一准二五天竺一、白月五日以前黑月五日以後可レ修。月十五日斯七曜被レ映二奪滿月一不二分明一故、五天諸國待二月光滅一致二祭禮一云。
これに對して快全の西院八結聞書に左の如くに批判する。

一ッ月ノ一日ヨリ第八日ヲ期トメ北斗ヲ修スヘシト云事ハ大綱也、再論ノ日ハ何レノ日時ニテモ可レ修也。

金剛壽命陀羅尼經法にいはく、

若能於二長齋月、或自生月乃至生日一作二是供養一、能除二災難一增二益壽命一、具二大福智一勝願圓滿、行來出入官位高遷、富二饒財寶一皆悉稱レ意（大二〇・五七七）。

こは延命法につくもので北斗供のことに非ざるも、北斗供またこれに准ずべきである。

覺禪抄北斗法にいはく、

或抄云、春三月甲午乙未　夏三月丙辰丁巳　秋三月庚子辛丑　冬三月壬寅癸卯

不レ問二長病事一七日爲二持齋一、若事急者三日潔齋、先祈禱以後日祭レ之。又祭日　春戌　夏丑　秋申酉　冬亥。又天願日用ヲ、正丙戌辛亥　二月丁亥辛亥　三月庚子　四月戊寅辛丑　五月未庚寅　六月辛亥卯　七月丙辰戌　八月己亥巳　九月甲午戌　十月乙未　十一月己酉丑　十二月丙辰……醫心方二十六云、春庚午辛未　夏丙辰丁巳　秋庚子辛丑　冬壬寅癸卯。件日夜半向二北斗一祝願、ム物卽自得云云。

このところ脱誤字多きことゝ思ふ、當抄所引の原本を尋ねて修正すべきである。

西院祕部本命星本地事にいはく、

貪狼星　毎月二十八日降下
巨門星　毎月二十一日降下
祿存星　毎月十五日降下
文曲星　毎月十九日降下
廉貞星　毎月二十五日降下
武曲星　毎月十九日降下
破軍星　毎月十七日降下

以上

三、九　曜

中院當年星供にいはく、
一供日　多分節分夜來年所配之曜供ㇾ之、自餘任ㇾ意也。或、
羅八日降下　土十九日降下　水二十一日降下　金十五日下　日二十七日下
火十九日下　計十八日下　月二十八日下　木二十五日降
毎月此日供ㇾ之。

類祕鈔別卷、西院祕部本命星本地等これと同じ。安流星供要集にいはく、

羅	八日	土	十九日或二十八日
水	二十一日	金	二十五日或十五日
日	二十七日或十八日	火	十九日
計	十八日	月	二十八日或二十七日
木	二十一日或八日		

以上

安流星之行度知事にいはく、

羅	八日	土	十九日	水	二十一日
金	十五日	日	十六日	火	二十九日
計	十八日	月	二十七日	木	二十五日

以上の三説少異なるが、なかんづく第一説(中院當年星供)を規準となすべきかと思はるゝ、但しその本說いづれにあるかは未詳である。宿曜經に日月二曜の降日のみ見え、第一說は日曜これに符合するも月曜は符合しない。經にいはく、

十二日・二十七日々天子下梵云㆓阿逸都神下㆒、此是名聞日。五日・二十日月天子下梵云㆓蘇謨神下㆒、此是圓滿日。

宿曜軌にいはく、

若作㆓木曜成就法㆒者、月十六日最爲㆓相應㆒。若作㆓火曜成就法㆒者、卽彼直日最爲㆓相應㆒。若作㆓土曜成就法㆒者、每月七日最爲㆓相應㆒。若作㆓金曜成就法㆒者、隨㆓所見方㆒平旦最爲㆓相應㆒。若作㆓水曜成就法㆒者、依㆓水曜直日㆒而作㆓成就㆒。若作㆓羅睺計都法㆒者、依㆓本生日㆒以爲㆓相應㆒。

火羅九曜にいはく、

日曜　以㆓冬至之日㆒用㆓衆寶㆒祭㆑之、向㆓卯辰㆒供㆑之。

月曜　常以㆓夏至之日㆒衆寶玉及水祭㆑之、向㆓申酉㆒供㆑之。

火曜　以㆓仲夏之月㆒火祭㆑之、向㆓南方㆒供㆑之。

水曜　以㆓中夏之月㆒用㆑油祭、向㆓北方㆒供㆑之。

木曜　常以㆓仲春月㆒用㆓衆寶㆒祭㆑之、向㆑東供㆑之。

金曜　常以㆓仲秋之月㆒用㆓生錢㆒祭㆑之、向㆓西方㆒供㆑之。

土曜　春巽　夏坤　秋乾　冬艮

季夏月菓子一盤祭㆑之。口決云、其方不定、春季向㆑巽、餘以㆑次知㆑之。

羅　睺　以レ錢供養。口決云、向二丑寅一供レ之。

計　都　畫二此形一深室供養禳レ之、廻レ禍爲レ福、向二未申一供レ之。羅睺帶二珠寶一、並日月計都著二錦繡衣一。

四、二十八宿

十二宮の供日については經軌の所説これなきも、二十八宿中の本命宿には左の如く二經に見ゆる。

一、又法應レ畫二本命宿直像一。毎月供養若作二如レ是法一者、其惡宿直轉成二吉祥一（葉衣觀自在經、大二〇・四四九）。

二、若復供二養本生宿一者、於二本生年月若本生日一而可レ取二成就一。若惡宿生、毎月供養若三日七日供養、直轉成二吉祥直一、祕勿レ令レ知レ俗也（宿曜軌）。

第七章　星曼荼羅

第一節　妙見曼荼羅

一、その本説

妙見菩薩神呪經にいはく、

當於中央畫一大月輪、輪中畫作菩薩像。左手持蓮花、花上作北斗七星形。右手作說法印、五指並舒向上、以大母指捻頭、以手掌向外、天衣瓔珞耳璫環釧莊嚴其身、五色雲中結跏趺坐。又圍遶於菩薩畫七小月輪、輪中畫作北斗七星神形以爲內院之衆。西南第一月輪畫貪狼星、小赤黑色、左手持日。次西月輪畫巨門星、身面小白黃色、右手持月。次西北月輪畫祿存星、小赤青色、左手持火珠、珠上火焰起。次北方月輪畫文曲星、面色小青黑色、左手掌向外五指垂下、掌中流出水流下形。東北月輪畫廉貞星、身面黃色、右手持玉衡。東方月輪畫武曲星、色小青色、左手持柳枝。次東南月輪畫破軍星、其色小白赤色、右手持刀。是諸星皆作藥叉形、頭髮赤色、天冠瓔珞莊嚴其身。菩薩像前置輪寶形。次外院東方寅位畫甲寅將軍、虎頭人身右手持棒。次卯位畫丁卯從神、菟頭人身左手持レ棒。次辰位甲辰將軍、龍頭人身手持二鐵鎚一。次巳位丁巳從神、蛇頭人身持レ戟。次午位甲午將軍、馬頭人身持レ戟。次未位丁未從神、羊頭人身持レ槌。次申位甲申將軍、猴頭人身持レ刀。

北

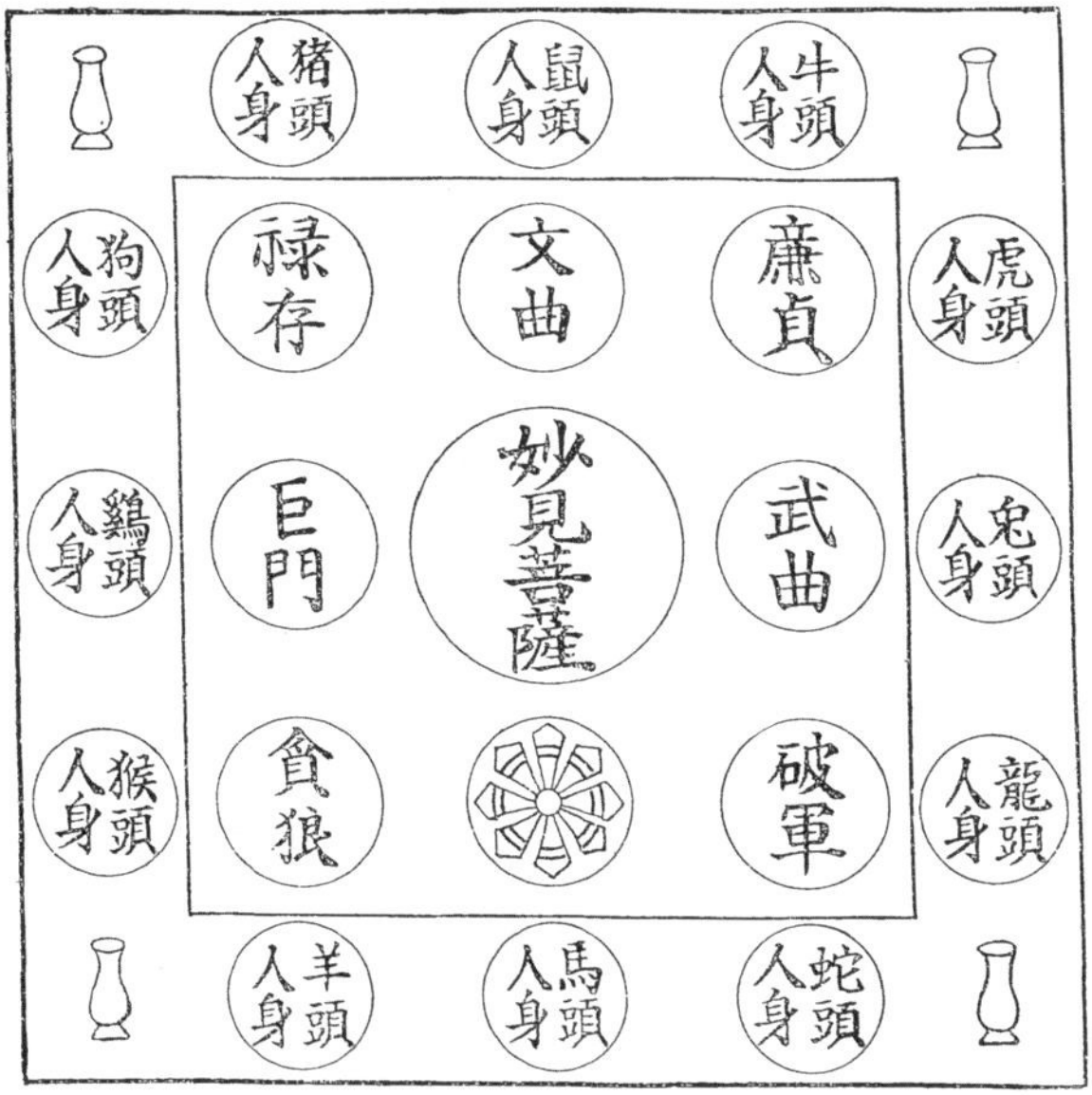

次酉位丁酉從神、鷄頭人身持レ刀。次戌位甲戌將軍、狗頭人身持レ槌。次亥位丁亥從神、猪頭人身持鐵鉤一。次子位甲子將軍、鼠頭人身持レ鉤。次丑位丁丑從神、牛頭人身持レ槌。此諸神等皆著二天衣瓔珞一坐二盤石上一、四維四門以レ星爲レ界、四維空處應レ畫二花瓶一云云（大通寺藏本 曼荼羅集下所引）、大圖四・三〇）。

二、その曼荼羅

右の尊形曼荼羅は大圖七（東京丹治竹次郎氏藏本）、同四（大通寺藏本曼荼羅集下）に載する。

第二節　北斗曼荼羅

一、方圓の曼荼羅

覺禪抄北斗法に、圓曼荼羅の由來を左の如くいつてゐる。

或抄證師記云、金剛壽院法眼示云、北斗圓曼荼羅、台山慶圓座主世號三昧座主廻案圖繪也。和尚圖繪之當初懸尊像於壇上、排備供具即立誓云、若叶星宿之明鑒者須流布、謬省尊位者可棄毀云云。和尚非夢非幻正衣冠之數輩、來集壇上競食供養物、則感歎之云云。其後披露天下自他宗圖繪云云。

次に方曼荼羅の最初は香隆寺の寛空である。

一、村上御宇天暦年中、請香隆寺僧正於宮中被修北斗之法之時、僧正始被圖進曼荼羅先畫三重。内院中央金輪、從金輪前右順旋列北斗七星、輪王當前安土曜、四隅安十二宮、一隅各有三宮神。第二院八曜、第三院二十八宿也。今流所用即是也、若對他曼荼羅修者須得其意（中院星供擧要）。三院分諸星、並内院四隅安十二宮等依香隆寺傳。即天暦年中於内裏被勤行曼荼羅大略如此、但二十八宿次第依孔雀經圖之（玄祕鈔四）。凡常途星曼荼羅者、香隆寺僧正圖之給歟。書圓曼荼羅者、天台慶圓座主以今案被圖之（祕鈔問答一八）。

方圓の表示については、西大寺字口決英心に左の如くいつてゐる。

曼荼羅方圓事、天台ニハ廣慶夢中圓曼荼羅ニテ諸星現故圓曼荼羅也、天圓故。東寺方曼荼羅也、胎藏花藏世界聖衆ノ垂跡ニテマシマス、胎藏地曼荼羅也、故方也。

第一圖

二、その種類

上の第一圖は、いはゆる台密慶圓の創圖である。即ち第一重は金輪を主として前に二龍王があり、後ろに北斗圍繞し、第二重は九曜、第三重は十二宮、第四重は二十八宿である。私に未だこの圖を見ない、左にあぐるは京都東寺専門學校教授吉祥眞雄師の所圖（昭和一一・一一月、六大新報所載「北斗曼荼羅に就いて」）なるが、北斗の位置ははたしてこのやうなりやいなや不審である。

左の第二圖は仁和寺藏本尊形の北斗曼荼羅にし

て三重である。第一重の中央は金輪であり、二龍王が纒ふ須彌山上（山下に海あり）の蓮華に坐し、後方に北斗、左右前方に九曜居し、第二重は十二宮、第三重は二十八宿である。又曼荼羅外の後ろ左右に雲を畫き、同じく前の左右に瓶を安ずる。大圖七にこれを載するも、印相不鮮明のところが多い。こは何人の構圖なりや、又第三重に箕宿を

第二圖

第三圖

省くは何故なりや尋ぬべきである。

次の第三圖は、勸流師口第三表下段妙見護摩にいづる第四諸尊段の運心圖なるが、第二重の羅計、第三重の十二宮、第四重二十八宿の位置が、第一・二圖と異なるところに注意すべきである。

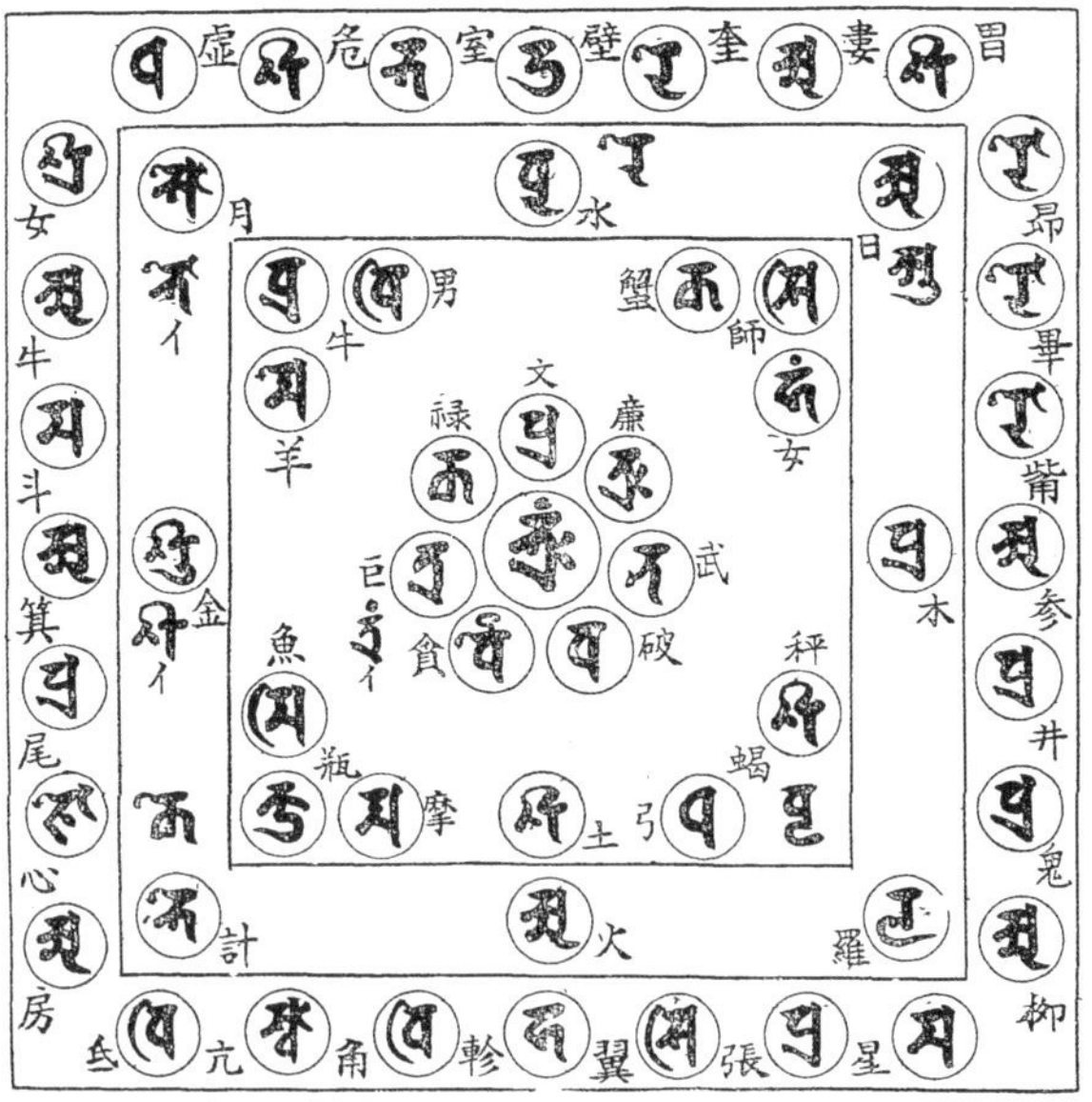

第四圖

上の第四圖又は次の第五圖がいはゆる寛空の創圖と傳へらるゝものにして、第一重の四隅に十二宮を安じたると、十曜のみ第一重の前方に安じ餘八曜を第二重に列ぬると、東北の昴より順旋して東北の胃に終はるとの三つがその特點であり、今の所圖は玄祕鈔四の所載による。

この第五圖はまた玄祕鈔四の所載なるが、土曜を北斗の位置に引きあげて中臺八葉の九尊に擬したる點が出色であり、餘は第四圖と全同である。

この兩圖はいづれがまさしく寛空の創圖なるかはにはかに斷じがたい。玄祕及び祕鈔問答は前圖な

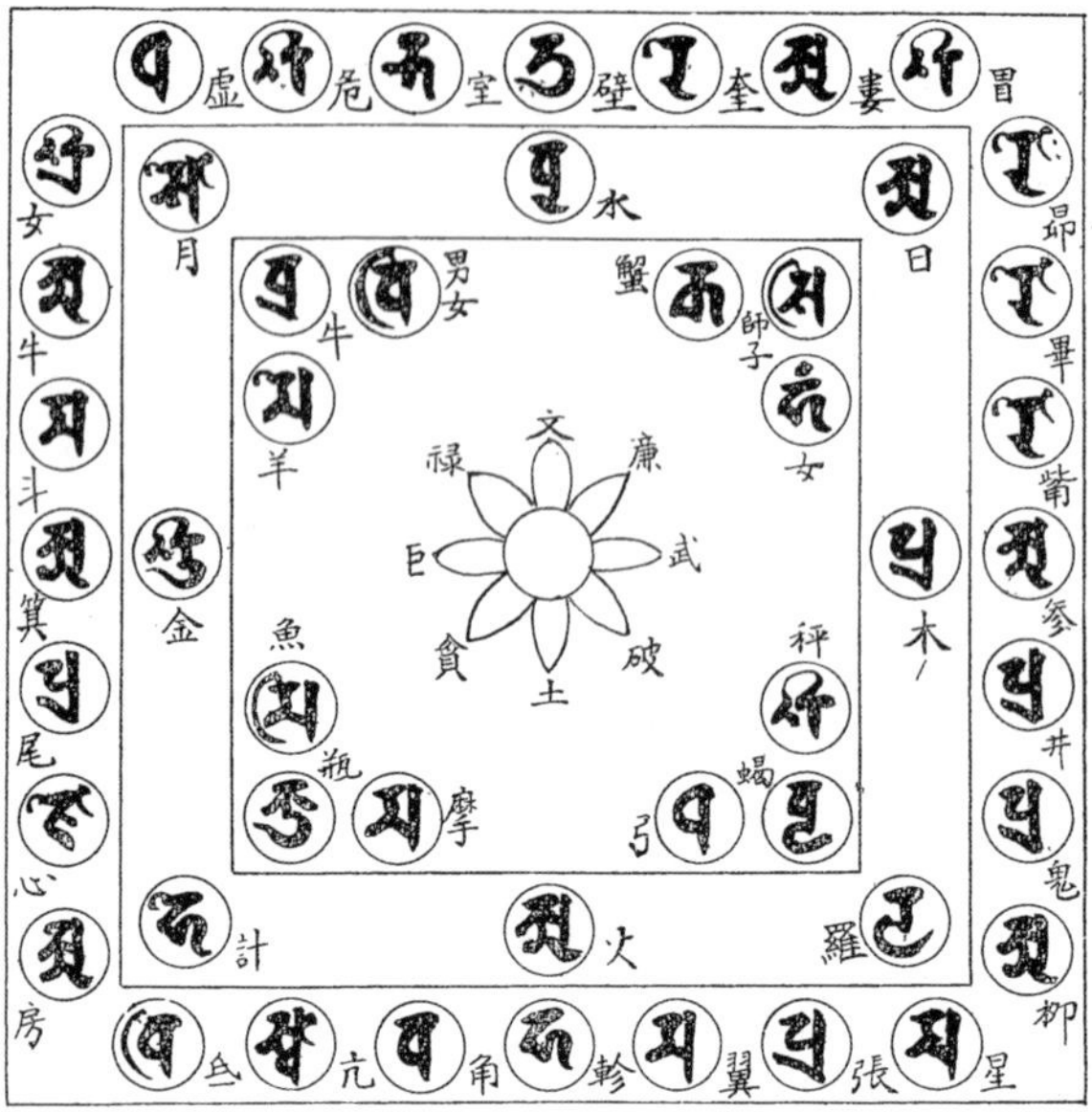

第五圖

この說である。

下の第六圖は覺禪抄北斗法に載せ（但し寶形）、

又四家鈔の第一圖（但し種子）に「普通[梵字]」と

りと見るもの丶如く、四家鈔圖像下（大圖二）所載

四種の北斗曼荼羅中、その第二は後圖と全同なる

が、これを寛空の創圖となし、中院星供擧要また

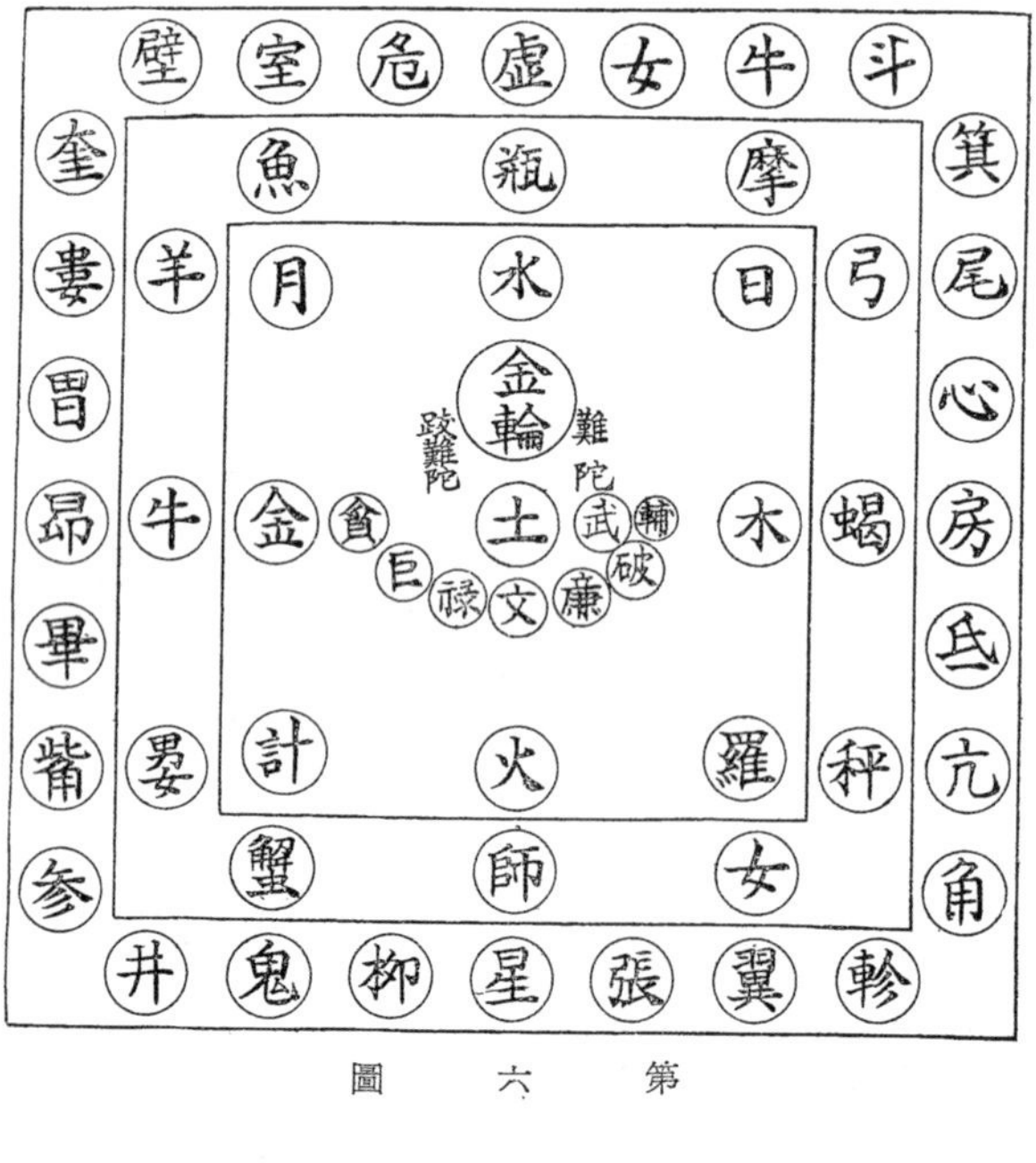

第六圖

いつてゐるもので、成就院寛助の創圖と傳ふる。卽ち第一重における北斗を天空形につらね、九曜を同じく第一重に安ずるは、全く瑜祇經の說によつたものと思はれる（當編第一章第一節下參見）。祕鈔問答に「常途星曼荼羅者、香隆寺僧正圖」之給歟」といへるこゝろは、むしろ第五圖を普通の分となしてゐる。又いはく「仁和寺定親僧正每月供養曼荼羅、中央須彌座圖二金輪一、須彌座前圖二七星一、座前四方四隅圖二九曜一、是皆第一界道、第二重十二宮、第三重二十八宿也。香隆寺曼荼羅無二三重界道一、九曜上方圖二十二宮一也」と。この定親供養の曼荼羅は、けだし第六圖ならむ。覺禪抄には二龍王のみで須彌山大海これなきも、こは構圖の關係上、山海を略せしものであらう。

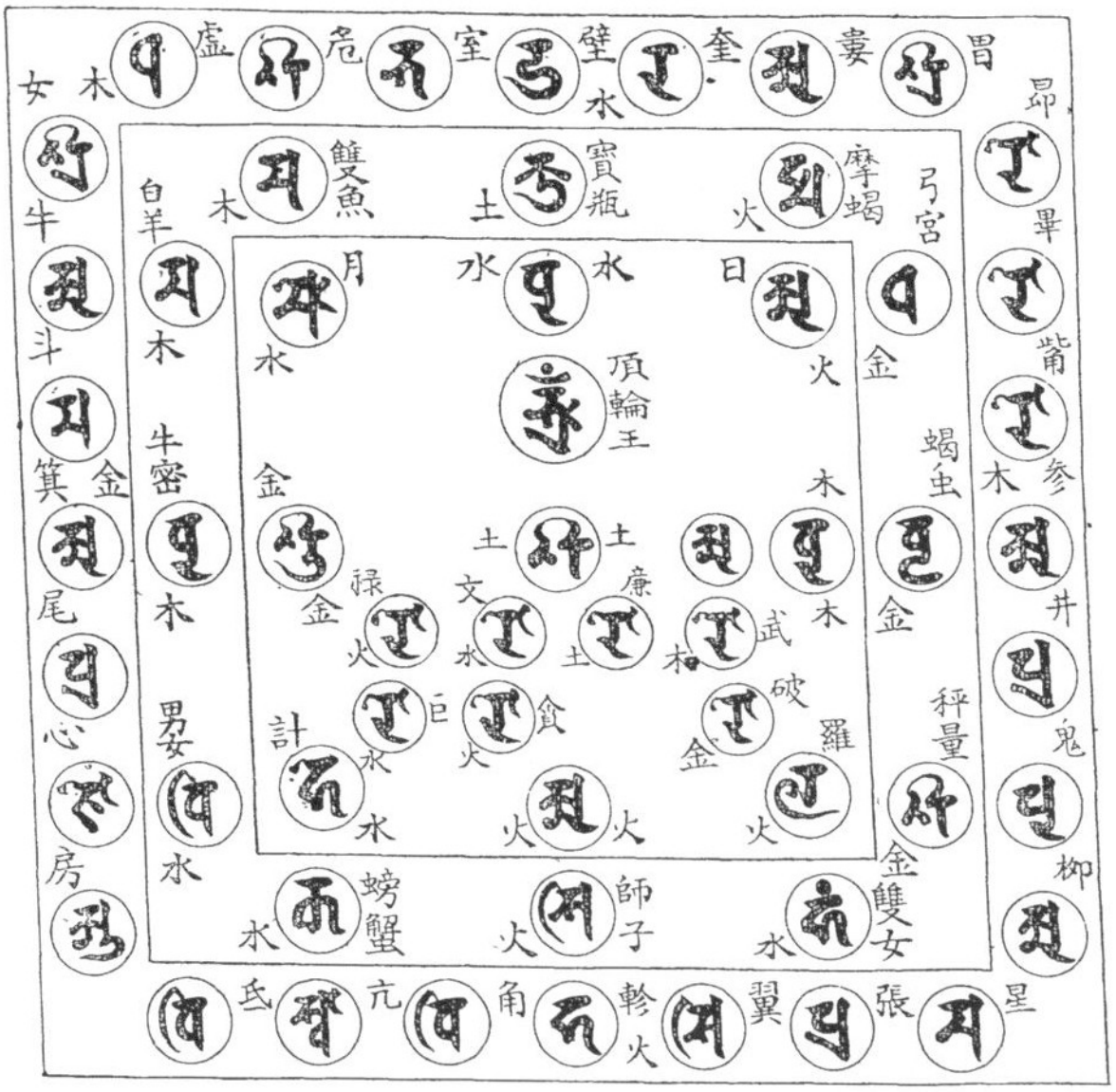

第七圖

上の第七圖は快旻法印御傳と稱して釋室に縮圖を藏する。北斗にすべて通種子〓を用ひ、一々を五行に配するなどその特色である。予が自坊日光院藏の曼荼羅は、座位これと殆んど同じく北斗また通種子なるも、輔星なくそして月は、木は、女宮は、師子は、牛は、羊は、魚は、摩は、角は、氐は、房は、奎は、胃はとなつてゐるのが異なる、卽ち第八圖これである。

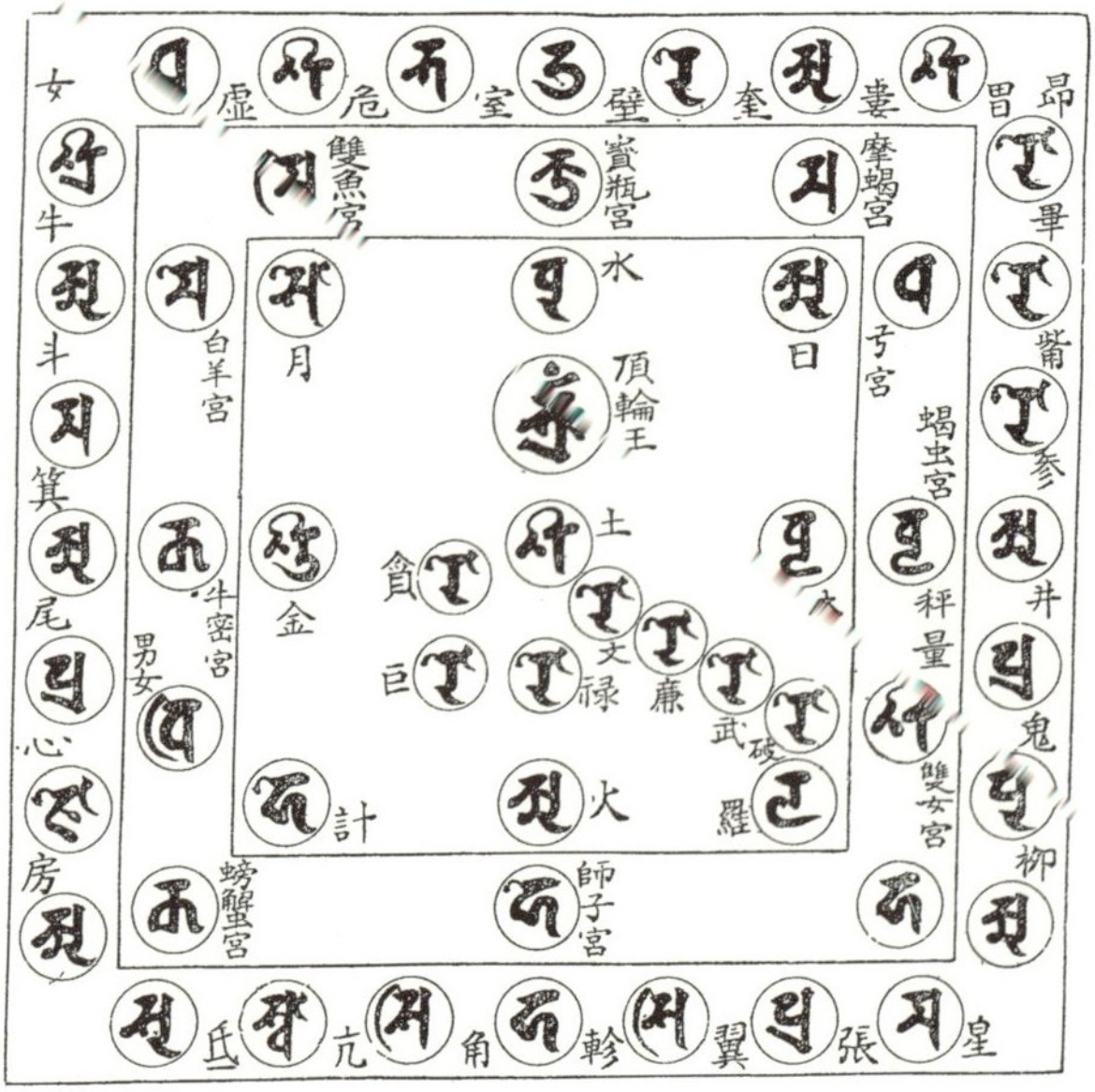

第八圖

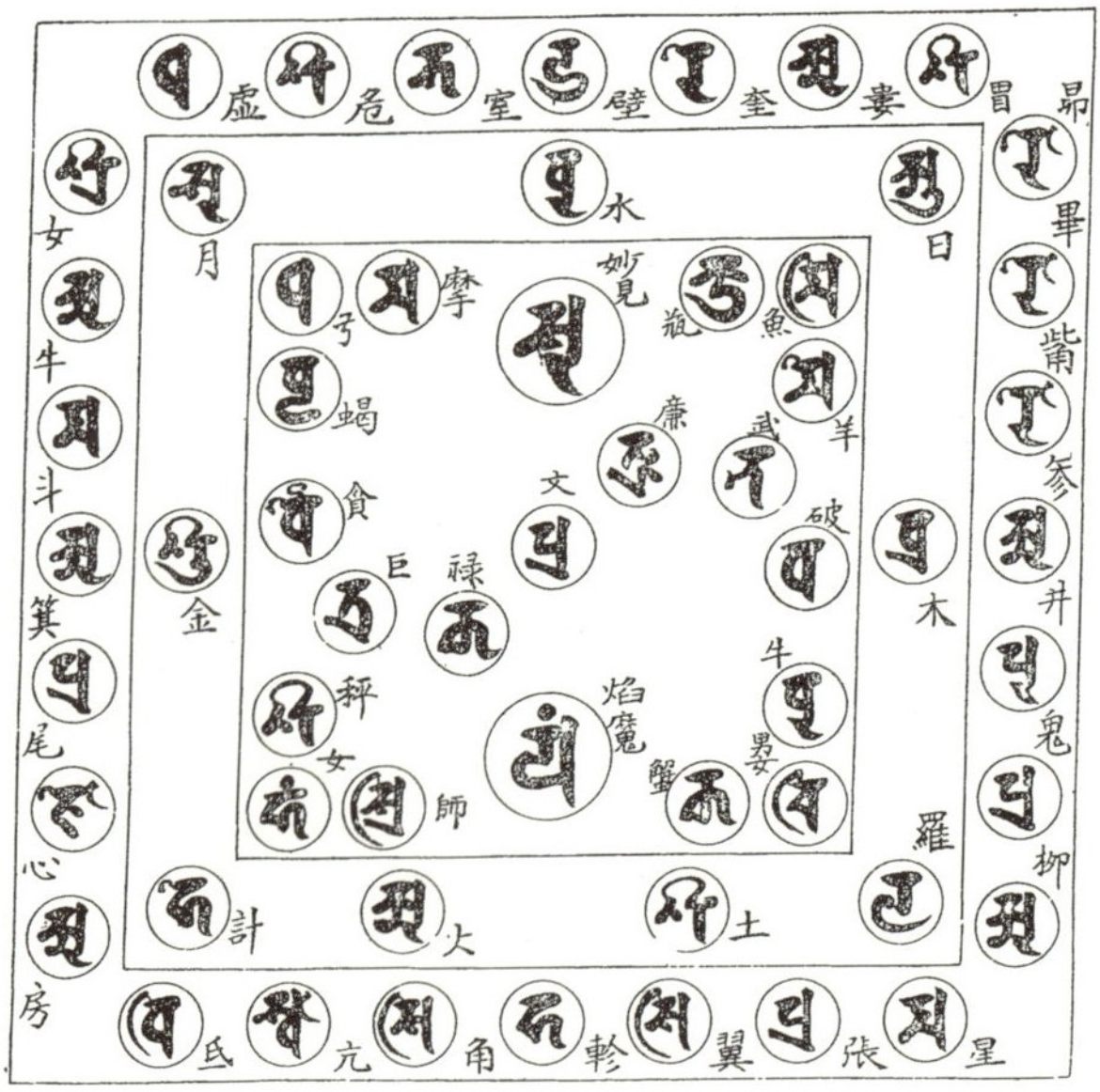

第九圖

右の第九圖は四家鈔の第三圖なるが、寛空の創圖といはるゝ第四・五圖と同工異曲である。中尊は金輪にかふるに妙見をもつてし、北斗を天空形につらね、又土曜にかふるに焰魔をもつてする。これ即ち北斗焰魔を同體と見る傳（當編第一章第三節の三參考）によつたものである。

第一〇圖

上の第一〇圖は四家鈔の第四圖である。金輪の後方第二重に星名なきは北斗なるべく、そして初後の貪破二星に、中間の五星にを用ふるはけだし影略互顯のこゝろならむ。又その九曜及び第三重の十二宮も第四重の二十八宿も、列次は前九圖と趣きを異にし、又第三・四重の四方における間隔は四門の表示なりと思はるゝ。

次の第一一圖及び第一二・一三圖は吉祥敎授の說によらば、ともに醍醐寺藏の尊形曼荼羅である。金輪後方の尊形は黒ずんで分明ならぬも、けだし妙見ならむといつてゐるが、おそらくさうで

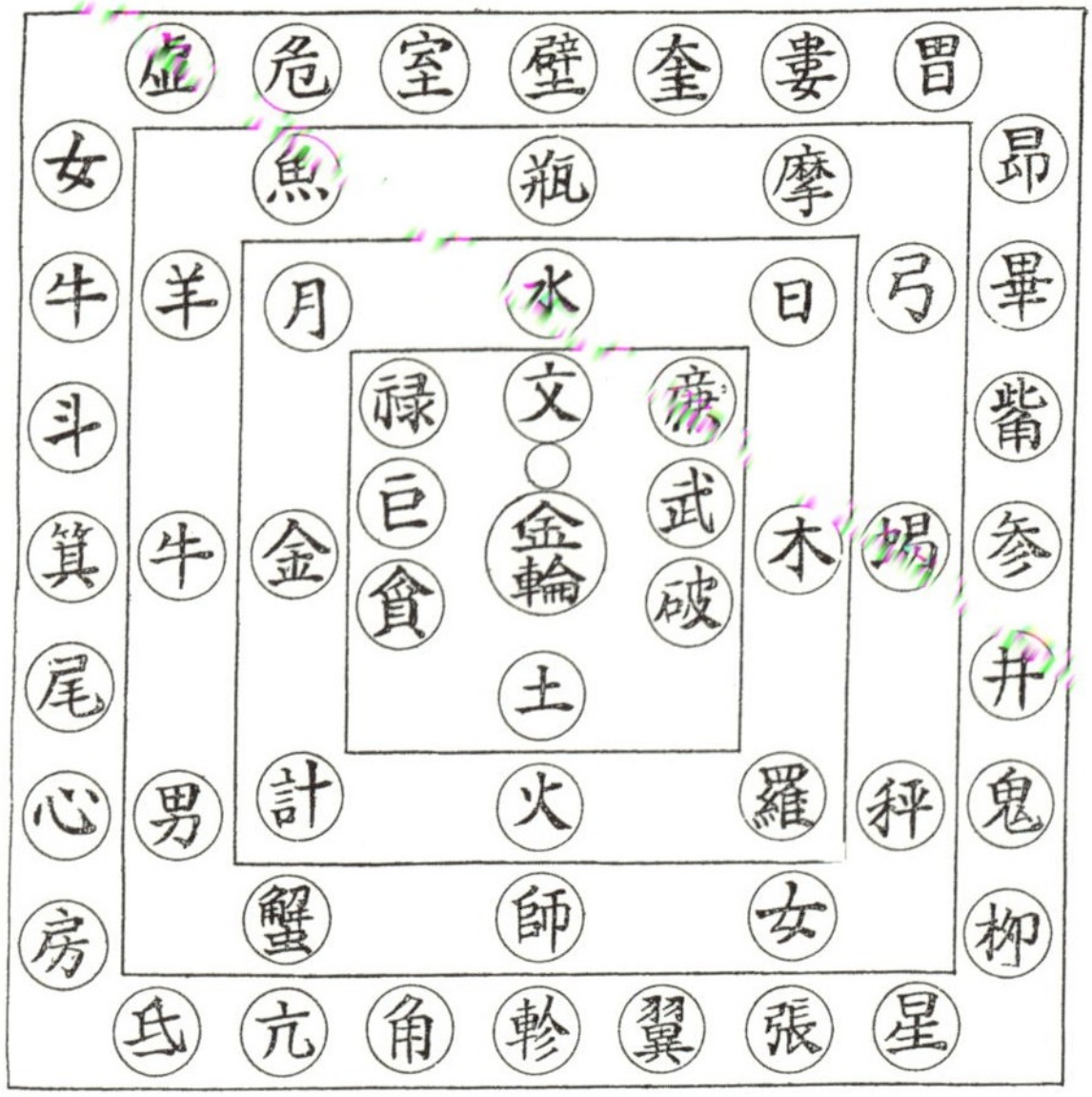

第一一圖

あらう。九曜以下の配置は常の分とかはらない。

左の第十二圖は、（一）理智相離れざるが故に、佛眼曼荼羅には その前方に 必らず 金輪を 安ずべく、金輪曼荼羅にはまたその前方に必らず佛眼を安ずべし（當編第一章第一節の一參見）といへる經軌の説に准じて佛眼を圖すること、（一一）第二重

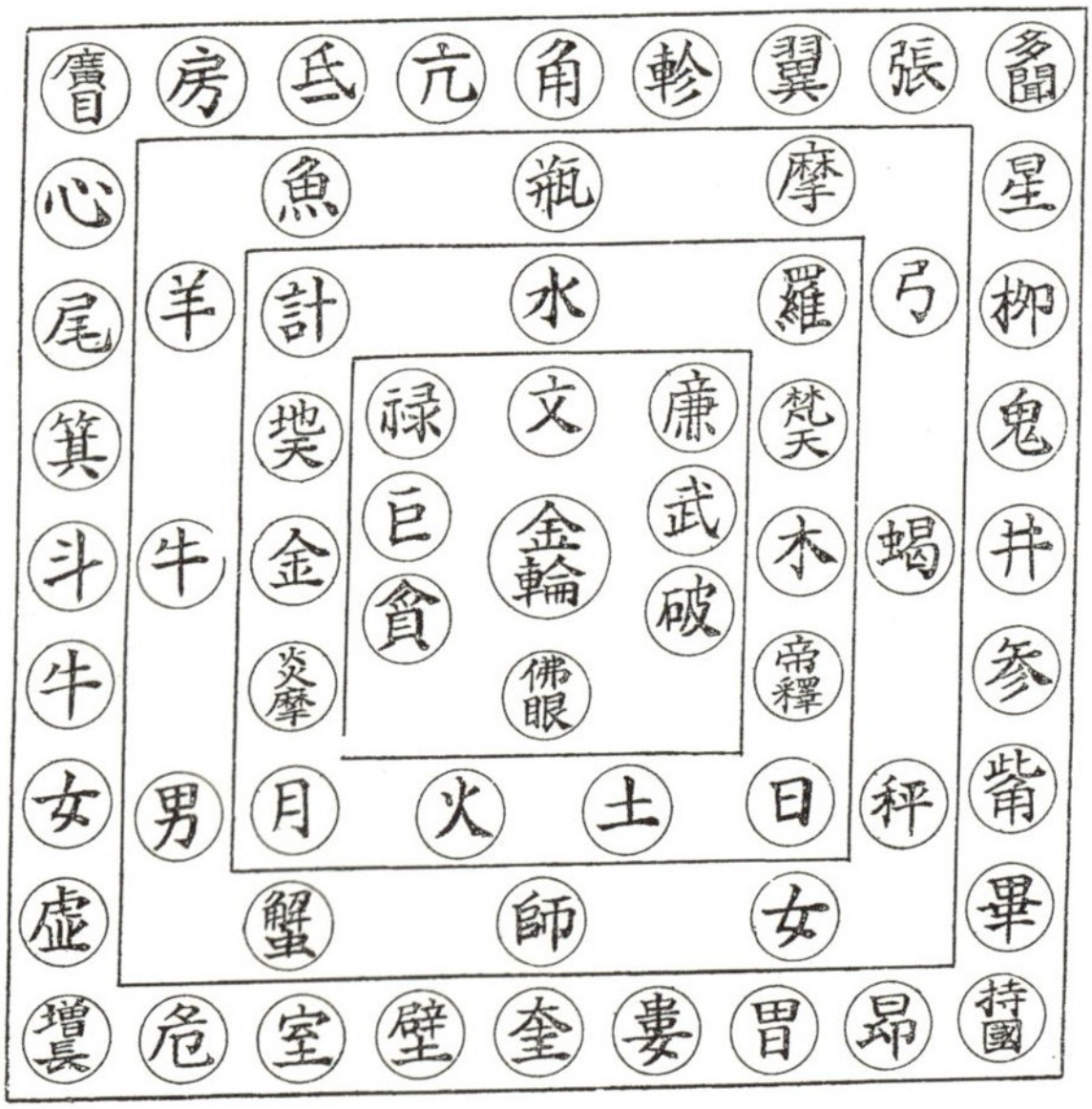

第一二圖

第一三圖

に梵・地・帝・焰の四天を安じ、及び羅・計の位置がよほど異なることゝ、(三)第三重の四隅に四天王を安じ、ならびに二十八宿が東南隅より昴・畢等と左旋することゝは他に類例なき特色を示してゐる。

上の第十三圖は第十二圖と大同なるも、日・月・羅・計及び二十八宿が普通の列次となつてゐるのが小異點である。

以上は予が見聞する北斗曼茶羅の種類である。このほか如意輪を中尊とする七星如意輪の曼荼羅、及び不動を中尊とする曼荼羅(仁海厚雙紙上の五十天供)などこれあるも、繁をおそれてこれを略する。

第八章　星宿の靈驗

第一節　行病鬼王の退治法

一行の七曜星辰別行法（上編第四章第二節參考）によらば、二十八宿所屬の鬼神があり、その宿日にあたつて國土に横行し、或ひは正しからざるの人、或ひは小兒などに魔手を揮ひ、卒倒悶絶せしめ、疼痛嘔吐せしむるなどの危害を與ふるのであり、こは醫藥の及ぶところではなく、もしこれを禳ふ法を知らなければ、これにより近き將來に或ひは死亡しなければならぬ。乃ちその發病日の直宿を尋ね、燈明を點じ清酒白脯を獻ずる等の法式により、强ひて祈願の語をのべずに默禱すれば卽座に應驗があるといふのであり、以下その說文をあぐる。又二十八宿所好の食物については、當編第二章第五節の三を參照されたい。

一、昴　宿　鬼

昴星直日　其鬼名二黑林尼一、此日是此鬼行レ病、忽於二路側一打レ人倒令レ失レ音不レ語。當レ畫二此鬼形一書二其名一、於二病人家中一點二燈一盞一、以二清酒一盞白脯一疊一祭レ之於昴宿上、其患人當日得レ語、更不レ須二別求一神祇。當祭之日皆言患人姓名於昴宿再拜、更不得著別言語、其宿自知必與收禁其鬼也。

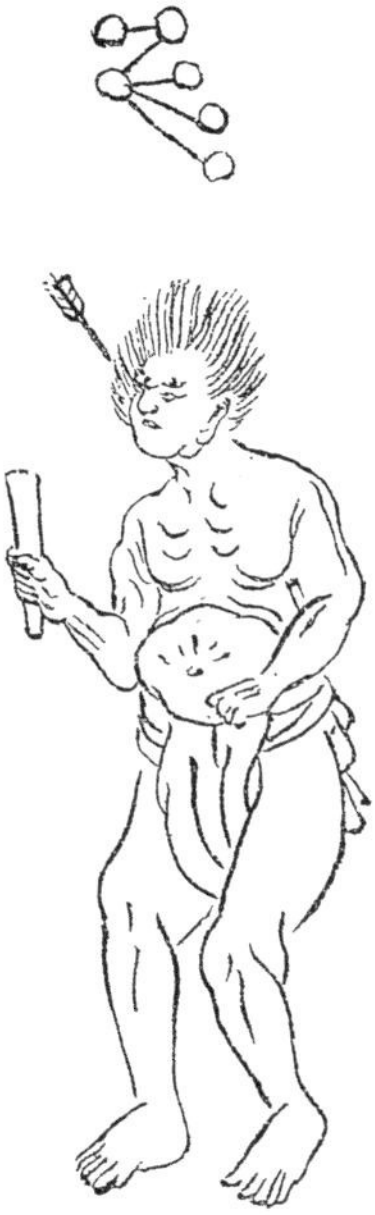

二、畢宿鬼

畢星直日　其鬼名多知蔡、是此鬼行病、令人心中悶熱如煩亂、轉動不得忘前失後、是此鬼所爲。須剪紙錢五十貫以清酒白脯、取日午正南時祭。必須道患人姓名、須七遍上酒、但拜畢宿莫別言語、其患人當日差。如忽有黃衣善人來相遇、必不令入門切須禁止、依前畫鬼形釘之吉。

三、觜宿鬼

觜宿直日　鬼名常無極、此日是此鬼行病、令人家中無事、夫妻緣小々之事相行々破家具、是此鬼所爲。當與紙錢四十九貫酒脯祭是、但拜上酒十三遍止。不過此祭法、其宿之家必有一人、於宅內自住而死、其祭日忽有一女人來、不得令入門、如是親眷亦不得入、忌之。

四、參宿鬼

參宿直日　其鬼名伏應參星、此日是此鬼行病、令人忽惡心翻吐不止或寒熱、此鬼所爲也。以清淨酒白脯如法祭之參宿、言病人姓名但拜參宿行酒九廻卽止、書其形禁之患人差、後其鬼更不敢到人門前。當祭此宿後如有僧尼來輙不得喚門、令患人二十一日酒（けだし誤字）死、切須作意禁忌斷之、再三記念在心中莫暫遺忘耳。

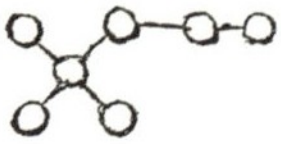

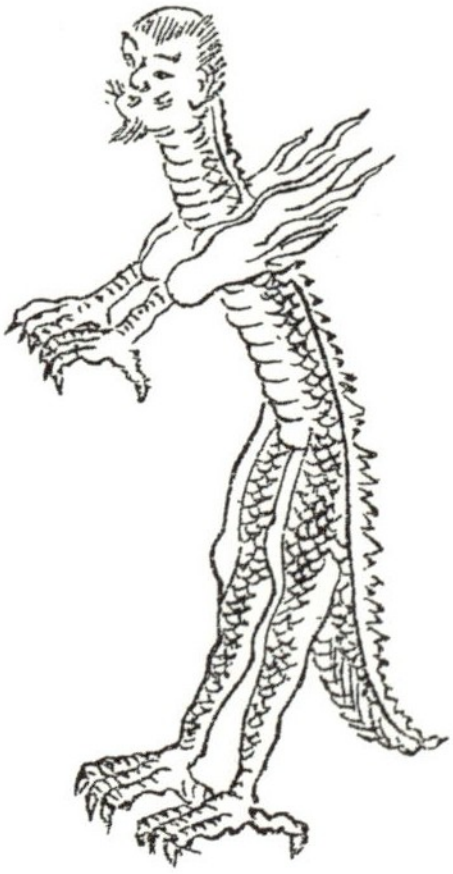

五、井宿鬼

井宿直日　鬼名聞度直、此日是此鬼行病、令人忽倒罝死却活、卽是此鬼所爲。如不遇此法病人七日內須死、記得病日當以紙錢四十九貫煎好茶祭之、唯拜此宿七拜更不得別言語。當祭之時忽有一女人來入宅、輙不得屈入。如小男子來、苦酒（けだし誤字）請入坐煎好茶設之、必須遣喫一口、卽病人亦差、分明記之。

六、鬼宿鬼

鬼宿直日　鬼名安小嗁、此日是此鬼行病、令人夢中作一女子、迫人精神間頻見、是此鬼所爲。本身多時不覺、是此鬼日滋成傳屍之病、染汚渾合直取盡一家人逸相分付（染汚以下けだし誤脱あるか、讀みがたし）、三年之內病卽死。切須以此法祭之及記夢時、是鬼宿當以佛香紙錢一百貫煎好茶祭之。其鬼更不敢來相惱、皆須釘之上下、永驗。

七、柳宿鬼

柳星直日　其名阿舍國、此日是此鬼行病、令忽言忽語如失心人、是此鬼所爲。若不信患人一年之中必至于死、其鬼屬此星。記得病日、當以清酒白脯如法祭柳星、當日有應。當祭之時不得見妻子面、隔祭一日卽得相見。其鬼永去不敢到門前、令患人延福益壽百歲無中夭、一生永無災疫矣。

八、星宿鬼

星宿直日　鬼名萬松石、此日是此鬼行病、令人行不得或寒熱不定、是此鬼所爲屬此星宿。以紙錢一百貫清酒、祭日行酒滿七遍止。不得令白衣人來、縱來不須遣坐、亦不得令此人知祭法、所來者鬼替患人代命之人也、切須知之。

九、張宿鬼

張宿直日　鬼名雲公其、此日是此鬼行病。常愛與人家小男女作患、令人或寒或熱或水痢不止者此鬼所爲。所病日以紙錢四十貫清酒白脯午時設祭、宅内點燈一盞呪曰小男女姓名、但道之當日差。如大人此日得病者不要祭、三日自差也。

一〇、翼宿鬼

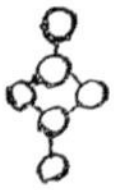

翼宿直日　鬼名行音風、此日是鬼行病。常愛入人家與小男女作患、令忽食上倒失音不語、是此鬼所爲。當以清酒白脯祭、患人當日差。如不祭典不得此鬼名、所患者三日內必死。如知解此祭法喚其鬼名、令此宿神收禁其鬼、患男女當日差。如大人此日遇病必不畏、不用求祭法。

一一、軫宿鬼

軫宿直日　鬼名當日流、此日是此鬼行病。忽令人乾嘔吐心胸痛不止、是此鬼所爲屬此軫宿。當以紙錢七貫清酒白脯午時祭、行酒七遍止、書其鬼形收禁之。當祭之日如忽有一女子來不須喚入、如不祭此宿者七日必死。如依此法祭之壽命至於百歲、必須深信之。

二二、角宿鬼

角宿直日　鬼名二夜居山一、此日是此鬼行レ病。令二人忽寒熱不レ止喫食不レ得、是此鬼所爲屬二角宿所管一。當下以二清酒白脯一取二病人患日一、與二紙錢七貫一祭レ之、取二正午時一、其病人當日差。祭レ星之日忽有二黄衣人一來、當須苦諮屈入一、必與二患人一相宜良吉也。

二三、亢宿鬼

亢宿直日　鬼名二園叉鷄一、此日是此鬼行レ病。令二人開レ眼不レ得　惡心寒熱起止不レ得。是此鬼所爲、其鬼屬二亢宿一。當下以二錢四十九貫一、取二日午時一以二好清酒白脯一祭レ之。如不レ遇二此法一則病人至二四十九日一令レ死、所レ祭不レ得レ令レ有二外人及小童兒來入レ宅、切須レ忌レ之。親故一切不レ得レ令レ入レ宅、切忌。

一四、氐宿鬼

氐宿直日　鬼名難符、此日是此鬼行病。忽令人朝寒暮熱、皆是此鬼所爲屬氐宿。當以紙錢四十九貫好酒白脯祭之、須脯各二行酒九遍。須至心拜宿、不得更別言語。當祭日忽有小童兒年十歲、已來到門前不得令入、切須禁之、第一須記預防備之、吉。

一五、房宿鬼

房宿直日　鬼名百歲公、此日是此鬼行病。令人止行之次如背後有人相隨毛髮竪寒、是此鬼所爲。不知有此祭法、不出一年內便身失精魂之疾、直至狂死路間。當以紙錢一百貫好酒脯祭之、取申時點燈以酒五盞、便但不得別言語。當祭之日忽有獨入宅、其病人更差百歲不死。

一六、心宿鬼

心宿直日　鬼名常夜建、此日是此鬼行病。令人忽或寒或熱一日惡、一日心頸不下飯食、是此鬼所爲。當以紙錢一百二十貫清酒白脯祭之、其病當日卽差的加壽命、如不遇此法三年内必死於他鄉。

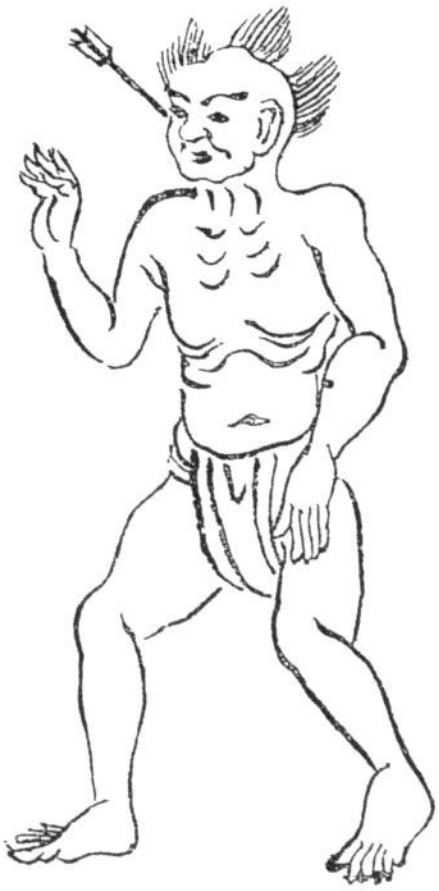

一七、尾宿鬼

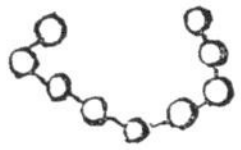

尾宿直日　鬼名百黑山、此日是此鬼行病。令人陰腫男女悉身動轉不得、是此鬼所爲、屬尾宿管。當以黃紙錢四十九貫好酒脯祭之、其患人當日差。更不得別求神鬼、酒三盞上九遍止。祭之日忽遇有老翁來到門前、必須苦請入宅與恭禮設之、勿輕。

一八、箕宿鬼

箕宿直日　鬼名阿之婆、此日是此鬼行病。令取人家小男女忽患熱、達夜啼哭不止久、若不知此鬼求祭之、所患男女二七日必死。當以紙錢一百貫、取申時於家中當房內、點燈兩盞以清酒白脯祭之箕宿、其男女當日便差、如大人此日遇病三日內自差。

一九、斗宿鬼

斗宿直日　鬼名多居耶、此日是此鬼行病。忽令人脚手不遍行李不得、皆是此鬼所爲。如不知有法、向後三年已來自差。當以紙錢三百貫文好酒白脯取辰時於宅中病人房中、點燈七盞上酒七遍即止。言患人姓名拜七拜、患人一七日內行動。當日忽有僧尼到門、苦酒（けだし誤字）諂屈入必有逗留。

二〇、女宿鬼

女宿直日　鬼名二憂夜多一、此日是此鬼行レ病。令下人出二於路上一走獨言獨語不上レ識二功德一、是此鬼所爲、患人一年内必死、屬二女宿一。當下以二紙錢二百一十貫淸酒白脯一祭上レ之、云請二女宿一與收二禁之一訖、患人當日差。祭日忽有二祭人來一切不レ得二屬入一、如不レ覺レ來其法雖二祭了一終無レ功、忌レ之吉。

二一、虛宿鬼

虛宿直日　鬼名二常夜迪一、令二人通體疼痛轉動不一レ得、是此鬼所爲。別喚二師人一、其三日內自差。以二紙錢一十四貫酒脯一如法祭レ之、當レ時平復如レ故耳。

二二、危宿鬼

危宿直日　鬼名二丘行仙一。是日是此鬼行レ病、令下人失二却精神一恰似中癡人上。一年之内不レ遇二祭法禁一、令三患人必至二於死一、其鬼屬二危宿一。當下以二黄紙錢一百二十貫好酒脯一祭上レ之、當日精神平復其鬼永不二敢到一レ門、皆須レ釘二之身上下一。

二三、室宿鬼

室宿直日　鬼名二言破愛一、令下人患二水痢一不上レ止、如不レ遇二祭法一便成二惡痢一必至二於死一。當下以二紙錢一百貫好酒白脯一祭上レ之、其患人當日差。其祭日忽有二等獨鬼入一レ宅者不レ得レ損レ之、但作二方便一放出不レ須レ令レ入、即得レ忌レ之。

壁宿直日

二四、壁宿鬼

鬼名波由田、令人於厠上倒便語不得。當以紙錢四十九貫好酒白脯如法祭之、須書此鬼形類、即不死一七日漸々差、更加年壽延一百歲、切須敬之。

二五、奎宿鬼

奎宿直日　鬼名洪宅置、令人小便不出陰陽疼痛行動不得、三日內不過祭法令必至於危。以黃紙錢一百二十貫好酒脯於未時祭之、過三日不差乃至于死。其鬼一日遊四天下得遍、即火急祭之令收禁、必當差。

二六、婁宿鬼

婁宿直日　鬼名令尼居、令人兩脚應骨髓痛坐臥不得、此鬼所爲如不遇祭法其脚便失。以五色紙錢二百貫好酒白脯如法祭之、患人一七日內差行李便得。祭日輙不得令僧尼入宅、切須禁之、祭了隔日卽得。

二七、胃宿鬼

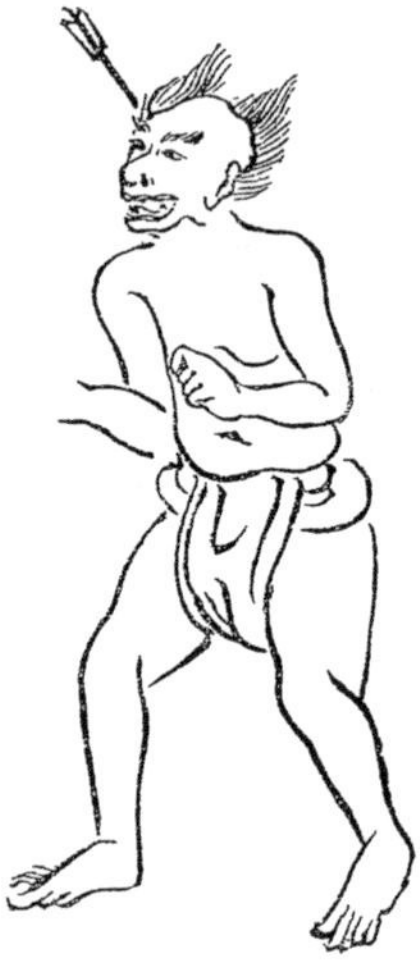

胃宿直日　鬼名獨指樓、令人大小便不通、或寒或熱轉動不得、如不遇祭法三日九日內必至於死。以紙錢四十九貫好酒脯祭之、當日平復如故、三日始祭患人卽難濟。

二八、牛　宿　鬼

牛宿鬼に對しては、左の如き形像のみ示して何等の說文がない。

二九、辰　星　鬼

辰星直日　鬼名二百破一、令二人或寒或熱不レ止、心頭冷一向叫喚哭聲不レ絕、如不レ遇二祭法一五日內必死。以二紙錢一百二十貫酒脯一祭レ之如二前法一、如至二一七日一祭卽不レ得二其功一、當須死二不レ可レ救也。

三〇、文星鬼

文星直日　鬼名形奉叉、令人後分疼痛如被箭射不可忍之起坐不得、是此鬼所爲。纔覺卽火急以酒脯如法祭之、當日便差、三日外如祭其病已入四支難療也。

二九の辰星は水曜なるべく、三〇の文星はけだし木曜又は金曜か、識者に問ふべきである。凡そ人の病患はみな以上三十鬼の祟害によるが故に、以上の法によりその鬼神を知つて速かにこれを退治しなければならぬ、故にいはく、

夫欲知人間疾患、皆由二十八宿管行病之所爲。此法一々通於神通、名爲西國七曜別行法。七曜卽管二十八宿、二十八宿卽管諸行病鬼王。

又その祟害を與ふる所對について、

諸星辰二十八宿神、具通所管行病鬼總三十鬼。日夜常遊人間、依於衰者卽得醉飽、於正王之家

無由得其飲食といつてゐる。卽ち正義を履みかつ元氣旺盛の人に對しては祟害を與ふる能はざるも、幼弱又は衰運に瀕するものゝために乘じてこれを與ふるといふのである。又その收禁解放及び祈願の方法等について左の如くいつてゐる。

勅諸星宿鬼神等、無事莫行於人間。如違者當須以法祭之、急々如律令。祭星宿之法、令用脯紙錢等一々皆依前件法用不得欠小。如患人未差但稱病人姓名、並得病之日及時、更莫道願家口平安之語、唯知志。拜星宿之形須道患人姓名、並須一々書取前件諸行病鬼形貌、教人眼見諸鬼形。於鬼形上下釘手、明日收禁之、患人當日差訖、與出却其釘、鬼既得放更不敢到於門焉。每行病之次曾被病人知此、於被禁釘之家每相去五百步之外走過、並不敢正眼望此宿家門。當呪願之時一々皆須必分明道云、諸星宿並患人某乙望與收禁之勿令病不可。其患人及平常人、並不得於星宿露臥、忽遇此病不知之者狂死矣、愼々々。

第二節　靈驗の證文と例證

一、その證文

星宿靈驗の證文は上來隨所に既にこれを引用せしも、今便覽のためにこれを類集する。

一、若有ㇾ人每日誦二此神呪一（北斗總呪なり）、決定罪業皆悉除滅、成二就一切願求一。設復有ㇾ人若能每日、誦二此神呪一百八遍一、卽得二自身及一切眷屬擁護一。若能誦二五百遍一大威神力、五百由旬內普皆圍繞、一切魔王及諸魔衆、一切障者無量惡鬼、不二敢親近一常當二擁護一……若人欲二供養一者先發二拔濟心一、於二淸淨寂靜之處一、以二香華飮食一供養、持二念神呪一結二印契一、如ㇾ是供養時、八女及一切眷屬、現ㇾ身隨ㇾ意奉仕成二就無量願求一、惹位卽得、何況世間少小官位榮耀。若求二壽命一、削二定業籍一還二付生籍一。若諸國王々子大臣後宮等、於二自宮中一作二曼荼羅一、如法護摩禮拜供養、北斗八女皆大歡喜故、久居二勝位一恒常受二安樂一。百官上下和穆不ㇾ行二非法一、人民熾盛稼穡豐饒、國土安寧無ㇾ有二災難一不ㇾ現二異怪一、疫病死亡不ㇾ起、境內怨敵群賊自然退散（金剛智譯の北斗七星念誦儀軌）。

二、若有ㇾ人能禮拜供養、長壽福貴、不二信敬一者運命不ㇾ久。是以祿命書云、世有二司命神一、每ㇾ至二庚申日一上向二天帝一陳二說衆人之罪惡一、重罪者撤ㇾ算、輕罪者則去ㇾ紀、紀算書紀告二卽主命已者一。是故如來爲二末世薄福短命夭死衆生一故、說二是一字頂輪王、召北斗七星供養護摩之儀則一、爲二供養一者令三其屬命星、數削二死籍一還二付生籍一（不空譯の北斗七星護摩祕要儀軌）。

三、若貴若賤大小生命、皆屬二北斗七星所管一。若聞二此經一受持供養轉讀、勸二於朋友親族骨肉一受持者、現

世獲レ福後世得レ生二天上一（文甚だ廣し、當編第三章第三節の二參照、婆羅門僧將到の七星延命經）。

四、修二此北斗七星護摩法一者、刊二於死籍一記二長壽札一、神驗最明、延レ命增レ算。除災招福延命之法無レ如レ此者也（一行の北斗七星護摩法）。

五、從二王侯一及二於士庶一、盡皆屬二北斗七星一、常須二敬重一、當レ不レ逢二横禍凶惡之事一。遍救二世人之衰厄一、得二延年益算一無二諸災難一（具文、當編第三章第二節の二、葛仙公禮北斗法）。

六、若復供二養本生宿一者、於二本生年日若本生日一可レ取二成就一。若惡宿生、毎月供養若三日五日七日、供二養惡曜一成二吉祥一、直祕而勿レ令レ知レ人（一行の宿曜儀軌）。

七、爲二貧窮一授二福德一、爲二無官一與二官位一、爲二病者一成二醫王一、爲二短命一授二長壽一。儀軌云、結二妙心印一誦二滿妙心咒百萬遍一、削二死籍一記二生籍一、紀算令レ視二百二十年之春秋一（妙見菩薩講式の妙見段）。

八、歸二依北斗一者卽歸二依諸天善神一也、天地悉動萬靈併通故也（同北斗段）。

二、その例證

一、北印一天聖主、致二三夜之恭敬一除二病痛一、南海五百商客、依二一時之稱念一免二鬼難一、漢土中宗皇帝、禮レ之延二壽算一、本朝吉備大臣、祭レ之昇二高貴一（北斗の靈驗、妙見講式第三段）。

二、景公謝レ咎七星授二三舍之悅一、一行遭レ難九曜照二火羅之闇一（大師撰と稱する星供祭文、當編第三章第三節の**一**參見）。
天竺者迦瀧大王、建㆓壇場㆒而轉㆓定業㆒、唐朝者中興皇帝、修㆓行法㆒而得㆓感應㆒（寛信法務の北斗護摩表白。覺禪抄所引）。

以上故事の典據は私に未詳である。

四、昔我日本國天智天皇三年、□□夏五月、天文博士□務悰、□來巡㆓察我日域內㆒、□逢㆓大織冠中臣連鎌子㆒。淸談宴歛數日之後、密敎㆓授屬星祕法㆒歸㆓入唐朝㆒也。鎌子自性聰敏擅超㆓諸人㆒、忽得㆓卜筮道㆒、時爲㆓帝皇近臣㆒常持㆓此祕法㆒、毎月二度致㆓祭祀㆒也。遂則位登㆓正一位㆒、職帶㆓內大臣㆒封㆓一萬五千戶㆒、古今未㆑有㆓此例㆒、今稱㆓藤原中大臣主㆒者也。自㆑茲以降、後胤高纂執法大臣後代不㆑絕、所謂屬星祕法所㆑致之驗也（類祕鈔別卷、眞言宗全書同八九）。

五、或古密記云、弘法大師爲㆑報㆓覆護之恩㆒、如法修㆓行之㆒間、諸曜連㆑光降㆓臨寶座㆒、快受㆓禮奠㆒語㆓大師㆒曰、自今以後欲㆑守㆓遺跡㆒云云（元海の厚造紙北斗護摩、大七八・二七六）。

六、後三條院人王七十一代者、後朱雀院第二之子、後冷泉院之太弟也。後朱雀院遺詔令㆑在㆓後冷泉院之宮㆒、迨㆑至㆓卽位後㆒世稱㆓有德之君㆒。此宮爲㆓儲皇㆒時成尊僧都候㆓禳其宮㆒。一日成尊問㆑帝曰、陛下拜㆓北斗㆒乎。帝曰、毎月拜㆑之、非㆓是徼㆑福。他日登祚之事欲㆑無㆑念㆑之、而猶未㆑免㆑有㆑意㆓于此㆒、是豈臣子之心乎、吾深懼其罪所以拜斗也、成尊流涕（已上故事談）。人拜北斗多爲求福壽、穆彼青宮所祈何祐。自非其非向天謝罪、忠孝之言聽者泫然。或問、儲君恐罪拜斗宮何謂也。答、按北斗經註、人之生也北斗莫不降氣於心、心之象、內虛而中藏水、水者天一之水、即北斗之精也。故人運誠心於內、北斗悉知之、故拜之（靈符緣起）。

七、北斗護摩集云、皇帝遇北斗七星圖並所屬星（出大唐開成四年曆中）、皇帝遊於終南山忽見一女、被髮身著素衣山中遊行。皇帝問曰、是何女人乎。答曰、吾姉妹七人、是北斗七星管、不問男子女人生下便屬吾管。帝曰、朕亦屬卿管。女曰、陛下貴賤有殊、人命一盤亦屬吾管。皇帝曰、朕願事仙者得否。女曰、夫事吾者、夜間北斗出後、各總北斗星合掌禮拜、一生中橫惡之事、大小便及穢惡事並不得向北緣、吾姉妹在北陰之管不忍見穢惡之事。世人犯者所以貧窮、又多疾病、陛下事吾今化本身及皇位令萬性知悉（凡人向北不可大小便也、旨具在此文）。惠什闍梨云、故匡房卿云、此說未見外傳書籍之（類祕鈔別卷）。

八、豐臣系圖云、秀吉公先祖國吉、生國江州淺井郡山門住侶（號昌盛法師）、後還俗居住尾張國愛智郡中村。當昔住于江州之時、竹生嶋辨財天一千日籠居祈事アリ。其後登近江國荒神《アラカミ》山、一七日斷食修行鎮宅靈符祕法。其願文曰、爲衆生濟度再還俗祈天。傳云、靈符祕法、必白衣天子入其宅中。至吾子孫之中必可將軍忽導衆生云云。果秀吉公武威異國マテ榮ル事、偏隨先祖願者也（靈符緣起）。

九、南光坊天海（號慈眼大師）、釋了意記云、兩部傳受時師容膝曰、天海化生人。將軍義澄庶流有足利傳助義近者、奧州會津人、中年住攝州浪華。一夜夢見南海水中ヨリ方寸許星出、留義近門前桐枝。翌朝隣家告曰、門外桐下有棄子。義近見之微笑不泣、乃養育之任夢意名星之助。義近以爲、此子恐可沈南海此界不能見南極星。天海雖聞之、此怪事生涯不以語人。人若尋其生處等、曰、俗氏行年非沙門所可語者云云。幼於和州長谷寺出家、聰明無類也（慶安の兩部神代一貫口決鈔）。

三、紀算百二十年の意義

前引の七星祕要軌に「重罪者撤算、輕罪者則去紀」といひ、妙見講式に「紀算令視百二十年之春秋」といふについて聊か考證を試みやう。

一、上天司命之神察其過惡、其行惡事大者司命奪紀、小過奪算、隨所輕重故所奪有多少也……司命削去死籍與天地相畢（抱朴子一）。

紀算の語こゝに見ゆるが、但しその意味祕要軌と正反對になつてゐる。

二、博物志云、紀者一年算者一日云云（類祕鈔）。

三、百二十トバ三壽ノ中ノ上壽ナリトイフ（祕鈔問答）。

四、問、有二何由一人壽或祈二百歳一祈二百二十年一哉。答、祿命決云、神以通レ命、命者謂人天命、已便生者乃終故云云。河圖云、十二子昇レ天命終故、人一百二十天命乃終二於天一云云。私云、十二子者六甲十二子也、仍一甲有二十年一、故十二甲百二十年也。十二子者始レ自二甲子一、經二六十年一歸二本甲子一也、故云二十二子一也圖已上。裏書云、以二支干納音三字一象二天地人之三才一、此三各有二四神一、卽三四十二也。三者一季之内有二三月一義也。四者四季也、十二者十二月也、卽十二之月建也。以レ之爲二一年一而立二一歳一、定二壽限一保二運命一也(宗意の北斗抄)。

五、太上感應編云、有二三台北斗神君一、在二人頭上一錄二人之罪惡一奪二其紀年一(靈符緣起)。

六、有二衆生欲一レ增二壽算一者、畫二作四臂菩薩像一、肉色嚬レ眉而慈怒。右第一手持レ筆、第二手持二月輪一。左第一手持二紀籍一、第二手持二日輪一云云(當編第四章第六節、妙見像中の**二八**參見)。

第三節　卷數と守包の樣式

一、卷　數

北斗護摩所

奉　供

大壇供　二十一箇度
護摩供　二十一箇度
諸神供　三箇度
奉念
佛眼眞言　一萬二千六百遍
大日眞言　二千一百遍
白衣觀音眞言　二千一百遍
八字文殊眞言　二千一百遍
本尊眞言　六萬三千遍
御本命星眞言　二千一百遍
御當年星眞言　二千一百遍
御本命曜眞言　二千一百遍
九曜總呪　二千一百遍
十二宮總呪　二千一百遍

破諸宿曜障眞言　　二千一百遍
一字金輪眞言　　二千一百遍
右奉爲護持大施主某御息災安穩增長福壽恒受快樂除病延命所願圓滿始自十去月二十五日迄
今日一七箇日夜之間殊致精誠奉供如右
明德二年十一月　日　　阿闍梨法印
權大僧都宥快
卷數の例一樣ならざるも、今はしばらく安流の一種をあげた、當年星供等はすべてこれに准じ任意
に作製すべきである。

二、守　包

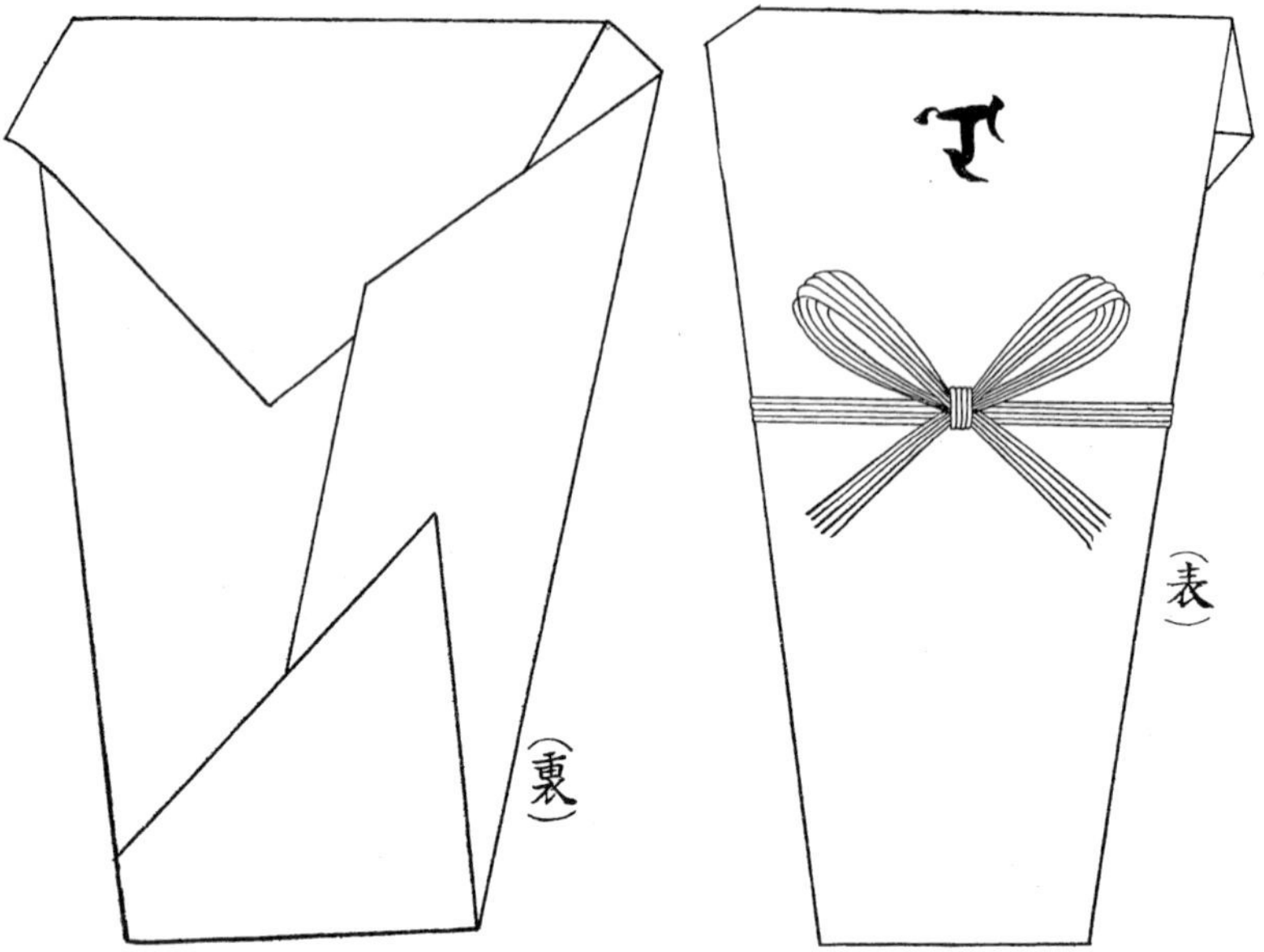
（裏）
（表）

○

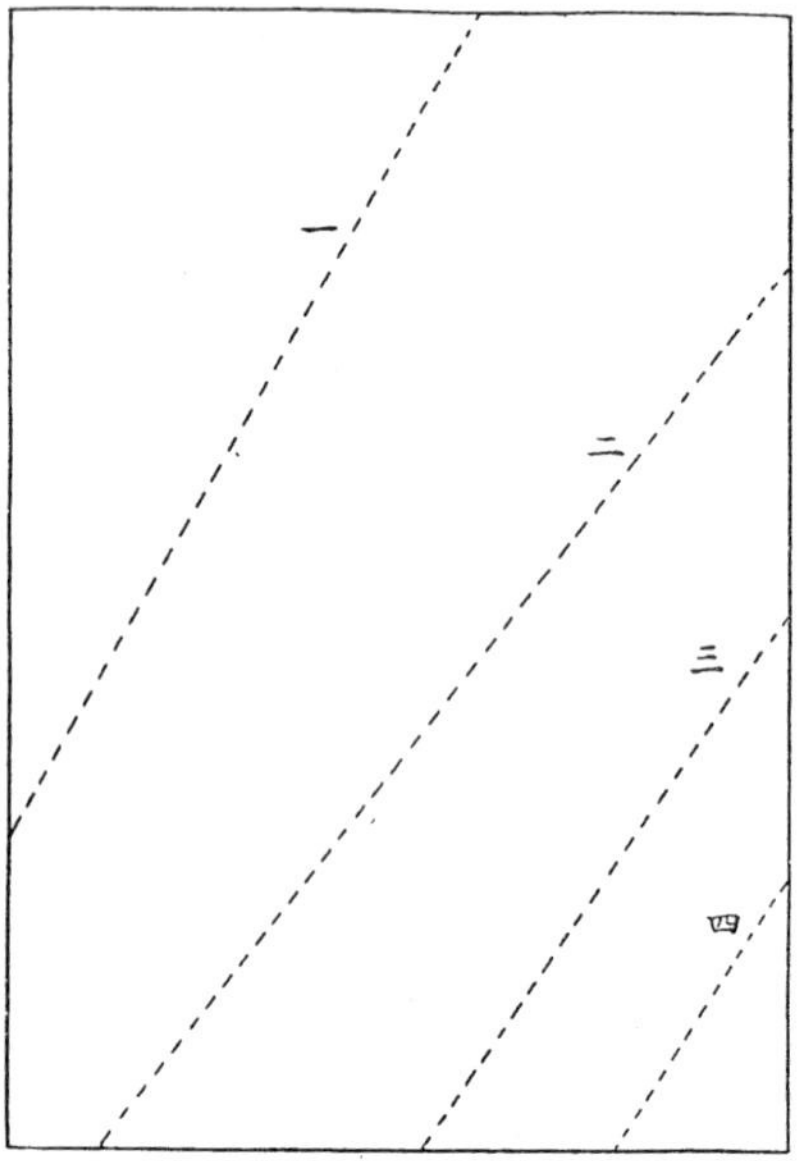
一
二
三
四

右は大の奉書又は杉原二枚折の半分を前圖の如くに折る。未だ古式を見ざるも今はしばらく常用の分によりしものである。この守札は宅内の淨處に貼りつくべきも、小なる手ごろのものはよろしく日常これを佩帶すべきであり、左に佩帶の得益を說ける不空譯菩提場經一、眞言大威德品の文を證する。

應下以二牛黃一於二樺皮上一、寫二此陀羅尼一安中頭髻中上。若是苾芻々々尼、寫二此陀羅尼一繫二在袈裟中一。若塢婆塞迦・塢婆斯迦、繫二在手臂一或在二頸下一。若國王帶不レ被二他敵之所一侵擾一、晝夜臥安覺安、大威德賢聖諸天而常擁護。如レ是及餘有情若能持レ此者、勤二修眞言行一者、一切處獲二得無礙一、一切人見悉皆歡喜、遠二離一切苦一得二一切安樂一。一切人天供養恭敬、一切天龍乾闥婆、阿蘇羅蘗路茶、緊那羅摩呼羅伽、餓鬼必舍遮、一切難調毘那夜迦不二敢逼近一、離二惡趣怖一（大一九・一九四）。

第九章　星供法則

第一節　當年星供

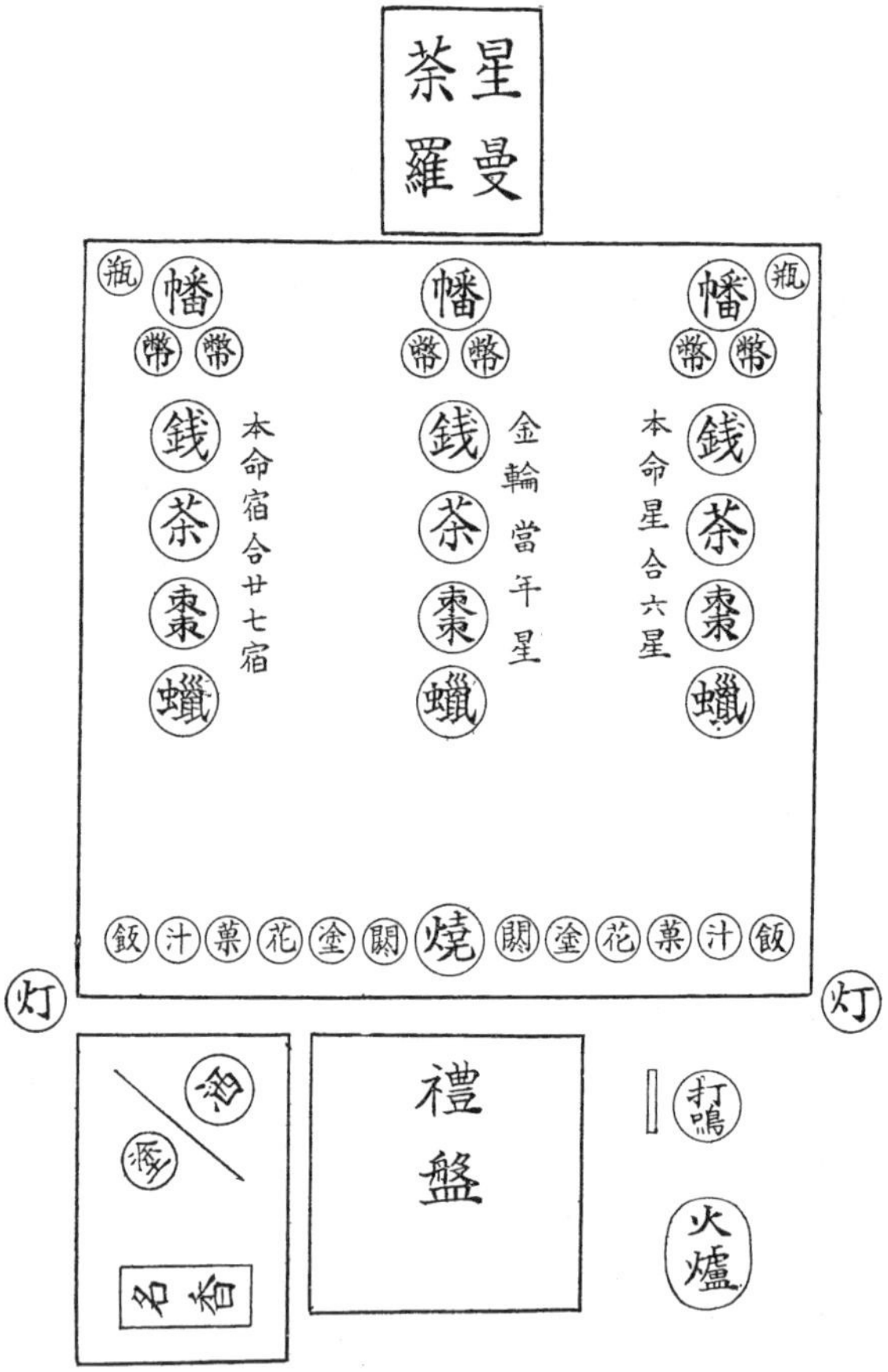

先上堂觀如常　　次壇前普禮　　次著座普禮　　次塗香　　次三密觀　　次淨三業
次三部被甲　　次加持香水　　次加持供物　　次字觀　　次觀佛　　次金剛起
次普禮　　次表白・神分・祈願
敬白祕密敎主大日如來、一字金輪佛頂輪王、大聖文殊香山《ゼン》仙人、北斗七星《シツシヤウ》、七曜九執、二十八宿
三十六禽、殊護持弟子施主、本命曜宿當年屬星等言。夫當年屬星者、司善惡而分禍福、上曜《カシ》於天神《ヲ》下
直《マモル》于人間《ヲ》。所以禮拜供養者長壽福貴、不信敬者運命不久。然則誠心信仰、病患《ゲン》速去福祐自來、至
心供養、削死籍還付生籍。依之護持法主、爲祈息災延命如意滿足、以銀錢仙菓花水等之供、
敬奉獻當年屬星北斗天神等。仰願還念本誓成就願念　敬白
抑三密修行之處、息災延命善願成就之砌、則外金剛部護法《オウ》天等《ドウ》、殊別《ニワイテハ》本尊聖者金輪佛頂諸聖衆、當
年星諸眷屬、日本國中大小神祇、乃至自界他方權實二類、降臨影向シ玉フ《ラン》。併《シカシナガラ》爲法樂莊嚴離業得
道、一切神分　　般若心經丁　　大般若經名丁
奉爲三國傳燈諸大師等　　普賢行願皆令滿足　　金《キン》輪佛頂名丁　　諸宿曜等丁
奉爲聖朝安穩天下泰平金輪佛頂名丁　　妙見菩薩名丁
爲伽藍安穩・寺內安全・家內安全諸人快樂　　八字文殊菩薩名丁　　北斗七星丁

爲二護持弟子施主息災延命一　二十八宿丁　當年屬星丁

爲二乃至法界平等利益一　摩訶毘盧遮那佛名丁　金輪佛頂名丁　諸宿曜等丁

表白無レ之時如レ左

爲レ令二法久住利益人天　護持弟子悉地圓滿一　摩訶毘盧遮那佛名丁　觀自在菩薩名丁　金剛手菩薩名丁

奉レ始二外金剛部金剛天等一、三界所有天王天衆、大日本國王城鎭守諸大明神、天照大神八幡大菩薩等、六十餘州大小神祇、殊別當年屬星、本命元辰、本命曜宿、北斗七星、九執十二宮二十八宿、琰魔法王泰山《サン》府君、司命《メイ》司祿冥官冥衆、當年行疫《ヤク》流行神等、乃至自界他方權實二類、併爲二法樂莊嚴離業得道一切神分　般若心經丁　大般若經名丁

奉爲三國傳燈以下如レ前

次五悔・發菩提心・三昧耶戒・發願

至心發願　唯願大日　本尊界會　當年屬星
北斗七星　諸宿曜等　護法天等　盡空法界
一切三寶　還念本誓　降臨壇場　所設供具

哀愍納受　護持弟子施主　息災延命　二世大願

決定成就　決定圓滿　及以法界　平等利益

次五大願・普供養・三力　次大金剛輪・地結・四方結　次道場觀如來拳印

壇上有二《アク》字一成二七寶莊嚴宮殿樓閣一、其中有二殊妙壇一、壇上有二字一成二荷葉座一、座上有二某九曜各別字一

羅睺《ラ》變成二星形《シャウゲウ》一、星形變成二羅睺星一、赤色忿怒形三面六臂、每レ面有二三目一、右一手取二兎二耳一、次手持レ箭、次手持二月輪一、左一手執二人頭髪一、次手弓、次手持二日輪一、乘二水牛一

土曜《シャ》變成二星形一、星形變成二土曜一、右持レ經左持二錫杖一乘二黃牛一、相好圓滿眷屬圍繞

水曜《ボ》變成二星形一、星形變成二水曜一、身淺黃色乘二水龜一、右手執レ刀左手持二龍索《サク》一、頭上有二五龍一、四天女持二妙花一

金曜《シュ》變成二星形一、星形變成二金曜一、天女形持二琵琶一、相好圓滿眷屬圍繞

日曜　變成二星形一、星形變成二日曜一、乘二五馬一二手持二日輪一、相好圓滿眷屬圍繞

火曜　變成二星形一、星形變成二火曜一、身赤色遍身火焰、右手執二火輪一左手持二賢瓶一乘二水牛一

計都《ケイ》變成二星形一、星形變成二計都星一、赤黑色具二四臂一、左右一手如二羅睺一、左次手執レ日、右次手執レ月乘レ龍

月曜　ソ　變成㆓星形㆒、星形變成㆓月曜㆒、乘㆓五鵝㆒二手持㆓月輪㆒、相好圓滿眷屬圍繞

木曜　ビリ　變成㆓星形㆒、星形變成㆓木曜㆒、二手持㆓花器㆒、相好圓滿眷屬圍繞

八曜十二宮等前後圍繞、本尊左方北斗七星、右方二十八宿等來坐　七處加持　次大虚空藏

次小金剛輪　次送車輅・請車輅　次召請

大鉤召　眞言末有㆓當年星加句㆒所謂

羅睺　ラ　ゴ　シリ

土曜　シャ　ニ　シシャ　ラ　シセイ　テイ　シリ

水曜　ボ　ダ　シリ

金曜　シユ　キヤラ　シリ

日曜　ア　ニ　チヤ　シリ

火曜　オウ　ギヤ　ラ　カ　シリ

計都　ケイ　ト　シリ

月曜　ソ　マ　シリ

木曜　ボラ　カ　サンバ　チ　シリ

次［梵字］《エイケイキ》・四攝・［梵字］　次拍掌　次虚空網・火院・大三昧耶　次閼伽

次華座　荷葉座　右拳安レ腰左掌仰與レ肩等

［梵字］《ナウマクサンマンダボダナンアク》

次蠟燭付レ火若不レ用二蠟燭一時燈明壇上三杯置レ之菓子次也

次五供養印明如常　次事供幣帛紙錢後供養閼伽次可レ供レ之餘皆前供之時供レ之云云　次讚先四智如レ常次天龍八部讚

［梵字］《ナウボウソトボダヤ》　［梵字］《エイ》　［梵字］《ナウボウソトボキタヤ》

［梵字］《エイ》　［梵字］《センダヤ》　［梵字］《エイ》

［梵字］《ビボキタヤ》　［梵字］《エイ》

次普供養・三力　次祈願

普供養摩訶毘盧遮那佛　普供養本尊界會　兩部界會諸尊聖衆

外金剛部　護法天等　所設供具　哀愍納受

護持弟子施主　消除不祥　增長福壽　無邊所願

決定圓滿　乃至法界　平等利益

次禮佛四攝次唱レ之

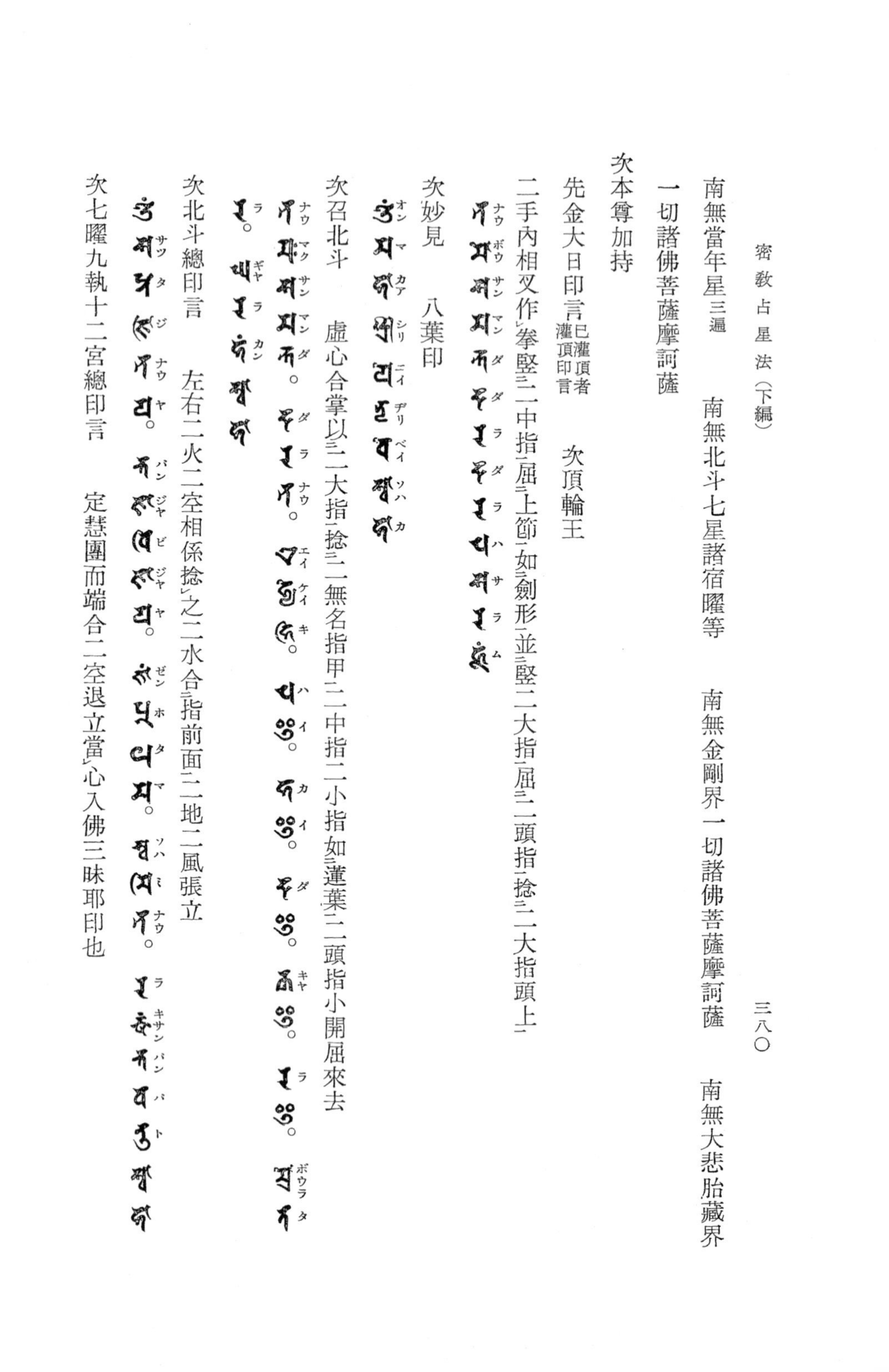

南無當年星三遍　南無北斗七星諸宿曜等　南無金剛界一切諸佛菩薩摩訶薩　南無大悲胎藏界一切諸佛菩薩摩訶薩

次本尊加持

先金大日印言已灌頂者灌頂印言　次頂輪王

二手内相叉作レ拳竪二二中指一屈二上節一如二劍形一並二竪二大指一屈二二頭指一捻二二大指頭上一

《ナウ》《ボウ》《サン》《マン》《ダ》《ダ》《ラ》《ダ》《ラ》《ハ》《サ》《ラ》《ム》

次妙見　八葉印

《オン》《マ》《カア》《シリ》《ニイ》《デリ》《ベイ》《ソハ》《カ》

次召北斗　虚心合掌以二二大指一捻二二無名指甲一二中指二小指如二蓮葉一二頭指小開屈來去

《ナウ》《マク》《サン》《マン》《ダ》○《ダ》《ラ》《ナウ》○《エイ》《ケイ》《キ》○《ハ》《イ》○《カ》《イ》○《ダ》○《キャ》○《ラ》○《ボウラ》《タ》《ラ》○《ギャ》《ラ》《カン》

次北斗總印言　左右二火二空相係捻レ之二水合指前面二地二風張立

《サツ》《タ》《ジ》《ナウ》《ヤ》○《バン》《ジャ》《ビ》《ジャ》《ヤ》○《ゼン》《ホ》《タ》《マ》○《ソハ》《ミ》《ナウ》○《ラ》《キサン》《パン》《バ》《ト》

次七曜九執十二宮總印言　定慧團而端合二二空退立當レ心入佛三昧耶印也

ナウマクサンマンダボダナン。ギヤラケイジムバリヤ。ハラハタ。ジユチラマヤ

次二十八宿總印言　虚合二火外相叉二空亦相交

ナウマクサンマンダボダナン。ナウキシヤタラ。ニリツダニエイ

次當年星　依ㇾ年左隨一可ㇾ用

羅　二手各展二五指一向ㇾ面

ラゴシリ

土　鉢印

シヤニシシヤラ。シセイテイシリ

水　二手内縛二二頭一圓合

ボダシリ

金　二羽内縛舒二立二中指一叉但右中稍屈

シユキヤラシリ

日　合掌風以下四指頭相拄前方大開以二二空頭一各拄二水下節一

ニチヤシリ

火　左拳安レ腰右五指直竪相著屈レ空納二著掌中一風屈二中節一與二[梵字]一相招

[梵字]　アウギャラカ

計　二手內縛左中指押二右中指初節內一

[梵字]　ケイト

月　右拳安レ腰左五指相著竪レ之少屈其高少許過レ肩

[梵字]　ソマ

木　鉢印

[梵字]　ボラカサンハチ

次本命元辰星　左二一星隨レ應レ可レ用　印皆金剛合掌但所レ當各別

貪狼星　額

[梵字]　ダランチダランデウム

巨門星　面

[梵字]　クロダラタ

祿存星　左眼

ハラタギヤ

文曲星　鼻

イリダラタ

廉貞星　右眼

ドタラニ

武曲星　口

ギヤトロ

破軍星　頤

バサダカンタ

次本命曜　前記九曜中随ノ一ヲ可レ用

次本命宮　左随一可レ用　印皆入佛三昧耶印

師子宮　シウカハタエイ

雙女宮　キヤニヤ

秤量宮　トラ

蝎蟲宮　𑖌𑖼𑖪𑖴《ビリ》𑖫𑖿𑖓𑖰《シ》𑖎《キヤ》𑖧𑖡𑖦𑖭𑖿𑖪𑖯𑖮𑖯

弓　宮　𑖌𑖼𑖠𑖽《ダン》𑖟𑖲《ド》𑖧𑖡𑖦𑖭𑖿𑖪𑖯𑖮𑖯

摩竭宮　𑖌𑖼𑖦《マ》𑖎《キヤ》𑖨《ラ》𑖧𑖡𑖦𑖭𑖿𑖪𑖯𑖮𑖯

寶瓶宮　𑖌𑖼𑖎𑖲《ク》𑖥𑖽《ハン》𑖧𑖡𑖦𑖭𑖿𑖪𑖯𑖮𑖯

雙魚宮　𑖌𑖼𑖦𑖱《ビ》𑖡《ナウ》𑖧𑖡𑖦𑖭𑖿𑖪𑖯𑖮𑖯

牛密宮　𑖌𑖼𑖪𑖴《ビリ》𑖬《シヤ》𑖧𑖡𑖦𑖭𑖿𑖪𑖯𑖮𑖯

夫妻宮　𑖌𑖼𑖦𑖰《ビ》𑖞𑖲《ダ》𑖡《ナウ》𑖧𑖡𑖦𑖭𑖿𑖪𑖯𑖮𑖯

螃蟹宮　𑖌𑖼𑖎《キヤ》𑖨𑖿𑖎《ラキヤ》𑖘《タ》𑖎𑖧𑖡𑖦𑖭𑖿𑖪𑖯𑖮𑖯

次本命宿　左隨一可ㇾ用　印皆可ㇾ用二前總印一

昴　宿　𑖌𑖼𑖎𑖴《キ》𑖨𑖰《リ》𑖝𑖰《チ》𑖎《キヤ》。𑖡《ナウ》𑖎𑖿𑖬《キシヤ》𑖝𑖿𑖨《タラ》𑖭𑖿𑖪𑖯𑖮𑖯

畢　宿　𑖌𑖼𑖨𑖺《ロ》𑖮𑖰《キ》𑖜𑖰《ニ》𑖡𑖎𑖿𑖬𑖝𑖿𑖨𑖭𑖿𑖪𑖯𑖮𑖯

觜　宿　𑖌𑖼𑖦𑖴《ヒリ》𑖐《ギヤ》𑖫𑖰《シ》𑖨《ラ》𑖡𑖎𑖿𑖬𑖝𑖿𑖨𑖭𑖿𑖪𑖯𑖮𑖯

參　宿　𑖌𑖼𑖁𑖽《アン》𑖟𑖿𑖨《ダラ》𑖡𑖎𑖿𑖬𑖝𑖿𑖨𑖭𑖿𑖪𑖯𑖮𑖯

井　宿　𑖌𑖼𑖢𑖲《ホ》𑖡《ナウ》𑖨𑖿𑖪《バ》𑖭𑖲《ソ》𑖡𑖎𑖿𑖬𑖝𑖿𑖨𑖭𑖿𑖪𑖯𑖮𑖯

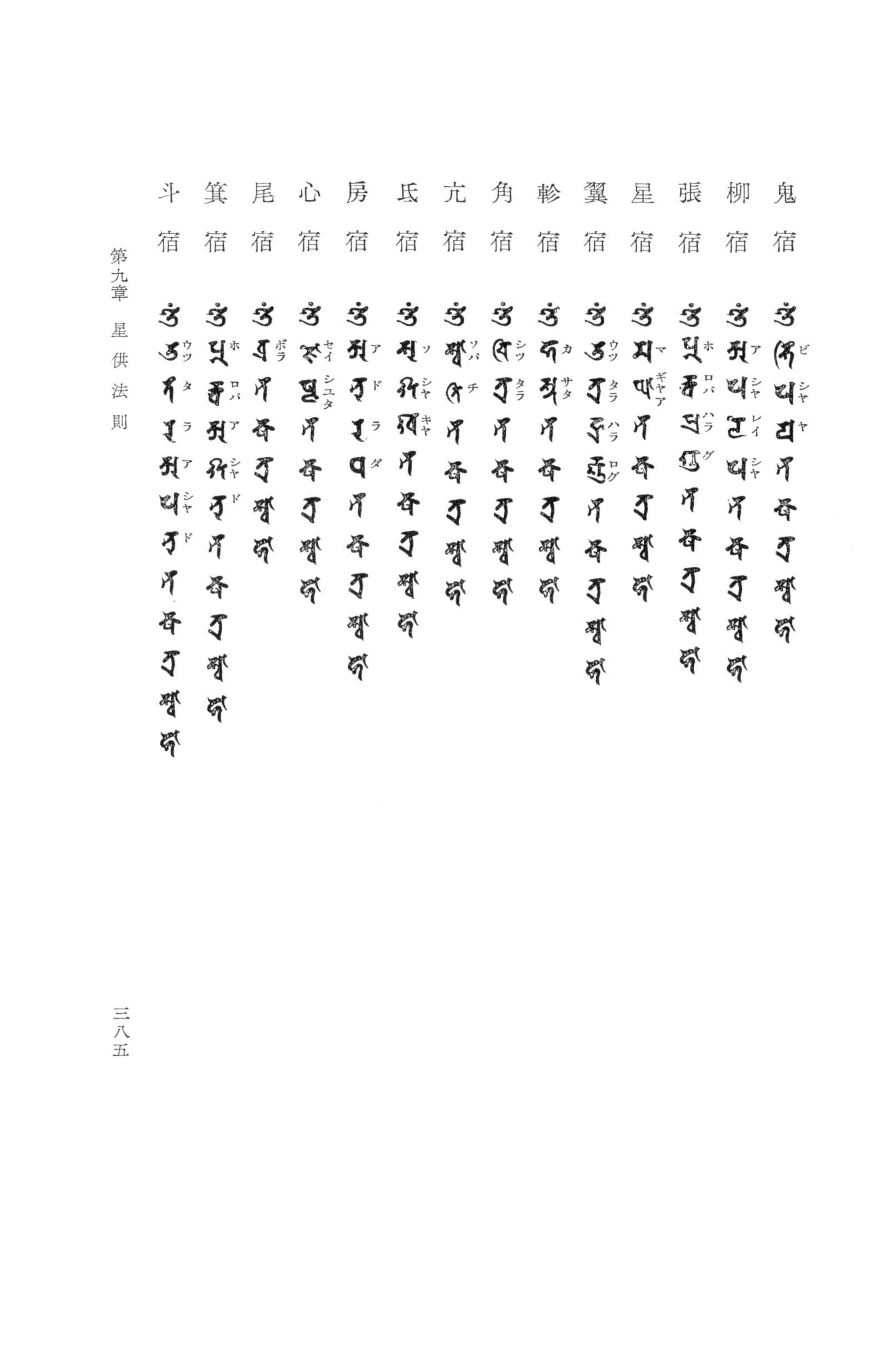

鬼宿　ビシヤヤ

柳宿　アシヤレイシヤ

張宿　ホロバハラグ

星宿　マギヤア

翼宿　ウツタラハラログ

軫宿　カサタ

角宿　シツタラ

亢宿　ソバチ

氐宿　ソシヤキヤ

房宿　アドラダ

心宿　セイシユタ

尾宿　ボラ

箕宿　ホロバアシヤド

斗宿　ウツタラアシヤド

女宿　シラ バ ダ
虚宿　ダ ニ シユタ
危宿　シヤ タ ビ シヤ
室宿　ホ ロバ バン ダラ ヤ
壁宿　ウツ タ ナウ バン ダラ バ
奎宿　ソ バ チ
婁宿　ア シン ビ
胃宿　バ ラ ニ

次金剛吉祥印言
二羽金剛掌以㆓檀慧㆒内相鉤戒方雙屈入㆑掌忍願相合如㆑峯屈㆓進力㆒各捻㆓忍願上節㆒以㆓禪智㆒各捻㆓忍願初文㆒
バ ザラ シリ。マ カ シリ。ア ニ チヤ シリ。ソ マ シリ。アウ ギヤ ラ カ シリ。ボ ダ シリ。ボラ
カ サムマ チ シリ。シユ キヤラ シリ。シヤ ニ シシヤ ラ シセイ テイ シリ。マ カ サム マ エイ

次妙吉祥破諸宿曜印言
内縛痛《セメテ》㆓指節㆒並逼㆓竪二空㆒

次佛眼印言

サラバタラ。サンマエイシリエイ

二手虚心合掌二頭指屈附中指上節如眼笑形二空各捻忍願中文亦如眼笑形二小指復微開亦如眼笑形是名根本大印以印如下拭先右眼次左眼次右眉次左眉次眉間次右旋拭面三遍明合八遍。

ナウボウバギヤバトウ。シユニシヤ。オンロロソホロ。ジンバラチシユタ。シツタロシヤネイ。サラバアラタ。

サダニエイ

次散念誦

佛眼廿一遍　大日金廿一遍　金輪廿一遍　妙見廿一遍　召北斗廿一遍　北斗總呪廿一遍　二十八宿總呪廿一遍　當年星千遍　本命星廿一遍　本命曜廿一遍　本命宮廿一遍　本命宿廿一遍　法施尊勝陀羅尼三遍　大金剛輪七遍　一字廿一遍　佛眼七遍

次後供養理供・事供　次讃　四智・天龍八部　・次普供養・三力・祈願・禮佛　次廻向　次至心廻向　次解界大三昧耶・火界・空網・四方結　次撥遣彈指一度　次三部・被甲　次普禮・出堂

結願作法

一七箇日行法結願當《レリ》此座奉始本尊界會北斗七星諸宿曜等成辧《ツ》所願令《メ》還著《セ》曼荼羅本位給《フヘキ》者也

次神分

抑従二開白之始一至二結願今一所二降臨影向一之《シ玉フ》奉レ始二外金剛部金剛天等三界所有天王天衆等　以下如レ前

以上參二酌安流・三寶院・中院等當年星供次第一編輯了

第二節　本命星供

一、花水供

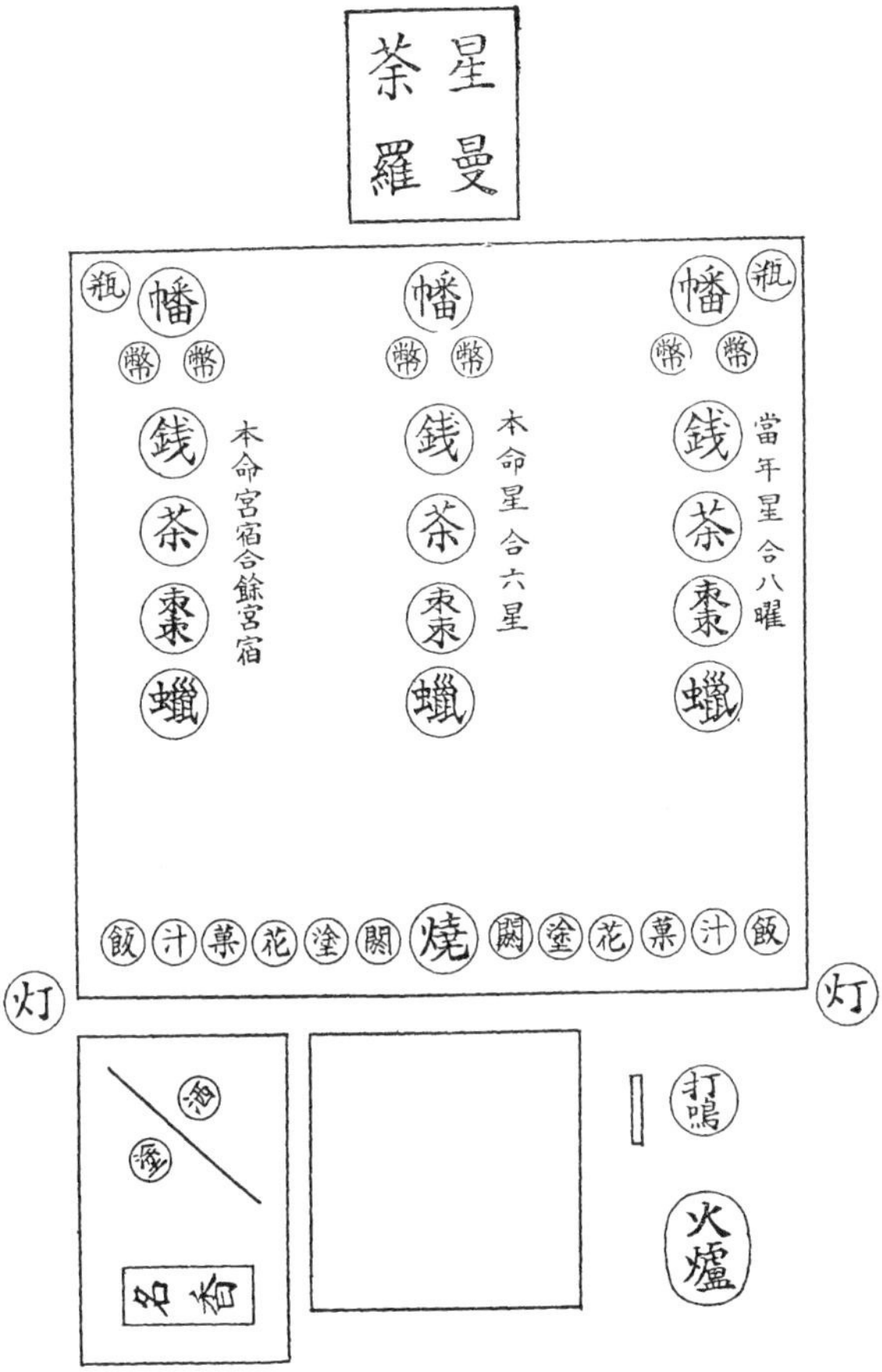

又ハ可㆑用㆓幡七本幣十四本㆒

先上堂觀如常　次壇前普禮　次著座普禮　次塗香　次三密觀　次淨三業

次三部・被甲　次加持香水　次加持供物　次字觀　次觀佛　次金剛起

次普禮　次表白・神分・祈願

夫北斗七星者、日月五星之精也。囊㆓括ソ七曜㆒照㆓臨シ八方㆒、上曜㆓於天神㆒下直㆓于人間㆒、以司㆓善惡㆒而分㆓禍福㆒、群星所㆓朝宗㆒萬靈所㆓俯仰㆒。是以若人禮供長壽福貴、不㆓爾ハ爲カセ㆒者運命不㆑久。曾聞世有㆓司命神㆒、每㆑至㆓庚申日㆒、上向㆓于天帝㆒說㆓衆人罪惡㆒、罪重撤㆑算、罪輕去㆑紀、算盡紀失卽至㆓命亡㆒。是故如來爲説令㆘薄福衆生修㆓此供養㆒、其屬命星數削㆓死籍㆒還付㆗生籍㆖。非㆘是但除㆓不定夭逝㆒而已㆖、又欲㆘滅㆓決定業㆒得㆗第一命㆖之方便也。於㆑是護持ム甲謹修㆓香花之禮《レイ》奠㆒、恭祈㆓除災延壽之鴻益㆒。仰願金輪北斗諸曜宿等、速還㆓念本誓㆒垂㆓神祐加護㆒、乃至法界平等利益　敬白

抑三密修行之處、息災延命善願成就之砌、則外金剛部護法天等、殊別本尊聖者金輪佛頂諸聖衆、本命元辰星諸眷屬、日本國中大小神祇、乃至自界他方權實二類、降臨影向シ玉フラン。併ラ爲メニ㆓法樂莊嚴離業得道㆒一切神分　般若心經丁　大般若經名丁

以下准㆓前當年星供㆒任意可㆓加句㆒也

次五悔・發菩提心・三昧耶戒・發願

至心發願　唯願大日　本尊界會　一字金輪
北斗七星　七曜九執　十二宮神　二十八宿
三十六禽　部類眷屬　兩部界會　諸尊聖衆
外金剛部　護法天等　還念本誓　降臨壇場
所設妙供　哀愍納受　護持弟子施主　息災延命
增長福壽　恒受快樂　心中所願　決定成就
寺内家内安全　諸人快樂　及以法界　平等利益

次五大願・普供養・三力　次大金剛輪・地結・四方結　次道場觀如來拳印

壇上有二𑖀𑖾《アク》字一、變成二七寶莊嚴宮殿一。其中有二𑖮𑖿𑖨𑖱𑖾《キリク》字一、變成二寶蓮華臺一。臺上有二𑖤𑖿𑖨𑖳𑖽《ボロン》字一、變成二八輻金輪一。金輪變成二金輪佛頂一、其後邊左右有二七𑖀𑖾字一、變成二七荷葉座一、座上有二七𑖨《ロ》字一、卽成二北斗七星一。其前後左右邊有二荷葉座一、座上有二𑖮𑖳𑖽《ウン》字一、變成二日月火水木金土羅計、十二宮神二十八宿一、各相好端嚴光明映《エウ》徹、幷無量眷屬持二本幖幟一、前後圍繞七處加持

次大虛空藏　次小金輪　次送車輅・請車輅　次大鉤召加四明　次拍掌　次結界馬頭

次虚空網　次火院　次大三昧耶　次閼伽　次花座　次荷葉座
次蠟燭付火　次五供先理供并普供・次事供　次讃先四智次天龍八部讃　次普供養・三力　次祈願
次禮佛　四攝次唱之
南無一字頂輪王　南無北斗七星三遍　南無當年星　南無諸宿曜等　南無金剛界一切諸佛菩
薩摩訶薩　南無大悲胎藏界一切諸佛菩薩摩訶薩
次本尊加持
先金大日印言已灌頂者灌頂印言　次頂輪王　次妙見　次召北斗　次北斗總印言　次七曜九執十二宮
總印言　次二十八宿總印言　次本命星　次元辰星　次本命曜　次本命宮　次本命宿
次當年星　次金剛吉祥印言　次妙吉祥破諸宿曜印言　次佛眼印言
次散念誦
佛眼　大日金　金輪　妙見　召北斗　北斗總呪　二十八宿總呪　本命星　元辰星
本命曜　本命宮　本命宿　法施心經　大金剛輪　一字　佛眼
次後供養　理供・事供　次讃　次普供養・三力・祈願・禮佛　次廻向　次至心廻向
次解界大三昧耶・火界・空網・馬頭・四方結　次撥遣彈指　次三部・被甲　次普禮・出堂

以上亦折㆓中諸流次第㆒編輯了

二、護摩供

莊嚴圖

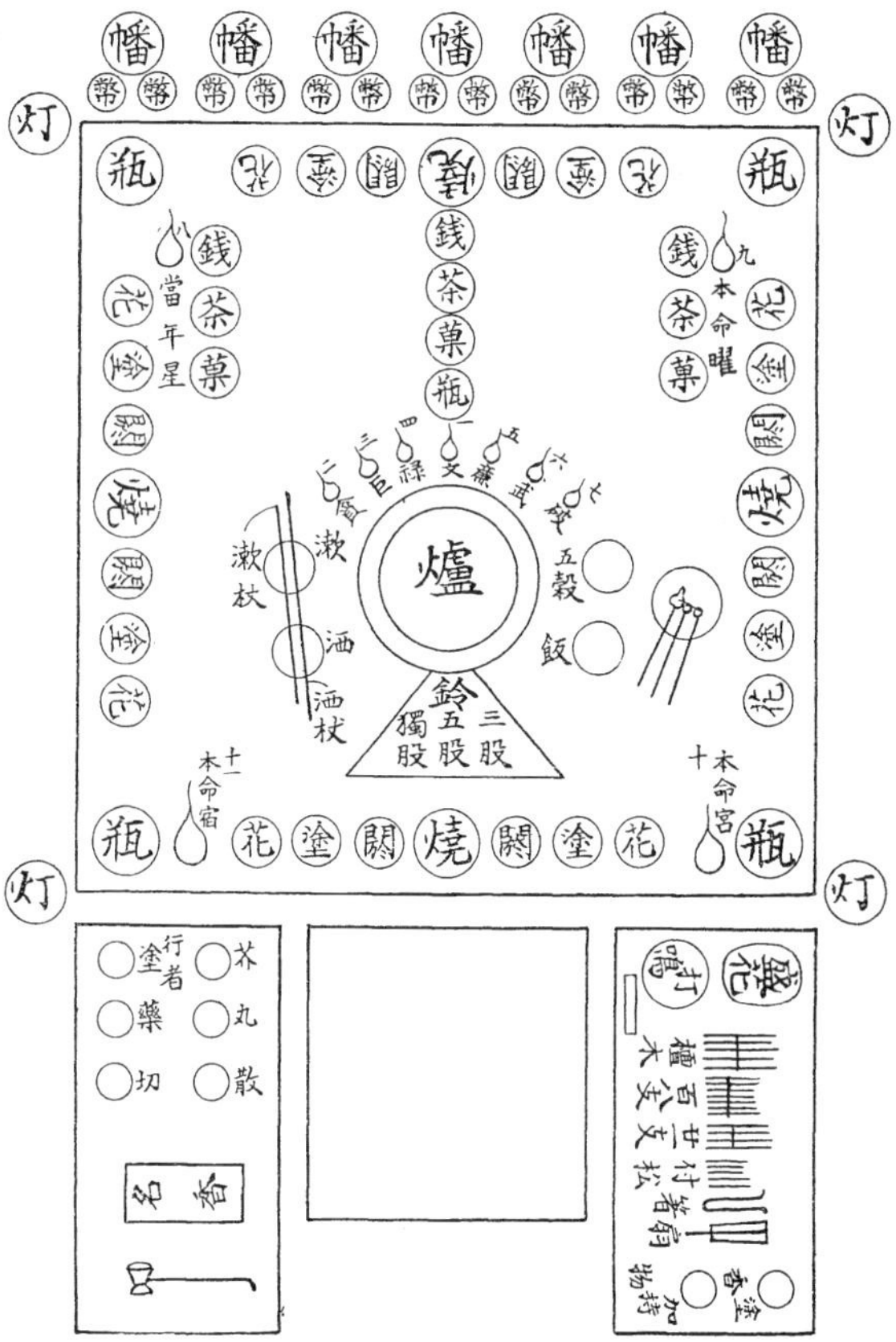

修法圖

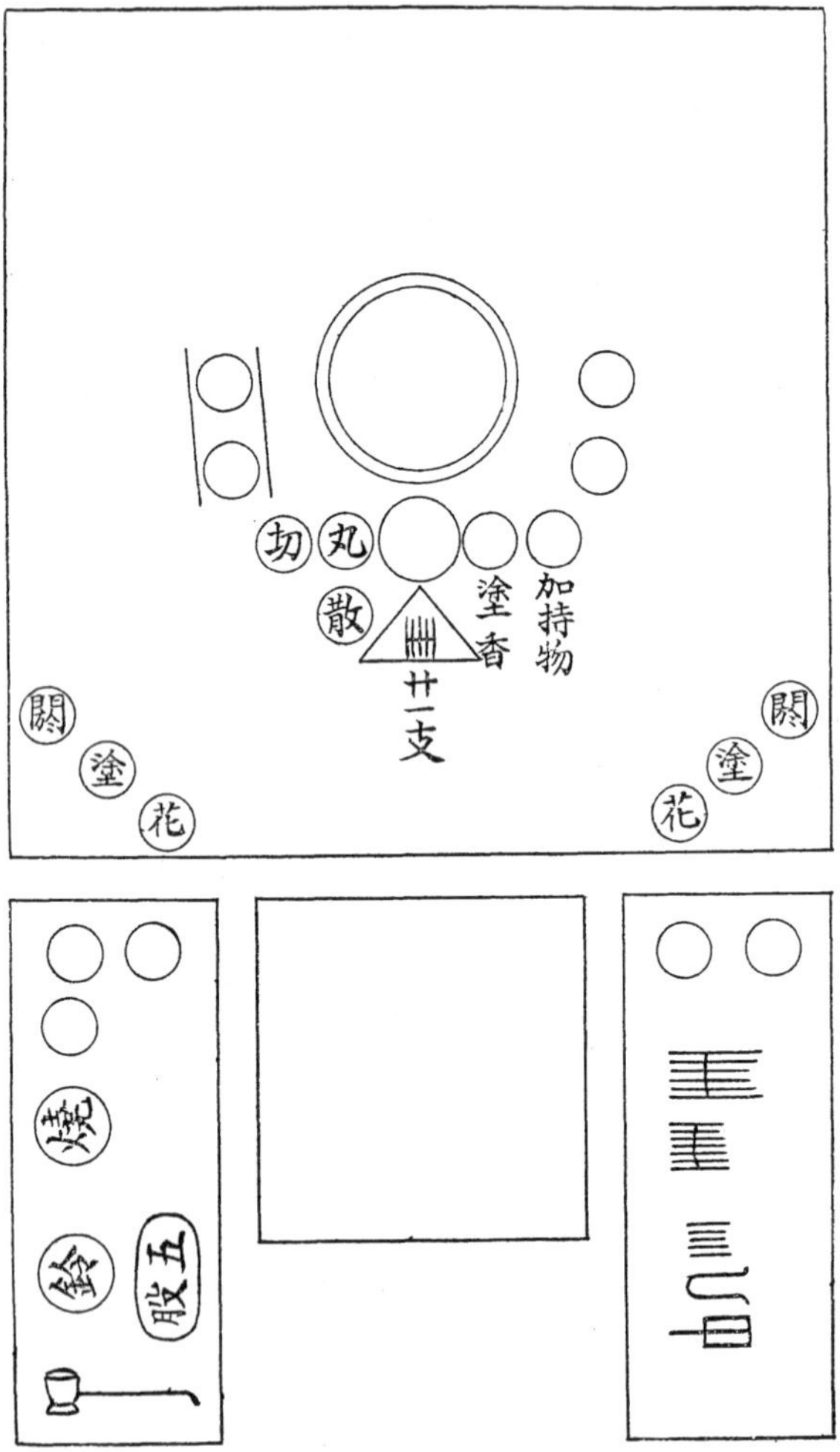

先自三上堂觀二至三部被甲一如常

次加持洒淨香水

次加持漱《ソ》口《コヲ》香水

次洒淨香水

次漱口香水

次爐口加持

次補闕

次羯磨加持

以上作法具如二第三節妙見護摩法一

次表白・神分・祈願

表白可レ用二前掲一但彼謹修香花之禮奠之句可レ改二謹修護摩之供養一也

次自二五悔一至二華座一亦如レ前　次振鈴　次自二蠟燭付火一至二祈願・禮佛一亦如レ前　次入我々入觀

次本尊加持頂輪王　妙見　北斗總印言　次正念誦妙見呪　次本尊加持如レ前

次字輪觀五大觀　次本尊加持自二金大日印言一至二佛眼印言一十六種可レ用二前花水供分一　次散念誦亦如レ前但大金剛輪以下不レ誦　次入

護摩

先渡物乃至指環加持　次第一火天段・第二部主段・第四諸尊段・第五世天段　以上總如二下

妙見法一

第三本尊段

勸請本尊

觀我心月輪上有二七字一各變成二星形一星形變成二北斗七星一相好圓滿セリ

眞言總可レ用二北斗總呪一

其餘ハ可レ准二下妙見法一也

凡本命星供護摩法廣徵二諸流一未レ見二完美次第一今私參二酌覺禪抄北斗護摩法及妙見護摩次第等一唯學二其綱

要耳

第三節　妙見大菩薩護摩次第

先上堂儀式如常

別行次第云、行者欲入道場之時、沐浴淨水或香湯著新淨衣、洗手漱口香水灑身塗香於二手、兩手各作拳安左右腰或右心左腰。心觀字、想爲金剛薩埵身、身白肉色、頂有五佛寶冠、足踏八葉蓮華上、愼莫緣諸境界順貪瞋等。徐步到道場門前、以右拳彈指三振想開戶稱字三遍、卽開扉而入。入堂了卽觀、右眼有《マ》字變爲日、左眼有《タ》字變爲月光明照耀、以此淨眼見道場內諸佛遍滿

次壇前普禮　眞言曰

《サ》《ラ》《バ》。《タ》《タ》《ギヤ》《タ》。《ハン》《ナ》《マン》《ナ》《ナウ》。《キヤ》《ロ》《ミ》

次著座　次辨供　次普禮　次燒香　次塗香　次三密觀

想掌中舌上心內各有字、變成八葉白蓮華、上有字變成月輪、中有字變成五股金剛杵、各放光照身口意業之中、由此加持力三業罪障悉皆消滅。如是觀了誦字十遍、所謂掌中三遍、舌上四遍、心內三遍

次淨三業

蓮華合掌二中ノ頭（ハシ）微開印ニ額・右肩・左肩・心・喉五處一眞言各一遍　先誦レ偈曰

稽首無上法醫王　難救能救慈悲主　我今歸命恭敬請　唯願速來降道場

ソハ バン バ シュ ダ。サ ラバ タ ラマ。ソハ バン バ シュ ドウ カン

由ニ此印眞言加持一故得ニ三業清淨內外清潔一

次佛部三昧耶

二手虛心合掌、開ニ二頭指一微屈各附ニ中指上節一、開ニ二大指一各捻《チツス》ニ二頭指下第一文一、誦ニ眞言三遍　眞言曰

タ タア ギヤ トウ ドバン バ ヤ

想佛部諸尊三十二相八十種好了々分明、加持了安ニ印於頂上一便散。由ニ結レ印誦レ言警覺一故佛部一切聖衆、皆來加ニ持護一念修眞言者一、速令レ獲ニ得身業清淨罪障消滅福慧增長一

次蓮華部三昧耶

八葉印　眞言曰

ハン ドボウ。ドバン バ ヤ

想觀自在菩薩相好端嚴、幷無量倶胝蓮華部眷屬圍繞、加持了安ニ印於頂右一便散。由ニ結レ印誦レ言警覺一

故、觀自在菩薩及蓮華部聖衆、皆來加二持行者一獲二得語業淸淨一、言音威肅令二人樂《ネカハ》レ聞《ント》、得二辯才無礙說法自在一

次金剛部三昧耶

左覆右仰背相合、於二大指一結二合小指一、中間三指如二三股杵形一　眞言曰

𑖌𑖼 𑖪《バ》 𑖕𑖿𑖨𑖺《ゾロヲ》。 𑖟𑖿𑖥《ドバン》 𑖪《バ》 𑖧《ヤ》 𑖭𑖿𑖪𑖯 𑖮𑖯

結レ印當レ心想、金剛藏菩薩相好威光、幷無量執金剛眷屬圍繞。加持了安二印於頂左一便散。由三結レ印誦二レ言警覺一故、金剛藏菩薩幷金剛部聖衆、皆來加二持行者一獲二得意業淸淨一、證二菩提心三昧現前速得二解脫一

次被甲護身

內縛立二合二中一、鉤二二頭一不レ著二二中後一、二大相並捻二無名指一印二五處一　眞言曰

𑖌𑖼 𑖪《バ》 𑖕𑖿𑖨𑖯《ザラ》 𑖐𑖿𑖡𑖰《ギニ》。 𑖢𑖿𑖨《ハラ》 𑖟𑖱《ヂ》 𑖢𑖿𑖝《ハタ》 𑖧《ヤ》 𑖭𑖿𑖪𑖯 𑖮𑖯

金剛甲冑印、卽起二大慈心一遍緣、一切有情願皆被二大慈悲莊嚴甲冑一、速令レ離二諸障難一證二得世間出世間殊勝成就一。如レ是觀已卽成レ被二金剛甲《ヨロヒヲ》一、一切諸魔不二敢障難一。由二結レ印誦一レ言慈心愍念力一故、一切天魔及諸障者、悉見二行者威光赫奕《ヤクナヲシ》由一如二日輪一、起二慈心一不レ能二障礙一、及以惡人無二能得一レ便。煩惱業障身不二染著一、亦離二當來諸惡趣苦一疾《カニ》證二無上菩提一

次加持香水　常花水供所用

右手空水相捻作二小三股印一、誦二軍荼利小呪二十一遍一加持、左手持二念珠一取レ數　眞言曰

ミリ　テイ　ム　ハツ　タ

次取二散杖一以二字一加持二十一遍、次以二字一加持二十一遍

想香水變成乳水一、又觀水本性清淨、諸法亦本性清淨。卽水灑二自身及壇場供物内外等一

次加持灑淨香水　護摩時所用

取二三股一誦二キリ、キリバザラムハツタ明及二字一各二十一遍加二持之一

次加持漱口香水

取二獨股一誦二バラダバザラダン明七遍一加二持之一

次灑淨香水三度　次漱口香水三度　次爐口加持　取二三股一誦二明三遍

次補闕　取二三股一誦二大金剛輪明七遍一加二持諸供物一　眞言曰

ナウマクシツチリヤ。デビキヤナン。タタギヤタナン。アンビラジ。ビラジ。マカシヤキヤラ。バジリ

サタ　サタ。サラテイ。サラテイ。タライ。タライ。ビダマニ。サンバンジヤニ。タラマチ。シツタ

ギリヤ　タラン

次加持供物　花水供所用

小三股印キ リ キリ明右旋三遍加㆓持諸供物㆒、由㆓此加持㆒故去㆑垢《ケテヲ》清淨、除㆓毗那夜迦等障礙㆒法驗速成就

次羯磨加持　護摩時所用

其印者二手各以㆓禪智㆒捻㆓檀慧甲㆒、餘三度開竪如㆓金剛杵形㆒、仰㆑腕《ゲテ》相交以㆑右押㆑左　眞言曰

𑖌𑖼 バ ザラ キヤ ラマ ケン

次𑖨𑖽字觀

金剛合掌又火輪印當㆑心《テ》觀、我頂上心中壇中地下皆有㆓𑖨𑖽字㆒、三角赤色變㆓成火輪㆒、燒㆓淨自身及器界垢穢不淨㆒　明一遍

ナウ マク サン マン ダ ボ ダ ナウ ラン

次淨地　金合當㆑心觀想、一切法遠㆓離於塵垢㆒、應㆑誦㆓此眞言㆒器界皆清淨　眞言曰

アラ ジユ。ハ ギヤ タク。サ ラバ タ ラマク

次淨身　蓮華合掌當㆑心觀、法本《ヨリ》清淨、誦㆓此眞言明㆒得㆓三業皆淨㆒、加持了頂上散㆑印　眞言曰

ソバ バン バ シユ ダ。サ ラバ タ ラマク

次觀佛　金合安㆓於頂上㆒觀、虛空中如來遍滿如㆓胡麻㆒、則誦㆓遍照明㆒、歷然見㆓諸佛《上ル》㆒。又觀想、自身住㆓

佛海中 眞言曰

ケン バ ザラ ダ ド

次金剛起　二手金拳鉤結二地、舒《ヘ》拄《サヽヘ》二風與明終二風向上三擧　眞言曰

バ ゾロオ チ シユタ

次普禮　金合　明如前

次金剛持遍禮　禪慧檀智反相叉、右膝著地置頂上、一々想禮如來足《ミアシヲ》。舒指從頂如垂帶、從心旋轉如舞勢、金合置頂上眞言曰

サ ラバ タ タ ギヤ タ。キヤ ヤ バ キシツ タ。バ ザラ マン ダ ナウ キヤ ロ ミ。バ ザラ ビツ

次表白　取珠呂金二打

敬白眞言教主大日如來、兩部界會諸尊聖衆、殊金《キン》輪佛頂・藥師醫王・妙見菩薩・諸曜宿等、總佛眼所照恒沙塵數三寶境界而言、夫尊星王《ジヤウ》妙見菩薩者、金輪佛頂分身、藥師醫王垂迹、爲北《ナツテ》斗《ノ》總主《ト》施化於十方、爲《テ》星宿《ノ》帝王《ト》敷《ク》益于萬邦、是故禮拜供養者長壽福貴、不信敬者運命不久。爰護持弟子施主謹修香花枝木之燒供（若花水供可改）謹捧香花仙果之禮奠、恭祈除災招福之洪益。仰願妙見菩薩諸星宿等、速還念本《ツ》誓《ヲ》垂《レ玉ヘ》神祐加護、乃至法界平等利益　敬白

次神分　抑二三密修行之處、滅罪生善之砌、冥衆定降臨影向給《シ》覧《フラン》。然則奉レ始二外金剛部五類諸天一、三界九居天王天衆、殊別《ワイテハ》當年屬星、本命元辰諸宿曜等、當山所鎮守某甲部類眷屬、普天率土《ノ》權實二類、

併《シカシナガラ》　爲二威光倍增一切神分　般若心經丁　心經一卷讀誦　大般若經名丁

次祈願　奉二爲《オンタメニ》弘法大師等普賢行願皆令滿足一　摩訶毘盧遮那寶號丁

爲二有緣無緣貴賤靈等皆成佛道一　阿彌陀寶號丁

奉二爲金輪聖王天長地久一　金輪佛頂名丁　妙見菩薩名丁　大聖不動明王名丁

爲二寺內家內安全諸人快樂一　摩訶毘盧遮那寶號丁　妙見菩薩名丁　愛染明王名丁

爲護持弟子施主所願成就一　妙見菩薩名丁　北斗七星丁　諸宿曜等丁

爲二天下法界平等利益一　摩訶毘盧遮那寶號丁　觀自在菩薩丁　金剛手菩薩名丁

表白無レ之平時如レ左　取二念珠香呂一金二打爲レ令法久住利益人天一　摩訶毘盧遮那寶號丁

奉レ始二外金剛部五類諸天三界九居等以下如レ前

次五悔　置二香呂一念珠掛二左腕一　金合

一切恭敬々禮常住三寶

ソバ バン バ シュ ダ。サ ラバ タ ラマ。ソバ バン バ シュ ドウ カン

サラバタタギャタ。ハンナマンナナウ。キャロミ

歸命十方《ベイシツポウ》一切《セイ》佛《フ》　最勝《シ》妙《ベウ》法《ハ》菩提《ホテイ》衆　以身口《コヲ》意清淨業《セイセイゲウ》　慇懃合掌恭敬禮

歸命頂禮大悲毘盧遮那佛

無始輪廻諸有中　身口意業所《ソ》生罪《セイサイ》　如佛菩薩所《ソ》懺悔　我今陳懺亦《エキ》如是

歸命頂禮大悲毘盧遮那佛

我今深發歡喜心　隨喜一切福智聚　諸佛菩薩行願《カイゲン》中　金剛三業所生福

緣覺聲聞及有情　所集善根盡隨喜

歸命頂禮大悲毘盧遮那佛

一切世燈坐道場　覺眼開敷照三有　我今跏跪先勸請《ゲンセイ》　轉於《ヨ》無上妙法輪

所有如來三界主　臨般無餘涅槃者　我皆勸請令久住　不捨悲願《ゲン》救世間

歸命頂禮大悲毘盧遮那佛

懺悔隨喜勸請福　願我不失菩提心　諸佛菩薩妙衆中　常《シヤウ》爲善友不厭捨

離於《ヨ》八難生無難　宿命住智莊嚴身　遠離愚迷具悲智　悉能滿足波羅蜜

富樂豐饒生勝族　眷屬廣多恒熾盛　四無礙辯十自在　六通《トウ》諸禪悉圓滿

如金剛幢及普賢　願讃廻向亦如是
歸命頂禮大悲毘盧遮那佛
次發菩提心　金合　眞言曰

次三昧耶戒　外縛立二合二中指一　眞言曰

次勸請　表白時所用　取レ呂不レ打レ金
歸命摩訶毘盧遮那佛
四方四智四波羅蜜　十六八供四攝智　敎令輪者降三世　妙見菩薩慈悲尊
北斗七星諸曜宿　兩部界會諸如來　外金剛部威德天　不越本誓三昧耶
降臨壇場受妙供　弘法大師增法樂　三國傳燈諸阿闍梨　護持弟子・大衆施主除不祥
滅罪生善成大願　天下法界同利益
次發願　平時所用　取二珠呂一金一打
至心發願　唯願大日　本尊界會　妙見菩薩

北斗七星　諸宿曜等　兩部界會　諸尊聖衆
外金剛部　護法天等　盡空法界　一切三寶
還念本誓　降臨壇場　所設供具　哀愍納受
護持弟子施主　息災延命　二世大願　決定圓滿
及以法界　平等利益
次五大願
衆生無邊誓願度　福智無邊誓願集　法門無邊誓願覺　如來無邊誓願事
菩提無上誓願證
次普供養・三力　二手金合二頭指蹙《ヒソメテ》如寶形並豎二大一　眞言曰
アボキャ。ホジャマニ。ハンドマバジレイ。タタギャタビロキテイ。サンマンダ。ハラサ
ラム
以我功德力　如來加持力　及以法界力　普供養而住　取呂金一打
次四無量心觀　彌陀定印ナリ又云二蓮華部定印一、外縛仰豎二二頭指一以二二大指一捻
初慈無量心　以二慇《オン》淨心一遍緣《クセヨ》、六道四生一切有情、皆具《ソ》二如來藏一備《ヘタリ》三二種ノ身口意金剛一。以二我《カ》修《スル》三二密ノ

功德力《ヲ》㆒故、願《クハ》一切有情等《ヲシ》同《ナラシメム》普賢菩薩《ニ》㆒

マカマイタラヤソハラ

次悲無量心　以㆔悲愍心㆒遍縁《クセヨ》、六道四生一切有情、沈㆓溺《ニヤクソ》生死苦海㆒不㆑悟㆓自心㆒、妄《リニ》生《ナシテ》㆓分別㆒起㆓種々煩惱及隨煩惱㆒、是故不㆑達㆘眞如平等如《ニソ》㆓虚空㆒超㆓恒沙㆒功德《アリト云ヿニ》㆖。以㆔我修㆓三密加持力㆒故、願一切有情等㆓同虚空藏菩薩㆒

マカキヤロダヤソハラ

次喜無量心　以㆓清淨心㆒遍縁、六道四生一切有情、本來清淨由《ナヲシ》如《クニソ》㆓蓮華不㆑染㆓客塵㆒自性清淨《ナリ》。以㆔我修㆓三密功德力㆒故、願一切有情等㆓同觀自在菩薩㆒

シユダハラボダ

次捨無量心　以㆓平等心㆒遍縁、六道四生一切有情、皆離㆓我々所執㆒離㆓蘊界處㆒、及離㆓能取所取㆒於㆑法平等、心本《ハ》不生《ナリ》性相空故。以㆔我修㆓三密功德力㆒故、願一切有情等㆓同虚空庫菩薩㆒

マコヘイキシヤ

次勝願　猶用㆓前定印㆒

サラバタタギヤタ。セウシタク。サラバサトバナン。サラバシツタヤク。サンハニエンタン。

次大金剛輪　二手内縛進力並《ヘ》申直《ヘテクシ》、忍願纒《マトヒテ》二進力初節前《ノヲ》一相拄《サヽヘ》、禪智並《ベ》申直《ベテクス》、眞言三遍加二持額・

《タ》《タ》《ギヤ》《タ》。《シツシヤ》《デ》。《チ》《シユタ》《タン》

右肩・左肩・心・喉五處一　眞言如レ前

以二此印言一加持《スレハ》、除二違犯愆咎《ボンノケンクヲ》一入二一切曼荼羅一、獲二得灌頂三摩耶一

次地界金剛橛　虚合右無名指入二左無名小指間一、右中指入二左中頭指間一、左無名指纒二右無名背一入二右小指下一、左中指纒二右中背一入二右頭指下一、二小二頭立合覆レ印、二大指亦相捻如二金剛杵形一、眞言一遍二大指向レ地觸レ之一度、如レ是至二三即成二堅固金剛之座一

《キ》《リ》《キリ》。《バ》《ザラ》《バ》《ジリ》。《ホ》《ラ》《マン》《ダ》《マン》《ダ》《ウン》《ハツ》《タ》

次金剛墻　前地界印、但張二開二大一向レ前三度繞《ラス》レ之　想從《ヘ》レ印流二出熾焔一、稱《カナツテ》二前地界《ニ》一即成《ル》二金剛堅固之城《ト》一

次金剛眼　二手金拳安二腰側一　想右目《ノ》《ニマ》左目《ノ》《ニタアリ》變成二月日一

《サラ》《サラ》。《バ》《ザラ》。《ハラ》《キヤ》《ラ》

次召罪　二羽金剛縛、忍願申如レ針、進力屈如レ鉤　想二二指端各有《ノニ》二《ジヤク》字一以二二指三三度召レ之而觀想《セヨクト》召二諸有情《ノ》罪《ト》自身三惡趣衆罪《ノ》一召《トヲ》二於掌一、黑色如二雲霧一衆多諸《ノノ》鬼形《ナリ》

《バ》《ザラ》。《ヂリ》《シユチ》。《マ》《タ》

サラバハンバ。キヤリシヤダ。ビシユダナウ。バザラサトバ。サンマヤ

次摧罪《ザイ》　二手内縛二中指立合観《ズ》二獨股杵《ト》一、與二三度一可レ拍《ツ》、想下摧《クト》二自他罪障一

バサラハンニ。ビソホタヤ。サラバハヤ。マンダナウニ。ハラボキシヤヤ。サラバハヤ。ギヤチビヤク。サラバサトバ。サラバタタギヤタ。バザラサンマヤ。ムタラタ

次業障除　金合屈二二頭一以二二大一押レ之、大慧刀印淨二三業一滅《ナリ》二決定業一

バサラキヤラマ。ビシヤダヤ。サラババラダニ。ボダサチエイナウ。サンマヤ

次成菩提心　外縛二小二大立合　想成二菩提心一自他令二圓滿一

センダロタレイ。サンマンダ。バンダラキラニ。マカバジリニ

次道場觀　燒香　如來拳印　以二右拳一握二左拳大指一當レ心

觀《セヨ》樓閣中有二蓮華座一、座上有二ソ字變成二星形《シヤウゲウ》一、星形變成二妙見菩薩一、左手持二蓮華一蓮華上有二北斗七星《シツシヤウ》

形一、右手作二說法印一、五指並舒向レ上、以二大母指一捻《チツシテ》二頭指《ノ》側《ホトリヲ》一手掌向レ外、天衣瓔珞珥《ニ》鐺環釧《セン》莊二嚴其

身一、五色雲中結跏趺坐、北斗七星十二大《ダイ》將前後左右恭敬圍繞《シ玉ヘリ》

加二持七處一謂左膝・壇・右膝・心・額・喉・頂上也　明曰

ボク　ケン

次大虛空藏　合掌二中外相叉二頭如二寶形一

ギャ ギャ ナウ。 サン バ バ。 バ ザラ コク

以我功德力　如來加持力　及以法界力　願成本尊刹

由二此印言加持力一故、諸供養物皆成二眞實廣大供養一

次小金剛輪　二羽金拳、進力檀慧鉤印印二身五處一、次反レ印仰置頂上一印二於虛空一、次覆《ウツフセテ》レ印々二身前《ノ》壇上一、次印二本尊像等一、後以レ印收レ口　想《ヘ》自身《ノ》一切支悉成《テ》諸佛聚《ト》無比不思議《ナリト》

バ ザラ シヤ キヤラ。 ム ジヤク ム バン コク

次送車輅《ロ》　二手仰相叉二頭指側拄《ソバメサ・ヘ》、二大指捻二二頭下一與《ニ》レ明二大撥《ハラフヘ》レ前　明三遍

ト ロ ト ロ

想成二七寶莊嚴車輅一、金剛童子駕二御此車輅一、往二本尊所住刹土一、請二本尊幷眷屬聖衆一

次請車輅　前印大指來去觸《ソレシム》二二中《ニ》一　明三遍

ナウ マク シツチリヤ。 チビ キヤ ナン。 タ タ ギヤ タ ナン。 バ ゾロウ ギ ニヤ。 キヤ ラシヤ ヤ

由二此印言加持一故、聖衆從二本土一來二至道場空中一而住

次大鉤召　內縛舒二右風一鉤レ之　明一遍

ナウマクサンマンダボダナンアク。サラバタラハラチカテイ。タタギヤトウ。クシヤボウヂシヤリヤ。ハリホラキヤ。（召請句此次入）エイケイエイキ。（此句三度召次四明）ジヤクムバンコク（如二降三世印一屈二進度一　進力如レ環　開レ腕相鉤　合レ腕以振（最後）

由二此印言一故本尊幷諸尊歡喜悉地易レ得

次拍掌　明三遍

バザラ。タラトシヤコク

次結界　馬頭　虚合二風一水合レ甲入レ掌、二空退竪如二馬口形一　誦レ明逆三遍順三遍

アミリトウ。ドバンバ。ムハツタ

次虚空網　進二地界印一二大押二二頭側一、覆レ印右旋三匝　明三遍

想從レ印流二出無量金剛杵一、一々杵皆流二出無邊威焰一相續成レ網、乃至他化自在諸天不レ能二障難一

ビソホラ。ダラキシヤ。バザラハンジヤラムハツタ

次大三昧耶　二手内縛、立二二中一屈二二頭一著《ケテ》二二中背一如《クシテ》レ鉤《ノ》相去《リ》、二大著《ケ》二二頭下一、右旋三匝明三遍即

護二火院界外一

ゼウキヤレイ。マカサンマエイ

次金剛火院　以二左掌一掩二右手背一、搩《ハリ》二立二大指一、以レ印右旋三匝　想三於金剛墻外一便有二火焔一圍繞、成二
堅固清淨大界火焔一　明三遍

《ア》《サ》《マ》《ギニ》

次閼伽　以二右火空一取レ之三度薫二燒香一、居《オク》二左手持花印一《ノ ニ》大頭捻餘三指申、右手作二小三股印一誦二軍荼利小呪一順三
遍加持、合二左右手一誦レ、又誦二《バ》《ザラ》《ダ》《キャ》《タ》明一遍一、次誦二左伽陀一滴レ水三度

以本清淨水　洗浴無垢身　不捨本誓故　證誠我承事

次華座　八葉印稍屈二指端一　想従レ印流二出無量金剛蓮華一、遍二此法界道場中曼荼羅上一、本尊及諸聖衆
得レ之爲レ座　明一遍

《キャ》《マ》《ラ》

次振鈴　以二右手一取二五股并鈴一、鈴《ヲ》左手取移《ニリシテ》安二左腰一、次右五股三度抽擲誦二字三遍一、次逆三轉慈
救呪一遍、次順三轉同呪一遍、次右五股安二右腰一、左鈴當二左耳一五度振レ之明五遍、次當レ心三度振レ之明
三遍、次當レ額二度振レ之明二遍、次鈴安二左腰一右五股逆順各三轉如レ先、先置レ鈴次置二五股一　振鈴明曰

《バ》《ザラ》。《ゲン》《タ》《ト》《シャ》《コク》

次五供養　明各一遍

先塗香　以㆓左手㆒握㆓智腕㆒作㆓施無畏勢㆒

ナウマクサンマンダボダナウ。ビシュダ。ゲンドウドバンバ

次華鬘　内縛立㆓二風㆒端相拄少曲㆓空輪㆒離立

マカマイタリヤ。ビユウドギヤテイ

次焚香　地水火相背二風側相合空捻㆓火側㆒

タラマダトバ。ドギヤテイ

次飯食　鉢印

アララキヤララ。バリンダダ。ビバリンダデイ。マカ

バリク

次燈明　右以㆑空押㆓地水甲㆒屈㆑風著㆓火背㆒

タタギヤタリシ。ソハランダ。ババサナウ。ギヤギヤナウダ

リヤ

次事供　先塗香　次華鬘　次焼香　次飯食　次燈明　是ハ行者右方也

各以㆓右火空㆒取㆑之熏㆓焼香㆒三度、次置㆓左手持花印㆒、右手作㆓小三股印㆒誦㆓軍荼利小呪㆒順三遍加持、次

兩手作二同印一合誦レ供レ之、但華鬘時取レ花三葉散レ壇、燒香取レ之直置二左印上一、飯食乍レ置レ壇加二持之一

供、燈明不レ取加二持之一、結二燈明印一誦二一遍一供レ之

次讃

先四智　《バ》《ザラ》《サ》《トバ》。《サウ》《ギャラ》《カ》。《バ》《ザラ》《アラ》《タンナウ》。《マ》《ド》《タラン》。《バ》《ザラ》《タ》《ラマ》。《キャ》《ヤ》《ダイ》。《バ》《ザラ》《キャ》《ラマ》。《キャ》《ロ》《ハン》《バ》

次諸天讃　《ナウ》《ボウ》《ソト》《ボ》《ダ》《ヤ》　《エイ》　《ボ》《キタ》《ヤ》
《エイ》　《セン》《ダ》《ヤ》　《エイ》　《ビ》《ボ》《キタ》《ヤ》
《エイ》

次普供養・三力・祈願

普供養摩訶毘盧遮那佛

普　供　養　　本尊聖者　　妙見菩薩　　北斗七星

諸眷屬等　　兩部界會　　諸尊聖衆　　外金剛部

護法天等　　所設供具　　哀愍納受　　寺内家内安全

諸人快樂　　護持佛子　　滅罪生善　　無邊善願

皆令滿足　乃至法界　平等利益

次禮佛

南無《ナウボ》摩訶毘盧遮那佛

南無《ナモ》阿閦佛　南無寶生佛

南無々量壽佛　南無不空成就佛

南無四波羅蜜菩薩　南無十六大菩薩

南無八供養菩薩　南無四攝智菩薩

《ナウ》《ボウ》《ソ》《ヂリ》《シユタ》。《ボウ》《デ》《サトバ》。《マ》《カ》《サトバ》三遍

南無《ナモ》金剛界一切諸佛菩薩摩訶薩

南無大悲胎藏界一切諸佛菩薩摩訶薩

次入我々入觀　妙觀察智印卽彌陀定印　觀念《セヨ》本尊坐《シ玉フ》曼荼羅ニ、我坐《ス》曼荼羅ニ、本尊入《リ玉ヒ》我身ニ我身入《ル》ニ

本尊身ニ、譬如ニ多明鏡相對互影現涉入一

次本尊加持

先根本印言　左金拳安レ腰右施無畏、屈ニ大指一與ニ三度招レ之　明一遍

《ボク》《チ》《テイ》。《ト》《ソ》《タ》。《ア》《ジャ》《ミ》《タ》。《ウ》《ト》《タ》。《ク》《キ》《タ》。《ハ》《ラ》《テイ》《タ》。《ヤ》《ビ》《ジャ》《タ》。
《ウ》《ト》《タ》。《ク》《ラ》《テイ》《タ》。《キ》《マ》《タ》

次奇妙心眞言　施無畏印

《ソ》《デリ》《シユタ》

次心中心呪　八葉印

《マ》《カ》《シリ》《エイ》。《デリ》《ベイ》

次正念誦　先燒香　以二右手一取二念珠一、纒二左手風以下四指一、移二置右掌一誦二字三遍一薰二燒香一、次左右三遍移替、次入二掌當一胸誦二字字字各三遍一、次誦二正念誦本尊呪三遍一、次誦二淨珠明三遍一、
《ベイ》《ロ》《シヤ》《ナウ》《マ》《ラ》、　次頂二戴珠三度誦一偈

我欲拔濟無餘界　一切有情諸苦難　本來具足薩般若　法界三昧早現前

次珠三度旋轉　明曰《バ》《ザラ》《グ》《キヤ》。《ジャ》《ハ》《サン》《マ》《エイ》

次誦二心中心呪百八遍一、次珠入二掌內一當二額發願一曰

修習念誦法　以此勝福田　一切諸有情　速成本尊身

次本尊加持　如レ前

次字輪観　彌陀定印

観《セヨ》我心月輪上有二𑖀𑖪𑖨𑖮𑖏五字一起レ自二中心一右《ニ》旋《ツテ》列《リ》住《ス》

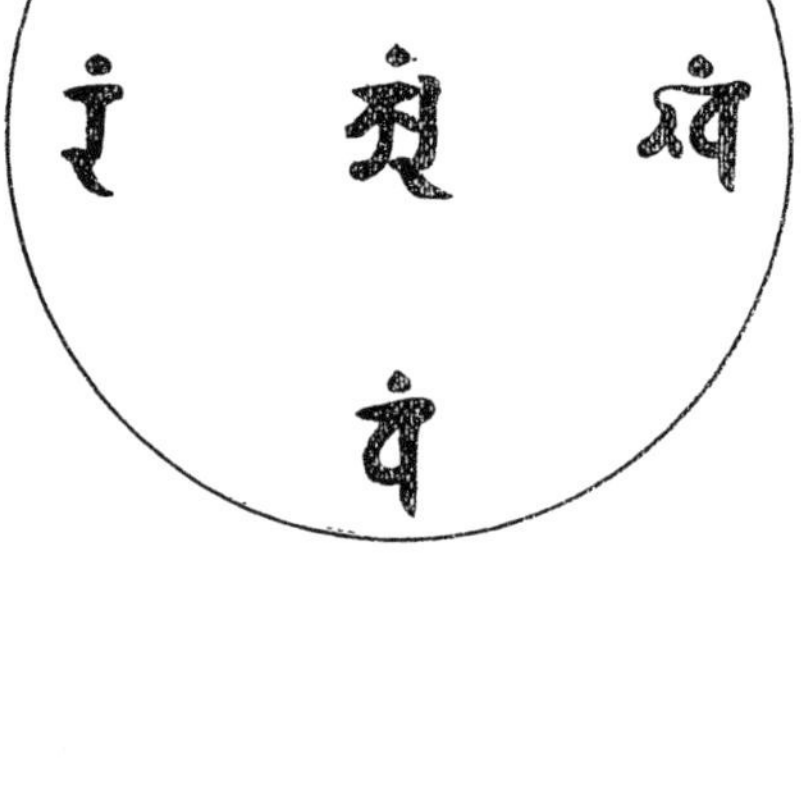

先誦二𑖀𑖪𑖨𑖮𑖏、𑖏𑖮𑖨𑖪𑖀、一次誦二𑖀𑖽𑖪𑖽𑖨𑖽𑖮𑖽𑖏𑖽、𑖏𑖽𑖮𑖽𑖨𑖽𑖪𑖽𑖀𑖽一。次観二字義一、𑖀字諸法本不生故𑖪字言説不可得《ナリ》、𑖪字言説不可得故𑖨字塵垢不可得《ナリ》、𑖨字塵垢不可得故𑖮字因業不可得《ナリ》、𑖮字因業不可得故𑖏字等空不可得《ナリ》。𑖏字等空不可得故𑖮字因業不可得《ナリ》、𑖮字因業不可得故𑖨字塵垢不可得《ナリ》、𑖨字塵垢不可得故𑖪字言説不可得《ナリ》、𑖪字言説不可得故𑖀字諸法本

不生也。如レ是觀想、良《ヤヽ》久《シクソ》忘ニ字相一忘ニ字義一、觀心疲極言亡《ソ》慮絶《ス》是名ニ無分別觀一

次本尊加持

先灌頂印言　外五股印　　無所不至印　　タラク キリク　外五股印但不レ屈ニ二小

二頭二大一

次根本印言　二手各申開左仰右覆、以ニ右水火一押ニ左水火下節文一、又以ニ左水火一押ニ右水火下節文一、

然後二水二火相綟《モトラカシ》如レ索、二風二地共立合、二大並立ニ來去

次奇妙心眞言　大三股印　二小相叉、二水於《ヨリ》ニ小指上一屈入レ掌、二大捻ニ二無名一

次心中心呪　印如レ前

次佛母加持　二手虚合、二頭屈附ニ二中上節一如ニ眼笑形一、二空各捻ニ忍願中節文一亦如ニ眼笑形一、二小

復微開亦如ニ眼笑形一。以ニ此印一先拭ニ右目一、次左目、次右眉、次左眉、次眉間、自レ下向レ上開、次拭レ面

三度　明念八遍

ナウ ボウ バ ギヤ バ トウ。シユニ シヤ。オン ロ ロ ソホ ロ。ジンバ ラ。チ シユタ。シツ タ ロ シヤ ネイ。サ ラバア

ラタ。サ ダ ニ エイ

次散念誦　佛眼七遍　兩部不二呪

ア ビ ラ ム ケン バ ザラ ダ ド バム　七遍

薬師　バイセイゼイ。バイセイゼイバイセイジヤ。サンマドギヤテイ　七遍

金輪　ナウボウサンマンダ。ダラダラ。ハサラ　七遍　本尊三種　根本呪　七遍

奇妙心眞言　廿一遍　心中心呪　百遍

召北斗　ナウボウサンマンダ。ダラナウ。エイケイキ。ハイ。カイ。ダイ。キヤイ。ライ。

ボラタラ。ギヤラカン　七遍

北斗總呪　サツタジナウヤ。バンジヤビジヤヤ。ゼンホタマ。ソバミナウ。ラキサンバンバト

七遍

七曜九執十二宮總呪　ナウマクサンマンダボダナン。ギヤラケイジンハリヤ。ハラハタ。ジユチラマヤ

七遍

二十八宿總呪　ナウマクサンマンダボダナン。ナウキシヤタラ。ニリソダニエイ　七遍

司命呪　司命《シメイ》々々《〳〵》多都《ト》々々唵哆《タ》本尼耶　七遍

司祿呪　已《イ》者々々毘迦良《ラ》　七遍

三十六禽呪　唵阿詣《ケイ》羅々々々僧伽《ギヤ》羅々々々　七遍

護摩　大金・一字殘レ之

次入護摩

先渡シ物如レ左

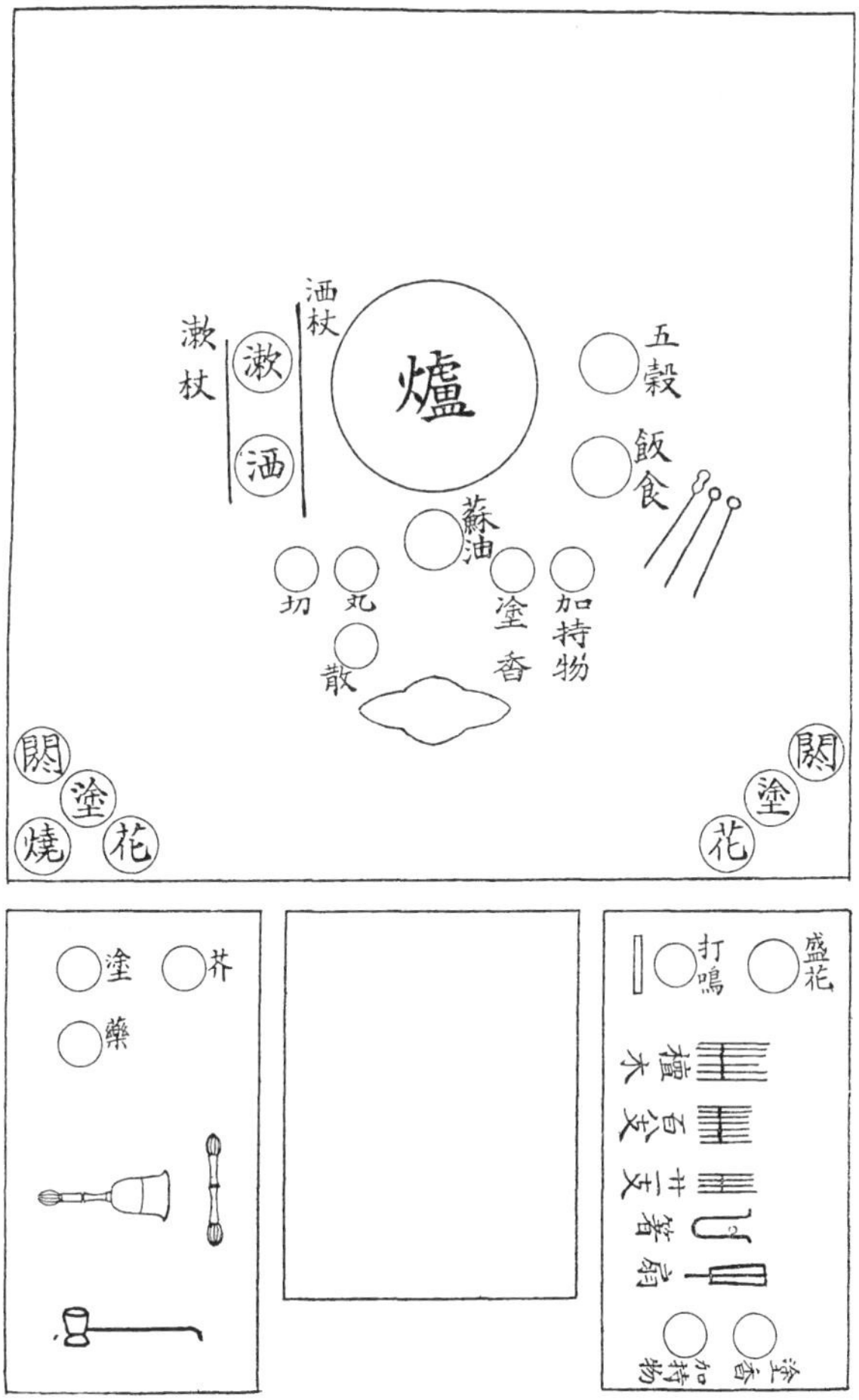

次大日印言　智拳印  三遍

次本尊印言　加二持心・額・喉・頂四處一　八葉印　心中心呪

次芥子加持　芥子器置二金剛盤上一、以二劍印慈救呪一七遍加持投二四方四隅一、自二東北一始但無レ明、器還二置本所一

次火天印言　加二持四處一　以二左手一握二右手腕一、右手屈二大指一置二掌中一餘指直舒レ之

次取二念珠一誦二同呪一百遍

次指環加持　右手小三股印誦二蓮華部三字半呪一三遍、後指二右無名指一

次丸香・散香・切華如レ次爐側取二置之一、次取二鈴杵一左机丸香等跡置レ之、次取二三股一持二左手一、次右塗香幷加持物如レ次爐傍取二置之一、次廿一支乳木解二結緒《ユイオ》一、本向《ヨテ》二行者方一金剛盤上置レ之

次取レ箸夾《ハサミ》二壇木一次第積レ之

第一　火天段

先持二獨股杵一　次灑淨三度　次羯磨加持　オンバザラキヤラキヤラマケン

次漱口三度　次爐口加持　取二三股一順三遍加持　オンキリ〳〵バザラムハツタ

次調二爐薪一　以二右手一檀木一度被《ニル》レ取《ラ》程取レ之移二左手一、右取《ニハ》レ箸積レ之

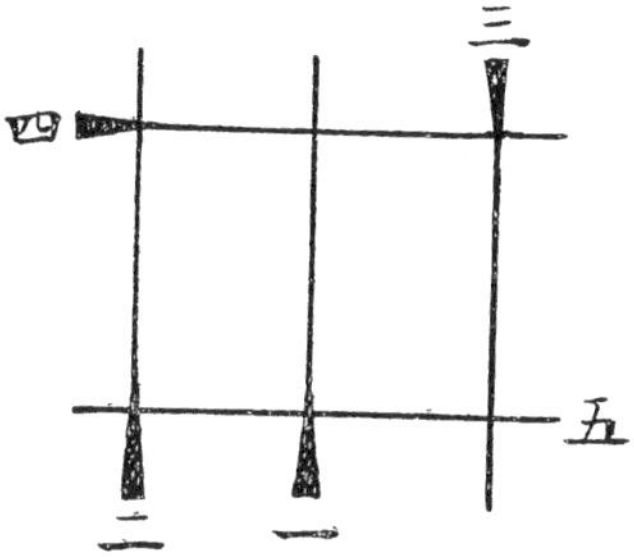

此上如レ下積

付二數字一方《ハ》木《ノ》本《ナリ》

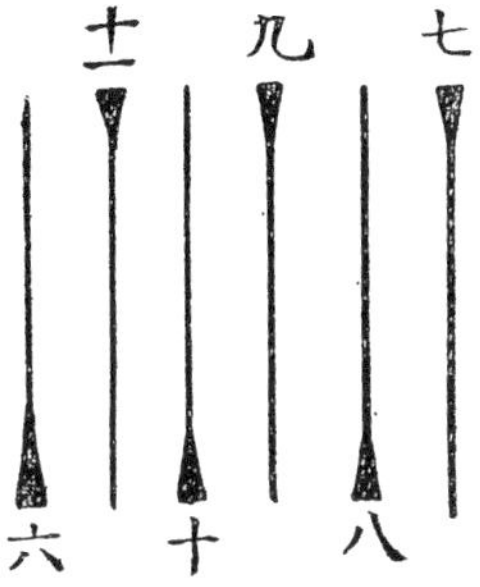

次取レ箸挿レ松著《ケ》二右燈火《ヲ》一、自二右方一差二入薪下一

次取レ扇々レ火　想扇上有二字一變成二風輪一、三遍扇レ之

此作法以下四段共同

次灑淨三度　灑二薪上一

次取二三股一加二持薪一　順三遍枳里々々明

次勸請火天　彌陀定印

觀我心月輪上有㆓𑖨𑖽字㆒變成㆓三角火輪㆒、我身擧體火輪也、此火輪變成㆓白色火天身㆒、四臂具足火焰遍㆑身、是遍法界大身也、四臂者右第一手施無畏、第二數珠、左第一手仙杖、第二軍持

次取㆓一葉花㆒誦㆓火天小呪㆒置㆓薪上㆒、召請撥遣ニハ五段共無㆓息災加句㆒

次住㆓定印㆒觀、此花至㆓爐中㆒成㆓荷葉座㆒、座上有㆓𑖨𑖽字㆒變成㆓賢瓶《ゲンビヤウ》㆒、賢瓶變成㆓火天身㆒、白色四臂具足火焰遍㆑身。次結㆓火天印㆒誦㆓大呪一遍㆒

《エイ》《ケイ》《エイ》《キ》。《マ》《カ》《ボ》《タ》。《デイ》《バ》《リ》《シ》《ニビ》《ジヤ》《サ》《タ》《マ》《ギリ》《キ》。《トバ》《コ》《テイ》。《マ》

《カ》《ラ》《マ》。《シミ》《サン》《ニ》《ト》《バン》《バ》。《ア》《ギヤナウエイ》。《カ》《ドヤ》《キヤ》《ビヤ》。《バ》《カ》《ダ》《ヤ》。《ジヤク》《ム》《バン》《コク》

此中《ニテ》風指三度召《ニテ》結㆓四明印㆒

次大鉤召印言　言末前加㆓四明印言㆒、觀想勸㆓請曼荼羅本位火天㆒令㆑冥㆓會爐中火天㆒

次金剛合掌啓白云

唯願火天　降臨此座　哀愍納受　護摩妙供

次漱口三度　想洗㆓火天御口㆒

至心奉獻　漱口香水　唯願火天　納受護摩　悉地圓滿　オンバラダバザラダム

次塗香三度　以㆓右大頭中三指㆒一度取ニリ

我今奉獻　　塗香妙供　　唯願火天　　納受護摩　　悉地圓滿

卽想入從火天御口至心蓮華臺、成微妙供具從心遍身、從其毛孔《ク》流出《ツ》種々無量供養雲海、供養《ス》佛菩薩緣覺聲聞及一切世天《ヲ》

𑖌𑖽アギャナウエイ。センヂキャヤソハカ　三度投之

次蘇油大小杓各三度

先三平等觀又名合杓觀、以右手大小杓一度取之置蘇油器上、次左手取大杓右手取小杓大杓上重小杓、交大小杓作三平等觀、但此作法此所許《ハカリニヒ》用之後々無之、於觀想不替

智《ハ》火煩惱《ハ》薪、大壇卽自身、々々卽本尊、々々卽法界、々々卽火天、々々卽自身也。爐口卽我口、々々卽本尊御口也。爐中火卽我智火、亦本尊智火三《ニツ》種一體也、煩惱《ヲ》能燒盡《キスト》

次以小杓酌蘇油入大杓三度、次小杓移左風火間右取大杓灑爐中三度明三遍、次大杓置杓息《ヤスメニ》、

次取左手小杓酌灑三度明三遍、但三平等觀了啓白、次觀想、次酌灑

我今奉獻　　蘇油妙供　　唯願火天　　納受護摩　　悉地圓滿

卽想入從火天御口等

オンアギャナウエイセムヂキャヤソハカ

次乳木三度　以㆓右手㆒廿一支乳木《ノ》三支《ヲ》一度《ニ》取㆑之、先本次末《ヲ》搵《サシ》㆑蘇三度投㆑之、本《トノ》方《ヲ》先《ツ》入《ル、》㆑爐《ニ》樣《ニ》投《ケ》廻《ハス》也、

啓白觀念自㆓搵㆑蘇時㆒爲《シ》㆑之《ヲ》、眞言投時用㆑之、但啓白一遍眞言每㆑投一遍也、自餘《ノ》供物《モ》啓白觀念眞言《ノ》用《ヒ》樣

皆以如㆑此

我今奉獻　乳木妙供　唯願火天　納受護摩　悉地圓滿

即想入從火天御口等《ノ》觀念　次眞言

次飯食小杓三度　右手取㆓別小杓㆒供㆑之

我今奉獻　飯食妙供　唯願火天　納受護摩　悉地圓滿

即想入從火天御口等《ノ》觀念　次眞言

次五穀三度　不㆑置㆓飯食時小杓㆒、供㆓五穀㆒了置之

我今奉獻　五穀妙供等

觀想　眞言

次花三度　以㆓右手㆒三度取三度供

花鬘妙供等

觀想　眞言

次丸香　一度取㆓三丸㆒三度投

丸香妙供等

觀想　眞言

次散香　三度取三度供

觀言　散香妙供

次蘇油大小各三度　作法如レ前

次普供養・三力・祈願　摺珠

次漱口三度　如レ前

次撥遣　右手取二一葉一誦二火天小呪一句一無二加、投二行者右方《ノ》向《フノ》角一

次大鉤召印明　明末加二《ゲツ》《シャ》《ゲツシャ》《ボク》句一、頭指向レ外一度撥レ之

想火天從二爐中一令レ還二著曼荼羅本位一

次金合　唯願火天　還著本位聊以レ頭一拜

以上第一火天段畢

第二部主段　金輪

先灑淨三度　右手取二散杖一灑レ之、少《シク》廻《ハス》二散杖一一遍如《クスル》レ此《コノ》三度、叩《クコ》二器端一各三度、二字觀無レ之

眞言如上、キリ〳〵バザラムハッタ三遍也
次羯磨加持　二手各作三股印交腕、順三遍明三遍加持諸供物　バザラキャラマケン
次漱口三度　作法如先、但無啓白觀念眞言
次爐口加持　取三股順三遍、枳里々々明
次調爐薪　二支 
二

一
次扇火　次灑淨三度　灑薪上
次加持薪　三股順三遍枳里々々明
次勸請部主　彌陀定印
觀我心中有字、變成七寶宮殿樓閣、中有字成八葉白蓮華、華臺上有日輪、輪中有《ボロン》字
變成八輻輪、輪變成一字金輪佛頂、形服如素月一切相好《ヲモテ》莊嚴法身、戴金輪寶冠輪鬘《ヲ》爲《シ》首飾《シキト》、
衆寶莊嚴種々挍飾《セリ》、身持智拳大印處《ス》師子座日輪白蓮華臺、一々葉《ニ》右旋有輪王七寶、所謂輪・象・
馬・珠・女・主藏・主兵寶是《ナリ》、前葉安佛眼

次取二一花房一誦二左明一投レ爐

𑖡《ナウ》𑖦𑖾《マク》𑖭《サン》𑖦𑖡𑖿《マン》𑖝《ダ》𑖤𑖲《ボ》𑖟𑖿𑖠《ダ》𑖡𑖯𑖽《ナン》𑖥𑖿𑖨𑖳𑖽《ボロン》。　センヂキヤ

次住二定印一　觀此花至二爐中一成二蓮華座一、座上有二𑖥𑖿𑖨𑖳𑖽字一變成二八輻輪一、輪變成二一字金輪佛頂一、形服如二素月一一切相好莊《ヲモテ》嚴法身一、首《ベニ》戴二寶冠一身持二智拳大印一、輪王七寶前後左右圍繞

次部主印言　二手內縛忍願竪合屈二上節一如二劍形一、以二進力一捻二禪智頭一、加二持身五處一明五遍

𑖡𑖦𑖾𑖭𑖦𑖡𑖿𑖝𑖤𑖲𑖟𑖿𑖠𑖯𑖡𑖯𑖽𑖥𑖿𑖨𑖳𑖽

次大鉤召印明　末加二四明印言一

觀想勸二請曼荼羅本位部主一、令レ冥二會爐中部主一

次金合　啓白

唯願部主　降臨此座　哀愍納受　護摩妙供　一拜

次漱口三度　想洗二部主御口一

至心奉獻　漱口香水　唯願部主　納受護摩　悉地圓滿

𑖌𑖼バラダバザラダム

次塗香三度　次蘇油大小杓各三度　次乳木三支　次飯食三度　次花三度

次丸香三度　次散香三度　次蘇油大小杓各三度　次普供養・三力・祈願　摺珠

次漱口三度　次撥遣　右手取二一房花一誦二部主明一投二前《ニ》投《シ》花《ノ》左《ニ》一

ナウマクサンマンダボタナンボロン

次大鉤召印言　明末加句如レ前

想部主従二爐中一令レ還二著曼荼羅本位一

次金合　唯願部主　還著本座　一拝

以上第二部主段畢

第三本尊段　妙見

先灑淨三度　次羯磨加持　次漱口三度　次爐口加持　次調爐薪　六支

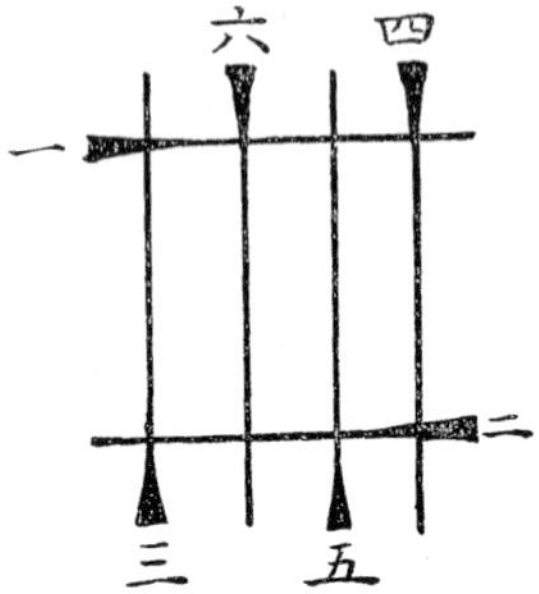

次扇火　次灑淨三度　次加持薪　次勸請本尊　彌陀定印

觀我心月輪上有ニ𑖭𑖺《ソ》字變成ニ星形《シヤウゲウ》一、星形變成ニテ妙見菩薩ト相好圓滿セリ

次取ニ一房花一誦ニ本尊呪無ニ加句一投ニ爐中一、又住ニ定印一觀、此花至ニ爐中一成ニ蓮華座一、座上有ニ𑖭𑖺字一變成ニ妙見菩薩一、左手持ニ蓮華一、華上有ニ北斗七星形一、右手作ニ說法印一、北斗七星十二大將前後左右恭敬圍繞

次結ニ八葉印一　𑖌𑖼マカシリエイ。ヂリベイ。エイケイエイキ。ジヤクムバンコク𑖭𑖿𑖪𑖯𑖮𑖯

次大鉤召印　末加ニ四明印言一

想勸ニ請曼荼羅本位本尊一令レ冥ニ會爐中本尊一

次金合　唯願本尊　降臨此座　哀愍納受　護摩妙供　一拜

至心奉獻　漱口香水　唯願本尊　納受護摩　悉地圓滿

次漱口三度　想洗ニ本尊御口一

𑖌𑖼バラダバザラダン

次塗香五度　五度取五度供、啓白一遍明五遍、以下同レ之

我今奉獻　塗香妙供　唯願本尊　納受護摩　悉地圓滿

卽想入レ從ニ本尊御口一至ニ心蓮華臺一、成ニ微妙供具一從レ心遍レ身、從ニ其毛孔一流ニ出種々無量供養雲海一、供ニ

養佛菩薩緣覺聲聞及一切世天一

マカシリエイヂリベイ。センヂキヤソハカ

以下供養皆倣《ヘ》レ之

次蘇油大小杓三度　次乳木百八支　先解二結緒《ユイオヲ》一投二爐中一、次乳木三支宛一度搵レ蘇、如レ例一支宛投レ之

次飯食五度　次五穀五度　次花五度　次丸香五度　三丸《ト》二丸《ト》兩度《ニテ》取五度供

次散香五度　五度取　次蘇油大小杓各三度　次乳木六支　廿一支內一度取三二支一、搵レ蘇

三度投如レ此兩度也

次藥種三度　器乍《ヲ》レ置二本所一、以二右手一三度取三度供

次混沌　先取二散香一入二切花器一、次取二丸香一入二同器一、次丸香器重二散香器一、次取二切花器一入二飯器一、次

切花器重二丸香散香等器一、次取レ扇叩二右脇机一呼二承仕一、承仕來以二五穀器一入二飯器一混《ツ》沌分二二器一、一器

諸尊段料、一器世天段料也

右作法無二承仕一時行者自作レ之、但五穀器世天段料、飯食器諸尊段料也、故五穀器《ニハ》多分可レ入レ之

次加持物　卽胡麻《ナリ》、先取二加持物器一置二火舍跡一、以二獨股一誦二本尊呪七遍一加二持之一了、先唱二啓白一次觀念

次明百八遍、左取二念珠一記レ之、若有二餘殘一取レ器皆可レ投、此時無二眞言一、次取レ器置二本所一、其後摺レ珠

慇重可レ祈二所求一也

我今奉獻　胡麻妙供　唯願本尊　納受護摩　悉地圓滿

卽想入ㇾ從二本尊御口一至二心蓮華臺一、成二衆多光明輪雲海一、卽從二一々毛孔一流二出光明輪雲海一而供二養十方

無邊諸佛海會《ヲ》一、其光明輪還來《テ》普照二自他身心一、三毒罪障皆悉摧破《シ》、一切災難速疾消滅《ス》

次漱口三度　次撥遣　右手取二一房花一誦二本尊明一投二部主段《ニ》投《シ》花《ノ》左一

次大鉤召印明　明末加二ゲッシャ〱ボク句一　次金合　唯願本尊　還著本座一拜

以上第三本尊段畢

第四諸尊段　七曜九執・十二宮・廿八宿

先灑淨三度　次羯磨加持　次漱口加持　次爐口加持　次調二爐薪一　十一支

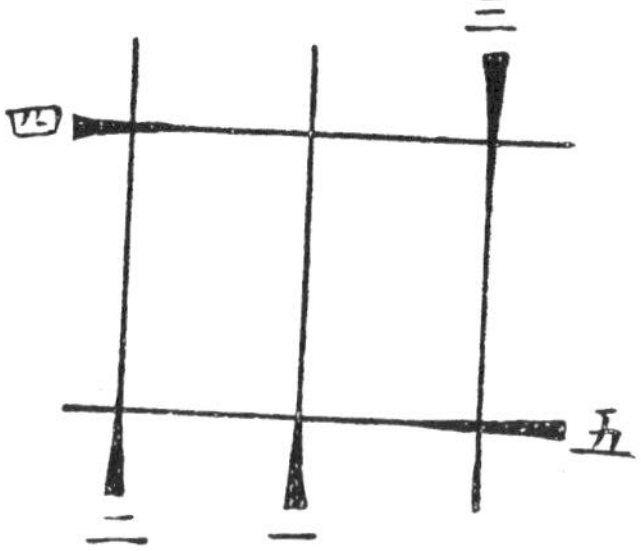

此上ニ如ㇾ下積

次灑淨三度　次加㆓持薪㆒

次勸請諸尊　定印

觀想我心月輪上有㆓𑖥𑖿𑖨𑖳𑖽《ムロン》字㆒變成㆓星形㆒、星形變成㆓妙見菩薩㆒、執㆓持本標器㆒相好圓滿《セリ》

次取㆓數花六房㆒誦㆓花座明㆒投㆓爐中㆒

𑖌𑖼𑖎《キヤ》𑖦《マ》𑖩《ラ》𑖭𑖿𑖪𑖯𑖮𑖯

次住㆓定印㆒觀、此花至㆓爐中㆒成㆓七曜九執十二宮二十八宿座㆒、座上有㆓𑖥𑖿𑖨𑖳𑖽字㆒、各變成㆓妙見菩薩㆒相好圓滿

次七曜九執十二宮總印言　入佛三昧耶印

𑖡《ナウ》𑖦𑖾《マク》𑖭《サン》𑖦《マン》𑖡𑖿𑖝《ダ》𑖤𑖲《ボ》𑖟𑖿𑖠𑖯《ダ》𑖡𑖯𑖽《ナン》。𑖐𑖿𑖨𑖮𑖸《ギヤラケイ》𑖫𑖿𑖪《ジムバ》𑖨𑖰《リ》𑖧《ヤ》。𑖢𑖿𑖨《ハラ》𑖢𑖿𑖝《ハタ》。𑖕𑖿𑖧𑖺《ジユ》𑖝𑖰《チ》𑖨𑖿𑖦《ラマ》𑖧《ヤ》𑖭𑖿𑖪𑖯𑖮𑖯

次二十八宿總印言　虛合二火外相叉、二空亦相交

𑖡𑖦𑖾𑖭𑖦𑖡𑖿𑖝𑖤𑖲𑖟𑖿𑖠𑖯𑖡𑖯𑖽。𑖡《ナウ》𑖎𑖿𑖬《キシヤ》𑖝𑖿𑖨《タラ》。𑖡𑖰《ニ》𑖨𑖿𑖡《リツ》𑖟《ダ》𑖡𑖰《ニ》𑖧𑖸《ニイ》𑖭𑖿𑖪𑖯𑖮𑖯

次三十六禽印言　二手內縛、二風二空端合彈指

唵阿詣羅々々々僧伽羅々々々𑖭𑖿𑖪𑖯𑖮𑖯

次滅惡趣尊印言　定拳安㆑腰、擧㆓慧臂㆒舒㆓五輪㆒如㆓打㆑物勢㆒、想ヘ打チ㆓破ルト地獄ヲ㆒

𑖡𑖦𑖾𑖭𑖦𑖡𑖿𑖝𑖤𑖲𑖟𑖿𑖠𑖯𑖡𑖯𑖽。𑖠𑖿𑖪𑖽《ドボウ》𑖭《シヤ》𑖡𑖯𑖽《ナン》。𑖀《ア》𑖥𑖿𑖧𑖲《ビユウ》𑖟《タ》𑖨𑖜𑖿《ラン》𑖜𑖰《ヂ》。𑖭《サ》𑖝𑖿𑖪《トバ》𑖠《タ》𑖝𑖳𑖡𑖯𑖽《トン》。𑖮𑖸《エイ》𑖎𑖸《ケイ》𑖮𑖸《エイ》𑖎𑖰《キ》。𑖕𑖾《ジヤク》

次大鉤召印言　末加二四攝印言一[梵字]《ム》[梵字]《バン》[梵字]《コク》[梵字][梵字]

想勸請曼荼羅本位諸尊一令レ冥二會爐中諸尊一

次金合　唯願諸尊　降臨此座　哀愍納受　護摩妙供一拜

次漱口三度　次塗香三度　以下皆用二普供養明一、但末加二[梵字]《セン》[梵字]《ヂ》[梵字]《キヤ》[梵字][梵字]一

次蘇油大小杓各三度　次乳木三支　次混沌供　取二小杓一供ス用二飯食器一　啓白ハ可レ改二混沌妙供一ト

先妙見尊三杓　次七曜九執十二宮二十八宿各一杓　明如レ前　次滅惡趣尊三杓　次八大祖師各

一杓　以二[梵字]字一供レ之

次蘇油大小杓各三度　普供養明加句

次普供養印言・三力　次祈願　摺珠　次漱口三度　次撥遣　右手取二數花一六房誦二花座明一投

次大鉤召印言　末有二撥遣句一　次金合　唯願諸尊　還著本座　一拜

以上第四諸尊段畢

第五世天段　不動・十二天・七曜・廿八宿

先灑淨三度　次羯磨加持　次漱口三度　次爐口加持　次調爐薪

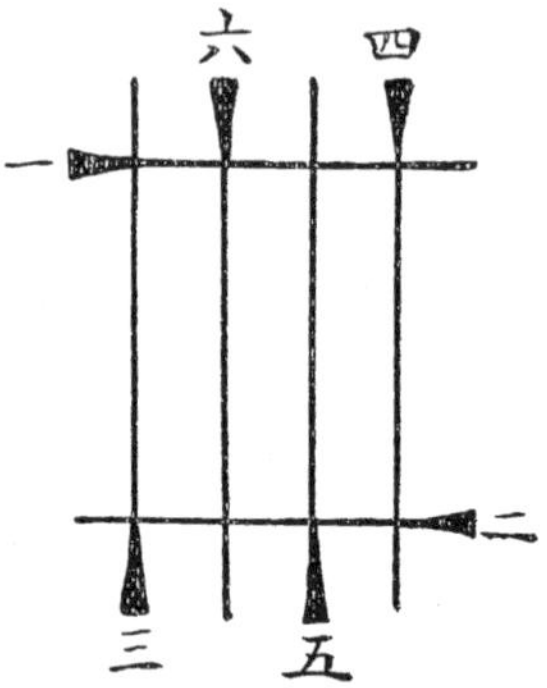

次扇火　次灑淨三度　次加持薪　次勸㆓請不動及天等㆒　先取㆓數花㆒　右手取㆓十二葉㆒添㆓房花一房㆒、誦㆓不動一字明㆒無㆓加句㆒投㆓爐中㆒、房花ハ不動ノ座、十二葉ハ十二天座也、但擧㆓不動十二天㆒兼㆓眷屬七曜二十八宿㆒也

次結㆓定印㆒觀、此花至㆓爐中㆒成㆓不動明王花座㆒、及十二天七曜二十八宿等荷葉座㆒、卽花座上有㆓𑖮𑖯𑖼字㆒變成テ㆓不動尊身㆒四臂具足セリ、左右第一手牙《ゲ》印、第二手劍索《サク》、威儀執《シュ》物分明也、荷葉座上各々有㆓《ム》字㆒、變成㆓十二天七曜廿八宿身㆒、其色相威儀皆悉分明也

次大鉤召印　慈救呪末加㆓召請幷四明㆒

次同印、諸天各々眞言末加㆓召請幷四明㆒

伊舎那　𑖌𑖼 𑖂《イ》 𑖫𑖯《シャ》 𑖡𑖯《ナウ》 𑖧《ヤ》（召請四明） 𑖭𑖿𑖪𑖯 𑖮𑖯（以下准之）

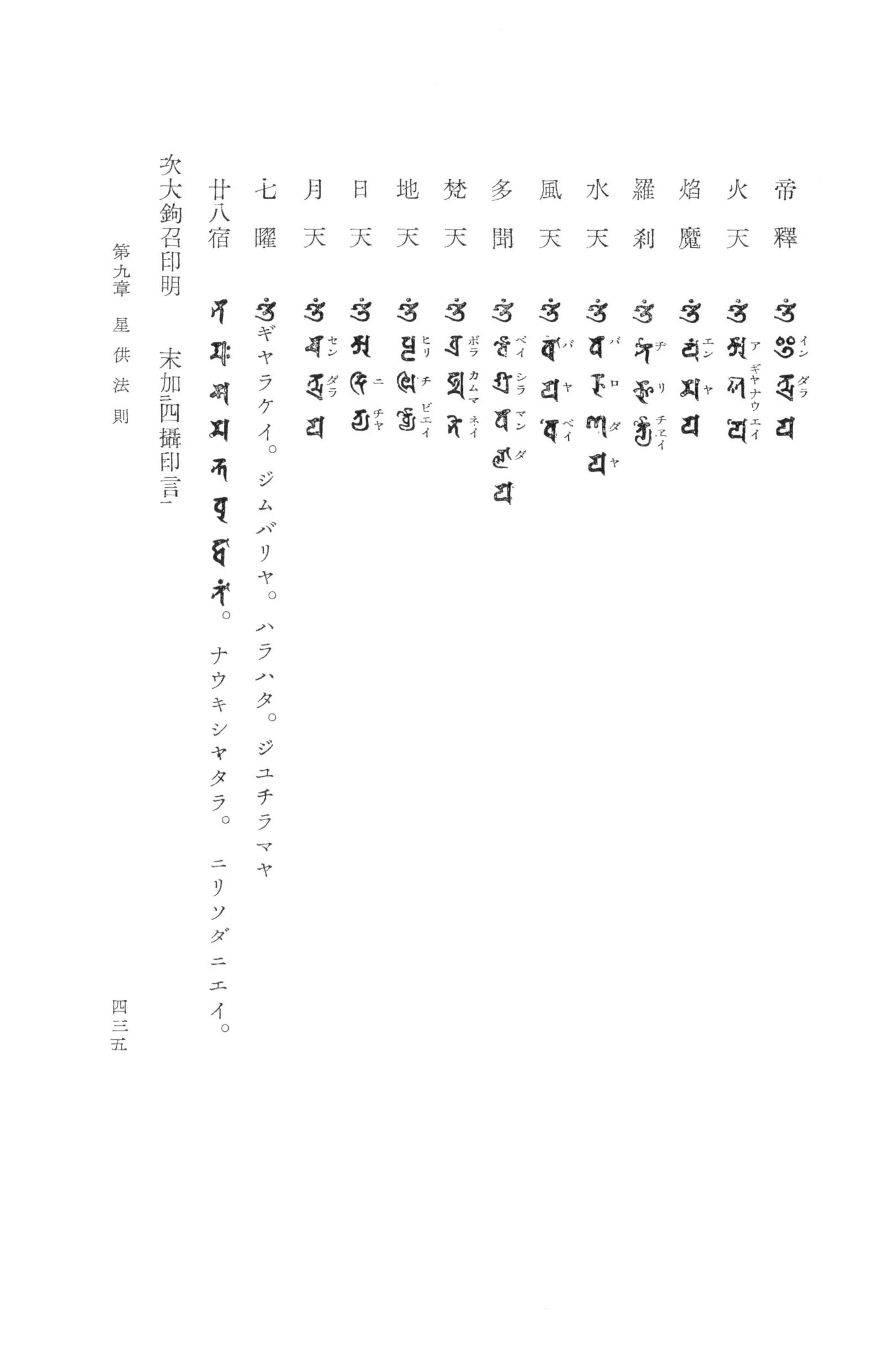

帝釋　インダラ

火天　アギヤナウエイ

焔魔　エンヤ

羅刹　チリチヱイ

水天　バロダヤ

風天　バヤベイ

多聞　ベイシラマンダ

梵天　ボラカムマネイ

地天　ヒリチビエイ

日天　ニチヤ

月天　センダラ

七曜　ギヤラケイ。ジムバリヤ。ハラハタ。ジユチラマヤ

廿八宿　。ナウキシヤタラ。ニリソダニエイ。

次大鉤召印明　末加二四攝印言一

想勸二請曼荼羅本位諸天一令レ冥二會爐中諸天一

次金合　唯願諸天　降臨此座　哀愍納受　護摩妙供　一拜

次漱口三度　次塗香三度　不動一字明有二加句一以下皆爾

次蘇油大小杓各三度　次乳木六支　先三支一度取搵レ蘇、三度投レ之供二不動幷諸天一、　次三支供二火天一

次混沌供　先不動三杓　慈救呪加句

以下各一杓　伊舍那　帝釋　火天　焰魔　羅刹　水天　風天　多聞　梵天

地天　日天　月天　七曜　廿八宿

供二諸天一了供二其處ノ鎭守等一、𑖌𑖼字ニテ各一杓、若有ハ二餘殘一日本國中大小神祇及亡魂惡靈、或行者施主等ノ本命元辰當年星等供ニレ之、用二光明眞言一

次蘇油大小杓各三度　不動一字明

次普供養印言・三力　次漱口三度　次撥遣　如レ前取二十二葉一添二房花一房一、誦二一字明一無二加句一投

次大鉤召印言　末加二撥遣句一

次金合　唯願諸天　還著本座　一拜

次返二置渡シ物一　此間誦二大金剛輪明一遍數不定ナリ

先金剛盤如レ本押遣シレ　次本尊塗香　次右ノ塗香　次右閼伽　次左塗香　次左閼伽
次火舎　次鈴杵一度取具　次所持獨股　次指環入二自塗香器中一　次珠數置レ之
次一字廿一遍　次祈願置レ珠　次燒香ノ後供　理供・普供・事供　次後鈴　次讃
次普供養・三力　次祈願・禮佛　次廻向　取二珠呂金一打
所修功德　廻向三寶願海　廻向三界天人　廻向國內神等　廻向行疫神等　廻向弘法大師
廻向貴賤靈等　廻向聖朝安穩　廻向護持佛子　心中所願決定成就　廻向坊中家內安全
廻向天下法界　廻向無上大菩提
次廻向方便　金合　了置レ珠
但後夜時廻向前金一打誦二後夜偈一、次金一打唱二廻向一也
白衆等各念　此時清淨偈　諸法如影像　清淨無瑕穢
取說不可得　皆從因業生
次解界　大三昧耶　火院　空網　馬頭　四方結
次撥遣　外縛立二二中一夾二後供花鬘殘ノ右一葉一、置二所供花鬘第三葉左一
𑖌𑖼 𑖪《バ》𑖕𑖿𑖨《ザラ》𑖦𑖺《ボ》𑖎𑖿𑖬𑖦𑖲𑖾《キシャボク》　一遍

次三部・被甲・金一打　次下禮　次出堂

結願作法

前方便金二打直唱二五悔一、以下如二次第一修、後供養閼伽《ノ》前《ニ》金二打

一七箇日行法結願在二此座一、日來《ヒゴロ》之間所レ降二臨《シ玉フ》道場《ニ》諸尊聖衆一、各任《セテ》二慈悲本誓《ニ》一納二受内外之供養一、令《メテ》レ圓二滿現當之悉地一還二復《シ玉ヘ》本座蓮臺《ニ》一、然則一念功能難《シ》レ量、早滅《ク》二《シ玉ヘ》越法之罪障《ヲ》一、諸尊《ノ》悲願甚深《ナリ》、必成《シ玉ヘ》自他之所願一

次神分

抑行法結願之所滅罪生善之砌《ナレハ》、上界諸天下界神祇爲二法味飡受一降臨影向給《シフラン》、然則奉レ始二外金剛部五類諸天一等以下如常

以上、正依二日光院相傳妙見菩薩護摩次第一、傍參二考別行次第私記、及中院四度部、並眞言藏等一編纂畢

密教占星法（下編）終

附録

その一、密教占星法につく參考通讀書目

單に參考引用のもの頗ぶる多きもこれを省略す

一、密教部經典

大毘盧遮那成佛神變加持經　七卷　唐善無畏譯　大一八・一
金剛頂瑜伽中略出念誦經　四卷　唐金剛智譯　大一八・二二三
蘇悉地羯囉經　三卷　唐善無畏譯　大一八・六〇三
金剛峰樓閣一切瑜伽瑜祇經　二卷　唐金剛智譯　大一八・二五三
陀羅尼集經　十二卷　唐阿地瞿多譯　大一八・七八五
藥師如來念誦儀軌　一卷　唐不空譯　大一九・二九
藥師如來觀行儀軌法　一卷　唐金剛智譯　大一九・二二

藥師琉璃光如來消災除難念誦儀軌　一卷　唐一行撰　大一九・二〇
藥師琉璃光王七佛本願功德經念誦儀軌　二卷　元沙囉巴譯　大一九・三三
藥師琉璃光王七佛本願功德經念誦儀軌供養法　一卷　元沙囉巴譯　大一九・四一
佛說金毘羅童子威德經　一卷　唐不空譯　大二一・三六七
十二神將本地　一卷　唐一行撰(寫本)
大佛頂如來密因修證了義諸菩薩萬行首楞嚴經　十卷　唐般剌蜜帝譯　大一九・一〇五
大佛頂廣聚陀羅尼經　五卷　大一九・一五五

附　錄

大佛頂如來放光悉怛多般怛羅大神力都攝一切呪王陀羅尼經大威
德最勝金輪三昧呪品　一卷　　　　　　　　　　　　　大一九・一八〇
金輪王佛頂要略念誦法　一卷　　　　　　　　唐　不空譯　大一九・一八九
奇特最勝金輪佛頂念誦儀軌法要　一卷　　　　唐　不空譯　大一九・一九〇
菩提場所說一字頂輪王經　三卷　　　　　　　唐　不空譯　大一九・二二四
一字佛頂輪王經　五卷　　　　　　　　　　唐菩提流志譯　大一九・二二四
五佛頂三昧陀羅尼經　四卷　　　　　　　　唐菩提流志譯　大一九・二六三
一字奇特佛頂經　三卷　　　　　　　　　　　唐　不空譯　大一九・二八五
一字頂輪王瑜伽觀行儀軌　一卷　　　　　　　唐　不空譯　大一九・三一三
一字頂輪王念誦儀軌　一卷　　　　　　　　　唐　不空譯　大一九・三〇七
大陀羅尼末法中一字心呪經　一卷　　　　　　唐寶思惟譯　大一九・三一五
金剛頂一字頂輪王瑜伽一切時處念誦成佛儀軌
　一卷　　　　　　　　　　　　　　　　　　唐　不空譯　大一九・三二〇
金剛頂經一字頂輪王儀軌音義　一卷　　　　　唐翚弘集　大一九・三二七
頂輪王大曼荼羅灌頂儀軌　一卷　　　　　　　唐　不空譯　大一九・三二九
一切如來說佛頂輪王一百八名讚　一卷　　　　宋施護譯　大一九・三三〇
如意寶珠轉輪祕密現身成佛金輪呪王經　一卷

二

　　　　　　　　　　　　　　　　　　　　　唐　不空譯　大一九・三三〇
寶悉地成佛陀羅尼經　一卷　　　　　　　　　唐　不空譯　大一九・三三五
佛說熾盛光大威德消災吉祥陀羅尼經
　　　　　　　　　　　　　　　　　　　　　唐　不空譯　大一九・三三七
佛說大威德金輪佛頂熾盛光如來消除一切災難陀羅尼經　一卷
　　　　　　　　　　　　　　　　　　　　　失　譯　　大一九・三三八
大妙金剛大甘露軍拏利焰鬘熾盛佛頂經　一卷
　　　　　　　　　　　　　　　　　　　唐達磨栖那譯　大一九・三三九
大聖妙吉祥菩薩說除災教令法輪　一卷
　　　　　　　　　　　　　　　　　　　　唐尸羅利譯　大一九・三四二
佛頂最勝陀羅尼經　一卷　　　　　　　　唐地婆訶羅譯　大一九・三四九
最勝佛頂陀羅尼經　一卷　　　　　　　　唐地婆訶羅譯　大一九・三五五
最勝佛頂陀羅尼淨除業障呪經　一卷　　　　唐義淨譯　大一九・三五七
佛說佛頂尊勝陀羅尼經　一卷　　　　　　　唐義淨譯　大一九・三六一
佛頂尊勝陀羅尼念誦儀法　一卷　　　　　　唐　不空譯　大一九・三六四
最勝佛頂陀羅尼經　一卷　　　　　　　　　宋法天譯　大一九・三八三
白傘蓋大佛頂王最勝無比大威德金剛無礙大道場陀羅尼念誦法要
　一卷　　　　　　　　　　　　　　　　　　　　　　大一九・三九八

佛頂大白傘蓋陀羅尼經　一卷　元沙囉巴譯　大一九・四〇一
佛母大孔雀明王經　三卷　唐不空譯　大一九・四一五
不空羂索神變眞言經　三十卷　唐菩提流志譯　大二〇・二二七
不空羂索陀羅尼自在王呪經　三卷　唐寶思惟譯　大二〇・四二一
葉衣觀自在菩薩經　一卷　唐不空譯　大二〇・四四七
七星如意輪祕密要經　一卷　唐不空譯　大二〇・二二四
日光菩薩月光陀羅尼　一卷　大二〇・六六〇
大聖妙吉祥菩薩祕密八字陀羅尼修行曼荼羅次第儀軌法　一卷　唐菩提仙譯　大二〇・七八四
大聖文殊師利菩薩佛刹功德莊嚴經　三卷　唐不空譯　大一一・九〇二
大方廣菩薩藏文殊師利根本儀軌經　二十卷　宋天息災譯　大二〇・八三五
聖無動尊安鎭家國等法　一卷　大二一・二七
勝軍不動明王四十八使者祕密成就儀軌　一卷　唐遍智集　大二一・三三
深沙大將儀軌　一卷　唐不空譯　大二一・三七六
文殊師利菩薩及諸仙所說吉凶時日善惡宿曜經　二卷　唐不空譯　大二一・三八七

難儞計濕嚩囉天說支輪經　一卷　宋法賢譯　大二一・四六三
摩登伽經　二卷　呉竺律炎支謙共譯　大二一・三九九
舍頭諫太子二十八宿經　一卷　西晋竺法護譯　大二一・四一〇
宿曜儀軌　一卷　唐一行撰　大二一・四二二
諸星母陀羅尼經　一卷　唐法成譯　大二一・四二〇
佛說聖曜母陀羅尼經　一卷　宋法天譯　大二一・四二一
梵天火羅九曜　一卷　唐一行集　大二一・四九五
七曜攘災決　一卷　唐金倶吒撰　大二一・四二六
七曜星辰別行法　一卷　唐一行撰　大二一・四五二
七佛八菩薩所說大陀羅尼神呪經　四卷　晋代失譯　大二一・五三六
北斗七星念誦儀軌　一卷　唐金剛智譯　大二一・四二三
佛說北斗七星延命經　一卷　婆羅門僧將到此經唐朝受持　大二一・四二五
北斗七星護摩法　一卷　唐一行撰　大二一・四五七
北斗七星護摩祕要儀軌　一卷　大興善寺翻經院灌頂阿闍梨述　大二一・四二四

二、顯教部經典

正法念處經　七十卷　元魏般若流支譯　大一七・一
大方等大集經　六十卷　北涼曇無讖等譯　大一三・一
寶星陀羅尼經　十卷　唐波羅頗蜜多羅譯　大一三・五三六
佛說藥師如來本願經　一卷　隋達摩笈多譯　大一四・四〇一
藥師琉璃光如來本願功德經　一卷　唐玄奘譯　大一四・四〇四
藥師琉璃光七佛本願功德經　二卷　唐義淨譯　大一四・四〇九
占察善惡業報經　二卷　隋菩提燈譯　大一七・九〇一
十二緣生祥瑞經　二卷　宋施護譯　大一六・八四五
佛說立世阿毘曇論　十卷　陳眞諦譯　大三二・一七三
大智度論　百卷　後秦鳩摩羅什譯　大二五・五七
彰所知論　二卷　元沙囉巴譯　大三二・二二六

三、祖師先德の疏釋部

大毘盧遮那成佛經疏　二十卷　唐一行記　大三九・五七九
看命一掌金（馬場信武和解）　一卷　唐一行撰
祕藏記　一卷　大師（弘法大師全集三・一）
即身成佛義　一卷　大師（同三・九〇）
御請來目錄　一卷　大師（同一・六九）
眞言宗所學經律論目錄　一卷　大師（同一・一〇五）
天地麗氣記　十八卷　大師有疑（同一四・五五）
兩宮形文深釋　二卷　大師有疑（同一四・一四六）
星供祭文　一卷　大師有疑（同一四・二六六）
祕藏記私鈔　十卷　杲寶記
瑜祇經拾古鈔　三卷　賴瑜撰
祕鈔問答　二十卷　賴瑜記
玄祕鈔　四卷　實運記
諸尊要鈔又云妙鈔　十三卷　實運記
祕藏金寶集　十卷　實運記
厚雙紙　二卷　仁海記
厚雙紙　二卷　松橋一海記
厚雙紙　一卷　元海記
祕鈔異尊　四卷　北院守覺親王撰

祕鈔異尊口決　三卷　賴瑜記
幸心鈔　四卷　親快記
薄初二重幸聞記　二卷　記者未考
卽身義東聞記　十卷　杲寶著
卽身義鈔　十卷　宥快口
宿曜經撰日法　一卷　普門撰
宿曜要訣　上卷（中下卷可尋）　覺勝撰（寫本）
宿曜圖說　一卷　昶憲（安永七年）撰（寫本）
密家相承曜宿易解私鈔　眞源（寶曆八年）記（寫本）
宿曜經科目並陰陽所屬十二宮　一卷　乘如撰（寫本）
宿曜經撮要　一卷　堅雄（嘉永二年）撰
宿曜經要盡圖釋　一卷　堅雄（文久元年）撰
佛國曆象編　五卷　普門（文化七年）著
梵曆策文　一卷　普門著
生家養者繰方　一卷　覺算記（寫本）
兩部神代一貫口決鈔　六卷　慶安記
天文辨惑　一卷　普寂（安永五年）著
須彌山略說　一卷　福田行誡述

四、陰陽學部雜々

簠簋內傳　二卷　阿倍晴明著
神風記　三卷　伊勢祠官某著
白虎通德論　四卷　後漢班孟堅撰
抱朴子　八卷　晋葛洪稚川撰
郭氏元經　十卷　晋郭璞景純著
剋擇璇璣經括要　一卷　郭璞門人趙載著
陽明按索圖　一卷　明隕復心老人著
佐玄直指　九卷　明劉伯溫著
三白寶海　三卷　明幕講禪師著

右郭氏元經以下の五部二十四卷を世に五要奇書と稱す、私に一讀せしは明治二十二年の活字本、合して一冊となせり。

通德類情　十三卷　淸亮功甫著
張果星宗大全　一卷　金陵山編
淵海子平　五卷　宋徐升著
荊楚歲時記　一卷　晋宗懍著
正對化靈天眞坤元靈符傳　一卷　淸石天基原作
鎭宅靈符緣起集說　二卷　澤了（寶永四年）集

三世相大鑑　一巻　著者未考
方鑒圖解　五巻　松浦琴鶴 天保年間 著
方鑒祕傳集　二巻　松浦琴鶴著
方鑒辨説　一巻　松浦琴鶴著
方鑒祕訣集成　三巻　吉田元祐 文化年間 著
九星圖説日要精義大成　一巻　松浦琴鶴著
八宅明鏡圖解　一巻　松浦琴鶴著
家相祕傳集　二巻　松浦琴鶴著
家相一覽　二巻　松浦琴鶴著
家相大全　三巻　松浦東鶏 寛政年間 著
家相圖解　二巻　松浦東鶏著
宅方明鑒　二巻　平澤白翁 天保年間 著
家相千百年眼　三巻　平澤白翁著
黄帝宅經　一巻　平安苗村 文化年間 校
神相全編　三巻　宋陳希夷傳
本朝人相考　三巻　東都仙掌齋 安永年間 撰
人相千百年眼　五巻　平澤白翁著
人相指南祕訣集　一冊　池崎信一著
明知手鑑　一冊　細河並輔著

西洋手相學　一冊　山脇薄美著
神祕姓名判斷　一冊　井上隆守著
運命指針姓名哲學　一冊　内海顯著
五音顯眞術　一巻　陽新堂著
八門遁甲奇數術　一巻　著者未考 大正年間

五、周易部

易學啓蒙　四巻　朱熹
易經本義　五巻　朱熹
太極圖説　一巻　朱熹
御纂周易述義　十巻　乾隆勅撰
周易講義　四巻　根本通明 明治四十三年 述
談經　九巻　この中、易は第一巻にあり　明郝敬撰
梅花心易掌中指南　五巻　馬場信武著
易學小筌指南　一巻　山田順庵記
易學小筌　一巻　平澤白翁著
古易祕書錄　一巻　編者未考(寫本)
易學小筌象意考　一巻　南紀便道 文化年間 著
古易察病傳　一巻　南紀便道著

易の原理及占筮　一册　遠藤隆吉大正八年著
易學楷梯　二卷　眞勢達富文政年間著
易學楷梯附言　二卷　谷川順著

六、天文學部

二十八宿運轉指南鈔　二卷　求故齋道恕享保年間著
天學捷經道話　一卷　田嶋良天保年間著
天文圖解發揮及附錄　三卷　中根璋元元祿年間著
大略天學名目鈔　一卷　西川正休享和年間著
天經或問　三卷　明藝子六著
平天儀圖解　一卷　巖橋耕珋堂享和年間著
宿曜經占眞傳　一卷　脇田文紹明治三十年著
宿曜經二十八宿秘密奥傳　一册　虛空庵明治三十九年著
二十八宿詳解　二卷　山岸乾齋明治三十三年著
天學初學問答　一卷　源正休享保年間著
天文三字經　一卷　花谷安慧明治六年著
星辰天文學　一册　米國サイモン・ニューコンム著　明治三十九年　一戸直藏譯

天文學六講　一册　一戸直藏著
趣味の天文　一册　一戸直藏著
月　一册　一戸直藏著
通俗講義天文學　二册　一戸直藏著
曆の話　一册　一戸直藏著
最近の宇宙觀　一册　端典アレニウス著　一戸直藏譯
進化論講話　一册　丘淺次郎著
地球の解剖　一册　佛國ファアブル著　昭和四年　安谷寬一譯
星空遍路　一册　佛國フラマリオン著　昭和二年　武者金吉譯
潮の理　一册　小倉伸吉著
星の圖　一册　小倉伸吉著
最新圖解星座昭和八年九月號　一册
天界の現象　一册　三澤力太郎
天文地學講話　一册　橫山又次郎著
天文學概觀　一册　新城新藏著
天文と人生　一册　山本一清著
太陽系講話　一册　青山信雄著
天文學汎論　一册　日下部四郎太　菊田善三　共著
地理學講座第六回　一册　昭和六年

天體の驚異　一册　昭和九年新光社發行
雲を摑む話　一册　藤原咲平著
天界片信　一册　關口鯉吉著

以上合計　二百九部、八百二十一卷

星夜の巡禮　一册　古川龍城著
一般天文學　一册　平山清次著
天文學通論　一册　關口鯉吉著

その二、密教占星法索引

（無印は上編、△印は下編）

ア

イ

ウ

エ

オ

カ

キ

ク

サ

シ

ス

セ

ナ

ニ

子

ハ

以上

その三、刊行に際しての謝辭

紙價印刷費暴騰の今日に際して幸ひにもこの拙著の刊行を見るに至りしゆゑんのものは、ひとへにこれ護法心厚き諸大德洪恩の力による。この故に永久に記念してこれを感謝せむがために、謹むで左に芳名を錄す。

高野山　金剛峯寺殿
同　古義眞言宗宗務所殿
同　福智院靜盛應僧正殿
同　普賢院森寛澄僧正殿
京都　教王護國寺殿
大阪　了德院日下義禪僧正殿
遠州　尊永寺大谷純信僧正殿
愛媛縣　香園寺山岡瑞圓僧正殿

同　大師教會本部殿
同　大學出版部殿
同　三寶院關榮覺僧正殿
同　同　森寛紹僧正殿
德島縣　立江寺庄野琳眞僧正殿
攝州　勝尾寺玉山隆莚和尚殿
高知市　高野寺谷信讃僧正殿
香川縣　觀音寺羽原興道僧正殿

徳島縣　清　原　鶴　太　郎殿　　　大　阪　森　長　三　郎殿
同　　　岡　田　織　一殿　　　　　同　　　浮　田　鶴　子殿

右記のなか、庄野權大僧正は公私多端なるに拘はらず、各方面を歷訪してその協力を勸誘せられ、こゝに所期の目的を達するに至りしものにして、その勞苦洵に多大なりといふべし。題字背文字は高野山大學長金山穆韶和尙がために染筆されしものにして、古雅溫醇掬すべくもつて一段の光彩を放たしめられたり。又大學出版部坂田光全僧都は、刊行に關して種々の便宜を與へられ、内外出版會社員吉崎俊雄氏は、組版訂裝等について特に細心の注意を拂はれたり、今また併せてこゝに謝意を表す。

凡そこの書、昭和十年一月十二日起稿、同十二年一月二十八日脫稿、同十五年十月二十三日校正擱筆、同年十二月印刷に付し、同十六年五月完成す。　龍僊六十四歲

密教占星法

定価：本体一八、〇〇〇円＋税

昭和十六年五月十日　初版発行
平成二十二年七月二日　復刻版発行

著者　森田龍僊

発行所　八幡書店
〒108-0071　東京都港区白金台三丁目十八番一号
八百吉ビル４Ｆ
振替　〇〇一八〇―一―四七二七六三
電話　〇三（三四四二）八一二九

印刷／互恵印刷・佐藤美術印刷所
製本・製函／難波製本

ISBN978-4-89350-683-2 C0014 ¥18000E